KOMPAKT & VISUELL

Tiere & Pflanzen Europas

KOMPAKT & VISUELL

Tiere & Pflanzen Europas

DK
DORLING KINDERSLEY

DORLING KINDERSLEY
London, New York, Melbourne, München und Delhi

DK LONDON
Programmleitung Jonathan Metcalf
Projektleitung Liz Wheeler
Cheflektorat Sarah Larter
Lektorat Angeles Gavira Guerrero
Redaktion Miezan van Zyl
Bildredaktion Phil Ormerod, Ina Stradins
Art Director Bryn Walls
Illustrationen Jane Durston, Andy Mackay

DK DELHI
Gestaltung Neerja Rawat
DTP-Koordination Sunil Sharma
DTP-Design Pushpak Tyagi, Tarun Sharma,
Dheeraj Arora
Redaktion Rima Zaheer, Saloni Talwar
Art Director Shefali Upadhyay
Programmleitung Aparna Sharma

Fachautoren
Chris Gibson, Jonathan Elphick, Rob Hume, John Woodward,
Kim Dennis-Bryan, Andrew Mackay, Chris Pellant, Paul Sterry,
George McGavin, Allen Coombes, Neil Fletcher, David Burnie,
Helen Pellant, Joyce Pitt, Shelley Evans, Geoffrey Kibby

Für die deutsche Ausgabe:
Programmleitung Monika Schlitzer
Projektbetreuung Regina Franke
Herstellungsleitung Dorothee Whittaker
Herstellung und Covergestaltung
Mareike Hutsky

Bibliografische Information Der Deutschen Bibliothek
Die Deutsche Bibliothek verzeichnet diese Publikation
in der Deutschen Nationalbibliografie;
detaillierte bibliografische Daten sind im Internet
über http://dnb.ddb.de abrufbar.

Titel der englischen Originalausgabe:
Pocket Nature Wildlife of Europe

© Dorling Kindersley Limited, London, 2009
Ein Unternehmen der Penguin-Gruppe

© der deutschsprachigen Ausgabe by
Dorling Kindersley Verlag GmbH, München, 2010
Alle deutschsprachigen Rechte vorbehalten

Übersetzung Dr. Andrea Kamphuis (Mediterrane Wildblumen),
Michael Kokoscha (Amphibien, Fische, Reptilien, Säugetiere, Wirbellose),
Till R. Lohmeyer (Pilze), Eva Sixt (Bäume, Vögel, Wildblumen, Wirbellose)
Redaktion Michael Kokoscha

ISBN 978-3-8310-1573-3

Colour reproduction by Colourscan, Singapore
Printed and bound in China by South China Printing

Besuchen Sie uns im Internet
www.dk.com

Hinweis
Die Informationen und Ratschläge in diesem Buch sind von den Autoren und vom Verlag
sorgfältig erwogen und geprüft, dennoch kann eine Garantie nicht übernommen werden.
Eine Haftung der Autoren bzw. des Verlags und seiner Beauftragten für Personen-, Sach- und
Vermögensschäden ist ausgeschlossen.

Inhalt

Aufbau des Buches	6
Lebensräume	8
Bestimmung	10
■ Bäume und Sträucher	20
■ Wildblumen und andere Pflanzen	45
■ Pilze und Flechten	237
■ Säugetiere	281
■ Vögel	309
■ Reptilien und Amphibien	411
■ Fische	425
■ Wirbellose	436
Register	580
Dank	599

Haftungsausschluss Wird in diesem Buch die Nutzung von Wildpflanzen als Nahrung oder Medizin beschrieben, so handelt es sich keineswegs um Empfehlungen der Autoren oder des Verlags. Diesen Beschreibungen sollte nicht gefolgt werden. Viele Pilze sind giftig und ihr Verzehr kann zu ernsthaften Vergiftungen und zum Tod führen. Dieses Buch eignet sich auf keinen Fall als alleinige Entscheidungshilfe beim Sammeln. Das Risiko liegt auf jeden Fall beim Leser.

Aufbau des Buches

Dieses Buch enthält Beschreibungen von über 1000 der in Europa am häufigsten vorkommenden und am weitesten verbreiteten Tier- und Pflanzenarten. Eine kurze Einleitung stellt die Landschaften und Lebensräume Europas vor und beschreibt einige der typischen Merkmale, anhand derer die Arten im Feld zu bestimmen sind. Auf die Einleitung folgt die Vorstellung der einzelnen Arten. Dieser Teil des Buches ist in einzelne Kapitel eingeteilt: Bäume und Sträucher, Wildblumen und andere Pflanzen, Pilze und Flechten, Säugetiere, Vögel, Reptilien und Amphibien, Fische, Wirbellose. Jedes dieser Kapitel enthält die Steckbriefe der jeweils wichtigsten Arten, die in Europa vorkommen.

△ **KAPITEL**
Jedes Kapitel beginnt mit einer Einleitung, in der auf grundsätzliche Eigenschaften der auf den folgenden Seiten vorgestellten Arten hingewiesen wird.

VERBREITUNG
Einige Steckbriefe enthalten Karten mit der Verbreitung der jeweiligen Arten im europäischen Raum.

DEUTSCHER NAME

WISSENSCHAFTLICHER NAME

SYSTEMATIK
Hier wird die Gruppe angegeben, die die Art am besten charakterisiert. Bei höheren Pflanzen ist das die Familie, bei den übrigen der Stamm, bei Pilzen und Flechten das Reich, bei Algen die Klasse, bei den nicht zu den Gliedertieren gehörenden Wirbellosen der Stamm, bei Krebstieren der Unterstamm, bei Spinnen die Klasse, bei Insekten die Ordnung, bei Vögeln die Familie, bei Fischen die Familie, bei Reptilien und Amphibien die Klasse.

BILDLEGENDE
Auf charakteristische Eigenschaften der Art wird in der Bildlegende hingewiesen.

DETAILABBILDUNGEN
Die farbigen Kästen weisen auf Variationen und Unterarten sowie Spuren und Merkmale hin oder stellen einzelne Teile dar, wie Blätter, Blüten oder Früchte.

VOGELVERBREITUNG
Die Verbreitungskarten der Vögel weisen auch auf die von der Jahreszeit abhängige Verbreitung hin (siehe S. 16).

Rotkehlchen

Erithacus rubecula (Turdidae)
Das Rotkehlchen ist in den meiste breitungsgebiets ein scheuer Wald spezialisiert, Wildschweinen zu fo der von ihnen aufgewühlten Erde folgt es auf die gleiche Weise auch graben. Von daher ist es leicht zu unwiderstehlich findet. Nistende jedoch scheu.

Oberseite warm braun

weißer Brustfleck

großes schwarzes Auge

orangerote Brust

braun gesprenkelter Körper

STIMME Scha perlend, reich. **BRUTBIOLOGI** April–August. **NAHRUNG** Sp vom Boden. **ÄHNLICHE ART** Gartenrotschw

▽ ARTBESCHREIBUNGEN

Jeder Steckbrief ist in der gleichen, leicht verständlichen Weise aufgebaut. Alle enthalten eine Artbeschreibung und ein großes Bild der jeweiligen Art in ihrer natürlichen Umgebung. Der Vertiefung dienen ein oder mehrere zusätzliche Abbildungen. Bildlegenden, Maßstabszeichnungen und ein Kasten mit wichtigen Daten liefern weitere Informationen und vervollständigen den Steckbrief.

LEBENSRAUM
Hier wird die natürliche Umgebung beschrieben, in der die Art zu finden ist.

KAPITEL

MASSSTABSZEICHNUNG
Zwei kleine Zeichnungen sind als Anhaltspunkt für die Größe einer Art nebeneinander in jedem Steckbrief zu finden. Die farbige Zeichnung oder die Silhouette zeigen die vorgestellte Art.

Handlänge *18 cm* — durchschnittliche Höhe *30 cm*

1,8 m

4 cm

MASSSTABSZEICHNUNGEN DER VÖGEL
Bei den Zeichnungen der Vögel stellt die dunklere Silhouette die jeweilige Art dar und die andere einen der folgenden bekannten Vögel: Höckerschwan, Stockente, Taube und Sperling. Die Größe gibt das Maß von der Schnabel- bis zur Schwanzspitze an.

Höckerschwan	Stockente	Taube	Sperling
1,4–1,6 m	50–65 cm	31–35 cm	14 cm

VORKOMMEN *In offenen Wäldern, buschigen Heiden sowie in Parks und Gärten mit Hecken und Sträuchern.*

ANMERKUNG
Rotkehlchen singen auch nachts bei künstlichem Licht, sowohl im städtischen Bereich als auch auf Parkplätzen und in Industriegebieten.

Teilen seines Ver-
ögel. Es ist darauf
en, um Kleintiere aus
u picken. Manchmal
ärtnern beim Um-
ähmen, da es Würmer
otkehlchen bleiben

blaugrau an Seiten von Kopf und Hals

MASSSTABSZEICHNUNG
Die Zeichnung gibt einen Anhaltspunkt für die Größe der Art. Siehe Kasten oben.

SYMBOLE
Die Symbole liefern Informationen zu Geschlecht, Alter, Jahreszeit, Ansicht oder Giftigkeit.

- ♀ weiblich
- ♂ männlich
- erwachsen
- immatur
- Jungtier
- Frühling
- Sommer
- Herbst
- Winter
- Oberseite
- Unterseite
- giftig
- giftig, aber gekocht essbar

SCHLÜSSELINFORMATIONEN
Die wichtigsten Informationen zur vorgestellten Art sind in diesem Kasten zusammengefasst worden. Die Kategorien unterscheiden sich bei den einzelnen Pflanzen- und Tiergruppen, sodass hier immer die wichtigsten Informationen zu finden sind.

tik, *schnell* tik-ik-ik-ik, *hoch, dünn* siiiip; Gesang
Überdachtes Grasnest in Busch; 4–6 Eier, 2 Bruten;
nen, Insekten, Würmer, Beeren und Samen v.a.
N Heckenbraunelle (links oben); Nachtigall (links);
nz (S. 376).

Lebensräume

Vom warmen Mittelmeerraum bis zur kalten Arktis weist Europa eine große Zahl von Lebensräumen auf, die eine unglaubliche Vielfalt an Tieren und Pflanzen beherbergen.

Küste

Europa besitzt viele Kilometer Küste mit den verschiedensten Küstentypen, von Ästuaren über Salzmarschen bis zu Felsküsten. Sie sind Brutgebiet vieler Vögel und Lebensraum vieler anderer Tiere.

PAPAGEITAUCHER *brüten auf abgelegenen Klippen im Norden und Westen. Sie setzen ihren bunten Schnabel bei der Balz ein.*

NAPFSCHNECKEN *sind mit ihrem robusten kegelförmigen Gehäuse dem Leben an Felsküsten hervorragend angepasst.*

Süßwasser

Von den Gebirgbächen bis zu den Seen des Tieflands bildet Süßwasser die Grundlage für vielfältiges Leben. Viele Naturschutzgebiete umfassen Feuchtgebiete, von Schilfgürteln und Marschen bis zu sauren Torfmooren.

FADENMOLCHE *suchen sich ihre Beute vorwiegend an Land, laichen jedoch wie alle Amphibien im Wasser ab.*

ROTAUGEN *sind anpassungsfähige Fische, die in den unterschiedlichsten Gewässern leben, von Bächen über Kanäle bis zu Seen.*

Gebirge und Hochland

Hügel und Berge sind kühler, windiger und oft feuchter als das sie umgebende Tiefland, sodass sie raue und unberechenbare Lebensräume darstellen. Hochebenen mit sandigen Böden ermöglichen nur eine karge Vegetation.

WANDERFALKEN *brüten auf den Felsen der Hochländer und jagen andere Vögel mit halsbrecherischen Sturzflügen.*

EICHHÖRNCHEN *sind in Hochländern weit verbreitet, die für Grauhörnchen weniger geeignete Lebensräume sind.*

Wälder

Für einen großen Teil der Tiere und Pflanzen sind Laub- und Nadelwälder wichtige Lebensräume. Die zwischen dem Tiefland und den Bergen gelegenen Wälder werden oft von den Bewohnern anderer Lebensräume besucht.

HASEN-GLÖCKCHEN *erzeugen im Frühjahr einen blauen Schimmer unter den noch kahlen Bäumen.*

TRAUBEN-EICHEN *sind große Laubbäume, die wichtige Kleinlebensräume in allen europäischen Wäldern zur Verfügung stellen.*

Wiesen und Weiden

Über Tausende von Jahren haben die Waldrodung und die Kultivierung des Lands in ganz Europa weite Grasflächen geschaffen. Sie wurden die Heimat einer Vielzahl von Arten, obwohl die Methoden der modernen Landwirtschaft diese Wiesen und Weiden für sie zunehmend unattraktiver machen.

DAS SCHACHBRETT *ist einer der typischen Schmetterlinge auf Magerwiesen, wo die erwachsenen Tiere im Sommer nur einige Wochen lang leben.*

STUMPFE SAFTLINGE *erscheinen auf halbwilden Grasflächen in Spätsommer und Herbst.*

Tundra

Die Tundra im Norden ist ein rauer Lebensraum. Der Boden ist in bis zu 1 m Tiefe permanent gefroren, sodass keine Bäume und großen Sträucher wachsen können. Trockene Winde herrschen vor, und die Niederschlagsmenge ist gering.

SCHMAROTZERRAUBMÖWEN *überwintern auf dem Meer, kommen zum Brüten jedoch in der nördlichen Tundra an Land.*

RENTIERE *gehören zu den wenigen Tierarten, die das ganze Jahr über in der Tundra leben.*

Bäume bestimmen

Bäume besitzen viele Merkmale, die sich zur Bestimmung eignen. Beachten Sie die Wuchsform und den Standort, sehen Sie sich aber auch Blätter, Blüten, Früchte und Borke genau an. Beachten Sie, dass Merkmale wie die Blätter sogar am selben Baum in Größe und Form sehr unterschiedlich ausfallen können.

BLATTFORM UND -FARBE

Prüfen Sie, ob das Blatt eine einfache Blattspreite hat oder aus Teilblättern zusammengesetzt ist und wie diese Blättchen angeordnet sind (etwa gefiedert oder handförmig). Manche Blätter wechseln die Farbe, wenn sie altern oder bevor sie im Herbst abgeworfen werden. Manche Blätter tragen deutliche Adern oder sind gescheckt. Ihr Rand kann ungezähnt, gewellt, gezähnt, stachelig oder gelappt sein.

EINFACH — ZUSAMMENGESETZT

BLÜTEN UND FRÜCHTE

Beachten Sie Größe, Farbe und Form, aber auch, wo und wie die Blüten ansetzen. Während man Nadelbäume anhand ihrer Zapfen erkennen kann, tragen andere Bäume unterschiedliche Früchte, wie fleischige, bunte Beeren, hartschalige Nüsse oder abgeflachte Hülsen.

MÄNNLICHE UND WEIBLICHE BLÜTEN AN DER SELBEN PFLANZE — FRUCHT

BORKE

Die Borke ist die äußere Schutzschicht eines Baums. Wenn ein Stamm wächst, kommen in jedem Jahr neue Holzschichten hinzu und die äußeren abgestorbenen Borkeschichten springen auf oder lösen sich. Dadurch entstehen verschiedene charakteristische Muster sowie Unterschiede in Farbe und Textur junger und alter Bäume.

PLATTENARTIGE SCHUPPEN — FLECKIG

GLATT — RILLEN UND RISSE

WUCHSFORM

Die Wuchsform kann bei der Bestimmung helfen. Beachten Sie jedoch, dass sie stark variieren kann. Ein Baum, der auf offener Fläche wächst, unterscheidet sich von einem gleicher Art, der im dichten Wald steht. Das Alter kann die Baumform ebenfalls beeinflussen.

AUSLADEND
Viele Bäume weisen einen ausladenden Wuchs auf.

SÄULENFÖRMIG
Manche Bäume sind viel höher als sie breit sind.

Wildblumen bestimmen

Manchmal reichen Blütenform und Blatttyp aus, um eine Art zu erkennen. Je mehr Erfahrungen Sie durch die Beobachtung der Pflanzen in der freien Natur gesammelt haben, desto einfacher wird Ihnen die Bestimmung fallen. Gerade am Anfang ist es wichtig, sich alle Merkmale einschließlich des Standorts und der Blütezeit einzuprägen.

Aufbau

Alle Teile der Blüte gewährleisten gemeinsam die Bestäubung und die Befruchtung. Die weibliche Eizelle, die sich im Fruchtknoten an der Basis des Griffels mit der Narbe befindet, wird durch Pollen befruchtet, der von den männlichen Staubbeuteln produziert wird. Insekten transportieren den Pollen zu den Narben anderer Blüten. Die Kelch- und Kronblätter umgeben und schützen die Reproduktionsorgane. Blütenkörbchen bestehen aus kleinen Blüten, die als Zungen- und Röhrenblüten bezeichnet werden.

BLÜTE

Blüten

Blüten sind ein auffälliges Merkmal. Ihre Farbe kann bei der Bestimmung hilfreich sein. Beachten Sie jedoch, dass manche Arten in verschiedenen Farbvarianten vorkommen. Beachten Sie, wie die Blüten zueinander stehen, wo sie ansetzen und wieviele Kron- und Kelchblätter welcher Form es gibt.

BLÜTENSTÄNDE

EINZELN   ÄHRE   TRAUBE   RISPE

FRÜCHTE

Früchte kommen in den unterschiedlichsten Formen vor. Nah verwandte Arten tragen oft ähnliche Früchte, doch leichte Unterschiede können die Bestimmung erleichtern. Früchte sind auch nach der Blüte gute Bestimmungsmerkmale.

KAPSEL   BEEREN   SPALTFRUCHT

BLÄTTER

Beachten Sie die Farbe, Textur und Form der Blätter, wie sie geteilt sind, ob sie gezähnte Ränder haben und wie sie am Stiel ansetzen. Blätter oben am Stängel können sich von den unteren unterscheiden.

BLATTFORMEN

LINEAL   LANZENFÖRMIG   ELLIPTISCH

Pilze bestimmen

Um Pilze und Flechten (eine Kombination aus einem Pilz und einer Alge) exakt zu bestimmen, muss man sich vor Ort ausführliche Notizen machen, solange die Exemplare frisch sind. Man sollte vorsichtig mit ihnen umgehen, um nicht die oft empfindliche Oberfläche oder andere Merkmale zu beschädigen. Eine Lupe hilft bei der Betrachtung.

Aufbau

Der Aufbau aller Pilze folgt ihrer Funktion, ihre Sporen zur Vermehrung zu verbreiten. Der typische Fruchtkörper hat einen Hut, der einem zentralen Stiel aufsitzt. Die Hutunterseite ist mit Lamellen, Stacheln, Röhren oder fleischigen Leisten bedeckt. Dort werden die Sporen erzeugt und freigesetzt. Die Formen der Hüte und Stiele sind wie die Oberflächenbeschaffenheit und die Farbe Bestimmungsmerkmale. Junge Pilze bedeckt oft eine Gesamthülle (Velum universale), die während des Wachstums aufreißt und Reste an Hut, Stiel oder Stielbasis zurücklässt.

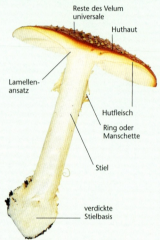

Fruchtkörperformen

Die Beurteilung der Form des Fruchtkörpers ist oft der erste Bestimmungsschritt. Die Grobeinteilung der vorgestellten Pilze erfolgt zum Teil nach ihrer besonderen Gestalt. Es kommen die verschiedensten Formen vor, vom typischen gestielten Hutpilz mit Lamellen bis hin zu Gebilden mit an Tiere erinnernden Armen und Tentakeln.

Beschaffenheit des Huts

Die Hutoberfläche kann sehr unterschiedlich gestaltet sein, von glatt und klebrig bis zu trocken, faserig und schuppig. Bei manchen Arten trägt sie auch dünne, häutige, spinnwebartige oder sogar klebrige Velumreste.

| ABWISCHBARE SCHUPPEN | NICHT ABWISCHBARE SCHUPPEN | RADIALFASERIG | FASERSCHUPPIG | KLEBRIG-SCHMIERIG |

Lamellen

Bei der Bestimmung kommt es auf die Farbe der Lamellen, ihren Abstand zueinander (eng oder entfernt) und ihre Beschaffenheit (biegsam oder brüchig) an. Beachten Sie den Lamellenansatz am Stiel (angeheftet, breit angewachsen, ausgebuchtet, am Stiel kurz oder weit herablaufend). Notieren Sie, ob bei Verletzung ein Milchsaft ausgeschieden wird. Lamellenmerkmale sind für gewöhnlich innerhalb einer Art konstant.

Wuchsform und Erscheinungszeit

An der Wuchsform lassen sich manche Pilze von ähnlichen unterscheiden. So können sie einzeln, büschelig oder in Ringen wachsen. Neben vielen häufigen Arten gibt es auch sehr seltene, deren Fund ein Ereignis ist. Wieder andere erscheinen nur zu bestimmten Jahreszeiten.

Säugetiere bestimmen

Säugetiere sind die einzigen ein Fell tragenden Tiere, obwohl die Behaarung bei manchen recht spärlich ausfallen kann. Sie sind »warmblütig« (homöotherm), können also unabhängig von der Umgebungstemperatur eine konstante Körpertemperatur aufrechterhalten.

Variationen

Nicht alle Tiere einer Art gleichen sich. Die Geschlechter können sich unterscheiden, junge Tiere sehen anders aus als erwachsene und das Aussehen kann von der Jahreszeit abhängen. Außerdem kann es eine Rolle spielen, aus welchem Teil des Verbreitungsgebiets das Tier stammt. Einige der häufigsten Variationen finden Sie in diesem Buch.

Spuren und Hinweise

Da viele Säugetiere sehr scheu oder sogar nachtaktiv sind, kann man ihre Anwesenheit am besten an ihren Spuren erkennen. Dazu können Kot, Fußabdrücke, Fraßspuren oder bestimmte Plätze gehören, an denen die Tiere Schutz suchen oder ihre Jungen aufziehen.

Hinterfußabdruck — Zehe — größte Länge angegeben — Fraßspuren
Vorderfußabdruck — Ballen

Reptilien bestimmen

Reptilien waren die ersten vollständig an Land lebenden Wirbeltiere. Von den etwa 8000 heutigen Arten sind nur wenige von feuchten Lebensräumen abhängig. Alle Reptilien sind »kaltblütig« oder wechselwarm (poikilotherm). Sie können nur in geringem Maße eigene Körperwärme erzeugen und sind von der Umgebungstemperatur abhängig. Dafür benötigen sie aber auch relativ wenig Nahrung. Manche Arten können lange Zeit hungern.

Ringelnatter mit Gelege

VERMEHRUNG
Die Eier werden meistens durch die Wärme der Sonne oder verrottender Vegetation ausgebrütet. Bei »lebendgebärenden« Arten entwickeln sich die Eier im Mutterleib.

HAUT
Die Beschaffenheit der Schuppen der Reptilienhaut kann für eine Art charakteristisch sein. Eine genaue Untersuchung der Schuppen ist jedoch nur bei gefangenen, kältestarren oder toten Tieren möglich.

KÖRNIG — GLATT — GEKIELT

HORIZONTAL — VERTIKAL — RUND

AUGEN
Die Augenfarbe sowie die Form und Ausrichtung der Pupille (links abgebildet) sind gute Bestimmungsmerkmale, wenn man nah genug an das Tier herankommt. Die Farbe der Iris kann besonders charakteristisch sein.

Amphibien bestimmen

Amphibien waren die ersten Wirbeltiere, die das Land nutzen konnten. Doch die meisten legen ihre Eier im Wasser ab, wo Larven mit Kiemen daraus schlüpfen. Da sie wechselwarm (poikilotherm) sind, verfallen sie bei Kälte in eine Starre. Auch unter heißen, trockenen Bedingungen können sie eine Sommerruhe (Ästivation) halten.

HAFTZEHEN

SCHWIMM-HÄUTE

Pupille
HORIZONTAL

RUND

VERTIKAL

FÜSSE
Amphibienfüße zeigen verschiedene Anpassungen an die Lebensweise, wie Haftscheiben zum Klettern oder Schwimmhäute zum Schwimmen.

AUGEN
Die Form der Augen und besonders die Gestalt und Ausrichtung der Pupillen sind gute Unterscheidungsmerkmale vieler Amphibiengruppen.

GLATT

WARZIG

Kammmolch

HAUT
Obwohl die Haut meistens glatt und schleimbedeckt ist, können manche Arten körnige, oft von der Jahreszeit abhängige Hautstrukturen zeigen.

SCHWANZ
Der Schwanz kann zum Schwimmen benutzt werden. Bei Männchen kann er zur Brutzeit einen Kamm tragen.

Fische bestimmen

Die Farbe und die Größe sind für die Bestimmung ungeeignet, da sie sich zwischen einzelnen Fischen sehr unterscheiden. Es gibt aber andere Merkmale, die allein oder gemeinsam eine Fischart unverwechselbar machen. Dazu gehören die Schuppen, die Körperform, die Position der Flossen und das Verhalten.

SCHUPPEN
Fischschuppen unterscheiden sich in Größe, Form und Anzahl. Knochenfische können ovale Ctenoidschuppen mit rauen Rändern oder glatte Cycloidschuppen besitzen. Manchmal kann man anhand der Zahl der Schuppen auf der Seitenlinie die Fischart bestimmen.

GROSSE SCHUPPEN

KLEINE SCHUPPEN

WINZIGE SCHUPPEN

KÖRPERFORM
Fische haben verschiedene Körperformen entwickelt, die ihre Lebensweise verraten. Stromlinienförmige Fische wie der Hecht müssen zum Beutefang stark beschleunigen. Hochrückige wie der Karpfen bevorzugen ruhige Gewässer, während flache Fische wie die Flunder Bodenbewohner sind.

Stromlinienform
TORPEDOFORM

am höchsten vor der Rückenflosse

HOCHRÜCKIG

Oberseite mit Tarnfarbe
PLATTFISCH

Vögel bestimmen

Einen Vogel zu bestimmen ist ein Prozess, zu dem viele Informationen benötigt werden: der Ort, der Lebensraum, die Jahreszeit, seine Größe und Gestalt, seine Farbe und Zeichnung, seine Art sich zu bewegen und sein allgemeines Verhalten. Obwohl man zur Bestimmung nicht viel über seine Anatomie wissen muss, schadet dieses Wissen sicher nicht. Die richtige Terminologie präzisiert die Beschreibung der Tiere.

Anatomie

Die Decken nehmen auf der Unterseite des Flügels weniger Platz ein als auf der Oberseite, sind jedoch ebenfalls in sich überlappenden Reihen angeordnet. An der Flügelbasis wird in der Flügelgrube von den Achselfedern ein dreieckiges Feld gebildet. Kopf, Bauch, Brust und Flanken sind mit kurzen, weniger biegsamen Federn bedeckt.

KARTEN

Jeder Steckbrief enthält eine Karte mit der Verbreitung in Europa, wobei verschiedene Farben die jeweiligen Jahreszeiten darstellen.

KOPFZEICHNUNGEN

Die Zeichnung des Kopfes kann aus einer Kappe, einem Überaugenstreif oberhalb des Auges, einem Augenstreif oder einem Kehllatz bestehen.

FEDERTYPEN

Weiche Dunenfedern bilden eine isolierende Unterschicht. Kopf und Körper sind mit Konturfedern besetzt. An den Flügeln befinden sich kleine, steife Deckfedern.

DUNENFEDER   KONTURFEDER   HANDDECKE

FEDERKLEID

Federn ermöglichen das Fliegen und halten den Vogel warm und trocken. Außerdem tragen sie Farben und Muster für Balz oder Tarnung.

SCHNEEAMMER   BASSTÖLPEL

Ort

Ähnliche Arten leben oft in unterschiedlichen Lebensräumen, nutzen verschiedene Nahrungsangebote und vermeiden so die Konkurrenz untereinander. Diese Informationen helfen bei der Bestimmung. Feldlerchen kommen beispielsweise in offenem Gelände vor und sitzen auf niedrigen Zäunen. Heidelerchen besiedeln dagegen Waldränder und Heiden, suchen in Büschen Deckung und lassen sich auf hohen Bäumen und Stromleitungen nieder.

HEIDELERCHE

FELDLERCHE

Größe und Gestalt

Es ist oft schwierig, die Größe abzuschätzen, doch ist sie für die Bestimmung wichtig. Sehen Sie einen unbekannten Vogel, sollten Sie versuchen, seine Größe im Vergleich zu einer Ihnen bekannten Art einzuschätzen. Versuchen Sie auch, die Gestalt einschließlich der Schnabel- und Beinlängen einzuordnen. Die Schnabelform hängt meistens mit der Ernährung zusammen.

BLAUMEISE — winzige Insekten, Sämereien
GROSSER BRACHVOGEL — große Würmer tief im Schlamm
STEINADLER — Vögel, Säugetiere, Aas
ZAUNKÖNIG — winziger Schwanz
AMSEL — Würmer und Früchte
STOCKENTE — Pflanzen, Sämereien

Flug

Manchmal sehen Sie einen Vogel nur im Flug, sodass Einzelheiten und Färbung des Gefieders nur schwer zu erkennen sind. In diesem Fall ist das Flugverhalten das beste Merkmal. Vögel zeigen viele unterschiedliche Flugstile. Manche legen lange Strecken gleitend zurück. Die Flügel können wenig oder weit ausholen, angewinkelt oder gewölbt sein, und der Vogel kann rütteln oder steil abtauchen.

RÜTTELNDER TURMFALKE
Ist kein Ansitz in der Nähe, halten Turmfalken Ausschau, indem sie rüttelnd in der Luft stehen.

STIEGLITZSCHWARM
Stieglitze bewegen sich elegant und leicht in wellenförmigem Flug durch die Luft.

Schmetterlinge (Tag- und Nachtfalter) bestimmen

Einige Tag- und Nachtfalter sind leicht zu bestimmen, doch innerhalb einiger Gruppen ähneln sich die einzelnen Arten sehr. Durch die Beobachtungen ihrer Eigenschaften, wie Farben, Zeichnungen und Flügelform, sowie ihres Lebensraums und ihrer geografischen Verbreitung können jedoch fast alle Arten identifiziert werden.

Anatomie

Tag- und Nachtfalter sind Insekten, die die Ordnung Lepidoptera bilden. Die wörtliche Bedeutung dieses Begriffs ist »Schuppenflügler«, denn die Flügel fast aller Arten sind mit winzigen Schuppen besetzt, die ihnen ihre Farben und Zeichnungen verleihen. Wie bei anderen Insekten besteht der Körper aus drei Teilen: dem Kopf mit Augen, Mundwerkzeugen und Antennen, dem Thorax mit Flügeln und Beinen und dem Abdomen mit den Verdauungs- und Geschlechtsorganen.

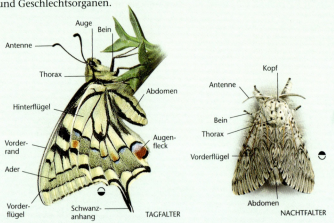

TAGFALTER — NACHTFALTER

Muster und Flügelform

Die Flügel sind die auffälligsten Körperteile eines Schmetterlings, und ihre Farben und Muster sind meistens gute Bestimmungsmerkmale. Die Flügelform variiert stark von Art zu Art, da sie in erster Linie von der Flugweise abhängt. Eine ungewöhnliche Flügelform kann auch der Tarnung dienen.

OBEN UND UNTEN UNTERSCHIEDLICH — FARBÜBERGÄNGE

BÄNDERUNG

EINGEBUCHTETER RAND

AUGENFLECKEN

GEFIEDERTE FLÜGEL

Insekten und Spinnen bestimmen

Wenn man einen an Land lebenden Gliederfüßer findet, sollte man ihn zunächst einer der großen Gruppen zuordnen. Besitzt er acht oder mehr Beinpaare, gehört er zu den Tausendfüßern, hat er sieben, ist es eine Assel. Bei vier Paaren handelt es sich um ein Spinnentier und bei drei Beinpaaren um ein Insekt.

Anatomie

Insekten gehören zur großen Gruppe der Arthropoden oder Gliederfüßer. Zu dieser Gruppe gehören auch Spinnentiere, Myriapoden oder Tausendfüßer (Hundertfüßer, Doppelfüßer und Verwandte) sowie die Krebstiere (an Land die Asseln und im Wasser Krabben, Garnelen und Verwandte). Sie alle besitzen ein schützendes Außenskelett mit einem mehr oder weniger hohen Chitinanteil. Anders als die anderen Gliederfüßer haben Insekten nur drei Beinpaare und meistens Flügel. Insektenkörper sind in drei Abschnitte (Kopf, Thorax und Abdomen) gegliedert, wohingegen Spinnentiere meist nur zwei Körperabschnitte besitzen.

INSEKT — SPINNENTIER

GESCHLECHT

Oft sehen die Geschlechter gleich aus, doch sie können sich auch in Größe und Farbe unterscheiden. Manchmal ist nur eins geflügelt oder besitzt besondere Körperanhänge.

HOLZWESPEN

TARNUNG UND WARNUNG

Viele Gliederfüßer sind zur Tarnung unauffällig gefärbt, um sich zu schützen. Andere ahmen mit Warnfarben gefährlichere Arten nach.

PUNKTIERTE ZARTSCHRECKE

RAUBFLIEGE

Bäume und Sträucher

Bäume sind mehrjährige, verholzte Pflanzen mit einem einzigen Hauptstamm. Einige mehrstämmige Sträucher sind allerdings baumartig genug, dass man sie auch als Bäume bezeichnen kann. Bäume sind in vielen Lebensräumen die dominante Vegetationsform und beeinflussen ihrerseits die in diesen Gebieten lebende Tierwelt. Viele Wirbellose und verschiedene Säugetier- und Vogelarten hängen vollkommen von Bäumen ab.

FICHTE   WILDER APFEL   WALDKIEFER   ROBINIE

Bastard-Zypresse

× *Cupressocyparis leylandii* (Cupressaceae)

schmaler, säulenförmiger Wuchs

Der schnellwüchsige, immergrüne Baum wächst schmal säulenförmig und läuft oben spitz zu. Die schuppenförmigen, dunkelgrünen Blätter sind zugespitzt. Sie stehen dicht um die abgeflachten Zweige. Männliche Blütenstände sind gelb, weibliche grün. Beide sitzen an den Spitzen der Triebe. Die Zapfen (erscheinen bei einigen Sorten nicht) reifen von Grün zu Braun.

MERKMALE *Die runden, grünen jungen Zapfen färben sich im zweiten Jahr nach der Blüte braun und sitzen dann in Büscheln an den alten Trieben.*

gelbe männliche Blüten

Zapfen 2 cm breit

dichtes Laub

HÖHE *30 m oder höher.*
AUSBREITUNG *10 m.*
RINDE *Rotbraun und glatt, im Alter rissig und schuppig.*
BLÜTEZEIT *Frühjahr.*
VORKOMMEN *Nur als Kulturpflanze (mehrere Formen mit verschiedener Blattfärbung).*
ÄHNLICHE ARTEN *Keine.*

Fichte

Picea abies (Pinaceae)

Die schlanken, vierkantigen, dunkelgrünen Nadeln sind spitz und stehen an kräftigen orangebraunen Zweigen. Die Blütenstände beider Geschlechter stehen getrennt am selben Baum. Die männlichen sind aufrecht und rötlich, färben sich später gelb. Die weiblichen sind anfangs rot und entwickeln sich zu hängenden grünen Zapfen, die braun reifen.

Spitze kegelförmig

MERKMALE *Die Schuppen der hängenden braunen Zapfen sind an den Spitzen gekerbt.*

großer, aufrechter Baum

weibliche Blütenstände

Zapfen bis 15 cm lang.

Nadeln bis 2 cm lang.

männliche Blütenstände

HÖHE *50 m.*
AUSBREITUNG *15 m.*
RINDE *Violett, schuppt sich im Alter in Platten.*
BLÜTEZEIT *Spätes Frühjahr.*
VORKOMMEN *Skandinavien bis zu den Alpen und Griechenland; im Süden im Gebirge.*
ÄHNLICHE ARTEN *Serbische Fichte (Picea omorika), die kleinere Zapfen hat.*

Wald-Kiefer

Pinus sylvestris (Pinaceae)

Die Wald-Kiefer oder Föhre ist kegelförmig, wenn sie jung ist, und entwickelt im Alter eine gerundete, ausladende Krone auf einem hohen Stamm. Die kräftigen Nadeln sind blaugrün bis blaugrau. Die männlichen Blütenstände sind zylinderförmig und gelb und stehen an der Basis junger Triebe. Die weiblichen Blütenstände sind aufrecht und rot und stehen einzeln oder in Paaren an den Spitzen junger Triebe. Sie wachsen im zweiten Herbst zu eiförmigen, grünen Zapfen heran, die braun reifen.

MERKMALE *Gelbliche männliche Blütenstände zwischen steifen, blaugrünen Nadeln, die paarig an den Zweigen sitzen; manchmal sind sie silbern getönt.*

orange- bis rosafarbene Rinde am oberen Teil des Stammes

Krone ausladend und gerundet

weibliche Blüten

Nadeln bis 7 cm lang

männliche Blüten

Zapfen bis 8 cm lang

ANMERKUNG

In Gärten werden viele Zwergformen gepflanzt. Von den Sorten, die zu Bäumen heranwachsen, hat P. sylvestris 'Aurea' im Winter leuchtend gelbe Nadeln, P. sylvestris 'Fastigiata' einen schmal säulenförmigen Wuchs.

HÖHE 30 m oder höher. **AUSBREITUNG** 15 m.
RINDE Violettgrau, oben orange- bis rosafarben; tiefe Risse, schuppt sich im Alter in Platten.
BLÜTEZEIT Frühsommer.
VORKOMMEN Sandige Böden; in ganz Europa bis zur Ostttürkei.
ÄHNLICHE ARTEN In freier Natur charakteristisch; kann mit der kultivierten Japanischen Rot-Kiefer (P. densiflora) verwechselt werden, die längere grüne Nadeln hat.

Europäische Eibe

Taxus baccata (Taxaceae)

Dieser breit kegelförmige, immergrüne Baum hat oft mehrere Stämme. Die linealen, zugespitzten Nadeln sind oberseits dunkelgrün, unterseits tragen sie zwei weiße Streifen. Sie stehen vorwiegend in zwei Reihen an den Zweigen. Die männlichen Blüten erscheinen unten an den Zweigen, die kleinen grünen weiblichen Blüten an getrennten Bäumen an den Enden der Triebe. Die Frucht ist ein Same, der in einem roten, meist fleischigen, oben geöffneten Arillus sitzt. Alle Teile der Pflanze außer dem Arillus sind giftig. 'Fastigiata' ist eine Sorte mit aufrechten Zweigen, die Nadeln stehen an den Zweigen nach allen Seiten ab.

MERKMALE *Die hellgelben männlichen Blütenstände erscheinen in den Blattachseln unterseits der Triebe.*

kegelförmiger Wuchs

Äste aufrecht

Nadeln bis 3 cm lang

fleischiger, roter Arillus mit Samen

gelber Arillus

'LUTEA'

ANMERKUNG

Die Europäische Eibe wird in Gärten oft einzeln oder in Hecken gepflanzt. Es gibt viele Sorten, auch solche mit bunten Nadeln. 'Lutea' ist eine ungewöhnliche Form mit gelben Früchten.

HÖHE *20m.*
AUSBREITUNG *10m.*
RINDE *Violettbraun, glatt, blättert ab.*
BLÜTEZEIT *Zeitiges Frühjahr.*
VORKOMMEN *Gebirge und Hügelland, auf kalkhaltigen Böden, in ganz Europa; auch kultiviert.*
ÄHNLICHE ARTEN *Keine – die Europäische Eibe kann kaum mit anderen Arten verwechselt werden, besonders, wenn sie Früchte trägt.*

Europäische Lärche

Larix decidua (Pinaceae)

Diese schnellwüchsige Art wirft im Herbst ihre Nadeln ab. Die weichen, hellgrünen Nadeln werden bis zu 4 cm lang. Sie öffnen sich im zeitigen Frühjahr und färben sich im Herbst gelb. Sie stehen in dichten Büscheln an Kurztrieben an den langen gelben Zweigen. Die männlichen Blütenstände an der Zweigunterseite sind gelb, die aufrechten weiblichen rot oder gelb. Die eiförmigen Zapfen haben nach oben gebogene Schuppen.

MERKMALE *Die ovalen roten jungen Zapfen sind an den schlanken Zweigen deutlich sichtbar.*

kegelförmiger Wuchs

dünne, herabhängende Zweige

weiblicher Blütenstand

männlicher Blütenstand

Zapfen bis 4 cm lang

HÖHE *30–40 m.* **AUSBREITUNG** *15 m.*
RINDE *Grau und glatt; wird rotbraun und springt im Alter in schuppige Platten auf.*
BLÜTEZEIT *Frühjahr.*
VORKOMMEN *Gebirgswälder in Mitteleuropa; anderswo häufig in Forsten angepflanzt.*
ÄHNLICHE ARTEN *Jap. Lärche (L. kaempferi), Schuppen der Zapfen nach außen gebogen.*

Gewöhnl. Wacholder

Juniperus communis (Cupressaceae)

Wuchsform buschig bis aufrecht und baumförmig. Die spitzen Nadeln sind auf beiden Seiten glänzend grün, mit breitem weißem Streifen auf der Oberseite. Sie stehen in Quirlen zu dreien. Die Blüten sind sehr klein, die männlichen gelb, weibliche grün. Weibliche Pflanzen tragen zunächst weiß bereifte blauschwarze, beerenähnliche Zapfen. Der kriechende *J. communis* var. *montana* ist in alpinen Regionen häufig.

MERKMALE *Kriechend oder buschförmig, manchmal baumförmig; die Art ist im Wuchs sehr variabel.*

Blatt bis zu 1,2 cm lang

Zapfen bis 6 mm lang

glänzend grüne Nadeln

buschiger, ausladender Wuchs

HÖHE *6 m.* **AUSBREITUNG** *1–3 m.*
RINDE *Rotbraun mit Furchen.*
BLÜTEZEIT *Frühjahr.*
VORKOMMEN *Heidegebiete und Hügelland mit kalkhaltigem Boden.*
ÄHNLICHE ARTEN *Rotbeeriger Wacholder (J. oxycedrus), Blätter oberseits zwei weiße Streifen, rotbraune Früchte.*

Feld-Ahorn

Acer campestre (Aceraceae)

Die gegenständigen Blätter sind oberseits dunkelgrün, unterseits heller und behaart. Sie färben sich im Herbst gelb. Sie sind fünfteilig und die größeren Lappen sind nochmals gelappt. Wenn man den Blattstiel durchschneidet, tritt ein milchiger Saft aus. Blütenstände mit kleinen, grünen Blüten öffnen sich mit den jungen Blättern. Die Frucht ist bis zu 2,5 cm lang und hat zwei ausladende Flügel.

MERKMALE *Die Früchte hängen in Büscheln und haben zwei ausladende Flügel; sie reifen von Grün zu Rötlich.*

runde Krone
ausladender Wuchs
Blatt bis 10 cm breit
Frucht etwa 5 cm breit

HÖHE *15 m.* **AUSBREITUNG** *10 m.*
RINDE *Hellbraun, mit orangefarbenen Furchen, manchmal etwas korkig.*
BLÜTEZEIT *Frühjahrsmitte bis spätes Frühjahr.*
VORKOMMEN *Ganz Europa.*
ÄHNLICHE ARTEN *Felsen-Ahorn (Acer monspessulanum), der meist dreilappige Blätter und keinen Milchsaft in den Blattstielen hat.*

Berg-Ahorn

Acer pseudoplatanus (Aceraceae)

Die breite Krone dieses Baumes wird im Alter noch ausladender. Die Zweige enden in grünen Knospen. Die Blätter sind in fünf scharf gezähnte Lappen geteilt. Sie sind oberseits dunkelgrün, unterseits blaugrün und färben sich im Herbst gelb. Die Blüten sitzen in Blütenständen und ihnen folgen Früchte mit grünen oder rötlichen Flügeln.

MERKMALE *Die gelbgrünen Blüten sitzen an hängenden Blütenständen.*

Blatt bis 15 cm breit
Flügel bis 3 cm lang
fünffach gelappt
Blütenstand bis 12 cm lang

Krone breit säulenförmig
dichtes Laub

HÖHE *30 m.* **AUSBREITUNG** *20 m.*
RINDE *Rosafarben bis gelblich grau; schuppt sich im Alter in unregelmäßigen Platten.*
BLÜTEZEIT *Mitte des Frühjahrs.*
VORKOMMEN *Gebirgswälder in Europa.*
ÄHNLICHE ARTEN *Schneeballblättriger Ahorn (Acer opalus), der gelbe Blüten hat; Spitz-Ahorn (S. 26), der rote Knospen hat.*

Spitz-Ahorn

Acer platanoides (Aceraceae)

Die Blätter sind in fünf Lappen mit mehreren spitzen Zähnen geteilt. Sie sind oberseits kräftig grün, unterseits heller und glänzend und färben sich im Herbst gelb, orangefarben und rot. Die kleinen gelben Blüten öffnen sich, bevor die Blätter erscheinen. Ihnen folgen Früchte mit großen Flügeln.

MERKMALE *Die kräftig grünen Blätter haben fünf Lappen, die in Zähnen enden.*

Blatt bis 18 cm lang

Herbstlaub

Frucht bis 5 cm lang

Blüten leuchtend gelb

HÖHE 25 m. **AUSBREITUNG** 15 m.
RINDE Grau und glatt.
BLÜTEZEIT Zeitiges Frühjahr.
VORKOMMEN Gebirgswälder in Europa.
ÄHNLICHE ARTEN Italienischer Ahorn (*Acer opalus*) mit bereiften Zweigen; Zucker-Ahorn (*Acer saccharum*) ohne Milchsaft in Blattstielen; Berg-Ahorn (S. 25) mit grünen Knospen.

Gewöhnl. Stechpalme

Ilex aquifolium (Aquifoliaceae)

Dieser immergrüne Baum wächst manchmal strauchförmig. Die dunkelgrünen Blätter variieren von eiförmig bis länglich. Junge Bäume und untere Zweige tragen meist stachelige Blätter, während bei älteren Bäumen und an höheren Zweigen die Blätter glatt sind. Weißen oder violett getönten männliche und weibliche Blüten stehen an verschiedenen Bäumen.

MERKMALE *Meist leuchtend rote Beeren stehen dicht an den Zweigen weiblicher Bäume.*

Wuchs säulen- bis kegelförmig

weiße männliche Blüten

weibliche Blüten mit grünem Fruchtknoten

Blatt bis 10 cm lang

HÖHE 20 m. **AUSBREITUNG** 15 m.
RINDE Hellgrau und glatt.
BLÜTEZEIT Spätes Frühjahr.
VORKOMMEN Wälder und Hecken, Europa.
ÄHNLICHE ARTEN Großblättrige Stechpalme (*I. × altaclerensis*) mit größeren Blättern; Azoren-Stechpalme (*I. perado*) mit geflügelten Blattstielen. Madeira, Azoren und Kan. Inseln.

Hänge-Birke

Betula pendula (Betulaceae)

Dieser Baum hat elegante, herabhängende Äste. Die jungen Zweige tragen viele kleine Warzen. Die dunkelgrünen Blätter färben sich im Herbst gelb. Sie sind eiförmig bis dreieckig und haben doppelt gezähnte Ränder. Die kleinen Blüten stehen in Kätzchen, die männlichen sind gelb und hängen herab, die weiblichen sind grün und erst aufrecht, später hängend. Die braunen Fruchtstände brechen auf, wenn sie reif sind.

MERKMALE *Die weiße Rinde alter Bäume trägt auffällige dunkle Narben.*

HÖHE *30 m.* **AUSBREITUNG** *20 m.*
RINDE *Weiß.*
BLÜTEZEIT *Mitte des Frühjahrs.*
VORKOMMEN *Europa.*
ÄHNLICHE ARTEN *Moor-Birke (B. pubescens), mit behaarten Zweigen und Blättern; ihr fehlen dunkle Narben in der Rinde an der Stammbasis; auch alte Bäume bleiben weiß.*

Gewöhnliche Hainbuche

Carpinus betulus (Betulaceae)

Die eiförmigen bis länglichen Blätter haben auffallende Adern und sind scharf gezähnt. Oberseits sind sie dunkelgrün, unterseits heller. Die kleinen Blüten sitzen in hängenden Kätzchen. Die männlichen sind gelbbraun, die weiblichen grün. Die Früchte in hängenden Fruchtständen sind unter Hochblättern mit je drei Lappen verborgen.

MERKMALE *Im Sommer hängen die Fruchtstände mit ihren Hochblättern am Baum.*

HÖHE *30 m.* **AUSBREITUNG** *25 m.*
RINDE *Hellgrau, glatt, im Alter gestreift.*
BLÜTEZEIT *Zeitiges Frühjahr.*
VORKOMMEN *In ganz Europa häufig.*
ÄHNLICHE ARTEN *Orientalische Hainbuche (C. orientalis); kleiner, oft strauchförmig; Gewöhnl. Hopfenbuche (Ostrya carpinifolia), rauere Rinde und hopfenähnliche Früchte.*

Schwarz-Erle

Alnus glutinosa (Betulaceae)

MERKMALE *Die kleinen, grünen Früchte verholzen später, die dunkelbraunen Zapfen hängen den Winter über am Baum.*

Junge Zweige und Blätter sind leicht klebrig. Die dunkelgrünen älteren Blätter sind unterseits heller und bis zu 10 cm lang. Sie verschmälern sich am Grund. Die kleinen Blüten stehen in getrennten männlichen und weiblichen Kätzchen. Die männlichen hängen herab, sind gelb und bis zu 10 cm lang. Die aufrechten roten weiblichen sind viel kleiner, nur etwa 5 mm lang.

Wuchs kegelförmig
unreife grüne Frucht
reife Frucht 2 cm lang

HÖHE *25 m.*
AUSBREITUNG *12 m.*
RINDE *Dunkelgrau; springt bei alten Bäumen in rechteckige Platten auf.*
BLÜTEZEIT *Zeitiges Frühjahr.*
VORKOMMEN *Flussufer und andere feuchte Stellen in Europa.*
ÄHNLICHE ARTEN *Keine.*

Gewöhnliche Hasel

Corylus avellana (Betulaceae)

MERKMALE *Die hellgelben Kätzchen mit den männlichen Blüten hängen von den kahlen Zweigen.*

Dieser ausladende Baum wächst oft strauchförmig und bildet Gebüsche. Er hat meist mehrere Stämme. Die herzförmigen, behaarten, dunkelgrünen Blätter färben sich im Herbst gelb. Die männlichen Blüten erscheinen, bevor sich die Blätter öffnen. Die weiblichen Blüten sind winzig, nur die roten Narben fallen auf. Die essbaren Haselnüsse sind teilweise in gelappten grünen Fruchtbechern eingeschlossen.

viele Stämme

Blatt bis 10 cm lang
essbare Nuss

HÖHE *10 m.* **AUSBREITUNG** *10 m.*
RINDE *Graubraun, schält sich in Streifen.*
BLÜTEZEIT *Später Winter, zeitiges Frühjahr.*
VORKOMMEN *Wälder, Waldränder und Dickichte; in ganz Europa.*
ÄHNLICH *Große Hasel (C. maxima) Früchte mit röhrenförmigen Bechern; Baum-Hasel (C. colurna), gezähnte, gelappte Becher.*

Westlicher Erdbeerbaum

Arbutus unedo (Ericaceae)

Dieser immergrüne Baum hat klebrig behaarte junge Zweige. Die wechselständigen, eiförmigen Blätter sind dunkelgrün mit ungezähnten Rändern. Die kleinen Blüten hängen in Blütenständen an den Enden der Zweige. Die erdbeerähnliche Frucht reift von Grün über Gelb zu Rot. Diese Art wächst oft auf alkalischen Böden. Manche Formen haben ungezähnte Blätter.

MERKMALE *Die hängenden, warzigen Früchte ähneln kleinen Erdbeeren.*

Rinde rotbraun

Wuchs breit ausladend

Blatt bis 10 cm breit

HÖHE *10 m.*
AUSBREITUNG *10 m.*
RINDE *Rotbraun, schuppig, schält sich nicht.*
BLÜTEZEIT *Herbst.*
VORKOMMEN *Mittelmeer, Südwestirland.*
ÄHNLICHE ARTEN *Östlicher Erdbeerbaum (A. andrachne); Bastard-Erdbeerbaum (A. ×andrachnoides).*

Europäischer Buchsbaum

Buxus sempervirens (Buxaceae)

Diese immergrüne Pflanze ist eher ein Busch als ein Baum. Die gegenständigen Blätter sind oft blaugrün, wenn sie jung sind. Die Blüten beider Geschlechter stehen getrennt am gleichen Blütenstand, die männlichen haben auffällige gelbe Staubblätter. Die grünen Früchte tragen an der Spitze drei Hörner.

MERKMALE *Meist ein Busch, v. a. an exponierten Standorten; kann in geschütztem Waldland zum Baum heranwachsen.*

kegel- bis säulenförmiger oder ausladender Wuchs

Blatt bis 3 cm lang

männliche Blüten

Frucht bis 8 mm lang

HÖHE *6 m.* **AUSBREITUNG** *5 m.*
RINDE *Grau und glatt; springt bei alten Bäumen in kleine Rechtecke auf.*
BLÜTEZEIT *Zeitiges Frühjahr.*
VORKOMMEN *Gebüsche und Wälder, meist auf basischen Böden, in ganz Europa.*
ÄHNLICHE ARTEN *Balearen-Buchsbaum (Buxus balearica), der größere Blätter hat.*

Schwarzer Holunder

Sambucus nigra (Caprifoliaceae)

Der Wuchs ist oft strauchförmig und vielstämmig. Die Blätter sitzen an graubraunen Zweigen und setzen sich aus fünf bis sieben scharf gezähnten Fiedern zusammen, die bis zu 20 cm lang sind. Die Blüten in flachen Blütenständen sind etwa 6–10 mm breit. Ihnen folgen anfangs grüne, dann glänzend schwarze, essbare Beeren an roten Stielen.

MERKMALE *Kleine, cremeweiße, duftende Blüten stehen in breiten, flachen Blütenständen mit etwa 25 cm Druchmesser.*

- breit säulenförmiger bis runder Wuchs
- cremeweiße Blüten
- Blatt bis 30 cm lang
- Fieder bis 12 cm lang
- Beeren etwa 6 mm groß

HÖHE *10 m.* **AUSBREITUNG** *8 m.*
RINDE *Graubraun, tief gefurcht, korkig.*
BLÜTEZEIT *Sommer.*
VORKOMMEN *Feuchte Wälder und Hecken in ganz Europa; oft in Gärten.*
ÄHNLICHE ARTEN *Zwerg-Holunder (S. ebulus), der krautig ist; S. racemosa, der strauchförmig ist, mit roten Beeren.*

Rhododendron

Rhododendron ponticum (Ericaceae)

Die kräftigen Triebe dieser immergrünen Pflanze tragen wechselständig angeordnete und glänzend dunkelgrüne, ungezähnte und bis zu 20 cm lange sowie 6 cm breite Blätter. Die rosafarbenen bis violetten Blüten zeigen auf der Innenseite bräunliche Flecke. Die kleine Kapselfrucht entlässt zahlreiche winzige Samen. Die Pflanzen sind in Teilen Nordwesteuropas invasive Neophyten.

MERKMALE *Bis zu 5 cm große Blüten in Gruppen an den Enden der Triebe.*

- bräunliche Flecke auf dem oberen Kronblatt
- glänzend dunkelgrünes Blatt
- fünfzählige Blüte
- rosa-violette Blüte
- auffällige Staubblätter

HÖHE *3 m.* **AUSBREITUNG** *5 m.*
BLÜTEZEIT *Später Frühling bis Frühsommer.*
VORKOMMEN *Im äußersten Südwesten und Südosten Europas, Südwestasien. Hybriden sind auf sandigen oder torhaltigen Böden oft ausgewildert.*
ÄHNLICHE ARTEN *Rhododendron-Hybriden in Gärten.*

Wolliger Schneeball

Viburnum lantana (Caprifoliaceae)

Dieser sommergrüne Strauch hat kräftige, behaarte Triebe. Die gegenständigen, eiförmigen, dunkelgrünen Blätter sind bis zu 10 cm lang und 8 cm breit und auf der Unterseite behaart. Kleine cremeweiße Blüten stehen in bis zu 10 cm großen Trugdolden. Auf sie folgen abgeplattete, bis zu 8 mm lange Beeren, die jeweils ein Samenkorn enthalten.

MERKMALE *Weiße, fünfzählige Blüten mit herausragenden Staubblättern stehen in dichten Trugdolden.*

eiförmiges Blatt

Trugdolden

anfangs rote Früchte werden schwarz

HÖHE 5 m.
AUSBREITUNG 3 m.
BLÜTEZEIT *Später Frühling bis Frühsommer.*
VORKOMMEN *Über einen großen Teil Europas in Hecken und Gebüschen, als Kulturpflanze in Gärten verbreitet.*
ÄHNLICHE ARTEN *Gewöhnlicher Schneeball (unten), der jedoch gelappe Blätter aufweist.*

Gewöhnlicher Schneeball

Viburnum opulus (Caprifoliaceae)

Die glatten Triebe des großen, sommergrünen Strauchs tragen gegenständige Blätter mit drei- bis fünflappigen Blättern, die im Herbst oft rot werden. Die kleinen weißen Blüten in den im Durchmesser bis zu 10 cm großen Trugdolden sind von einem Ring steriler Blüten umgeben.

MERKMALE *Saftige leuchtend rote Früchte reifen, wenn die Blätter sich im Herbst färben. Gekocht sind sie essbar.*

ahornähnliches Blatt

glatte Triebe

Trugdolde

große sterile Blüten

HÖHE 5 m.
AUSBREITUNG 5 m.
BLÜTEZEIT *Frühsommer.*
VORKOMMEN *Hecken und Wälder, auch oft angepflanzt. Weit verbreitet, jedoch im hohen Norden seltener.*
ÄHNLICHE ARTEN *Wolliger Schneeball (oben), ohne die großen, sterilen Blüten.*

Gewöhnl. Goldregen

Laburnum anagyroides (Leguminosae/Fabaceae)

Dieser Baum hat wechselständige Blätter mit drei Fiedern, die an der Spitze gerundet sind. Sie sind oberseits tiefgrün, unterseits graugrün und mit seidigen, weißen Haaren bedeckt, wenn sie jung sind. Die Frucht ist eine behaarte, hellbraune Hülse mit schwarzen Samen, die bis zu 8 cm lang wird. Dieser Goldregen wurde in Gärten meist durch den Hybrid-Goldregen ersetzt.

MERKMALE *Die goldgelben, duftenden Schmetterlingsblüten sitzen an bis zu 25 cm langen Trauben.*

Fieder bis 9 cm lang

Blüte bis 2,5 cm lang

Wuchs breit ausladend

HÖHE *7m.* **AUSBREITUNG** *3m.*
RINDE *Glatt, dunkelgrau, im Alter Furchen.*
BLÜTEZEIT *Spätes Frühjahr bis Frühsommer.*
VORKOMMEN *Wälder und Dickichte in Gebirgsregionen Süd- und Mitteleuropas.*
ÄHNLICHE ARTEN *Hybrid-Goldregen, längere Blütentrauben, kleinere Hülsen; Alpen-Goldregen (L. alpinum), Blätter unten glatt.*

Gewöhnl. Scheinakazie

Robinia pseudoacacia (Leguminosae/Fabaceae)

Dieser kräftige Baum mit breit säulenförmigem Wuchs verbreitet sich oft mit Ausläufern. Die Blätter tragen bis zu 21 Fiedern und meist ein Paar Stacheln an der Basis. Die weißen, duftenden Schmetterlingsblüten sitzen an bis zu 20 cm langen, hängenden Trauben, die dunkelbraunen Samenhülsen sind bis zu 10 cm lang.

MERKMALE *Die Blätter setzen sich aus vielen ungezähnten Fiedern zusammen.*

Wuchs säulenförmig

Blatt bis 30 cm lang

Blüte bis 2 cm lang

HÖHE *25m.* **AUSBREITUNG** *15m.*
RINDE *Graubraun mit tiefen Furchen.*
BLÜTEZEIT *Frühsommer.*
VORKOMMEN *Kultiviert, oft verwildert; stammt aus dem Südosten der USA.*
ÄHNLICHE ARTEN *Japanischer Schnurbaum (Styphnolobium japonicum) mit grünen Zweigen ohne Stacheln und kleineren Hülsen.*

Edel-Kastanie

Castanea sativa (Fagaceae)

Dieser Baum ist groß mit säulenförmiger Krone. Die wechselständigen, länglichen Blätter laufen spitz zu und sind gezähnt. Sie sind glänzend dunkelgrün und färben sich im Herbst gelb. Die Blüten stehen in schlanken, aufrechten Blütenständen. Die hellgrünen Fruchtschalen, die dicht mit spitzen Stacheln besetzt sind, schließen drei glänzend braune, essbare Nüsse ein.

MERKMALE *Die cremeweißen Blütenstände erscheinen im Sommer. In Parks bietet der Baum so einen auffälligen Anblick.*

Blatt bis 20 cm lang

Wuchs breit säulenförmig

Blütenstände bis 25 cm lang

Nüsse in stacheliger Schale

HÖHE *30 m.* **AUSBREITUNG** *20 m.*
RINDE *Grau und glatt; bei älteren Bäumen braun mit spiraligen Furchen.*
BLÜTEZEIT *Mitte des Sommers.*
VORKOMMEN *Wälder mit sauren Böden in Südeuropa; häufig gepflanzt und verwildert.*
ÄHNLICHE ARTEN *Rosskastanie (*Aesculus hippocastanum*), gegenständige Blätter.*

Rot-Buche

Fagus sylvatica (Fagaceae)

Die Zweige tragen lange, schlank zugespitzte Knospen. Die Rot-Buche hat wechselständige, dunkelgrüne Blätter mit gewellten Rändern, die oberhalb der Mitte am breitesten sind. Die kleinen männlichen und weiblichen Blüten stehen in getrennten Blütenständen. Die auffälligeren männlichen sitzen an hängenden, hellgelben Köpfchen. Die Frucht ist eine Buchecker mit ein oder zwei essbaren Nüssen.

MERKMALE *Die jungen Blätter sind seidig behaart, im Herbst färben sie sich gelb.*

ausladender Wuchs

gelbes Herbstlaub

Blatt bis 10 cm lang

HÖHE *30 m.*
AUSBREITUNG *20 m.*
RINDE *Hellgrau und glatt.*
BLÜTEZEIT *Mitte des Frühjahrs.*
VORKOMMEN *In Waldland auf alkalischen und durchlässigen Böden in ganz Europa.*
ÄHNLICHE ARTEN *Orient-Buche (*Fagus orientalis*), die größere Blätter hat.*

Stiel-Eiche

Quercus robur (Fagaceae)

Die glatten Blätter sind sehr kurz gestielt und gelappt. Oberseits sind sie dunkelgrün, unterseits blaugrün. Wo der Stiel am Blattgrund ansetzt, ist die Spreite leicht aufgebogen. Die Blüten stehen in Kätzchen. Die männlichen sind gelbgrün und hängen herab, die weiblichen sind unauffällig.

MERKMALE *Die lang gestielten Eicheln sitzen in schuppigen Bechern. Sie sind grün, manchmal gestreift und reifen im zweiten Jahr.*

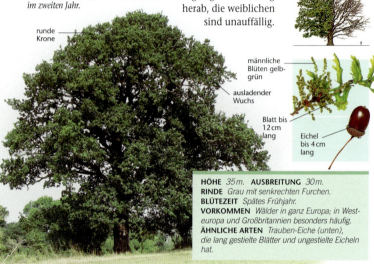

runde Krone

männliche Blüten gelbgrün

ausladender Wuchs

Blatt bis 12 cm lang

Eichel bis 4 cm lang

HÖHE 35 m. **AUSBREITUNG** 30 m.
RINDE Grau mit senkrechten Furchen.
BLÜTEZEIT Spätes Frühjahr.
VORKOMMEN Wälder in ganz Europa; in Westeuropa und Großbritannien besonders häufig.
ÄHNLICHE ARTEN *Trauben-Eiche (unten), die lang gestielte Blätter und ungestielte Eicheln hat.*

Trauben-Eiche

Quercus petraea (Fagaceae)

Die Blätter haben 1 cm lange oder längere Blattstiele. Sie sind oben dunkel, unten dünn behaart. Männliche und weibliche Blüten stehen in getrennten Kätzchen. Die männlichen sind gelbgrün und bis zu 8 cm lang, die weiblichen sind unauffällig.
Die ungestielten oder sehr kurz gestielten Eicheln sind etwa zu einem Drittel im Becher verborgen.

MERKMALE *Die graue Rinde alter Bäume ist senkrecht gefurcht.*

Wuchs breit ausladend

Blatt bis 12 cm lang

Eichel bis 3 cm lang

HÖHE 40 m. **AUSBREITUNG** 25 m.
RINDE Grau.
BLÜTEZEIT Spätes Frühjahr.
VORKOMMEN Waldland in ganz Europa.
ÄHNLICHE ARTEN *Stiel-Eiche (oben), Blätter mit sehr kurzen Stielen, lang gestielten Eicheln. Andere Eichen meist mit behaarten Zweigen und oft stärker behaarten Blättern.*

Gewöhnl. Rosskastanie

Aesculus hippocastanum (Hippocastanaceae)

Die bekannte Gewöhnliche Rosskastanie ist im Winter an ihren großen, glänzend braunen, sehr klebrigen Knospen zu erkennen. Die Blüten sind weiß mit einem gelben Fleck, der sich rot färbt. Sie stehen in großen, aufrechten Kerzen, und ihnen folgen charakteristische grüne Früchte, die bis zu drei glänzend braune Kastanien enthalten. Der Laub abwerfende Baum mit breit säulenförmigem, ausladendem Wuchs hat handförmig geteilte, dunkelgrüne Blätter mit je fünf bis sieben großen, scharf gezähnten Teilblättern. Die Blätter färben sich im Herbst orangerot.

MERKMALE *Die großen, cremeweißen Blütenkerzen bieten im Frühjahr in Parks und Gärten und als Straßenbäume einen spektakulären Anblick.*

säulenförmiger bis ausladender Wuchs

kräftige Erscheinung

Blatt bis 30 cm lang

Blütenkerze bis 30 cm lang

HÖHE *30 m.*
AUSBREITUNG *20 m.*
RINDE *Rotbraun bis grau; schält sich bei alten Bäumen in Schuppen.*
BLÜTEZEIT *Spätes Frühjahr.*
VORKOMMEN *Gebirgswälder in Nordgriechenland und Albanien; häufig kultiviert.*
ÄHNLICHE ARTEN *Rote Rosskastanie (A. ×carnea), rosafarbene Blüten mit roten Flecken und Früchte mit wenigen oder keinen Stacheln.*

ANMERKUNG

Obwohl er häufig in großen Gärten und Parks gepflanzt wird, war die Herkunft dieses Baumes lange Zeit unbekannt, bis er in freier Natur in den Gebirgen Nordgriechenlands entdeckt wurde. Die Samen sind Kastanien.

Gewöhnliche Esche

Fraxinus excelsior (Oleaceae)

Die gegenständigen Blätter setzen sich aus bis zu 13 scharf gezähnten, dunkelgrünen Fiedern zusammen, die je etwa 10 cm lang sind. Im Sommer können kräftige Schösslinge violette Blätter tragen. Die männlichen und weiblichen Blüten stehen getrennt, am selben oder verschiedenen Bäumen. Die glänzend grünen, geflügelten Früchte stehen in Büscheln. Sie werden bis zu 4 cm lang und reifen braun.

MERKMALE *Die Blüten haben keine Blütenblätter; sie öffnen sich aus schwarzen Knospen.*

Wuchs breit säulenförmig

Blatt bis 30 cm lang

Frucht bis 4 cm lang

HÖHE Über 30 m. **AUSBREITUNG** 20 m.
RINDE *Bei jungen Bäumen glatt und hellgrün; entwickelt im Alter tiefe Furchen.*
BLÜTEZEIT *Frühjahr.*
VORKOMMEN *Im größten Teil Europas.*
ÄHNLICHE ARTEN *Schmalblättrige Esche (F. angustifolia), schmälere Blätter; Blumen-Esche (F. ornus), graue Knospen.*

Bastard-Platane

Platanus × hispanica (Platanaceae)

Dieser kräftige, hohe Baum mit breit säulenförmiger Krone hat wechselständige, ahornähnliche Blätter mit fünf gezähnten Lappen. Sie sind oberseits glänzend grün, unterseits heller und braun behaart, wenn sie jung sind. Die kleinen Blüten stehen in hängenden, runden Blütenständen. Die männlichen sind gelb, die weiblichen rot. Die runden Fruchtstände hängen in Gruppen von bis zu sechs Stück den Winter über am Baum.

MERKMALE *Die graue, braune und cremeweiße Rinde schält sich im Alter auffällig in großen Flecken.*

breit säulenförmig

Blatt bis 20 cm lang

HÖHE 35 m. **AUSBREITUNG** 25 m.
RINDE *Grau, braun und cremefarben.*
BLÜTEZEIT *Spätes Frühjahr.*
VORKOMMEN *Nur in Kultur bekannt; Hybridform zwischen der Nordamerikanischen und der Morgenländischen Platane.*
ÄHNLICHE ARTEN *Morgenländische Platane (P. orientalis), die tiefer gelappte Blätter hat.*

Eingriffliger Weißdorn

Crataegus monogyna (Rosaceae)

Die dornigen Zweige dieses Weißdorns hängen bei alten Bäumen oft leicht herab. Die Blätter sind im Umriss ei- bis rautenförmig. Sie sind tief in drei oder fünf scharf gezähnte Lappen eingeschnitten, oberseits glänzend dunkelgrün und unterseits heller. Die duftenden weißen Blüten haben rosafarbene Staubblätter und stehen in dichten Blütenständen. Ihnen folgen leuchtend rote, eiförmige Früchte, die je einen einzigen Stein enthalten. Der Eingriffliger Weißdorn ist eine variable und weit verbreitete Art, die oft in Hecken gepflanzt wird.

MERKMALE *Die glänzenden, leuchtend roten Früchte reifen von September bis Oktober in attraktiven Fruchtständen.*

Wuchs breit ausladend

weiße Blüten

Blüte bis 1,5 cm breit

Blatt bis 5 cm lang

ANMERKUNG

Die Gartensorte 'Biflora' blüht zwei Mal, ein Mal im Winter oder zeitigen Frühjahr, je nach Wetter, und wieder zur üblichen Blütezeit im späten Frühjahr. Der Sage nach wuchs sie aus dem Stab des Joseph von Arimathea, der diesen in Glastonbury in die Erde steckte, als er aus dem heiligen Land nach England zurückkehrte.

HÖHE *10 m.*
AUSBREITUNG *10 m.*
RINDE *Orangebraun; bei alten Bäumen aufgesprungen und schuppig.*
BLÜTEZEIT *Spätes Frühjahr.*
VORKOMMEN *Wälder, Gebüsche und Hecken in ganz Europa.*
ÄHNLICHE ARTEN *Zweigriffliger Weißdorn (Crataegus laevigata), der weniger tief eingeschnittene Blätter mit drei bis fünf mehr oder weniger stumpfen Lappen und Früchte mit zwei Steinen hat.*

Holz-Apfel

Malus sylvestris (Rosaceae)

MERKMALE *Die weißen, oft rosafarben getönten Blüten blühen im April und Mai.*

Dieser ausladende Baum oder Strauch hat manchmal dornige Zweige. Die eiförmigen bis fast runden Blätter sind fein gezähnt und spitz. Sie sind oberseits dunkelgrün, unterseits heller und auf beiden Seiten glatt oder fast glatt, wenn sie älter sind. Den weißen oder rosafarben getönten Blüten folgen gelbgrüne oder rötliche Früchte.

Wuchs ausladend

Blatt bis 8 cm lang

Frucht bis 4 cm breit

HÖHE *10 m.*
AUSBREITUNG *10 m.*
RINDE *Braun, im Alter aufgesprungen.*
BLÜTEZEIT *Spätes Frühjahr.*
VORKOMMEN *Wälder, Dickichte und Hecken in ganz Europa.*
ÄHNLICHE ARTEN *Kultur-Apfel und M. pumila mit unterseits behaarten Blättern.*

Vogel-Kirsche

Prunus avium (Rosaceae)

MERKMALE *Die weißen Blüten stehen in Büscheln, bevor die Blätter sich entfalten.*

Die wechselständigen, elliptischen bis länglichen, scharf gezähnten Blätter sind bis zu 15 cm lang und tragen eine kurze Spitze. Sie sind bronzefarben, wenn sie jung sind, später matt dunkelgrün und färben sich im Herbst gelb oder rot. Auf den Blattstielen kann man auffallende Drüsen erkennen. Die schlank gestielten Kirschen reifen rot und sind essbar.

üppige weiße Blüten

Wuchs ausladend

Knospen rosafarben getönt

Frucht bis 1 cm breit

Blüte bis 3 cm breit

HÖHE *25 m.* **AUSBREITUNG** *15 m.*
RINDE *Zunächst rotbraun, glatt und glänzend; schält sich in waagrechten Streifen.*
BLÜTEZEIT *Frühjahr.*
VORKOMMEN *Wälder in Europa.*
ÄHNLICHE ARTEN *Sauer-Kirsche (Prunus cerasus), ein kleinerer, oft strauchförmiger Baum mit fein gezähnten Blättern.*

Gewöhnliche Schlehe

Prunus spinosa (Rosaceae)

Die Gewöhnliche Schlehe ist eher ein Strauch als ein Baum und hat dornige Zweige. Die kleinen, gezähnten Blätter sind an den Enden am breitesten. Sie sind oberseits dunkelgrün und unterseits behaart, wenn sie jung sind. Die kleinen weißen Blüten stehen meist einzeln und öffnen sich, bevor die Blätter erscheinen.

MERKMALE *Die blauschwarzen Früchte sind weiß bereift und schmecken bitter.*

weiße Blüten bedecken im Frühjahr die Zweige.

Blatt bis 4 cm lang

blauschwarze Frucht

HÖHE *5 m.* **AUSBREITUNG** *6 m.*
RINDE *Dunkel grauschwarz.*
BLÜTEZEIT *Frühjahr.*
VORKOMMEN *Dickichte, Waldränder und Hecken in ganz Europa.*
ÄHNLICHE ARTEN *Kirschpflaume (Prunus cerasifera), die früher blüht und essbare, pflaumenähnliche Früchte hat.*

Gewöhnliche Eberesche

Sorbus aucuparia (Rosaceae)

Die Zweige dieses im Alter ausladenden, kegelförmigen Baumes enden in violetten Knospen, die mit grauen Haaren bedeckt sind. Die Blätter tragen bis zu 15 gezähnte mattgrüne, unterseits blaugrüne Fiedern. Die weißen Blüten mit je fünf Blütenblättern und auffälligen Staubblättern öffnen sich in breiten Blütenständen und entwickeln sich zu Beeren, die roh giftig sind.

MERKMALE *Die Fruchtstände mit orangeroten Beeren locken Vögel an und ziehen die Zweige oft nach unten.*

breit kegelförmiger Wuchs

Blatt bis 20 cm lang

Blüte bis 15 cm breit

Frucht bis 8 mm breit

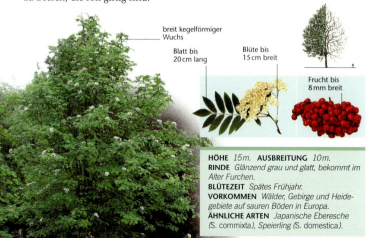

HÖHE *15 m.* **AUSBREITUNG** *10 m.*
RINDE *Glänzend grau und glatt, bekommt im Alter Furchen.*
BLÜTEZEIT *Spätes Frühjahr.*
VORKOMMEN *Wälder, Gebirge und Heidegebiete auf sauren Böden in Europa.*
ÄHNLICHE ARTEN *Japanische Eberesche (S. commixta), Speierling (S. domestica).*

Gewöhnliche Mehlbeere

Sorbus aria (Rosaceae)

MERKMALE *Die Blüten öffnen sich in flachen Blütenständen.*

Die Zweige sind anfangs mit weißen Haaren bedeckt und werden später kahl. Die wechselständigen, eiförmigen Blätter sind scharf gezähnt. Sie sind beidseitig weiß behaart, wenn sie jung sind, und werden später kahl und oberseits glänzend dunkelgrün. Den weißen Blüten folgen rote Früchte, die mit hellen Lentizellen gefleckt sind.

Wuchs breit säulenförmig

Blatt bis 12 cm lang

Frucht bis 1,5 cm breit

leuchtend rote Früchte

HÖHE *20 m.* **AUSBREITUNG** *20 m.*
RINDE *Grau und glatt; springt bei alten Bäumen in Furchen auf.*
BLÜTEZEIT *Spätes Frühjahr bis Frühsommer.*
VORKOMMEN *In Europa verbreitet.*
ÄHNLICHE ARTEN *Griechische Mehlbeere (S. graeca) und S. rupicola, deren Blätter über der Mitte am breitesten sind.*

Silber-Pappel

Populus alba (Salicaceae)

MERKMALE *Die Blätter sind unterseits dicht weiß behaart; wenn sie jung sind, auch auf der Oberseite.*

Die jungen Zweige und Blätter sind dicht mit weißen Haaren bedeckt. Die Blätter sind gelappt, die größeren Lappen gezähnt. Männliche und weibliche Blüten sitzen in Kätzchen an verschiedenen Pflanzen, die männlichen sind grau, die weiblichen grün. Die grünen Fruchtkapseln öffnen sich, um winzige, behaarte Samen zu entlassen.

Blatt bis 10 cm lang

weiße, behaarte junge Blätter

Wuchs ausladend

HÖHE *30 m.* **AUSBREITUNG** *20 m.*
RINDE *Hellgrau, Basis dunkel und rissig.*
BLÜTEZEIT *Zeitiges Frühjahr.*
VORKOMMEN *Wälder; stammt aus Europa.*
ÄHNLICHE ARTEN *Grau-Pappel (Populus ×canescens), die auch an kräftigen Trieben ungelappte Blätter hat; Espe (rechts oben), die abgeflachte Blattstiele hat.*

Espe, Zitter-Pappel

Populus tremula (Salicaceae)

Die runden bis breit eiförmigen Blätter haben abgerundete Zähne. Die jungen Blätter sind bronzefarben und behaart, später werden sie oberseits graugrün, unterseits heller und auf beiden Seiten kahl. Im Herbst färben sie sich gelb. Die hängenden männlichen und weiblichen Blütenkätzchen sitzen an verschiedenen Bäumen, die männlichen sind grau, die weiblichen grün. Die kleinen grünen Früchte entlassen Samen mit weißen Haaren.

MERKMALE *Die männlichen Kätzchen mit roten Staubblättern hängen im Frühjahr an den kahlen Zweigen.*

Blatt bis 8 cm lang

Blatt rund

kegelförmiger bis ausladender Wuchs

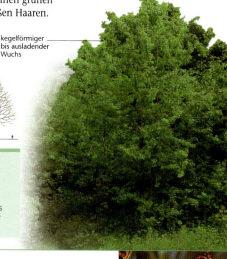

HÖHE *20m.* **AUSBREITUNG** *15m.*
RINDE *Glatt und grau, an der Basis alter Bäume dunkler und gefurcht.*
BLÜTEZEIT *Zeitiges Frühjahr.*
VORKOMMEN *Ganz Europa.*
ÄHNLICHE ARTEN *Grau-Pappel (Populus ×canescens), deren Blätter unterseits mit grauen Haaren bedeckt sind.*

Bastard-Schwarz-Pappel

Populus × canadensis (Salicaceae)

Einige Sorten dieses kräftigen Baumes mit breit säulenförmiger Krone, wie 'Robusta', werden häufig gepflanzt. Die breit eiförmigen bis fast dreieckigen Blätter sind an kräftigen Trieben länger. Sie sind oft bronzerot, haben anfangs behaarte Ränder und werden später oberseits glänzend dunkelgrün. Die grünen Fruchtkapseln entlassen behaarte Samen.

MERKMALE *Hängende männliche Kätzchen und grüne weibliche erscheinen an verschiedenen Bäumen.*

Blatt bis 10 cm lang

Rinde hellgrau

Wuchs breit säulenförmig

HÖHE *30m.*
AUSBREITUNG *20m.*
RINDE *Hellgrau, tief gefurcht.*
BLÜTEZEIT *Zeitiges Frühjahr.*
VORKOMMEN *Nur in Kultur bekannt.*
ÄHNLICHE ARTEN *Schwarz-Pappel (Populus nigra), die unbehaarte Blattränder hat.*

Sal-Weide

Salix caprea (Salicaceae)

Dieser Busch oder kleine Baum ist aufrecht, wenn er jung ist, und wird später ausladend. Er hat weit unten am Stamm Äste oder mehrere Stämme. Die Zweige sind unter der Rinde nicht gefurcht. Die eiförmigen, gezähnten Blätter sind auf beiden Seiten behaart, wenn sie jung sind, oberseits werden sie später kahl. Die männlichen und weiblichen Blütenkätzchen stehen an getrennten Bäumen. Die kleinen Früchte öffnen sich, um behaarte Samen zu entlassen.

MERKMALE *Die männlichen Kätzchen sind silberweiß mit gelben Staubblättern, die weiblichen grün.*

mehrere Stämme

Blatt bis 10 cm lang

HÖHE *10 m.*
AUSBREITUNG *8 m.*
RINDE *Grau, glatt; bei alten Bäumen rissig.*
BLÜTEZEIT *Zeitiges Frühjahr.*
VORKOMMEN *Wälder und Hecken in ganz Europa.*
ÄHNLICHE ARTEN *Ohr-Weide (S. aurita), deren Zweige unter der Rinde gefurcht sind.*

Trauer-Weide

Salix × sepulcralis 'Chrysocoma' (Salicaceae)

Die fein gezähnten Blätter enden in langen Spitzen. Sie sind anfangs leicht behaart, später kahl, oberseits leuchtend grün, unterseits blaugrün. Die Blüten stehen in Kätzchen (männliche mit gelben Staubblättern, weibliche grün). Die Frucht ist eine kleine grüne Kapsel, die behaarte Samen entlässt.

MERKMALE *Die hell graubraune Rinde ist bei alten Bäumen gefurcht.*

herabhängende Zweige

Blatt bis 12 cm lang

Kätzchen bis 7,5 cm lang

HÖHE *20 m.*
AUSBREITUNG *25 m.*
RINDE *Hellgrau und gefurcht.*
BLÜTEZEIT *Frühjahr.*
VORKOMMEN *Nur in Kultur bekannt.*
ÄHNLICHE ARTEN *Hybride aus Silber-Weide (rechts) und S. babylonica. Letztere wurde mittlerweile durch die Trauer-Weide ersetzt.*

Silber-Weide

Salix alba (Salicaceae)

Diese an Gewässern häufige Weide ist kräftig und ausladend und hat oft herabhängende Zweige. Die schlanken, lanzenförmigen, fein gezähnten Blätter sind lang und zugespitzt. Wenn sie jung sind, sind sie unterseits seidig behaart, später werden sie oberseits dunkelgrün und unterseits blaugrün. Die kleinen Blüten stehen in Kätzchen, wenn die Blätter erscheinen. Die männlichen sind gelb, die weiblichen grün, sie erscheinen an verschiedenen Bäumen. Die kleinen grünen Früchte öffnen sich, um behaarte Samen zu entlassen. *Salix alba* 'Britzensis' hat im Winter orangerote Zweige.

MERKMALE *Beim leichtesten Wind sind die blaugrünen Unterseiten der langen, schmalen Blätter zu sehen.*

Wuchs ausladend

herabhängende Zweige

Blatt bis 10 cm lang

Blätter laufen spitz zu

gelbes männliches Kätzchen

grünes weibliches Kätzchen

HÖHE 25 m.
AUSBREITUNG 20 m.
RINDE Graubraun, im Alter mit tiefen Rissen.
BLÜTEZEIT Frühjahr.
VORKOMMEN Flussufer und Wiesen in ganz Europa; wird häufig gepflanzt.
ÄHNLICHE ARTEN Bruch-Weide (*Salix fragilis*), die größere, unterseits glatte Blätter hat; die Zweige brechen leicht ab.

ANMERKUNG

Die Silber-Weide wird gekappt, damit sie neue Triebe hervorbringt. Das Holz von Salix alba *var. caerulea ist hoch geschätzt, aus ihm werden Kricketschläger hergestellt.*

Winter-Linde

Tilia cordata (Tiliaceae)

MERKMALE *Die duftenden hellgelben Blüten öffnen sich in kleinen Blütenständen, an deren Basis ein auffälliges gelbgrünes Hochblatt sitzt.*

Die runden Blätter haben gezähnte Ränder, sind am Grund herzförmig und enden in einer kurzen, abgesetzten Spitze. Sie sind oberseits dunkelgrün, unterseits blaugrün und färben sich im Herbst gelb. Die Blätter sind unterseits kahl mit auffallenden braunen Haarbüscheln in den Verzweigungen der Adern. Die runden, graugrünen Früchte sind etwa 1,2 cm lang. Anders als andere Linden bildet dieser Baum meist keine Schösslinge an der Basis.

Blatt bis 8 cm lang

Wuchs breit säulenförmig

HÖHE *30 m.* **AUSBREITUNG** *20 m.*
RINDE *Glatt, grau; bei alten Bäumen gefurcht.*
BLÜTEZEIT *Sommer.*
VORKOMMEN *Wälder, oft auf Kalkstein, in ganz Europa.*
ÄHNLICHE ARTEN *Holländische Linde (T. ×europaea), Blätter unten grün; Sommer-Linde (T. platyphyllos), Blätter unten behaart.*

Berg-Ulme

Ulmus glabra (Ulmaceae)

MERKMALE *Blüten mit roten Staubblättern öffnen sich im Spätwinter an kahlen Zweigen.*

Dieser große Baum ist kegelförmig, wenn er jung ist, wird später rundkronig und hat raue junge Triebe. Die wechselständigen, eiförmigen Blätter sind am Grund unsymmetrisch und scharf gezähnt. Sie sind oberseits dunkelgrün, sehr rau und kurz gestielt. Den Blüten folgen geflügelte grüne Früchte. Die Bastard-Ulme (*U. ×hollandica*) ist eine Hybridform zwischen der Berg-Ulme und der Feld-Ulme.

Frucht bis 2 cm lang

Krone rund

Blatt bis 15 cm lang

HÖHE *30 m.*
AUSBREITUNG *25 m.*
RINDE *Grau und glatt; bei alten Bäumen rissig.*
BLÜTEZEIT *Später Winter.*
VORKOMMEN *Wälder und Hecken in ganz Europa.*
ÄHNLICHE ARTEN *Keine.*

Wildblumen und andere Pflanzen

Wildblumen haben jeden Landlebensraum besiedelt und sich an viele verschiedene Lebensbedingungen angepasst, sodass eine unglaubliche Vielfalt entstanden ist. Ihr jährliches Erscheinen kennzeichnet nicht nur den Ablauf der Jahreszeiten, sondern zeigt auch die Umweltverschmutzung und die unterschiedliche Nutzung der Böden an. Die verschiedenen europäischen Lebensräume haben nicht nur Wildblumen das Gedeihen ermöglicht, sondern auch anderen Gewächsen, wie Moosen, Farnen, Gräsern und Algen.

ARNIKA   ACKER-GAUCHHEIL   BRUNNENLEBERMOOS   SCHMALBLÄTTRIGES WOLLGRAS

Gewöhnlicher Hopfen

Humulus lupulus (Cannabaceae)

VORKOMMEN *Klettert an Hecken, Büschen und Bäumen, an Mauern und Telegrafenmasten empor.*

Die gelappten Blätter des Gewöhnlichen Hopfen, dessen Stängel sich Büsche und Hecken emporwinden, fallen während des ganzen Jahres ins Auge. Die männlichen Blüten stehen in lockeren Rispen. Den weiblichen Blüten, die an getrennten Pflanzen erscheinen, folgen die zapfenartigen Früchte.

Blatt grob gezähnt

hängende Blütenrispen

grüne männliche Blüten

windende Stängel

AUSDAUERND

zapfenähnliche Frucht

HÖHE *Bis zu 6 m.*
BLÜTENGRÖSSE *Männliche 4–5 mm lang.*
BLÜTEZEIT *Juli–September.*
BLÄTTER *Gegenständig, 3–5-lappig.*
FRUCHT *Zapfenähnlich, 2,5–3 cm lang, mit überlappenden Hochblättern; reift hellbraun.*
ÄHNLICHE ARTEN *Rotfrüchtige Zaunrübe (S. 111), die rote Beeren trägt.*

Große Brennnessel

Urtica dioica (Urticaceae)

VORKOMMEN *Bestände auf Kultur- und Ödland sowie an Straßen auf nährstoffreichem Boden.*

Allen Spaziergängern ist die Pflanze gut bekannt, da Stängel und Blätter mit steifen, nadelartigen, hohlen Brennhaaren versehen sind, die bei der leichtesten Berührung abbrechen und eine stark reizende Flüssigkeit abgeben. Die winzigen Blüten sind grün, manchmal rötlich getönt, und haben gelbe Staubblätter.

männliche Blüten in langen Ähren

grob gezähnte Blätter

weibliche Blütenstände

steifer Stängel

AUSDAUERND

HÖHE *50–150 cm.*
BLÜTENGRÖSSE *1–2 mm Ø.*
BLÜTEZEIT *Mai–September.*
BLÄTTER *Gegenständig, herzförmig, gezähnt, stark ausgeprägte Nerven, haarig.*
FRUCHT *Kleine, rundliche Achäne.*
ÄHNLICHE ARTEN *Kleine Brennnessel (U. urens), einjährig und kleiner.*

Mistel

Viscum album (Loranthaceae)

Diese immergrüne Pflanze ist im Winter leicht zu entdecken, wenn ihre kugelige Gestalt in den kahlen Ästen der Bäume deutlich sichtbar ist. Sie lebt als Halbschmarotzer auf ihrem Wirtsbaum. Die kleinen grünen Blüten sind weniger auffällig als die weißen Beeren, deren Samen von Vögeln verbreitet werden.

VORKOMMEN *Bildet auf Laubbäumen, v.a. Pappeln, Linden und Apfelbäumen, eine kugelige Gestalt aus.*

AUSDAUERND

gegabelte Äste

Blätter gelbgrün

paarige Blätter

glänzende weiße Beeren

HÖHE Bis zu 2m Ø.
BLÜTENGRÖSSE Unauffällig.
BLÜTEZEIT Februar–April.
BLÄTTER Gegenständig in Paaren, ledrig mit glatten Rändern.
FRUCHT Beere, 6–10mm Durchmesser, die an Astgabeln entspringt.
ÄHNLICHE ARTEN Keine.

Japanischer Flügelknöterich

Fallopia japonica (Polygonaceae)

Diese Pflanze wurde im 19. Jahrhundert in Europa als Gartenpflanze eingeführt, hat sich mittlerweile in freier Natur weit verbreitet und ist in vielen Gebieten eine wahre Plage. Sie ist an ihrem robusten, aufrechten Habitus, den breiten, wechselständigen Blättern und den Ähren cremeweißer Blüten leicht zu erkennen.

VORKOMMEN *Überwuchert Ödland, Straßenränder, Flussufer und Bahngleise.*

Blatt mit Spitze

Blütenähren

AUSDAUERND

breite Blätter

Blüten sehr klein

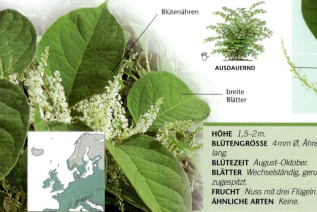

HÖHE 1,5–2m.
BLÜTENGRÖSSE 4mm Ø, Ähren 40–100cm lang.
BLÜTEZEIT August–Oktober.
BLÄTTER Wechselständig, gerundet, stark zugespitzt.
FRUCHT Nuss mit drei Flügeln.
ÄHNLICHE ARTEN Keine.

Kleiner Sauerampfer

Rumex acetosella (Polygonaceae)

Die locker verzweigten Blütenähren dieser Art variieren in der Höhe und tragen viele kleine grünliche oder rötliche windbestäubte Blüten. Männliche und weibliche Blüten erscheinen an getrennten Pflanzen. Die gestielten Blätter haben zwei Spießecken an der Basis und sehen so wie Pfeilspitzen aus. Die Blätter schmecken scharf und sauer.

VORKOMMEN *Häufig in trockenen Wiesen, Weiden, Heidegebieten; meist auf sandigen, sauren Böden.*

Blatt pfeilförmig · Ecken nach vorne gebogen · Blüten rötlich · kleine Blüten in verzweigten Rispen · schlanke Stängel

AUSDAUERND

HÖHE *5–30cm.*
BLÜTENGRÖSSE *2mm breit.*
BLÜTEZEIT *Mai–August.*
BLÄTTER *Wechselständig, pfeilförmig.*
FRUCHT *Dreieckige Nuss, 1,5mm lang.*
ÄHNLICHE ARTEN *Großer Sauerampfer (R. acetosa), der größer ist und größere Blätter hat; im Sommer oft rot.*

Krauser Ampfer

Rumex crispus (Polygonaceae)

Diese häufige Art ist an ihren Blättern zu erkennen. Sie sind lang gestielt und schmal mit gewellten Rändern und kräftiger Mittelrippe. Die Frucht ist ein rundliches Nüsschen mit drei verdickten Valven ohne Lappen oder Zähne.

VORKOMMEN *Kulturland, blanker Boden, Felder, verwilderte Weiden, Strände an der Küste.*

winzige Blüten in Rispen · verzweigte Stängel · gewellter Rand · Valve ungezähnt · Blattbasis schmal

AUSDAUERND

HÖHE *30–120cm.*
BLÜTENGRÖSSE *2–3mm breit.*
BLÜTEZEIT *Juni–Oktober.*
BLÄTTER *Wechselständig, lanzenförmig.*
FRUCHT *Achäne, 3–5mm lang.*
ÄHNLICHE ARTEN *Stumpfblättriger Ampfer (R. obtusifolius) mit breiten Blättern und Früchten mit gezähnten Valven.*

Schlangen-Knöterich

Persicaria bistorta (Polygonaceae)

Diese Art ist an den endständigen Blütenständen an langen, schlanken Stängeln zu erkennen. Die Blüte hat fünf Kronblätter und acht Staubblätter. Die Blätter sind fast dreieckig, die unteren groß mit langen, geflügelten Stielen, die stängelumfassend sind. Die Wurzeln dieser Art sind zweifach gedreht und ähneln so zwei Schlangen.

VORKOMMEN *Bestände in Waldland und an feuchten Standorten, wie alten Wiesen und Weiden.*

HÖHE *40–100 cm.*
BLÜTENGRÖSSE *Blütenstand 3–10 cm lang.*
BLÜTEZEIT *Juni–Oktober.*
BLÄTTER *Wechselständig, dreieckig, pfeilförmig.*
FRUCHT *Kleine, dreieckige einsamige Nuss.*
ÄHNLICHE ARTEN *Wasser-Knöterich (P. amphibia), gerundete Blätter; Floh-Knöterich (unten), kleinere Blätter und Blütenstände.*

Floh-Knöterich

Persicaria maculosa (Polygonaceae)

Dieses häufige Unkraut ist am einfachsten am dunklen Fleck in der Mitte der Blätter zu erkennen, obwohl er nicht immer vorhanden ist. Die Blätter sind lanzenförmig, ungezähnt und fast ungestielt. Die oft rötlichen Stängel tragen kleine Blütenstände in den Blattachseln, die Blüten bleiben meist geschlossen.

VORKOMMEN *Felder, Ödland, feuchte Standorte, wie Flussufer, Feuchtwiesen.*

HÖHE *30–80 cm.*
BLÜTENGRÖSSE *Blütenstand 2–4 cm lang.*
BLÜTEZEIT *Juni–Oktober.*
BLÄTTER *Wechselständig, lanzenförmig.*
FRUCHT *Schwarze Nuss, 2–3 cm breit.*
ÄHNLICHE ARTEN *Schlangen-Knöterich (oben); Ampfer-Knöterich (P. lapathifolia), der ungefleckte Blätter hat.*

Mangold

Beta vulgaris (Chenopodiaceae)

Wenig im Aussehen dieser Art deutet darauf hin, dass sie die Stammart der Roten Rübe ist. Lediglich die glänzenden, fleischigen Stängel sind oft rot getönt. Die Wuchsform ist kriechend mit langen, herabhängenden Stängeln. Die winzigen, grünlichen Blüten sitzen an beblätterten Ähren.

VORKOMMEN
Kiesstrände, Ränder von Salzmarschen, Hafenmauern und grasbewachsene Deiche, oft nahe der Gezeitenlinie.

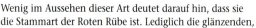
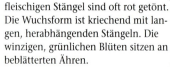

EINJÄHRIG/AUSDAUERND

HÖHE 20–100 cm.
BLÜTENGRÖSSE 2–4 mm Ø.
BLÜTEZEIT Juni–September.
BLÄTTER Wechselständig, fleischig, ungezähnt; oft rot getönt.
FRUCHT Verdicktes Nüsschen.
ÄHNLICHE ARTEN *Weißer Gänsefuß* (unten), der rautenförmige untere Blätter hat.

Weißer Gänsefuß

Chenopodium album (Chenopodiaceae)

Die unteren Blätter dieses bekannten Ackerunkrautes sind rautenförmig, gelappt und gezähnt, während die kleineren, lanzenförmigen oberen Blätter meist weder gelappt noch gezähnt sind. Die winzigen, grünlich grauen Blüten erscheinen in Rispen. Früher wurde die Pflanze angebaut, heute gilt sie als Ackerunkraut.

VORKOMMEN
Nährstoffreicher und umgebrochener Boden. In Agrarland, Ödland, an Feldrainen und Straßen.

EINJÄHRIG

HÖHE 40–120 cm.
BLÜTENGRÖSSE 2–3 mm Ø.
BLÜTEZEIT Juni–Oktober.
BLÄTTER Wechselständig; obere Blätter lanzenförmig, untere rautenförmig.
FRUCHT Samen in Kelch eingeschlossen.
ÄHNLICHE ARTEN *Spießblättrige Melde* (*Atriplex prostrata*) mit pfeilförmigen Blättern.

Europäischer Queller

Salicornia europaea (Chenopodiaceae)

Diese Pflanze ist an Flachküsten ein bekannter Anblick, wo die sukkulenten, aufrechten Triebe in riesigen, blaugrünen bis roten Triebe bei Ebbe aus dem Schlick ragen. Die ganze Pflanze ist essbar, sie kann aber verholzt sein, wenn sie älter ist. Die Stängel sind gegliedert und die Blätter auf Schuppen reduziert. Die unscheinbaren Blüten mit zwei Staubblättern sind am Ende der Triebe unter Schuppen verborgen.

VORKOMMEN *Gräben in Flussmündungen, Schlickflächen an Küsten und Salzmarschen.*

EINJÄHRIG

schuppenartige Blätter mit Stängel verwachsen

Triebe aufsteigend

oft rot getönt

HÖHE *10–30 cm.*
BLÜTENGRÖSSE *Ähre 1–5 cm lang.*
BLÜTEZEIT *August–September.*
BLÄTTER *Dreieckige Blätter mit Stängeln verwachsen.*
FRUCHT *Winziges Nüsschen.*
ÄHNLICHE ARTEN *Strandsode (Suaeda maritima), mit schmalen, graugrünen Blättern.*

Salz-Schuppenmiere

Spergularia marina (Caryophyllaceae)

Diese niedrig wachsende Küstenpflanze bringt winzige, rosafarbene Blüten hervor, die sich bei trübem Wetter rasch schließen. Die fünf Kronblätter sind am Ansatz weißlich, und zwischen ihnen ragen die Kelchblätter hervor, die länger sind als die Krone. Die schlanken Stängel tragen lineale, fleischige Blätter, die über dem Boden eine Matte bilden. Die endständigen Blüten blicken stets nach oben.

VORKOMMEN *Böden in sandigem Grasland, Salzmarschen oder Salzpfannen; manchmal auch im Inland.*

behaarte Blütenknospen

5 rosa Kronblätter

EIN-/ZWEIJÄHRIG

spitze, fleischige Blätter

weiße Blütenmitte

HÖHE *7 cm.*
BLÜTENGRÖSSE *Ähre 5–8 mm Ø.*
BLÜTEZEIT *April–August.*
BLÄTTER *Gegenständig, lineal, fleischig.*
FRUCHT *Winziges Nüsschen.*
VORKOMMEN *In der ganzen Region.*
ÄHNLICHE ARTEN *S. rubra, Blätter nicht fleischig; S. media, Blüten größer.*

Große Sternmiere

Stellaria holostea (Caryophyllaceae)

Diese bekannte Pflanze bringt im Frühjahr Helligkeit in die Wälder. Die reinweißen Blüten in lockeren Rispen haben fünf tief geteilte Kronblätter und gelbe Staubblätter, die Kelchblätter sind viel kürzer als die Blütenblätter. Die rauen, gegenständigen Blätter bleiben nach der Blüte noch viele Wochen bestehen.

VORKOMMEN *Grasbewachsene Stellen in Waldland, schattige Feldraine, Wegränder und Hecken.*

AUSDAUERND

Blatt lineal

locker verzweigte Blütenstiele

Kronblätter tief eingeschnitten

große weiße Blüten

gelbe Mitte

ANMERKUNG

Die Große Sternmiere wird auch als Echte oder Großblütige Sternmiere bezeichnet. Die Samenkapseln explodieren geräuschvoll und schleudern die Samenkörner ein Stück weit weg.

HÖHE *30–60 cm.*
BLÜTENGRÖSSE *1,8–3 cm Ø.*
BLÜTEZEIT *April–Juni.*
BLÄTTER *Gegenständig, lineal bis lanzenförmig.*
FRUCHT *Kapsel, öffnet sich mit sechs Zähnen.*
ÄHNLICHE ARTEN *Vogelmiere (rechts oben); Quellen-Hornkraut (rechts unten).*

Vogelmiere

Stellaria media (Caryophyllaceae)

Diese wuchernde Pflanze mit weichen, verzweigten Stängeln hat sternförmige Blüten mit fünf tief gekerbten Kronblättern. Diese sind etwas kürzer als die sie umgebenden grünen Kelchblätter. Die kleinen, eiförmigen Blätter sind unbehaart, entlang des Stängels verläuft jedoch eine Haarleiste. Die Vogelmiere ist in ganz Europa häufig und gilt seit langem als Heilpflanze.

VORKOMMEN *Kulturland, Wegränder, Weiden und vegetationslose Stellen; toleriert nährstoffreiche Böden.*

- Kronblatt tief eingeschnitten
- sternförmige weiße Blüten
- EINJÄHRIG
- Kelchblätter länger als Blütenblätter
- Blatt ungezähnt

HÖHE 5–35 cm.
BLÜTENGRÖSSE 8–10 mm Ø.
BLÜTEZEIT Während des ganzen Jahres.
BLÄTTER Gegenständig, eiförmig, mit ungezähnten Rändern.
FRUCHT Sechsklappige Kapsel.
ÄHNLICHE ARTEN Große Sternmiere (links); Quellen-Hornkraut (unten).

Quellen-Hornkraut

Cerastium fontanum (Caryophyllaceae)

Das charakteristischste Merkmal dieser Pflanze ist die feine Behaarung der eiförmigen Blätter. Die Blüten haben wie die der Vogelmiere (oben) fünf tief eingeschnittene weiße Kronblätter, die jedoch genauso lang wie die weißrandigen grünen Kelchblätter sind. Die Fruchtkapsel ist leicht gebogen und sitzt zwischen den Kelchblättern wie eine winzige, halb geschälte Banane.

VORKOMMEN *Feuchte Stellen in Grasland, sandige Gebiete und Kiesbänke; meist auf neutralem oder kalkhaltigem Boden.*

- Kelchblätter so lang wie Kronblätter
- Blätter gegenständig, ungestielt

AUSDAUERND

- Blatt eiförmig, behaart
- Fruchtkapsel gebogen

HÖHE 5–30 cm.
BLÜTENGRÖSSE 6–10 mm Ø.
BLÜTEZEIT April–Oktober.
BLÄTTER Gegenständig, eiförmig, behaart.
FRUCHT Längliche, gebogene Kapsel.
ÄHNLICHE ARTEN Große Sternmiere (links) mit größeren Blüten; Vogelmiere (oben) mit längeren Kelchblättern.

Taubenkropf-Leimkraut

Silene vulgaris (Caryophyllaceae)

Die auffälligen, aufgeblasenen Kelchröhren sehen aus wie altmodische Pumphosen und machen die Art unverwechselbar. Die Kelchröhren können grünlich, gelblich oder rosa getönt sein und tragen ein feines Netz aus Adern. Die fünf tief eingeschnittenen Kronblätter sind weiß. Die Blüten duften am Abend. Die Blätter sind eiförmig, spitz und haben einen gewellten Rand.

VORKOMMEN *Schutt an Feld- und Straßenrändern, grasbewachsene Stellen; oft auf trockenem, kalkhaltigem Boden.*

HÖHE *40–90 cm.*
BLÜTENGRÖSSE *1,6–1,8 cm Ø.*
BLÜTEZEIT *Mai–August.*
BLÄTTER *Gegenständig, eiförmig, mit gewellten Rändern; nur die untersten gestielt.*
FRUCHT *Vielsamige Kapsel mit sechs Zähnen.*
ÄHNLICHE ARTEN *Keine.*

Rote Lichtnelke

Silene dioica (Caryophyllaceae)

Im zeitigen Frühjahr erscheinen Büschel der länglichen, behaarten Blätter dieser Art an Waldwegen, später sind die dunkel rosafarbenen Blüten unverkennbar. Männliche und weibliche Blüten erscheinen an getrennten Pflanzen. Die reife Fruchtkapsel ist flaschenförmig mit zurückgebogenen Zähnen.

VORKOMMEN *Feldränder, Waldland, Hecken, Wegränder und Ödland; Gräben und steinige Hänge.*

HÖHE *50–100 cm.*
BLÜTENGRÖSSE *1,8–2,5 cm Ø.*
BLÜTEZEIT *Mai–August.*
BLÄTTER *Gegenständig, ungestielt, behaart; eiförmig bis länglich.*
FRUCHT *Kapsel mit 10 Zähnen.*
ÄHNLICHE ARTEN *Kornrade (Agrostemma githago); Weiße Lichtnelke (S. alba).*

Kuckucks-Lichtnelke

Lychnis flos-cuculi (Caryophyllaceae)

Diese sumpfliebende Art ist an ihren ausgefransten leuchtend rosafarbenen oder roten Blüten zu erkennen. Jede Blüte hat fünf Kronblätter, die in vier fingerartige Lappen geteilt sind. Die rot gestreiften Kelchblätter sind zu einer Röhre verwachsen. Die Blätter sind meist behaart, die grundständigen Blätter fast lineal, die an den Stängeln breiter.

VORKOMMEN *Feuchtes Grasland, nasses Waldland, Sümpfe und Flussufer.*

HÖHE *30–70 cm.*
BLÜTENGRÖSSE *3–4 cm Ø.*
BLÜTEZEIT *Mai–August.*
BLÄTTER *Gegenständig, lineal bis löffelförmig.*
FRUCHT *Kapsel mit 5 Zähnen.*
ÄHNLICHE ARTEN *Pracht-Nelke (Dianthus superbus), die feiner geteilte Kronblätter hat.*

Gewöhnl. Seifenkraut

Saponaria officinalis (Caryophyllaceae)

Diese Art kommt an halbschattigen Standorten vor. Das Echte Seifenkraut hat fleischige, geäderte Blätter, die früher gekocht wurden, um eine Seifenlauge für die Wäsche herzustellen. Die Blüten stehen in dichten Rispen, die Kronblätter verbreitern sich an der Spitze. Die Kronröhren sind sehr lang.

VORKOMMEN *Grasbewachsene Standorte, Waldränder, Hecken, Wegränder, Ödland, Brachen.*

HÖHE *60–90 cm.*
BLÜTENGRÖSSE *2,5–2,8 cm Ø.*
BLÜTEZEIT *Juni–September.*
BLÄTTER *Gegenständig, eiförmig-elliptisch.*
FRUCHT *Vierzähnige Kapsel.*
ÄHNLICHE ARTEN *Hybriden der Roten Lichtnelke (links) und der Weißen Lichtnelke (Silene alba) mit gekerbten Kronblättern.*

Alpen-Pechnelke

Lychnis alpina (Caryophyllaceae)

Die meisten der linealen bläulich grünen Blätter dieser Pflanze stehen in Rosetten am Grund, um den rauen Bedingungen im Gebirge zu trotzen. Die Blütenstängel mit ihren dichten, runden Köpfchen rosafarbener Blüten, jede mit fünf tief gekerbten Kronblättern, sind jedoch kaum zu übersehen.

VORKOMMEN *Steinige Standorte, Gebirgsregionen, meist auf schwermetallhaltigen Böden oder Serpentinit.*

HÖHE *5–18 cm.*
BLÜTENGRÖSSE *8–12 mm Ø.*
BLÜTEZEIT *Juni–August.*
BLÄTTER *Grundständig, gegenständig, lineal.*
FRUCHT *5-zähnige Kapsel, 4–5 mm lang.*
ÄHNLICHE ARTEN *Gewöhnliche Pechnelke (S. viscaria), die größer ist und klebrige Stängel hat.*

Heide-Nelke

Dianthus deltoides (Caryophyllaceae)

Die dunkel rosafarbenen Kronblätter dieser Pflanze tragen eine Reihe dunkler Flecken an der Basis, die auf der geöffneten Blüte einen Ring bilden. Sie sind fein weiß gesprenkelt. Die dünnen Stängel sind verzweigt, die Blüten stehen locker verteilt zwischen nicht blühenden Trieben.

VORKOMMEN *Trockene, sandige Standorte, wie Wegränder, graswachsene Böschungen und steinige Hänge; auch auf Geröll.*

HÖHE *10–25 cm.*
BLÜTENGRÖSSE *1,5–2 cm Ø.*
BLÜTEZEIT *Juni–September.*
BLÄTTER *Gegenständig, lineal bis länglich.*
FRUCHT *Kapsel mit vier Zähnen.*
ÄHNLICHE ARTEN *Karthäuser-Nelke (D. carthusianorum); Büschel-Nelke (D. armeria) mit dichten Blütenständen.*

Weiße Seerose

Nymphaea alba (Nymphaeaceae)

Die Blätter sind rund, dunkelgrün und am Stielansatz gekerbt. Sie schwimmen oder ragen über die Wasseroberfläche. Die weißen Blüten erscheinen knapp über der Wasseroberfläche, jede mit 20 oder mehr Kron- und vier bis sechs Kelchblättern. Die zahlreichen gelben, fruchtbaren Staubblätter und unfruchtbaren Staminodien locken Insekten an.

VORKOMMEN *Bedeckt die Oberfläche stehender oder langsam fließender Süßgewässer, wie Teiche, Seen, Gräben und Flüsse.*

AUSDAUERND

große weiße, einzelne Blüte

zahlreiche Staubblätter und Staminodien

tiefgrünes, schwimmendes Blatt

Kelchblätter außen grün

HÖHE Bis 10 cm über der Wasseroberfläche.
BLÜTENGRÖSSE 10–20 cm Ø.
BLÜTEZEIT Juni–September.
BLÄTTER Grundständig, gerundet mit Kerbe, wo der Stiel ansetzt; 10–30 cm Durchmesser.
FRUCHT Schwammige Kapsel, reift im Wasser.
ÄHNLICHE ARTEN Gelbe Teichrose (unten), die größere Blätter und kleinere Blüten hat.

WILDBLUMEN

Gelbe Teichrose

Nuphar lutea (Nymphaeaceae)

Die gelben, relativ kleinen Blüten sitzen auf dicken Stielen. Jede hat fünf oder sechs große Kelchblätter und einige gelbe Kronblätter. Den Blüten folgen flaschenförmige grüne Früchte. Die ledrigen Schwimmblätter sind eiförmig und tief eingeschnitten, die Unterwasserblätter dünn und durchsichtig, gerundet und kurz gestielt. Beide entspringen verholzten Rhizomen, die im Schlamm verankert sind.

VORKOMMEN *Süßwasserseen, Teiche, Gräben und langsam fließende Flüsse, oft in bis zu 5 m tiefem Wasser.*

AUSDAUERND

flaschenförmige grüne Samenkapsel

Staubblätter gebogen

HÖHE Wasseroberfläche.
BLÜTENGRÖSSE 4–6 cm Durchmesser.
BLÜTEZEIT Juni–August.
BLÄTTER Schwimmblätter eiförmig und ledrig, Unterwasserblätter rundlich und durchsichtig.
FRUCHT Flaschenförmige Kapsel.
ÄHNLICHE ARTEN Weiße Seerose (oben); Gewöhnliche Seekanne (S. 133).

Gewöhnliches Leberblümchen

VORKOMMEN *Teppiche zwischen Falllaub in Wäldern, auf kalkhaltigem Boden.*

Hepatica nobilis (Ranunculaceae)

Diese immergrüne Pflanze hat charakteristische Blätter. Sie sind tiefgrün und unterseits violettbraun gefleckt mit drei eiförmigen Lappen. Die Blüten haben sechs oder sieben Kronblätter, die violettrosa bis blau gefärbt sind.

AUSDAUERND

Blätter glänzend, tiefgrün

Blüten violettrosa bis blau

Staubblätter weißlich

3-lappige Blätter

HÖHE *10–20 cm.*
BLÜTENGRÖSSE *1,5–2,5 cm Ø.*
BLÜTEZEIT *März–Mai.*
BLÄTTER *Grundständig, dreilappig, fleischig, mit herzförmiger Basis; glänzend, tiefgrün, unterseits gefleckt.*
FRUCHT *Köpfchen mit Bälgen.*
ÄHNLICHE ARTEN *Keine.*

Busch-Windröschen

VORKOMMEN *Auffällige Bestände in Laubwäldern, auf Wiesen, in Hecken und an Felsbändern.*

Anemone nemorosa (Ranunculaceae)

Im zeitigen Frühjahr erscheinen Busch-Windröschen in alten Wäldern oft in großer Zahl. Die weißen Kronblätter, die unterseits oft rosa getönt sind, öffnen sich bei viel Licht völlig und richten sich nach der Sonne aus. Die Blätter sind lang gestielt und tief handförmig eingeschnitten.

AUSDAUERND

Blätter in 3-teiligen Quirlen

Blatt dreiteilig

einzelne Blüte

6–12 weiße Kronblätter

HÖHE *5–30 cm.*
BLÜTENGRÖSSE *2–4 cm Ø.*
BLÜTEZEIT *März–Mai.*
BLÄTTER *3-teilige Quirle, lang gestielt.*
FRUCHT *Köpfchen aus kleinen Bälgen.*
ÄHNLICHE ARTEN *Wald-Sauerklee (S. 99), herzförmige Blätter; Europäischer Siebenstern (Trientalis europaea), der längliche Blätter hat.*

Gewöhnliche Waldrebe

Clematis vitalba (Ranunculaceae)

Diese Kletterpflanze trägt im Spätsommer zahlreiche cremeweiße Blüten, und die Fruchtstände bleiben bis in den Winter gleich. Diese kugeligen Gebilde bestehen aus Nüsschen mit langen, silbrigen, gefiederten Flughaaren. Die Stängel der Waldrebe klettern an Bäumen und Hecken empor, verholzen mit der Zeit und ähneln dann dicken Seilen.

VORKOMMEN *Klettert an Hecken und Gebüschen, Bäumen und Mauern empor; auf kalkhaltigem Boden.*

gezähnte Fiedern

windende Blattstiele

zahlreiche Staubblätter

langer Stängel

Blüten cremeweiß

AUSDAUERND

HÖHE 4–30 m.
BLÜTENGRÖSSE 1,8–2 cm Ø.
BLÜTEZEIT Juli–September.
BLÄTTER Gegenständig, fiederteilig; ei- bis lanzenförmige, gezähnte Fiedern.
FRUCHT Silberweiße, runde Fruchtstände aus Nüsschen mit Flughaaren.
ÄHNLICHE ARTEN Keine.

Gewöhnl. Küchenschelle

Pulsatilla vulgaris (Ranunculaceae)

Dieses Hahnenfußgewächs ist an den zahlreichen gelben Staubblättern zu erkennen, die von rosavioletten Kronblättern umgeben sind. Die Blüten mit behaarten Hochblättern sind zunächst aufrecht, später nickend. Die grundständigen Blätter sind in feine, lineale Fiedern geteilt.

VORKOMMEN *Offene, niedrige Wiesen, auf durchlässigen, kalkhaltigen Böden.*

Hochblätter in Quirlen

AUSDAUERND

Blätter fein geteilt

gefiederte Nüsschen

zahlreiche Staubblätter

Kelch- und Kronblätter gleich

HÖHE 15–30 cm.
BLÜTENGRÖSSE 5,5–8 cm Ø.
BLÜTEZEIT April–Mai.
BLÄTTER Grundständig, fiederteilig, lang gestielt.
FRUCHT Köpfchen mit Nüsschen.
ÄHNLICHE ARTEN Wiesen-Küchenschelle (*P. pratensis*), die kleinere Blüten hat.

WILDBLUMEN

Herbst-Adonisröschen

Adonis annua (Ranunculaceae)

Diese hübsche Pflanze ist ein scharlachrotes Hahnenfußgewächs. Früher war sie auf Feldern häufig, mittlerweile ist sie durch die moderne Landwirtschaft viel seltener geworden. Die roten Kronblätter sind an der Basis schwarz, die Blüte sieht aus wie eine winzige Mohnblüte. Die Blätter sind fein geteilt.

VORKOMMEN *Felder, Ödland, seit kürzerer Zeit auf umgebrochenem Boden; kalkliebend.*

leuchtend rote Kronblätter

EINJÄHRIG

Blätter fadenartig

schwarze Mitte

HÖHE *10–40 cm.*
BLÜTENGRÖSSE *1,5–2,5 cm Ø.*
BLÜTEZEIT *Juni–August.*
BLÄTTER *Wechselständig, fiederteilig mit fadenartigen Segmenten.*
FRUCHT *Köpfchen mit Bälgen.*
ÄHNLICHE ARTEN *Klatsch-Mohn (S. 64) mit größeren Blüten mit vier Kronblättern.*

Gewöhnliche Akelei

Aquilegia vulgaris (Ranunculaceae)

Die fünf schmalen Kelchblätter haben dieselbe Farbe wie die breiteren Kronblätter, von denen jedes einen nektargefüllten Sporn hat. Die Gewöhnliche Akelei wird oft in Gärten gepflanzt. Früher wurde sie als Heilpflanze verwendet. Inzwischen gilt sie als zu giftig und wird nur in homöopathischer Verdünnung eingesetzt.

VORKOMMEN *Lockere Bestände in feuchten Wiesen, Gebüschen, Hecken und an Waldrändern.*

nickende Blüten

3–9 Teilblättchen

AUSDAUERND

aufrechte, verzweigte Stängel

gerundete Lappen

Frucht aus verwachsenen Bälgen

HÖHE *50–90 cm.*
BLÜTENGRÖSSE *3–5 cm Ø.*
BLÜTEZEIT *Mai–Juli.*
BLÄTTER *Meist grundständig, mit gelappten Teilblättchen; mattgrün, unterseits heller.*
FRUCHT *Fünf verwachsene Balgfrüchte.*
ÄHNLICHE ARTEN *Schwarzviolette Akelei (A. atrata), die dunkelviolette Blüten hat.*

Sumpf-Dotterblume

Caltha palustris (Ranunculaceae)

Jede Blüte setzt sich aus fünf Kronblättern zusammen, die sich bei Tagesanbruch öffnen und bis zu 100 Staubblätter freigeben. Die grünen Blätter sind herzförmig mit gezähnten Rändern und entspringen meist dem Grund. Die Stängelblätter sind kleiner und ungestielt. Wie viele Hahnenfußgewächse ist die gesamte Pflanze giftig.

VORKOMMEN *Feuchte Standorte, bildet kleine Bestände in Sümpfen, an Fluss- und Bachufern und in nassem Waldland.*

AUSDAUERND

nierenförmige dunkelgrüne Blätter

5 gelbe Kronblätter

große, leuchtend gelbe Blüten

HÖHE *30–60cm.*
BLÜTENGRÖSSE *2,5–5cm Ø.*
BLÜTEZEIT *März–Juni.*
BLÄTTER *Meist grundständig, herz- oder nierenförmig, ; Stängelblätter fast ungestielt.*
FRUCHT *Fruchtstand aus Bälgen.*
ÄHNLICHE ARTEN *Europäische Trollblume (unten), die rundliche Blüten hat.*

Europäische Trollblume

Trollius europaeus (Ranunculaceae)

Dieses Hahnenfußgewächs hat stark gewölbte Kronblätter, die die charakteristischen kugeligen gelben Blüten bilden. Die ganze Pflanze ist kräftig, die Blütenstängel ragen von den grundständigen Blättern auf, die handförmig geteilt sind. Die kleineren Blätter am Stängel sind oft ungestielt. Die gesamte Pflanze ist giftig.

VORKOMMEN *Bestände in feuchtem, offenem Grasland, oft in Flussnähe.*

kugelige Blüten

Blüten einzeln auf langem Blütenstiel

Blätter handförmig geteilt

Kelchblätter gebogen

AUSDAUERND

HÖHE *40–70cm.*
BLÜTENGRÖSSE *3–5cm Durchmesser.*
BLÜTEZEIT *Mai–August.*
BLÄTTER *Meist grundständig, handförmig geteilt; kleinere Stängelblätter.*
FRUCHT *Vielsamige Balgfrüchte.*
ÄHNLICHE ARTEN *Sumpf-Dotterblume (oben), offene Blüten, nierenförmige Blätter.*

Kriechender Hahnenfuß

Ranunculus repens (Ranunculaceae)

VORKOMMEN *Wiesen und andere grasbewachsene Stellen; auf feuchtem Boden, bildet große Bestände.*

Mit seinen kriechenden Ausläufern kann dieser Hahnenfuß schnell ganze Wiesen kolonisieren, die dann im Frühsommer fast völlig gelb erscheinen. Die Blüten haben fünf leuchtend gelbe Kronblätter. Die Blätter sind dreiteilig, der mittlere Teil ist meist kurz gestielt.

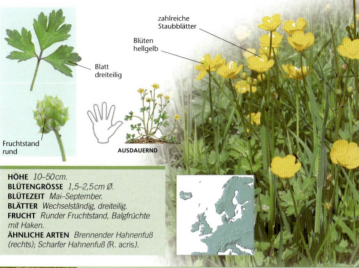

zahlreiche Staubblätter

Blüten hellgelb

Blatt dreiteilig

Fruchtstand rund

AUSDAUERND

HÖHE 10–50 cm.
BLÜTENGRÖSSE 1,5–2,5 cm Ø.
BLÜTEZEIT *Mai–September.*
BLÄTTER *Wechselständig, dreiteilig.*
FRUCHT *Runder Fruchtstand, Balgfrüchte mit Haken.*
ÄHNLICHE ARTEN *Brennender Hahnenfuß (rechts); Scharfer Hahnenfuß (R. acris).*

Gewöhnliches Scharbockskraut

Ranunculus ficaria (Ranunculaceae)

VORKOMMEN *Leicht feuchte, offene Stellen, bevorzugt im Halbschatten von Laubwäldern und Hecken.*

Dies ist im Frühjahr das erste blühende Hahnenfußgewächs, und die Blüten sind mit ihren drei grünen Kelchblättern und bis zu zwölf goldgelben Kronblättern leicht zu erkennen. Manchmal verblassen die Kronblätter und werden fast weiß. Die Blätter sind herzförmig, tief eingeschnitten und haben stumpfe Spitzen.

Oberfläche glänzend

AUSDAUERND

Fruchtstand grün

8–12 schmale Kronblätter

Blattspitze stumpf

HÖHE 7–20 cm.
BLÜTENGRÖSSE 2–3 cm Ø.
BLÜTEZEIT *März–Mai.*
BLÄTTER *Meist grundständig, herzförmig.*
FRUCHT *Köpfchen mit Balgfrüchten.*
ÄHNLICHE ARTEN *Kriechender Hahnenfuß (oben) und andere Hahnenfußgewächse, die jedoch geteilte Blätter haben.*

Brennender Hahnenfuß

Ranuculus flammula (Ranunculaceae)

Dieser häufige Hahnenfuß hat schmale, lanzenförmige Blätter, die langstieligen grundständigen Blätter können breiter sein. Die Blüten stehen in locker verzweigten Rispen, und die Stängel, die am Grund kriechen und in Abständen Wurzeln schlagen, sind oft rötlich.

lockere Blütenrispen

VORKOMMEN *Bestände in nassen Wiesen, Sümpfen oder an Teichufern, im Süden oft im Gebirge.*

Stängel rötlich

Blatt ungezähnt

AUSDAUERND

5 Kronblätter

HÖHE *10–50 cm.*
BLÜTENGRÖSSE *1–2 cm Ø.*
BLÜTEZEIT *Mai–September.*
BLÄTTER *Wechselständig, lanzenförmig.*
FRUCHT *Köpfchen mit Balgfrüchten.*
ÄHNLICHE ARTEN *Giftiger Hahnenfuß (R. sceleratus); Zungen-Hahnenfuß (R. lingua) mit größeren Blüten und fleischigeren Blättern.*

Schild-Wasserhahnenfuß

Ranunculus peltatus (Ranunculaceae)

Dieser weiß blühende, aquatische Hahnenfuß hat zwei Arten von Blättern. Die unter Wasser sind fadenartig geteilt, diejenigen, die auf der Wasseroberfläche treiben, sind rundlich und gelappt. Die weißen Blüten erscheinen an kurzen Stielen über der Wasseroberfläche. Es gibt viele ähnliche Arten, deren Blätter jedoch unterschiedlich sind.

VORKOMMEN *Erscheint an der Oberfläche seichter Teiche, Seen, Gräben und langsam fließender Flüsse oder an schlammigen Ufern.*

5 weiße Kronblätter

zahlreiche gelbe Staubblätter

obere Blätter rundlich, gelappt

EINJÄHRIG/AUSDAUERND

untere Blätter fadenartig geteilt

HÖHE *Wasseroberfläche.*
BLÜTENGRÖSSE *1,5–2 cm Ø.*
BLÜTEZEIT *Mai–August.*
BLÄTTER *Wechselständig; obere Blätter rundlich, gelappt, untere fadenartig geteilt.*
FRUCHT *Köpfchen aus Bälgen.*
ÄHNLICHE ARTEN *Europäischer Froschbiss (S. 190), dessen Blüten 3 Kronblätter haben.*

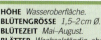

Gelbe Wiesenraute

Thalictrum flavum (Ranunculaceae)

Die Blüten dieser Pflanze scheinen fast völlig aus zahlreichen cremegelben Staubblättern zu bestehen, es sind jedoch auch vier kleine Kelchblätter vorhanden. Die Blätter sind in dunkel graugrüne, meist dreispitzige Fiedern geteilt. Sie sind meist zwischen anderer Vegetation verborgen, die hohen Blütenstände jedoch sind sehr auffällig.

VORKOMMEN *Feuchte Wiesen, überflutete Gebiete, meist zwischen hoher Vegetation im Tiefland.*

zarter Blütenstand

AUSDAUERND

Blüten an hohen Stielen

Fiedern dreispitzig

lange Staubblätter

HÖHE 0,6–1,5m.
BLÜTENGRÖSSE 1–1,5cm Ø.
BLÜTEZEIT *Juni-August.*
BLÄTTER *Wechselständig, fiederteilig.*
FRUCHT *Verdrehte Nüsschen.*
ÄHNLICHE ARTEN *Schwarzfrüchtiges Christophskraut (S. 64); Echtes Mädesüß (S. 80); Akeleiblättrige Wiesenraute (S. 64).*

Klatsch-Mohn

Papaver rhoeas (Papaveraceae)

Der Samen kann viele Jahre lang in der Erde überdauern und keimt, wenn er an die Oberfläche befördert wird. Die tiefgrünen Blätter sind fiederteilig, die nickenden Blütenknospen behaart. Die Blüten haben vier scharlachrote Blütenblätter, jedes mit einem schwarzen Fleck an der Basis. Die Staubblätter sind ebenfalls schwarz. Die glatte, ovale Fruchtkapsel hat Löcher, durch die die Samen vom Wind ausgestreut werden. Ihr Saft kann für Kinder gefährlich sein.

VORKOMMEN *Felder und Feldraine, Ödland, an Wegrändern; kann ganze Felder scharlachrot färben.*

leuchtend rote Kronblätter

EINJÄHRIG

Blüten mit schwarzer Mitte

Blätter fiederteilig

ovale Fruchtkapsel

HÖHE *30–60cm.*
BLÜTENGRÖSSE *7,5–10cm Ø.*
BLÜTEZEIT *Juni-September.*
BLÄTTER *Wechselständig, tief fiederteilig.*
FRUCHT *Ovale, glatte Kapsel mit Löchern.*
ÄHNLICHE ARTEN *Andere Mohnarten, die unterschiedlich geformte oder stachelig behaarte Samenkapseln haben.*

Gelber Hornmohn

Glaucium flavum (Papaveraceae)

Diese charakteristische Strandart ist an ihren fleischigen, graugrünen Blättern leicht zu erkennen, die in grobe Fiedern mit gewellten Rändern geteilt sind. Die großen, leuchtend gelben Blüten haben vier zarte Kronblätter, die ungewöhnliche Frucht ist eine schmale, lange Kapsel.

VORKOMMEN *Kies- oder Sandstrände, Dünen, Klippen; gelegentlich auf Ödland im Binnenland.*

überlappende Kronblätter
Blätter graugrün
große gelbe Blüten
lange, schlanke Kapsel

HÖHE 50–90 cm.
BLÜTENGRÖSSE 6–9 cm Ø.
BLÜTEZEIT Juni–September.
BLÄTTER Wechselständig, in Fiedern geteilt.
FRUCHT Schmale Kapsel, bis zu 30 cm lang.
ÄHNLICHE ARTEN Keine (die großen Blüten und der Küstenstandort schließen Verwechslungen mit anderen Arten aus).

ZWEIJÄHRIG/AUSDAUERND

Gewöhnl. Schöllkraut

Chelidonium majus (Papaveraceae)

Dieser Vertreter der Mohngewächse hat kleine Blüten mit vier gelben Kronblättern, zahlreichen gelben Staubblättern und einem auffallenden Griffel. Dieselbe Pflanze kann mehrere Monate lang Blüten hervorbringen, und man sagt, dass die Blüte mit der Anwesenheit von Schwalben in Europa zusammenfällt (*chelidon* ist griechisch und bedeutet Schwalbe). Die Blätter sind hellgrün mit gerundeten Lappen. Die öligen Samen locken Ameisen an und werden so verbreitet.

VORKOMMEN *Halbschattige Stellen, wie Hecken, Mauern, Ödland, oft in Siedlungsnähe.*

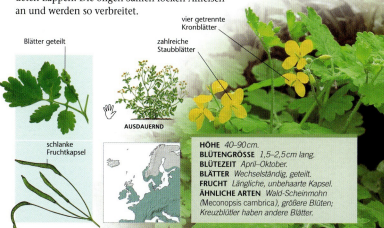

Blätter geteilt
zahlreiche Staubblätter
vier getrennte Kronblätter
schlanke Fruchtkapsel

AUSDAUERND

HÖHE 40–90 cm.
BLÜTENGRÖSSE 1,5–2,5 cm lang.
BLÜTEZEIT April–Oktober.
BLÄTTER Wechselständig, geteilt.
FRUCHT Längliche, unbehaarte Kapsel.
ÄHNLICHE ARTEN Wald-Scheinmohn (*Meconopsis cambrica*), größere Blüten; Kreuzblütler haben andere Blätter.

WILDBLUMEN

Gelber Lerchensporn

Pseudofumaria lutea (Fumariaceae)

Obwohl ursprünglich eine Alpenpflanze, kommt diese Art mittlerweile in ganz Europa vor. Die goldgelben, zweilippigen Blüten stehen in einseitigen Ähren, und die Pflanze kann viele Monate lang blühen. Die zierlichen Blätter sind gefiedert, jede Fieder ist in drei gerundete Lappen geteilt.

VORKOMMEN *Ursprünglich auf Kalksteinfelsen; auch an schattigen Mauern in Städten und Gärten.*

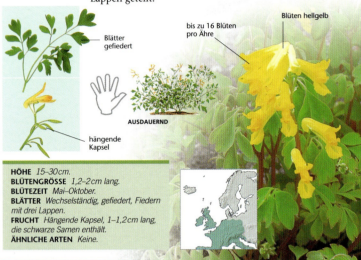

AUSDAUERND

HÖHE 15–30 cm.
BLÜTENGRÖSSE 1,2–2 cm lang.
BLÜTEZEIT Mai–Oktober.
BLÄTTER Wechselständig, gefiedert, Fiedern mit drei Lappen.
FRUCHT Hängende Kapsel, 1–1,2 cm lang, die schwarze Samen enthält.
ÄHNLICHE ARTEN Keine.

Gewöhnlicher Erdrauch

Fumaria officinalis (Fumariaceae)

Diese verbreitete Art hat Trauben aufrechter Blüten, die hinten einen Sporn und vorne zwei Lippen mit purpurnen Spitzen haben. Die verzweigten Stängel tragen fein geteilte Blätter, jedes Teilblättchen an einem eigenem Stiel. Die zarten graugrünen Blätter wirken fast wie Rauch, daher der Name der Pflanze.

VORKOMMEN *Blanker Boden, grasbewachsene Standorte, Felder, Ödland, Weiden, Wegränder.*

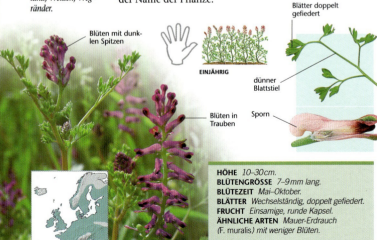

EINJÄHRIG

HÖHE 10–30 cm.
BLÜTENGRÖSSE 7–9 mm lang.
BLÜTEZEIT Mai–Oktober.
BLÄTTER Wechselständig, doppelt gefiedert.
FRUCHT Einsamige, runde Kapsel.
ÄHNLICHE ARTEN Mauer-Erdrauch (*F. muralis*) mit weniger Blüten.

Gewöhnliche Knoblauchsrauke

Alliaria petiolata (Brassicaceae)

Die weißen Blüten mit vier Kronblättern sitzen an der Spitze in Trauben. Die Blütenstiele werden länger, wenn sich die Samenschoten entwickeln. Wenn man sie zerreibt, haben die Blätter einen typischen Knoblauchgeruch, der bei Arten selten ist, die nicht zu den Lauchgewächsen gehören. Sie können in der Küche verwendet werden.

ZWEIJÄHRIG

VORKOMMEN *Wegränder, Waldränder, Gebüsche; im Halbschatten, auf neutralem oder kalkhaltigem Boden.*

kleine Blütentrauben

oben am Stängel kleinere Blätter

lange dünne Samenschoten

dreieckige, gezähnte Blätter

kleine weiße Blüten

HÖHE 40–120 cm.
BLÜTENGRÖSSE 3–5 mm Ø.
BLÜTEZEIT April–Juni.
BLÄTTER Wechselständig, dreieckig bis herzförmig, gezähnt und gestielt.
FRUCHT Schote; 2–7 cm lang.
ÄHNLICHE ARTEN Gewöhnliche Nachtviole (unten), die lange, fein gezähnte Blätter hat.

Gewöhnliche Nachtviole

Hesperis matronalis (Brassicaceae)

Die kräftigen Trauben weißer, violetter oder rosafarbener Blüten dieser stattlichen Pflanze sind auffällig. Die Blüten duften nur am Abend. Die fein gezähnten, kurz gestielten Blätter sind an der Basis schmal. Die Art stammt aus Südeuropa und ist mittlerweile in vielen Gegenden verbreitet.

ZWEIJÄHRIG/AUSDAUERND

VORKOMMEN *Feuchte, halbschattige Stellen, wie Waldränder, Flussufer, Hecken und Wegränder; oft in der Nähe von Siedlungen.*

4 Kronblätter

Stängel verzweigt

schmales Blatt

Blüten gestielt

HÖHE 70–120 cm.
BLÜTENGRÖSSE 1,5–2 cm Ø.
BLÜTEZEIT Mai–August.
BLÄTTER Wechselständig, lanzenförmig, gezähnt.
FRUCHT Schote, 2,5–10 cm lang.
ÄHNLICHE ARTEN Gewöhnl. Knoblauchsrauke (oben); Wiesen-Schaumkraut (S. 69).

Gewöhnl. Barbarakraut

Barbarea vulgaris (Brassicaceae)

Die gelben Blüten bilden im Frühjahr lichte Flecken an Flussböschungen und feuchten Gräben. Sie sitzen in Trauben an den Spitzen der Stängel, die länger werden, wenn die langen Samenschoten sich entwickeln. Die unteren gefiederten Blätter, die reich an Vitamin C sind, haben je eine endständige Fieder, die oberen Blätter umfassen den Stängel und sind nicht gefiedert.

VORKOMMEN *Gräben, Flussufer, Wege und nasse Stellen auf umgebrochenem Boden.*

untere Blätter gefiedert
verzweigte Stängel
kleine gelbe Blüten

ZWEIJÄHRIG/AUSDAUERND

HÖHE 30–90 cm.
BLÜTENGRÖSSE 7–9 mm Ø.
BLÜTEZEIT Mai–August.
BLÄTTER Grundständige Blätter gefiedert, gestielt; Stängelblätter wechselständig, ungestielt.
FRUCHT Schmale Schote, 1,5–3 cm lang.
ÄHNLICHE ARTEN Wegrauke (*Sisymbrium officinale*); Ackersenf (S. 73), breitere Blätter.

Brunnenkresse

Rorippa nasturtium-aquaticum (Brassicaceae)

Die sukkulenten, essbaren Blätter sind charakteristisch geformt und sitzen wechselständig an den fleischigen Stängeln. Die Art kommt an Süßwasserstandorten vor und wurzelt im Schlamm oder treibt an der Wasseroberfläche. Sie blüht oft viele Wochen lang und trägt lange, gebogene Samenschoten.

VORKOMMEN *Entlang von Gräben, Flüssen und Teichen, bildet dichte Bestände.*

Blüten in dichten Trauben

AUSDAUERND

Fiedern eiförmig

weiße Blüte mit 4 Kronblättern

HÖHE 30–70 cm.
BLÜTENGRÖSSE 4–6 mm Ø.
BLÜTEZEIT Mai–Oktober.
BLÄTTER Wechselständig, in eiförmige Fiedern geteilt.
FRUCHT Schlanke, gebogene Schote.
ÄHNLICHE ARTEN Knotenblütiger Sellerie (*Apium nodiflorum*), der gezähnte Blätter hat.

Wiesen-Schaumkraut

Cardamine pratensis (Brassicaceae)

Dieser Kreuzblütler ist in feuchten Wiesen und Weiden verbreitet und an seinen Blüten zu erkennen, die vier ovale Kronblätter haben, deren Färbung zwischen weiß, hellviolett und rosafarben variieren kann. Die grundständigen Blätter haben gerundete Fiedern, die denen der Brunnenkresse ähneln (links), die Blätter am Stängel sind schmäler gefiedert.

VORKOMMEN *Feuchte Standorte, wie Flussufer, feuchte Weiden und Wegränder.*

Blüten in Trauben am Ende des Stängels

AUSDAUERND

gelbe Staubblätter

Fiedern gerundet

HÖHE *Bis zu 60cm.*
BLÜTENGRÖSSE *1,2–1,8cm Ø.*
BLÜTEZEIT *April–Juni.*
BLÄTTER *Rosette gefiederter Blätter; Stängelblätter mit schmäleren Fiedern.*
FRUCHT *Schote, bis zu 4cm lang.*
ÄHNLICHE ARTEN *Zwiebel-Zahnwurz (C. bulbifera) mit größeren, elliptischen Blättern.*

Viermänniges Schaumkraut

Cardamine hirsuta (Brassicaceae)

Dieses häufige Kraut hat sehr kleine Blüten. Sie sitzen in dichten Trauben an den Spitzen der Stängel, werden aber meist von den Samenschoten überragt, die unterhalb entspringen. Die behaarten Blätter setzen sich aus paarigen, runden, weit getrennten Fiedern zusammen.

VORKOMMEN *Ödland, Kulturland und steinige Stellen, alte Mauern, Gärten, Pflasterfugen.*

EINJÄHRIG/ZWEIJÄHRIG

große, endständige Blattfieder

vier Kronblätter

kleine Blütentrauben

HÖHE *5–30cm.*
BLÜTENGRÖSSE *3–4mm Ø.*
BLÜTEZEIT *Februar–November.*
BLÄTTER *Meist grundständig, die oberen wechselständig mit paarigen Blattfiedern.*
FRUCHT *Schote, 2–2,5cm lang.*
ÄHNLICHE ARTEN *Wiesen-Schaumkraut (oben), das größere, rosa getönte Blüten hat.*

Echtes Löffelkraut

Cochlearia offinalis (Brassicaceae)

Diese variable Pflanze ist sukkulent und wächst oft kriechend, wie viele typische Küstenpflanzen. Die lang gestielten, grundständigen Blätter sind gerundet, die oberen umfassen den Stängel und sind oft gelappt. Die vierzähligen weißen Blüten stehen in dichten Trauben oben am Stängel.

VORKOMMEN *Zwischen Felsen an der Küste, in Salzmarschen, an Mauern an der Küste und Autobahnrändern.*

ZWEIJÄHRIG/AUSDAUERND

dichte Blütentrauben
runde, fleischige Blätter
Basis herzförmig
runde Schote

HÖHE *10–40cm.*
BLÜTENGRÖSSE *8–10mm Ø.*
BLÜTEZEIT *April–August.*
BLÄTTER *Meist grundständig, rundlich und fleischig.*
FRUCHT *Runde Schote mit gekörnter Textur.*
ÄHNLICHE ARTEN *Dänisches Löffelkraut (C. danica), das violette Blüten hat.*

Gewöhnl. Hirtentäschel

Capsella bursa-pastoris (Brassicaceae)

Diese bekannte Pflanze variiert in der Größe und trägt winzige, vierzählige weiße Blüten. Darunter entwickeln sich Reihen herzförmiger Schötchen, die an altmodische Ledertaschen erinnern. Die Blätter stehen meist in einer lockeren Rosette am Grund. Wenn die Pflanze an Hühner verfüttert wird, werden die Eidotter dunkler.

VORKOMMEN *Gedeiht sogar auf kargem Boden, auf Feldern, in Gärten, Kultur- und Ödland, an Mauern und in Pflasterfugen.*

Reihen mit Schötchen

EINJÄHRIG/ZWEIJÄHRIG

winzige weiße Blüten in Trauben

Blatt lanzenförmig
obere Blätter umfassen Stängel

Schötchen herzförmig

HÖHE *8–50cm.*
BLÜTENGRÖSSE *2–3mm Ø.*
BLÜTEZEIT *Während des ganzen Jahres.*
BLÄTTER *Grundständige Blätter fiederteilig; am Stängel wechselständig, gezähnt.*
FRUCHT *Herzförmige Schötchen.*
ÄHNLICHE ARTEN *Acker-Hellerkraut (rechts oben); Feld-Kresse (Lepidium campestre).*

Acker-Hellerkraut

Thlaspi arvense (Brassicaceae)

Die Samenschötchen dieses Kreuzblütlers bilden papierartige Scheiben mit breiten, runden Flügeln, die gekerbten Münzen ähneln. Wenn die Sonne durch die Schötchen scheint, sehen sie aus, als würden sie gelb leuchten. Die weißen Blüten sitzen an den Spitzen der verzweigten Stängel.

VORKOMMEN
Gestörte Stellen, wie umgebrochene Felder mit nährstoffreichem Boden, und Ödland.

- gezähnte Blätter
- Stiel wächst bei Fruchtbildung
- münzähnliche Schötchen
- kleine Blüten in Trauben

EINJÄHRIG

HÖHE *20–60cm.*
BLÜTENGRÖSSE *4–6mm Ø.*
BLÜTEZEIT *Mai–Juli.*
BLÄTTER *Wechselständig, schmal und grob gezähnt.*
FRUCHT *Papierartig, scheibenförmige Flügel.*
ÄHNLICHE ARTEN *Gewöhnliches Hirtentäschel (links), das herzförmige Schötchen hat.*

Pfeilkresse

Cardaria draba (Brassicaceae)

Diese Pflanze kam früher in Küstenregionen vor, heute ist sie an Autobahnrändern häufig. Sie ist mit ihren unzähligen winzigen, cremeweißen Blüten an den vielfach verzweigten Stängeln leicht zu erkennen. Jede Blüte hat vier Blütenblätter und entwickelt sich zu einem herzförmigen Schötchen. Die gezähnten, graugrünen Blätter sind länglich.

VORKOMMEN *Entlang Straßen, Autobahnen, auf umgebrochenem und kultiviertem Boden, an der Küste.*

- weiße Kronblätter
- Blätter am Stängel ungestielt
- Frucht herzförmig

AUSDAUERND

HÖHE *30–80cm.*
BLÜTENGRÖSSE *5–6mm Ø.*
BLÜTEZEIT *Mai–Juni.*
BLÄTTER *Wechselständig, eiförmig, leicht gezähnt; untere Blätter oft ungezähnt.*
FRUCHT *Herzförmiges Schötchen, 3–4 mm.*
ÄHNLICHE ARTEN *Strandkohl (S. 72), der ähnliche Merkmale hat, aber kräftiger ist.*

Strandkohl

Crambe maritima (Brassicaceae)

Die großen Büschel graugrüner, wachsiger Blätter sind sukkulent und gelappt. Große, gewölbte Blütenstände vierzähliger weißer Blüten erscheinen in verschwenderischer Fülle, und im Spätsommer trägt die Pflanze hunderte runder Schötchen.

VORKOMMEN *Große Gruppen, oft nahe der Gezeitenlinie, an Kies- und Sandstränden, manchmal auf Felsen und Mauern am Meer.*

Pflanze bildet große Gruppen
dichte Blütenstände
runde Früchte
AUSDAUERND
dicke, fleischige Blätter
dicker, verzweigter Stängel

HÖHE *30–80 cm.*
BLÜTENGRÖSSE *1–1,5 cm Ø.*
BLÜTEZEIT *Juni–August.*
BLÄTTER *Grundständig, gelappt mit gewellten Rändern; untere Blätter ungestielt; graugrün.*
FRUCHT *Runde Schötchen, 8–14 mm lang.*
ÄHNLICHE ARTEN *Pfeilkresse (S. 71), weniger kräftig; Wild-Kohl (Brassica oleracea).*

Färberwaid

Isatis tinctoria (Brassicaceae)

Diese kräftige Pflanze wurde früher kultiviert, da ihre Blätter einen blauen Farbstoff enthalten. Der steife, spärlich beblätterte Stiel ist oben verzweigt und trägt große gelbe Blütenstände. Die Früchte, die wie Tränen aussehen, reifen von grün zu braun.

VORKOMMEN *Trockene, steinige Stellen auf Kultur- und Ödland.*

dichte gelbe Blütenstände
ZWEIJÄHRIG
Blatt
Reihe hängender Früchte

HÖHE *80–150 cm.*
BLÜTENGRÖSSE *3–4 mm Durchmesser.*
BLÜTEZEIT *Juli–August.*
BLÄTTER *Lanzenförmig, stängelumfassend; einige Grundblätter gestielt.*
FRUCHT *Hängende Schote, 1,2–2,5 cm lang.*
ÄHNLICHE ARTEN *Orientalisches Zackenschötchen (Bunias orientalis).*

Raps

Brassica napus (Brassicaceae)

Dieser große Kreuzblütler wird großflächig angebaut, um aus den Samen Öl zu gewinnen. Seine gelben Blüten werden meist von noch geschlossenen Blütenknospen überragt, und am Stängel darunter erscheinen lange Samenschoten. Die Blätter sind graugrün mit gewellten Rändern, die unteren gestielt und gelappt, die oberen stängelumfassend.

VORKOMMEN *Verwildert auf Kulturland, Ödland, an Feldrainen, Wegrändern, meist in der Nähe von Feldern.*

gelbe Blüten mit 4 Kronblättern

verlängerte Stängel

EINJÄHRIG/ ZWEIJÄHRIG

gerundete Lappen

schlanke Schote

HÖHE *50–150 cm.*
BLÜTENGRÖSSE *1,5–2,5 cm Ø.*
BLÜTEZEIT *Mai–August.*
BLÄTTER *Untere Blätter gestielt und gelappt, obere wechselständig, ungestielt.*
FRUCHT *Zylindrische Schote, 5–10 cm lang.*
ÄHNLICHE ARTEN *Wild-Kohl (Brassica oleracea) mit gelappten Blättern.*

Ackersenf

Sinapis arvensis (Brassicaceae)

Der Ackersenf ist einer der häufigsten gelben Kreuzblütler und kann ein hartnäckiges Unkraut sein. Die Pflanze ist borstig mit grob gezähnten, leierförmigen unteren Blättern. Die oberen Blätter sind schmaler und nicht gelappt. Die Blüten haben vier gelbe Kronblätter, zwischen denen die schmalen Kelchblätter zu sehen sind.

VORKOMMEN *Umgebrochener Boden, Wegränder, Müllhalden; oft auf kalkhaltigem Boden.*

gelbe Blüten mit 4 Kronblättern

rötliche Mittelrippe

schmale Kelchblätter

Schote geschnäbelt

behaarte Blätter

EINJÄHRIG

HÖHE *40–80 cm.*
BLÜTENGRÖSSE *1,5–2 cm Ø.*
BLÜTEZEIT *Mai–Oktober.*
BLÄTTER *Untere gestielt, grob gezähnt; obere wechselständig, ungestielt.*
FRUCHT *Schote, 2,5–4,5 cm lang.*
ÄHNLICHE ARTEN *Raps (oben), weniger behaarte Blätter; Gew. Barbarakraut (S. 68).*

Europäischer Meersenf

Cakile maritima (Brassicaceae)

Wie viele Küstenpflanzen, die auf trockenem Boden wachsen, hat der Europäische Meersenf fleischige Blätter, die die Feuchtigkeit speichern. Sie sind länglich, kräftig grün und in gerundete Finger geteilt. Die hell rosafarbenen Blüten stehen in kopfigen Trauben an der Spitze der Stängel.

VORKOMMEN *Offene, sandige Gebiete, Dünen, Kiesstrände an der Küste.*

EINJÄHRIG

lange, gerundete Fiedern

helle Mittelrippe

4 Kronblätter

Blüten in Trauben

HÖHE *Bis zu 30 cm.*
BLÜTENGRÖSSE *6–12 mm Ø.*
BLÜTEZEIT *Juni–September.*
BLÄTTER *Wechselständig, fleischig.*
FRUCHT *Schote, 2 cm lang, aus zwei Segmenten, das untere mit zwei Verlängerungen.*
ÄHNLICHE ARTEN *Wiesen-Schaumkraut (S. 69).*

Venusschnabel

Umbilicus rupestris (Crassulaceae)

Die münzförmigen Blätter haben einen Nabel in der Mitte, an dem der Blattstiel ansetzt. Die Blütenähre trägt nickende Blüten, die fünfteilige Blütenröhren wie winzige Fingerhüte haben. Die Blütenfarbe variiert von Cremeweiß zu Tiefrosa.

VORKOMMEN *Felsen, steiniges Gelände, Böschungen, alte Mauern; vom Tiefland bis in 2500 m Höhe.*

glockenförmige Blüten

AUSDAUERND

leicht gewellter Blattrand

lange, spitze Ähre

Nabel in der Mitte

HÖHE *15–40 cm.*
BLÜTENGRÖSSE *8–10 mm lang.*
BLÜTEZEIT *Juni–August.*
BLÄTTER *In grundständiger Rosette, rund, fleischig; Blattstiel setzt in der Mitte an.*
FRUCHT *Gruppe von Kapseln mit Samen.*
ÄHNLICHE ARTEN *Gewöhnl. Wassernabel (Hydrocotyle vulgaris), winzige Blüten.*

Weiße Fetthenne

Sedum album (Crassulaceae)

Die fleischigen, zylindrischen Blätter dieser Pflanze speichern an den trockenen Standorten, an denen sie vorkommt, Feuchtigkeit. Die beblätterten Stängel sind oben verzwegt und tragen viele sternförmige weiße Blüten. Die ähnliche Englische Fetthenne ist kleiner, ihre weißen Blüten rot getönt.

VORKOMMEN *Steinige Mauern, Dünen, Kieswege; an sehr trockenen, exponierten Stellen.*

AUSDAUERND

breite endständige Blütenrispe

Blüten mit 5 Kronblättern

Blätter sukkulent

auffällige Staubblätter

Blätter oft rot getönt

HÖHE 8–20 cm.
BLÜTENGRÖSSE 6–9 mm Ø.
BLÜTEZEIT Juni–August.
BLÄTTER Wechselständig, klein, zylindrisch und sukkulent.
FRUCHT Mehrere kleine Balgfrüchte.
ÄHNLICHE ARTEN Scharfer Mauerpfeffer (unten); Englische Fetthenne (*S. anglicum*).

Scharfer Mauerpfeffer

Sedum acre (Crassulaceae)

Die leuchtend gelben Blüten dieser Matten bildenden Pflanze haben je fünf Kronblätter und zehn Staubblätter und wirken an den trockenen Standorten kräftig. Die gedrungenen Blätter sind daran angepasst, Feuchtigkeit zu speichern. Sie sind sukkulent, überlappend und oft rot getönt. Die ganze Pflanze ist giftig.

VORKOMMEN *Matten an trockenen, steinigen oder sandigen Stellen, wie Mauern, Böschungen, Kiesstränden, Dächern.*

sternförmige Blüten

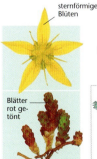

AUSDAUERND

Blüten in kleinen Dolden

Blätter rot getönt

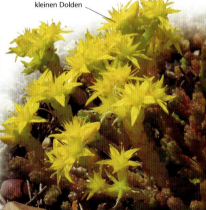

HÖHE 4–10 cm.
BLÜTENGRÖSSE 1–1,2 cm Ø.
BLÜTEZEIT Mai–Juli.
BLÄTTER Wechselständig, sukkulent, 3–6 mm.
FRUCHT Fünf Bälge in Sternform, 4 mm lang.
ÄHNLICHE ARTEN Salzmiere (*Honckenya peploides*), Weiße Fetthenne (oben); Fetthennen-Steinbrech (*Saxifraga aizoides*).

Gelbe Resede

Reseda lutea (Resedaceae)

Die attraktiven gelben Blüten dieser Art haben kurze Stiele und tief gekerbte Kronblätter, die die Blütenähre zart und luftig wirken lassen. Die dunkelgrünen Blätter sind fiederspaltig, haben gewellte Ränder und falten sich an der Mittelrippe. Die Frucht ist eine längliche Kapsel.

VORKOMMEN *Wegränder, Böschungen, Feldränder und trockenes Grasland.*

ZWEIJÄHRIG/AUSDAUERND

Blüten in lockeren Ähren

lange, schmale Fiedern

kleine Blüten

HÖHE *40–80 cm.*
BLÜTENGRÖSSE *7–9 mm Ø.*
BLÜTEZEIT *Mai–September.*
BLÄTTER *Wechselständig, fiederspaltig.*
FRUCHT *Längliche Kapsel, 7–12 mm lang.*
ÄHNLICHE ARTEN *Färber-Resede (unten), die größer ist und lanzenförmige Blätter hat.*

Färber-Resede

Reseda luteola (Resedaceae)

Diese Art ist mit ihren hohen Blütenähren auch aus der Entfernung leicht zu erkennen. Die Ähren sind oft an der Spitze verzweigt und tragen hunderte kleiner Blüten dicht am Stängel. Die Blätter sind einfach, haben gewellte Ränder und bilden im ersten Jahr eine Rosette.

VORKOMMEN *Wegränder, Feldraine, Ödland, Grasland, auf kalkhaltigem Boden.*

Blatt lineal

gelbgrüne Blüten

kleine Fruchtkapseln

ZWEIJÄHRIG

Blüten in hohen Ähren

Stängel aufrecht

HÖHE *80–150 cm.*
BLÜTENGRÖSSE *4–5 mm Ø.*
BLÜTEZEIT *Juni–September.*
BLÄTTER *Grundständige Rosette, oben wechselständig, lanzenförmig, gewellte Ränder.*
FRUCHT *Kapsel, 3–4 mm lang.*
ÄHNLICHE ARTEN *Gelbe Resede (oben); Kleiner Odermennig (S. 83).*

Rundblättriger Sonnentau

Drosera rotundifolia (Droseraceae)

Die Blätter sind mit Drüsenhaaren besetzt, von denen jedes einen Tropfen klebriger Flüssigkeit trägt. Damit werden Insekten angelockt, die kleben bleiben und vom Blatt verdaut werden. Die kleinen Blüten erscheinen in einer losen Ähre an der Spitze eines blattlosen Stiels hoch über den Blättern.

VORKOMMEN *Zwischen Torfmoos und anderen Pflanzen in sauren Mooren; benötigt viel Feuchtigkeit.*

AUSDAUERND

runde Blattspreite

Blätter mit klebrigen roten Haaren

weiße Blüte

HÖHE *5–15cm.*
BLÜTENGRÖSSE *5mm Ø.*
BLÜTEZEIT *Juni–August.*
BLÄTTER *Grundständig, rund, mit Drüsenhaaren.*
FRUCHT *Kleine, vielsamige Kapsel.*
ÄHNLICHE ARTEN *Langblättriger Sonnentau (D. longifolia), schmale, längliche Blätter.*

Gegenblättriger Steinbrech

Saxifraga oppositifolia (Saxifragaceae)

Diese Art hat kriechende Stängel und dicht stehende Blätter in gegenständigen Paaren, die oft mit Kalk verkrustet sind, der aus Poren an den Blattspitzen austritt. Die Blüten stehen in großer Zahl an kurzen Stielen und sind rosaviolett mit orangefarbenen Staubbeuteln.

VORKOMMEN *Matten auf Felsen an der Küste, Moränen und feuchten Felsen im Gebirge.*

AUSDAUERND

Blüten mit 5 Kronblättern

orangefarbene Staubbeutel

kleine, dichte Blüten

HÖHE *4–10cm.*
BLÜTENGRÖSSE *1–2cm Ø.*
BLÜTEZEIT *März–August.*
BLÄTTER *Gegenständige Paare, länglich, dick; dunkelgrün.*
FRUCHT *Kapsel mit vielen Samen.*
ÄHNLICHE ARTEN *Stängelloses Leimkraut (Silene acaulis), das lineale Blätter hat.*

WILDBLUMEN

Knöllchen-Steinbrech

Saxifraga granulata (Saxifragaceae)

Die weißen Blüten dieser zierlichen Pflanze fallen zwischen den Gräsern alter Wiesen auf. Die Blüten erscheinen an locker verzweigten Rispen an einem einzigen blattlosen Stängel, der von der grundständigen Blattrosette aufsteigt. Meist bilden sich dicht unter der Erdoberfläche Brutknöllchen.

VORKOMMEN *Wiesen, Wegränder, steinige Stellen; auf kalkhaltigem Boden.*

AUSDAUERND

Blüten mit 5 Kronblättern

Blätter gekerbt

Kronblätter gerundet

HÖHE 20–50 cm.
BLÜTENGRÖSSE 1,5–3 cm Ø.
BLÜTEZEIT April–Juni.
BLÄTTER Meist in grundständiger Rosette, rund oder nierenförmig, gekerbt.
FRUCHT Kleine, zweiteilige Kapsel.
ÄHNLICHE ARTEN Sumpf-Herzblatt (rechts unten), das gestielte, herzförmige Blätter hat.

Rosenwurz

Rhodiola rosea (Crassulaceae)

Die Rosenwurz wächst auf Felsen und bildet rundliche Büschel. Die dicken Stängel entspringen einer gemeinsamen Basis und tragen fleischige, rot getönte Blätter. An der Spitze jedes Stängels sitzt ein Blütenstand mit nach Rosen duftenden Blüten. Die vielen gelben Staubfäden tragen violette Staubbeutel.

VORKOMMEN *Kissen auf Felsen und steinigen Stellen im Binnenland und an der Küste.*

AUSDAUERND

spiralig um den Stamm gewickelte Blätter

dichter endständiger Blütenstand

fleischige eiförmige Blätter

HÖHE 20–35 cm.
BLÜTENGRÖSSE 5–8 mm Ø.
BLÜTEZEIT Mai–Juli.
BLÄTTER Wechselständig, fleischig, gezähnt.
FRUCHT Orangerote Balgfrüchte.
ÄHNLICHE ARTEN Purpur-Fetthenne (*Hylotelephium telephium*), die ähnlich, aber weniger büschelig ist, wenn sie nicht blüht.

Gegenblättr. Milzkraut

Chrysosplenium oppositifolium (Saxifragaceae)

Diese Art bildet in feuchtem Waldland goldgrüne Matten. Sie bedeckt den Boden und breitet sich mit Trieben aus, die in Abständen Wurzeln schlagen. Die Blätter sind gelbgrün, die kleinen Blüten entspringen den oberen Blattachseln.

VORKOMMEN *Feuchten Stellen, Felsen, Flussufer, in nassem Waldland; im Schatten auf leicht saurem Boden.*

kleine runde Blätter

AUSDAUERND

Blüten ohne Kronblätter

4 gelbliche Kelchblätter

gelbliche Hochblätter

HÖHE *5–15cm.*
BLÜTENGRÖSSE *2–3mm Ø.*
BLÜTEZEIT *April–Juli.*
BLÄTTER *Gegenständige Paare, rundlich.*
FRUCHT *Becherförmige Kapsel.*
ÄHNLICHE ARTEN *Wechselblättriges Milzkraut (C. alternifolium), das wechselständige, glänzendere Blätter hat.*

Sumpf-Herzblatt

Parnassia palustris (Parnassiaceae)

Die einzeln stehenden Blüten dieser Wiesenpflanze haben fünf weiße Kronblätter mit grünlichen Adern und eine charakteristische und ungewöhnliche Anordnung von Staminodien, die die wirklichen Staubblätter umgeben. Die meisten Blätter sind grundständig und herzförmig an langen Stielen, ein einzelnes Blatt umfasst außerdem den Stängel.

VORKOMMEN *Feuchte, grasbewachsene Stellen, Sümpfe; neutraler und kalkhaltiger Boden, auch im Gebirge.*

weiße Blüten mit 5 Kronblättern

ZWEIJÄHRIG

fiedrige gelbe Staminodien

herzförmiges Blatt

langer Stiel

HÖHE *10–30cm.*
BLÜTENGRÖSSE *1,5–3cm Ø.*
BLÜTEZEIT *Juni–September.*
BLÄTTER *Grundständig, herzförmig, ein den Stängel umfassendes Blatt.*
FRUCHT *Kapsel, die sich in vier Teile teilt.*
ÄHNLICHE ARTEN *Knöllchen-Steinbrech (links oben), der gekerbte Blätter hat.*

Kleines Mädesüß

Filipendula vulgaris (Rosaceae)

Diese Pflanze ist an ihren runden, rosa getönten Blütenknospen zu erkennen, die an den Spitzen der langen, aufrechten Stängel sitzen. Die Blüten haben je sechs weiße Kronblätter und zahlreiche lange Staubblätter und wirken sehr zart. Die Blätter sind fein doppelt gefiedert.

VORKOMMEN *Wiesen und trockenes Grasland, Straßenränder, v.a. auf kalkhaltigem Boden.*

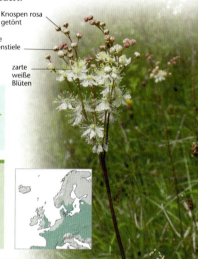

HÖHE *15–50 cm.*
BLÜTENGRÖSSE *0,8–1,6 cm Durchmesser.*
BLÜTEZEIT *Mai–August.*
BLÄTTER *Wechselständig, die meisten am Grund; fein doppelt gefiedert.*
FRUCHT *Kopf mit Nüsschen, je 1–2 Samen.*
ÄHNLICHE ARTEN *Echtes Mädesüß (unten), größer und größere Blattfiedern.*

Echtes Mädesüß

Filipendula ulmaria (Rosaceae)

Dieses Rosengewächs ist sehr attraktiv, wenn seine cremeweißen Blütenstände in großer Zahl an Flussufern zu sehen sind. Die zarten Blüten mit zahlreichen Staubblättern öffnen sich aus runden Knospen an der Spitze der verzweigten Stängel, die die Vegetation hoch überragen. Die Früchte sind wie winzige Schneckenhäuser gedreht. Die dunkelgrünen Blätter ähneln Ulmenblättern.

VORKOMMEN *Feuchte Wiesen und Hochstaudenfluren an Flussufern; feuchte Weg- und Straßenränder.*

HÖHE *60–120 cm.*
BLÜTENGRÖSSE *4–8 mm Ø.*
BLÜTEZEIT *Juni–August.*
BLÄTTER *Wechselständig, gefiedert.*
FRUCHT *Nüsschen, Früchte spiralig gedreht.*
ÄHNLICHE ARTEN *Kleines Mädesüß (oben), mit farnähnlichen Blättern; Gelbe Wiesenraute (S. 64), mit dreiteiligen Blattfiedern.*

Brombeere

Rubus fruticosus (Rosaceae)

Die rankenden Stängel sind mit kräftigen Stacheln besetzt und hängen auf den Boden herab, wo sie Wurzeln schlagen. Die Blüten können jeden Farbton zwischen weiß, rosa und tiefviolett haben. Die essbare Frucht ist eine Sammelsteinfrucht, die zur gleichen Zeit wie die Blüten an der Pflanze sitzen kann.

VORKOMMEN *Standorte auf verschiedenen Böden; bevorzugt Waldland, Hecken und Gebüsche, wo sie Dickichte bildet.*

Blüten mit 5 Kronblättern

3 Teilblättchen — zahlreiche Staubblätter — Früchte in Rispe

AUSDAUERND

HÖHE *0,5–2,5 m.*
BLÜTENGRÖSSE *2–3 cm Ø.*
BLÜTEZEIT *Mai–September.*
BLÄTTER *Wechselständig, drei Teilblättchen.*
FRUCHT *Sammelsteinfrucht.*
ÄHNLICHE ARTEN *Moltebeere (R. chamaemorus); Himbeere (R. idaeus); Kriechende Rose (unten) und Hunds-Rose (S. 82).*

Kriechende Rose

Rosa arvensis (Rosaceae)

Diese kletternde Rose hat weiße Blüten, deren Griffel eine kurze, herausragende Säule bilden. Die Blätter an den stacheligen Stängeln sind in zwei oder drei Paare kleiner, eiförmiger Fiedern geteilt. Die Frucht ist eine ovale, rote Hagebutte, die aus den Kelchblättern wächst. Diese fallen ab, wenn die Frucht reift.

VORKOMMEN *Klettert über andere Vegetation in Gebüschen, Hecken, an Waldrändern; kann niedrige Büsche bilden.*

Griffel bilden Säule — Ränder fein gezähnt

AUSDAUERND

weiße Kronblätter

oval und glatt

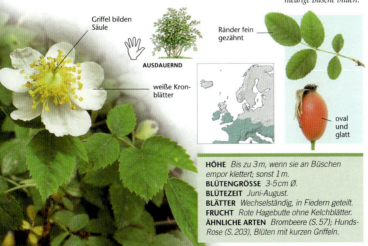

HÖHE *Bis zu 3 m, wenn sie an Büschen empor klettert; sonst 1 m.*
BLÜTENGRÖSSE *3–5 cm Ø.*
BLÜTEZEIT *Juni–August.*
BLÄTTER *Wechselständig, in Fiedern geteilt.*
FRUCHT *Rote Hagebutte ohne Kelchblätter.*
ÄHNLICHE ARTEN *Brombeere (S. 57); Hunds-Rose (S. 203), Blüten mit kurzen Griffeln.*

Hunds-Rose

Rosa canina (Rosaceae)

Diese Art ist im Frühsommer auf dem Land sicher eine der schönsten Arten. Sie hat lange, herabhängende, mit Stacheln besetzte Zweige, die über Büsche und Hecken klettern, oder bildet gelegentlich frei stehende Büsche. Die Stängel und Blätter tragen keine Haare oder Drüsen, und die Stacheln sind an den Enden hakenförmig gebogen. Die nicht duftenden Blüten haben fünf weiße, meist rosafarben getönte Kronblätter und zahlreiche gelbe Staubblätter. Die Griffel bilden eine kleine Säule in der Mitte der Blüte.

VORKOMMEN *Klettert über Hecken und Gebüsche, an Waldrändern und verwilderten Standorten.*

AUSDAUERND

- Kronblätter rosafarben getönt
- zahlreiche gelbe Staubblätter
- Ränder grob gezähnt
- 5–7 Fiedern
- ovale rote Hagebutte

ANMERKUNG

Hagebuttenpräparate werden seit langem zur Linderung von Husten und Halsschmerzen eingesetzt. Auch Wein lässt sich aus ihnen herstellen.

HÖHE *1–2,5 m.*
BLÜTENGRÖSSE *4–5 cm Ø.*
BLÜTEZEIT *Juni–Juli.*
BLÄTTER *Wechselständig, in 5-7 gezähnte Fiedern geteilt, mit langen Nebenblättern am Blattstiel.*
FRUCHT *Ovale bis runde rote Hagebutten.*
ÄHNLICHE ARTEN *Brombeere (S.81); Kriechende Rose (S.81), Griffel ist eine lange Säule; andere Rosa-Arten, behaarte Blütenstiele.*

Kleiner Odermennig

Agrimonia eupatoria (Rosaceae)

Die langen, schmalen Ähren mit gelben Blüten überragen meist auffällig die umgebende Vegetation. Die Blätter sind in drei bis sechs gezähnte Fiedern geteilt, zwischen denen kleinere Blättchen stehen. Der Kelch, der die Frucht umgibt, ist mit Häkchen besetzt, die sich im Fell von Tieren, aber auch an Kleidungsstücken einhängen und so für die Verbreitung sorgen.

VORKOMMEN *Hohes Grasland, Wiesen, Gebüsche, Waldränder, Hecken und Wegränder.*

HÖHE *50–100 cm.*
BLÜTENGRÖSSE *5–8 cm Ø.*
BLÜTEZEIT *Juni–August.*
BLÄTTER *Wechselständig, gefiedert.*
FRUCHT *Becherförmig, gerillt, mit Häkchen.*
ÄHNLICHE ARTEN *Färber-Resede (S. 76), kleinere, gelblich grüne Blüten; Schwarze Königskerze (S. 154), die größere Blüten hat.*

Gewöhnl. Frauenmantel

Alchemilla vulgaris (Rosaceae)

Es gibt viele ähnliche Kleinarten des Gewöhnlichen Frauenmantel, die sehr schwer voneinander zu unterscheiden sind. Sie weisen alle dieselben seidigen, gelappten, graugrünen Blätter auf, die Wasser abweisend sind. Die gelbgrünen Blüten besitzen vier Kelchblätter, und die Kronblätter fehlen.

VORKOMMEN *Grasbewachsene und steinige Stellen, Wiesen, Waldränder und Flussufer; in hohen und tiefen Lagen.*

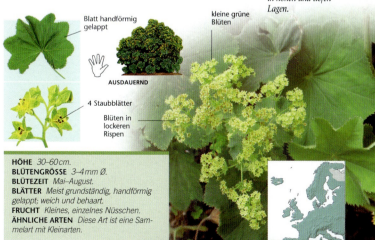

HÖHE *30–60 cm.*
BLÜTENGRÖSSE *3–4 mm Ø.*
BLÜTEZEIT *Mai–August.*
BLÄTTER *Meist grundständig, handförmig gelappt; weich und behaart.*
FRUCHT *Kleines, einzelnes Nüsschen.*
ÄHNLICHE ARTEN *Diese Art ist eine Sammelart mit Kleinarten.*

Kleiner Wiesenknopf

Sanguisorba minor (Rosaceae)

Die Blätter dieser Art sind in Paare kleiner, eiförmiger Fiedern geteilt, die deutlich getrennt am Blattstiel sitzen. Wenn man sie zerreibt, riechen sie nach Gurken, und man kann sie Salaten zugeben. Wenn sich die Blüten öffnen, erscheinen erst die purpurroten weiblichen Griffel, dann folgen die herabhängenden gelben Staubblätter.

VORKOMMEN *Große Bestände in trockenem Grasland, an steinigen Stellen; auf kalkhaltigen Böden.*

AUSDAUERND

Blätter gefiedert

weibliche Blüten purpurrot

männliche Blüten

langer Stiel

HÖHE *20–50 cm.*
BLÜTENGRÖSSE *Köpfchen 1–2 cm breit.*
BLÜTEZEIT *Mai–Juli.*
BLÄTTER *Wechselständig, gefiedert, Fiedern gezähnt; riechen nach Gurke.*
FRUCHT *1–2 Nüsschen im Kelch.*
ÄHNLICHE ARTEN *Großer Wiesenknopf (unten), größer und mit größeren Blättern.*

Großer Wiesenknopf

Sanguisorba officinalis (Rosaceae)

Diese Feuchtigkeit liebende Pflanze erträgt keine Beweidung und Trockenheit. Die hohen, verzweigten Stängel tragen Blütenköpfe mit dunkelroten Blüten, die die umgebenden Gräser oft überragen. Die kronblattlosen Blüten bestehen aus Kelchblättern und auffallenden Staubblättern. Die Blätter sind in etwa sieben Paare eiförmiger Fiedern geteilt, die oberseits dunkelgrün und unterseits gräulich sind.

VORKOMMEN *Feuchte Wiesen, Grasland; kalkhaltige oder nährstoffreiche Böden.*

längliche Köpfchen mit dunkelroten Blüten

Blätter dunkelgrün und grau

Rand gezähnt

AUSDAUERND

HÖHE *40–90 cm.*
BLÜTENGRÖSSE *Köpfchen 1–3 cm lang.*
BLÜTEZEIT *Juni–September.*
BLÄTTER *Wechselständig, mit gestielten, gezähnten eiförmigen Fiedern.*
FRUCHT *Kleines Nüsschen.*
ÄHNLICHE ARTEN *Kleiner Wiesenknopf (oben), kleiner, mit kleineren Blattfiedern.*

Echte Nelkenwurz

Geum urbanum (Rosaceae)

Obwohl dieses Rosengewächs verzweigte Blütenstiele hat, blühen nie viele Blüten zur gleichen Zeit. Neben den gelben Blüten stehen oft die charakteristischen Fruchtstände, die aus Nüsschen mit Haken bestehen. Die gezähnten Blätter sind in Fiedern geteilt, die Blätter am Stängel haben am Grund ein Paar großer Nebenblätter.

VORKOMMEN *Waldland, Hecken, Wege, Straßenränder und andere schattige Stellen.*

AUSDAUERND

Fruchtstände mit hakenförmigen Griffeln
Kronblätter rund
zahlreiche Staubblätter

Fiedern grob gezähnt
Nüsschen mit Haken

HÖHE *40–70 cm.*
BLÜTENGRÖSSE *1–1,5 cm Ø.*
BLÜTEZEIT *Mai–September.*
BLÄTTER *Untere Blätter mit Paaren von Fiedern; Stängelblätter mit drei Fiedern.*
FRUCHT *Nüsschen mit Haken.*
ÄHNLICHE ARTEN *Bach-Nelkenwurz (unten) mit nickenden Blüten.*

Bach-Nelkenwurz

Geum rivale (Rosaceae)

Diese elegante Pflanze hybridisiert oft mit der nahe verwandten Echten Nelkenwurz (oben), und daraus resultieren Blüten mit Merkmalen beider Arten. Die Blüten der Bach-Nelkenwurz haben cremefarbene, rosa getönte Kronblätter und violettbraune Kelchblätter, die sich aufrichten, wenn sich die Früchte bilden.

VORKOMMEN *Bestände in sumpfigem Grasland, Wiesen, nassem Waldland; bevorzugt kalkhaltigen Boden.*

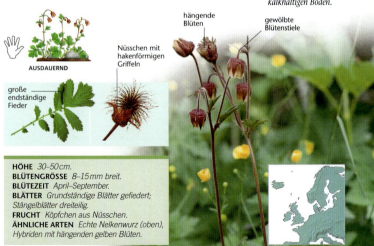

hängende Blüten
gewölbte Blütenstiele
Nüsschen mit hakenförmigen Griffeln
AUSDAUERND
große endständige Fieder

HÖHE *30–50 cm.*
BLÜTENGRÖSSE *8–15 mm breit.*
BLÜTEZEIT *April–September.*
BLÄTTER *Grundständige Blätter gefiedert; Stängelblätter dreiteilig.*
FRUCHT *Köpfchen aus Nüsschen.*
ÄHNLICHE ARTEN *Echte Nelkenwurz (oben), Hybriden mit hängenden gelben Blüten.*

Sumpfblutauge

Potentilla palustris (Rosaceae)

Die kurz gestielten Blätter dieser Art sind in fünf bis sieben gesägte Fiedern geteilt. Die Blüten haben auffallende rotbraune oder violette Kelchblätter, die roten Kronblätter sind viel kleiner. Die unreifen Nüsschen in der Mitte sind von dunklen Staubblättern umgeben.

VORKOMMEN *Sümpfe, Feuchtwiesen, nasse Wiesen; auf saurem Boden.*

HÖHE *30–50 cm.*
BLÜTENGRÖSSE *2–3 cm Ø.*
BLÜTEZEIT *Mai–Juli.*
BLÄTTER *Wechselständig, 5–7 längliche, gesägte Fiedern; papierartige Nebenblätter.*
FRUCHT *Köpfchen aus Nüsschen, umgeben von beständigem Kelch.*
ÄHNLICHE ARTEN *Keine.*

Wald-Erdbeere

Fragaria vesca (Rosaceae)

Die Früchte dieser Pflanze schmecken hervorragend, sie sind jedoch viel kleiner als die der kultivierten Sorten. Die Pflanze kriecht mit Ausläufern, die Wurzeln schlagen. Die auffälligen Blüten haben fünf runde, weiße Kronblätter, darunter zehn grüne Kelchblätter. Die Blätter bestehen aus drei grob gezähnten Teilblättern.

VORKOMMEN *Am Boden in Wäldern, Gebüschen, an steinigen Plätzen und Mauern; auf kalkhaltigem Boden.*

HÖHE *10–25 cm.*
BLÜTENGRÖSSE *1,2–1,8 cm Ø.*
BLÜTEZEIT *April–Juli.*
BLÄTTER *Meist grundständig, dreiteilig.*
FRUCHT *Erdbeere mit Samen außen.*
ÄHNLICHE ARTEN *Erdbeer-Fingerkraut (Potentilla sterilis), das an jeder Blattfieder einen kleineren endständigen Zahn hat.*

Gänse-Fingerkraut

Potentilla anserina (Rosaceae)

Diese kriechende Pflanze breitet sich mit Ausläufern aus, die Wurzeln schlagen. Die Blätter sind an den Reihen mit 15–25 gezähnten Fiedern leicht zu erkennen, die oberseits graugrün und unterseits mit feinen silbernen Haaren besetzt sind. Die einzelnen Blüten, die an feuchten Standorten oft nicht erscheinen, haben runde gelbe Kronblätter.

VORKOMMEN *Offene Stellen, wie Feldwege, grasbewachsene Wegränder, Öd- und Kulturland.*

AUSDAUERND

5–6 große Kronblätter

Blüten leuchtend gelb

Fiedern scharf gezähnt

HÖHE *5–20 cm.*
BLÜTENGRÖSSE *1,5–2 cm Ø.*
BLÜTEZEIT *Mai–August.*
BLÄTTER *Grundständige Rosette, gefiedert.*
FRUCHT *Köpfchen mit Nüsschen.*
ÄHNLICHE ARTEN *Kriechendes Fingerkraut (P. reptans) mit handförmig geteilten Blättern; Aufrechtes Fingerkraut (unten), 4 Kronblätter.*

Aufrechtes Fingerkraut

Potentilla erecta (Rosaceae)

Diese schlanke, zierliche Pflanze, die in Grasland vorkommt, hat lange Blütenstiele, die von der umgebenden Vegetation gestützt werden. Die zitronengelben Blüten haben vier Kronblätter, die gekerbt sind und ein Kreuz bilden. Die Blätter sind dreiteilig und stumpf gezähnt. An der Basis sitzen zwei kleinere Nebenblätter.

VORKOMMEN *Bestände in Wiesen, Heidegebieten, Waldland, an Straßenrändern, meist auf saurem Boden.*

AUSDAUERND

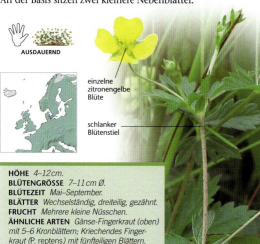

einzelne zitronengelbe Blüte

schlanker Blütenstiel

Blatt dreiteilig

4 Kronblätter

HÖHE *4–12 cm.*
BLÜTENGRÖSSE *7–11 cm Ø.*
BLÜTEZEIT *Mai–September.*
BLÄTTER *Wechselständig, dreiteilig, gezähnt.*
FRUCHT *Mehrere kleine Nüsschen.*
ÄHNLICHE ARTEN *Gänse-Fingerkraut (oben) mit 5–6 Kronblättern; Kriechendes Fingerkraut (P. reptans) mit fünfteiligen Blättern.*

Besenginster

Cytisus scoparius (Fabaceae)

Die Zweige wurden früher zu Besen verarbeitet. Sie sind gefurcht und tragen kleine, ungestielte eiförmige Blätter, die einzeln oder zu dreien stehen. Die stark duftenden Schmetterlingsblüten sind groß und leuchtend gelb und stehen in beblätterten Ähren. Sie öffnen sich weit und geben gebogene Staubblätter frei.

VORKOMMEN *An trockenen, sonnigen Standorten, wie Waldrändern, Hecken, Heidegebieten, an Küsten, auf sandigem Boden.*

HÖHE *1–2 m.*
BLÜTENGRÖSSE *1,6–1,8 cm lang.*
BLÜTEZEIT *April–Juni.*
BLÄTTER *Wechselständig, meist ungestielt.*
FRUCHT *Behaarte Schote, reift schwarz.*
ÄHNLICHE ARTEN *Gewöhnlicher Stechginster (unten), dornige Zweige; Färber-Ginster (rechts), viel kleiner, kleinere Blüten.*

Gewöhnlicher Stechginster

Ulex europaeus (Fabaceae)

VORKOMMEN *Grasbewachsene Stellen, wie Wiesen, Heidegebiete, Waldränder, oft nahe der Küste; meist auf leichten, durchlässigen Böden.*

Obwohl ältere Pflanzen kräftige Dornen haben, sind die jungen Äste weich und wohlschmeckend. Die gefurchten Stängel tragen kleine, dreiteilige, schuppenförmige Blätter, wenn die Pflanze jung ist. Diese werden jedoch bald durch Dornen ersetzt.

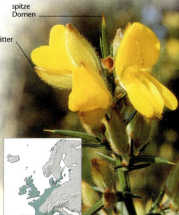

HÖHE *Bis zu 2 m.*
BLÜTENGRÖSSE *1,5–2 cm lang.*
BLÜTEZEIT *Januar–April, auch ganzjährig.*
BLÄTTER *Schuppenförmige junge Blätter, die bald durch verzweigte Dornen ersetzt werden.*
FRUCHT *Behaarte Hülse, 1,2-2 cm lang.*
ÄHNLICHE ARTEN *Besenginster (oben) mit kleineren, eiförmigen Blättern, ohne Dornen.*

Färber-Ginster

Genista tinctoria (Fabaceae)

Dieser Strauch ist klein und kompakt und ähnelt einem kleinen Besenginster (links). Die Zweige ohne Dornen sind spärlich mit länglichen Blättern bedeckt, die je ein Paar kleiner Nebenblätter an der Basis tragen. Die gelben Schmetterlingsblüten öffnen sich weit, so dass die unteren Kronblätter herabhängen.

VORKOMMEN *Wiesen, Waldlichtungen, offene Gebüsche, Straßenränder und Böschungen; oft auf leicht saurem Boden.*

Blüten in gestielten Ähren

untere Kronblätter hängen herab

kleine einfache Blätter

schmale Hülse

Oberfläche unbehaart

AUSDAUERND

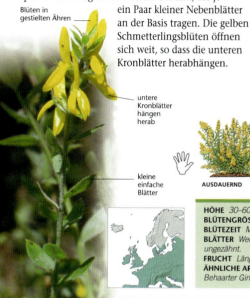

HÖHE *30–60 cm.*
BLÜTENGRÖSSE *8–15 mm lang.*
BLÜTEZEIT *Mai–Juli.*
BLÄTTER *Wechselständig, länglich, ungezähnt.*
FRUCHT *Längliche braune Hülse.*
ÄHNLICHE ARTEN *Besenginster (links); Behaarter Ginster (G. pilosa).*

Pfriemenginster

Spartium junceum (Fabaceae)

Die hohe, robuste Pflanze scheint zur Blütezeit fast nur aus großen, duftenden Blüten zu bestehen, zumal sie fast keine Blätter trägt. Diese sind zu einfachen, lanzettlichen Auswüchsen reduziert, die vereinzelt an den glatten Stängeln stehen. Die Stängel sind grün und übernehmen so einen Teil der Photosynthese. Im Spätsommer tragen die Stängelspitzen zahlreiche abgeflachte, braune Samenhülsen.

VORKOMMEN *Vereinzelt oder in großen Kolonien an Straßenrändern, im Ödland, in Macchien und Garigues, vor allem auf Kalkböden.*

biegsame, grüne Stängel

große, aufrechte Fahne

einfaches, lanzettliches Blatt

flache Hülse

AUSDAUERND

Blüten fast ungestielt

HÖHE *Bis zu 3 m.*
BLÜTENGRÖSSE *2,5 cm Ø.*
BLÜTEZEIT *April–Juni.*
BLÄTTER *Gegenständig, 1–3 cm lang.*
FRUCHT *Abgeflachte Hülse, 5–8 cm lang.*
ÄHNLICHE ARTEN *Besenginster (links oben), der jedoch kleine, dreizählig gefiederte Blätter hat.*

Dänischer Tragant

Astragalus danicus (Fabaceae)

Die Schmetterlingsblüten an den langen, aufrechten Stängeln bilden lockere Köpfchen. Die violette Fahne und das weiße Schiffchen sind rosafarben getönt. Die Fiedern der Blätter sind stumpf und mit dichten Haaren bedeckt, an der Basis sitzen ein Paar kleiner Nebenblätter.

VORKOMMEN *Wiesen, andere grasbewachsene Standorte, kalkhaltige Böden, Sanddünen an der Küste.*

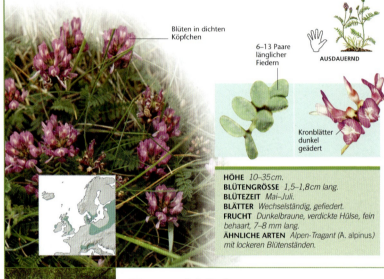

Blüten in dichten Köpfchen

6–13 Paare länglicher Fiedern

AUSDAUERND

Kronblätter dunkel geädert

HÖHE *10–35cm.*
BLÜTENGRÖSSE *1,5–1,8cm lang.*
BLÜTEZEIT *Mai–Juli.*
BLÄTTER *Wechselständig, gefiedert.*
FRUCHT *Dunkelbraune, verdickte Hülse, fein behaart, 7–8 mm lang.*
ÄHNLICHE ARTEN *Alpen-Tragant (A. alpinus) mit lockeren Blütenständen.*

Zaun-Wicke

Vicia sepium (Fabaceae)

Diese Pflanze klettert mit ihren langen Ranken an der umgebenden Vegetation empor. Sie trägt kleine, dichte Trauben mit Schmetterlingsblüten, die in der Färbung von graublau zu violettrosa variieren und dunkelviolett geädert sind. Die Blätter sind paarig gefiedert.

VORKOMMEN *Klettert an Vegetation in Waldland, Gebüschen und Wiesen empor; meidet sauren Boden.*

5–9 Fiederpaare

dunkle Äderung

AUSDAUERND

Blütentrauben kurz gestielt

HÖHE *20–60cm.*
BLÜTENGRÖSSE *1,2–1,5cm breit.*
BLÜTEZEIT *Mai–Oktober.*
BLÄTTER *Wechselständig, gefiedert, gezähnte Nebenblätter.*
FRUCHT *Schwarze Hülse, 2–3,5 cm lang.*
ÄHNLICHE ARTEN *Saat-Wicke (rechts); Wald-Wicke (V. sylvatica).*

Saat-Wicke

Vicia sativa (Fabaceae)

Die Saat-Wicke wurde als Futterpflanze aus Südosteuropa eingeführt und hat sich mittlerweile in ganz Nordeuropa ausgebreitet. Die Blätter sind gefiedert, jede Fieder hat eine Nadel an der Spitze. Am Ende des Blattes sitzt eine lange, verzweigte Ranke, und an der Basis sitzt ein Paar kleiner, grob gezähnter Nebenblätter mit je einem schwarzen Fleck. Die Blüten stehen meist in Paaren, gelegentlich auch einzeln und sind lebhaft rot bis violett, Flügel und Schiffchen sind meist etwas dunkler als die Fahne.

VORKOMMEN *Zwischen Gräsern und anderer Vegetation auf Feldern, Ödland, an Wegrändern und Böschungen.*

EINJÄHRIG

ANMERKUNG

Die Flecken auf den Nebenblättern geben ein zuckerhaltiges Sekret ab, das Ameisen anlockt. Diese verteidigen die Pflanze dafür gegen Insekten.

Fiedern schmal mit Spitze

Blüten meist in Paaren

endständige verzweigte Ranke

3–8 Fiederpaare

rote bis violette Schmetterlingsblüte

schlanke Samenhülse

HÖHE *50–120 cm.*
BLÜTENGRÖSSE *1,8–2,5 cm lang.*
BLÜTEZEIT *April–September.*
BLÄTTER *Wechselständig, gefiedert, mit 3–8 Paaren ei- bis lanzenförmiger Fiedern.*
FRUCHT *Behaarte Hülse, reift von braun zu schwarz, 2,5–7 cm lang.*
ÄHNLICHE ARTEN *Zaun-Wicke (links), die breitere Fiedern hat; Berg-Platterbse (Lathyrus linifolius), die größere Blätter ohne Ranken hat.*

Vogel-Wicke

Vicia cracca (Fabaceae)

Die tiefvioletten Blüten der Vogel-Wicke erscheinen so zahlreich, dass man sie aus weiter Entfernung sieht. Bis zu 40 Blüten stehen in langen Trauben an kurzen Stielen, alle auf derselben Seite des Stängels. Die Blätter sind in viele Paare schmaler Fiedern geteilt und manchmal fein behaart. Endständig sitzt eine lange, verzweigte Ranke, mit der die Pflanze beachtliche Höhen erklettern kann.

VORKOMMEN *Zwischen hohen Gräsern in Wiesen, Hecken, an Waldrändern, Wegrändern; an der Küste über Steinen kletternd.*

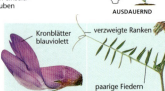

AUSDAUERND

Blüten in einseitigen Trauben
Kronblätter blauviolett
verzweigte Ranken
paarige Fiedern

HÖHE 0,8–1,8 m.
BLÜTENGRÖSSE 8–12 mm Ø.
BLÜTEZEIT Juni–August.
BLÄTTER Mit 6–15 Paaren länglicher Fiedern.
FRUCHT Dreiteilige Hülse.
ÄHNLICHE ARTEN Luzerne (S. 95), kleinere Blütenstände; Wald-Wicke (*V. sylvatica*), weiße Blüten; Feinblättrige Vogelwicke (*V. tenuifolia*).

Breitblättrige Platterbse

Lathyrus latifolius (Fabaceae)

Die gut kletternde Pflanze ist in ganz Europa eingeführt worden, wobei Kulturformen verwildert sind und besonders reichlich blühen. Sowohl Stängel als auch Blütenstiele weisen sehr breite Flügel auf. Die Fiederblätter zeigen deutliche Nerven und besitzen ein Paar Nebenblätter an ihrer Basis.

VORKOMMEN *Kletternd auf Wiesen und zwischen Buschwerk, an Straßen, Ödland und Waldrändern.*

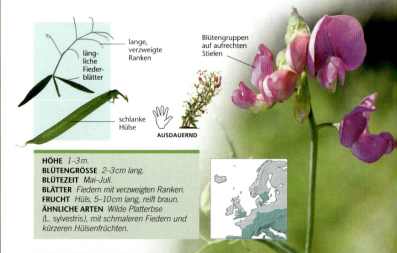

längliche Fiederblätter
lange, verzweigte Ranken
Blütengruppen auf aufrechten Stielen
schlanke Hülse
AUSDAUERND

HÖHE 1–3 m.
BLÜTENGRÖSSE 2–3 cm lang.
BLÜTEZEIT Mai–Juli.
BLÄTTER Fiedern mit verzweigten Ranken.
FRUCHT Hüls, 5–10 cm lang, reift braun.
ÄHNLICHE ARTEN Wilde Platterbse (*L. sylvestris*), mit schmaleren Fiedern und kürzeren Hülsenfrüchten.

Wiesen-Platterbse

Lathyrus pratensis (Fabaceae)

Dieser Schmetterlingsblütler bahnt sich kletternd und windend seinen Weg durch hohes Grasland. Die dünnen Stängel sind leicht geflügelt, die paarigen Blattfiedern pfeilförmig mit einer Ranke am Ende. Die leuchtend gelben Blüten erscheinen in dichten Trauben.

VORKOMMEN *Klettert zwischen Gräsern und anderer Vegetation, an Wegrändern, in Gebüschen und Waldland.*

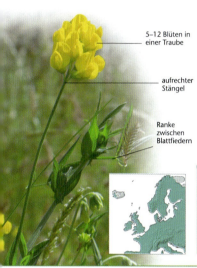

HÖHE 50–100cm.
BLÜTENGRÖSSE 1–1,6cm lang.
BLÜTEZEIT Mai–August.
BLÄTTER Wechselständig, paarige pfeilförmige Fiedern mit Ranke.
FRUCHT Schwarze Hülse, 2–4cm lang.
ÄHNLICHE ARTEN Gewöhnlicher Hornklee (S. 97), lockere Blüten, dreiteilige Blätter.

Kriechende Hauhechel

Ononis repens (Fabaceae)

Die kräftigen Wurzeln und der kriechende Wuchs dieser Pflanze bereiteten den Bauern vor der Einführung mechanischer Pflüge Schwierigkeiten. Die Pflanze ist niedrig und buschig mit verholzten Stängeln und kräftigen dreiteiligen Blättern mit eiförmigen Nebenblättern an der Basis. Die Blüten, die größer als die Blätter sind, sind weiß und rosafarben.

VORKOMMEN *Bestände in Wiesen, Weiden und Grasland, auf kalkhaltigen Böden.*

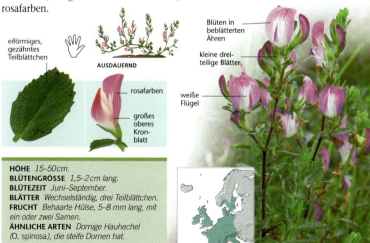

HÖHE 15–50cm.
BLÜTENGRÖSSE 1,5–2cm lang.
BLÜTEZEIT Juni–September.
BLÄTTER Wechselständig, drei Teilblättchen.
FRUCHT Behaarte Hülse, 5–8 mm lang, mit ein oder zwei Samen.
ÄHNLICHE ARTEN *Dornige Hauhechel (O. spinosa)*, die steife Dornen hat.

Echter Steinklee

Melilotus officinalis (Fabaceae)

Wie viele andere Schmetterlingsblütler hat diese Art Blätter, die in drei Fiedern geteit sind. Im Gegensatz zu den anderen Arten sind diese jedoch leicht gezähnt. Die kleinen Schmetterlingsblüten erscheinen in langen, verzweigten Ähren, und die Pflanze wirkt struppig. Die Samenhülsen reifen braun.

VORKOMMEN *Büschel an Wegrändern und Feldrainen, auf Ödland, umgebrochenem Boden und Baustellen.*

ZWEIJÄHRIG/AUSDAUERND

HÖHE *80–150 cm.*
BLÜTENGRÖSSE *3–4 mm Ø.*
BLÜTEZEIT *Juli–September.*
BLÄTTER *Wechselständig, dreiteilig, gezähnt.*
FRUCHT *Rundliche Hülse mit Längsfurchen.*
ÄHNLICHE ARTEN *Hoher Steinklee (M. altissima) mit behaarten schwarzen Hülsen.*

Hopfen-Schneckenklee

Medicago lupulina (Fabaceae)

Es gibt einige ähnliche kleine Kleearten, der Hopfen-Schneckenklee ist jedoch an seinen gelben Schmetterlingsblüten und den winzigen, aufgerollten Samenhülsen zu erkennen, die schwarz werden, wenn sie reifen. Die Blüten stehen in dichten Köpfchen, die dreiteiligen Blätter haben ein winziges Zähnchen am Ende jeder Fieder.

VORKOMMEN *Grasbewachsene Stellen, Ödland, Felder und umgebrochener Boden.*

EINJÄHRIG

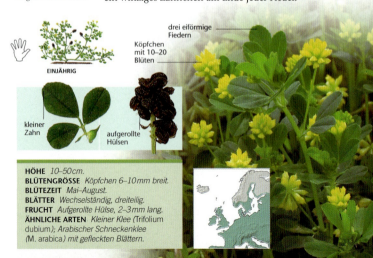

HÖHE *10–50 cm.*
BLÜTENGRÖSSE *Köpfchen 6–10 mm breit.*
BLÜTEZEIT *Mai–August.*
BLÄTTER *Wechselständig, dreiteilig.*
FRUCHT *Aufgerollte Hülse, 2–3 mm lang.*
ÄHNLICHE ARTEN *Kleiner Klee (Trifolium dubium); Arabischer Schneckenklee (M. arabica) mit gefleckten Blättern.*

Luzerne

Medicago sativa (Fabaceae)

Diese Art wurde in Europa als Futterpflanze eingeführt. Die Blätter sind dreiteilig, die Teilblättchen lang und schmal mit einem Zahn an der Spitze. Die Blüten in traubigen Köpfchen sind hellrosa bis tiefviolett.

VORKOMMEN *Bestände in Kultur- und Ödland, an Wegrändern und verwilderten, grasbewachsenen Stellen.*

AUSDAUERND

rosafarbene bis violette Blüten

Blüten in Köpfchen

Blattspitze gezähnt

lange, schmale Teilblättchen

Hülse aufgerollt

HÖHE *40–90 cm.*
BLÜTENGRÖSSE *7–11 mm lang.*
BLÜTEZEIT *Juni–Juli.*
BLÄTTER *Wechselständig, dreiteilig, elliptische Teilblättchen.*
FRUCHT *Aufgerollte Hülse, 5–6 mm breit.*
ÄHNLICHE ARTEN *Vogel-Wicke (S. 92).*

Weiß-Klee

Trifolium repens (Fabaceae)

Diese bekannte Art des Graslandes breitet sich mit wurzelnden Ausläufern aus. Die dreiteiligen Blätter haben ein weißes Band auf jeder Fieder. Die runden Köpfchen weißer oder cremefarbener Schmetterlingsblüten werden bräunlich rosa, wenn sie älter werden, die unteren Blüten hängen herab. Die Blüten duften süß und sind eine gute Nektarquelle.

VORKOMMEN *Weiden, Grünflächen, Straßenränder, Heidegebiete und andere grasbewachsene Stellen.*

v-förmiges, weißliches Band auf Teilblättchen

3 eiförmige Teilblättchen

runder Blütenkopf

runder cremefarbener bis weißer Blütenkopf

herabhängende untere Blüten

AUSDAUERND

HÖHE *5–20 cm.*
BLÜTENGRÖSSE *7–10 mm lang.*
BLÜTEZEIT *Juni–September.*
BLÄTTER *Wechselständig mit drei eiförmigen Teilblättchen.*
FRUCHT *Schmale Hülse mit 3–4 Samen.*
ÄHNLICHE ARTEN *Rot-Klee (S. 96); Erdbeer-Klee (T. fragiferum).*

Rot-Klee

Trifolium pratense (Fabaceae)

VORKOMMEN Wiesen, Wege, Ödland; vom Tiefland bis in 3000 m Höhe.

Ganze Felder färben sich durch die Blüten des Rot-Klees purpurrot, der den Boden mit Stickstoff anreichert und eine hervorragende Futterpflanze ist. Direkt unter den Blütenköpfchen sitzt ein Blatt. Die Blätter bestehen aus drei eiförmigen Teilblättchen, oft mit einer v-förmigen Zeichnung. Die Blüten werden von Hummeln bestäubt.

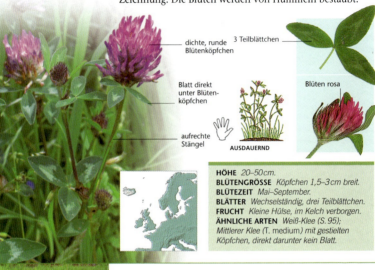

HÖHE 20–50 cm.
BLÜTENGRÖSSE Köpfchen 1,5–3 cm breit.
BLÜTEZEIT Mai–September.
BLÄTTER Wechselständig, drei Teilblättchen.
FRUCHT Kleine Hülse, im Kelch verborgen.
ÄHNLICHE ARTEN Weiß-Klee (S. 95); Mittlerer Klee (T. medium) mit gestielten Köpfchen, direkt darunter kein Blatt.

Feld-Klee

Trifolium campestre (Fabaceae)

VORKOMMEN Trockene, grasbewachsene Stellen, Straßenränder, Ödland; auf durchlässigem Boden.

Diese Art hat aufrechte Stängel, die dichte Blütenköpfchen tragen. Sie reifen von gelb zu hellbraun und sehen aus wie winzige Hopfenfrüchte. Die einsamigen Hülsen bleiben in den Köpfchen verborgen. Die Blätter sind dreiteilig mit eiförmigen, fein gezähnten Fiedern, die mittlere mit einem kurzen Stiel.

HÖHE 10–30 cm.
BLÜTENGRÖSSE Köpfchen, 1,5-cm lang.
BLÜTEZEIT Juni–September.
BLÄTTER Wechselständig, dreiteilig.
FRUCHT Einsamige Hülse, bleibt im Kelch verborgen.
ÄHNLICHE ARTEN Kleiner Klee (T. dubium), der kleinere Blütenköpfchen hat.

Hasen-Klee

Trifolium arvense (**Fabaceae**)

Die flauschigen Blütenköpfe sehen fast wie Grasähren aus, wenn man sie jedoch von nahem betrachtet, erkennt man, dass jede winzige rosafarbene Blüte von einem Kelch aus langen, seidigen Haaren umgeben ist. Die dreiteiligen Blätter sind schlanker als die anderer Klee-Arten.

VORKOMMEN *Matten in trockenen, grasbewachsenen Gegenden; auf sandigen Böden.*

- ovales Blütenköpfchen
- schlanker Stängel
- Blätter dreiteilig

EINJÄHRIG/ZWEIJÄHRIG

- schmale, längliche Teilblätter
- lange, seidige Haare

HÖHE *10–25 cm.*
BLÜTENGRÖSSE *3–6 mm lang.*
BLÜTEZEIT *Juni–September.*
BLÄTTER *Dreiteilig, mit schlanken Fiedern; unterseits behaart und heller.*
FRUCHT *Einsamige Hülse im Kelch.*
ÄHNLICHE ARTEN *Keine; die behaarten Kelche der Köpfchen sind charakteristisch.*

Gewöhnlicher Hornklee

Lotus corniculatus (**Fabaceae**)

Diese häufige Art bringt aufrechte Stängel mit doldigen Köpfchen gelber oder orangefarbener Schmetterlingsblüten mit roten Streifen hervor. Die Knospen haben rote Spitzen. Auch der Fruchtstand ist doldig und besteht aus langen, schmalen Hülsen mit den noch bestehenden Kelchen.

VORKOMMEN *Grasland, Weiden, Gebüsche, Wegränder und Böschungen.*

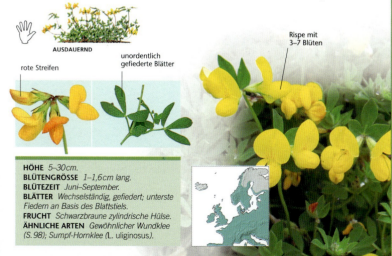

AUSDAUERND

- rote Streifen
- unordentlich gefiederte Blätter
- Rispe mit 3–7 Blüten

HÖHE *5–30 cm.*
BLÜTENGRÖSSE *1–1,6 cm lang.*
BLÜTEZEIT *Juni–September.*
BLÄTTER *Wechselständig, gefiedert; unterste Fiedern an Basis des Blattstiels.*
FRUCHT *Schwarzbraune zylindrische Hülse.*
ÄHNLICHE ARTEN *Gewöhnlicher Wundklee (S. 98); Sumpf-Hornklee (L. uliginosus).*

WILDBLUMEN

Gewöhnlicher Wundklee

Anthyllis vulneraria (Fabaceae)

Die Färbung der Blüten dieser Art variiert von cremefarben zu rot, oft sogar am gleichen Blütenstand. Jedes Blütenköpfchen ist an der Basis von gefiederten Kelchblättern umgeben, die der Pflanze ein wolliges und kräftiges Aussehen verleihen. Die Blätter sind gefiedert mit einem großen endständigen Teilblättchen.

VORKOMMEN *Trockenes Grasland, Felsspitzen und Felsbänder, Hänge; bevorzugt kalkhaltigen Boden, vor allem in Küstennähe.*

- einzelne Blüten variabel gefärbt
- lange endständige Fieder
- Hochblätter blattähnlich
- weißlicher Kelch

AUSDAUERND

HÖHE *20–50 cm.*
BLÜTENGRÖSSE *Köpfchen 2–4 cm breit.*
BLÜTEZEIT *Juni–September.*
BLÄTTER *Wechselständig, gefiedert.*
FRUCHT *Hülse im Kelch eingeschlossen.*
ÄHNLICHE ARTEN *Gewöhnlicher Hornklee (S. 97); Gewöhnlicher Hufeisenklee (rechts) mit gelben Blüten.*

Bunte Kronwicke

Coronilla varia (Fabaceae)

Wie die Echte Geißraute trägt diese Art Blüten, die rosafarben, hellviolett oder zweifarbig sein können. Sie sind jedoch in einer kompakten Kugel oder einem Ring aus etwa 20 Blüten an der Spitze eines langen, unbeblätterten Stiels angeordnet. Die schmalen Samenhülsen haben 3–8 Segmente. Die ganze Pflanze ist giftig.

VORKOMMEN *Grasbewachsene Standorte, v. a. Wiesen, Wegränder, Gebüsche; oft auf kalkhaltigen Böden.*

- dichte, runde Blütenköpfchen
- rosafarbene und weiße Kronblätter
- längliche Fiedern
- unbeblätterter Stiel

AUSDAUERND

HÖHE *30–100 cm.*
BLÜTENGRÖSSE *1–1,5 cm lang.*
BLÜTEZEIT *Mai–August.*
BLÄTTER *Wechselständig, gefiedert.*
FRUCHT *Schlanke Hülse, 2–6 cm lang.*
ÄHNLICHE ARTEN *Echte Geißraute (Galega officinalis), größer mit Blüten in Ähren; Alpen-Tragant (Astragalus alpinus), der kleiner ist.*

Gewöhnl. Hufeisenklee

Hippocrepis comosa (Fabaceae)

Diese Pflanze ist die Futterpflanze der Raupen einiger Bläulingsarten. Die gelben Blüten mit rötlichen Adern sitzen wie ein Fächer an den langen Blütenstielen, der Fruchtstand besteht aus ungewöhnlichen, gedrehten Hülsen, die sich aus hufeisenförmigen Segmenten zusammensetzen.

VORKOMMEN *Sonniges Grasland, Hänge oder Felsen, auf kalkhaltigem Boden.*

AUSDAUERND

fächerförmiger Blütenstand

gefiederte Blätter

Früchte eingebuchtet

langer Blütenstiel

HÖHE *15–30 cm.*
BLÜTENGRÖSSE *6–10 mm lang.*
BLÜTEZEIT *Mai–Juli.*
BLÄTTER *Wechselständig, 4–7 Fiederpaare.*
FRUCHT *Hülse aus hufeisenförmigen Segmenten, die reif auseinander fallen.*
ÄHNLICHE ARTEN *Gewöhnlicher Hornklee (S. 97); Gewöhnlicher Wundklee (links).*

Wald-Sauerklee

Oxalis acetosella (Oxalidaceae)

Diese zarte, kriechende Pflanze hat glockenförmige weiße, oft rosafarben geäderte Blüten. Die Blätter sind in drei herabhängende, herzförmige Teilblättchen geteilt, die sich bei starkem Sonnenschein und nachts zusammenfalten. Sie enthalten eine schwache Säure, die ihnen einen scharfen, zitronenähnlichen Geschmack verleiht.

VORKOMMEN *In Gruppen in Gebüschen, Waldland und Hecken; im Schatten auf humusreichen Böden.*

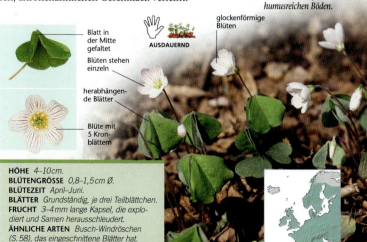

Blatt in der Mitte gefaltet

AUSDAUERND

Blüten stehen einzeln

glockenförmige Blüten

herabhängende Blätter

Blüte mit 5 Kronblättern

HÖHE *4–10 cm.*
BLÜTENGRÖSSE *0,8–1,5 cm Ø.*
BLÜTEZEIT *April–Juni.*
BLÄTTER *Grundständig, je drei Teilblättchen.*
FRUCHT *3–4 mm lange Kapsel, die explodiert und Samen herausschleudert.*
ÄHNLICHE ARTEN *Busch-Windröschen (S. 58), das eingeschnittene Blätter hat.*

Wald-Storchschnabel

Geranium sylvaticum (Geraniaceae)

Meist sind die Blüten paarweise angeordnet. Die Kronblätter sind in der Blütenmitte heller und überlappen nicht. Die Blätter sind handförmig bis zur Basis geteilt, und die Pflanze ist mit feinen Haaren bedeckt. Die Blütenstiele bleiben nach der Blüte aufrecht, wenn sich die charakteristische geschnäbelte Frucht bildet.

VORKOMMEN *Waldränder, Hecken, Flussufer, Gebirgsweiden, feuchte Wiesen und steinige Stellen; auf nährstoffreichen Böden.*

Blüten in Paaren
Blätter handförmig geteilt
kaum gekerbte Kronblätter
Stängelblatt ungestielt
Blütenmitte weiß
AUSDAUERND

HÖHE *30–70cm.*
BLÜTENGRÖSSE *2,2–2,6cm Ø.*
BLÜTEZEIT *Juni–Juli.*
BLÄTTER *Handförmig geteilt.*
FRUCHT *Fünf Teilfrüchte, die durch die Griffel zu einem Schnabel verbunden sind.*
ÄHNLICHE ARTEN *Blutroter Storchschnabel (unten); Wiesen-Storchschnabel (rechts).*

Blutroter Storchschnabel

Geranium sanguineum (Geraniaceae)

Dieser Storchschnabel hat auffallend gefärbte Blüten und sieht eher wie eine Gartensorte, nicht wie eine Wildpflanze aus. Sie sind tief violettrosa, haben fast überlappende Kronblätter und unterhalb ein Paar kleiner Hochblätter. Die Blätter sind im Umriss fast rund und schmal handförmig geteilt.

VORKOMMEN *Schattige Standorte an steinigen Stellen, offenes Waldland, Lichtungen.*

runde, leicht gekerbte Kronblätter
AUSDAUERND
schmale Fiedern
einzelne Blüte an langem Stiel
Blatt gestielt

HÖHE *10–30cm.*
BLÜTENGRÖSSE *2,5–3cm Ø.*
BLÜTEZEIT *Juli–August.*
BLÄTTER *Wechselständig, handförmig geteilt.*
FRUCHT *5 verbundene Teilfrüchte.*
ÄHNLICHE ARTEN *Wald-Storchschnabel (oben), Knotiger Storchschnabel (G. nodosum) mit gröber geteilten Blättern.*

Wiesen-Storchschnabel

Geranium pratense (Geraniaceae)

Diese Art ist mit ihren violettblauen Blüten charakteristisch, denn die meisten Storchschnäbel sind rosafarben. Die Kronblätter sind groß und oft weiß oder purpurrot geädert und an Wegen und Landstraßen ein attraktiver Anblick. Die ebenfalls großen Blätter sind im Umriss mehr oder weniger gerundet, aber tief handförmig geteilt, wirken recht ausgefranst und unterscheiden sich so von den vielen Gartensorten.

VORKOMMEN *Wiesen, Weiden, Hecken, Weg- und Straßenränder; auf nährstoffreichen, kalkhaltigen Böden; Gartensorten dieser Art verwildern manchmal.*

AUSDAUERND

Blatt handförmig geteilt

Frucht geschnäbelt

Stängel behaart

ANMERKUNG
Der Schnabel der Frucht wird von den verlängerten Griffeln der Blüte gebildet. Wenn die Fruchtwände trocknen, rollen sie sich zurück und schleudern die Samen plötzlich weg.

Kronblätter an der Spitze gerundet

helle Adern auf Kronblättern

HÖHE *60–100 cm.*
BLÜTENGRÖSSE *2,5–3 cm Ø.*
BLÜTEZEIT *Juni–September.*
BLÄTTER *Grundständig und wechselständig, handförmig in schmale Segmente geteilt.*
FRUCHT *Geschnäbelte Frucht, die in fünf einsamige Teile aufspringt.*
ÄHNLICHE ARTEN *Wald-Storchschnabel (links oben), der eher rosafarbene Blüten und weniger tief geteilte Blätter hat.*

WILDBLUMEN

Pyrenäen-Storchschnabel

Geranium pyrenaicum (Geraniaceae)

Diese Art hat lange Stängel, die mittelgroße Blüten tragen. Die meisten hell rosafarbenen Storchschnäbel hingegen haben kleinere Blüten. Die Kronblätter wirken sternförmig. Wie bei anderen Storchschnäbeln ist die Frucht geschnäbelt.

VORKOMMEN *Zwischen hoher Vegetation entlang Hecken und Waldrändern, in Wiesen.*

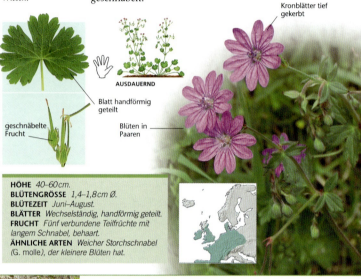

- Kronblätter tief gekerbt
- Blatt handförmig geteilt
- geschnäbelte Frucht
- Blüten in Paaren

AUSDAUERND

HÖHE *40–60 cm.*
BLÜTENGRÖSSE *1,4–1,8 cm Ø.*
BLÜTEZEIT *Juni–August.*
BLÄTTER *Wechselständig, handförmig geteilt.*
FRUCHT *Fünf verbundene Teilfrüchte mit langem Schnabel, behaart.*
ÄHNLICHE ARTEN *Weicher Storchschnabel (G. molle), der kleinere Blüten hat.*

Ruprechtskraut

Geranium robertianum (Geraniaceae)

Die Blätter haben einen charakteristischen Geruch und sind fiederschnittig. Die kleinen Blüten sind rosafarben, in der Mitte verblassen sie zu weiß. Jedes Kronblatt trägt zwei rote Längsstreifen, die Staubblätter sind leuchtend orangefarben. Wie bei allen *Geranium*-Arten ist die Frucht lang geschnäbelt. Wenn sie reift, trocknet sie aus und springt auf, um die Samen zu verbreiten.

VORKOMMEN *Halbschattige Standorte an Mauern, Böschungen, auf Waldlichtungen; auch auf durchlässigen Kiesböden.*

EINJÄHRIG/ZWEIJÄHRIG

- 5 gerundete Kronblätter
- Frucht lang geschnäbelt
- paarige Frucht
- Blüten in Paaren
- Blätter tief gelappt
- dünner Stiel

HÖHE *10–50 cm.*
BLÜTENGRÖSSE *1,4–1,8 cm Ø.*
BLÜTEZEIT *Mai–September.*
BLÄTTER *Wechselständig, tief fiederschnittig.*
FRUCHT *Fünf Teilfrüchte, die durch Griffel zu einem Schnabel verbunden sind.*
ÄHNLICHE ARTEN *Glänzender Storchschnabel (G. lucidum).*

Gewöhnl. Reiherschnabel

Erodium cicutarium (Geraniaceae)

Reiherschnabel-Arten haben länger geschnäbelte Früchte als die verwandten Storchschnabel-Arten. Ungewöhnlich ist, dass der Griffel sich schraubig verdreht, wenn er austrocknet, und die Samen in den Boden schraubt, wenn er am Boden wieder Feuchtigkeit aufnimmt.

VORKOMMEN *Trockene, sandige Standorte, wie Heidegebiete, umgebrochener, offener Boden; oft in Küstennähe.*

HÖHE 10–40cm.
BLÜTENGRÖSSE 0,8–1,8cm Ø.
BLÜTEZEIT Juni–September.
BLÄTTER Wechselständig, doppelt gefiedert.
FRUCHT Fünf zu behaartem Schnabel verbundene Teilfrüchte, 1–4 cm lang.
ÄHNLICHE ARTEN Moschus-Reiherschnabel (*E. moschatum*), der größere Blüten hat.

Ausdauerndes Bingelkraut

Mercurialis perennis (Euphorbiaceae)

Diese Pflanze bildet im Frühjahr, bevor die Bäume Laub tragen, ausgedehnte grüne Teppiche auf dem Waldboden. Die grünen männlichen Blüten sitzen an langen, aufrechten Ähren, die unscheinbaren weiblichen erscheinen an getrennten Pflanzen. Wie viele Wolfsmilchgewächse ist die Art sehr giftig.

VORKOMMEN *Bodendeckend in Waldland, Hecken und an schattigen, steinigen Stellen. Männliche und weibliche Kolonien sind oft getrennt.*

HÖHE 15–40cm.
BLÜTENGRÖSSE 2–3mm Ø.
BLÜTEZEIT Februar–April.
BLÄTTER Gegenständig und eiförmig, Rand leicht gezähnt.
FRUCHT Zweiteilige, stachelige Kapsel.
ÄHNLICHE ARTEN Vielblättrige Einbeere (S. 196), nur ein Quirl aus vier Blättern.

Sonnwend-Wolfsmilch

Euphorbia helioscopa (Euphorbiaceae)

Diese Wolfsmilch trägt kreisförmig angeordnete gelbgrüne Blüten, die nach oben gerichtet sind. Die Blüten sind von Hochblättern in Quirlen umgeben. Die Blüte selbst besteht aus halbmondförmigen Drüsen, die um die Staubblätter angeordnet sind. Die runde Fruchtkapsel entwickelt sich einseitig an einem kleinen Stiel. Wie bei anderen Wolfsmilchgewächsen ist der Milchsaft sehr giftig.

VORKOMMEN *Feldraine, Kultur- und Ödland, umgebrochener Boden; meist an exponierten, trockenen oder sandigen Stellen.*

becherförmige Hochblätter in Quirlen

Blüten in Scheindolden

runde Fruchtkapsel

fleischiger Stängel

EINJÄHRIG

HÖHE *20–50 cm.*
BLÜTENGRÖSSE *1,5–3 cm Ø (inkl. Hochblätter).*
BLÜTEZEIT *Mai–August.*
BLÄTTER *Oben quirlständig, unten eiförmig.*
FRUCHT *Runde Kapsel.*
ÄHNLICHE ARTEN *Mandelblättr. Wolfsmilch, Rundblättr. Hasenohr (Bupleurum rotundifolium).*

Mandelblättr. Wolfsmilch

Euphorbia amygdaloides (Euphorbiaceae)

Die Blüten stehen in Scheindolden am Ende des unverzweigten Stängels und haben keine Kronblätter. Stattdessen ist der Fruchtknoten von hornähnlichen Drüsen und gelbgrünen Hochblättern umgeben. Der Stängel ist manchmal rot getönt, die Blätter sind tiefgrün und nicht gezähnt. Wenn man Stängel oder Blätter abbricht, gibt diese Pflanze einen giftigen Milchsaft ab, der die Haut reizen kann.

VORKOMMEN *Waldlichtungen, Unterholz, oft zwischen Eichen oder Buchen; neutraler oder saurer Boden.*

längliche, nicht gezähnte Blätter

gelbgrüne Hochblätter

Hochblätter bilden eine Scheibe

AUSDAUERND

HÖHE *30–80 cm.*
BLÜTENGRÖSSE *1,5–2,5 cm Ø mit Hochbl.*
BLÜTEZEIT *April–Juni.*
BLÄTTER *Wechselständig, länglich, nicht gezähnt, an der Basis spitz zulaufend; tiefgrün.*
FRUCHT *Kapsel, 3–4 mm Durchmesser.*
ÄHNLICHE ARTEN *Sonnwend-Wolfsmilch (oben); Kreuzblättrige Wolfsmilch (E. lathyris).*

Zypressen-Wolfsmilch

Euphorbia cyparissias (Euphorbiaceae)

Diese Pflanze sieht mit ihren linealen Blättern wie ein kleiner Nadelbaum aus. Die Blüten in Scheindolden sind von gelbgrünen Hochblättern umgeben, die im Sommer oft feuerrot werden. Die Blüte besteht aus nierenförmigen Drüsen, die von winzigen Hörnern umgeben sind.

VORKOMMEN *Steinige Stellen, offenes Waldland, im Süden des Verbreitungsgebietes oft bis in 2500m Höhe.*

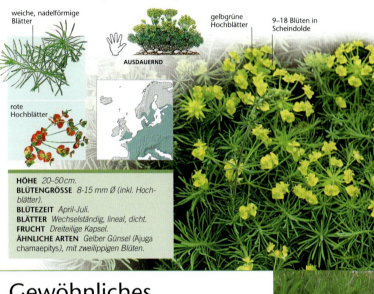

HÖHE *20–50cm.*
BLÜTENGRÖSSE *8-15 mm Ø (inkl. Hochblätter).*
BLÜTEZEIT *April-Juli.*
BLÄTTER *Wechselständig, lineal, dicht.*
FRUCHT *Dreiteilige Kapsel.*
ÄHNLICHE ARTEN *Gelber Günsel (Ajuga chamaepitys), mit zweilippigen Blüten.*

Gewöhnliches Kreuzblümchen

Polygala vulgaris (Polygalaceae)

Die blauen Blüten des Gewöhnlichen Kreuzblümchens sind auch dunkel rosafarben oder sogar weiß. Die farbigen Blütenteile sind drei der fünf Kelchblätter, die zwei Flügel und eine Haube bilden. Die Kronblätter sind auf einen weißen Blüschel in der Mitte reduziert.

VORKOMMEN *Niedriges, oft beweidetes Grasland auf Kalkstein, Heidegebiete, Sanddünen.*

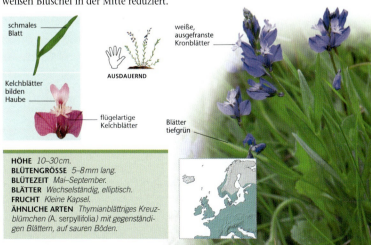

HÖHE *10–30cm.*
BLÜTENGRÖSSE *5–8mm lang.*
BLÜTEZEIT *Mai–September.*
BLÄTTER *Wechselständig, elliptisch.*
FRUCHT *Kleine Kapsel.*
ÄHNLICHE ARTEN *Thymianblättriges Kreuzblümchen (A. serpyllifolia) mit gegenständigen Blättern, auf sauren Böden.*

Indisches Springkraut

Impatiens glandulifera (Balsaminaceae)

VORKOMMEN *An Gräben, Flussufern, feuchtem Ödland und Waldland, meist an geschützten Stellen.*

Wurde im 19. Jahrhundert aus dem Himalaya eingeführt und ist oft an Flussufern zu einer Plage geworden. Die rot getönten Stängel tragen Quirle lanzenförmiger, spitzer Blätter. An den Spitzen der Stängel stehen verzweigte Stiele mit großen zweilippigen Blüten. Die lange Fruchtkapsel explodiert heftig, wenn sie reif ist.

HÖHE 1–2,5 m.
BLÜTENGRÖSSE 2,5–4 cm lang.
BLÜTEZEIT Juli–Oktober.
BLÄTTER Gegenständig oder Quirle, gesägt.
FRUCHT Spindelförmige Kapsel.
ÄHNLICHE ARTEN Großes Springkraut (I. nolitangere) gelbe Blüten; Orangefarbenes Springkraut (I. capensis), orangefarbene Blüten.

Moschus-Malve

Malva moschata (Malvaceae)

VORKOMMEN *Wegränder, Hecken und Feldränder, Wiesen und andere grasbewachsene Stellen.*

Die rosafarbenen Blüten dieser Art sieht man im Spätsommer häufig an Wegrändern. Sie haben fünf gekerbte Kronblätter und eine zentrale Säule aus weißen bis rosafarbenen Staubblättern und duften süß nach Moschus. Die unteren Blätter sind nierenförmig und gezähnt, die oberen handförmig geteilt.

HÖHE 50–80 cm.
BLÜTENGRÖSSE 3–6 cm Ø.
BLÜTEZEIT Juli–August.
BLÄTTER Wechselständig, handförmig geteilt; obere Blätter stärker geteilt.
FRUCHT Teilfrüchte, von Kelchblättern umgeben.
ÄHNLICHE ARTEN Wilde Malve (rechts).

Echter Eibisch

Althaea officinalis (Malvaceae)

Diese hohe Pflanze kommt an offenen, leicht brackigen Standorten vor. Die Ähren an den Spitzen der Stängel ragen oft zwischen Schilf und anderen Pflanzen am Wasser heraus. Die Kronblätter sind breiter als die anderer Malvenarten. Die Blätter sind im Umriss breit dreieckig, grau getönt und mit weichen Haaren bedeckt.

VORKOMMEN *Salzmarschen, feuchte Wiesen, brackige Gräben, Flussmündungen; meist an der Küste.*

Blüten in dichten Ähren
Staubbeutel violettrot
Rand grob gezähnt
AUSDAUERND
Blatt unterseits behaart
Kelch schließt junge Frucht ein
Staubbeutel violettrot

HÖHE *80–150 cm.*
BLÜTENGRÖSSE *2,5–4 cm Ø.*
BLÜTEZEIT *August–September.*
BLÄTTER *Wechselständig, dreieckig, drei- oder vierlappig, lang gestielt; weich behaart.*
FRUCHT *Behaarte Teilfrüchte.*
ÄHNLICHE ARTEN *Chinesische Stockrose (A. rosea), Blüten in hoher, kompakter Ähre.*

Wilde Malve

Malva sylvestris (Malvaceae)

Diese kräftige Pflanze mit behaarten Stängeln kommt oft auf Ödland vor und hat Blüten mit fünf gekerbten, rosafarbenen bis violettrosa Kronblättern mit dunklen Längsadern und einer langen Säule aus rosafarbenen Staubblättern. Der Kelch trägt hinten drei schmale Segmente, den Außenkelch. Die filzigen Blätter sind rundlich und stumpf gezähnt.

VORKOMMEN *Ödland, Feldraine, Hecken und Wegränder.*

dunkle Adern auf Kronblättern
stumpf gezähnt
AUSDAUERND
Ring aus Teilfrüchten

HÖHE *50–100 cm.*
BLÜTENGRÖSSE *2–5 cm Ø.*
BLÜTEZEIT *Juni–September.*
BLÄTTER *Wechselständig, schwach handförmig geteilt, gezähnt, filzig behaart.*
FRUCHT *Ring aus Teilfrüchten im Kelch.*
ÄHNLICHE ARTEN *Moschus-Malve (links); Wegmalve (M. neglecta), die kleiner ist.*

Baum-Malve

Lavatera arborea (Malvaceae)

Diese Art ist an ihren Küstenstandorten nicht zu übersehen. Sie ist kräftig und hoch mit verholztem Stängel. Die Blätter sind gewellt oder gerunzelt. Diese Anpassung hilft der Pflanze, an ihren trockenen Standorten Feuchtigkeit zu speichern. Die Blüten sind tief rotviolett mit dunklen Linien, die von der schwärzlichen Mitte ausstrahlen.

VORKOMMEN *Küsten, Kiesstrände, Ödland, Felsen und Sanddünen.*

ZWEIJÄHRIG

gewellte Lappen

dunkle Blütenmitte

Kronblätter dunkel geädert

kräftiger Stängel

HÖHE *1–2,5 cm.*
BLÜTENGRÖSSE *3–4 cm Ø.*
BLÜTEZEIT *Juni–September.*
BLÄTTER *Wechselständig, handförmig, gelappt, anfangs behaart; unterseits hell.*
FRUCHT *Ring mit Teilfrüchtchen.*
ÄHNLICHE ARTEN *Wilde Malve (S. 107), die Blüten mit rosafarbener Mitte hat.*

Tüpfel-Johanniskraut

Hypericum perforatum (Clusiaceae)

Dieses Johanniskraut ist an seinen runden Stängeln zu erkennen, die zwei gegenüberliegende Kanten oder Flügel haben. Die ungestielten Blätter tragen winzige, durchsichtige Tüpfel und einige winzige schwarze Drüsen auf der Unterseite. Die Blüten sind gelb mit fünf Kronblättern und zahlreichen Staubblättern. Die Frucht ist eine Kapsel, die zahlreiche Samen enthält.

VORKOMMEN *An Waldrändern, Hecken, grasbewachsenen Stellen und Wegrändern; offene oder halbschattige Standorte.*

endständige Blütenrispe

Oberfläche behaart

winzige schwarze Tupfen

viele Staubblätter

5 Kronblätter

AUSDAUERND

HÖHE *40–80 cm.*
BLÜTENGRÖSSE *1,8–2,2 cm Ø.*
BLÜTEZEIT *Mai–September.*
BLÄTTER *Gegenständig, eiförmig, ungestielt, unterseits durchsichtige und schwarze Tüpfel.*
FRUCHT *Kleine, vielsamige Kapsel.*
ÄHNLICHE ARTEN *Geflecktes Johanniskraut (H. maculatum), mit vierkantigen Stängeln.*

Hain-Veilchen

Viola riviniana (Violaceae)

Dies ist eines der häufigsten Veilchen und an den herzförmigen Blättern mit stumpfen Spitzen zu erkennen. Die Kronblätter sind meist weit ausgebreitet, und hinten sitzt ein kräftiger, leicht gebogener Sporn, der heller ist. Ein Paar kleiner Hochblätter sitzt über der Mitte des Blütenstiels.

VORKOMMEN *Laubwälder, Heidegebiete, Weiden; auf unterschiedlichsten Böden.*

AUSDAUERND

- Kronblätter weit ausgebreitet
- Blütenmitte dunkel geädert
- Blatt herzförmig

HÖHE *8–20 cm.*
BLÜTENGRÖSSE *1,4–2,5 cm Durchmesser.*
BLÜTEZEIT *April–Juni.*
BLÄTTER *Grundständig, lang gestielt.*
FRUCHT *Dreiteilige Kapsel.*
ÄHNLICHE ARTEN *März-Veilchen (S. 110); Gewöhnliches Hunds-Veilchen (Viola canina); Wald-Veilchen (V. reichenbachiana).*

Acker-Stiefmütterchen

Viola arvensis (Violaceae)

Diese kleine Pflanze hat lange, gezähnte Blätter. Auffälliger sind die fiederspaltigen Nebenblätter an der Basis der Blattstiele. Die Blütenfarbe variiert von cremefarben zu weiß mit einem gelben Fleck auf dem unteren Kronblatt und violetten Streifen. Sie öffnen sich in der vollen Sonne ganz, sonst sind sie zwischen den Kelchblättern verborgen.

VORKOMMEN *Auf Äckern, blankem Boden, breitet sich stark aus; kalkhaltige oder neutrale Böden.*

EINJÄHRIG

- einzelne Blüte
- lange, grüne Kelchblätter
- fiederspaltige Nebenblätter
- Rand schwach gezähnt
- Blatt länglich
- 5 Kronblätter
- gelber Fleck

HÖHE *8–20 cm.*
BLÜTENGRÖSSE *4–8 mm Ø.*
BLÜTEZEIT *Mai–Oktober.*
BLÄTTER *Wechselständig, länglich, gezähnt.*
FRUCHT *Runde gelbgrüne Kapsel.*
ÄHNLICHE ARTEN *Augentrost (S. 159); Wildes Stiefmütterchen (S. 110); andere Veilchen haben manchmal weiße Blüten.*

März-Veilchen

Viola odorata (Violaceae)

Die Blüten bieten zu Frühjahrsbeginn erste Farbtupfer. Sie sind dunkelviolett oder weiß mit rosafarbenem Sporn und duften süß. Außerdem typisch sind die zwei kleinen, dreieckigen Hochblätter etwa auf halber Höhe des Stängels. Die nierenförmigen hellgrünen Blätter sind gerundeter als die des Hain-Veilchens (S. 109), laufen aber manchmal zu einer Spitze aus.

VORKOMMEN Bestände in Hecken, Wäldern, Anpflanzungen und Gebüschen, kalkhaltige oder neutrale Böden.

AUSDAUERND

- Blatt gerundet
- Rand stumpf gezähnt
- getrennte Kronblätter
- einzelne Blüte
- Sporn tiefviolett

HÖHE 8–15 cm.
BLÜTENGRÖSSE 1,3–1,5 cm Ø.
BLÜTEZEIT Februar–Mai.
BLÄTTER Grundständig, nierenförmig.
FRUCHT Dreiteilige behaarte Kapsel.
ÄHNLICHE ARTEN Hain-Veilchen (S. 109) mit spitzeren Blättern; Sumpf-Veilchen (*V. palustris*); Wald-Veilchen (*V. reichenbachiana*).

Wildes Stiefmütterchen

Viola tricolor (Violaceae)

Diese Pflanze hybridisiert manchmal mit Gartenveilchen. Die Blüten sind variabel violett, gelb und weiß gefärbt, immer führen einige dunkle Linien zur Mitte der Blüte. Die Kronblätter sind größer als die Kelchblätter.

VORKOMMEN Verwildertes Grasland, brachliegende und bestellte Felder; auf neutralen und sauren Böden.

EINJÄHRIG/AUSDAUERND

- Blüten 5-lappig
- Blatt schmal, gezähnt
- dunkle Adern auf Kronblättern

BLÜTE Mit 5 Kronblättern.
HÖHE 10–30 cm.
BLÜTENGRÖSSE 1–2,5 cm Ø.
BLÜTEZEIT April–Oktober.
BLÄTTER Wechselständig, eiförmig bis elliptisch; große, fiederteilige Nebenblätter.
FRUCHT Dreiteilige Kapsel.
ÄHNLICHE ARTEN Acker-Stiefm. (S. 109).

Rotfrüchtige Zaunrübe

Bryonia dioica (Cucurbitaceae)

Diese Pflanze klettert mit Ranken, die an der Basis der feigenähnlichen Blätter entspringen. Männliche und weibliche Blüten, beide grünlich weiß, erscheinen an getrennten Pflanzen, die männlichen in länger gestielten Blütenständen als die weiblichen. Die giftigen Beeren reifen leuchtend rot.

VORKOMMEN *Klettert über Hecken und Büsche, in Gebüschen, an Waldrändern; auf lehmigem Boden in tiefen Lagen.*

AUSDAUERND

Blüten mit 5 Kronblättern

eingerollte Ranken

Blätter 5-lappig

Beeren

HÖHE 2–3m.
BLÜTENGRÖSSE 1–1,8cm Ø.
BLÜTEZEIT Mai–September.
BLÄTTER *Wechselständig, 5-lappig.*
FRUCHT *Giftige, leuchtend rote Beere.*
ÄHNLICHE ARTEN *Gewöhnlicher Hopfen (S. 46) mit dreilappigen Blättern und hellbraunen Früchten.*

Gewöhnliches Sonnenröschen

Helianthemum nummularium (Cistaceae)

Die dünnen, knittrigen gelben Kronblätter dieser Art sind charakteristisch. Unter den fünf Kronblättern sitzen drei große gestreifte und zwei winzige Kelchblätter. Knospen und die Kapseln tragen auch diese Streifen. Die länglichen, steifen Blätter stehen in gegenständigen Paaren.

VORKOMMEN *Trockene, grasige Gegenden, dünner Boden über Kalkstein; bis in 2500m Höhe.*

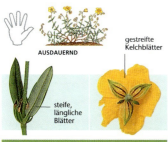

AUSDAUERND

steife, längliche Blätter

gestreifte Kelchblätter

knittrige Kronblätter

hängende, gestreifte Knospe

HÖHE 5–30cm.
BLÜTENGRÖSSE 1,2–2cm Ø.
BLÜTEZEIT Juni–September.
BLÄTTER *Länglich, eine tiefliegende zentrale Ader; unterseits weiß behaart.*
FRUCHT *Kleine, vielsamige Kapsel.*
ÄHNLICHE ARTEN *Apenninen-Sonnenröschen (H. apenninum) mit weißen Blüten.*

Salbeiblättrige Zistrose

Cistus salvifolius (Cistaceae)

VORKOMMEN *In der Garigue, offenen Macchie, auf steinigem Boden, felsigen Trockenhängen und Kiefernwaldlichtungen.*

Dieser Strauch, eine der häufigsten Zistrosen des Mittelmeerraums, duftet nur ganz schwach. Wie bei der Montpellier-Zistrose stehen die weißen Blüten in Gruppen, aber die Blätter sehen ganz anders aus: Sie sind oval, haben einen gewellten Rand und eine behaarte Oberfläche.

weiße Kronblätter

runzliges Blatt

AUSDAUERND

zahlreiche gelbe Staubblätter

Blüten in Gruppen

HÖHE *30–100 cm.*
BLÜTENGRÖSSE *Bis zu 5 cm Ø.*
BLÜTEZEIT *April–Juni.*
BLÄTTER *Beidseitig behaart, gewellter Rand.*
FRUCHT *Behaarte Kapsel, 8 mm lang.*
ÄHNLICHE ARTEN *Cistus populifolius, die jedoch unbehaarte Blätter mit herzförmigem Ansatz hat.*

Blut-Weiderich

Lythrum salicaria (Lythraceae)

VORKOMMEN *Bestände an feuchten Standorten, Sümpfen und feuchten Wiesen, Ufern, Rändern von Schilfgürteln.*

In Sümpfen und Gräben überragen die hohen Blütenstände oft die Vegetation. Die vierkantigen Stängel sind kräftig und aufrecht und tragen unten ungestielte Blätter in Quirlen zu dreien, weiter oben in gegenständigen Paaren. Oben verzweigen sie und tragen Blüten in dichten Quirlen. Diese haben fünf violette Kronblätter.

hohe Blütenstände

Blüten hellviolett

lanzenförmiges, ungestieltes Blatt

12 Staubblätter

5 schmale Kronblätter

AUSDAUERND

HÖHE *70–150 cm.*
BLÜTENGRÖSSE *1–1,5 cm Ø.*
BLÜTEZEIT *Juni–August.*
BLÄTTER *Unten quirlständig, oben gegenständig, lanzenförmig, nicht gezähnt.*
FRUCHT *Kapsel mit vielen Samen.*
ÄHNLICHE ARTEN *Schmalblättriges Weidenröschen (S. 114), mit größeren Blüten.*

Gewöhnl. Hexenkraut

Circaea lutetiana (Onagraceae)

Die kleinen weißen Blüten dieser Pflanze sind im Dämmerlicht ihrer Standorte deutlich zu erkennen. Die Kronblätter sind tief gekerbt, die Kelch- und Staubblätter rosafarben. Einige Blüten stehen locker entlang der aufrechten Stängel, oft über Reihen hängender, keulenförmiger Früchte, die an der Kleidung haften bleiben.

VORKOMMEN *Dunkle, schattige Ecken in Waldland, Gärten, an Wegen, unter Hecken und Gebüschen.*

- weiße Blüten
- Staubblätter rosafarben
- Kelchblätter rosafarben
- Stängel blattlos
- Blatt elliptisch

AUSDAUERND

HÖHE *20–60 cm.*
BLÜTENGRÖSSE *4–7 mm Ø.*
BLÜTEZEIT *Juni–August.*
BLÄTTER *Gegenständig, elliptisch.*
FRUCHT *Halb hängend mit Klettenhaaren.*
ÄHNLICHE ARTEN *Alpen-Hexenkraut (*C. alpina*), das im Hochland vorkommt.*

Rotkelchige Nachtkerze

Oenothera erythrosepala (Onagraceae)

Bei Sonnenuntergang dauert es nur einige Minuten, bis sich die Kelchblätter zurückbiegen und die vielen hellgelben Kronblätter sich entfalten. Schon am nächsten Tag welken die Blüten. In ihrer Heimat Nordamerika werden sie von Nachtfaltern bestäubt, in Europa sind sie oft selbstbestaubend. Die Kelchblätter und Stängel sind von winzigen Haaren mit roter, verdickter Basis bedeckt.

VORKOMMEN *Ödland, Böschungen, Straßenränder, Müllhalden und Sanddünen; auf durchlässigem Boden.*

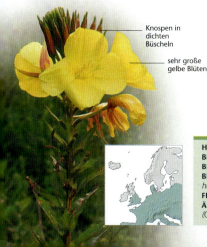

- Knospen in dichten Büscheln
- sehr große gelbe Blüten
- Blatt lanzenförmig
- Blattrand gewellt
- Kelchblätter mit roten Haaren bedeckt

ZWEIJÄHRIG

HÖHE *80–150 cm.*
BLÜTENGRÖSSE *5–8 cm Ø.*
BLÜTEZEIT *Juni–September.*
BLÄTTER *Wechselständig, lanzenförmig, mit heller Mittelrippe und gewellten Rändern.*
FRUCHT *Vierteilige Kapsel.*
ÄHNLICHE ARTEN *Gewöhnliche Nachtkerze (*O. biennis*) mit kleineren Blüten.*

Schmalblättriges Weidenröschen

Chamerion angustifolium (Onagraceae)

VORKOMMEN *Auf umgebrochenem Boden auf Waldlichtungen, an Flussufern und Wegrändern; auch auf abgebrannten Böden.*

Das Schmalblättrige Weidenröschen breitet sich mit unterirdischen Rhizomen aus, und eine Gruppe kann in Wirklichkeit eine einzige Pflanze sein. Die Blüten stehen in pyramidenförmigen Trauben. Jede hat vier breite Kronblätter und acht herabhängende Staubblätter.

spitze Blütentrauben

Blattrand gewellt

helle Mittelrippe

AUSDAUERND

8 Staubblätter

Blüten rosafarben

Kronblätter ungleichmäßig

HÖHE *80–150 cm.*
BLÜTENGRÖSSE *2–3 cm Ø.*
BLÜTEZEIT *Juni-September.*
BLÄTTER *Wechselständig, lanzenförmig, leicht gezähnte Ränder.*
FRUCHT *Schlanke Kapsel, gefiederte Samen.*
ÄHNLICHE ARTEN *Blut-Weiderich (S. 112); Zottiges Weidenröschen (unten).*

Zottiges Weidenröschen

Epilobium hirsutum (Onagraceae)

VORKOMMEN *Feuchte, offene Standorte, Flussufer, Schilfbestände, Seeufer, Gräben, Sümpfe.*

Diese große, behaarte Art bildet an feuchten Standorten große Bestände. Die rosafarbenen Blüten stehen in Trauben. Ihnen folgen lange, behaarte Fruchtkapseln, die sich öffnen und viele kleine, gefiederte Samen entlassen. Die schmalen, ungestielten Blätter umfassen den Stängel.

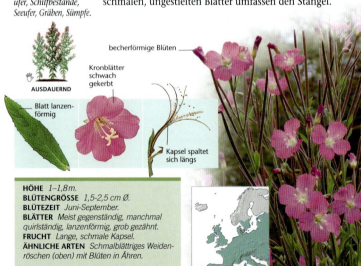

becherförmige Blüten

Kronblätter schwach gekerbt

AUSDAUERND

Blatt lanzenförmig

Kapsel spaltet sich längs

HÖHE *1–1,8 m.*
BLÜTENGRÖSSE *1,5–2,5 cm Ø.*
BLÜTEZEIT *Juni-September.*
BLÄTTER *Meist gegenständig, manchmal quirlständig, lanzenförmig, grob gezähnt.*
FRUCHT *Lange, schmale Kapsel.*
ÄHNLICHE ARTEN *Schmalblättriges Weidenröschen (oben) mit Blüten in Ähren.*

Schwedischer Hartriegel

Cornus suecica (Cornaceae)

Diese niedrige, kriechende Pflanze nördlicher Regionen hat eine kleine Dolde winziger, dunkelvioletter Blüten, die von vier eiförmigen weißen Hochblättern umgeben sind und so wie eine einzige Blüte wirken. Im Herbst entwickeln sie sich zu leuchtend roten Beeren. Die elliptischen, ungezähnten Blätter stehen in gegenständigen Paaren.

VORKOMMEN *Gruppen oder Teppiche in Mooren, Heidegebieten, im Gebirge, in der Tundra; bevorzugt sauren Boden.*

4 weiße Hochblätter umgeben die Blüten
Blätter ungezähnt
dunkelviolette Blüten

leuchtend rote Beeren

HÖHE *15–25 cm.*
BLÜTENGRÖSSE *2 cm breit mit Hochblättern.*
BLÜTEZEIT *Juli–September.*
BLÄTTER *Gegenständig, elliptisch, ungezähnt, typisch geädert.*
FRUCHT *Rote Beere, 5 mm breit.*
ÄHNLICHE ARTEN *Unverkennbar, v. a. am Standort.*

AUSDAUERND

Blutroter Hartriegel

Cornus sanguinea (Cornaceae)

Die roten Triebe dieser Pflanze sind sogar im Winter leicht zu erkennen. Die Blätter weisen charakteristische wellige Ränder und tief eingeschnittene Adern auf. Sie werden bereits im frühen Herbst rot, bevor die Blätter der Bäume die Farbe wechseln. Die vier Kronblätter besitzenden Blüten stehen in cremefarben oder grünlich weiß erscheinenden Blütenständen.

AUSDAUERND

VORKOMMEN *An Waldrändern, Hecken und zwischen Gebüsch auf Kalkboden.*

abgerundeter Blütenstand
auffällige Nerven

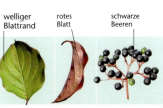

welliger Blattrand
rotes Blatt
schwarze Beeren

HÖHE *1–4 m.*
BLÜTENGRÖSSE *8–10 mm Ø.*
BLÜTEZEIT *Juni–Juli.*
BLÄTTER *Gegenständig, elliptisch, mit welligen Rändern und tief eingeschnittenen Adern.*
FRUCHT *Schwarze Beere, 5–8 mm groß.*
ÄHNLICHE ARTEN *C. sericea, mit heller roten Zweigen und weißen Beeren.*

Gewöhnlicher Efeu

Hedera helix (Araliaceae)

Die Blätter sind glänzend dunkelgrün, aber nur die jungen zeigen die klassische drei- oder fünflappige Form. Die älteren Blätter an den blühenden Zweigen sehen völlig anders aus, sie sind eiförmig und nicht gelappt. Die Blüten in runden, gelbgrünen Blütenständen blühen sehr spät im Jahr und bieten Bienen dann wertvollen Nektar. Ihnen folgen runde schwarze Früchte.

VORKOMMEN Klettert an Laub- und Nadelbäumen empor, überwuchert Mauern, Gebäude, Felsen und Hecken.

- dreieckiges junges Blatt
- gelbe Blüten
- runder Blütenstand
- helle Adern
- an blühenden Zweigen eiförmige Blätter
- rundlicher Fruchtstand
- reife Früchte schwarz

AUSDAUERND

HÖHE Bis zu 30 m.
BLÜTENGRÖSSE 7–9 mm Ø.
BLÜTEZEIT September–November.
BLÄTTER Wechselständig; tiefgrün.
FRUCHT Beere grün, später braun und schwarz.
ÄHNLICHE ARTEN Gewöhnliche Schmerwurz (S. 200), die windende Stängel und kleinere Blüten hat; Mauer-Zimbelkraut (S. 155).

Wilde Möhre

Daucus carota (Apiaceae)

Die Dolden sind gewölbt und zunächst oft rosafarben, später weiß. In der Mitte der Dolde entdeckt man oft eine dunkelviolette Blüte. Unter der Dolde befindet sich ein ausgebreiteter Kragen von Hüllblättern, der braun wird und sich zusammenzieht, wenn die Früchte reifen. Früchte und Hüllblätter ähneln dann einem dichten Vogelnest.

VORKOMMEN Grasbewachsene Stellen, Ödland, Wegränder, trockene Felsen, Feldraine; bevorzugt trockene, offene Standorte.

- ausgebreitete, dichte Dolden
- lange Blütenstiele
- Blätter fein fiederteilig
- dichte Fruchtstände

ZWEIJÄHRIG

HÖHE 30–100 cm.
BLÜTENGRÖSSE Dolden 5–10 cm Ø.
BLÜTEZEIT Juni–August.
BLÄTTER Wechselständig, fein fiederteilig.
FRUCHT Zweiteilige Spaltkapsel, 2–4 mm lang.
ÄHNLICHE ARTEN Hundspetersilie (*Aethusa cynapium*), herabhängende Hüllblätter; Sumpf-Porst (S. 126); Schafgarbe (S. 173).

Gewöhnl. Wiesenkerbel

Anthriscus sylvestris (Apiaceae)

Dieser Doldenblütler bildet oft Bestände entlang Straßenrändern. Gelegentlich blühen einige Pflanzen schon im Februar, in großer Zahl erscheinen die Blüten jedoch erst im April. Die doppelt gefiederten Blätter erscheinen oft schon während des Winters. Sie haben eine Scheide an der Basis des Blattstiels.

VORKOMMEN *In großen Beständen an Straßenrändern, Waldrändern, Hecken, in Wiesen; bevorzugt feuchten Boden.*

gezähnte Blattfiedern

weiße Blüten in Dolden

Scheide an Basis des Blattstiels

breite Dolden mit 4–15 Döldchen

geschnäbelte Spitze

Frucht zweiteilig

ZWEIJÄHRIG/AUSDAUERND

HÖHE *60–150 cm.*
BLÜTENGRÖSSE *Dolden mit 6–12 cm Ø.*
BLÜTEZEIT *April–Juni.*
BLÄTTER *Wechselständig, gezähnte Fiedern.*
FRUCHT *Zweiteilg. Spaltfrucht, 7–10 mm lang.*
ÄHNLICHE ARTEN *Gewöhnl. Klettenkerbel; Hundspetersilie (Aethusa cynapium); Süßdolde (unten); Garten-Kerbel (A. cerefolium).*

Süßdolde

Myrrhis odorata (Apiaceae)

Die hohlen Stängel riechen stark nach Anis, wenn man sie zerreibt. Die weißen Blüten haben je fünf Blütenblätter und sitzen in dichten Dolden. Die zweiteilige Spaltfrucht ist das charakteristischste Merkmal der Pflanze. Sie ist lang und schmal, gefurcht, an der Spitze geschnäbelt und schmeckt ebenfalls nach Anis.

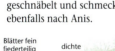

VORKOMMEN *Im Halbschatten in Feuchtwiesen, Weiden, an Waldrändern, Flussufern und Wegrändern, v. a. im Gebirge.*

Blätter fein fiederteilig

dichte Blütendolden

AUSDAUERND

lange, schmale Frucht

Oberfläche gefurcht

HÖHE *0,8–1,8 m.*
BLÜTENGRÖSSE *Dolden 5 cm Ø.*
BLÜTEZEIT *Mai–Juli.*
BLÄTTER *Wechselständig, fein fiederteilig; hellgrün, manchmal mit weißen Flecken.*
FRUCHT *Zweiteilige Spaltkapsel, 2,5 cm lang.*
ÄHNLICHE ARTEN *Gewöhnlicher Wiesenkerbel (oben); Gefleckter Schierling (S. 119).*

Gewöhnlicher Giersch

Aegopodium podagraria (Apiaceae)

Diese invasive Pflanze breitet sich mit ihren unterirdischen Ausläufern auf großen Flächen aus und kann in Gärten ein widerstandsfähiges Unkraut sein. Die weichen Blätter ähneln denen des Holunders. Früher wurden sie als Spinat zubereitet, deshalb breitete sich die Art in ganz Europa aus. Sie trägt hübsche weiße Blütendolden.

VORKOMMEN *Große Bestände in schattigem Ödland, an Wegrändern, in offenem Waldland, in Siedlungsnähe.*

AUSDAUERND

- hübsche kleine Blüten
- verzweigte Dolden
- breite, gezähnte Blattfiedern
- Blüten in Dolden

HÖHE 30–80cm.
BLÜTENGRÖSSE Dolde 4–7cm breit.
BLÜTEZEIT Mai–Juli.
BLÄTTER Grundständig, in drei breite, gezähnte Fiedern geteilt.
FRUCHT Spaltfrucht, eiförmig, gerillt.
ÄHNLICHE ARTEN Gewöhnlicher Wiesenkerbel (S. 117), der feiner geteilte Blätter hat.

Safranrebendolde

Oenanthe crocata (Apiaceae)

Dieser kräftige Doldenblütler ist eine der giftigsten Pflanzen Europas und für den Tod zahlreicher Weidetiere verantwortlich. Er hat große, weiße Blütendolden und dreieckige Blätter, die in Fiedern gleicher Form geteilt sind. Der feuchte Standort ist ein wesentliches Bestimmungsmerkmal.

VORKOMMEN *Feuchte Standorte an Süßgewässern, in Gräben und entlang Flüssen.*

AUSDAUERND

- kräftiger Stängel
- große weiße Dolden
- doppelt fiederspaltig
- Fruchtstand

HÖHE 60–150cm.
BLÜTENGRÖSSE Dolden 5–10cm breit.
BLÜTEZEIT Juni–Juli.
BLÄTTER Wechselständig, fiederspaltig.
FRUCHT Zylindrischer Fruchtstand, 4–6 cm lang.
ÄHNLICHE ARTEN Großer Wasserfenchel (O. aquatica); Gew. Wald-Engelwurz (S. 120).

Gefleckter Schierling

Conium maculatum (Apiaceae)

Alle Teile dieser Pflanze sind giftig, die Samen jedoch enthalten das Gift Coniin am konzentriertesten. Die glücklicherweise einfach zu bestimmende Pflanze ist sehr hoch und kräftig, die Blätter sind fein fiederschnittig wie die eines Farnes, die unteren groß und im Umriss dreieckig. Die gefurchten, hohlen Stängel sind deutlich violett gefleckt, die weißen Dolden klein.

VORKOMMEN *Ränder feuchter Standorte, wie Gräben und Flüsse; auch auf Ödland und an Wegrändern.*

Stängel violett gefleckt

farnähnliche Blätter

kleine weiße Dolden

Frucht eiförmig

ZWEIJÄHRIG/EINJÄHRIG

HÖHE *1–2 m.*
BLÜTENGRÖSSE *Dolden mit 2–5 cm Ø.*
BLÜTEZEIT *Juni–Juli.*
BLÄTTER *Wechselständig; fein fiederschnittig.*
FRUCHT *Zweitlg. Spaltfrucht, 2,5–3,5 mm lang.*
ÄHNLICHE ARTEN *Großer Wasserfenchel (Oenanthe aquatica); Süßdolde (S. 117); Wiesen-Bärenklau (S. 120).*

Wilder Fenchel

Foeniculum vulgare (Apiaceae)

Dieser hohe Doldenblütler hat sehr feine Blätter. Die breiten Blütendolden sind gelbgrün, und auch die Fruchtstände sind gelblich. Die gefurchten Stängel sind hohl. Wilder Fenchel wird als Heilpflanze und Gemüse kultiviert, und es gibt Sorten mit bronzefarben getönten Blättern, die manchmal verwildern.

VORKOMMEN *An Wegrändern, auf Ödland, kalkhaltigem Boden oder Kalkstein, oft an der Küste.*

AUSDAUERND

kleine gelbe Blüten

Frucht länglich

Blätter haarartig

hoher, aufrechter Stängel

Blüten in lockerer Dolde

HÖHE *1,5–2,2 m.*
BLÜTENGRÖSSE *Dolden 4–8 cm Ø; Blüten 2–3 mm Ø.*
BLÜTEZEIT *Juli–Oktober.*
BLÄTTER *Wechselständig, haarartig.*
FRUCHT *Spaltfrucht, 4–8 mm lang; süß.*
ÄHNLICHE ARTEN *Französische Erdkastanie (Conopodium majus); Echter Pastinak (S. 121).*

Gewöhnl. Wald-Engelwurz

Angelica sylvestris (Apiaceae)

Dieser Doldenblütler ist mit seinen kräftigen, violetten Stängeln und den gerundeten, braun getönten Blütendolden leicht zu bestimmen. Die geteilten Blätter sind manchmal schwierig von denen des Wiesen-Bärenklau (unten) zu unterscheiden, der oft an denselben Stellen vorkommt.

VORKOMMEN *Zwischen krautigen Pflanzen, in feuchten Wiesen und Waldland, an Flussufern.*

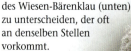

große, gerundete Blütendolden

AUSDAUERND

Blätter gefiedert

obere Blätter mit aufgeblasener Scheide

Stängel violett

HÖHE 1–2 m.
BLÜTENGRÖSSE *Dolden 8–20 cm breit.*
BLÜTEZEIT *Juli–September.*
BLÄTTER *Wechselständig, in eiförmige Fiedern geteilt.*
FRUCHT *Zweiteilige Spaltfrucht, 4–5 mm.*
ÄHNLICHE ARTEN *Wiesen-Bärenklau (unten), Riesen-Bärenklau (*Heracleum mantegazzianum*).*

Wiesen-Bärenklau

Heracleum sphondylium (Apiaceae)

Diese bekannte Art ist fototoxisch, d.h. ihr Saft ist in der Sonne auf der Haut gefährlich. Die unangenehm riechenden Blütendolden sind schmutzig weiß, breit und oben abgeflacht, die äußeren Blüten haben deutlich größere Blüten. Jedes Blatt ist am Stängelansatz von einer aufgeblasenen Scheide umgeben.

VORKOMMEN *Verwilderte Stellen, wie Hecken, Wegränder, Waldränder und Böschungen.*

Blüten grauweiß

Blätter grob gefiedert

große, flache Dolden

Frucht abgeflacht

ZWEIJÄHRIG

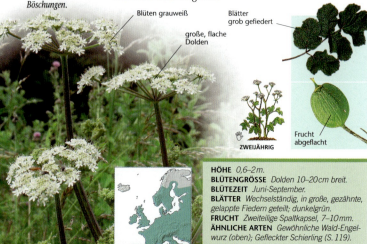

HÖHE 0,6–2 m.
BLÜTENGRÖSSE *Dolden 10–20 cm breit.*
BLÜTEZEIT *Juni–September.*
BLÄTTER *Wechselständig, in große, gezähnte, gelappte Fiedern geteilt; dunkelgrün.*
FRUCHT *Zweiteilige Spaltkapsel, 7–10 mm.*
ÄHNLICHE ARTEN *Gewöhnliche Wald-Engelwurz (oben); Gefleckter Schierling (S. 119).*

Echter Pastinak

Pastinaca sativa (Apiaceae)

Dieser Doldenblütler ist die Stammart des kultivierten Pastinaks, der Saft von Stängel und Blättern kann jedoch Hautreizungen hervorrufen. Die Blätter sind in große Fiedern geteilt, die unteren Blätter sind lang gestielt, die oberen viel kleiner und fast ungestielt. Die ockergelben Blüten stehen in breiten, flachen Dolden.

flache Fiedern

Rand grob gezähnt

ockergelbe Blüten

Stängel gefurcht

breite Dolden

ZWEIJÄHRIG

VORKOMMEN *Grasbewachsene Böschungen, Gebüsche, Ödland; auf trockenem, kalkhaltigem Boden.*

HÖHE *60–100 cm.*
BLÜTENGRÖSSE *Dolden 4–10 cm breit.*
BLÜTEZEIT *Juli–August.*
BLÄTTER *Wechselständig, gefiedert.*
FRUCHT *Zweiteilige Spaltfrucht, 6 mm lang, elliptisch mit Flügeln.*
ÄHNLICHE ARTEN *Wilder Fenchel (S. 119); Schwarze Gelbdolde (unten).*

Schwarze Gelbdolde

Smyrnium olusatrum (Apiaceae)

Diese kräftige, dicht beblätterte Art ist einer der am zeitigsten blühenden Doldenblütler. Die Blätter sind in Teilblätter mit je drei Fiedern geteilt, die oberen stehen gegenständig am Stängel und sind oft gelblich. Die grünlich gelben Blüten stehen in gewölbten Dolden ohne Hüllblätter.

gerundete Blütendolden

breite, flache Fiedern

langer Blattstiel

gelbe Blüten

ZWEIJÄHRIG

VORKOMMEN *Gruppen an der Küste, an Flussmündungen; im Binnenland an salzigen Straßenrändern.*

HÖHE *80–150 cm.*
BLÜTENGRÖSSE *Dolden 4–8 cm breit.*
BLÜTEZEIT *April–Juni.*
BLÄTTER *Unten wechselständig, oben gegenständig; drei Teilblätter mit je drei Fiedern.*
FRUCHT *Ovale Spaltfrucht, reift schwarz.*
ÄHNLICHE ARTEN *Echter Pastinak (oben), weniger beblättert mit flachen Dolden.*

Stranddistel

Eryngium maritimum (Apiaceae)

VORKOMMEN *Kleine oder ausgedehnte Bestände an Küsten, v. a. auf Sanddünen, manchmal auf Kies.*

Dieser Doldenblütler ist unverkennbar. Am charakteristischsten sind die bläulichen oder graugrünen Blätter. Sie sind steif und wirken wächsern, wellen sich wie trockenes Leder und sind grob gezähnt. Jeder Zahn endet in einem Stachel. Die oberen Blätter sind ungestielt, die unteren lang gestielt. Ein Kragen aus Hochblättern unter dem Blütenköpfchen ist ebenfalls stachelig, aber blauviolett getönt und spiegelt die blaue Färbung der Blüten wider. Ein wesentliches Bestimmungsmerkmal ist der Standort, die Art kommt nur an sandigen Küsten vor.

AUSDAUERND

wächserne graugrüne Blätter

kleine blaue Blüten

stachelige Hochblätter unter Blütenköpfchen

Blattadern weißlich

Blütenköpfchen gerundet

ANMERKUNG

Die Wurzeln dieser Pflanze wurden im 17. Jh. als kandierte Süßigkeit zubereitet und auch als schleimlösendes Mittel verabreicht.

HÖHE *30–60 cm.*
BLÜTENGRÖSSE *Blütenköpfchen 1,5–3 cm Ø.*
BLÜTEZEIT *Juni–September.*
BLÄTTER *Grundständig und wechselständig, in Zähne mit Stachelspitzen geteilt; bläulich oder grünlich grau.*
FRUCHT *Spaltfrucht mit überlappenden Schuppen.*
ÄHNLICHE ARTEN *Feld-Mannstreu (rechts); Flachblättriger Mannstreu (E. planum) mit schmalen Hochblättern und nicht stacheligen Blättern.*

Feld-Mannstreu

Eryngium campestre (Asteraceae)

Diese stachelige Pflanze ähnelt einer Distel, an den unauffälligen Blütenköpfen erkennt man jedoch, dass sie zu den Doldenblütlern gehört. Die winzigen Blüten sitzen zwischen zahlreichen grünen Hochblättern und bilden einen grünlich weißen Blütenkopf. Die dreilappigen, ledrigen Blätter an den vielfach verzweigten Stängeln sind steif und stachelig.

VORKOMMEN *An trockenen, grasbewachsenen Standorten und verwilderten Stellen, oft in Küstennähe.*

kleine weiße Blüten

Blattrand stachelig

dichter, distelähnlicher Blütenkopf

lange, stachelige Hochblätter

AUSDAUERND

HÖHE 40–75 cm.
BLÜTENGRÖSSE Blütenkopf 1–1,5 cm Ø.
BLÜTEZEIT Juli–August.
BLÄTTER Wechselständig, ledrig, stachelig und dreilappig; untere Blätter tiefer gelappt.
FRUCHT Zweiteilige Spaltfrucht.
ÄHNLICHE ARTEN Gewöhnliche Kratzdistel (S. 180); Stranddistel (links).

Meer-Fenchel

Crithmum maritimum (Apiaceae)

Wie viele Küstenarten hat der Meer-Fenchel sukkulente Blätter, die Feuchtigkeit speichern. Die Stängel und Blätter sind verzweigt und bilden dichte Polster. Sie riechen nach Bohnerwachs, wenn man sie zerreibt. Die Blütendolden sind gerundet, den Blüten folgen ovale Spaltfrüchte.

VORKOMMEN *Felsen, Klippen, auf Sand und Kies, immer nahe am Meer.*

Blätter fingerartig

Blütendolden grünlich gelb

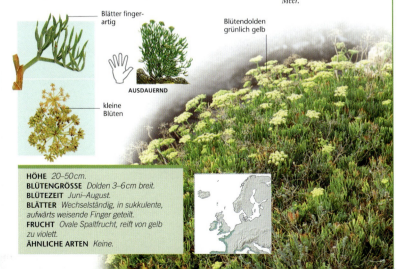

AUSDAUERND

kleine Blüten

HÖHE 20–50 cm.
BLÜTENGRÖSSE Dolden 3–6 cm breit.
BLÜTEZEIT Juni–August.
BLÄTTER Wechselständig, in sukkulente, aufwärts weisende Finger geteilt.
FRUCHT Ovale Spaltfrucht, reift von gelb zu violett.
ÄHNLICHE ARTEN Keine.

Kleines Wintergrün

Pyrola minor (Pyrolaceae)

Die kleinen, glockenförmigen Blüten dieser Art ähneln denen des Maiglöckchens (S. 195), hängen jedoch nach allen Seiten am aufrechten Blütenstiel. Sie haben fünf weiße oder rosa getönte Kronblätter, die einen geraden Griffel einschließen. Die meisten der eiförmigen Blätter stehen in einer lockeren Rosette. Aus den Blättern wird ein Öl gewonnen, das zu medizinischen Zwecken und für Kaugummis verwendet wird.

VORKOMMEN
Feuchte Standorte, Waldland, Moore, Sümpfe und Gebirge.

Blüten glockenförmig

AUSDAUERND

Blätter eiförmig

Rand fein gezähnt

HÖHE *10–25cm.*
BLÜTENGRÖSSE *6mm Ø.*
BLÜTEZEIT *Juni–August.*
BLÄTTER *Meist grundständig in lockerer Rosette.*
FRUCHT *Runde Kapsel, 5 Segmente.*
ÄHNLICHE ARTEN *Gewöhnliches Maiglöckchen (S. 195), einseitswendige Blüten.*

Preiselbeere

Vaccinium vitis-idaea (Ericaceae)

Dieser kleine, hübsche Strauch gehört zu den Heidekrautgewächsen. Die glockenförmigen Blüten mit fünf Kronblättern sitzen in dichten Trauben. Sie sind weiß mit rosa Tönung, und die Spitzen der Kronblätter sind leicht nach außen gebogen. Die Blätter sind ledrig, und die Beeren schmecken leicht bitter.

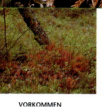

VORKOMMEN
Nadelwälder, Moore, Heidegebiete, Tundra und Gebirge, auf sauren Böden; bildet große Bestände.

Blätter länglich

Blattspitze gekerbt

AUSDAUERND

Kronblätter aufgebogen

runde rote Beeren

HÖHE *30–70cm.*
BLÜTENGRÖSSE *5–8mm Ø.*
BLÜTEZEIT *Mai–August.*
BLÄTTER *Wechselständig, länglich.*
FRUCHT *Rote Beere, 5–10mm breit.*
ÄHNLICHE ARTEN *Heidelbeere (rechts); Kahle Rosmarinheide (Andromeda polifolia); Echte Bärentraube (Arctostaphylos uva-ursi).*

Heidelbeere

Vaccinium myrtillus (Ericaceae)

Dieser kompakte Strauch bildet Bestände. Die gefurchten Stängel tragen weiche, eiförmige Blätter mit kurzen Stielen. Kleine Blüten, grün oder rötlich getönt, hängen in lockeren Trauben, und ihnen folgen schwarzblaue Beeren, die weißlich bereift sind. Die Beeren sind essbar.

VORKOMMEN *Moore, Heidegebiete, Wälder; auf trockenen, sauren Böden.*

AUSDAUERND

Blätter hellgrün

glockenförmige Blüten

schwarzblaue Beere

HÖHE *20–50 cm.*
BLÜTENGRÖSSE *4–6 mm Ø.*
BLÜTEZEIT *April–Juni.*
BLÄTTER *Wechselständig, eiförmig.*
FRUCHT *Heidelbeere, 5–8 mm breit.*
ÄHNLICHE ARTEN *Preiselbeere (links unten); Echte Bärentraube (Arctostaphylos uva-ursi); Rauschbeere (V. uliginosum).*

Gewöhnliche Moosbeere

Vaccinium oxycoccus (Ericaceae)

Diese Art ist leicht zu übersehen. Sie hat schlanke, kriechende Stängel und kleine, eiförmige Blätter mit weißlichen Unterseiten. Die Form der rosafarbenen Blüten mit den zurückgebogenen Kronblättern und Säulen violetter und gelber Staubblätter ist auffällig. Die großen Beeren sind orangerot mit braunen Sprenkeln.

VORKOMMEN *Kriecht über Torf- und andere Moose in Mooren, Sümpfen, Heidegebieten.*

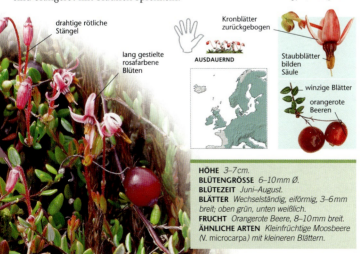

drahtige rötliche Stängel

lang gestielte rosafarbene Blüten

AUSDAUERND

Kronblätter zurückgebogen

Staubblätter bilden Säule

winzige Blätter

orangerote Beeren

HÖHE *3–7 cm.*
BLÜTENGRÖSSE *6–10 mm Ø.*
BLÜTEZEIT *Juni–August.*
BLÄTTER *Wechselständig, eiförmig, 3–6 mm breit; oben grün, unten weißlich.*
FRUCHT *Orangerote Beere, 8–10 mm breit.*
ÄHNLICHE ARTEN *Kleinfrüchtige Moosbeere (V. microcarpa) mit kleineren Blättern.*

Besenheide

Calluna vulgaris (Ericaceae)

Mit ihren verholzten Stängeln und schuppenförmigen Blättern ist die Besenheide an Standorte mit nährstoffarmen Böden angepasst. Sie ist langsamwüchsig, aber langlebig. Die kleinen Blätter, die paarig an kleinen Ästen sitzen, sind ledrig. Die Blüten haben einen herausragenden Griffel, die acht Staubblätter sind verborgen.

VORKOMMEN
Heidegebiete, Moore, Sümpfe, Kiefern- oder Birkenwälder; auf Sand und saurem Boden.

zahlreiche Blüten

Blütenstände sehr dicht

Blätter am Stängel dicht

Blüten

AUSDAUERND

HÖHE *20–80 cm.*
BLÜTENGRÖSSE *3–4 mm lang.*
BLÜTEZEIT *Juli–September.*
BLÄTTER *Gegenständig, dicht, klein und schuppenähnlich.*
FRUCHT *Kleine, vielsamige Kapsel.*
ÄHNLICHE ARTEN *Graue Heide (rechts), die größere, dunklere Blüten hat.*

Sumpf-Porst

Ledum palustre (Ericaceae)

Diese Pflanze bildet einen kompakten Busch mit aufrechten Stängeln, die mit einer Dolde aus duftenden cremeweißen Blüten abschließen. Er ähnelt einem kleinen Rhododendron, mit dem er verwandt ist. Jede Blüte hat fünf getrennte Kronblätter und herausragende weiße Staubblätter. Die dichten, ledrigen Blätter sind lineal mit eingerollten Rändern und unterseits rostrot.

VORKOMMEN *Feuchte Standorte in Sümpfen, Mooren, Heidegebieten, an Gräben und Flüssen; bevorzugt sauren Boden.*

dichte Blütendolden

schmale Blätter

auffallende Staubblätter

hängende Fruchtkapseln

AUSDAUERND

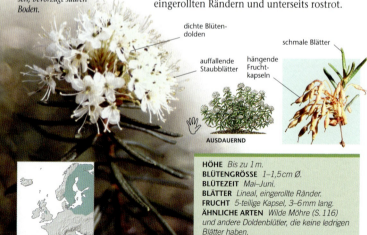

HÖHE *Bis zu 1 m.*
BLÜTENGRÖSSE *1–1,5 cm Ø.*
BLÜTEZEIT *Mai–Juni.*
BLÄTTER *Lineal, eingerollte Ränder.*
FRUCHT *5-teilige Kapsel, 3–6 mm lang.*
ÄHNLICHE ARTEN *Wilde Möhre (S. 116) und andere Doldenblütler, die keine ledrigen Blätter haben.*

Graue Heide

Erica cinerea (Ericaceae)

Dieser immergrüne Strauch wächst oft verstreut zwischen Pflanzen derselben Familie, wie Besenheide (links), bildet aber auch allein große Bestände. Die violettroten Blüten öffnen sich meist ein bis zwei Wochen früher als die heller rosafarbenen der Besenheide. Die glockenförmigen Blüten hängen in Trauben an den Stängeln. Die ledrigen Blätter sitzen in Quirlen zu dreien an kurzen Stielen.

VORKOMMEN *Bestände auf trockenen, sauren, sandigen Böden in Heidegebieten, Mooren, auf Lichtungen in offenen Kiefernwäldern.*

AUSDAUERND

HÖHE *20–60 cm.*
BLÜTENGRÖSSE *5–7 mm lang.*
BLÜTEZEIT *Juli–September.*
BLÄTTER *Quirlständig, kräftig, nadelähnlich.*
FRUCHT *Kleine, trockene, unbehaarte Kapsel.*
ÄHNLICHE ARTEN *Besenheide (links); Glocken-Heide (E. tetralix), mit hell rosafarbene Blüten und Blättern in Quirlen zu vieren.*

Acker-Gauchheil

Anagallis arvensis (Primulaceae)

Die leuchtend roten Blüten dieser kleinen Pflanze sind leicht zu entdecken, wenn sie sich in der Sonne öffnen. Gelegentlich treten Formen mit blauen Blüten auf. Die eiförmigen Blätter haben unterseits winzige schwarze Tupfen, die Frucht ist eine kleine, runde Kapsel.

VORKOMMEN *Ödland, Felder und Feldränder, an der Küste; auf trockenen, durchlässigen Böden.*

EINJÄHRIG

HÖHE *5–15 cm.*
BLÜTENGRÖSSE *4–7 mm Ø.*
BLÜTEZEIT *Mai–September.*
BLÄTTER *Gegenständig, eiförmig, ungestielt.*
FRUCHT *Kleine, runde Kapsel.*
ÄHNLICHE ARTEN *Herbst-Adonisröschen (S. 60) mit fiederteiligen Blättern.*

Echte Schlüsselblume

Primula veris (Primulaceae)

Ganze Wiesen sind im Frühjahr oft von den zahlreichen Blüten der Echten Schlüsselblume gelb gefärbt. Sie stehen in dichten Dolden, haben einen langen, gelbgrünen Kelch und fünf Kronblätter, die eine Röhre bilden. Jedes Kronblatt trägt einen orangefarbenen Fleck. Die Blätter sind dunkelgrün.

VORKOMMEN
Wiesen, trockene, grasbewachsene Stellen, meist auf kalkhaltigem Boden.

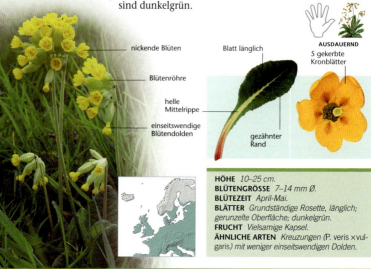

- nickende Blüten
- Blütenröhre
- helle Mittelrippe
- einseitswendige Blütendolden
- Blatt länglich
- gezähnter Rand
- **AUSDAUERND**
- 5 gekerbte Kronblätter

HÖHE *10–25 cm.*
BLÜTENGRÖSSE *7–14 mm Ø.*
BLÜTEZEIT *April–Mai.*
BLÄTTER *Grundständige Rosette, länglich; gerunzelte Oberfläche; dunkelgrün.*
FRUCHT *Vielsamige Kapsel.*
ÄHNLICHE ARTEN *Kreuzungen (P. veris × vulgaris) mit weniger einseitswendigen Dolden.*

Stängellose Schlüsselblume

Primula vulgaris (Primulaceae)

Die hellgelben Blüten der Pflanze sind ein Zeichen für den Frühling. Jede Blüte sitzt an einem einzelnen Stiel und hat einen röhrenförmigen Kelch und breite gelbe Kronblätter, oft mit orangefarbener Zeichnung in der Mitte (bei Gartensorten kommen andere Farben vor). Die Blätter stehen in einer grundständigen Rosette.

VORKOMMEN
Laubwälder und Waldlichtungen, Böschungen, Wiesen und grasbewachsene Wegränder.

- hellgelbe Blüten
- hellgrüne Blätter
- **AUSDAUERND**
- helle Mittelrippe
- 5 gekerbte Kronblätter

HÖHE *10–15 cm.*
BLÜTENGRÖSSE *2–4 cm Ø.*
BLÜTEZEIT *Februar–Mai oder früher.*
BLÄTTER *Grundständig, länglich, gerunzelte Oberfläche, helle Mittelrippe.*
FRUCHT *Vielsamige Kapsel.*
ÄHNLICHE ARTEN *Hohe Schlüsselblume (P. elatior), einseitswendige Blütenstände.*

Pfennigkraut

Lysimachia nummularia (Primulaceae)

Diese kriechende Pflanze kann zwischen höherer Vegetation leicht übersehen werden. Wenn man sie jedoch entdeckt hat, kann man ihre becherförmigen gelben Blüten an dem windenden Stängel nicht verwechseln. Die Blätter stehen in gegenständigen Paaren und sind rund bis eiförmig. Zum Stängelende hin nimmt ihre Größe ab.

VORKOMMEN *Feuchte Standorte, Waldland, Teich- und Flussufer, Gräben.*

HÖHE *3–6cm.*
BLÜTENGRÖSSE *1,2–1,8cm Ø.*
BLÜTEZEIT *Mai–Juli.*
BLÄTTER *Gegenständig, rund bis eiförmig.*
FRUCHT *Kapsel, bildet sich selten.*
ÄHNLICHE ARTEN *Hain-Gilbweiderich (L. nemorum), der weniger regelmäßige Blätter und schmale Kelchblätter hat.*

AUSDAUERND

Gilbweiderich

Lysimachia vulgaris (Primulaceae)

Die Blüten haben fünf eiförmige Kronblätter mit orangefarbener Mitte und stehen in Trauben, die den oberen Blattachseln entspringen. Die ei- bis lanzenförmigen Blätter sind manchmal mit schwarzen oder orangefarbenen Drüsen getüpfelt und unterseits blaugrün. Sie stehen in gegenständigen Paaren an der Stängelspitze und in Quirlen zu drei bis vier Blättern weiter unten.

VORKOMMEN *An feuchten Orten, Flussufern, nassen Wiesen, Sümpfen; neutraler oder kalkhaltiger Boden.*

AUSDAUERND

HÖHE *60–150cm.*
BLÜTENGRÖSSE *1,5–2cm Ø.*
BLÜTEZEIT *Juli–August.*
BLÄTTER *Gegenständig oben am Stängel, unten Quirle zu 3–4, ei- bis lanzenförmig.*
FRUCHT *Runde fünfteilige Kapsel.*
ÄHNLICHE ARTEN *Punktierter Gilbweiderich (L. punctata), schmale, dichte Blütentrauben.*

Gewöhnliche Grasnelke

Armeria maritima (Plumbaginaceae)

Diese Art bildet Kissen schmaler, graugrüner Blätter, die während des ganzen Jahres bestehen. Im Sommer bringt sie lang gestielte rosafarbene Blütenköpfchen mit papierartigen Blättern an der Basis hervor. Die Art variiert in der Höhe, im Binnenland kommen höhere Formen vor.

VORKOMMEN *An der Küste, in Salzmarschen; im Binnenland in sandigem Grasland.*

runde Blütenköpfchen
Scheide unter Blütenköpfchen
Blätter grasartig
Rosafarbene Blüten

AUSDAUERND

HÖHE *5–30cm.*
BLÜTENGRÖSSE *Köpfchen 1,5–3cm breit.*
BLÜTEZEIT *April–August.*
BLÄTTER *Grundständig, lineal.*
FRUCHT *Kleine, einsamige Kapsel in papierartiger Hülle.*
ÄHNLICHE ARTEN *Gewöhnlicher Strandflieder (unten), der längliche Blätter hat.*

Gewöhnl. Strandflieder

Limonium vulgare (Plumbaginaceae)

Die drahtigen Stängel dieser Art sind an der Spitze verzweigt und tragen dichte Rispen rosafarbener bis violetter Blüten, die von papierartigen Hochblättern umgeben sind. Die geschnittenen Blüten behalten ihre Farbe und werden oft für Trockensträuße verwendet. Die grundständigen Blätter sind länglich.

VORKOMMEN *Teppiche im Schlamm von Salzmarschen; die Blütenstände färben große Flächen violett.*

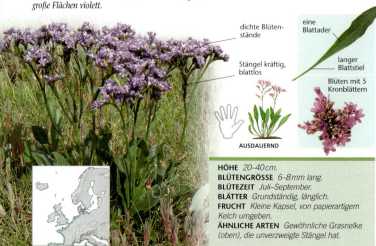

dichte Blütenstände
eine Blattader
Stängel kräftig, blattlos
langer Blattstiel
Blüten mit 5 Kronblättern

AUSDAUERND

HÖHE *20–40cm.*
BLÜTENGRÖSSE *6–8mm lang.*
BLÜTEZEIT *Juli–September.*
BLÄTTER *Grundständig, länglich.*
FRUCHT *Kleine Kapsel, von papierartigem Kelch umgeben.*
ÄHNLICHE ARTEN *Gewöhnliche Grasnelke (oben), die unverzweigte Stängel hat.*

Durchwachsener Bitterling

Blackstonia perfoliata (Gentianaceae)

Diese Pflanze hat charakteristische Blätter, die den Stängel umfassen und verwachsen sind. Die oberen Paare sitzen dort, wo die Stängel sich verzweigen. Für ein Enziangewächs ungewöhnlich, haben die Blüten bis zu acht sternförmige Kronblätter, die sich fast flach öffnen.

VORKOMMEN *Vereinzelt in Grasland und an steinigen Standorten, auf trockenem, durchlässigem Boden.*

EINJÄHRIG

Blätter umfassen Stängel

schlanke Kelchblätter

8 sternförmige Kronblätter

verwachsene, paarige Blätter

HÖHE *15–40 cm.*
BLÜTENGRÖSSE *1–1,5 cm Ø.*
BLÜTEZEIT *Juni–September.*
BLÄTTER *Grundständige Rosette, oben gegenständig, verwachsen; graugrün.*
FRUCHT *Zweiteilige, vielsamige Kapsel.*
ÄHNLICHE ARTEN *Keine; Kronblätterzahl und Blattanordnung sind charakteristisch.*

Echtes Tausendgüldenkraut

Centaurium erythraea (Gentianaceae)

Die rosafarbenen Blüten fallen zwischen den Gräsern an ihren Standorten auf. Sie haben je fünf Kronblätter, die zu einer Röhre verschmelzen und bilden doldenartige Blütenstände. Die hellgrünen Blätter stehen in gegenständigen Paaren an den verzweigten Stängeln.

VORKOMMEN *Grasbewachsene Standorte auf kalkhaltigen oder sandigen Böden, wie Weiden, Heidegebiete.*

Kronblätter zu langer Röhre verschmolzen

doldenartige Blütenstände

Blattrand ungezähnt

Staubblätter orangegelb

ZWEIJÄHRIG

HÖHE *10–40 cm.*
BLÜTENGRÖSSE *1–1,5 cm Ø.*
BLÜTEZEIT *Juni–September.*
BLÄTTER *Grundständige Rosette; gegenständige, elliptische Stängelblätter.*
FRUCHT *Zweiteilige Kapsel.*
ÄHNLICHE ARTEN *Kleines Tausendgüldenkraut (C. pulchellum), ohne Rosette.*

Bitterer Fransenenzian

Gentianella amarella (Gentianaceae)

Die Blüten dieses kleinen Enzians haben meist fünf, manchmal vier kurze Kronblattlappen, die an der Basis eine lange Röhre bilden. Sie sind violettblau, manchmal auch matt rosaviolett. Auch der Kelch ist vier- oder fünflappig.

VORKOMMEN Weiden, trockene, grasbewachsene Standorte, Dünen, Hänge; auf kalkhaltigen Böden.

Blatt deutlich geädert

Blütenstände

ZWEIJÄHRIG

5 Kronblattlappen

HÖHE 10–30 cm.
BLÜTENGRÖSSE 1,4–2 cm lang.
BLÜTEZEIT Juni-Oktober.
BLÄTTER Grundständige Rosette und gegenständig, lanzenförmig; graugrün.
FRUCHT Zweiteilige Kapsel.
ÄHNLICHE ARTEN G. campestris *mit hell violettblauen Blüten.*

Gelber Enzian

Gentiana lutea (Gentianaceae)

Die dicken, bläulich grünen Blätter sind stark geädert. Sie stehen in gegenständigen Paaren am Stängel und sind wie Becher gewölbt, die die dichten gelben Blütendolden zu halten scheinen. Jede Blüte hat fünf schmale Kronblätter, auffallende Staubblätter und einen kräftigen Fruchtknoten in der Mitte. Weidendes Vieh meidet die schlecht schmeckende Art, und so bleibt sie auf Weiden stehen.

VORKOMMEN Wiesen, Weiden, Waldränder, Lichtungen und Wegränder im Gebirge; bis in 2500 m Höhe.

dichte Blütendolden über den Blättern

aufrechter Stängel

gelbe Blüten mit 5 Kronblättern

AUSDAUERND

Blätter bilden Becher

HÖHE 80–120 cm.
BLÜTENGRÖSSE 1,8–2,4 cm lang.
BLÜTEZEIT Juni-August.
BLÄTTER Gegenständig, elliptisch.
FRUCHT Zweiteilige Kapsel.
ÄHNLICHE ARTEN Schwalbenwurz *(Vincetoxicum hirundinaria) mit kleineren Blüten;* Tüpfel-Enzian *(G. punctata) ist kleiner.*

Fieberklee

Menyanthes trifoliata (Menyanthaceae)

Diese Pflanze ist unverkennbar, wenn ihre weißen Blüten über der Oberfläche saurer Teiche im Moor erscheinen. Die Knospen sind rosafarben, die völlig geöffneten Blüten weiß, und jedes Kronblatt hat einen außergewöhnlichen Saum langer, weißer Haare. Die fleischigen, dreiteiligen Blätter ragen aus dem Wasser auf. Die Blätter sind kleeartig, aber viel größer.

VORKOMMEN *Ragt in Teichen in Mooren, an Seeufern und im Gebirge aus dem Wasser auf; oft in großen Beständen.*

- rosafarbene Knospen
- Blüten in lockeren Trauben
- Blätter dreiteilig
- elliptische Fiedern
- **AUSDAUERND**
- Kronblätter von weißen Haaren gesäumt

HÖHE *10–35 cm.*
BLÜTENGRÖSSE *1,4–1,6 cm Ø.*
BLÜTEZEIT *April–Juni.*
BLÄTTER *Grundständig, drei elliptische Fiedern ragen über die Wasseroberfläche.*
FRUCHT *Eiförmige Kapsel.*
ÄHNLICHE ARTEN *Europäische Wasserfeder (*Hottonia palustris*), keine Blätter über Wasser.*

Gewöhnliche Seekanne

Nymphoides peltata (Menyanthaceae)

Wie ihr naher Verwandter, der Fieberklee, hat diese Wasserpflanze Kronblätter mit gewellten Rändern, die mit winzigen Haaren besetzt sind. Sie können auch gekräuselt oder leicht gefaltet sein. Die lang gestielten Blüten erscheinen knapp über der Wasseroberfläche. Die runden, dunkelgrünen Blätter, manchmal violett gefleckt, sind bis zur Mitte, wo der Blattstiel ansetzt, geschlitzt.

VORKOMMEN *Große Bestände auf der Oberfläche langsam fließender Flüsse, Teiche, Seen und Gräben.*

- Blüten hellgelb
- Kronblätter gekräuselt
- langer Blütenstiel
- **AUSDAUERND**
- Blatt tief eingeschnitten
- 5 Kronblätter

HÖHE *Bis zu 10 cm über der Wasseroberfläche.*
BLÜTENGRÖSSE *3–4 cm Ø.*
BLÜTEZEIT *Juni–September.*
BLÄTTER *Quirlständig, an langen Stielen, rundlich.*
FRUCHT *Eiförmige Kapsel.*
ÄHNLICHE ARTEN *Gelbe Teichrose (S. 57).*

Kleines Immergrün

Vinca minor (Apocynaceae)

VORKOMMEN *Ausgedehnte Matten in Waldland, Hecken, an Böschungen, auf steinigem Grund, oft im Schatten.*

Die glänzenden Blätter und herabhängenden Stängel dieser Pflanze können im Frühjahr große Gebiete im Waldland bedecken. An den schattigen Standorten erscheinen nur wenige Blüten. Diese sind violett, manchmal weiß, die Kronblätter verdreht und stumpf. Der Kelch an der Basis der Kronblattröhre hat kleine dreieckige Zähne.

HÖHE *15–40 cm.*
BLÜTENGRÖSSE *2,5–3 cm Ø.*
BLÜTEZEIT *März–Mai.*
BLÄTTER *Gegenständig, eiförmig bis elliptisch, kurz gestielt.*
FRUCHT *Gegabelte Kapsel, 2,5 cm breit.*
ÄHNLICHE ARTEN *Großes Immergrün (V. major), größere Blüten, lange Kelchblätter.*

Gewöhnlicher Liguster

Ligustrum vulgare (Oleaceae)

VORKOMMEN *An Waldrändern, Hecken und Dämmen.*

Diese Pflanze zeigt einen lockereren, offeneren Wuchs als der bekannte Ovalblättrige Liguster (*L. ovalifolium*). Sie ist trotzdem dicht verzweigt und bildet an sonnigen Stellen kleine aus weißen Blüten bestehende Rispen, die später kleine, schwarze, leicht giftige Beeren tragen. Die Blätter sind üblicherweise immergrün, dunkel, glänzend und deutlich geädert.

HÖHE *1–3 m.*
BLÜTENGRÖSSE *4–6 mm Ø.*
BLÜTEZEIT *Mai–Juni.*
BLÄTTER *Immergrün, gegenständig, elliptisch, mit glänzender Oberfläche.*
FRUCHT *Schwarze Beere, 6–8 mm Ø.*
ÄHNLICHE ARTEN *Ovalblättriger Liguster (L. ovalifolium) mit breiteren Blättern.*

Waldmeister

Galium odoratum (Rubiaceae)

Diese attraktive Pflanze trägt den Stängel entlang Quirle von sechs bis neun elliptischen Blättern, die an den Rändern winzige Stacheln tragen. Die weißen Blüten stehen in kleinen, verzweigte Rispen. Die Blätter enthalten einen aromatischen Stoff, Cumarin genannt, der Likören zugesetzt wird.

VORKOMMEN
Im Schatten von Laubwäldern und Hecken, bildet oft ausgedehnte Bestände; meist auf kalkhaltigem Boden.

AUSDAUERND

Blüten mit 4 Kronblättern

6–9 elliptische Blätter

kleine weiße Blütenrispen

HÖHE *10–30cm.*
BLÜTENGRÖSSE *4–7mm Ø.*
BLÜTEZEIT *Mai–Juni.*
BLÄTTER *Quirlständig, elliptisch.*
FRUCHT *Nüsschen, 2–3mm breit, mit Stacheln.*
ÄHNLICHE ARTEN *Kletten-Labkraut (unten), das klettert; Wiesen-Labkraut (S. 136).*

Kletten-Labkraut

Galium aparine (Rubiaceae)

Diese häufige Heckenpflanze ist Wanderern und Hundebesitzern wohlbekannt, denn die gesamte Pflanze ist mit hakenförmigen Haaren besetzt, mit denen sie über die Vegetation klettern kann und die sich auch in Kleidung und Fell verhaken. Die paarigen, runden Früchte tragen ebenfalls Häkchen, die bei ihrer Verbreitung hilfreich sind. Die weißen Blüten sind sehr klein und haben vier Kronblätter.

Blüten in kleinen Rispen

VORKOMMEN *Klettert über dichte Vegetation in Gebüschen und Hecken, auf Ödland und Kulturland; oft ausgedehnte Bestände.*

Quirle schmaler Blätter

Blätter mit scharfer Spitze

4 Kronblätter

stachelige, paarige Frucht

EINJÄHRIG

HÖHE *30–150cm.*
BLÜTENGRÖSSE *2mm Durchmesser.*
BLÜTEZEIT *Mai–August.*
BLÄTTER *In Quirlen zu 4–6, schmal elliptisch.*
FRUCHT *Spaltfrucht mit hakenförmigen Haaren.*
ÄHNLICHE ARTEN *Wiesen-Labkraut (S. 136) und Waldmeister (oben), ohne Klettenfrüchte.*

Wiesen-Labkraut

Galium mollugo (Rubiaceae)

Diese Kletterpflanze an Hecken und Wegrändern bringt Massen weißer Blüten hervor. Jede der winzigen Blüten hat vier kreuzförmig angeordnete Kronblätter. Die Blüten stehen in lockeren, vielfach verzweigten Rispen. Die Blätter sind klein mit stacheligen Rändern, der Stängel ist weich und kantig. Wiesen-Labkraut wächst nicht auf saurem Boden wie das ähnliche Harzer Labkraut.

VORKOMMEN Klettert über Hecken, Gebüsche, trockenes Grasland, Wiesen.

vielfach verzweigte Blütenrispen

cremeweiße Blüten

Quirle mit 6–8 Blättern

paarige Nüsschen

AUSDAUERND

HÖHE 40–150 cm.
BLÜTENGRÖSSE 2–3 mm Ø.
BLÜTEZEIT Juni–September.
BLÄTTER In Quirlen, länglich.
FRUCHT Paarige Nüsschen, reifen schwarz.
ÄHNLICHE ARTEN *Waldmeister* (S. 135); *Echtes Labkraut* (unten) mit gelben Blüten; *Harzer Labkraut* (G. saxatile).

Echtes Labkraut

Galium verum (Rubiaceae)

Die winzigen Blüten des Echten Labkrautes bilden luftige, duftende Blütenstände. Jede Blüte hat vier deutlich getrennte Kronblätter und steht in einer verzweigten Rispe. Lineale, dunkelgrüne Blätter stehen in Quirlen entlang des behaarten Stängels.

VORKOMMEN Trockene, offene, grasbewachsene Standorte, Böschungen, Wegränder; auch Sanddünen.

AUSDAUERND

dichte, verzweigte Blütenrispen

kleine Blätter in Quirlen

Blüten grünlich gelb

HÖHE 20–80 cm.
BLÜTENGRÖSSE 2–3 mm Ø.
BLÜTEZEIT Juni–September.
BLÄTTER Quirle aus 8–12 kleinen, linealen Blättern; dunkelgrün.
FRUCHT Verwachsene schwarze Nüsschen.
ÄHNLICHE ARTEN *Wiesen-Labkraut* (oben) mit cremeweißen Blüten.

Gewöhnliches Kreuzlabkraut

Cruciata laevipes (Rubiaceae)

Dieses Rötegewächs ist an seinem auffälligen Wuchs und der gelbgrünen Färbung zu erkennen. Die behaarten Blätter stehen in Quirlen zu vieren. Die kurz gestielten Blüten sitzen in dichten Büscheln an der Basis der Blattquirle.

VORKOMMEN *Wegränder, Wiesen, Hecken und Gebüsche, oft nahe bei höherer, schützender Vegetation.*

AUSDAUERND

- kleine hellgelbe Blüten
- Blüten in Büscheln
- aufrechte Stängel
- 3 Hauptadern
- Quirle mit 4 Blättern
- behaarte Blätter

HÖHE *20–50 cm.*
BLÜTENGRÖSSE *2–3 mm Ø.*
BLÜTEZEIT *April–Juni.*
BLÄTTER *Quirle aus 4 elliptischen Blättern.*
FRUCHT *Runde, weiche Nüsschen; reifen schwarz.*
ÄHNLICHE ARTEN *Keine; die 4-zähligen Quirle sind charakteristisch.*

Acker-Winde

Convolvulus arvensis (Convolvulaceae)

Diese schnellwüchsige Art windet sich gegen den Uhrzeigersinn um andere Pflanzen oder wuchert über den Boden. Die Blätter sind pfeilförmig mit spitzen Blattbasen oder länglich. Die trompetenförmigen Blüten sind meist rosafarben mit weißen Streifen, können aber auch reinweiß oder dunkel rosafarben sein.

VORKOMMEN *Windet sich um Stängel anderer Pflanzen, Zäune etc.; Hecken, Ödland und Kulturland.*

- Blatt ungezähnt
- gelbe Mitte
- Blätter rund oder pfeilförmig
- Kronblätter gestreift

AUSDAUERND

HÖHE *Bis zu 1,5 m.*
BLÜTENGRÖSSE *2–2,5 cm Ø.*
BLÜTEZEIT *Juni–September.*
BLÄTTER *Wechselständig, pfeilförmig oder länglich.*
FRUCHT *Runde, vielsamige Kapsel.*
ÄHNLICHE ARTEN *Gewöhnliche Zaunwinde (S. 138); Strand-Zaunw. (Calystegia soldanella).*

Gewöhnl. Zaunwinde

Calystegia sepium (Convolvulaceae)

Die kräftigen Stängel winden sich um andere Pflanzenstängel oder jeden anderen Gegenstand, der ihnen im Weg ist, und tragen in Abständen herzförmige Blätter. Die trompetenförmigen, kräftig weißen Blüten öffnen sich wie Regenschirme und haben am Grund zwei grüne Kelchblätter, die teilweise unter zwei Hochblättern verborgen sind.

VORKOMMEN *Klettert über Hecken, andere hohe Pflanzen, Gebüsche, Zäune und Pfosten; bevorzugt feuchten Boden.*

herzförmiges Blatt

Hochblätter überlappen nicht

trompetenförmige weiße Blüte

AUSDAUERND

HÖHE *1–3m.*
BLÜTENGRÖSSE *3–3,5cm Ø.*
BLÜTEZEIT *Juli–September.*
BLÄTTER *Wechselstdg., pfeil- oder herzförmig.*
FRUCHT *Runde grüne Kapsel.*
ÄHNLICHE ARTEN *Gewöhnl. Schmerwurz (S. 200), kleinere Blüten; Acker-Winde (S. 137); Wald-Zaunwinde (C. sylvatica).*

Blauroter Steinsame

Lithospermum purpurocaeruleum (Boraginaceae)

Diese Art hat nur beblätterte und Blüten tragende Triebe. Die Blüten stehen in dichten Blütenständen und sind als Knospen violettrosa, werden aber bald tiefviolett. Die Früchte sind, wie die des Echten Steinsamen (*Lithospermum officinale*), kleine weiße Nüsschen, die bis in den Spätsommer an den behaarten Stängeln bleiben.

VORKOMMEN *Halbschattige Stellen, wie Waldränder, Hecken; auf kalkhaltigen Böden.*

Blätter dunkelgrün

Blüten in kleinen Büscheln

Stängel verholzt

AUSDAUERND

Blatt schmal, ungezähnt

5 violette Kronblätter

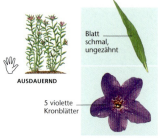

HÖHE *40–60cm.*
BLÜTENGRÖSSE *1,4–1,9cm lang.*
BLÜTEZEIT *April–Juni.*
BLÄTTER *Lanzenförmig, behaart.*
FRUCHT *Bis zu vier harte, weiße Nüsschen.*
ÄHNLICHE ARTEN *Gewöhnliche Ochsenzunge (Anchusa officinalis), die rau und stachelig ist, mit blauen Blüten.*

Arznei-Beinwell

Symphytum officinale (Boraginaceae)

Diese Feuchtigkeit liebende Pflanze hat spießförmige Blätter, die ungestielt sind. Die Blattbasis läuft den Stängel herab und bildet paarige Flügel. Die röhrenförmigen Blüten erscheinen in einem eingerollten Blütenstand, Sichel genannt. Sie sind cremeweiß, rosafarben oder violett. Arznei-Beinwell unterstützt die Wundheilung und wurde früher bei Knochenbrüchen eingesetzt.

VORKOMMEN *Feuchte Standorte, wie Flussufer, Sümpfe, Feuchtwiesen und feuchtes Waldland.*

AUSDAUERND

HÖHE *80–150 cm.*
BLÜTENGRÖSSE *1,2–1,8 cm lang.*
BLÜTEZEIT *Mai–Juli.*
BLÄTTER *Wechselständig; den Stängel herablaufend bis zum nächsten Blattansatz.*
FRUCHT *Klause mit vier Früchten.*
ÄHNLICHE ARTEN *Futter-Beinwell (S. ×uplandicum), der kürzere Flügel hat.*

WILDBLUMEN

Gewöhnl. Natternkopf

Echium vulgare (Boraginaceae)

Diese Art wächst an unterschiedlichen Standorten. Die langen, kräftigen Stängel, die mit borstigen Haaren besetzt sind, entspringen einer Blattrosette, die im ersten Jahr erscheint. Sie tragen viele tiefvioletten Blüten mit fünf Kronblättern und langen, herausragenden scharlachroten Staubblättern. Die Blütenstände entrollen sich, die Knospen färben sich von rosafarben zu violett. Die schmalen Blätter sind rau und behaart.

VORKOMMEN *Trockene, offene Standorte, Wegränder, Sanddünen, Heidegebiete, grasbewachsene Böschungen.*

ZWEIJÄHRIG

HÖHE *50–100 cm.*
BLÜTENGRÖSSE *1,5–2 cm Ø.*
BLÜTEZEIT *Juni–September.*
BLÄTTER *Grundständige Rosette und wechselständig, schmal elliptisch bis lanzenförmig.*
FRUCHT *Vier Nüsschen an der Kelchbasis.*
ÄHNLICHE ARTEN *Wiesen-Salbei (S. 144); Wegerichblätt. Natternkopf (E. plantagineum).*

Acker-Krummhals

Anchusa arvensis (Boraginaceae)

Diese stachelige Pflanze hat raue Blätter mit gewellten, leicht gezähnten Rändern. Die unteren Blätter sind gestielt, die schmäleren oberen Blätter ungestielt und stängelumfassend. Die kleinen blauen Blüten mit fünf Kronblättern haben eine weiße Mitte und eine gebogene Blütenröhre. Diese in Agrarland häufige Art ist oft zwischen Getreide versteckt.

VORKOMMEN *Agrarland, Feldränder, Ödland und sandige Heidegebiete, v. a. in Küstennähe.*

blaue Blüten mit 5 Kronblättern

weiße Mitte

oberes Blatt ungestielt

EINJÄHRIG

HÖHE 15–60 cm.
BLÜTENGRÖSSE 4–6 mm Ø.
BLÜTEZEIT Mai–September.
BLÄTTER Wechselständig, rau, stachelig.
FRUCHT Vier Nüsschen im Kelch.
ÄHNLICHE ARTEN Spanische Ochsenzunge (*Pentaglottis sempervirens*); Vergissmeinnicht-Arten (rechts) mit ungezähnten Blättern.

Italienische Ochsenzunge

Anchusa azurea (Boraginaceae)

Die Knospen sind violett, die geöffneten Blüten ultramarin. Die Blüten stehen in Wickeln zusammen und öffnen sich von unten nach oben, während sich die Wickel ausrollen. Die stark behaarten Stängel und Kelchblätter sind oft rot oder violett behaucht. Auch der offene, verzweigte Wuchs ist ein Merkmal.

VORKOMMEN *Felder und Olivenhaine, Wegrändern und Kulturland, pralle Sonne und trockener Boden.*

Blüten in Wickeln

robuste, borstige Stängel

langes Grundblatt

5 blaue Kronblätter

Stängel verzweigt

AUSDAUERND

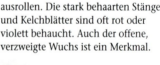

HÖHE 40–120 cm.
BLÜTENGRÖSSE 2 cm Ø.
BLÜTEZEIT März–Juni.
BLÄTTER Grundblätter bis zu 30 cm lang.
FRUCHT Nüsschen, bis zu 1 cm lang.
ÄHNLICHE ARTEN Gewöhnl. Ochsenzunge (*A. officinalis*) kleinere, violette Blüten; Acker-Krummhals (oben), sehr raue Blätter.

Wald-Vergissmeinnicht

Myosotis sylvatica (Boraginaceae)

Es gibt in Europa einige Vergissmeinnicht-Arten, die alle ähnlich gebaute himmelblaue Blüten mit gelber Mitte und behaarte Blätter haben (der Name *Myosotis* bedeutet »Mausohr«). Die wesentlichen Unterschiede sind die Größe der Blüten und der bevorzugte Lebensraum. Das Wald-Vergissmeinnicht hat die größten Blüten und kommt in Waldland vor.

VORKOMMEN *Halbschattige Standorte an Waldrändern, Wegrändern, auf Lichtungen, in feuchten Wiesen.*

Blüten flach, 5 Kronblätter

AUSDAUERND

spiralige Blütenstände

gelbe Mitte Rand ungezähnt

Blatt lanzenförmig

HÖHE *20–50 cm.*
BLÜTENGRÖSSE *6–10 mm Ø.*
BLÜTEZEIT *April–Juli.*
BLÄTTER *Grundständig und wechselständig, lanzenförmig, behaart.*
FRUCHT *Kleine Nüsschen im Kelch.*
ÄHNLICHE ARTEN *Acker-Vergissmeinnicht (M. arvensis), das kleinere Blüten hat.*

Gewöhnliches Sumpf-Vergissmeinnicht

Myosotis scorpioides (Boraginaceae)

Diese Art erscheint weniger behaart als die meisten Vergissmeinnicht-Arten, da die Haare den Stängeln und Blättern flach anliegen. Die Stängel sind fleischig, die Blütenstände aufgerollt. Die Blütenknospen sind rosafarben, die Blüten himmelblau.

VORKOMMEN *Bestände an nassen Standorten an Flüssen, in Sümpfen und Wiesen; auf neutralem Boden.*

spiralige Blütenstände

gelbe Mitte

AUSDAUERND

Blatt länglich

5 gerundete Kronblätter

Blätter fleischig

HÖHE *30–60 cm.*
BLÜTENGRÖSSE *8–10 mm Ø.*
BLÜTEZEIT *Mai–September.*
BLÄTTER *Länglich, leicht behaart.*
FRUCHT *Nüsschen in bestehendem Kelch.*
ÄHNLICHE ARTEN *Acker-Krummhals (links oben) mit gezähnten Blättern; Rasen-Vergissmeinnicht (M. laxa) mit kleineren Blättern.*

Gewöhnl. Hundszunge

Cynoglossum officinale (Boraginaceae)

Diese Pflanze trägt weiche, behaarte, graugrüne Blätter mit einer rauen Oberfläche. Sie bildet einen charakteristischen Büschel mit langen, verzweigten Wickeln, die sich entrollen und violette Blüten hervorbringen, die typisch nach Mäusen riechen. Vier große, stachelige Nüsschen sitzen im ausgebreiteten Kelch.

VORKOMMEN *Verwildertes Grasland, Gebüsche, Hecken, auf kalkhaltigem Boden.*

ZWEIJÄHRIG

Blüten trichterförmig

Blätter ungezähnt

5 Kronblätter — dunkle Mitte

4 Nüsschen — Stacheln mit Haken

HÖHE *40–70cm.*
BLÜTENGRÖSSE *6–10mm Ø.*
BLÜTEZEIT *Mai–August.*
BLÄTTER *Wechselständig, lanzenförmig.*
FRUCHT *Vier Nüsschen mit hakenförmigen Stacheln.*
ÄHNLICHE ARTEN *Deutsche Hundszunge (C. germanicum), nur Blattunterseite behaart.*

Echtes Eisenkraut

Verbena officinalis (Verbenaceae)

Diese drahtige, behaarte Art hat lange, verzweigte Stängel, die hohe Ähren mit überraschend kleinen Blüten tragen. Sie sind rosafarben mit weißer Mitte und haben fünf asymmetrische Kronblattlappen, mit denen sie fast zweilippig wirken. Die gegenständigen Blätter sind fiederteilig und grob gezähnt. Das Echte Eisenkraut wurde früher als Zauber gegen Schlangenbisse und als Heilpflanze verwendet.

VORKOMMEN *Steinige Stellen, Ödland, Wegränder; meidet saure Böden.*

schmale Blütenähren

rosafarbene Blüten

drahtige Stängel

AUSDAUERND

Blatt fiederteilig

HÖHE *50–75cm.*
BLÜTENGRÖSSE *4–5cm Ø.*
BLÜTEZEIT *Juni–September.*
BLÄTTER *Gegenständig, fiederteilig, grob gezähnt; untere Blätter stärker geteilt.*
FRUCHT *Vier gerillte Nüsschen.*
ÄHNLICHE ARTEN *Keine.*

Kriechender Günsel

Ajuga reptans (Lamiaceae)

Diese aufrechte, behaarte Pflanze breitet sich mit Ausläufern aus, die Blätter bilden Matten. Die hohen, dichten Blütenstände unterscheiden diese Art von anderen Pflanzen. Die Blüten sind blau mit reduzierter Oberlippe. Die eiförmigen Blätter sind oft violett oder bronzefarben getönt, die vierkantigen Stängel an zwei Seiten behaart.

VORKOMMEN *Matten an feuchten Stellen an Waldrändern, in schattigem Grasland, Hecken.*

Blatt eiförmig

Blüten in Quirlen

Blätter violett getönt

auffallende Unterlippe

Stängel vierkantig

AUSDAUERND

HÖHE *10–25 cm.*
BLÜTENGRÖSSE *1,4–1,7 cm lang.*
BLÜTEZEIT *April–Juni.*
BLÄTTER *Gegenständig, eiförmig.*
FRUCHT *Vier kleine Nüsschen.*
ÄHNLICHE ARTEN *Gewöhnliche Braunelle (S. 148); Gewöhnlicher Gundermann (S. 148); Pyramiden-Günsel (A. pyramidalis).*

Salbei-Gamander

Teucrium scorodonia (Lamiaceae)

Diese Art hat einseitige Ähren gelbgrüner Blüten und gerunzelte Blätter, die denen des Salbeis ähneln, der als Küchenkraut verwendet wird. Wenn man die Blüten von nahem betrachtet, erkennt man, dass sie nur eine Lippe haben, so dass die braunen Staubblätter frei stehen. Die Blätter stehen gegenständig und die Stängel sind vierkantig wie bei anderen Lippenblütlern.

VORKOMMEN *Trockene, offene sandige Wälder, Grasland, Hecken, Heiden und Dünen; bevorzugt sauren Boden.*

Blatt gerunzelt, gezähnt

braune Staubblätter

AUSDAUERND

Blüte einlippig

Blüten in unbeblätterter Ähre

Stängel vierkantig

HÖHE *30–50 cm.*
BLÜTENGRÖSSE *8–9 mm lang.*
BLÜTEZEIT *Juli–September.*
BLÄTTER *Gegenständig, eiförmig, gezähnt, mit herzförmiger Basis.*
FRUCHT *Klause mit vier Nüsschen.*
ÄHNLICHE ARTEN *Keine; die unbeblätterte Blütenähre ist charakteristisch.*

Wiesen-Salbei

Salvia pratensis (Lamiaceae)

VORKOMMEN *Trockenes Grasland, Wiesen, Straßenränder; auf kalkhaltigen Böden.*

Diese beeindruckende Pflanze hat sehr große Blüten. Sie sind tief violettblau und stehen in Quirlen um den hohen Blütenstand. Die Oberlippe der Blüte bildet eine gewölbte Haube, unter der der gegabelte Griffel hervorragt. Die Blätter sind eiförmig bis länglich mit unregelmäßig gezähntem Rand und einer rauen, gerunzelten Oberfläche.

AUSDAUERND

HÖHE *50–80 cm.*
BLÜTENGRÖSSE *2–3 cm lang.*
BLÜTEZEIT *Mai–Juli.*
BLÄTTER *Grundständige Blätter gestielt, in Rosette; Stängelblätter ungestielt.*
FRUCHT *Vier Nüsschen im Kelch.*
ÄHNLICHE ARTEN *Blauer Eisenhut (Aconitum napellus); Gewöhnl. Natternkopf (S. 139).*

Rote Taubnessel

Lamium purpureum (Lamiaceae)

VORKOMMEN *Kultur- und Ödland, Wegränder und Gärten; auch an Mauern.*

Dieser Lippenblütler gehört zu den Arten, die im Frühjahr als erste blühen. Die Art ist nicht mit den Brennnesseln verwandt und hat keine Brennhaare. Die oberen Blätter stehen an der Spitze des Stängels sehr dicht und sind violett getönt, die Blüten rosafarben bis rot.

EINJÄHRIG

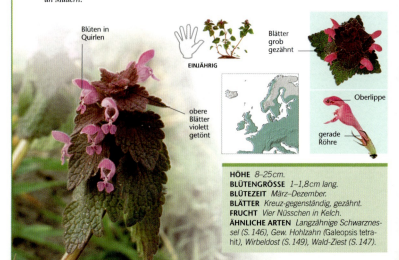

HÖHE *8–25 cm.*
BLÜTENGRÖSSE *1–1,8 cm lang.*
BLÜTEZEIT *März–Dezember.*
BLÄTTER *Kreuz-gegenständig, gezähnt.*
FRUCHT *Vier Nüsschen in Kelch.*
ÄHNLICHE ARTEN *Langzähnige Schwarznessel (S. 146), Gew. Hohlzahn (Galeopsis tetrahit), Wirbeldost (S. 149), Wald-Ziest (S. 147).*

Weiße Taubnessel

Lamium album (Lamiaceae)

Die Blätter dieser Pflanze ähneln denen der Brennnessel, haben jedoch keine brennenden Haare. Wie andere Lippenblütler hat die Pflanze einen vierkantigen Stängel und kreuz-gegenständige Blätter. Die zweilippigen weißen Blüten stehen in dichten Quirlen.

VORKOMMEN *Grasbewachsene Wegränder, Ödland und Hecken; auf nährstoffreichen, v. a. umgebrochenen Böden.*

- grob gezähnter Blattrand
- große, reinweiße Blüten
- Oberlippe behaart
- schwarze Staubblätter
- Blätter kreuz-gegenständig

AUSDAUERND

HÖHE *20–50 cm.*
BLÜTENGRÖSSE *1,8–2,5 cm lang.*
BLÜTEZEIT *April–November.*
BLÄTTER *Kreuz-gegenständig, ei- bis herzförmig, gestielt, gezähnte Ränder.*
FRUCHT *Klause mit vier Nüsschen.*
ÄHNLICHE ARTEN *Keine mit ähnlich großen weißen Blüten.*

Echte Goldnessel

Lamiastrum galeobdolon (Lamiaceae)

Die leuchtend gelben Blüten dieser Art fallen im Frühjahr auf. Die Blüten sind für einen Lippenblütler ungewöhnlich groß. Sie sind zweilippig und buttergelb mit roter Zeichnung auf der Unterlippe. Die paarigen Blätter sind im Umriss fast dreieckig und grob gezähnt.

VORKOMMEN *Schattiges Waldland, Gebüsche, auf schwerem Lehm oder kalkhaltigem Boden.*

- Blüten in dichten Quirlen
- große, spitze Blätter
- Rand gezähnt
- gestielte Blätter
- rote Streifen auf Unterlippe
- 2-lippige Blüte

AUSDAUERND

HÖHE *20–50 cm.*
BLÜTENGRÖSSE *1,7–2,1 cm Ø.*
BLÜTEZEIT *April–Juni.*
BLÄTTER *Gegenständig, fast dreieckig.*
FRUCHT *Klause mit vier Nüsschen.*
ÄHNLICHE ARTEN *Kleiner Klappertopf (S. 160); Bunter Hohlzahn (Galeopsis speciosa) mit violett gefleckten Blüten.*

Langzähnige Schwarznessel

Ballota nigra (Lamiaceae)

VORKOMMEN *Hecken, Waldränder; auf nährstoffreichen neutralen oder kalkhaltigen Böden.*

Dies Pflanze riecht unangenehm, wenn man die Blätter zerreibt. Die dunkel malvenfarbenen Blüten sind zweilippig und stehen in dichten Quirlen um den oberen Teil des Stängels, die Kelche haben scharfe Zähne.

- gezähnte Blätter
- Blüten in Quirlen
- Stängel aufrecht

AUSDAUERND

- Kelchblätter spitz
- 2-lippige Blüte

HÖHE *50–100cm.*
BLÜTENGRÖSSE *1,2–1,5cm lang.*
BLÜTEZEIT *Juni–September.*
BLÄTTER *Gegenständig, schmal, gezähnt.*
FRUCHT *Vier Nüsschen in Kelch.*
ÄHNLICHE ARTEN *Rote Taubnessel (S. 144); Gewöhnlicher Hohlzahn (Galeopsis tetrahit); Wald-Ziest (rechts).*

Echter Ziest

Stachys officinalis (Lamiaceae)

VORKOMMEN *Trockene, graswachsene Standorte, Heidegebiete, Waldland.*

Die dunkel rosafarbenen Blütenstände dieser Art sind inmitten der Gräser, wo sie vorkommen, kaum zu übersehen. Die Pflanze ist attraktiver als viele verwandte Lippenblutler, die vierkantigen Stängel tragen zwei bis vier Paare schmaler tiefgrüner Blätter mit gerundeten Zähnen. Der Echte Ziest wurde seit Jahrhunderten als Heil- und Zauberpflanze verwendet.

- spitze Blütenähre
- dunkel rosafarbene Blüten

AUSDAUERND

- gerundete Zähne
- Blüten 2-lippig

HÖHE *20–75cm.*
BLÜTENGRÖSSE *1,2–1,8cm lang.*
BLÜTEZEIT *Juni–Oktober.*
BLÄTTER *Gegenständig, schmal, gezähnt.*
FRUCHT *Vier Nüsschen im Kelch.*
ÄHNLICHE ARTEN *Gew. Hohlzahn (Galeopsis tetrahit), Edel-Gamander (Teucrium chamaedrys); Wirbeldost (S. 149); Wald-Ziest (rechts).*

Wald-Ziest

Stachys sylvatica (Lamiaceae)

Die mattvioletten Blüten des Wald-Ziests scheinen nicht hell genug, um im schattigen Waldland Insekten anzulocken. Sie tragen aber eine weiße Zeichnung, die Bienen und Fliegen zum Schlund der Blüte geleitet. Die Blätter haben einen strengen Geruch, der für Insekten ebenfalls attraktiv sein kann. Sie sind herzförmig mit gerunzelter Oberfläche und gezähnten Rändern. Die vierkantigen Stängel sind an den Kanten purpurrot getönt und mit Drüsenhaaren besetzt.

VORKOMMEN *Waldränder, Kultur- und Ödland, Hecken, Wege; im Halbschatten.*

WILDBLUMEN

ANMERKUNG

Der Wald-Ziest und andere Stachys-Arten haben als Heilpflanzen eine lange Geschichte. Seit der Antike wurden sie für Umschläge auf Wunden verwendet und, um Blutungen zu stillen.

- Blüten in Quirlen
- Kronblätter mattviolett
- Stängel vierkantig
- Kelch mit gleichmäßigen Zähnen
- Rand gezähnt
- Basis herzförmig
- helle Zeichnung auf Unterlippe
- Blüte zweilippig

AUSDAUERND

HÖHE *60–100 cm.*
BLÜTENGRÖSSE *1,3–1,8 cm lang.*
BLÜTEZEIT *Juni–September.*
BLÄTTER *Gegenständig, herzförmig, mit gezähnten Rändern; obere Blätter kurz gestielt, untere lang gestielt.*
FRUCHT *Vier Nüsschen an der Basis des Kelches.*
ÄHNLICHE ARTEN *Langzähnige Schwarznessel (links); Echter Ziest (links); Sumpf-Ziest (S. palustris) mit rosafarbenen Blüten, in Sümpfen.*

Gewöhnl. Gundermann

Glechoma hederacea (Lamiaceae)

Obwohl diese Art auch während des Sommers blühen kann, fallen im zeitigen Frühjahr die Matten mit blauvioletten, manchmal rosafarbenen zweilippigen Blüten mit rosafarbenen Flecken auf der Unterlippe auf. Im Sommer breitet sich die Pflanze mit ihren langen, beblätterten Ausläufern aus.

VORKOMMEN *Matten auf blankem Boden, an Feldrainen, Waldrändern, Lichtungen und Hecken; an feuchten Standorten.*

- große, stumpfe Zähne
- langer Blattstiel
- AUSDAUERND
- obere Blätter rot getönt
- Blüten in Quirlen
- Blüte zweilippig

HÖHE *10–25cm.*
BLÜTENGRÖSSE *1,5–2,2cm lang.*
BLÜTEZEIT *März–September.*
BLÄTTER *Gegenständig, nierenförmig oder rundlich, lang gestielt, grob gezähnt.*
FRUCHT *Vier Nüsschen im Kelch.*
ÄHNLICHE ARTEN *Kriechender Günsel (S. 143).*

Gewöhnliche Braunelle

Prunella vulgaris (Lamiaceae)

Diese Pflanze trägt typische Blütenstände mit dicht stehenden, oft violetten Kelchen. Die rundlichen, dunkelrandigen Blätter unter jeder Blüte lassen den Blütenstand einem Kiefernzapfen ähneln. Die Blüten, jede mit einer langen, haubenartigen Oberlippe, sind meist tiefblau. Manchmal sieht man auch Bestände mit rosafarbenen Blüten.

VORKOMMEN *Bestände an grasbewachsenen Standorten, Ödland, Waldlichtungen, in Gebüschen.*

- AUSDAUERND
- Blatt eiförmig
- Oberlippe haubenartig
- spitze Kelchzähne
- dunkle Tragblätter unter jeder Blüte
- vierkantiger Stängel mit dunklen Kanten

HÖHE *15–30cm.*
BLÜTENGRÖSSE *1,3–1,5cm lang.*
BLÜTEZEIT *Juni–November.*
BLÄTTER *Gegenständig, ei- bis lanzenförmig, leicht gezähnt.*
FRUCHT *Vier Nüsschen im Kelch.*
ÄHNLICHE ARTEN *Kriechender Günsel (S. 143); Großblütige Braunelle (P. grandiflora).*

Wirbeldost

Clinopodium vulgare (Lamiaceae)

Obwohl der Wirbeldost kein Küchenkraut ist, ist er aromatisch und duftet ähnlich wie Thymian. Die Pflanze hat dichte Quirle tief rosafarbener Blüten, die um die oberen Blattbasen stehen. Die unteren Kelchblätter sind länger und schlanker als die oberen, die behaarten Blätter eiförmig und leicht gezähnt.

VORKOMMEN *Trockene Standorte an Waldrändern, Hecken und Böschungen; meist auf kalkhaltigen Böden.*

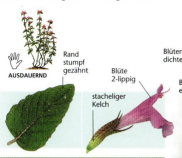

AUSDAUERND

Rand stumpf gezähnt
Blüte 2-lippig
stacheliger Kelch
Blüten in dichten Quirlen
Blätter eiförmig

HÖHE *40–75 cm.*
BLÜTENGRÖSSE *1,2–2 cm lang.*
BLÜTEZEIT *Juli–September.*
BLÄTTER *Gegenständig, gezähnt, behaart.*
FRUCHT *Vier Nüsschen im Kelch.*
ÄHNLICHE ARTEN *Rote Taubnessel (S. 144) mit violett getönten Blättern; Echter Ziest (S. 146) mit stärker gezähnten Blättern.*

Ufer-Wolfstrapp

Lycopus europaeus (Lamiaceae)

Diese Pflanze ist an ihrem natürlichen Standort sofort zu erkennen. Sie hat sehr charakteristische Blätter, die eiförmig bis elliptisch sind und grobe, nach vorne weisende Zähne haben. Sie sitzen kreuz-gegenständig in großen Abständen am Stängel. Die Quirle kleiner weißer Blüten mit winzigen rosafarbenen Flecken sitzen in stacheligen Kelchen dicht um den Stängel.

VORKOMMEN *Feuchte Standorte, wie Teichränder, sumpfiges Waldland und Schilfbestände; oft zwischen höherer Vegetation.*

dichte Blütenquirle
stacheliger Kelch
winzige Flecken auf Kronblättern
grobe Zähne

AUSDAUERND

HÖHE *30–80 cm.*
BLÜTENGRÖSSE *3–4 mm lang.*
BLÜTEZEIT *Juli–September.*
BLÄTTER *Gegenständig, elliptisch.*
FRUCHT *Klause mit 4 Nüsschen.*
ÄHNLICHE ARTEN *Acker-Minze (*Mentha arvensis*), die stärker rosa getönte Blüten und rundere Blätter hat; duftet aromatisch.*

WILDBLUMEN

Wilder Majoran

Origanum vulgare (Lamiaceae)

Diese Art wird oft als das Küchenkraut Oregano kultiviert. Das Küchenkraut Majoran stammt von zwei verwandten Arten ab, *O. majorana* und *O. onites*. Die Blätter des Wilden Majoran sind eiförmig und mit winzigen Drüsen besetzt. Die Blüten stehen in doldigen Rispen an den verzweigten rötlichen Stängeln. Die zweilippigen rosa Blüten sind mit purpurroten Kelch- und Hochblättern umgeben.

VORKOMMEN *Verwildertes, trockenes Grasland, Gebüsche, Wege, Hecken und Böschungen, oft an Hängen; bevorzugt kalkhaltige Böden.*

- Blattrand ungezähnt
- Blüten in doldigen Rispen
- Hochblätter rot getönt
- kräftige rotviolette Stängel

AUSDAUERND

HÖHE *30–50 cm.*
BLÜTENGRÖSSE *4–7 mm lang.*
BLÜTEZEIT *Juli–September.*
BLÄTTER *Gegenständig, nicht gezähnt.*
FRUCHT *Vier Nüsschen im Kelch.*
ÄHNLICHE ARTEN *Alpen-Thymian (unten); Arznei-Thymian (Thymus pulegioides), beide kleiner mit unterschiedlichem Aroma.*

Alpen-Thymian

Thymus polytrichus (Lamiaceae)

Wenn man die Blätter dieser Pflanze zerreibt, riechen sie nach Thymian, obwohl die Art nicht als Küchenkraut gezogen wird. Die behaarten, vierkantigen Stängel tragen eiförmige Blätter und dichte Köpfchen rosafarbener Blüten. In Ost- und Nordeuropa wird diese Art von *T. serpyllum* ersetzt, der fast identisch ist, aber runde Stängel hat.

VORKOMMEN *Kriechende Matten, oft in beweideten Grasland auf Kalk; auch Heidegebiete, Dünen.*

- Blatt eiförmig
- Blüte zweilippig
- rosafarbene Blüten in dichten Köpfchen
- rote Kelchblätter

AUSDAUERND

HÖHE *4–10 cm.*
BLÜTENGRÖSSE *5–6 mm lang.*
BLÜTEZEIT *Mai–September.*
BLÄTTER *Gegenständig, eiförmig.*
FRUCHT *Vier Nüsschen im Kelch.*
ÄHNLICHE ARTEN *Wilder Majoran (oben); Feld-Thymian (T. pulegioides), der nur an den Kanten des Stängels behaart ist.*

Wasser-Minze

Mentha aquatica (Lamiaceae)

Der starke, süße Duft dieser Pflanze ist auch wahrzunehmen, ohne dass man die Blätter zerreibt. Die Blütenköpfchen stehen übereinander, die Blüten haben zweilippige rosaviolette Kronblätter und purpurrote Kelche, die Staubblätter ragen weit heraus. Die Blätter sind eiförmig und gezähnt, die unteren kurz gestielt und oft rot getönt.

VORKOMMEN Wuchert an den Rändern von Teichen, Gräben und Seen, in Süßwassersümpfen, oft im Wasser.

Blütenstand fiedrig

Blätter rot getönt

AUSDAUERND

Blattrand gezähnt

lange Staubblätter

2-lippige Blüten

HÖHE 4-8 m.
BLÜTENGRÖSSE 4-6 mm lang.
BLÜTEZEIT Juli-September.
BLÄTTER Gegenständig, eiförmig, gezähnt.
FRUCHT Vier Nüsschen im Kelch.
ÄHNLICHE ARTEN Acker-Minze (M. arvensis), deren Stängel nicht in Blüten enden; auch Hybriden kommen häufig vor.

Echte Tollkirsche

Atropa belladonna (Solanaceae)

Die glänzend schwarzen Beeren schmecken süß, enthalten aber ein tödliches Gift und sind am fünfblättrigen Kelch, der an der Basis der Frucht bestehen bleibt, zu erkennen. Die Blüten sind grünliche, violettbraun getönte Röhren, vorne mit fünf geöffneten Lappen. Jede Blüte steht einzeln in einer Blattachsel. Die Blätter sind eiförmig mit Spitze.

VORKOMMEN Halbschattig, alte Steinbrüche, Waldland, an Böschungen und Wegen; auf kalkhaltigen Böden.

Blüten glockenförmig

AUSDAUERND

dicker grüner Stängel

Beere reift schwarz

große, eiförmige Blätter

5 Kronblätter

5 Kronblattlappen

HÖHE 1–1,8 m.
BLÜTENGRÖSSE 2,5–3 cm lang.
BLÜTEZEIT Juni–September.
BLÄTTER Wechselständig, eiförmig, spitz, an kurzen Stielen.
FRUCHT Schwarze Beere, 1,5-2 cm breit, mit bestehendem 5-blättrigem Kelch; hochgiftig.
ÄHNLICHE ARTEN Keine.

Schwarzer Nachtschatten

Solanum nigrum (Solanaceae)

Diese Art hat ähnliche Blüten wie die Kartoffelpflanze, in deren Nähe sie oft vorkommt. Jede Blüte besteht aus einer gelben Säule aus Staubblättern, die von fünf weißen Kronblättern umgeben sind. Den Blüten folgen giftige, runde Beeren, die von grün zu schwarz reifen. Die Stängel sind schwärzlich, und die variablen Blätter sind leicht gezähnt oder gelappt.

VORKOMMEN *Ödland, blanker Boden, nährstoffreiches Kulturland, oft auf Feldern.*

- zugespitzte eiförmige Blätter
- sternförmige weiß-gelbe Blüten
- kurze Staubblätter
- Früchte glänzend
- Kronblätter zurückgebogen

EINJÄHRIG

HÖHE *10–50 cm.*
BLÜTENGRÖSSE *1–1,4 cm Ø.*
BLÜTEZEIT *Juli–Oktober.*
BLÄTTER *Wechselstdg., eiförmig bis dreieckig.*
FRUCHT *Rispen runder Beeren, die von grün zu schwarz reifen.*
ÄHNLICHE ARTEN *Bittersüßer Nachtschatten (unten).*

Bittersüßer Nachtschatten

Solanum dulcamara (Solanaceae)

Die Blüten ähneln denen der verwandten Tomatenpflanzen. Die fünf tiefvioletten Kronblätter sind oft leicht zurückgebogen, die verwachsenen gelben Staubblätter sichtbar. Die eiförmigen Früchte sind zunächst grün, dann orangefarben und schließlich rot. Die Blätter sind meist in drei bis fünf Blattlappen geteilt. Wie andere Arten der Familie ist die gesamte Pflanze giftig.

VORKOMMEN *Klettert über Vegetation in Gebüschen, Sümpfen und Feuchtwiesen; auch an Kiesstränden.*

- großer endständiger Blattlappen
- **AUSDAUERND**
- eiförmige Beeren
- violette Kronblätter zurückgebogen
- Säule aus gelben Staubblättern

HÖHE *1–2,5 m (20 cm auf Kies).*
BLÜTENGRÖSSE *1–1,5 cm lang.*
BLÜTEZEIT *Mai–September.*
BLÄTTER *Wechselständig, ungezähnt, 3–5 Lappen, kurz gestielt.*
FRUCHT *Rote, eiförmige Beere.*
ÄHNLICHE ARTEN *Schwarzer Nachtschatten (oben); Kartoffel (S. tuberosum).*

Kleinblütige Königskerze

Verbascum thapsus (Scrophulariaceae)

Diese Art ist meist viel höher als die Schwarze Königskerze (S. 154). Sie hat dichte Ähren leuchtend gelber Blüten. Die ersten Blüten öffnen sich unten an der Ähre. Wenn diese länger wird und sich verzweigt, öffnen sich Blüten in Abständen entlang der Ähre. Die Staubfäden der Staubblätter sind weißlich. Die weichen, filzigen graugrünen Blätter sind mit feinen, verzweigten Haaren bedeckt. Auch im ersten Jahr, in dem diese Zweijährige nicht blüht, ist sie an den Blättern zu erkennen.

VORKOMMEN *Ödland, Böschungen, trockenes Grasland, Wegränder, steinige Plätze; oft auf umgebrochenem Boden.*

hohe Ähren gelber Blüten

ANMERKUNG
Die Haare, die die Blätter samtig erscheinen lassen, entzünden sich leicht und wurden früher als Lampendocht verwendet.

ZWEIJÄHRIG

Blatt graugrün

Rand nicht gezähnt

runde Kronblattlappen

HÖHE *0,5–2 m.*
BLÜTENGRÖSSE *1,2–3,5 cm Ø.*
BLÜTEZEIT *Juni–August.*
BLÄTTER *Wechselständig, dicht, länglich bis elliptisch, dick und samtig.*
FRUCHT *Kleine vielsamige Kapsel.*
ÄHNLICHE ARTEN *Schwarze Königskerze (S. 154), die kleiner ist; Gelber Fingerhut (Digitalis lutea) mit anderen Blüten; Roter Fingerhut (S. 158).*

Schwarze Königskerze

Verbascum nigrum (Scrophulariaceae)

Die aufrechten, gelben Blütenähren dieser kräftigen Pflanze sind kaum zu übersehen. Die Blüten haben auffallend violett behaarte Staubblätter, die mit den fünf gelben Kronblättern kontrastieren. Anders als bei der Kleinblütigen Königskerze, die weiche, samtige Blätter hat, sind sie bei dieser Art glänzend dunkelgrün und unterseits heller mit leicht gezähnten Rändern.

VORKOMMEN Wegränder, Böschungen, trockenes Grasland, Hecken; oft im Halbschatten.

AUSDAUERND

Blatt länglich — Kronblätter eiförmig — violette Staubblätter — hohe, schmale Blütenähre

HÖHE 50–100 cm.
BLÜTENGRÖSSE 1,8–2,5 cm Ø.
BLÜTEZEIT Juni–September.
BLÄTTER Wechselständig, länglich, gestielt.
FRUCHT Kleine, vielsamige Kapsel.
ÄHNLICHE ARTEN Kleiner Odermennig (S. 83) mit gefiederten Blättern; Kleinblütige Königskerze (S. 153) mit weißen Staubblättern.

Gewöhnliches Leinkraut

Linaria vulgaris (Scrophulariaceae)

Die büscheligen Blütentrauben dieser Art blühen bis spät in den Herbst. Jede gelbe Blüte besteht aus zwei geschlossenen Lippen, die untere mit orangefarbenem »Gaumen« und einem schlanken, spitzen Sporn, der nach unten weist. Die schmalen Blätter stehen spiralig am Stängel.

VORKOMMEN In dichten Beständen an Wegen, Böschungen, an grasbewachsenen Standorten.

AUSDAUERND

2-lippige Blüten — orangefarbener »Gaumen« — Blätter wechselständig — Blatt lineal — langer Sporn

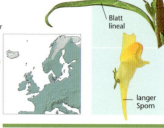

HÖHE 30–70 cm.
BLÜTENGRÖSSE 2–3 cm lang.
BLÜTEZEIT Juli–Oktober.
BLÄTTER Wechselständig, lineal, ungezähnt.
FRUCHT Große, ovale Kapsel.
ÄHNLICHE ARTEN Löwenmäulchen (*Antirrhinum*-Sorten), die oft verwildern und unterschiedliche Farben haben.

Purpur-Leinkraut

Linaria purpurea (Scrophulariaceae)

Diese kräftige Art stammt aus Süditalien und verbreitet sich mittlerweile auf Ödland in der Nähe von Siedlungen. Die langen, schlanken Blütenstände setzen sich aus Quirlen zweilippiger violetter Blüten mit schlanken Spornen zusammen. Die graugrünen Blätter sind lineal und unten quirlständig, oben wechselständig.

VORKOMMEN *Kultur- und Ödland, an oder auf alten Mauern, in Pflasterfugen; in Siedlungsnähe.*

AUSDAUERND

Blüte dunkel geädert

schlanker Sporn

Blatt lineal

schlanker Blütenstand

Blüten tiefviolett

HÖHE *60–100 cm.*
BLÜTENGRÖSSE *0,9–1,5 cm lang.*
BLÜTEZEIT *Juni–August.*
BLÄTTER *Unten quirlständig, oben wechselständig, lineal.*
FRUCHT *Kleine, runde Kapsel.*
ÄHNLICHE ARTEN *Gestreiftes Leinkraut (L. repens), hellere Blüten mit dunklen Adern.*

Mauer-Zimbelkraut

Cymbalaria muralis (Scrophulariaceae)

Diese Art stammt aus Südeuropa und ist mittlerweile weit verbreitet. Die herabhängenden Stängel sind rötlich mit Blättern, die ähnlich geformt sind wie die des Efeus (S. 116). Die langstieligen Blüten haben hellviolette Lippen mit zwei gelben Flecken und einen kurzen Sporn.

VORKOMMEN *In Ecken und Spalten, Pflasterfugen, an steinigen Stellen, oft an Mauern; im Schatten oder Halbschatten.*

AUSDAUERND

5–9 breite Lappen

schlanke rötliche Stängel

Kronblätter hellviolett

gelber Fleck

kurzer Sporn

HÖHE *10–25 cm.*
BLÜTENGRÖSSE *9–15 mm lang.*
BLÜTEZEIT *Mai–September.*
BLÄTTER *Wechselständig, handförmig geteilt, fleischig.*
FRUCHT *Kleine Kapsel mit Schlitzen.*
ÄHNLICHE ARTEN *Gewöhnl. Efeu (S. 116); Eiblättriges Tännelkraut (Kickxia spuria).*

Knotige Braunwurz

Scrophularia nodosa (Scrophulariaceae)

Diese hohe, kräftige Pflanze hat überraschend kleine Blüten. Sie stehen in doldenartigen Teilblütenständen an den vierkantigen Stängeln. Die Blüten haben eine gekerbte violettbraune Oberlippe, die eine kleine Haube über der taschenförmigen Unterlippe bildet, und zwei der vier Staubblätter ragen hervor.

VORKOMMEN *Feuchte Standorte an Flussufern, in Wiesen und offenem Waldland.*

- Blatt eiförmig
- knopfige Blütenknospen
- verzweigte Stängel
- gelbe Staubblätter
- Oberlippe bildet Haube

AUSDAUERND

HÖHE *60–100cm.*
BLÜTENGRÖSSE *7–9mm lang.*
BLÜTEZEIT *Juni–September.*
BLÄTTER *Gegenständig, eiförmig, fein gezähnte Ränder, gerunzelte Oberfläche.*
FRUCHT *Zweiteilige runde Kapsel.*
ÄHNLICHE ARTEN *Wasser-Braunwurz (S. auriculata), die geflügelte Stängel hat.*

Bachbungen-Ehrenpreis

Veronica beccabunga (Scrophulariaceae)

Der Bachbungen-Ehrenpreis ist eine charakteristische Art mit sukkulenten, rot getönten Stängeln. Die Blüten bilden lockere Trauben an langen Stielen. Sie sind tiefblau mit weißer, scharlachrot gesäumter Mitte. Auch die unbehaarten Blätter sind leicht sukkulent und haben gewellte Ränder.

VORKOMMEN *Ufer von Teichen, Flüssen, Gräben; immerfeuchte Stellen in Sümpfen und nassen Wiesen.*

- Blattrand gewellt
- Stängel rot getönt, sukkulent
- roter Ring um weiße Mitte
- Blüten tiefblau

AUSDAUERND

HÖHE *20–60cm.*
BLÜTENGRÖSSE *5–8mm Durchmesser.*
BLÜTEZEIT *Mai–September.*
BLÄTTER *Gegenständig, eiförmig bis elliptisch, leicht sukkulent, gezähnt.*
FRUCHT *Kleine, runde Kapsel.*
ÄHNLICHE ARTEN *Gauchheil-Ehrenpreis (V. anagallis-aquatica) mit längeren Blättern.*

Gamander-Ehrenpreis

Veronica chamaedrys (Scrophulariaceae)

Die Blüten dieser Art sind von einem lebhaften Blau, das mit der weißen Mitte und den zwei Staubblättern kontrastiert. Die Blütenstiele entspringen den Achseln der ungestielten Blätter. Wenn man den Stängel von Nahem betrachtet, erkennt man, dass er an zwei gegenüberliegenden Seiten behaart ist.

VORKOMMEN *Schattige, grasbewachsene Standorte, Waldränder, Hecken und Gebüsche, Böschungen.*

AUSDAUERND

Blätter grob gezähnt

4 ungleich große Kronblätter

weiße Mitte

HÖHE *20–40 cm.*
BLÜTENGRÖSSE *9–12 cm Durchmesser.*
BLÜTEZEIT *März–Juli.*
BLÄTTER *Gegenständig, eiförmig, grob gezähnt, ungestielt.*
FRUCHT *Kleine herzförmige Kapsel.*
ÄHNLICHE ARTEN *Persischer Ehrenpreis (unten), Blüten mit weißem Kronblatt.*

Persischer Ehrenpreis

Veronica persica (Scrophulariaceae)

Diese Art wurde im frühen 19. Jahrhundert in Europa eingeführt und ist in Agrarland mittlerweile ein vertrauter Anblick. Das unterste der vier Kronblätter ist kleiner als die anderen und meist weiß, die anderen sind violett mit dunklen, strahlenförmigen Adern. Die Blätter sind grob gezähnt.

VORKOMMEN *Auf ungebrochenen Böden, wie Ödland, v.a. auf Äckern und Feldern.*

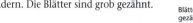

Blätter grob gezähnt

Blüte dunkel geädert

EINJÄHRIG

unteres Kronblatt meist weiß

Blatt eiförmig

HÖHE *5–20 cm.*
BLÜTENGRÖSSE *8–12 mm Ø.*
BLÜTEZEIT *Während des ganzen Jahres.*
BLÄTTER *Untere gegen-, obere wechselständig.*
FRUCHT *Herzförmige Kapsel.*
ÄHNLICHE ARTEN *Gamander-Ehrenpreis (oben); Acker-Ehrenpreis (V. agrestis).*

Roter Fingerhut

Digitalis purpurea (Scrophulariaceae)

VORKOMMEN *Heide, Waldlichtungen und -ränder, Straßenränder, Hecken, Böschungen; meist saure Böden.*

Im ersten Jahr an ihren Rosetten großer, behaarter Blätter zu erkennen. Im zweiten Jahr, bilden sich die hohen Blütenstängel. Mehr als 60 rosafarbene bis violette Blüten hängen in einseitigen Ähren. Die röhrenförmigen Blüten haben dunkle Flecken oder Ringe innen auf der Unterlippe. Den Blüten folgen Fruchtkapseln. Die gesamte Pflanze ist giftig.

ZWEIJÄHRIG/ AUSDAUERND

Blattoberfläche gerunzelt

vielsamige Kapsel

spitze Blütenähren

röhrenförmige Blüten

HÖHE *1–2 m.*
BLÜTENGRÖSSE *4–5,5 cm lang.*
BLÜTEZEIT *Juni–September.*
BLÄTTER *Zunächst grundständige Rosette, dann wechselständige Stängelblätter.*
FRUCHT *Kapsel.*
ÄHNLICHE ARTEN *Kleinblütige Königskerze (S. 153), mit stärker behaarter Blattrosette.*

Wiesen-Wachtelweizen

Melampyrum pratense (Scrophulariaceae)

Die gelben Blüten dieser Pflanze hellen schattiges Waldland im Spätsommer auf und stehen in Paaren. Oft sind die Spitzen, manchmal sogar die ganzen Blüten, rot. Die Blätter und die Tragblätter der Blüten stehen in Paaren und sind von den Blüten weggebogen, so dass sie wie Flügel an den schlanken Stängeln sitzen.

VORKOMMEN *Schattige Stellen und an Wegen in Laub- und Nadelwäldern; bevorzugt sauren Boden.*

EINJÄHRIG

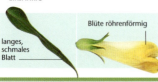

langes, schmales Blatt

Blüte röhrenförmig

Tragblätter gezähnt

Blätter zurückgebogen

Blüten paarig

HÖHE *15–30 cm.*
BLÜTENGRÖSSE *1–1,8 cm lang.*
BLÜTEZEIT *Juni–August.*
BLÄTTER *Gegenständig, schmal lanzenförmig, Tragblätter mit langen Zähnen.*
FRUCHT *Kleine Kapsel.*
ÄHNLICHE ARTEN *Kleiner Klappertopf (S. 160), der aufgeblasene Kelche hat.*

Acker-Zahntrost

Odontites verna (Scrophulariaceae)

Diese behaarte Pflanze mit schlanken, gebogenen Stängeln ist oft rot getönt. Die rosafarbenen Blüten stehen in einseitigen Ähren, und jede hat eine dreilappige Unter- und eine haubenförmige Oberlippe, aus der die Staubblätter ragen. Lange Hochblätter stehen unter jeder Blüte. Die Blätter sind lanzenförmig und gezähnt.

VORKOMMEN *Felder, Wiesen, Weiden, Ödland; Stellen, die begangen werden, wie Wege.*

WILDBLUMEN

EINJÄHRIG

HÖHE *15–40 cm.*
BLÜTENGRÖSSE *8–10 mm lang.*
BLÜTEZEIT *Juni–September.*
BLÄTTER *Gegenständig, lanzenförmig.*
FRUCHT *Behaarte Kapsel mit ovalen Samen.*
ÄHNLICHE ARTEN *Wald-Läusekraut (S. 160) mit fiederteiligen Blättern; Europ. Alpenhelm (Bartsia alpina) mit dunkelvioletten Blüten.*

Augentrost

Euphrasia sp. (Scrophulariaceae)

In Europa kommen über 30 *Euphrasia*-Arten vor, sie sind jedoch sehr schwierig zu unterscheiden. Alle haben ähnlich gebaute zweilippige Blüten, die Unterlippe ist dreilappig. Die Blüten sind meist weiß oder lila mit einem gelben Fleck und violetten Streifen. Die manchmal violett getönten Blätter sind klein, ungestielt und gezähnt. Die Pflanze ist ein Halbschmarotzer an Gräsern.

VORKOMMEN *Grasbewachsene Standorte, Heidegebiete, Sanddünen, Waldränder; meist in kleinen Beständen.*

EINJÄHRIG

HÖHE *5–25 cm.*
BLÜTENGRÖSSE *5–7 mm lang.*
BLÜTEZEIT *Juni–September.*
BLÄTTER *Gegenständig, mit gezähnten Rändern, ungestielt.*
FRUCHT *Kapsel spaltet sich der Länge nach.*
ÄHNLICHE ARTEN *Acker-Stiefmütterchen (S. 109) längliche, leicht gezähnte Blätter.*

Wald-Läusekraut

Pedicularis sylvatica (Scrophulariaceae)

Diese büschelige, kompakte Pflanze hat dicht stehende Blätter und Blüten. Die Blüten sind hell rosafarben, jede mit einer dreilappigen Unterlippe und einer haubenförmigen Oberlippe und einem papierartigen Kelch, der sich aufbläst, wenn sich die Frucht entwickelt.

VORKOMMEN *Feuchte Stellen in Heidegebieten, Sümpfen, Mooren, Waldland.*

HÖHE 10–25 cm.
BLÜTENGRÖSSE 2–2,5 cm lang.
BLÜTEZEIT April–Juli.
BLÄTTER Wechselständig, fiederteilig.
FRUCHT Kapsel in aufgeblasenem Kelch.
ÄHNLICHE ARTEN Acker-Zahntrost (S. 159); Sumpf-Läusekraut (*P. palustris*), das längere Blätter hat.

Kleiner Klappertopf

Rhinanthus minor (Scrophulariaceae)

Dieser Halbschmarotzer bezieht Wasser und Mineralstoffe aus dem Wurzelsystem von Gräsern. Die gelben Blüten sind zweilippig mit kleinen violetten Zähnchen an der Oberlippe. Der Kelch ist aufgeblasen, und wenn die darin eingeschlossene Samenkapsel reif und trocken ist, rasselt sie, wenn sie vom Wind bewegt wird.

VORKOMMEN *Offene, grasbewachsene Standorte, wie Wegränder, Böschungen, Wiesen; bevorzugt kalkhaltigen Boden.*

HÖHE 20–40 cm.
BLÜTENGRÖSSE 1,3–1,5 cm lang.
BLÜTEZEIT Mai–August.
BLÄTTER Gegenständig, lanzenförmig.
FRUCHT Runde Kapsel mit kurzem Schnabel, die geflügelte Samen einschließt.
ÄHNLICHE ARTEN Echte Goldnessel (S. 145); Wiesen-Wachtelweizen (S. 158).

Gemeine Kugelblume

Globularia vulgaris (Globulariaceae)

Dieses ausdauernde, recht kurze und attraktive Kraut hat in der Grundrosette gestielte, ovale bis löffelförmige und am Stängel kleinere, ungestielte Blätter. Die einzeln stehenden Blütenköpfchen bestehen aus vielen Einzelblüten mit linealen Kronblättern und sind in der Mitte, bei den geschlossenen Knospen, oft dunkler.

VORKOMMEN *Trockene Gras- und Steinfluren, Gestrüpp, an Wegrändern, sonnigen und felsigen Berghängen.*

Grundblatt mit Stiel

krause lineale Kronblätter

Köpfchen in der Mitte dunkler

unverzweigte Stängel

AUSDAUERND

HÖHE 1–2,5 cm.
BLÜTENGRÖSSE *Köpfchen 2,5 cm Ø.*
BLÜTEZEIT *April–Juni.*
BLÄTTER *Ovale Grund-, längere Stängelblätter.*
FRUCHT *Trockene Frucht im Kelchinneren.*
ÄHNLICHE ARTEN *Globularia punctata, die höher wächst und etwas kleinere Blütenköpfchen hat.*

Kleine Sommerwurz

Orobanche minor (Orobanchaceae)

Dieser Gattung feht das grüne Chlorophyll, die Pflanzen leben parasitisch auf den Wurzeln anderer Pflanzen, wie Weiß-Klee (S. 95) und Korbblütlerarten. Die Wirtspflanzen sind die besten Bestimmungsmerkmale. Die Kleine Sommerwurz sieht braun und abgestorben aus. Die zweilippen Blüten mit dreilappiger Unterlippe stehen über Tragblättern in Ähren.

VORKOMMEN *Parasitisch an Pflanzen in Wiesen, Hecken, Gebüschen und Grasland.*

Blüten in einfachen Ähren

violett-gelbe Blüten

zugespitzt

AUSDAUERND

Blüte zweilippig

Hochblatt schuppenartig

HÖHE 20–50 cm.
BLÜTENGRÖSSE *1–1,8 cm lang.*
BLÜTEZEIT *Juni–September.*
BLÄTTER *Wechselständig; kleine, schuppenartige Tragblätter.*
FRUCHT *Kapsel mit kleinen Samen.*
ÄHNLICHE ARTEN *Gew. Schuppenwurz (Lathraea squamaria); Vogel-Nestwurz (S. 204).*

Gewöhnliches Fettkraut

Pinguicula vulgaris (Lentibulariaceae)

Die hell gelbgrünen Blätter des Gewöhnlichen Fettkrautes haben eine klebrige Oberfläche und locken kleine Insekten an. Diese bleiben kleben und werden verdaut, die Blattränder rollen sich dabei leicht ein. Die einzelnen violetten Blüten haben eine weiße Mitte und hinten einen Sporn.

VORKOMMEN *Nasse, saure Standorte wie Sümpfe, Moore, Heidegebiete; an feuchten Felsen, oft entlang Flüssen.*

HÖHE *8–18cm.*
BLÜTENGRÖSSE *1,5–2cm Ø.*
BLÜTEZEIT *Mai–Juli.*
BLÄTTER *Rosette aus elliptischen, klebrigen Blättern mit eingerollten Rändern.*
FRUCHT *Aufrechte vielsamige Kapsel.*
ÄHNLICHE ARTEN *Alpen-Fettkraut (P. alpina), das weiße Blüten hat.*

Wald-Geißblatt

Lonicera periclymenum (Caprifoliaceae)

Die eleganten Blüten des Wald-Geißblattes sind so gebaut, dass sie Nachtfalter anlocken, die sie bestäuben. Die Pflanze wuchert über den Boden oder klettert an Bäumen empor und trägt längliche Blätter. Die zweilippigen Blüten, die in Blütenständen von bis zu zwölf Blüten stehen, können weiß, cremefarben bis dunkel pfirsichfarben sein und werden mit dem Alter dunkler. Ihnen folgen rote Beeren.

VORKOMMEN *Klettert über Hecken, Zäune oder hoch in Bäume; wuchert über Waldboden.*

HÖHE *1–6m.*
BLÜTENGRÖSSE *3,5–5cm lang.*
BLÜTEZEIT *Juni–Oktober.*
BLÄTTER *Gegenständig, länglich bis elliptisch; ungezähnt.*
FRUCHT *Rote Beere.*
ÄHNLICHE ARTEN *Rote Heckenkirsche (L. xylosteum), die paarige Blüten hat.*

Breit-Wegerich

Plantago major (Plantaginaceae)

Der Breit-Wegerich wächst häufig auf Ödland und hat dunkelgrüne Blätter, die am Boden eine flache Rosette bilden. Die Pflanze wird noch auffälliger, wenn sich die langen, aufrechten Blütenähren entwickeln. Sie tragen winzige, grüne Blüten, die für kurze Zeit violette, gelbliche oder braune Staubbeutel hervorbringen.

VORKOMMEN *Vegetationslose Stellen auf Ödland, an Feldrainen und Wegen.*

großes, rundliches Blatt

Langer Stiel

grundständige Blattrosette

AUSDAUERND

HÖHE *10–45 cm.*
BLÜTENGRÖSSE *1–2 mm Ø.*
BLÜTEZEIT *Juni–Oktober.*
BLÄTTER *Dunkelgrün, rundlich, dick, mit langem Stiel; in grundständiger Rosette.*
FRUCHT *Kleine Kapsel, die einige winzige Samen enthält.*
ÄHNLICHE ARTEN *Keine.*

Spitz-Wegerich

Plantago lanceolata (Plantaginaceae)

Die Staubblätter sind groß und weiß und bilden einen Ring um den Blütenkopf mit den winzigen braunen Kelchblättern. Die grundständigen Blätter sind lang, aufrecht und spitz mit erhabenen Längsadern an der Unterseite. Die sehr widerstandsfähigen, faserigen Blütenstiele sind ebenfalls gefurcht.

VORKOMMEN *In Wiesen, an Wegrändern, auf Weiden und Rasenflächen; auf neutralen Böden mit wenig Schatten.*

parallele Blattadern

winzige Blüten

schmales Blatt

AUSDAUERND

zugespitzte Blütenstände

Ring aus weißen Staubblättern

Blütenstiel nicht beblättert

HÖHE *20–50 cm.*
BLÜTENGRÖSSE *4 mm Ø.*
BLÜTEZEIT *April–Oktober.*
BLÄTTER *Grundständig, lineal bis fast elliptisch, mit gezähnten oder glatten Rändern.*
FRUCHT *Kapsel enthält zwei Samen.*
ÄHNLICHE ARTEN *Ährige Teufelskralle (Phyteuma spicatum), stumpf gezähnte Blätter.*

Echter Baldrian

Valeriana officinalis (Valerianaceae)

Diese Pflanze feuchter Standorte hat weiße Blütenstände, die rosafarben getönt sein können. Die Blüten sind fünflappig mit aufgeblasener Blütenröhre. Die Blätter bestehen aus langen, schmalen Fiedern und sind oben viel kleiner.

VORKOMMEN *Flussufer, Nasswiesen, Gräben, Weiden, nasses Waldland.*

schlanke Fiedern
Fiedern gezähnt
dichte, verzweigte Blütenstände
Blüten weißlich rosa
Blüte 5-lappig
AUSDAUERND

HÖHE *1–1,8 m.*
BLÜTENGRÖSSE *3–5 mm lang.*
BLÜTEZEIT *Juni–August.*
BLÄTTER *Gegenständig, gefiedert; Fiedern schlank, gezähnt.*
FRUCHT *Achäne mit haarigem Pappus.*
ÄHNLICHE ARTEN *Zwerg-Holunder (rechts), der größere Blätter hat.*

Rote Spornblume

Centranthus ruber (Valerianaceae)

Die aufrechten Stängel sind an der Spitze verzweigt. Die Blätter umfassen in gegenständigen Paaren den Stängel. Die zahlreichen Blüten in Rispen entspringen den Blattachseln und besitzen ungleichmäßig gelappte Kronblätter und lange Kronröhren mit Sporn. Sie sind meist tiefrot, aber auch weiß und rosafarben.

VORKOMMEN *Felsen an der Küste, Klippen, alte Mauern und Ruinen, meist in Küstennähe, an Kiesstränden und sandigen Stellen.*

Blatt eiförmig, graugrün
breite Blütenrispen
dicker, aufrechter Stängel
lange, schlanke Blütenröhre
ungleich gelappte Kronblätter
Sporn an der Basis
AUSDAUERND

HÖHE *50–80 cm.*
BLÜTENGRÖSSE *8–12 mm lang.*
BLÜTEZEIT *Juli–September.*
BLÄTTER *Gegenständig, eiförmig, fleischig, gewöhnlich ungezähnt, stängelumfassend.*
FRUCHT *Nuss mit gefiedertem Pappus.*
ÄHNLICHE ARTEN *Echter Baldrian (oben), gefiederte Blätter und feuchte Standorte.*

Zwerg-Holunder

Sambucus ebulus (Caprifoliaceae)

Diese unangenehm riechende Pflanze, die oft in großen Beständen wächst, ist schwer zu übersehen. Sie ähnelt einem Holunderbusch, hat aber keine verholzten Stängel. Sie trägt Dolden weißer Blüten mit violetten Staubblättern, denen später giftige violettschwarze Beeren an rötlichen Stielen folgen. Die Blätter sind fein gefiedert.

VORKOMMEN *Auf umgebrochenem Boden, an Straßenrändern, Waldrändern und Hecken; meidet sauren Boden.*

AUSDAUERND

weiße Blüten in Dolden

große, attraktive Blätter

Blüten mit 5 Kronblättern

violettschwarze Beeren

HÖHE *80–150 cm.*
BLÜTENGRÖSSE *Dolden 7–14 cm Ø.*
BLÜTEZEIT *Juli–August.*
BLÄTTER *Gegenständig, gefiedert, fein gezähnt.*
FRUCHT *Kleine, fleischige Beeren.*
ÄHNLICHE ARTEN *Echter Baldrian (links), der keine Beeren und weniger Blätter trägt.*

Wilde Karde

Dipsacus fullonum (Dipsacaeae)

Die speerförmigen Blätter haben eine kräftig weiße Mittelrippe, die unterseits mit langen Stacheln besetzt ist, und gewellte Ränder. Die gegenständigen Blätter sind um den Stängel verwachsen und sammeln Regenwasser. Der Blütenstand besteht aus spitzen Spreublättern, zwischen denen die hellvioletten Blüten erscheinen. Sie öffnen sich in einem Ring auf etwa einem Drittel der Höhe des Köpfchens.

VORKOMMEN *Verwilderte, grasbewachsene Stellen, an Böschungen, Straßenrändern, Flussufern, Hecken und Waldrändern.*

weiße Mittelrippe

Blüten öffnen sich in konzentrischen Ringen

stachelige Spreublätter

Fruchtstand trocken, stachelig

ZWEIJÄHRIG

Quirle langer Hochblätter unter Blütenstand

HÖHE *1–2 m.*
BLÜTENGRÖSSE *Blütenstand 4–8 cm lang.*
BLÜTEZEIT *Juli–Oktober.*
BLÄTTER *Im ersten Jahr grundständige Rosette; gegenständige Stängelblätter.*
FRUCHT *Kleines Nüsschen.*
ÄHNLICHE ARTEN *Behaarte Karde (Dipsacus pilosus); Schlitzblättrige Karde (D. laciniatus).*

Gewöhnl. Teufelsabbiss

Succisa pratensis (Dipsacaceae)

Ganze Wiesen können von dieser Art im Spätsommer violett gefärbt sein. Die Blüten sind dunkler als die anderer Skabiosenarten und bilden ein eher gerundetes als flaches Köpfchen. Die Blüten haben alle dieselbe Form und Größe, die äußeren Kronblätter sind nicht größer. Die Blütenknospen wirken wie grüne oder violette Perlen. Wenn sie sich öffnen, ragen die Staubblätter weit heraus.

VORKOMMEN *Wiesen und Heidegebiete, an trockenen und feuchten Stellen; auch im lichten Schatten; auf kalkhaltigen bis leicht sauren Böden.*

auffallende helle Mittelrippe
Staubblätter ragen heraus
Blüten gleich groß
kleine lineale Hochblätter unter Köpfchen
Köpfchen mit Knospen gerundet

AUSDAUERND

HÖHE 50–100 cm.
BLÜTENGRÖSSE Blütenköpfchen 1,5–2 cm Ø.
BLÜTEZEIT Juli–Oktober.
BLÄTTER Grundständige Blätter mit weißer Mittelrippe; Stängelblätter gegenständig.
FRUCHT Einsamige Achäne.
ÄHNLICHE ARTEN Berg-Sandgl. (Jasione montana); Kugel-Teufelskralle (Phyteuma orbiculare).

Wiesen-Witwenblume

Knautia arvensis (Dipsacaceae)

Diese Art besitzt große, fiederteilige Blätter. Die untersten sind jedoch meist ungeteilt. Das Blütenköpfchen besteht aus trichterförmigen Blüten. Sie sind hellviolett und haben vier an der Basis verwachsene Kronblätter. Bei den Randblüten ist eines der Kronblätter größer. Die schmalen Hochblätter unter den Blütenköpfchen sind etwa halb so lang wie die Blüten.

VORKOMMEN *Wiesen, Weiden, offenes Waldland, Hecken und Wegränder; meist auf kalkhaltigen Böden.*

langer, schlanker Blütenstiel
trichterförmige Blüten
Blatt fiederteilig
Kragen aus Hochblättern unter Blütenköpfchen
äußere Kronblätter vergrößert

AUSDAUERND

HÖHE 50–100 cm.
BLÜTENGRÖSSE Blütenköpfchen 2–4 cm Ø.
BLÜTEZEIT Juli–September.
BLÄTTER Grundständige Rosette; obere gegenständig, fiederteilig.
FRUCHT Achäne mit verwachsenem Kelch.
ÄHNLICHE ARTEN Tauben-Skabiose (Scabiosa columbaria); Wald-Witwenbl. (K. dipsacifolia).

Rundblättrige Glockenblume

Campanula rotundifolia (Campanulaceae)

Die runden grundständigen Blätter sind zur Blütezeit fast verwelkt. Die Stängelblätter hingegen sind lineal, die untersten lanzenförmig. Die zarten, nickenden Blüten sind himmelblau und stehen in lockeren Rispen.

VORKOMMEN *Trockene, grasbewachsene Standorte, wie Grünflächen, Heidegebiete, Böschungen, Sanddünen.*

AUSDAUERND

Blüte 5-zipfelig
kleiner Kelch
nickende Blüten
Stängelblatt lineal

HÖHE *20–50 cm.*
BLÜTENGRÖSSE *1,2–2 cm lang.*
BLÜTEZEIT *Juli–September.*
BLÄTTER *Grundständige Blätter rundlich, zur Blütezeit meist verwelkt; Stängelblätter wechselständig, schmal.*
FRUCHT *Hängende Kapsel.*
ÄHNLICHE ARTEN *Keine.*

Knäuel-Glockenblume

Campanula glomerata (Campanulaceae)

Diese Art ist an den dichten Blüten an der Spitze der Stängel leicht zu erkennen, die ihr ein kopflastiges Aussehen verleihen. Die Blüten sind tiefviolett, die fünf Kronblätter der Länge nach gefaltet und zu einer langen Röhre verwachsen. Die Stängel und Blätter sind rau behaart.

VORKOMMEN *Trockenes, verwildertes Grasland, Weiden, Wiesen, Wegränder, Gebüsche; auf kalkhaltigen Böden.*

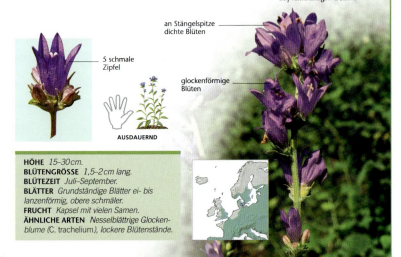

an Stängelspitze dichte Blüten
5 schmale Zipfel
glockenförmige Blüten

AUSDAUERND

HÖHE *15–30 cm.*
BLÜTENGRÖSSE *1,5–2 cm lang.*
BLÜTEZEIT *Juli–September.*
BLÄTTER *Grundständige Blätter ei- bis lanzenförmig, obere schmäler.*
FRUCHT *Kapsel mit vielen Samen.*
ÄHNLICHE ARTEN *Nesselblättrige Glockenblume (C. trachelium), lockere Blütenstände.*

Gewöhnl. Wasserdost

Eupatorium cannabinum (Asteraceae)

Diese hohe Art hat geteilte Blätter und rote Stängel. Die kurz gestielten Blätter sind in drei oder fünf lanzenförmige, gezähnte Fiedern geteilt. Flache, fiedrige Köpfchen setzen sich aus röhrenförmigen rosafarbenen Blüten zusammen. Jede Gruppe aus fünf bis sechs Blütenköpfchen ist von Hochblättern mit purpurroten Spitzen umgeben.

VORKOMMEN *Bestände an Wegrändern, in Schneisen, wo Bäume gefällt wurden, und feuchten Gebieten wie Flussufern und Gräben.*

- Staubblätter ragen heraus
- Vielfach verzweigte Blütenstände
- kräftige rote Stängel
- lanzenförmiges Teilblatt
- obere Blätter dreiteilig
- breiter, flacher Blütenstand

AUSDAUERND

HÖHE 90–150 cm.
BLÜTENGRÖSSE 2–5 mm Ø.
BLÜTEZEIT Juli–September.
BLÄTTER *Gegenständig, in lanzenförmige, gezähnte Fiedern geteilt; untere Blätter fünfteilig, obere dreiteilig oder ungeteilt.*
FRUCHT *Achäne mit haarigem Pappus.*
ÄHNLICHE ARTEN *Keine.*

Gänseblümchen

Bellis perennis (Asteraceae)

Wie bei allen Korbblütlern handelt es sich bei der scheinbar einzelnen Blüte (Scheinblüte) um einen Blütenstand. In diesem Fall stehen gelbe Röhrenblüten in der Mitte, die von einem Kreis weißer Zungenblüten umgeben sind, die wie Kronblätter wirken. Die haarigen Blätter sind oft stumpf gezähnt und stehen in einer dichten Rosette. Die Blätter und Scheinblüten werden in Salaten verwendet.

VORKOMMEN *Ältere Wiesen, Bahndämme, Straßenränder und Rasen in Meeresnähe.*

- Zungenblüte
- zentrale Röhrenblüten
- löffelförmiges Blatt
- Zungenblüten unten rosa getönt

AUSDAUERND

HÖHE 5–10 cm.
BLÜTENGRÖSSE *Scheinblüte* 1,5–2,5 cm Ø.
BLÜTEZEIT *Ganzjährig.*
BLÄTTER *Löffelförmig mit kurzem Stängel.*
FRUCHT *Einfache Achäne ohne Pappus.*
ÄHNLICHE ARTEN *Magerwiesen-Margerite (S. 174), mit größeren Scheinblüten, kann jedoch auch sehr niedrig bleiben.*

Edelweiß

Leontopodium alpinum (Asteraceae)

Diese Pflanze ist an extreme Höhenlagen angepasst, indem sie mit dicken, wolligen, grauweißen Haaren bedeckt ist, vor allem auf der Oberseiten der Hochblätter, die die kleinen Blütenkörbchen umgeben. Die seidig behaarten Blätter sind länglich und bilden eine Rosette, die wechselständigen Blätter am Stängel sind kleiner und schmaler. Edelweiß ist in vielen Gegenden eine geschützte Art.

VORKOMMEN *Grasbewachsene oder felsige Gebirgsregionen, in 1700–3400 m Höhe.*

schmale graugrüne Blätter

AUSDAUERND

kleines gelbes Blütenkörbchen

weiße Hochblätter

wechselständige Blätter am Stängel

HÖHE *5–20 cm.*
BLÜTENGRÖSSE *Körbchen 4-6 mm breit.*
BLÜTEZEIT *Juli-September.*
BLÄTTER *Grundständige Rosette, wechselständige Blätter, weiß behaarte Hochblätter.*
FRUCHT *Achäne mit haarigem Pappus.*
ÄHNLICHE ARTEN *Sumpf-Ruhrkraut (Gnaphalium uliginosum).*

Gewöhnliches Katzenpfötchen

Antennaria dioica (Asteraceae)

Diese Hochlandart trägt kopfig gedrängte Blütenkörbchen an ihren filzigen Stängeln. Männliche und weibliche Blüten erscheinen an getrennten Pflanzen. Die männlichen Blüten sind von papierartigen weißen Hochblättern umgeben, die der weiblichen Blüten sind kleiner und rosafarben. Die Art verbreitet sich mit Ausläufern und hat Rosetten löffelförmiger Blätter.

VORKOMMEN *Steinige Hänge, Heidegebiete, Moore, Gebirgswiesen; auf alkalischen Böden.*

weiße männliche Blüten

Hochblätter

aufrechter Blütenstiel

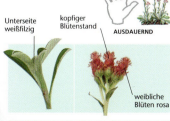

Unterseite weißfilzig

kopfiger Blütenstand

AUSDAUERND

weibliche Blüten rosa

HÖHE *12–20 cm.*
BLÜTENGRÖSSE *Weibliches Körbchen 1,2 cm breit; männliches 6 mm breit.*
BLÜTEZEIT *Juni–August.*
BLÄTTER *Unten löffelförmig, am Stängel lanzenförmig; oben grün, unten weiß.*
FRUCHT *Achäne mit haarigem Pappus.*
ÄHNLICHE ARTEN *Edelweiß (oben).*

Gewöhnliche Goldrute

Solidago virgaurea (Asteraceae)

VORKOMMEN *Trockene, grasbewachsene, oft steinige Standorte, offene Wälder, Wiesen.*

Die steifen, aufrechten Stängel der Gewöhnlichen Goldrute können eine einzige Ähre mit gelben Blütenkörbchen oder viele goldgelbe Zweige tragen. Jedes Körbchen besteht aus winzigen Einzelblüten, die äußeren sind Zungenblüten mit einem einzigen Kronblatt. Die Blätter sind schmal und leicht gezähnt, die unteren Blätter lang gestielt und breiter.

AUSDAUERND

gelbe Zungenblüten
verzweigte Blütenstände
gewellter, gezähnter Rand

HÖHE *10–60 cm.*
BLÜTENGRÖSSE *Köpfchen 1,5–1,8 cm breit.*
BLÜTEZEIT *Juli–September.*
BLÄTTER *Wechselständig, schmal.*
FRUCHT *Achäne mit braunem Pappus.*
ÄHNLICHE ARTEN *Jakobs-Greiskraut (S. 178), das buschiger ist und geteilte Blätter hat.*

Kanadische Goldrute

Solidago canadensis (Asteraceae)

VORKOMMEN *Dichte Bestände an Wegrändern, Böschungen, Bahngleisen und Feldrainen.*

Diese Art ist aus Gärten verwildert und bildet mittlerweile in freier Natur oft große Bestände. Die goldgelben Blütenstände tragen waagrechte Zweige, die nach oben hin kürzer werden. Der gesamte Blütenstand neigt sich meist zu einer Seite. Die Stängel sind dicht beblättert, die Blätter lanzenförmig.

hoher Blütenstand
zahlreiche kleine Blütenkörbchen
AUSDAUERND
Blattrand gezähnt
Stängel beblättert
Blätter lanzenförmig

HÖHE *1–2 m.*
BLÜTENGRÖSSE *Körbchen 5–6 mm breit.*
BLÜTEZEIT *August–Oktober.*
BLÄTTER *Wechselständig, lanzenförmig, mit gezähnten Rändern.*
FRUCHT *Achäne mit kurzem Pappus.*
ÄHNLICHE ARTEN *Keine; die hohen, pyramidenförmigen Blütenstände sind typisch.*

Strand-Aster

Aster tripolium (Asteraceae)

Diese Art ist bei Ebbe auffällig, bei Flut kann sie in Salzmarschen jedoch vom Wasser überspült werden. Die Blütenkörbchen haben schmale, unordentliche blasse oder kräftig violette Zungenblüten. Manchmal fehlen sie auch völlig, und nur die gelben Röhrenblüten sind zu sehen. Die Blätter sind fleischig und im Querschnitt rundlich.

VORKOMMEN *Große Bestände in Salzmarschen und Flussmündungen; oft bei Flut überspült.*

- Stängelblatt lineal
- gelbe Röhrenblüten
- hellviolette Zungenblüten
- fleischige Stängel

ZWEIJÄHRIG

HÖHE 30–70 cm.
BLÜTENGRÖSSE 1–2 cm Ø.
BLÜTEZEIT Juli–Oktober.
BLÄTTER Wechselständig, lineal bis lanzenförmig, sukkulent.
FRUCHT Achäne mit haarigem Pappus.
ÄHNLICHE ARTEN *Glattblatt-Aster (unten), die im Binnenland vorkommt.*

Glattblatt-Aster

Aster novi-belgii (Asteraceae)

Diese Gartenpflanze wurde in Europa zusammen mit anderen Asternarten aus Nordamerika eingeführt, die seitdem hybridisieren und die Bestimmung schwierig machen. Alle sind jedoch kräftige Pflanzen mit Körbchen aus weißen, violetten oder blauen Zungenblüten und gelben Röhrenblüten.

VORKOMMEN *Feuchtwiesen, Ödland, Grünflächen, Wegränder, Flussufer.*

AUSDAUERND

- verzweigte Blütenstände
- Stängel rot getönt
- Zungenblüten um gelbe Mitte
- Stängelblatt ungestielt

HÖHE 80–150 cm.
BLÜTENGRÖSSE 2,5–4 cm Ø.
BLÜTEZEIT September–Oktober.
BLÄTTER Wechselständig, ei- bis lanzenförmig.
FRUCHT Achäne mit haarigem Pappus.
ÄHNLICHE ARTEN *Strand-Aster (oben);* A. lanceolatus *mit kurz gestielten Blättern.*

Großes Flohkraut

Pulicaria dysenterica (Asteraceae)

Diese mit dem Gänseblümchen nah verwandte Art kann von ähnlichen Arten an der flachen Körbchenscheibe und den vielen schmalen, linealen Zungenblüten unterschieden werden, die oft etwas ausgefranst wirken. Die Stängel sind grau-wollig behaart, und die Blätter, die den Stängel umfassen, haben eine fein gerunzelte Oberfläche, wellte Ränder und sind unterseits grau.

VORKOMMEN *Ausgedehnte Bestände in feuchtem Grasland, Wiesen, Sümpfen, an Gräben und Kanälen.*

AUSDAUERND

Körbchen gänseblümchenähnlich

viele schmale Zungenblüten

flache Körbchenscheibe

Blatt umfasst Stängel

Köpfchen aus Achänen

HÖHE *40–60 cm.*
BLÜTENGRÖSSE *Körbchen 1,5–3 cm breit.*
BLÜTEZEIT *Juli–September.*
BLÄTTER *Wechselständig, pfeilförmig, gerunzelte Oberfläche; stängelumfassend.*
FRUCHT *Köpfchen aus behaarten Achänen.*
ÄHNLICHE ARTEN *Jakobs-Greiskraut (S. 178), das geteilte Blätter hat.*

Strahlenlose Kamille

Matricaria discoidea (Asteraceae)

Diese zierliche Pflanze hat gänseblümchenähnliche grüne Blütenkörbchen, jedoch nur mit Röhrenblüten, die äußeren Zungenblüten fehlen. Der Duft erinnert an Ananas. Die Pflanze wurde wahrscheinlich im 19. Jahrhundert aus Nordost-Asien eingeführt und ist in Europa mittlerweile weit verbreitet.

VORKOMMEN *Wegränder, Ödland und bebaute Felder; trotz ihres zierlichen Aussehens erträgt sie Tritte.*

Blütenköpfchen knospenähnlich aufgewölbt

EINJÄHRIG

Blätter fein geteilt

Röhrenblüten

Blätter fadenähnlich

HÖHE *10–30 cm.*
BLÜTENGRÖSSE *5–9 mm Ø.*
BLÜTEZEIT *Mai–November.*
BLÄTTER *Wechselständig, fein geteilt.*
FRUCHT *Achäne mit haarigem Pappus.*
ÄHNLICHE ARTEN *Geruchlose Kamille (S. 174), wenn sie nicht blüht.*

Schafgarbe

Achillea millefolium (Asteraceae)

Diese Pflanze bildet im Spätsommer große Bestände mit weißen Blüten zwischen den trockenen Gräsern. Zahlreiche Blütenkörbchen setzen sich zu Doldenrispen zusammen. Die gelben Staubblätter färben sich bald braun, und die Blüten sehen dann schmutzig aus. Die Blätter sind sehr fein gefiedert und haben ein starkes, würziges Aroma.

VORKOMMEN *Trockenes Grasland, Wiesen, Böschungen, Wegränder, Ödland.*

Blütenstände abgeflacht

Stängel aufrecht, behaart

AUSDAUERND

steife grüne Blätter

Blätter fein gefiedert

Blüten manchmal rosa getönt

HÖHE *40–80 cm.*
BLÜTENGRÖSSE *4–6 mm Ø.*
BLÜTEZEIT *Juli–Oktober.*
BLÄTTER *Wechselständig, fein gefiedert.*
FRUCHT *Achäne ohne Pappus.*
ÄHNLICHE ARTEN *Wilde Möhre (S. 116), Dolden mit unzähligen Blüten; Sumpf-Schafgarbe (unten), schmale, leicht gezähnte Blätter.*

Sumpf-Schafgarbe

Achillea ptarmica (Asteraceae)

Diese Art ist mit der Schafgarbe (oben) nahe verwandt. Die Sumpf-Schafgarbe kommt an feuchten Standorten vor und wächst oft zwischen höherer Vegetation. Sie hat Blütenkörbchen, jedes mit grünlich weißen Röhrenblüten, die von weißen Zungenblüten umgeben sind. Die Blüten stehen in lockeren Rispen.

VORKOMMEN *Feuchte Stellen, Sümpfe, Wiesen, auf schwerem, saurem Boden.*

weiße Blütenkörbchen

AUSDAUERND

grünlich weiße Röhrenblüten

Blätter lineal, tiefgrün

HÖHE *20–50 cm.*
BLÜTENGRÖSSE *Körbchen 1,2–1,8 cm breit.*
BLÜTEZEIT *Juli–September.*
BLÄTTER *Wechselständig, lanzenförmig bis lineal.*
FRUCHT *Achäne ohne Pappus.*
ÄHNLICHE ARTEN *Schafgarbe (oben) mit kleineren Blütenkörbchen.*

Geruchlose Kamille

Tripleurospermum inodorum (Asteraceae)

Diese attraktive Pflanze bildet buschige Bestände und trägt größere Blütenkörbchen als andere Kamillen mit einem kuppelförmig gewölbten Körbchenboden. Die Blätter sind sehr fein gefiedert und geruchlos. Bei der Echten Kamille ist der Körbchenboden hohl, die Pflanze hat einen weniger dichten Wuchs und duftet.

VORKOMMEN *Umgebrochener Boden auf Feldern, Ödland, an Straßenrändern und brachliegenden Feldern.*

große, gänseblümchenähnliche weiße Blütenkörbchen

Blätter fadenartig

kuppelförmige Mitte

AUSDAUERND/ ZWEIJÄHRIG

kräftiger, buschiger Wuchs

HÖHE *20–60 cm.*
BLÜTENGRÖSSE *Körbchen 2–4 cm breit.*
BLÜTEZEIT *Juni–Oktober.*
BLÄTTER *Wechselständig, fein gefiedert.*
FRUCHT *Achäne ohne Haare.*
ÄHNLICHE ARTEN *Echte Kamille* (Chamomilla recutita); *Küsten-Kamille* (Matricaria maritima), *die an der Küste vorkommt.*

Magerwiesen-Margerite

Leucanthemum vulgare (Asteraceae)

Die in der Wuchshöhe variable Pflanze ist kaum mit dem Gänseblümchen zu verwechseln, denn die Blütenkörbchen sind viel größer. Sie bestehen aus gelben Röhrenblüten, die von weißen Zungenblüten umgeben sind. Die Blätter sind hellgrün und löffelförmig, werden im oberen Teil der Pflanze schmal und umfassen den Stängel.

VORKOMMEN *Wiesen und Ödland; auch Böschungen und Straßenränder.*

Rand grob gezähnt

Blatt löffelförmig

auffällige gelbe Röhrenblüten

großes Blütenkörbchen

kleine Blätter oben am Stängel

breite, ausladende Zungenblüten

AUSDAUERND

HÖHE *20–70 cm.*
BLÜTENGRÖSSE *Blütenköpfchen 2,5–5 cm Ø.*
BLÜTEZEIT *Mai–September.*
BLÄTTER *Wechselständig; löffelförmig.*
FRUCHT *Kleine Achäne.*
ÄHNLICHE ARTEN *Gänseblümchen* (S. 168); *Geruchlose Kamille* (oben), *die feinere Blätter hat; Saat-Wucherblume* (rechts).

Rainfarn

Tanacetum vulgare (Asteraceae)

Diese große, aromatische Pflanze ist an ihren dichten Blütenständen mit Körbchen ohne Zungenblüten zu erkennen. Diese sind abgeflacht und sehen wie gelbe Knöpfe aus. Die gefiederten Blätter mit regelmäßigen Zähnchen sind ebenfalls charakteristisch. Die ganze Pflanze ist kräftig und bildet kleine Bestände.

VORKOMMEN *Kleine Bestände auf Ödland, an Wegrändern und Flussufern, auf unterschiedlichen Böden.*

HÖHE *80–120 cm.*
BLÜTENGRÖSSE *Körbchen 8–12 mm breit.*
BLÜTEZEIT *Juli–September.*
BLÄTTER *Wechselständig, gezähnte Fiedern, farnähnlich.*
FRUCHT *Achäne ohne Pappus.*
ÄHNLICHE ARTEN *Keine; die Blätter und knopfigen Körbchen sind typisch.*

Saat-Wucherblume

Chrysanthemum segetum (Asteraceae)

Die fleischigen Blätter sind tief gelappt und gezähnt. Die oberen Blätter umfassen an der Basis den Stängel. Die goldgelben Blütenkörbchen besitzen breite, sich überlappende Zungenblüten, die an den Enden leicht gezähnt sind. Wenn die Pflanze einmal Fuß gefasst hat, kann sie zu Tausenden vorkommen.

VORKOMMEN *Zwischen Getreide auf Feldern, wo keine Herbizide eingesetzt wurden; breitet sich in die Umgebung aus.*

HÖHE *30–70 cm.*
BLÜTENGRÖSSE *3–5 cm Ø.*
BLÜTEZEIT *Juni–August.*
BLÄTTER *Wechselständig, fiederspaltig.*
FRUCHT *Einfache Achäne ohne Pappus.*
ÄHNLICHE ARTEN *Magerwiesen-Margerite (links); Färber-Hundskamille (Anthemis tinctoria), die schmal gezähnte Blattfiedern hat.*

Arnika

Arnica montana (Asteraceae)

VORKOMMEN Bergweiden, Wiesen, Heidegebiete; offenen Standorte, auf neutralem bis saurem Boden, bis in 2800 m Höhe.

Die leuchtend gelben Blütenkörbchen schmücken oft Bergwiesen. Sie sitzen einzeln an langen, behaarten Stielen und haben eine gewölbte Körbchenscheibe und lange gelbe Zungenblüten. Die meisten Blätter stehen an der Basis. Sie sind groß, elliptisch und auf der Oberseite behaart und stark geädert. Die Blütenstiele tragen meist nur ein einziges Paar viel kleinerer, gegenständiger Blätter auf halber Höhe.

streifenförmige Zungenblüten

Körbchenscheibe orangegelb

AUSDAUERND

Blätter elliptisch

starke Äderung

HÖHE 40–60 cm.
BLÜTENGRÖSSE 5–8 cm Ø.
BLÜTEZEIT Mai–September.
BLÄTTER V.a. grund- und wechselständig; gegenständige Stängelblätter.
FRUCHT Achäne mit Pappus.
ÄHNLICHE ARTEN Kriechende Gämswurz (*Doronicum pardalianches*).

Gewöhnlicher Beifuß

Artemisia vulgaris (Asteraceae)

VORKOMMEN Ödland, umgebrochener Boden, Feldraine; auf blankem, nährstoffreichem Boden.

Diese häufige Art des Ödlandes hat unauffällige Blütenkörbchen. Der Gewöhnliche Beifuß kann von ähnlichen Arten an seinen Blättern unterschieden werden: Sie sind zierlich und fein fiederspaltig, oberseits sehr dunkelgrün, unterseits hell silbrig mit auffälligen Adern. Die Blütenkörbchen mit hellgrauen Hüllblättern öffnen sich goldgelb, werden aber bald rotbraun.

zahlreiche winzige Blütenkörbchen in Rispe

Stängel aufrecht

AUSDAUERND

Blatt fiederspaltig

Blüten rotbraun

HÖHE 80–150 cm.
BLÜTENGRÖSSE Köpfchen 3–4 mm breit.
BLÜTEZEIT Juni–September.
BLÄTTER Wechselständig, im Umriss eiförmig, fiederspaltig.
FRUCHT Kleine, unbehaarte Achäne.
ÄHNLICHE ARTEN Echter Wermut (*A. absinthum*), gelbe Blüten, gerundetere Blattfiedern.

Huflattich

Tussilago farfara (Asteraceae)

Diese Pflanze blüht sehr früh, schon im Februar erscheinen die Blütenkörbchen. Sie bestehen aus einer kleinen Scheibe mit Röhrenblüten, die von schmalen Zungenblüten umgeben sind. Am Stängel sitzen überlappende Schuppenblätter. Die grundständigen Blätter werden im Sommer sehr groß.

VORKOMMEN *Feuchte Standorte, Wegränder, Schutthalden, Böschungen und Waldränder.*

AUSDAUERND

feine gelbe Zungenblüten

Stängel unbeblättert

Blatt eckig — Köpfchen aus Achänen

langer Stiel

HÖHE *10–25 cm.*
BLÜTENGRÖSSE *1,5–2,5 cm Ø.*
BLÜTEZEIT *Februar–April.*
BLÄTTER *Grundständig, behaart, unten weißfilzig; erscheinen nach den Blüten.*
FRUCHT *Köpfchen gefiederter Achänen.*
ÄHNLICHE ARTEN *Vanillen-Pestwurz (Petasites fragrans), nach Vanille duftende Blüten.*

Gewöhnliche Pestwurz

Petasites hybridus (Asteraceae)

Die Blätter dieser Pflanze sind zur Blütezeit klein, werden später jedoch bis zu einem Meter breit. Die weißen oder rosafarbenen Blütenkörbchen stehen in kegelförmigen Ähren, männliche und weibliche Blüten an getrennten Pflanzen.

AUSDAUERND

VORKOMMEN *Bestände entlang Flüssen, Gräben, in feuchtem Waldland und Wiesen.*

Blatt nierenförmig

Rand unregelmäßig gezähnt

kegelförmige Blütenähre

dichte Blütenkörbchen

HÖHE *70–150 cm.*
BLÜTENGRÖSSE *Weibliches Körbchen 3–6 mm breit; männliches 7–12 mm breit.*
BLÜTEZEIT *März–Mai.*
BLÄTTER *Grundständig, nierenförmig, unterseits weißfilzig.*
FRUCHT *Achäne mit haarigem Pappus.*
ÄHNLICHE ARTEN *Weiße Pestwurz (P. albus).*

Gewöhnliches Greiskraut

Senecio vulgaris (Asteraceae)

Diese verbreitete Art blüht fast während des ganzen Jahres. Sie hat vielfach verzweigte Stängel, die kleine gelbe Blütenkörbchen tragen. Manchmal findet man eine Form mit kurzen gelben Zungenblüten. Den Blüten folgen bald Köpfchen mit weißen Pappus-Haaren. Die Blätter sind fiederteilig.

VORKOMMEN *Gärten, Ödland, Kulturland, Straßenränder und offene Standorte.*

- Blütenkörbchen in Rispen
- überlappende Hüllblätter
- gelbe Röhrenblüten
- Achäne mit weißen Haaren
- EINJÄHRIG
- grob gezähntes Blatt

HÖHE *10–40 cm.*
BLÜTENGRÖSSE *4–5 mm Ø.*
BLÜTEZEIT *Während des ganzen Jahres.*
BLÄTTER *Wechselständig, fiederteilig.*
FRUCHT *Achänen mit weißem Pappus.*
ÄHNLICHE ARTEN *Kanadisches Berufskraut (Conyza canadensis), das ähnliche kleine Körbchen, aber lineale Blätter hat.*

Jakobs-Greiskraut

Senecio jacobaea (Asteraceae)

Dieses verbreitete Unkraut gedeiht auch auf Pferdekoppeln. Für weidende Tiere ist es jedoch giftig, vor allem wenn es getrocknet und verfüttert wird. Das Jakobs-Greiskraut trägt lockere Rispen mit leuchtend gelben Blütenkörbchen, jedes mit 12–20 Zungenblüten über linealen Hüllblättern mit schwarzen Spitzen. Die Stängel sind gefurcht, die Blätter fiederteilig.

VORKOMMEN *Gedeiht auf Weiden, Ödland, an Wegrändern, meist auf trockenem Boden.*

- Blätter fiederteilig
- Hüllblätter mit schwarzen Spitzen
- ZWEIJÄHRIG/AUSDAUERND
- lange, ausladende Zungenblüten
- Stängel verzweigt

HÖHE *80–150 cm.*
BLÜTENGRÖSSE *Körbchen 1,5–2,5 cm Ø.*
BLÜTEZEIT *Juni–Oktober.*
BLÄTTER *Wechselständig, fiederteilig.*
FRUCHT *Achäne mit Pappus.*
ÄHNLICHE ARTEN *Gewöhnliche Goldrute (S. 170); Großes Flohkraut (S. 172) pfeilförmige Blätter; Felsen-Greiskraut (S. squalidus).*

Gewöhnliche Golddistel

Carlina vulgaris (Asteraceae)

Diese Pflanze bildet im ersten Jahr eine leicht zu übersehende grundständige Blattrosette. Wenn man sie jedoch berührt, macht sie mit ihren nadelähnlichen Stacheln auf sich aufmerksam. Die Blütenkörbchen bestehen aus gelbbraunen Röhrenblüten, die von steifen, strohfarbenen Hüllblättern umgeben sind. Die Fruchtstände bleiben lange bestehen.

VORKOMMEN Wiesen, trockenes Grasland, meist in niedrigem Gras, auf kalkhaltigem oder durchlässigem Boden.

ZWEIJÄHRIG · Fruchtstand · gefiederte Samen · Stängel dicht beblättert · gewelltes, stacheliges Blatt · Hüllblätter ähneln Zungenblüten

HÖHE *15–50 cm.*
BLÜTENGRÖSSE *Körbchen 2–4 cm breit.*
BLÜTEZEIT *Juli–September.*
BLÄTTER *Zunächst grundständige Rosette; schmal, stachelig, unterseits filzig.*
FRUCHT *Achäne mit gelbem Pappus.*
ÄHNLICHE ARTEN *Silberdistel (C. acaulis), bei der alle Blätter in Rosette stehen.*

Große Klette

Arctium lappa (Asteraceae)

Die Körbchen sind rotviolett oder rosa und von grünen Hüllblättern mit Haken umgeben. Sie haften an Fell oder Kleidung und sorgen für die Verbreitung der Früchte. Die Frucht ist eine Achäne mit einem Pappus aus steifen gelblichen Haaren. Die Kleine Klette besitzt violette Blütenkörbchen, die etwa so groß sind wie die Kugel aus stacheligen Hüllblättern darunter.

VORKOMMEN *Große Bestände auf Waldlichtungen und Ödland, an Wegen und Hecken; nicht im Schatten.*

ZWEIJÄHRIG · Rand leicht gezähnt · stachelige Hüllblätter · Hüllblätter mit Haken umgeben Blütenkörbchen · lange, gestielte Blätter

HÖHE *80–160 cm.*
BLÜTENGRÖSSE *Körbchen 2–2,5 cm breit.*
BLÜTEZEIT *Juli–September.*
BLÄTTER *Grundständig und wechselständig, ei- bis herzförmig, rau.*
FRUCHT *Achäne mit haarigem Pappus.*
ÄHNLICHE ARTEN *Gewöhnliche Kratzdistel (S. 180); Kleine Klette (A. minor).*

Sumpf-Kratzdistel

Cirsium palustre (Asteraceae)

Diese Art ist auch aus der Entfernung an ihrem hohen, schlanken Wuchs zu erkennen. Die Blätter laufen in stacheligen Flügeln an den Stängeln herab. Sie sind fiederspaltig, tragen Stacheln und dunkelviolette Haare, vor allem bei jungen Pflanzen. Die kleinen Körbchen stehen an der Spitze der Stängel.

VORKOMMEN *Feuchte Stellen in Wiesen, auf sumpfigem Grund, in nassen Wäldern, seltener auf Ödland als andere Disteln.*

ZWEIJÄHRIG

- Blütenkörbchen stehen dicht
- kleine, dunkle Körbchen
- Blätter stachelig
- Blüten violettrosa
- stachelige Stängel

HÖHE *1–2 m.*
BLÜTENGRÖSSE *Körbchen 1–2 cm breit.*
BLÜTEZEIT *Juli–September.*
BLÄTTER *Wechselständig, fiederteilig, stachelig, dunkelviolett behaart.*
FRUCHT *Achäne mit bräunlichem Pappus.*
ÄHNLICHE ARTEN *Dünnköpfige Distel (Carduus tenuiflorus), niedriger, mit rosa Blüten.*

Gewöhnliche Kratzdistel

Cirsium vulgare (Asteraceae)

Diese Distel hat tiefgrüne, unterseits hellere Blätter. Sie sind in Fiedern geteilt, die in einem Stachel enden. Die Blätter laufen in Flügeln am Stängel herab, die ebenfalls Stacheln tragen. Ein Teil des Blütenkörbchens ist von den grünen Hüllblättern eingeschlossen, die wie eine Vase geformt sind, und jedes Hüllblatt endet in einer Stachelspitze. Darüber breiten sich die rötlich violetten Blüten aus.

VORKOMMEN *Ödland, trockene, grasbewachsene Standorte, Wegränder auf kalkhaltigen, nährstoffreichen Böden.*

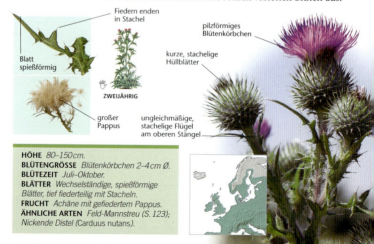

- Fiedern enden in Stachel
- Blatt spießförmig
- pilzförmiges Blütenkörbchen
- kurze, stachelige Hüllblätter
- großer Pappus
- ungleichmäßige, stachelige Flügel am oberen Stängel

ZWEIJÄHRIG

HÖHE *80–150 cm.*
BLÜTENGRÖSSE *Blütenkörbchen 2–4 cm Ø.*
BLÜTEZEIT *Juli–Oktober.*
BLÄTTER *Wechselständige, spießförmige Blätter, tief fiederteilig mit Stacheln.*
FRUCHT *Achäne mit gefiedertem Pappus.*
ÄHNLICHE ARTEN *Feld-Mannstreu (S. 123); Nickende Distel (Carduus nutans).*

Acker-Kratzdistel

Cirsium arvense (Asteraceae)

Die Stängel dieser ausladenden Art sind behaart, haben aber, anders als die anderer Disteln, keine herablaufenden Blätter oder Stacheln. Die stacheligen Blätter sind ebenfalls etwas weicher. Die Blütenkörbchen sind blassrot bis rosafarben, manchmal hellviolett. Ihre schmalen Hüllblätter tragen weiche Stacheln.

VORKOMMEN *Weiden, Ödland und Agrarland; bildet große Bestände.*

kleine rosafarbene Blütenkörbchen

Blatt schmal, gewellt

gefiederter Pappus

Stängel behaart, stachellos

AUSDAUERND

HÖHE *60–100 cm.*
BLÜTENGRÖSSE *Körbchen 1,5–2,5 cm breit.*
BLÜTEZEIT *Juni–September.*
BLÄTTER *Feine Stacheln, unterseits behaart.*
FRUCHT *Achäne mit bräunlichem Pappus.*
ÄHNLICHE ARTEN *Färber-Scharte (Serratula tinctoria), die keine Stacheln und gezähnte Blattränder hat.*

Mariendistel

Silybum marianum (Asteraceae)

Die dornigen, glänzenden, dunkelgrünen Blätter, die im ersten Jahr große Rosetten bilden, haben ein auffälliges Muster weißer Blattadern. Die kleineren Stängelblätter des zweiten Jahres sind ebenfalls geädert und umfassen den Stängel. Die hellgrünen Hüllblätter der Blütenköpfe setzen breit an und bilden eine dornengesäumte Rinne, die sich zum Ende hin zu einem langen, gekerbten Dorn verjüngt.

VORKOMMEN *Öd- und Brachland, Wegränder; lichte Wälder und Olivenhaine. Bevorzugt offene Standorte.*

violette Röhrenblüten

weiß geäderte Blätter

langer, gekerbter Dorn

lange Hüllblätter

ZWEIJÄHRIG

HÖHE *Bis zu 1,5 m.*
BLÜTENGRÖSSE *Köpfe 8 cm Ø, einschließlich der Hüllblätter.*
BLÜTEZEIT *April–Juni.*
BLÄTTER *Länglich, gelappt, mit Dornen.*
FRUCHT *Achäne mit weißen Pappushaaren.*
ÄHNLICHE ARTEN *S. eburneum in Spanien und Nordafrika, mit weißlichen Stängeln.*

Skabiosen-Flockenblume

Centaurea scabiosa (Asteraceae)

Die großen Blütenkörbchen besitzen äußere Blüten, die einen Ring bilden. Ihre Hüllblätter sind grün und überlappen sich wie Dachziegel, mit einem hufeisenförmigen Rand schwarzer oder brauner Haare. Die weichen graugrünen Blätter sind fiederspaltig. Wenn die Früchte ausgestreut wurden, öffnen sich die Hüllblätter zu einer Schüssel.

VORKOMMEN *Verwildertes Grasland, Wiesen, Wegränder, Gebüsche, Böschungen, auf Felsspitzen.*

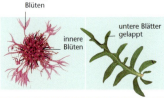

AUSDAUERND

HÖHE *80–120 cm.*
BLÜTENGRÖSSE *Körbchen 3,5–5 cm breit.*
BLÜTEZEIT *Juli–Oktober.*
BLÄTTER *Wechselstdg., schmale Fiedern.*
FRUCHT *Achäne mit borstigen Haaren.*
ÄHNLICHE ARTEN *Kornblume (unten); Berg-Flockenblume (C. montana) mit blauen Blüten und nicht geteilten Blättern.*

Kornblume

Centaurea cyanus (Asteraceae)

Der Einsatz von Herbiziden hat die auf Feldern einst häufige Art mittlerweile in vielen Gebieten ausgerottet. Die Kornblume mit ihren breiten, fein geteilten Zungenblüten ähnelt einer blauen Ausgabe der Skabiosen-Flockenblume (oben). Die Röhrenblüten sind schwärzlich rosafarben, und die überlappenden Hüllblätter tragen einen kurzen Saum brauner Haare.

VORKOMMEN *Auf Feldern, in denen keine Herbizide eingesetzt wurden; wird in Gärten gepflanzt und verwildert oft auf Ödland.*

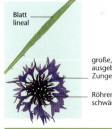

EINJÄHRIG

HÖHE *30–70 cm.*
BLÜTENGRÖSSE *Blütenkörbchen 2–4 cm Ø.*
BLÜTEZEIT *Juni–August.*
BLÄTTER *Wechselständig, lineal bis lanzenförmig, unten zunehmend gezähnt und geteilt.*
FRUCHT *Achäne mit kurzen Haaren.*
ÄHNLICHE ARTEN *Skabiosen-Flockenblume (oben); Berg-Flockenblume (C. montana).*

Schwarze Flockenblume

Centaurea nigra (Asteraceae)

Die Stängel dieser häufigen Art sind vielfach verzwegt, und jeder trägt ein hübsches Körbchen violettroter Blüten, die alle gleich lang sind. Die Hüllblätter sind dunkel oder schwarz mit einem ausgefransten Rand. Die schmalen Blätter sind spitz, manchmal mit einigen großen Zähnen.

VORKOMMEN *Wiesen, Gebüsche, Wegränder und Böschungen; fehlt in beweideten Gebieten.*

Hüllblätter überlappen

AUSDAUERND

auffallende Mittelrippe

röhrenförmige Blüten

HÖHE *50–100 cm.*
BLÜTENGRÖSSE *Körbchen 2–3 cm breit.*
BLÜTEZEIT *Juni-September.*
BLÄTTER *Wechselständig, schmal.*
FRUCHT *Achäne mit kurzen Haaren, von Hüllblättern eingeschlossen.*
ÄHNLICHE ARTEN *Wiesen-Flockenblume (C. jacea), mit ausladenden äußeren Blüten.*

Gewöhnliches Ferkelkraut

Hypochaeris radicata (Asteraceae)

Diese Pflanze kann schwierig von ähnlichen Korbblütlern zu unterscheiden sein. Die behaarten Blätter haben breite Zähne und stehen in einer lockeren, unordentlichen Rosette. Die blattlosen Blütenstiele können verzweigt sein. Die Zungenblüten der gelben Blütenkörbchen sind unterseits grünlich getönt.

VORKOMMEN *Wiesen, Straßenränder und andere grasbewachsene Standorte; auf leicht sandigen oder sauren Böden.*

AUSDAUERND

Rand breit gezähnt

gelbe Zungenblüten

gelbes Blütenkörbchen

Stängel blattlos

Blatt länglich

unten grünlich getönt

HÖHE *20–60 cm.*
BLÜTENGRÖSSE *Körbchen 2–3 cm breit.*
BLÜTEZEIT *Juni–September.*
BLÄTTER *In grundständiger Rosette, länglich, behaart.*
FRUCHT *Köpfchen behaarter Achänen.*
ÄHNLICHE ARTEN *Gewöhnliches Habichtskraut (S. 188); Herbst-Löwenzahn (S. 184).*

Gewöhnliche Wegwarte

Cichorium intybus (Asteraceae)

Die hohen Blütenstände dieser Art sind an Wegrändern und auf Ödland ein vertrauter Anblick. Die Körbchen bestehen aus streifenförmigen himmelblauen Zungenblüten, eine ungewöhnliche Farbe für die Familie der Korbblütler. Die Wurzeln und jungen Triebe wurden früher geröstet und gemahlen als Kaffee-Ersatz verwendet.

VORKOMMEN *Grasbewachsene Stellen, Felder, Wegränder, Ödland; auf kalkhaltigen Böden.*

hohe Blütenstände

gelappt

grüne Hüllblätter

ausgebreitete Zungenblüten

steifer, aufrechter Stängel

AUSDAUERND

HÖHE 60–100 cm.
BLÜTENGRÖSSE 2,5–4 cm Ø.
BLÜTEZEIT *Juli–Oktober.*
BLÄTTER *Wechselständig; obere Blätter lanzenförmig, gezähnt, untere Blätter fiederteilig.*
FRUCHT *Achäne ohne Pappus.*
ÄHNLICHE ARTEN *Keine.*

Herbst-Löwenzahn

Leontodon autumnalis (Asteraceae)

Diese kleine, hübsche Pflanze kommt im Herbst zur Geltung, wenn ähnlich aussehende Arten bereits verblüht sind. Die Stängel sind leicht verzweigt und tragen Blütenkörbchen mit gelben Zungenblüten. Die Blätter stehen in einer grundständigen Rosette und sind sehr schmal, schmaler als die des Gewöhnlichen Löwenzahns (S. 186).

VORKOMMEN *Grasbewachsene Stellen, Wegränder, steinige Standorte; bevorzugt kalkhaltigen Boden.*

AUSDAUERND

gelbe Zungenblüten

kleine Hüllblätter

Zungenblüten unten rot gestreift

langes, dünnes Blatt

HÖHE 5–40 cm.
BLÜTENGRÖSSE *Körbchen 2–3 cm breit.*
BLÜTEZEIT *Juni–Oktober.*
BLÄTTER *Grundständige Rosette, unbehaart.*
FRUCHT *Achäne mit weißem Pappus.*
ÄHNLICHE ARTEN *Gewöhnliches Ferkelkraut (S. 183) mit behaarten Blättern; Kleines Habichtskraut (S. 188) mit ungelappten Blättern.*

Wurmlattich

Picris echioides (Asteraceae)

Diese kräftige Pflanze ist an den weißen Erhebungen auf den Blättern, von denen jede in der Mitte einen hakenförmigen Stachel trägt, leicht zu erkennen. Sie trägt überall stachelige Haare. Die oberen Blätter sind stängelumfassend, die unteren gestielt. Die Blütenkörbchen bestehen aus hellgelben Zungenblüten.

VORKOMMEN *Verwildertes Grasland, brachliegende Felder, Wegränder, Ödland.*

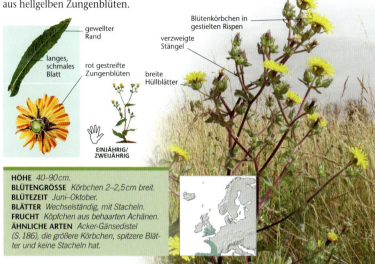

HÖHE 40–90 cm.
BLÜTENGRÖSSE Körbchen 2–2,5 cm breit.
BLÜTEZEIT Juni–Oktober.
BLÄTTER Wechselständig, mit Stacheln.
FRUCHT Köpfchen aus behaarten Achänen.
ÄHNLICHE ARTEN Acker-Gänsedistel (S. 186), die größere Körbchen, spitzere Blätter und keine Stacheln hat.

Kleiner Wiesen-Bocksbart

Tragopogon pratensis (Asteraceae)

Die Stängel sind gefurcht und die Blätter lineal und zu einer feinen Spitze ausgezogen. Die kontinentale Form hat lange Zungenblüten. Die Hüllblätter werden länger und verdicken, wenn sich die Früchte entwickeln. Schließlich öffnen sie sich und geben den Fruchtstand mit gefiederten Achänen frei.

VORKOMMEN *Zwischen hohen Gräsern in Wiesen, an Straßenrändern, Böschungen, und Wegen.*

HÖHE 40–75 cm.
BLÜTENGRÖSSE Körbchen 1,8–4 cm breit.
BLÜTEZEIT Juni–Juli.
BLÄTTER Wechselständig, lineal bis lanzenförmig, grasähnlich.
FRUCHT Kopf aus Achänen mit Pappus.
ÄHNLICHE ARTEN Keine; die Größe und die linealen Blätter machen die Art unverkennbar.

Acker-Gänsedistel

Sonchus arvensis (Asteraceae)

Obwohl sie auf den ersten Blick anderen gelben Korbblütlern ähnelt, ist diese Pflanze charakteristisch. Die großen Blütenkörbchen, die man im Spätsommer und frühen Herbst häufig sieht, haben klebrige, behaarte Hüllblätter. Die ganze Pflanze ist hoch und steif mit gräulichen Blättern und enthält Milchsaft.

VORKOMMEN *Umgebrochener und kultivierter Boden, Ödland, brachliegende Felder, Flussufer.*

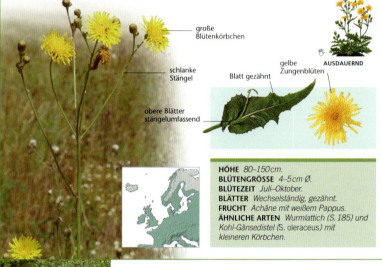

HÖHE *80–150 cm.*
BLÜTENGRÖSSE *4–5 cm Ø.*
BLÜTEZEIT *Juli–Oktober.*
BLÄTTER *Wechselständig, gezähnt.*
FRUCHT *Achäne mit weißem Pappus.*
ÄHNLICHE ARTEN *Wurmlattich (S. 185) und Kohl-Gänsedistel (S. oleraceus) mit kleineren Körbchen.*

Gewöhnl. Löwenzahn

Taraxacum officinale (Asteraceae)

Im Frühling bildet der Gewöhnliche Löwenzahn ganze Teppiche aus gelben Blüten. Die Körbchen bestehen aus etwa 200 Zungenblüten und haben einen Kragen aus Hüllblättern. Diese sitzen an unverzweigten, hohlen Stängeln, die einen Milchsaft abgeben, wenn man sie abpflückt. Die Blätter stehen in einer Rosette.

VORKOMMEN *Blanke und grasbewachsene Böden, Rasen, Weiden, Straßen- und Wegränder und offenes Waldland.*

HÖHE *5–30 cm.*
BLÜTENGRÖSSE *Körbchen 2,5–4,5 cm breit.*
BLÜTEZEIT *März–Oktober.*
BLÄTTER *In grundständiger Rosette, fiederteilig, helle Mittelrippe.*
FRUCHT *Achäne mit haarigem Pappus.*
ÄHNLICHE ARTEN *Viele ähnliche Taraxacum-Arten, alle mit hohlen Stängeln.*

Gewöhnlicher Rainkohl

Lapsana communis (Asteraceae)

Diese häufige Pflanze ist an ihren verzweigten, schlanken Stängeln zu erkennen, die hübsche kleine Knospen und viele Blütenkörbchen tragen. Die Blätter sind breit mit dunklen Spitzen und leicht gezähnt, nur die grundständigen Blätter gestielt.

VORKOMMEN *Halbschattige Standorte an Wegen, alten Mauern, in offenem Waldland und auf Ödland.*

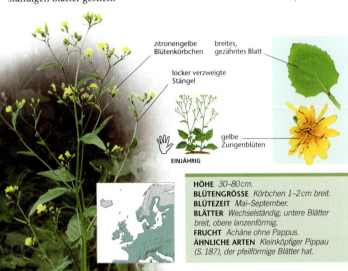

HÖHE *30–80 cm.*
BLÜTENGRÖSSE *Körbchen 1–2 cm breit.*
BLÜTEZEIT *Mai–September.*
BLÄTTER *Wechselständig; untere Blätter breit, obere lanzenförmig.*
FRUCHT *Achäne ohne Pappus.*
ÄHNLICHE ARTEN *Kleinköpfiger Pippau (S. 187), der pfeilförmige Blätter hat.*

Kleinköpfiger Pippau

Crepis capillaris (Asteraceae)

Diese löwenzahnähnliche Pflanze mit vielfach verzweigten Blütenstängeln hat kleine Blütenkörbchen, die äußeren Zungenblüten sind unterseits rot getönt. Darunter sitzen zwei Reihen grüner Hüllblätter, eine lang, die untere kürzer. Die oberen Blätter umfassen den Stängel.

VORKOMMEN *Kleine Bestände an grasbewachsenen Stellen, wie Weiden und Ödland.*

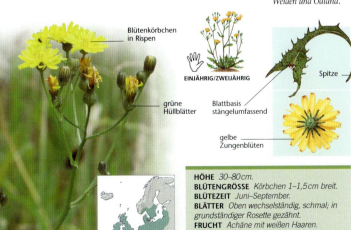

HÖHE *30–80 cm.*
BLÜTENGRÖSSE *Körbchen 1–1,5 cm breit.*
BLÜTEZEIT *Juni–September.*
BLÄTTER *Oben wechselständig, schmal; in grundständiger Rosette gezähnt.*
FRUCHT *Achäne mit weißen Haaren.*
ÄHNLICHE ARTEN *Gewöhnliches Ferkelkraut (S. 183) mit behaarten Blättern.*

Kleines Habichtskraut

Pilosella officinarum (Asteraceae)

Diese Pflanze breitet sich mit Ausläufern aus, die gelegentlich Wurzeln schlagen. Die Blätter in einer grundständigen Rosette sind unterseits dicht weißfilzig und tragen oberseits wenige lange, weiße Haare. Die zitronengelben Blütenkörbchen sitzen an unbeblätterten Stielen.

VORKOMMEN Trockene, grasbewachsene Standorte, wie Weiden, Wegränder; auf saurem und alkalischem Boden.

einzelnes Blütenkörbchen

AUSDAUERND

dünne Ausläufer

Blatt länglich

Zungenblüten rot gestreift

HÖHE 5–20 cm.
BLÜTENGRÖSSE Körbchen 1,8–2,5 cm breit.
BLÜTEZEIT Juni–September.
BLÄTTER Grundständige Rosette; länglich, oberseits lange Haare, unterseits weißfilzig.
FRUCHT Achäne mit bräunlichem Pappus.
ÄHNLICHE ARTEN Herbst-Löwenzahn (S. 184).

Gewöhnl. Habichtskraut

Hieracium vulgatum (Asteraceae)

Die Habichtskräuter sind eine schwierig zu bestimmende Gruppe, die in Hunderte von Kleinarten unterteilt ist. Diese Art repräsentiert eine Gruppe, die an einer lockeren Rosette meist grundständiger, ei- bis lanzenförmiger Blätter zu erkennen ist. Sie sind gezähnt und werden nach unten hin dichter. Unterhalb der gelben Zungenblüten sitzen behaarte Hüllblätter.

VORKOMMEN Steinige und grasbewachsene Standorte, offenes Waldland, Heidegebiete und andere trockene Stellen.

leuchtend gelbe Blütenkörbchen

Stängel blattlos

AUSDAUERND

gezähnter Rand

Zungenblüten

HÖHE 30–80 cm.
BLÜTENGRÖSSE Körbchen 2–3 cm breit.
BLÜTEZEIT Juni–September.
BLÄTTER Meist grundständig, ei- bis lanzenförmig, mit kurzem Stiel.
FRUCHT Achäne mit braunen Pappus.
ÄHNLICHE ARTEN Gewöhnliches Ferkelkraut (S. 183).

Gewöhnliches Pfeilkraut

Sagittaria sagittifolia (Alismataceae)

Diese halbaquatische Pflanze hat große, pfeilförmige Blätter an langen Stielen. Außerdem schwimmen kleinere, elliptische Blätter auf der Wasseroberfläche, die im Frühjahr zuerst erscheinen. Die Blüten mit drei Kronblättern sitzen in Quirlen zu dreien am Stängel und sind weiß mit dunkelvioletter Mitte. Männliche Blüten sitzen über den weiblichen.

VORKOMMEN *Ränder seichter Süßwasserseen, langsam fließender Flüsse und Gräben.*

HÖHE *60–100 cm.*
BLÜTENGRÖSSE *2–2,5 cm Ø.*
BLÜTEZEIT *Juli–August.*
BLÄTTER *Grundständig, pfeilförmig; kleinere, elliptische Blätter auf der Wasseroberfläche.*
FRUCHT *Runde Klettenfrucht.*
ÄHNLICHE ARTEN *Gewöhnlicher Froschlöffel (unten), der kleinere Blüten hat.*

Gewöhnl. Froschlöffel

Alisma plantago-aquatica (Alismataceae)

Diese Pflanze bildet zahlreiche spießförmige Blätter am Rand stehender Gewässer. Diese sind meist auffälliger als die kleinen Blüten an den hohen, weit verzweigten Stängeln. Jede Blüte hat drei weiße, rosa getönte Kronblätter und viele gelbe Staubblätter. Jede Blüte besteht nur einen Tag und öffnet sich nur am Nachmittag.

VORKOMMEN *Teiche, Flüsse, Seen und Sümpfe; im Wasser oder im Schlamm am Ufer.*

HÖHE *30–100 cm.*
BLÜTENGRÖSSE *6–10 mm Ø.*
BLÜTEZEIT *Juni–August.*
BLÄTTER *Grundständig, elliptisch bis eiförmig mit Spitze, lang gestielt.*
FRUCHT *Fruchtstand mit gebogenen Früchten.*
ÄHNLICHE ARTEN *Gewöhnliches Pfeilkraut (oben), Schwanenblume (S. 190).*

Schwanenblume

Butomus umbellatus (Butomaceae)

Die Schwanenblume bringt elegante Blütendolden auf rötlichen Stielen hervor. Sie sehen aus wie umgedrehte Regenschirme mit einer rosafarbenen Blüte an der Spitze jedes Strahls. Sie haben drei unterseits rot gestreifte Kronblätter, drei kleinere Kelchblätter dazwischen und Staubblätter mit dunkler Spitze. Die Blätter sind unten im Querschnitt dreieckig, oben flachen sie ab und werden schmal.

VORKOMMEN *Seichtes Wasser, bevorzugt an vor kurzem ausgeräumten Gewässern; meidet saure Böden.*

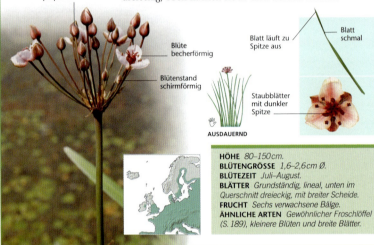

HÖHE *80–150 cm.*
BLÜTENGRÖSSE *1,6–2,6 cm Ø.*
BLÜTEZEIT *Juli–August.*
BLÄTTER *Grundständig, lineal, unten im Querschnitt dreieckig, mit breiter Scheide.*
FRUCHT *Sechs verwachsene Bälge.*
ÄHNLICHE ARTEN *Gewöhnlicher Froschlöffel (S. 189), kleinere Blüten und breite Blätter.*

Europäischer Froschbiss

Hydrocharis morsus-ranae (Hydrocharitaceae)

Diese hübsche Pflanze treibt an der Wasseroberfläche und sieht aus wie eine kleine Seerose. Die Blätter sind rund mit herzförmiger Basis und oft bronzefarben getönt. Die Blüten haben drei weiße Kronblätter und eine gelbe Mitte, die männlichen und weiblichen Blüten erscheinen an getrennten Pflanzen. Die Art breitet sich mit langen Ausläufern unter Wasser aus.

VORKOMMEN *Saubere, langsam fließende Gewässer wie Gräben, Teiche und Seen.*

HÖHE *Wasseroberfläche.*
BLÜTENGRÖSSE *1,8–2 cm Ø.*
BLÜTEZEIT *Juni–August.*
BLÄTTER *In Quirlen an Ausläufern, gerundet mit herzförmiger Basis; oft bronze getönt.*
FRUCHT *Kleine Kapsel.*
ÄHNLICHE ARTEN *Gewöhnl. Wassernabel (Hydrocotyle vulgaris), nicht aquatisch.*

Schwimmendes Laichkraut

Potamogeton natans (Potamogetonaceae)

Die breiten Blätter dieser Wasserpflanze sind am Grund verankert und treiben flach auf der Wasseroberfläche, während die Blätter unter Wasser lang und schmal sind. Die kleinen grünen Blüten ohne Kronblätter erscheinen in kurzen Ähren über der Wasseroberfläche. Sie werden durch den Wind bestäubt, was für eine Wasserpflanze ungewöhnlich ist.

VORKOMMEN *Bedeckt die Oberfläche nährstoffreicher Süßwasserteiche, Gräben und langsam fließender Flüsse. Kolonisiert ausgeräumte Teiche.*

Blütenstand über der Wasseroberfläche

AUSDAUERND

Oberfläche ledrig

grüne Früchte in Ähre

HÖHE *Wasseroberfläche, bis in 1 m Tiefe.*
BLÜTENGRÖSSE *3–4 mm Ø.*
BLÜTEZEIT *Mai–September.*
BLÄTTER *Gegenständig, breit auf Wasseroberfläche, lang und schmal unter Wasser.*
FRUCHT *Vier Nüsschen, jedes 3–4 mm lang.*
ÄHNLICHE ARTEN *Europ. Froschbiss (links); Wasser-Knöterich (Persicaria amphibia).*

Schopfige Traubenhyazinthe

Muscari comosum (Liliaceae)

An den aufrechten Stängeln sitzen zwei Arten von Blüten. Die schopfigen, langstieligen violetten Blüten sind steril und locken Insekten an. Die dunkel violettbraunen Blüten mit weißlichem Rand sitzen darunter und hängen herab. Dies sind die fruchtbaren Blüten, denen dreiteilige Kapseln folgen.

VORKOMMEN *Durchlässige Böden an Wegrändern und verwilderten, grasbewachsenen Standorten.*

langer Blütenstiel

untere Blüten glockenförmig

Schopf aus sterilen Blüten

glänzende, streifenförmige Blätter

fruchtbare braune Blüten

AUSDAUERND

HÖHE *25–50 cm.*
BLÜTENGRÖSSE *Fruchtbar 5–9 mm lang.*
BLÜTEZEIT *Mai–Juni.*
BLÄTTER *Grundständig, streifenförmig.*
FRUCHT *Dreiteilige Kapsel.*
ÄHNLICHE ARTEN *Weinbergs-Traubenhyazinthe (M. neglectum), die einheitlich blaue Blüten in einer dichten Traube hat.*

Blaustern

Scilla non-scripta (Liliaceae)

Diese westeuropäische Art ist leicht zu erkennen. Der Blaustern bildet dichte blaue Teppiche in Waldland, wo er blüht, wenn die Bäume beginnen auszutreiben. Die duftenden, nickenden violettblauen (selten weißen oder rosafarbenen) Blüten haben cremeweiße Staubblätter. Sie stehen einseitig in Gruppen zu fünf bis fünfzehn am Stängel. Die schmalen grundständigen Blätter bleiben noch einige Wochen nach der Blüte bestehen.

VORKOMMEN *Teppiche in Waldland und Gebüschen; am Westrand des Verbreitungsgebietes an Felsen am Meer.*

AUSDAUERND

ANMERKUNG
Die »Bluebell Woods« in Großbritannien und Irland bieten eine Blütenpracht, die in ganz Europa eine der bemerkenswertesten ist.

- fleischige, blattlose Blütenstiele
- blaue Tragblätter
- Blatt streifenförmig, dunkelgrün
- Blüten glockenförmig
- 6-teilige Blüte bildet eine Röhre

HÖHE *20–50 cm.*
BLÜTENGRÖSSE *1,5–2 cm lang.*
BLÜTEZEIT *April–Juni.*
BLÄTTER *Grundständig, lineal bis lanzenförmig.*
FRUCHT *Kleine dreiteilige Kapsel.*
ÄHNLICHE ARTEN *Scilla hispanica, der kräftiger ist, mit breiteren Glöckchen und blauen Staubbeuteln; verwildert oft aus Gärten.*

Bär-Lauch

Allium ursinum (Liliaceae)

Die Pflanze bringt zwei oder drei leuchtend grüne, breit elliptische Blätter hervor, die einer Zwiebel entspringen. Sie haben einen milden Knoblauchgeschmack und können in der Küche verwendet werden. Jede Dolde mit bis zu 25 sternförmigen Blüten ist in zwei papierartigen Hochblättern eingeschlossen, bevor sie sich öffnet.

VORKOMMEN *Laubwälder, Gebüsche, Böschungen, Hecken; feuchte Standorte und nährstoffreiche Böden.*

AUSDAUERND

Dolden mit weißen, sternförmigen Blüten

deutliche Spitze

Blatt kräftig grün

zwei Hochblätter schließen Knospen ein

HÖHE 30–45 cm.
BLÜTENGRÖSSE 1,2–2 cm Ø.
BLÜTEZEIT April–Juni.
BLÄTTER Grundständig, entspringen einer Zwiebel; breit elliptisch, kräftig grün.
FRUCHT Kleine, dreiteilige Kapsel.
ÄHNLICHE ARTEN Gewöhnl. Maiglöckchen (S. 195), das kleine Blüten in Trauben trägt.

Glöckchen-Lauch

Allium triquetrum (Liliaceae)

Diese Pflanze ist an ihren glockenartigen Blüten leicht zu erkennen. Die Kronblätter überlappen sich stark, öffnen sich nie ganz und haben einen schmalen grünen Streifen, der sowohl an der Außen- wie der Innenseite sichtbar ist. Der Stängelquerschnitt ist ausgeprägt dreieckig, die Kanten sind geflügelt. Die Blätter haben einen deutlichen Kiel, sodass auch sie dreieckig wirken. Zerdrückt man sie, so sondern sie einen starken Knoblauchduft ab.

VORKOMMEN *Im feuchten Halbschatten, auf Lichtungen, Wiesen und an Wegrändern; wird auch angebaut.*

Blütenscheide um junge Blüten

hängender Blütenstand

AUSDAUERND

schmaler grüner Streifen

kantiger, geflügelter Stängel

HÖHE 20–45 cm.
BLÜTENGRÖSSE 1,8 cm lang.
BLÜTEZEIT März–Mai.
BLÄTTER Schmal, spitz zulaufend, gekielt.
FRUCHT 3-teilige Kapsel mit vielen Samen.
VORKOMMEN In ganz Westeuropa.
ÄHNLICHE ART Der Lauch A. pendulinum, der aber viel kleinere Blüten hat.

Astlose Graslilie

Anthericum liliago (Liliaceae)

Diese attraktive Pflanze ist an ihren zierlichen weißen Blüten mit sechs Blütenblättern leicht zu erkennen, die in Trauben am Stängel sitzen. Bei näherer Betrachtung fallen die großen gelben Staubblätter auf, und der Griffel ist aufwärts gebogen. Die grundständigen Blätter sind lineal und grasartig.

VORKOMMEN *Durchlässige Standorte, wie grasbewachsene Hänge, Gebirgshänge und Wiesen, auf kalkhaltigem Boden.*

AUSDAUERND

Griffel gebogen

große gelbe Staubbeutel

Blatt grasartig

sternförmige weiße Blüten

HÖHE *30–70 cm.*
BLÜTENGRÖSSE *2–3,5 cm Durchmesser.*
BLÜTEZEIT *Mai–Juli.*
BLÄTTER *Grundständig, lineal.*
FRUCHT *Dreiteilige, vielsamige Kapsel.*
ÄHNLICHE ARTEN *Stern von Bethlehem (S. 197) mit größeren Blüten; Ästige Graslilie (A. ramosum) mit geradem Griffel.*

Wilde Tulpe

Tulipa sylvestris (Liliaceae)

Dies ist die einzige in Europa heimische Tulpenart. Sie stammt aus Frankreich und hat sich von dort ausgebreitet. Die Blüte hat sechs große Blütenblätter, oft zurückgebogen und außen grün oder rot getönt. Die gerillten Blätter sind auf der Innenseite graugrün gefärbt.

VORKOMMEN *Wiesen, grasbewachsene und steinige Stellen, offenes Waldland; verbreitet sich mit unterirdischen Ausläufern.*

große, leuchtend gelbe Blüten

schmales, ungezähntes Blatt

Blütenblätter außen rot getönt

Kronblatt zurückgebogen

AUSDAUERND

HÖHE *25–40 cm.*
BLÜTENGRÖSSE *4–7 cm lang.*
BLÜTEZEIT *April–Mai.*
BLÄTTER *Wechselständig, lineal; außen dunkelgrün, innen graugrün.*
FRUCHT *Dreiteilige Kapsel.*
ÄHNLICHE ARTEN *Wald-Gelbstern (Gagea lutea), der Dolden kleiner Blüten trägt.*

Gewöhnl. Maiglöckchen

Convallaria majalis (Liliaceae)

Obwohl die Blätter dieser Pflanze eine einfache Form haben, sind sie charakteristisch, wenn sie in Paaren auf dem Waldboden erscheinen. Die duftenden weißen Blüten hängen wie Glöckchen in einer lockeren Traube einseitig am Blütenstiel. Ihnen folgen giftige rote Beeren. Die Pflanze verbreitet sich mit unterirdischen Ausläufern.

VORKOMMEN
Bestände in trockenem Waldland, auf Gebirgswiesen; wird in Gärten gepflanzt und breitet sich von dort oft aus.

AUSDAUERND

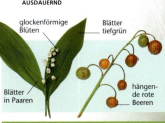

- glockenförmige Blüten
- Blätter tiefgrün
- Blätter in Paaren
- hängende rote Beeren

- Blätter elliptisch
- einseitige Blütentraube

HÖHE *15–25cm.*
BLÜTENGRÖSSE *5–8mm lang.*
BLÜTEZEIT *Mai–Juni.*
BLÄTTER *Grundständig in Paaren, elliptisch und ungezähnt.*
FRUCHT *Giftige rote Beeren.*
ÄHNLICHE ARTEN *Bär-Lauch (S. 193); Zweiblättriges Schattenblümchen (unten).*

Zweiblättriges Schattenblümchen

Maianthemum bifolium (Liliaceae)

Diese Art ist an ihren beiden herzförmigen Blättern zu erkennen, die auf halber Höhe am unverzweigten Stängel stehen. Im ersten Jahr erscheint nur ein Blatt. Die weißen Blüten stehen in lockeren Ähren. Jede Blüte hat vier spitze Kronblätter und Staubblätter, später folgt eine rote Beere.

VORKOMMEN *Bildet Teppiche in Nadel- und Laubwäldern; auf humusreichem Boden.*

AUSDAUERND

leuchtend rote Beere

- Ähren mit bis zu 20 Blüten
- Blätter herzförmig

HÖHE *15–20cm.*
BLÜTENGRÖSSE *2–5mm Ø.*
BLÜTEZEIT *Mai–Juni.*
BLÄTTER *Wechselständig, herzförmig; zwei Blätter auf halber Höhe des Stängels.*
FRUCHT *Rote Beere, 5mm breit.*
ÄHNLICHE ARTEN *Gewöhnl. Maiglöckchen, (oben), das glockenförmige Blüten hat.*

Vielblättrige Einbeere

Paris quadrifolia (Liliaceae)

Dieses Liliengewächs trägt Quirle aus nur vier Blättern auf halber Höhe des Stängels. Darüber erscheint eine einzelne Blüte mit vier sehr schmalen grünen Kelch- und Kronblättern und acht gelblichen Staubblättern. Das auffälligste Merkmal ist die große schwarze Fruchtkapsel in der Mitte, die aufspringt, um rote Samen zu entlassen. Die Pflanze verbreitet sich mit unterirdischen Rhizomen.

VORKOMMEN *Bildet Flecken in altem Waldland und anderen schattigen Standorten auf kalkhaltigem Boden.*

runde schwärzliche Kapsel

4 Kelch- und Kronblätter

8 auffällige Staubblätter

Quirle aus 4 eiförmigen Blättern

AUSDAUERND

HÖHE *20–40 cm.*
BLÜTENGRÖSSE *3–5 cm Ø.*
BLÜTEZEIT *Mai–Juni.*
BLÄTTER *In Quirlen, eiförmig und zugespitzt.*
FRUCHT *Kapsel, bis 1 cm Durchmesser, enthält kleine rote Samen.*
ÄHNLICH *Ausdauerndes Bingelkraut (S. 103), das mehr Blätter und Blütenähren trägt.*

Stachliger Mäusedorn

Ruscus aculeatus (Liliaceae)

Die blattähnlichen Gebilde sind blattartig umgewandelte Sprosse (Kladodien). Die eigentlichen Stängel sind aufrecht und im oberen Teil verzweigt. Die kleinen grünen Blüten erscheinen direkt auf der Oberfläche der Kladodien, und jede Blüte hat drei Kron- und drei Kelchblätter, die männlichen Blüten außerdem violette Staubblätter.

VORKOMMEN *Altes Waldland, Gebüsche und Hecken, auch im tiefen Schatten; steinige Stellen am Meer; bevorzugt Trockenheit.*

leuchtend rote Beere

robuste Kladodien mit Stachelspitze

Blüten mit je 3 Kron- und Kelchblättern

AUSDAUERND

fein strukturierter Stängel

HÖHE *25–80 cm.*
BLÜTENGRÖSSE *3–5 mm Durchmesser.*
BLÜTEZEIT *Januar–April.*
BLÄTTER *Wechselständige Kladodien; robust, elliptisch, mit Stachelspitze; dunkelgrün.*
FRUCHT *Leuchtend rote Beere, 1–1,5 cm Ø.*
ÄHNLICHE ARTEN *Keine; Verwechslung mit Stechpalme (*Ilex aquifolium*) möglich.*

Stern von Bethlehem

Ornithogalum umbellatum (Liliaceae)

Diese Art trägt sternförmige weiße Blüten in lockeren Rispen. Die Blütenblätter tragen an der Außenseite einen grünen Streifen, der deutlich sichtbar ist, außer, die Blüten sind bei Sonnenschein völlig geöffnet. Die sechs Staubblätter sind auffallend. Die Blätter tragen einen hellen Mittelstreifen.

VORKOMMEN *Grasbewachsene Stellen, Waldlichtungen, Wiesen, Wegränder, Ödland.*

AUSDAUERND

Blatt grasartig

grüner Streifen auf Blütenblatt

gelbe Staubbeutel

lange, schmale Blätter

Blüten mit 6 Blütenblättern

HÖHE *15–30 cm.*
BLÜTENGRÖSSE *3–4 cm Durchmesser.*
BLÜTEZEIT *April–Juni.*
BLÄTTER *Grundständig, lineal, mit hellem Streifen, schlaff und überhängend.*
FRUCHT *Dreiteilige Kapsel mit zahlreichen Samen.*
ÄHNLICHE ARTEN *Astlose Graslilie (S. 194).*

Vielblütige Weißwurz

Polygonatum multiflorum (Liliaceae)

Die Blätter dieser Art sitzen in zwei Reihen an den Seiten der langen, gewölbten Stängel. Jedes Blatt ist eiförmig und spitz mit charakteristischen parallelen Adern, die Ränder sind ungezähnt. Die Blüten, die in kleinen Büscheln von der Blattachse hängen, sind weiße Glöckchen mit grüner Spitze und duften nicht. Die Früchte hängen bis in den Herbst an der Pflanze.

VORKOMMEN *Schattige Stellen in Waldland, bei Hecken, auf kalkhaltigem Boden.*

AUSDAUERND

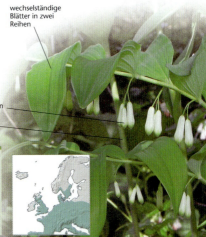

wechselständige Blätter in zwei Reihen

runde schwarze Beeren, giftig

schmale, glockenförmige Blüten

langer Stängel

HÖHE *40–70 cm.*
BLÜTENGRÖSSE *1–2 cm lang.*
BLÜTEZEIT *Mai–Juni.*
BLÄTTER *Wechselständig, eiförmig, spitz.*
FRUCHT *Schwarze Beere mit bläulichem Glanz, 1 cm breit.*
ÄHNLICHE ARTEN *Wohlriechende Weißwurz (P. odoratum) mit größeren, duftenden Blüten.*

Sommer-Knotenblume

Leucojum aestivum (Amaryllidaceae)

Die Blätter der Sommer-Knotenblume sind streifenförmig und dunkelgrün. Ein Hochblatt entrollt sich, und drei bis sechs glockenförmige Blüten erscheinen, deren weiße Kronblätter je einen grünen Fleck an der Spitze haben. Die Frühlings-Knotenblume ist ähnlich, hat jedoch einzelne oder paarige Blüten.

VORKOMMEN *Feuchte Standorte in Flussnähe, Sümpfe, feuchtes Waldland; wird in Gärten gepflanzt und verwildert oft.*

große, spitze Blätter

6 Kronblätter

AUSDAUERND

Fruchtknoten unterhalb der Kronblätter

Hochblatt

grüner Fleck an der Spitze jedes Kronblattes

Blüten nickend

HÖHE *30–50cm.*
BLÜTENGRÖSSE *1,5–2cm lang.*
BLÜTEZEIT *April–Juni.*
BLÄTTER *Grundständig, streifenförmig.*
FRUCHT *Kleine, dreiteilige Kapsel.*
ÄHNLICHE ARTEN *Kleines Schneeglöckchen (unten), kleiner mit drei Kelchblättern; Frühlings-Knotenblume (L. vernum).*

Kleines Schneeglöckchen

Galanthus nivalis (Amaryllidaceae)

Diese Art ist im Frühjahr eine der ersten blühenden Pflanzen. Zunächst erscheinen zwei schmale graugrüne Blätter, bald folgen die Blütenstiele. Jeder trägt eine einzelne weiße Blüte mit drei weit geöffneten Kelchblättern, die viel kürzeren, gekerbten Kronblätter sind auf der Innenseite grün gestreift. Nach der Blüte erscheinen weitere Blätter.

VORKOMMEN *Bestände in Gebüschen, Waldland, auf schattigen Wiesen, an Böschungen; kultiviert und verwildert.*

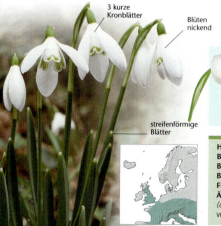

3 kurze Kronblätter

Blüten nickend

3 weiße Kelchblätter

gefüllte Blüte

AUSDAUERND

grüne Streifen

streifenförmige Blätter

HÖHE *10–20cm.*
BLÜTENGRÖSSE *1,5–2cm lang.*
BLÜTEZEIT *Januar–März.*
BLÄTTER *Grundständig, streifenförmig.*
FRUCHT *Kleine dreiteilige Kapsel.*
ÄHNLICHE ARTEN *Sommer-Knotenblume (oben); Frühlings-Knotenblume (Leucojum vernum), Kronblätter mit grünen Spitzen.*

Gelbe Narzisse

Narcissus pseudonarcissus (Amaryllidaceae)

Die einzelnen Blüten bestehen aus sechs äußeren hellgelben Tepalen (kronblattartige Kelch- und Kronblätter) und einer zentralen Röhre, die dunkler gelb ist. An der Basis der Blüte sitzt ein papierartiges Hochblatt. Die graugrünen Blätter sind lineal und fleischig. Die Fruchtkapsel enthält viele Samen, so dass sich große Bestände entwickeln.

VORKOMMEN *Bestände in alten Laubwäldern, auf Wiesen, an Flussufern, entlang Hecken.*

- langes, schmales Blatt
- 6 gelbe Tepalen
- gelbe Staubblätter

AUSDAUERND

- dreieckige, leicht verdrehte Tepalen
- papierartiges Hochblatt
- trompetenförmige, tiefgelbe Röhre

HÖHE *30–50 cm.*
BLÜTENGRÖSSE *2,5–4 cm lang.*
BLÜTEZEIT *März–Mai.*
BLÄTTER *Grundständig, lineal, 6–12 m breit, 2–5 Stück; fleischig, graugrün.*
FRUCHT *Dreiteilige Kapsel mit vielen Samen.*
ÄHNLICHE ARTEN *Kultivierte Sorten dieser Art mit den unterschiedlichsten Blüten.*

Dünen-Trichternarzisse

Pancratium maritimum (Amaryllidaceae)

Diese Pflanze bringt in der größten Hitze mitten im Sand strahlend weiße Blüten hervor. Ihre Zwiebel sitzt tief im Boden und schiebt im Winter oder Vorfrühling schmale Blätter heraus, die oft vor der Blütezeit absterben. Der Stängel trägt 3–14 doldig gehäufte Blüten mit je sechs Hüllblättern rings um eine Nebenkrone. Diese ist fast so lang wie das Perigon und trägt am Rand zwölf breite Zähne.

VORKOMMEN *An sandigen Küstenstandorten und auf Sanddünen des Mittelmeerraums.*

AUSDAUERND

- grün gestreifte Knospe
- lange Blütenhüllblätter
- lange, gezähnte Nebenkrone
- verdrilltes Blatt
- bandförmige Blattspreite
- schmale, weiße Blütenhüllblätter

HÖHE *Bis zu 50 cm.*
BLÜTENGRÖSSE *10–15 cm Ø.*
BLÜTEZEIT *Juli–Oktober.*
BLÄTTER *Schmal, blaugrün, 1–2 cm breit.*
FRUCHT *Große, 3-seitige Kapsel.*
ÄHNLICHE ARTEN *Illyrische Trichternarzisse (P. illyricum) auf Korsika und Sardinien, sehr kurze Nebenkrone und viel breitere Blätter.*

Gewöhnl. Schmerwurz

Tamus communis (Dioscoreaceae)

Die glänzenden, herzförmigen Blätter dieser Kletterpflanze sind unverkennbar. Die grünlich gelben Blüten erscheinen an langen, herabhängenden Blütenständen. Die männlichen Blüten sitzen an schlanken Ähren, die weiblichen an kürzeren Rispen an getrennten Pflanzen. Die glänzenden roten Beeren sind ebenso giftig wie die schwarzen Knollen.

VORKOMMEN *Überwuchert Hecken, Bäume und Gebüsche, auch Weidezäune; meist in tieferen Lagen.*

AUSDAUERND

windende Stängel

männliche Blüten in herabhängenden Ähren

6 Kronblätter

Rispe mit roten Beeren

HÖHE *Bis zu 4 m.*
BLÜTENGRÖSSE *3–6 mm Ø.*
BLÜTEZEIT *Mai–Juli.*
BLÄTTER *Wechselständig, herzförmig; grün.*
FRUCHT *Rote, fleischige Beere.*
ÄHNLICHE ARTEN *Gewöhnlicher Efeu (S. 116) mit Blüten in runden Blütenständen; Gewöhnliche Zaunwinde (S. 138).*

Sumpf-Schwertlilie

Iris pseudacorus (Iridaceae)

Die flachen Blätter sind an der Basis ineinander im Winkel verschachtelt. Die leuchtend gelbe Blüte setzt sich aus drei herabhängenden Blütenblättern mit blassbrauner Zeichnung und drei aufrechten Blütenblättern, die kleiner und nicht gezeichnet sind, zusammen. Die große, längliche, hängende Fruchtkapsel trocknet und springt auf, um Reihen orangebrauner Samen freizugeben.

VORKOMMEN: *Sümpfe, Teich- und Flussufer, Ränder von Schilfgürteln und Gräben.*

zugespitzt

Blatt flach, schwertförmig

orangebraune Samen

braune Fruchtkapsel

leuchtend gelbe Blüten

AUSDAUERND

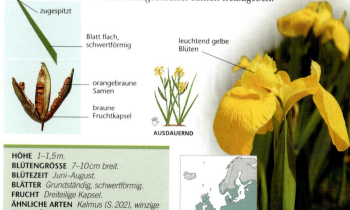

HÖHE *1–1,5 m.*
BLÜTENGRÖSSE *7–10 cm breit.*
BLÜTEZEIT *Juni–August.*
BLÄTTER *Grundständig, schwertförmig.*
FRUCHT *Dreiteilige Kapsel.*
ÄHNLICHE ARTEN *Kalmus (S. 202), winzige Blüten; Ästiger Igelkolben (S. 203); Übelriechende Schwertlilie (rechts), gelbe Form.*

Übelriechende Schwertlilie

Iris foetidissima (Iridaceae)

Die großen Blätter sind immergrün. Ihr Geruch, vor allem wenn man sie zerreibt, erinnert an gebratenes Fleisch. Die herabhängenden Blütenblätter sind immer dunkel geädert, und die inneren gelblichen, gekerbten Blütenblätter sind in Wirklichkeit modifizierte Staubblätter. Die roten Beeren bleiben bis in den frühen Winter an der Pflanze.

VORKOMMEN *Schattige Standorte in Waldland, an Hecken, Böschungen und Wegen, in feuchten Gebieten; meidet sauren Boden.*

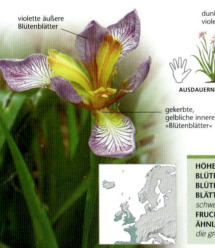
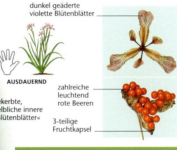

HÖHE *40–70 cm.*
BLÜTENGRÖSSE *5,5–8 cm Ø.*
BLÜTEZEIT *Mai–Juli.*
BLÄTTER *Grundständig und wechselständig, schwertförmig, bis zu 2,5 cm breit.*
FRUCHT *Dreiteilige Kapsel mit roten Beeren.*
ÄHNLICHE ARTEN *Sumpf-Schwertlilie (links), die größer ist;* Iris foetidissima *var.* citrina.

Deutsche Schwertlilie

Iris germanica (Iridaceae)

Diese hohe, robuste Iris wird so viel angepflanzt, dass ihre eigentliche Herkunft im Ungewissen liegt. Sie ist recht variabel, wobei in jeder Teilregion rund ums Mittelmeer andere Formen vorherrschen. Die drei bis vier duftenden Blüten an einem Stängel sind stets lebhaft violettblau, haben einen gelben Bart, dunkle Adern auf den Hängeblättern und purpurn behauchte Blütenscheiden.

VORKOMMEN *Auf Kulturland, Feld- und Grabenrändern, in Olivenhainen und aufgegebenen Weinbergen.*

HÖHE *Bis zu 1 m.*
BLÜTENGRÖSSE *9–11 cm lang.*
BLÜTEZEIT *April–Juni.*
BLÄTTER *Schwertförmig, 2–4 cm breit.*
FRUCHT *Dreiteilige Kapsel.*
ÄHNLICHE ARTEN Iris pallida *in Norditalien: mit blasser blauen Blüten und silbrigen Blütenscheiden.*

Sumpf-Siegwurz

Gladiolus palustris (Iridaceae)

Diese Pflanze ist kaum zu übersehen, wenn sie in voller Blüte steht. Die drei bis sechs Blüten öffnen sich in eine Richtung entlang der eleganten Ähre. Jede Blüte hat fünf Blütenblätter, vier hängende und ein aufrechtes, unter dem die Staubblätter verborgen sind. Die schmalen Blätter sind leicht zu übersehen, bevor sich die Blüten öffnen.

VORKOMMEN *Lockere Bestände zwischen Gras in feuchten Wiesen, Weiden und offenen Gebüschen.*

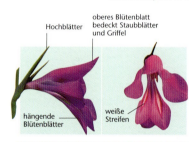

HÖHE *50–90 cm.*
BLÜTENGRÖSSE *2,5–4,5 cm lang.*
BLÜTEZEIT *Juni–Juli.*
BLÄTTER *Grundständig, lanzenförmig, spitz, 5–10 mm breit.*
FRUCHT *Dreiteilige Kapsel.*
ÄHNLICHE ARTEN *Illyrische Siegwurz (G. illyricus) mit gegenständigen Blüten.*

Kalmus

Acorus calamus (Araceae)

Die Blätter ähneln denen der Sumpf-Schwertlilie (S. 200). Man kann sie jedoch daran erkennen, dass sie gewellt sind, meist auf einer Seite der Mittelrippe. Sie sind schwertförmig mit scharfer Spitze. Der Blütenkolben, der auf halber Höhe der Pflanze entspringt, erscheint nicht immer oder kann schwierig zu entdecken sein. Er besteht aus winzigen gelben Blüten mit je sechs Staubblättern.

VORKOMMEN *Schlammige Ränder von Schilfbeständen, Teichen und langsam fließenden Flüssen; oft zwischen ähnlichen Pflanzen.*

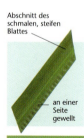

HÖHE *80–120 cm.*
BLÜTENGRÖSSE *Kolben bis zu 9 cm lang.*
BLÜTEZEIT *Juni–Juli.*
BLÄTTER *Grundständig, schwertförmig.*
FRUCHT *Beere, reift in Europa jedoch nicht.*
ÄHNLICH *Ästiger Igelkolben (rechts), Sumpf-Schwertlilie (S. 200), Breitblättriger Rohrkolben (S. 204), unterschiedliche Blüten.*

Gefleckter Aronstab

Arum maculatum (Araceae)

Die Blätter sind oft dunkel gefleckt und haben eine gerunzelte Oberfläche. Ein großes, gelbgrünes Hüllblatt umgibt einen Kolben. Dieser lockt mit erzeugter Wärme und Aasgeruch Fliegen zu den eigentlichen Blüten, die in einem Kessel unterhalb verborgen sind. Die grünen Teile der Pflanze sterben ab, den Blüten folgen im Spätsommer giftige Beeren.

VORKOMMEN *Im Schatten in Waldland und Gebüschen, an Hecken, vor allem an Wegen oder an trockenen Böschungen.*

großes gelbgrünes Hüllblatt

gerunzelte pfeilförmige Blätter

brauner Kolben

AUSDAUERND

Blatt tiefgrün

grüne bis orangerote Früchte

gelegentlich schwarze Flecken

Beeren an kurzem Stiel

HÖHE 15–35 cm.
BLÜTENGRÖSSE Hüllblatt 10–20 cm lang.
BLÜTEZEIT April–Mai.
BLÄTTER Grundständig, pfeilförmig, gerunzelt; dunkelgrün, oft mit dunklen Flecken.
FRUCHT Rote Beere.
ÄHNLICHE ARTEN Schlangenwurz *(Calla palustris)*; Ital. Aronstab *(A. italicum)*.

WILDBLUMEN

Ästiger Igelkolben

Sparganium erectum (Sparganiceae)

Die steifen Blätter sind schwierig von denen ähnlicher Pflanzen zu unterscheiden. Die Blüten sind jedoch charakteristisch: Die verzweigten Stängel tragen gelbgrüne, runde weibliche Blütenköpfe, und oberhalb sitzen die kleineren männlichen mit weißen Staubblättern. Wenn sich die Frucht bildet, schwellen die weiblichen Blütenköpfe zu einer stacheligen Kugel an. Die Pflanze verbreitet sich durch Rhizome.

VORKOMMEN *Ränder von Teichen, Gräben, Seen und langsam fließenden Flüssen; oft zwischen Pflanzen mit ähnlichen Blättern.*

männliche Blütenköpfe in Ähren

runde weibliche Blütenköpfe

streifenförmiges Blatt

weiße Staubblätter

AUSDAUERND

HÖHE 80–150 cm.
BLÜTENGRÖSSE 1–2 cm Durchmesser.
BLÜTEZEIT Juni–August.
BLÄTTER Grundständig, streifenförmig, steif.
FRUCHT Einsamig im Fruchtstand.
ÄHNLICHE ARTEN Kalmus (links), Sumpf-Schwertlilie (S. 200), Breitblättr. Rohrkolben (S. 204); Einfacher Igelkolben (S. emersum).

Breitblättriger Rohrkolben

Typha latifolia (Typhaceae)

Die Stängel entspringen Rhizomen in seichtem Wasser oder Schlamm. Die schwertförmigen Blätter sind schwer von denen ähnlicher Pflanzen zu unterscheiden. Der dunkelbraune, filzige Kolben besteht aus den weiblichen Blüten. Die gelben männlichen Blüten erscheinen in einem schmalen Kolben direkt darüber. Im Winter oder folgenden Frühjahr bricht der braune Kolben auf und entlässt tausende leichter, fiedriger Samen, die vom Wind verdriftet werden.

VORKOMMEN *Süßwasserstandorte wie Teich- und Flussufer, Sümpfe, Gräben; steht immer im Wasser.*

- dichte, zylindrische Kolben
- hohe, schwertförmige Blätter
- zigarrenähnlicher weiblicher Kolben
- gelber männlicher Kolben
- Kolben entlässt Früchte

AUSDAUERND

HÖHE 1,5–2,8 m.
BLÜTENGRÖSSE Weibl. Kolben bis zu 15 cm.
BLÜTEZEIT Juli–August.
BLÄTTER Schwertförmig, aufrecht.
FRUCHT Kapsel mit fiedrigen Samen.
ÄHNLICHE ARTEN Ästiger Igelkolben (S. 203), gelbgrüne Blütenstände; Schmalblättr. Rohrkolben (T. angustifolia), schmalere Blätter.

Vogel-Nestwurz

Neottia nidus-avis (Orchidaceae)

Diese Orchidee besitzt kein Chlorophyll und bezieht alle Nährstoffe von einem Pilz in ihrem Wurzelsystem, der totes organisches Material aufschließt. Die ganze Pflanze ist gelblich braun. Die zahlreichen Blüten haben braune Blütenblätter, eine lange Unterlippe und sitzen über papierartigen Tragblättern. Die Blätter sind auf überlappende Schuppen am Stängel reduziert.

VORKOMMEN *Schattige Stellen in Laubwäldern, v. a. mit Buchen und Haseln; meist zwischen Falllaub verborgen.*

- braune Blütenblätter
- Unterlippe gelappt
- Ähre mit zahlreichen Blüten
- Stängel gelblich braun

AUSDAUERND

HÖHE 20–40 cm.
BLÜTENGRÖSSE Unterlippe 8–12 mm lang.
BLÜTEZEIT Mai–Juli.
BLÄTTER Wechselständige Schuppen.
FRUCHT Kapsel mit vielen Samen.
ÄHNLICHE ARTEN Gew. Schuppenwurz (Lathraea squamaria); Kl. Sommerwurz (S. 161); Blattloser Widerbart (Epipogium aphyllum).

Frauenschuh

Cypripedium calceolus (Orchidaceae)

Diese seltene Art ist unter den europäischen Orchideen wahrscheinlich die auffälligste und am exotischsten wirkende. Die vier schmalen, gedrehten Blütenblätter sind violettbraun, die Unterlippe jedoch ist sehr auffällig. Sie ist aufgeblasen, außen hellgelb und fein gestreift und innen rot gesprenkelt. Die seltene Pflanze ist nach der Bundesartenschutzverordnung streng geschützt.

VORKOMMEN *Wiesen und Waldlichtungen; meist an Gebirgshängen und im Hügelland, kalkhaltiger Boden.*

WILDBLUMEN

gedrehte violettbraune Blütenblätter

kräftiger, aufrechter Stängel

breite, elliptische, hellgrüne Blätter

große, pantoffelartige Unterlippe

AUSDAUERND

HÖHE 25–50 cm.
BLÜTENGRÖSSE Unterlippe 4–6 cm lang.
BLÜTEZEIT Mai–Juni.
BLÄTTER Wechselständig, grundständig.
FRUCHT Kapsel mit vielen winzigen Samen.
ÄHNLICHE ARTEN Kappenständel (*Calypso bulbosa*), die rosafarbene Blüten mit einer Unterlippe hat; nur Finnland und Schweden.

Breitblättr. Ständelwurz

Epipactis helleborine (Orchidaceae)

Diese *Epipactis*-Art wächst und blüht, wenn es im Wald am schattigsten ist. Ein Pilz im Wurzelsystem dieser Orchidee macht das möglich, indem der sie mit zusätzlichen Nährstoffen versorgt – eine Partnerschaft, von der der Pilz anscheinend keinen Vorteil hat. Bis zu 50 Blüten stehen in langen Ähren. Sie sind kompliziert gebaut mit grünlichen Kelch- und Kronblättern und einer großen rosafarbenen, roten oder gelegentlich weißen Unterlippe. Die Blätter sind breit eiförmig.

VORKOMMEN *Schattige Stellen in Laubwäldern, an Wegrändern, auf kalkhaltigen Böden; manchmal auf Dünen.*

schmales Hochblatt unter Blüte

Blatt breit, geädert

weiche Fruchtkapsel

grünliche Kelchblätter

seitliche Kronblätter flügelartig

Unterlippe zurückgebogen

AUSDAUERND

HÖHE 50–80 cm.
BLÜTENGRÖSSE Unterlippe 1 cm lang.
BLÜTEZEIT Juli–August.
BLÄTTER Spiralig angeordnet, stark geädert.
FRUCHT Hängende, vielsamige Kapsel.
ÄHNLICHE ARTEN Sumpf-Ständelwurz (S. 206); Violette Ständelwurz (*E. purpurata*); Braunrote Ständelwurz (*E. atrorubens*).

Sumpf-Ständelwurz

Epipactis palustris (Orchidaceae)

Jede Blüte hat drei weiße Kronblätter, die rosa gestreift und getönt sind. Das untere trägt einen gelben Fleck und einen gekräuselten Rand. Die drei aufrechten, weit geöffneten Kelchblätter sind grün, oft jedoch stark rot überlaufen. Die drei bis acht Blätter sind spieß- oder lanzenförmig. Die Art wird immer seltener, da ihr Lebensraum durch Trockenlegung und Wasserverschmutzung zerstört wird.

VORKOMMEN *In Beständen an feuchten Standorten, wie Sümpfen und Feuchtwiesen; bevorzugt kalkhaltigen Boden.*

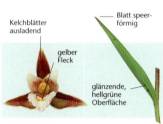

HÖHE *30–50 cm.*
BLÜTENGRÖSSE *Unterlippe 1–2 cm lang.*
BLÜTEZEIT *Juli–August.*
BLÄTTER *Wechselständig.*
FRUCHT *Dreiteilige, hängende Kapsel.*
ÄHNLICHE ARTEN *Rotes Waldvögelein (rechts) mit dunkelrosa Blüten; Breitblättrige Ständelwurz (S. 205), viel breitere Blätter.*

Langblättriges Waldvögelein

Cephalanthera longifolia (Orchidaceae)

Die lockeren Trauben mit den reinweißen Blüten dieser Orchidee leuchten im Dämmerlicht in schattigem Waldland. Kelch- und Kronblätter sind ziemlich lang und spitz, die Unterlippe ist kürzer und trägt eine orangefarbene Zeichnung. Die wechselständigen Blätter sind lang, schmal und an den Enden spitz.

VORKOMMEN *Waldland, oft Buchenwälder, und andere schattige Standorte; auf kalkhaltigem Boden.*

HÖHE *40–60 cm.*
BLÜTENGRÖSSE *Unterlippe 1–1,6 cm lang.*
BLÜTEZEIT *Mai–Juni.*
BLÄTTER *Wechselständig; lanzenförmig bis lineal; dunkelgrün.*
FRUCHT *Kapsel mit vielen winzigen Samen.*
ÄHNLICHE ARTEN *Bleiches Waldvögelein (C. damasonium), das breitere Blätter hat.*

Rotes Waldvögelein

Cephalanthera rubra (Orchidaceae)

Die hellroten Blüten dieser eleganten Orchidee fallen in den Wäldern und Gebüschen, wo sie vorkommt, auf. Die Kelch- und Kronblätter sind zu Spitzen ausgezogen, die seitlichen Kelchblätter wie Flügel ausgebreitet. Die zentrale Lippe ist fein gelb gezeichnet. Die hellgrünen Blätter sind schmal und spitz und der Länge nach gefaltet.

VORKOMMEN *Einzeln oder in kleinen Gruppen auf Waldlichtungen und Waldrändern, in Gebüschen; bevorzugt Halbschatten.*

Spitze Kelch- und Kronblätter

Blüten in lockeren Ähren

AUSDAUERND

Blatt der Länge nach gefaltet

flügelartige Kelchblätter

HÖHE *40–60cm.*
BLÜTENGRÖSSE *Unterlippe 1,7–2,2cm lang.*
BLÜTEZEIT *Juni–Juli.*
BLÄTTER *Wechselständig, lang, gefaltet.*
FRUCHT *Kapsel mit winzigen Samen.*
ÄHNLICHE ARTEN *Braunrote Ständelwurz (Epipactis atrorubens) mit dunkleren Blüten und breiteren Blättern.*

Violetter Dingel

Limodorum abortivum (Orchidaceae)

Diese Art ernährt sich von verrottenden Substanzen im Boden, ähnlich wie Pilze, parasitiert aber vielleicht auch auf den Wurzeln lebender Pflanzen. Daher benötigt sie keine grünen Blätter; am Stängel stehen stattdessen nur einige braune Schuppen. Die Blütenähren stehen allein oder in Gruppen von bis zu vier Stängeln.

ganze Pflanze leicht violett

VORKOMMEN *In leichtem Schatten im Gras, an Wegen und Ufern, normalerweise in der Nähe von Kiefern.*

abgespreizte Kron- und Kelchblätter

lockere Blütenähre

Blüte mit gelbem Rachen

AUSDAUERND

HÖHE *40–80cm.*
BLÜTENGRÖSSE *4–4,5cm breit.*
BLÜTEZEIT *April–Juni.*
BLÄTTER *Nur einige violettbraune Schuppenblätter am Stängel.*
FRUCHT *Kapsel mit vielen Samen.*
ÄHNLICHE ARTEN *Rotes Waldvögelein (oben).*

Kleines Zweiblatt

Listera ovata (Orchidaceae)

Diese häufige und verbreitete Orchidee hat nur zwei auffallend geäderte eiförmige Blätter nahe dem Grund und bringt einen einzigen Blütenstiel hervor, an dessen Spitze zahlreiche gelbgrüne Blüten sitzen. Jede Blüte hat eine lange, tief gegabelte Unterlippe. Die Blätter sind auffälliger als die Blütenstände, werden aber oft schnell von Insekten gefressen.

VORKOMMEN *Halbschattige Wälder, Gebüsche, Wiesen, auf sumpfigem Grund oder Dünen, auf unterschiedlichen Böden.*

unverzweigte Adern

gegabelte Unterlippe

zahlreiche Blüten oben am Stängel

hoher, aufrechter Stängel

AUSDAUERND

HÖHE *20–60 cm.*
BLÜTENGRÖSSE *Lippe 7–15 mm lang.*
BLÜTEZEIT *Mai–Juli.*
BLÄTTER *Grundständig, einfach; zwei eiförmige Blätter an jeder Pflanze.*
FRUCHT *Kapsel mit vielen winzigen Samen.*
ÄHNLICHE ARTEN *Ohnsporn (Aceras anthropophorum), die lange, schmale Blätter hat.*

Herbst-Drehwurz

Spiranthes spiralis (Orchidaceae)

Diese kleine Orchidee ist schwierig zu entdecken. Hat man sie jedoch einmal gesehen, ist sie unverkennbar. Zahlreiche kleine Blüten mit Unterlippen mit gekräuseltem Rand sitzen spiralig aufgereiht am Stängel. Die Blätter in einer grundständigen Rosette sind zur Blütezeit verwelkt, die Rosette des nächsten Jahres oft jedoch schon zu sehen.

VORKOMMEN *Trockenes Grasland, Dünen, bevorzugt kalkhaltigen Boden; fehlt in manchen Jahren.*

eiförmiges, fleischiges Blatt

gelbliche Unterlippe

weiße Blüten

Blütenähre

AUSDAUERND

HÖHE *8–15 cm.*
BLÜTENGRÖSSE *4–6 mm lang.*
BLÜTEZEIT *August–September.*
BLÄTTER *Grundständige Rosette, am Stängel schuppenförmige Blätter.*
FRUCHT *Kapsel mit vielen winzigen Samen.*
ÄHNLICHE ARTEN *Kriechendes Netzblatt (Goodyera repens).*

Weiße Waldhyazinthe

Platanthera bifolia (Orchidaceae)

Diese Orchidee hat zwei längliche, glänzende Blätter und bringt eine kräftige Ähre mit schuppenförmigen Blättern hervor, die nach Vanille duftende Blüten trägt. Am auffälligsten ist die lange, dünne Unterlippe, die hinten einen sehr langen, schmalen Sporn trägt. Die zwei kleinen gelben Staubblätter liegen parallel zueinander. Die Grünliche Waldhyazinthe ist größer und duftet stärker nach Vanille.

VORKOMMEN Unterschiedliche Standorte, wie Sümpfe, Heidegebiete, Waldränder und Lichtungen; auf verschiedenen Böden.

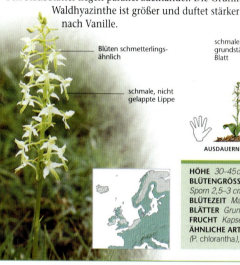

Blüten schmetterlingsähnlich

schmale, nicht gelappte Lippe

schmales, grundständiges Blatt

kleine Staubblätter

AUSDAUERND

HÖHE *30–45 cm.*
BLÜTENGRÖSSE *Unterlippe 6–12 mm lang; Sporn 2,5–3 cm lang.*
BLÜTEZEIT *Mai–Juli.*
BLÄTTER *Grundständig, länglich.*
FRUCHT *Kapsel mit unzähligen Samen.*
ÄHNLICHE ARTEN *Grünliche Waldhyazinthe (P. chlorantha), die insgesamt größer ist.*

Gewöhnliche Mücken-Händelwurz

Gymnadenia conopsea (Orchidaceae)

Die dichte Blütenähre dieser Orchidee duftet immer nach Vanille. Die rosafarbenen, manchmal hellvioletten Blüten haben eine dreilappige Unterlippe, flügelähnliche Kelchblätter an den Seiten und hinten einen schlanken, gebogenen Sporn. Die linealen, gerillten Blätter sind hellgrün ohne Flecken.

VORKOMMEN *Auf trockenem Grasland und in Gebüschen, meist an Hängen mit kalkhaltigen Böden.*

kleine Blüten in dichten Ähren

langes, schmales Blatt

3-lappige Unterlippe

langer Sporn

aufrechter Stängel

AUSDAUERND

HÖHE *20–40 cm.*
BLÜTENGRÖSSE *Unterlippe 4–6 mm lang.*
BLÜTEZEIT *Juni–Juli.*
BLÄTTER *Wechselständig, lineal.*
FRUCHT *Kapsel mit winzigen Samen.*
ÄHNLICHE ARTEN *Hundswurz (S. 210), die eine dunklere, kürzere, kegelförmige Blütenähre hat.*

Fuchs' Knabenkraut

Dactylorhiza fuchsii (Orchidaceae)

Bevor sich die Blütenähre entwickelt hat, ist diese Orchidee an den dunklen Flecken auf den glänzenden Blättern zu erkennen. Die Blüten haben nach oben stehende, flügelähnliche Kelchblätter und eine dreilappige, gezeichnete Unterlippe. Die Färbung der Kronblätter variiert von weiß über rosafarben zu rotviolett.

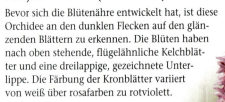

VORKOMMEN Bestände in offenen Wäldern, Wiesen, Sümpfen, an Wegrändern; auf kalkhaltigen Böden.

schmales Blatt · runde Flecken · Lippe gezeichnet

AUSDAUERND

Blüten in dichten Ähren · einzelner Stängel

HÖHE 20–45 cm.
BLÜTENGRÖSSE Unterlippe 1–1,2 cm lang.
BLÜTEZEIT Juni–Juli.
BLÄTTER Zunächst grundständige Rosette, dann wechselständig.
FRUCHT Kapsel mit winzigen Samen.
ÄHNLICHE ARTEN Geflecktes Knabenkraut mit schwach gelappter Lippe.

Hundswurz

Anacamptis pyramidalis (Orchidaceae)

Diese Orchidee hat einen kegelförmigen Blütenstand. Die kleinen Blüten sind manchmal hell, meist aber dunkel rosafarben. Sie haben weder Adern noch Flecken, hinten jedoch einen langen Sporn, aus dem Falter Nektar trinken.

VORKOMMEN Offene, grasbewachsene Standorte, leicht beweidete Weiden, Dünen, Wegränder; bevorzugt durchlässige, kalkhaltige Böden.

AUSDAUERND

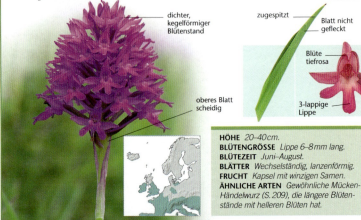

dichter, kegelförmiger Blütenstand · oberes Blatt scheidig · zugespitzt · Blatt nicht gefleckt · Blüte tiefrosa · 3-lappige Lippe

HÖHE 20–40 cm.
BLÜTENGRÖSSE Lippe 6–8 mm lang.
BLÜTEZEIT Juni–August.
BLÄTTER Wechselständig, lanzenförmig.
FRUCHT Kapsel mit winzigen Samen.
ÄHNLICHE ARTEN Gewöhnliche Mücken-Händelwurz (S. 209), die längere Blütenstände mit helleren Blüten hat.

Manns-Knabenkraut

Orchis mascula (Orchidaceae)

Diese Art ist im Frühjahr oft die erste Orchidee und an den länglichen violetten Flecken auf den Blättern zu erkennen. Die Unterlippe der Blüte ist schmal und zurückgebogen und trägt einen hellen Fleck mit dunklen Tupfen. Die Kelchblätter und der lange Sporn weisen wie Flügel nach oben.

VORKOMMEN *Einzeln oder in lockeren Beständen an halbschattigen Standorten in Waldland, an Wegrändern.*

WILDBLUMEN

AUSDAUERND

lange, schmale Blütenähre

lange dunkle Flecken

dunkelgrünes Blatt

Sporn weist nach oben

heller Fleck

aufrechter Stängel

ANMERKUNG

Die runden Knollen dieser Orchidee enthalten sehr viel Stärke. Früher hat man sie zerrieben und mit Milch, Honig und Gewürzen vermischt, um ein nahrhaftes Getränk namens „Salep" daraus herzustellen.

HÖHE *20–50 cm.*
BLÜTENGRÖSSE *Unterlippe 7–9 mm lang.*
BLÜTEZEIT *April–Mai.*
BLÄTTER *Grundständig, lanzenförmig.*
FRUCHT *Kapsel mit winzigen Samen.*
ÄHNLICHE ARTEN *Kleines Knabenkraut (Orchis morio), das grün getönte Kelchblätter mit violetten Adern hat.*

Purpur-Knabenkraut

Orchis purpurea (Orchidaceae)

Diese hohe Orchidee hat Blüten mit einer violettbraunen Haube, die von den oberen Kelch- und Kronblättern gebildet wird. Die hellrosa Unterlippe mit violetten Flecken erinnert an eine Frau mit weitem Rock und ausgebreiteten Armen. Die breiten, glänzenden Blätter sind grundständig, am langen Stängel sitzen ein oder zwei schmale Blätter.

VORKOMMEN *Zwischen Gräsern an Waldrändern, auf Lichtungen und Berghängen; bevorzugt kalkhaltige Böden.*

AUSDAUERND

breites Blatt — violette Flecken auf Lippe — violettbraune Haube

breite Blütenähre

einzelner Stängel

HÖHE *40–70cm.*
BLÜTENGRÖSSE *Unterlippe 1–1,5cm lang.*
BLÜTEZEIT *Mai–Juni.*
BLÄTTER *Grundständig, elliptisch, glänzend.*
FRUCHT *Kapsel mit winzigen Samen.*
ÄHNLICHE ARTEN *Brand-Knabenkraut (O. ustulata), das niedriger ist und dunkle Blütenknospen trägt, die versengt wirken.*

Helm-Knabenkraut

Orchis militaris (Orchidaceae)

Die Blüten dieser Orchidee ähneln einem mittelalterlichen Ritter mit Helm, den die oberen Kronblätter bilden, während die Unterlippe in Arme und Beine geteilt scheint. Sie stehen in einer dichten Ähre und sind hell rosafarben mit roten Streifen an der Haube und violetten Flecken auf der Unterlippe.

VORKOMMEN *Offenes Grasland, feuchte Wiesen, Waldlichtungen; kalkliebend.*

Blatt schmal, hellgrün

AUSDAUERND

rotviolette Flecken

Kronblätter bilden Helm

Blüten stehen in Ähre

HÖHE *30–60cm.*
BLÜTENGRÖSSE *Unterlippe 1,2–1,5cm lang.*
BLÜTEZEIT *Mai–Juni.*
BLÄTTER *Meist grundständig, lanzenförmig.*
FRUCHT *Kapsel mit winzigen Samen.*
ÄHNLICHE ARTEN *Affen-Knabenkraut (O. simia), das längere »Arme« und »Beine« und einen »Schwanz« hat.*

Bocks-Riemenzunge

Himantoglossum hircinum (Orchidaceae)

Wenn diese größte Orchidee Mitteleuropas Knospen trägt, ähnelt die Blütenähre einer riesigen Spargelspitze. Die länglichen Blätter sind ungefleckt und graugrün, zur Blütezeit oft zum Teil verdorrt. Die Blüten haben grüne Kelch- und Kronblätter, die eine kleine Haube bilden, einen kurzen Sporn und ein schmales Hochblatt. Die Unterlippe der Blüte entrollt sich und bildet ein langes, gedrehtes Band mit einem bräunlichen Arm auf jeder Seite.

VORKOMMEN *Grasbewachsene Stellen, wie Gebüsche, Hecken, Wiesen, Lichtungen, Wegränder und Dünen.*

HÖHE *50–90 cm.*
BLÜTENGRÖSSE *Lippe 3–5 cm lang.*
BLÜTEZEIT *Juni–Juli.*
BLÄTTER *Wechselständig.*
FRUCHT *Dreiteilige Kapsel mit vielen Samen.*
ÄHNLICHE ARTEN *Ohnsporn (Aceras anthropophorum), der kleiner und schlanker ist; die Blüte hat keine gedrehte Lippe.*

Herzförmiger Zungenstendel

Serapias cordigera (Orchidaceae)

Der Helm der Blüten besteht aus den dunkel geäderten Kelchblättern, hinter denen ein farblich ähnliches Tragblatt steht. Die Seitenlappen der Lippe bilden im Helm einen zylindrischen Schlund. Der Mittellappen hängt als herzförmige Zunge herab, die an der Basis behaart und meist dunkel kastanienbraun oder blutrot gefärbt ist.

VORKOMMEN *In feuchtem Gras, Gestrüpp, lichtem, morastigem Wald, Auen, Macchien.*

HÖHE *20–45 cm.*
BLÜTENGRÖSSE *Lippe 2–3,5 cm lang.*
BLÜTEZEIT *März–Mai.*
BLÄTTER *Schmal, gefurcht und zugespitzt.*
FRUCHT *Kapsel mit zahlreichen Samen.*
VORKOMMEN *In der ganzen Region.*
ÄHNLICHE ARTEN *Serapias neglecta in Südostfrankreich und Korsika.*

Spinnen-Ragwurz

Ophrys sphegodes (Orchidaceae)

VORKOMMEN *Im Gras, Wiesen, Wegrändern, Macchien, Garigue oder Felsfluren, meist an recht sonnigen Stellen.*

Rund ums Mittelmeer gibt es zahlreiche Unterarten der variablen Pflanze. In der westlichen Region weist sie meist grüne, manchmal rot behauchte Kelchblätter und ein blaues Speculum in Form eines H oder des griechischen Buchstabens π (pi) auf. Die Lippe kann zweilappig oder unten abgerundet sein. Die beiden oberen Kronblätter sind grün oder rötlich, meist lanzettlich und oft am Rand gewellt.

- grüne Kronblätter
- π-förmiges Speculum
- pelzige, braune Lippe
- Oberhälfte rötlich
- h-förmiges Speculum
- Blatt stängelumgreifend

HÖHE 10–40 cm.
BLÜTENGRÖSSE *Lippe 1–1,2 cm lang.*
BLÜTEZEIT *März–Mai.*
BLÄTTER *Grundblätter oval, Stängelblätter lanzettlich und spitz*
FRUCHT *Kapsel mit zahlreichen Samen.*
ÄHNLICHE ARTEN *Vor allem in der östlichen Mittelmeerregion leicht zu verwechseln.*

ANMERKUNG

Bienen-Ragwurz

Ophrys apifera (Orchidaceae)

VORKOMMEN *Waldränder, Wiesen, Wegränder; einzeln oder in lockeren Beständen; kalkhaltige Böden.*

Blüten der Gattung *Ophrys* ahmen eine Biene oder Wespe nach. Meist werden sie von männlichen Insekten bestäubt, doch bei der Bienen-Ragwurz sind sie fast immer selbstbestäubend. Jede Blüte hat drei rosafarbene Kelchblätter, eine schmale grüne Haube und eine große, samtige und rotbraune Lippe. Auf ihr befindet sich ein glänzendes Feld mit einem gelben, u-förmigen Rand und zwei gelben Flecken.

- glänzendes hellgrünes Blatt
- nach innen gebogene Blattränder
- 3 rosafarbene Kelchblätter
- Lippe gelb gezeichnet
- Blüten in lockeren Ähren
- grüne Haube
- samtige rotbraune Lippe

AUSDAUERND

HÖHE 25–45 cm.
BLÜTENGRÖSSE *Unterlippe 1–1,3 cm lang.*
BLÜTEZEIT *Mai–Juni.*
BLÄTTER *Meist grundständig, bilden lockere Rosetten; ei- bis lanzenförmig; blassgrün.*
FRUCHT *Kapsel mit vielen winzigen Samen.*
ÄHNLICHE ARTEN *Fliegen-Ragwurz (Ophrys insectifera); Hummel-Ragwurz (O. holoserica).*

Sägetang

Fucus serratus (Phaeophyceae)

Dieser Tang ist olivgrün gefärbt. Männliche Pflanzen nehmen eine goldene Farbe an, wenn sie Keimzellen aus den Phylloid-Spitzen freisetzen (Phylloide sind blattähnliche Wedel bei Tangen). Die Phylloide sind oft von den weißen Röhren des Wurms *Spirorbis spirorbis* bedeckt.

VORKOMMEN *Tiefe bis mittlere Bereiche geschützter Felsküsten. Unter dem Blasentangbereich dominant.*

MEHRJÄHRIG

Phylloid geteilt

gesägter Phylloid-Rand

GRÖSSE *Bis 70cm und bis 2m an geschützten Stellen. Phylloide etwa 2cm breit.*
VERMEHRUNG *Mai–Oktober.*
VERBREITUNG *Atlantik, westliche Ostsee.*
ÄHNLICHE ARTEN *Die gesägten Phylloid-Ränder unterscheiden den Sägetang von den blasenlosen F. ceranoides, F. spiralis und F. virsoides.*

Blasentang

Fucus vesiculosus (Phaeophyceae)

Der verbreitete Tang mittlerer Tiefe besitzt charakteristische Gasblasen beiderseits der ausgeprägten Mittelrippe. Die Blasen helfen dem Tang zu schwimmen und bei Hochwasser Sonnenlicht zu bekommen. Die Spitzen der Cauloide – sprossähnlichen Strukturen der Tange – bilden zur Vermehrung warzige, gegabelte Fruchtkörperstände

VORKOMMEN *In der mittleren Gezeitenzone von Felsküsten. In Ästuarien und Brackwasser.*

fast runde paarige Gasblasen

MEHRJÄHRIG

Phylloid mit deutlicher Mittelrippe

dunkelolivbraune Phylloide

GRÖSSE *Länge bis zu 1,5m. Kürzer, wenn stärkerem Wellengang ausgesetzt.*
VERMEHRUNG *Mitte Winter bis Spätsommer.*
VERBREITUNG *Atlantik, Ostsee.*
ÄHNLICHE ARTEN *Kurze, blasenlose Form auf, die F. ceranoides und F. virsoides ähnelt, doch sie leben in geschütztem Wasser geringeren Salzgehalts oder im Mittelmeer.*

Fingertang
Laminaria digitata (Laminariaceae)

VORKOMMEN *Im tieferen Bereich der Felsküsten bis zu einer Tiefe von 20 m in klarem Wasser.*

Dieser bekannte Tang klammert sich mit einem Rhizoid, das oft von Entenmuscheln und Algen bewachsen ist, an die Felsen. Das glatte, biegsame Cauloid ist im Querschnitt oval und mündet in glänzenden, dunklen Phylloiden, die in fingerartige Segmente unterteilt sind und keine Mittelrippe aufweisen.

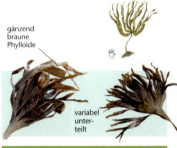

gänzend braune Phylloide

variabel unterteilt

Phylloid durch Wellen ausgefranst

GRÖSSE *Länge bis zu 2 m.*
VERMEHRUNG *Ganzjährig durch Sporen.*
VERBREITUNG *Atlantikküste, Kanal, Nordsee und Ostsee.*
ÄHNLICHE ARTEN *Junge* L. hyperborea, *mit spödem, im Querschnitt rundem Cauloid und heller braunen Phylloiden;* L. saccharina, *mit ungelappten Phylloiden mit krausen Rändern.*

Knorpelrotalge
Chondrus crispus (Rhodophyceae)

VORKOMMEN *An Felsküsten im tieferen Bereich, in Gezeitentümpeln. Gegenüber geringem Salzgehalt tolerant.*

Mit den geteilten Phylloiden wirkt die auch Irisches Moos genannte Alge wie ein Fächer. Form, Größe und Farbe hängen vom Lebensraum ab. Kleinere Exemplare mit schmaleren Phylloid-Teilen findet man an exponierteren Plätzen, grüne in starkem Sonnenlicht. Unter Wasser fluoreszieren die Spitzen oft. Aus dem Tang wird Carrageen gewonnen, ein Verdickungsmittel für Speisen.

MEHRJÄHRIG

Verzweigung

dunkelrot bis violett

fächerförmige Phylloide

flache Phylloide

GRÖSSE *Länge bis zu 20 cm. Die einzelnen Phylloide sterben nach 2–3 Jahren ab, doch treiben danach neue aus dem langlebigen Rhizoid aus.*
VERMEHRUNG *Herbst–Frühjahr.*
VERBREITUNG *Mittelmeer, Atlantik, westliche Ostsee.*
ÄHNLICHE ARTEN Mastocarpus stellatus *mit eingerollten, eine Rinne bildenden Rändern.*

Darmtang

Ulva intestinalis (Ulvophyceae)

Die früher als *Enteromorpha intestinalis* bekannte Alge bildet dicke röhrenähnliche Phylloide, die an einen Darm erinnern. Sie braucht viele Nährstoffe und gedeiht daher in der Nähe von Abwasserrohren oder anderen Nährstoffquellen besonders gut. Sie überzieht Wattflächen im Bereich der Flussmündungen, besonders im Spätsommer, und ist eine von Wasservögeln bevorzugte Nahrung.

VORKOMMEN *An Steinen an sandigen oder schlammigen Küsten. Häufig in Bereichen geringen Salzgehalts.*

ALGEN

hell- bis leuchtend grüne Phylloide

EINJÄHRIG

unregelmäßige Einschnürungen

aufgeblähte Phylloide

GRÖSSE Länge bis zu 80 cm.
VERMEHRUNG Ganzjährig, im Norden vor allem im Sommer, mit den Mondphasen koordiniert.
VERBREITUNG In der gesamten Region und weltweit verbreitet.
ÄHNLICHE ARTEN U. linza, *mit flachen, faltigen Phylloiden.* U. compressa, *auch flach, oft mit verzweigten Phylloiden.*

Meersalat

Ulva lactuca (Ulvophyceae)

Diese weitverbreitete Grünalge erträgt die meisten Bedingungen mit Ausnahme extremen Trockenfallens. Man findet sie in der gesamten Gezeitenzone. Sie gedeiht besonders gut in Brackwasser, findet sich aber auch in flachen Küstengewässern. Das Phylloid ist oft gespalten und hat einen wellenförmigen Rand. Fertile Pflanzen kann man manchmal an der Änderung der Randfarbe erkennen. Männliche werden gelbgrün und weibliche dunkelgrün.

VORKOMMEN *Brackwasser, in Ästuaren und an Felsenküsten. Auch frei treibend.*

durchscheinend grünes Phylloid

MEHRJÄHRIG

welliger Rand

keine Mittelrippe

GRÖSSE Länge bis zu 40 cm.
VERMEHRUNG Vegetativ und sexuell, das ganze Jahr über.
VERBREITUNG In der gesamten Region, obwohl es sich im Mittelmeer um eine nah verwandte Art handeln kann.
ÄHNLICHE ARTEN Monostroma grevillei, *kleiner und trichterförmig.* Udotea petiolata, *mit fächerartigen Phylloiden.*

Sumpf-Torfmoos

Sphagnum palustre (Sphagnaceae)

Diese Art gehört zu einer Gruppe nah verwandter Torfmoose und ist sehr weit verbreitet. Das Sumpf-Torfmoos kann die verschiedensten Feuchtigkeitsgrade ertragen. Das Besondere an diesen Moosen ist, dass die einzelnen Stämmchen weiter nach oben wachsen können, während der untere Bereich abstirbt und Torf bildet. Sie können das 20-fache ihres Trockengewichts an Wasser aufnehmen. Jedes einzelne Blättchen wirkt dabei wie ein Schwamm.

Das Sumpf-Torfmoos besitzt verzweigte Stämmchen, die mit konkaven Blättchen übersät sind.

VORKOMMEN *An nassen Orten wie Sümpfen, Marschland, feuchten Senken sowie in Wäldern auf feuchten Flächen.*

weißlich grüne Blättchen

AUSDAUERND

GRÖSSE *Die Stämmchen werden bis zu 25 cm hoch.*
VERMEHRUNG *Kleine schwarze Sporenkapseln im Sommer.*
ÄHNLICHE ARTEN *Die Bestimmung der verschiedenen Sphagnum-Arten gelingt oft nur mithilfe eines Mikroskops.*

Gewöhnl. Widertonmoos

Polytrichum commune (Polytrichaceae)

Diese Art ist leicht zu bestimmen, da kein anderes Moos so hohe Polster bildet. Die kräftigen, aufrecht wachsenden Stämmchen tragen gezähnte Blättchen, die eine transparente Scheide an ihrem Ansatz aufweisen. Die goldgelben Sporenkapseln sind vierkantig und im Sommer oft zu sehen. Junge Kapseln sind besonders auffällig, da sie von einer goldgelben Haube oder Kalyptra aus Filzhaaren bedeckt sind.

VORKOMMEN *Polster in Sümpfen, Feuchtgebieten, Mooren und feuchten sauren Bereichen in Wäldern.*

AUSDAUERND

schmale Blättchen

kantige Sporenkapsel

Stiel bis zu 12 cm lang

GRÖSSE *Aufrechte Stämmchen bis zu 50 cm hoch.*
VERMEHRUNG *Sporen in vierkantigen, langgestielten Sporenkapseln.*
ÄHNLICHE ARTEN *Polytrichum formosum, das ähnlich aussieht, wenn es üppig wächst. Die Stämmchen und die Stiele der Sporenkapsel sind jedoch kürzer.*

Schwanenhals-Sternmoos

Mnium hornum (Mniaceae)

Dieses sehr verbreitete Moos kann man in den meisten Wäldern finden. Im Frühjahr bilden die hellgrünen jungen Blättchen einen starken Kontrast zu den dunkleren, stumpf wirkenden älteren. Die zylindrischen, die Sporen enthaltenden Kapseln werden von einem rötlichen Stiel getragen.

VORKOMMEN *Auf Erde, Felsen und an der Basis von Baumstämmen in allen Wäldern mit saurem Boden.*

GRÖSSE *Einzelne Stämmchen bis zu 4 cm hoch, Blättchen 4–5 mm lang.*
VERMEHRUNG *Zylindrische Sporenkapseln auf 2–6 cm langen rötlichen Stielen.*
ÄHNLICHE ARTEN *Wellenblättriges Katharinenmoos (Atrichum undulatum), das schmale Blättchen mit gewellten Rändern und gebogene Kapseln aufweist.*

Echtes Drehmoos

Funaria hygrometrica (Funariaceae)

Die verbreitete Art besitzt sehr spitz zulaufende Blättchen, von denen die oberen größer sind. Man findet sie oft an Lagerfeuerstellen, wo sie einen hellgrünen Teppich bildet, aus dem die birnenförmigen, gelb gestielten Sporenkapseln herausragen. Die Kapseln sind zuerst grün, werden dann gelbbraun und sind bei der Reife stark gefurcht und braun.

VORKOMMEN *Nackte Erde in Wäldern, Mooren, Heiden, Gewächshäusern und Gärten, Risse im Asphalt und Lagerfeuerplätze.*

GRÖSSE *Polster 2–15 mm hoch.*
VERMEHRUNG *Sporen in birnenförmigen Kapseln auf langen Stielen (Seten), die 3–5 cm lang sind.*
ÄHNLICHE ARTEN *Leptobryum pyriforme, ist jedoch weniger häufig und besitzt extrem schmale Blätter und glänzende rotbraune Sporenkapseln.*

Tamarisken-Thujamoos

Thuidium tamariscinum (Thuidiaceae)

VORKOMMEN *An schattigen Plätzen auf dem Waldboden, besonders auf schwerem Boden.*

Die Stämmchen sind bei dieser Art regelmäßig dreigeteilt, sodass sie farnartig aussieht. Die hellgrünen oder goldgelben »Farnwedel« sind im Umriss grob dreieckig. Die Hauptstämmchen sind dunkelgrün oder fast schwarz, mit breit dreieckigen oder herzförmigen Blättchen. Die Blättchen auf den Verzweigungen sind schmaler und laufen spitz zu. Alle Blättchen sind zur Spitze hin gezähnt.

farnähnliches Erscheinungsbild

GRÖSSE *2–3 cm hoch, Stämmchen bis zu 20 cm lang.*
VERMEHRUNG *Sporenkapseln sind nur sehr selten zu finden.*
ÄHNLICHE ARTEN *Hylocomnium splendens, das sich jedoch durch seine roten Stämmchen unterscheidet und vor allem in höheren Lagen zu finden ist.*

Brunnenlebermoos

Marchantia polymorpha (Marchantiaceae)

VORKOMMEN *In Feuchtgebieten und an Bächen, auf der Erde in Blumentöpfen, sowohl im Freien als auch in Gewächshäusern.*

Dieses glänzend grüne, streifenförmig wachsende Moos ist eins der häufigsten Lebermoose. Es gabelt sich ständig während des Wachstums. Das ganze Jahr über werden ungeschlechtlich Brutkörper erzeugt, die wie winzige grüne Eier aussehen. In Frühjahr und Sommer entstehen jedoch auch schirmartige Thallusäste, die an ihrer Unterseite Sporophyten tragen.

Thallusast mit weiblichen Sporophyten

Sporen werden an der Unterseite entlassen.

Sporophyt

Brutbecher mit Brutkörpern

GRÖSSE *Thallusdurchmesser 1–3 cm.*
STÄMMCHEN *Glänzend dunkel- bis hellgrün, mit Mittelrippe. Oberfläche mit Sechseckmuster durch innere Luftkammern.*
VERMEHRUNG *Sporophyten an der Unterseite eines 3–4 cm hohen Thallusasts.*
ÄHNLICHE ARTEN *Mondbechermoos (rechts oben), mit schmalerem Thallus.*

Mondbechermoos

Lunularia cruciata (Lunulariaceae)

Dieses hellgrüne Lebermoos ist in Treibhäusern und feuchten Gartenecken ein gewohnter Anblick und wurde aus dem Mittelmeerraum in andere Teile Europas eingeschleppt. Seinen Namen trägt es wegen der halbmondförmigen Brutbecher, in denen die Brutkörper entstehen, mit denen es sich ungeschlechtlich vermehrt. Im Norden des Verbreitungsgebiets werden nur selten Sporen gebildet.

VORKOMMEN *An schattigen Bachufern, ist jedoch auch oft in Blumentöpfen und Treibhäusern zu finden.*

sich oft überlappende Thallusabschnitte

Brutkörper in Brutbechern

GRÖSSE *Breite des Thallus 0,5–1 cm, Ausbreitung 5–15 cm.*
STÄMMCHEN *Hellgrün, außer bei Trockenheit, ohne deutliche Mittelrippe.*
VERMEHRUNG *Hauptsächlich ungeschlechtlich über die Brutkörper in den Brutbechern, im Süden auch geschlechtlich.*
ÄHNLICHE ARTEN *Keine.*

Gemeines Beckenmoos

Pellia epiphylla (Pelliaceae)

Zu Anfang des Frühjahrs ist dieses schattenliebende Lebermoos oft mit schwarzen Sporenkapseln übersät, die sich auf durchscheinenden haarartigen Stielen befinden. Das Moos selbst ist glänzend dunkelgrün. Ist genügend Platz vorhanden, liegen die Thalli flach, doch in der Enge wachsen sie kissenförmig, um genügend Licht zu bekommen. Sind die Sporen reif, öffnen sich die Kapseln und enthüllen ein Büschel bräunlicher Haare.

VORKOMMEN *Auf feuchtem, saurem Boden in der Nähe von Bächen oder wassergesättigtem Boden höherer Lagen. Nicht in Kalkstein-Gebieten.*

sich überlappende Thalli

Sporenkapsel

durchscheinender Stiel

GRÖSSE *Breite des Thallus 0,5–1 cm.*
STÄMMCHEN *Dunkelgrün ohne auffällige Oberflächenstrukturen.*
VERMEHRUNG *Die weiblichen Sporophyten sind gestielt, die männlichen befinden sich auf der Oberseite der Thalli.*
ÄHNLICHE ARTEN *Pellia endiviifolia.*

Adlerfarn

Pteridium aquilinum (Dennstaedtiaceae)

Der oft ganze Hänge bedeckende Adlerfarn wird vielerorts als Unkraut betrachtet. Große Farnwedel entspringen aus sich verzweigenden Rhizomen. Die jungen, hellgrünen Wedel erscheinen erst eingerollt als »Hirtenstäbe«, bevor sie sich beim weiteren Wachstum entfalten. Die Unterseiten der Wedel sind behaart, die Oberseiten dunkler und haarlos.

VORKOMMEN *An offenen Hängen, in Mooren und auf Heiden, in offenem Waldland.*

von eingerolltem Rand bedeckte Sori

Herbstfarbe

sich entrollende Spitze

kräftige Wedel

GRÖSSE *Bis zu 4 m.*
WEDEL *Dreifach gefiedert.*
SORI *Gleichmäßig verteilt und von den eingerollten Rändern der Wedel bedeckt.*
SPORENREIFE *August–Oktober.*
VERBREITUNG *Auf jedem Kontinent mit Ausnahme der Antarktis.*
ÄHNLICHE ARTEN *Keine.*

Gewöhnlicher Wurmfarn

Dryopteris filix-mas (Dryopteridaceae)

Der Farn besitzt ein Büschel von Wedeln, die wie ein großer Federball geformt sind. Auf den Blattstielen befinden sich spitze, hellbraune Schuppen. Die zweifach gefiederten Wedel werden zu den Enden hin schmaler und sind mittelgrün gefärbt. Die einzelnen Fiederblättchen haben breite Basen, stumpfe Spitzen und gezähnte Ränder.

VORKOMMEN *In Wäldern, an Hecken, auf Geröll und zwischen Felsen.*

Wedel wie bei einem Federball angeordnet

große Sori nahe der Mittelrippe

aufgerollter junger Wedel

GRÖSSE *Bis zu 1,2 m.*
WEDEL *Zweifach gefiedert.*
SORI *An der Unterseite der Fiederblättchen, von einem nierenförmigen Indusium bedeckt.*
SPORENREIFE *August–November.*
VERBREITUNG *In ganz Europa.*
ÄHNLICHE ARTEN *Andere Dryopteris-Arten, wie der Schuppige Wurmfarn (D. affinis).*

Rippenfarn

Blechnum spicant (Blechnaceae)

Der Rippenfarn besitzt zwei verschiedene Wedeltypen. Die hellgrünen sterilen Wedel breiten sich als Rosette am Boden aus und umgeben die aufrecht wachsenden fertilen. Die fertilen Wedel tragen längliche, von einem Indusium (Schleierchen) bedeckte Sori (Gruppen von Sporenbehältern), die sich von der Basis bis zur Spitze des Fiederblättchens erstrecken. Die sterilen Wedel sind immergrün, die fertilen sterben im Herbst ab.

VORKOMMEN *Saure Böden in Heiden, Mooren und Wäldern, vor allem in höheren Lagen.*

horstartiger Wuchs

GRÖSSE *Sterile Wedel bis zu 15 cm, fertile bis zu 75 cm lang.*
WEDEL *Gefiedert.*
SORI *Gestreckt, fast so lang wie das Fiederblättchen, mit länglichem Indusium bedeckt.*
SPORENREIFE *August–November.*
VERBREITUNG *In ganz Europa.*
ÄHNLICHE ARTEN *Keine.*

Gewöhnlicher Tüpfelfarn

Polypodium vulgare (Polypodiaceae)

Der Farn wächst meist in kleinen Gruppen immergrüner Wedel. Die Fiederblättchen sind geradrandig, wenig gezähnt und an der Basis fast verschmolzen. Oft haben sie stumpfe Spitzen. Die meisten sind gleichlang und verjüngen sich etwa im letzten Viertel zur Spitze hin. Beidseitig der Mittelrippe befinden sich runde Sori ohne Indusien.

VORKOMMEN *Saure Böden; wird an Baumstämmen, Mauern, auf Felsen und Böschungen gefunden.*

an der Basis fast verschmolzene Fiederblättchen

runde Sori

GRÖSSE *Länge des Wedels bis zu 25 cm.*
WEDEL *Gefiedert.*
SORI *Rund, auf beiden Seiten der Mittelrippe, ohne Indusium.*
SPORENREIFE *Juli–September.*
VERBREITUNG *In ganz Europa.*
ÄHNLICHE ARTEN *Mittlerer (P. interjectum) und Säge-Tüpfelfarn (P. cambricum).*

Hirschzunge

Asplenium scolopendrium (Aspleniaceae)

Auch im tiefsten Winter erhellen die grünen, in dichten Büscheln wachsenden Wedel dieses Farns die dunklen Ecken in Wäldern und zwischen Felsen. Die Stiele sind mit spitzen, braunen Schuppen bedeckt. Sowohl Stiele als auch Blattspindeln sind dunkel violettbraun gefärbt und werden erst zur Spitze hin grün. Die Wedel sind riemenförmig, nicht gefiedert und weisen meist wellige Ränder auf.

VORKOMMEN *In Wälder, an Hecken, zwischen Steinen und an feuchten Mauern.*

welliger Rand

Sporangien in parallelen Reihen

GRÖSSE Wedellänge bis zu 50 cm.
WEDEL Ungeteilt, riemenförmig.
SORI Länglich, in Paaren an der Unterseite der Adern, mit länglichen Indusien bedeckt.
SPORENREIFE Juli–November.
VERBREITUNG Westeuropa, nicht in einem großen Teil Spaniens und Skandinaviens.
ÄHNLICHE ARTEN Keine.

Mauerraute

Asplenium ruta-muraria (Aspleniaceae)

Die an der Basis dunklen Stiele der Mauerraute sind oft länger als die Fiederblättchen. Die den Winter überdauernden Wedel wachsen dicht beieinander und sind dunkelgrün und widerstandsfähig. Die Fiederblättchen sind in der Form variabel, mit dreieckiger Basis und abgerundet gezähnten Rändern. Auf den Adern der Unterseite der Fiederblättchen befinden sich längliche Sori.

VORKOMMEN *In kalkhaltiger Umgebung, an Mauern, auf Felsen und Pflaster; in Rissen mit saurer Erde in Wänden.*

Sori auf der Unterseite der Fiederblättchen

dunkelgrüne Wedel

fächerförmiges Blättchen

GRÖSSE Wedellänge bis zu 15 cm, doch meistens weniger als 10 cm.
WEDEL Meist zweifach gefiedert.
SORI Auf den Adern an der Unterseite der Fiederblättchen.
SPORENREIFE Juni–Oktober.
VERBREITUNG In ganz Europa.
ÄHNLICHE ARTEN Keine.

Braunstieliger Streifenfarn

Asplenium trichomanes (Aspleniaceae)

Der immergrüne Farn besteht aus gefiederten Wedeln. Stiel und Blattspindel sind violettschwarz oder bräunlich, haarlos und glänzend. Auf beiden Seiten der Blattspindel wachsen kleine, leicht gezähnte Fiederblättchen. Die Sori befinden sich zwischen der Blattspindel und dem Rand der Fiederblättchen. Sie sind mit länglichen Indusien bedeckt.

VORKOMMEN *An Mauern, auf Vorsprüngen oder in Spalten zwischen Steinen.*

abgerundete Fiederblättchen

längliche Sori

dunkle Blattspindel

GRÖSSE *Wedellänge bis zu 20 cm.*
WEDEL *Gefiedert.*
SORI *Länglich, zwischen Mittelrippe und Rand des Fiederblättchens.*
SPORENREIFE *August–November.*
VERBREITUNG *In ganz Europa.*
ÄHNLICHE ARTEN *Grünstieliger Streifenfarn (A. viride), Mittelrippe und Stiel grün.*

Acker-Schachtelhalm

Equisetum arvense (Equisetaceae)

Im Frühjahr erscheinen die hellen, rosabraunen, fertilen Sprosse des Acker-Schachtelhalms über dem Boden. Erst wenn sie verdorrt sind, treiben die grünen sterilen Sprosse aus. Die fertilen Sprosse sind unverzweigt und fleischig, mit gezähnten Scheiden, die die Knoten des Stängels bedecken. An der Spitze befindet sich ein langer, stumpf endender, zapfenartiger Sporophyllstand.

VORKOMMEN *In feuchten, graswachsenem Kultur- und Ödland.*

verzweigte sterile Sprosse

AUSDAUERND

fleischiger fertiler Spross

runde Spitze des Sporophyllstands

GRÖSSE *Fertile Sprosse bis zu 25 cm, sterile bis zu 80 cm.*
SPOROPHYLLSTAND *Auf fertilen Sprossen, die vor den sterilen erscheinen.*
SPORENREIFE *April–Mai.*
VERBREITUNG *In ganz Europa.*
ÄHNLICHE ARTEN *Andere Schachtelhalme, vor allem der Riesen-Schachtelhalm (S. 226).*

Riesen-Schachtelhalm

Equisetum telmateia (Equisetaceae)

Die Pflanze wächst an feuchten Stellen und ist die größte überlebende Art einer Pflanzengruppe, die einst die Welt beherrscht hat. Sie besitzt unterschiedliche sterile und fertile Sprosse. Die unverzweigten, weißlichen, fruchtbaren Sprosse tragen einen Sporophyllstand und erscheinen im Frühjahr meist vor den dauerhaften, flachenbürsten-artigen, sterilen Sommerhalmen.

VORKOMMEN *In feuchten Bereichen mit weichem Boden.*

großer steriler Spross

grüne Blätter in Quirlen

zapfenartiger Sporophyllstand

kräftiger weißlicher Spross

AUSDAUERND

GRÖSSE Sterile Sprosse bis zu 1,5 m, manchmal mehr; fertile Sprosse bis zu 50 cm.
SPOROPHYLLSTÄNDE Schmal zapfenartig, bis zu 8 cm lang.
SPORENREIFE *März–April.*
VERBREITUNG *Europa, mit Ausnahme Skandinaviens und Teilen des Mittelmeerraums.*
ÄHNLICHE ARTEN *Acker-Schachtelhalm (S. 225).*

Ausdauerndes Weidelgras

Lolium perenne (Poaceae)

Das gegen Betreten resistente und nach dem Schneiden stärker wachsende Gras wird schon seit hunderten von Jahren kultiviert. Mehrere blühende Stängel wachsen in einem Horst zusammen. Die Blütenstände sind lang, schmal, abgeplattet, mit grünen oder violett getönten, flachen Ährchen. Sie sind ungestielt und die Blüten besitzen keine Grannen.

VORKOMMEN *Auf Weiden und Wiesen, wo es oft ausgesät wird, sowie an Straßenrändern und auf Ödland.*

grünliches, manchmal violettes Ährchen

abgeplattete Ährchen im Blütenstand

stumpfes Blatthäutchen

AUSDAUERND

GRÖSSE *Bis zu 60 cm oder mehr.*
BLÄTTER *Unbehaart, flach.*
BLÜTENSTAND *Lang, schmal, abgeflacht; abgeflachte Ährchen, wechselständig; Mai–August.*
VERBREITUNG *In ganz Europa.*
ÄHNLICHE ARTEN *Italienisches Weidelgras (L. multiflorum).*

Mäuse-Gerste

Hordeum murinum (Poaceae)

Die glatten Stängel können in Horsten oder einzeln wachsen. Die dichten Ähren setzen sich aus vielen Gruppen von jeweils drei Ährchen zusammen, von denen jedes aus einer einzelnen, langgrannigen Blüte besteht. Das mittlere Ährchen einer jeden Gruppe ist ungestielt, mit Staub- und Fruchtblättern, während die anderen beiden männlich oder unfruchtbar sind.

VORKOMMEN *Ödland und Straßenränder, besonders am Fuß von Mauern.*

GRÖSSE *Bis zu 60cm.*
BLÄTTER *Hellgrün mit kurzem Blatthäutchen.*
BLÜTENSTAND *Ähre; Ährchen mit je einer Blüte und langen Grannen; Mai–Oktober.*
VERBREITUNG *Fast ganz Europa, mit Ausnahme des hohen Nordens.*
ÄHNLICHE ARTEN *Strand-Gerste (H. marinum), die blaugrüne Blätter hat.*

Wiesen-Lieschgras

Phleum pratense (Poaceae)

Die hohen, Blüten tragenden Stängel dieses Grases sind glatt und meist an der Basis verdickt. Die spitzen Blätter sind flach und haben stumpfe Blatthäutchen. An der Spitze eines jeden Stängels steht eine dichte Blütenähre, die aus vielen grünen oder violett getönten einblütigen Ährchen besteht. Jede Blüte trägt zwei Grannen. Es gibt auch blütenlose Triebe.

VORKOMMEN *Auf Wiesen, an Straßen, auf Ödland, wird oft zum Heumachen und als Weidegras angebaut.*

GRÖSSE *Bis zu 1,5m.*
BLÄTTER *Unbehaart, stumpfe Blatthäutchen.*
BLÜTENSTAND *Zylindrisch, bis zu 20cm lang; zahlreiche Ährchen; Juni–August.*
VERBREITUNG *In ganz Europa.*
ÄHNLICHE ARTEN *Knolliges Lieschgras (P. bertolonii) ist kleiner und besitzt spitze Blatthäutchen.*

Wiesen-Fuchsschwanz

Alopecurus pratensis (Poaceae)

VORKOMMEN *Auf Grasflächen, besonders auf nährstoffreicher, feuchter Erde.*

Der Wiesen-Fuchsschwanz ist im April eins der am frühesten blühenden Gräser. Es gibt blütentragende und blütenlose Stängel. Die Blätter sind flach und unbehaart, mit stumpfen Blatthäutchen. Zahlreiche Ährchen, von denen jedes aus einer einzigen Blüte besteht, bilden einen dichten Blütenstand mit stumpfer Spitze. Die Blüten besitzen Grannen und sind weich behaart, die Staubblätter violett oder gelb.

AUSDAUERND

GRÖSSE *Bis zu 1,2m.*
BLÄTTER *Flach, mit stumpfen Blatthäutchen.*
BLÜTENSTAND *Schmal, zylindrisch, dicht, weich; Ährchen mit einer Blüte; April–Juni.*
VERBREITUNG *In ganz Europa.*
ÄHNLICHE ARTEN *Knick-Fuchsschwanz (A. geniculatus) mit nahe der Basis abgeknickten Stängeln.*

Gewöhnliches Ruchgras

Anthoxanthum odoratum (Poaceae)

VORKOMMEN *In Weiden, Mooren und Heiden auf, gedeiht auf verschiedenen Böden.*

Das Gewöhnliche Ruchgras blüht schon im April und produziert sowohl blühende als auch blütenlose Triebe. Die blühenden stehen aufrecht, sind unverzweigt und glatt. Die schmalen, gelbgrünen Blütenähren setzen sich aus vielen kurz gestielten, dreiblütigen Ährchen zusammen.

AUSDAUERND

GRÖSSE *Bis zu 50cm.*
BLÄTTER *Variabel, Basis mit Haaren, mit stumpfem, gezähntem Blatthäutchen.*
BLÜTENSTAND *Ähre; kurz gestielte Ährchen mit drei Blüten; Blüten mit einer gebogenen und einer geraden Granne; April–Juli.*
VERBREITUNG *Fast ganz Europa.*
ÄHNLICHE ARTEN *Keine.*

Rotes Straußgras

Agrostis capillaris (Poaceae)

Das Rote Straußgras wächst in Horsten und bildet Ausläufer. Es produziert aufrechte blühende und nicht blühende Triebe. Die blühenden sind schlank und tragen eine Rispe als Blütenstand. Die Ährchen enthalten eine Blüte und sind meistens grannenlos, obwohl die Blüte eine kurze Granne besitzen kann.

VORKOMMEN *Auf Heiden, in Mooren und auf Weiden, besonders auf nährstoffarmem, saurem Boden.*

GRÖSSE *Bis zu 70cm hoch.*
BLÄTTER *Glatt, mit kurzem, stumpfem Blatthäutchen.*
BLÜTENSTAND *Offen, verzweigt; Blüten meist grannenlos; Juni–August.*
VERBREITUNG *In ganz Europa.*
ÄHNLICHE ARTEN *Weißes Straußgras (A. stolonifera), mit langen, spitzen Blatthäutchen.*

Wiesen-Kammgras

Cynosurus cristatus (Poaceae)

Das Wiesen-Kammgras ist ein in Horsten wachsendes Gras mit glatten Stängeln und meist unbehaarten Blättern, die zur Spitze hin rau werden. Die Blatthäutchen sind kurz und stumpf. Alle Ährchen stehen auf einer Seite der Hauptachse und bilden eine dichte Rispe. Es gibt zwei Typen von Ährchen – fertile, die aus mehreren Blüten mit Grannen bestehen, und flache sterile.

VORKOMMEN *Auf Weiden und an Straßenrändern, auf den verschiedensten Böden.*

GRÖSSE *Bis zu 75cm.*
BLÄTTER *Meist haarlos, zur Spitze hin rau, mit kurzem, stumpfem Blatthäutchen.*
BLÜTENSTAND *Dichte Rispe; sterile Ährchen abgeplattet, fertile mit mehreren, Grannen tragenden Blüten; Juni–August.*
VERBREITUNG *In ganz Europa.*
ÄHNLICHE ARTEN *Keine.*

Schilfrohr

Phragmites australis (Poaceae)

Durch die kriechenden Rhizome des Schilfrohrs entstehen dichte Schilfbestände, die vielen Tieren und anderen Pflanzen einen wichtigen Lebensraum bieten. Die violetten Blüten enthalten seidige Haare, die bei der Fruchtbildung besonders auffallen. In der tief stehenden Herbstsonne sorgen sie für einen wunderschönen goldenen Glanz über großen Feuchtgebieten.

VORKOMMEN *In Süß- und Brackwasser, mit bis zu einem Drittel des Salzgehalts des Meerwassers, in Salzmarschen, Lagunen und Gräben neben Weiden.*

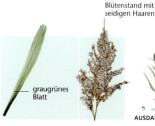

Blütenstand mit seidigen Haaren — dunkelvioletter Blütenstand — graugrünes Blatt — AUSDAUERND

GRÖSSE *Bis zu 3 m und höher.*
BLÄTTER *Graugrün, flach, Blatthäutchen ist ein haariger Saum.*
BLÜTENSTÄNDE *Lang, weich, verzweigt; Ährchen mit langen seidigen Haaren und Blüten ohne Grannen; August–Oktober.*
VERBREITUNG *In ganz Europa.*
ÄHNLICHE ARTEN *Pfahlrohr (Arundo donax).*

Gewöhnl. Strandhafer

Ammophila arenaria (Poaceae)

Der sich über seine kräftigen Rhizome ausbreitende Strandhafer wächst in großen Horsten, wobei die Rhizome den lockeren Sand der Dünen binden. Die steifen, graugrünen Haare sind spitz und eingerollt, auf der Oberseite gerippt und auf der Unterseite glatt, mit langen Blatthäutchen. Die zylindrischen Rispen bestehen aus vielen sich überlappenden, aus einer Blüte bestehenden Ährchen. Die Blüten tragen keine Grannen.

VORKOMMEN *Bindet mit seinen Rhizomen den Dünensand; oft zur Verhinderung von Erosion gepflanzt.*

sich überlappende Ährchen — strohfarbene Ährchen — graugrüne Blätter — sich verjüngende Ähre — spitzes Blatt — AUSDAUERND

GRÖSSE *Bis zu 1,2 m.*
BLÄTTER *Graugrün, spitz, mit eingerollten Rändern und langen Blatthäutchen.*
BLÜTENSTÄNDE *Strohfarbene Rispen, die sich zur Spitze hin verjüngen; Ährchen mit einer grannenlosen Blüte; Juni–August.*
VERBREITUNG *An europäischen Küsten.*
ÄHNLICHE ARTEN *Keine.*

Wolliges Honiggras

Holcus lanatus (Poaceae)

Dieses weiche und sich samtig anfühlende Gras findet man häufig auf Wiesen und Weiden. Die aufrechten Stängel sind an der Basis gebogen und wachsen in Horsten. Die Blätter haben ein relativ kurzes Blatthäutchen. Die Blütenrispen können breit oder recht kompakt, aufrecht oder nickend sein. Die kurz gestielten Ährchen können hellgrün oder weißlich gefärbt sein, sind aber oft eher rosa oder violett.

VORKOMMEN *Auf Wiesen und Weiden, in offenen Wäldern, auf verschiedensten Böden.*

weich behaartes Blatt — rosa getönte Ährchen — aufrechte oder nickende Blütenstände — gestielte Ährchen — weich behaarter Stängel

AUSDAUERND

GRÖSSE *Bis zu 1 m.*
BLÄTTER *Weich behaart, kurzes Blatthäutchen.*
BLÜTENSTÄNDE *Breite oder kompakte Rispe; Blüten mit unauffälligen hakenförmigen Grannen; Mai–August.*
VERBREITUNG *In ganz Europas.*
ÄHNLICHE ARTEN *Weiches Honiggras (H. mollis) mit kriechenden Rhizomen.*

Gewöhnl. Knäuelgras

Dactylis glomerata (Poaceae)

Das sehr weit verbreitete Gras hat zusammengedrückte blütenlose Triebe und kräftige, die Blüten tragen. Die graugrünen Blätter sind zuerst zusammengelegt und öffnen sich später. Sie sind rau, spitz und haben lange Blatthäutchen. Die Blütenrispe besteht aus gestielten, ovalen Gruppen dicht beieinander stehender Ährchen, die sich auf rauen Seitenästen befinden.

VORKOMMEN *Auf Wiesen und Weiden sowie an Straßenrändern.*

Blattspitze — unterster Seitenast des Blütenstands — dichte Ährchen-Gruppen — graugrünes Blatt — kurze Ährchen

AUSDAUERND

GRÖSSE *Bis zu 1,4 m.*
BLÄTTER *Graugrün, rau, lange Blatthäutchen.*
BLÜTENSTÄNDE *Einseitige Rispe mit dichten Ährchen-Gruppen; Ährchen mit mehreren, kurze Grannen tragenden Blüten; Mai–November.*
VERBREITUNG *In ganz Europa.*
ÄHNLICHE ARTEN *Keine.*

Einjähriges Rispengras

Poa annua (Poaceae)

Dieses das ganze Jahr über blühende Gras ist eins der am weitesten verbreiteten Europas. Der Name stimmt nicht ganz, da es auch einen Winter überstehen kann. Die in Horsten wachsenden Stängel können sich auch waagerecht ausdehnen und an den untersten Knoten wurzeln. Die Rispenäste stehen einzeln oder in Paaren.

VORKOMMEN *Auf Kultur- und Ödland, an Wegen und Straßenrändern; auf verschiedensten Böden.*

- Ährchen mit grannenlosen Blüten
- dreieckiger Blütenstand
- vorstehende Staubblätter
- haarloses Blatt
- EINJÄHRIG/AUSDAUERND

HÖHE Bis zu 25 cm.
BLÄTTER Unbehaart, hellgrün, jung oft runzlig; spitzes Blatthäutchen.
BLÜTENSTAND Rispe; Ährchen mit mehreren grannenlosen Blüten; Januar–Dezember.
VERBREITUNG Fast ganz Europa.
ÄHNLICHE ARTEN Gewöhnl. Rispengras (*P. trivialis*), das meistens viel höher ist.

Gewöhnl. Rot-Schwingel

Festuca rubra (Poaceae)

Da die Art so variabel ist, wird sie oft in verschiedene Unterarten aufgeteilt. Sie kann in Horsten oder kriechend wachsen. Die Blätter sind sehr schmal und grün, graugrün oder blaugrün, und die Blattscheiden umfassen den Stängel vollständig. Die Blatthäutchen sind sehr kurz. Kleine grüne, bläuliche oder violette Ährchen sitzen auf den Ästen der Rispe und die Blüten tragen meist kurze Grannen. Es gibt auch blütenlose Triebe.

VORKOMMEN *Auf grasbewachsenem Boden, Dünen und Salzmarschen.*

- Rispe
- Blüten mit kurzen Grannen
- violett getönte Ährchen
- AUSDAUERND

HÖHE Bis zu 75 cm.
BLÄTTER Sehr schmal, Blattscheiden eng geschlossen; Blatthäutchen sehr kurz.
BLÜTENSTAND Rispe; Ährchen grün, blaugrün, oder violett; Mai–Juli.
VERBREITUNG Fast ganz Europa.
ÄHNLICHE ARTEN Schaf-Schwingel (*F. ovina*), ebenfalls sehr variabel.

Gewöhnl. Glatthafer

Arrhenatherum elatius (Poaceae)

Der Gewöhnliche Glatthafer wird auch als Französisches Raygras bezeichnet und wächst in lockeren Horsten. Die flachen Blattspreiten laufen spitz zu, sind meist unbehaart und besitzen kurze Blatthäutchen. Quirle von Seitenästen bilden die lange, manchmal sich ausdehnende Rispe. Jedes Ährchen besteht aus zwei Blüten mit langen, geraden Grannen.

VORKOMMEN *Zwischen anderen Gräsern und am Straßenrand, an Hecken und auf Ödland, auf den meisten Bodentypen.*

Rispe mit Quirlen von Seitenästen

lange, gerade Grannen

zweiblütige Ährchen

AUSDAUERND

HÖHE Bis zu 1,8m.
BLÄTTER *Flach, meistens unbehaart, spitz, mit kurzen, stumpfen Blatthäutchen.*
BLÜTENSTAND *Rispe mit glänzenden Ährchen; Mai–September.*
VERBREITUNG *Fast ganz Europa.*
ÄHNLICHE ARTEN *Flaumiger Wiesenhafer (Helictotrichon pubescens).*

Schmalblättriges Wollgras

Eriophorum angustifolium (Cyperaceae)

Das Schmalblättrige Wollgras fällt eher durch seine Früchte als durch seine Blüten auf. Die langen, kriechenden Rhizome lassen verstreut aufrechte Triebe austreiben, die an der Spitze dreieckig sind. Die Blattspreiten sind im Sommer dunkelgrün und werden im Herbst dunkelrot. Mehrere Ährchen mit glatten Stängeln bilden nickende Blütenstände. Die braunen Früchte besitzen lange, weiße, unverzweigte Haare.

VORKOMMEN *In Sümpfen und an nassen Orten auf saurer Erde.*

nickende Gruppen fruchtender Ährchen

weiß behaarte Früchte

dreieckiger Stängel

AUSDAUERND

HÖHE Bis zu 70cm.
BLÄTTER *An der Spitze dreieckig.*
BLÜTENSTAND *Nickende Gruppen von glattstieligen Ährchen; Blüten April–Mai; Früchte Mai–Juli.*
VERBREITUNG *Fast ganz Europa.*
ÄHNLICHE ARTEN *Scheiden-Wollgras (E. vaginatum) mit einzelnem Ährchen.*

Braun-Segge

Carex nigra (Cyperaceae)

VORKOMMEN *In Sümpfen und an grasbewachsenen Orten auf saurem, neutralem oder kalkhaltigem Boden.*

Die Triebe der Braun-Segge wachsen einzeln oder in Horsten. Die Blattspreite ist auf beiden Seiten graugrün und hat abgerundete Blatthäutchen. An der Spitze des Stängels stehen ein oder zwei männliche Blütenähren und ein bis vier weibliche darunter. Die weiblichen Blütenähren überlappen sich meistens, wobei die oberen aufrecht stehen und die unteren nickend sind. Alle besitzen sie schwarzviolette Spelzen mit einem breiten, hellen Kiel. Die weiblichen Blüten weisen zwei Narben auf. Die Schließfrucht hat einen winzigen Schnabel.

männliche Blütenähre

weibliche Blütenähre

AUSDAUERND

HÖHE *Bis zu 70cm.*
BLÄTTER *Graugrün, rundes Blatthäutchen.*
BLÜTENSTAND *1 oder 2 männliche über 1–4 weiblichen Blütenähren; Früchte Juni–August.*
VERBREITUNG *In ganz Europa.*
ÄHNLICHE ARTEN *Blaugrüne Segge (Carex flacca) mit oberseits grünen Blattspreiten, und die Blüten haben drei Narben.*

Hänge-Segge

Carex pendula (Cyperaceae)

VORKOMMEN *In feuchten Wäldern und an Bächen, insbesondere auf Tonböden.*

Diese Segge besitzt glatte und stumpf dreieckige Stängel, die ein oder zwei männliche Blütenähren über vier oder fünf elegant herabhängenden, langen weiblichen Ähren tragen. Die männlichen Spelzen sind bräunlich, schmal und spitz, die kürzeren weiblichen rotbraun mit hellem Kiel. Die dreieckige Frucht ist kurzschnäblig. Die Blattspreite ist lang und bandförmig.

männliche Ähre

bräunliche männliche Spelze

weibliche Ähre

AUSDAUERND

HÖHE *Bis zu 1,8m.*
BLÄTTER *Oberseite leuchtend grün, Unterseite graugrün, oft immergrün.*
BLÜTENSTAND *1 oder 2 männliche und 4 oder 5 weibliche Ähren; Früchte Juni–Juli.*
VERBREITUNG *Großer Teil Westeuropas.*
ÄHNLICHE ARTEN *Wald-Segge (C. sylvatica), die viel kleiner ist.*

Ufer-Segge

Carex riparia (Cyperaceae)

Die Stängel dieser in Horsten wachsenden Pflanze sind scharf dreikantig und rau. Sie besitzt drei bis sechs sich überlappende männliche Blütenähren, deren spitze Spelzen dunkelbraun mit hellerem Rand und Kiel sind. Unter ihnen befinden sich ein bis fünf sich überlappende weibliche Ähren, die oberen ohne und die unteren mit Stiel. Die weiblichen Spelzen sind spitz und braunviolett, mit einem helleren oder grünen Kiel.

VORKOMMEN *Große Bestände an Ufern, auch in Marschen und Gräben.*

weibliche Ähre

breite, aufrechte Blätter

AUSDAUERND

dunkelbraune Spelzen

gelbe Staubblätter

sich überlappende männliche Ähren

HÖHE *Bis zu 1,3 m.*
BLÄTTER *Breit, aufrecht, graugrün, mit stumpfem oder abgerundetem Blatthäutchen.*
BLÜTENSTAND *Früchte Juni–September.*
VERBREITUNG *Größter Teil Europas, mit Ausnahme des hohen Nordens.*
ÄHNLICHE ARTEN *Sumpf-Segge (C. acutiformis), die gewölbte Blattspreiten hat.*

Flatter-Binse

Juncus effusus (Juncaceae)

Die in den verschiedensten feuchten Lebensräumen weit verbreitete Binse bildet oft große Bestände und kann auf Weiden zum Unkraut werden. Ihr Aussehen täuscht, denn was wie Blätter wirkt, sind tatsächlich nackte Stängel, und obwohl die Blütenstände sich an der Seite der fertilen Stängel zu befinden scheinen, stehen sie am Ende, da der grüne Abschnitt darüber ein Tragblatt ist. Die braune, eiförmige Frucht ist meistens kürzer als die Blüte.

VORKOMMEN *An feuchten Orten, in schlecht entwässerten Feldern; auch in Gräben und Sümpfen.*

lockerer Blütenstand

glatte leuchtend grüne Stängel

AUSDAUERND

HÖHE *Bis zu 1,2 m, meist weniger.*
BLÄTTER *Keine; Stängel leuchtend grün.*
BLÜTENSTAND *Lockere Blütenstände; Juni–Juli.*
VERBREITUNG *In ganz Europa*
ÄHNLICHE ARTEN *Knäuel-Binse (J. conglomeratus) mit charakteristisch gerillten Stängeln und kompakten Blütenständen.*

Blaugrüne Binse

Juncus inflexus (Juncaceae)

Horste harter, blaugrüner, starke Rillen aufweisenden Stängel sind für diese Binse charakteristisch. Die Blütenstände befinden sich in der Achsel eines langen Tragblatts, das wie eine Fortsetzung des schlanken Stängels wirkt. Die braunen Blüten befinden sich an mehr oder weniger aufrechten Stängeln ungleicher Längen. Die braunen Früchte sind eiförmig, mit einer kleinen Spitze auf der Oberseite.

VORKOMMEN Neutrale oder kalkhaltige Böden, feuchte Wiesen, Marschen, Gräben und andere Lebensräume.

braune Blüten

ungleich lange Stiele
eiförmige Frucht

AUSDAUERND

HÖHE Bis zu 1,2 m.
BLÄTTER Keine.
BLÜTENSTAND Lose Gruppen mehr oder weniger aufrechter Stängel; Mai–Juli.
VERBREITUNG Außer in Skandinavien fast überall in Europa; in Spanien selten.
ÄHNLICHE ARTEN Knäuel-Binse (J. conglomeratus), mit kompakten Blütenständen.

Feld-Hainsimse

Luzula campestris (Juncaceae)

Diese kurze Ausläufer bildende Hainsimse bildet ausgedehnte Bestände. Die Blattspreiten sind schmal und grasartig. Sie verjüngen sich zu einer feinen Spitze und sind von langen weißen Haaren gesäumt. Die runden braunen Früchte sind kürzer als die Blütenorgane.

VORKOMMEN In kurzem Grasland, bevorzugt kalkhaltigen oder neutralen Boden.

kastanienbraune Blüte

spitze Blütenorgane

ungestielter Blütenstand

AUSDAUERND

HÖHE Bis zu 25 cm, meist weniger.
BLÄTTER Grasartig mit haarigen Rändern.
BLÜTENSTAND Verschiedene gestielte und ungestielte Blütenstände; April–Mai.
VERBREITUNG Fast ganz Europa.
ÄHNLICHE ARTEN Vielblütige Hainsimse (L. multiflora) bevorzugt sauren Boden, hat keine Ausläufer und blüht von Mai bis Juni.

Pilze und Flechten

Unter den Organismen, die wir als Pilze bezeichnen, gibt es eine riesige Formenvielfalt. Zu den Pilzen gehören Ständerpilze, Boviste, Keulenpilze und Nestlinge. Flechten stellen wiederum eine Lebensgemeinschaft von Pilzen und Algen dar. Das Objekt, das wir meistens als Pilz bezeichnen und in der Regel im Herbst finden, ist eigentlich nur der Fruchtkörper des eigentlichen Organismus, der als Geflecht mikroskopisch kleiner Fäden (Myzel) im Boden verborgen ist.

USTERNSEITLING · RÖTLICHER LACKTRICHTERLING · GEWÖHNLICHE GELBFLECHTE · OCKERGELBER TÄUBLING

Fliegenpilz

Amanita muscaria (Amanitaceae) ☠

Der leuchtend rote Hut mit den weißen »Tupfen« kennzeichnet diesen bekannten Giftpilz. Die Farbe des jung rundlichen, später ausgebreiteten Huts kann allerdings je nach den Witterungsverhältnissen stark ausblassen; außer roten Exemplaren findet man auch solche mit orangefarbenen oder sogar nur sehr blass orangegelben Hüten. Der Hutrand ist radial gerieft. Bei den »Tupfen« handelt es sich um warzenartige weiße Hüllreste, die aber vom Regen abgewaschen sein können. Lamellen, Stiel und die hängende Manschette sind weiß. Die Stieloberfläche ist feinschuppig, die Basis knollig und mit Hüllresten besetzt. Der Verzehr des Pilzes kann schwere Vergiftungen hervorrufen.

VORKOMMEN *Einzeln oder gesellig, auch in Ringen, in Laub- und Nadelwäldern, vor allem unter Birken und Fichten auf sauren bis neutralen Böden.*

- Hut rot bis orangerot
- Hut bis zu 15 cm breit
- warzige Hüllreste
- engstehende Lamellen
- weiße, freie Lamellen
- knollige Stielbasis mit Volvaresten
- flockig-warzige Stielbasis

LÄNGSSCHNITT

SPORENPULVER *Weiß.*
ZEIT *Sommer bis Spätherbst.*
VORKOMMEN *In Mitteleuropa weit verbreitet und vielerorts noch sehr häufig.*
WERT *Sehr giftig.*
ÄHNLICHE ARTEN *Kaiserling (Amanita caesarea): Hut goldorange, Hüllreste fetzig, sehr selten, Südeuropa, essbar; Orangegelber Streifling (A. crocea): Rand stärker gerieft, ohne Manschette.*

ANMERKUNG

Pilze sollten mit der Stielbasis aus dem Boden herausgedreht werden. Bleibt die Stielknolle im Boden zurück, können vom Regen ausgewaschene Fliegenpilze ohne Hüllreste und Ring mit roten Täublingen verwechselt werden.

Pantherpilz

Amanita pantherina (Amanitaceae) ☠

Der Pantherpilz ist hochtoxisch. Der glatte, anfangs rundlich geschlossene, hell- bis dunkelbraune Hut schirmt im Alter auf und hat einen gerieften Rand. Die Huthaut ist mit weißen Hüllresten gesprenkelt. Die weißen Lamellen sind frei. Der Stiel hat eine gerandete knollige Basis und darüber oft eine oder mehrere schmale Gürtelzonen. Der Ring, der ungefähr auf halber Höhe ansitzt, ist ungerieft.

VORKOMMEN *In Laub- und Nadelwäldern auf sauren bis neutralen Böden.*

Hut 5–12 cm breit
weiße Hüllreste auf der Huthaut
Stiel 5–10 cm hoch
Huthaut hell- bis dunkelbraun
Rand radial gerieft
Ring auf halber Höhe des Stiels
Hut jung rundlich
gerandete Stielknolle

SPORENPULVER *Weiß.*
ZEIT *Sommer bis Herbst.*
VORKOMMEN *Weit verbreitet.*
WERT *Sehr giftig.*
ÄHNLICHE ARTEN *Grauer Wulstling (Amanita spissa): Hut graubraun, Hüllreste gräulich, Stielknolle nicht gerandet, Ring meist höher am Stiel und deutlich gerieft.*

Perlpilz

Amanita rubescens (Amanitaceae) ☠

Der gewölbte, rosabraune Hut weist oft helle fleischrosafarbene Flecken auf. Die weißlichen Lamellen sind dichtstehend. Der mitunter gelbe, hängende Stielring ist breit und auf der Oberseite fein gerieft. Der Stiel ist weiß bis graurosa, oft recht kräftig und an der angeschwollenen Basis mit flockigen Hüllresten gegürtelt. An verletzten Stellen verfärbt sich das Fleisch langsam rosa.

VORKOMMEN *In Wäldern aller Art, besonders unter Eichen, Buchen, Birken, Kiefern und Fichten; einzeln oder gesellig.*

dichtstehende, weißliche Lamellen
verbreiterte Stielbasis
LÄNGSSCHNITT
Hut rosabraun, mit Hüllresten
Hut 6–18 cm breit
Stiel weiß bis graulichrosa

SPORENPULVER *Weiß.*
ZEIT *Frühsommer bis Spätherbst.*
VORKOMMEN *Weit verbreitet.*
WERT *Roh giftig, gut gekocht essbar.*
ÄHNLICHE ARTEN *Pantherpilz (oben): Hutrand gerieft, Scheide am Stielgrund berandet, Fleisch nicht verfärbend; Grauer Wulstling (Amanita spissa): Fleisch nicht rötend.*

Grüner Knollenblätterpilz

Amanita phalloides (Amanitaceae) ☠

Die zwischen gelb-, oliv- oder bronzegrün oder rein weiß variierende Hutfarbe dieses tödlich giftigen Pilzes erschwert die Bestimmung. Die Oberfläche ist radialstreifig, der Rand glatt. Lamellen und Stiel sind weiß. Der Stiel kann grün überhaucht und olivgrün gebändert sein. Der hängende Stielring ist leicht gerieft und kann abfallen. Die knollige Stielbasis ist mit einer Scheide (Volva) umschlossen.

VORKOMMEN *In Wäldern, Parks und Gärten, unter Eichen, Buchen, Haseln, Birken und anderen Laubhölzern, selten bei Nadelbäumen.*

- Velumrest auf dem Hut
- junger grüner Hut
- olivgrün gebänderter Stiel
- weiße Lamellen
- große, sackartige weiße Volva

SPORENPULVER *Weiß.*
ZEIT *Sommer bis Herbst.*
VORKOMMEN *Weit verbreitet.*
WERT *Tödlich giftig.*
ÄHNLICHE ARTEN *Gelber Knollenblätterpilz (unten) und Porphyrbrauner Wulstling (A. porphyria); Großer Scheidling (Volvariella speciosa); Grünfelderige Täublinge.*

Gelber Knollenblätterpilz

Amanita citrina (Amanitaceae) ☠

Der glattrandige Hut kann zitronengelb oder rein weiß sein. Junge Hüte sind mit einem mosaikartigen Muster aus abwischbaren weißen oder beigefarbenen Velumresten bedeckt. Die engstehenden Lamellen sind weißlich bis blassgelb. Der Stiel hat oben einen hängenden Ring (Manschette) und an der Basis eine deutlich gerandete Knolle. Das Fleisch riecht auffällig nach rohen Kartoffeln.

VORKOMMEN *Einzeln oder gesellig in Laub- und Nadelwäldern auf sauren Böden, gerne bei Fichte, Kiefer, Buche, Eiche oder Birke.*

- weißliche bis blassgelbe Lamellen
- knollig verdickte Stielbasis
- **LÄNGSSCHNITT**
- beigefarbene Velumreste
- Hut 5–10 cm breit
- hängende Stielmanschette

SPORENPULVER *Weiß.*
ZEIT *Sommer bis Spätherbst.*
VORKOMMEN *Auf sauren Böden häufig.*
WERT *Schwach giftig.*
ÄHNLICHE ARTEN *Kegelhütiger und Grüner Knollenblätterpilz (rechts und links oben): abstehende Scheide, kein Kartoffelgeruch; Narzissengelber Wulstling (Amanita gemmata).*

Kegelhütiger Knollenblätterpilz

Amanita virosa (Amanitaceae) ☠

Der tödlich giftige Pilz ist in allen Teilen rein weiß. Der oft etwas klebrige Hut ist jung eiförmig und schirmt später auf. Der Stiel trägt einen Ring, der jedoch oft unvollständig oder zerrissen ist und sogar fehlen kann. Der Stielgrund ist von einer eiförmigen Scheide umschlossen.

VORKOMMEN *In feuchten Wäldern auf sauren Böden, vor allem unter Nadelbäumen und Birken.*

Hut ei- bis kegelförmig

Hut 5–10 cm breit

Scheide am Stielgrund

weiße Lamellen

weißes Fleisch

LÄNGSSCHNITT

SPORENPULVER *Weiß.*
ZEIT *Sommer bis Spätherbst.*
VERBREITUNG *Zerstreut, v. a. in Bergwäldern.*
WERT *Tödlich giftig.*
ÄHNLICHE ARTEN *Weiße Champignons (Agaricus): jung sehr ähnlich, aber ohne Scheide; Lamellen erst rosa, später braun, Sporen dunkelbraun.*

Rotbrauner Streifling

Amanita fulva (Amanitaceae)

Der Pilz hat einen konischen bis gebuckelten, glatten, rotbraunen Hut, dem mitunter größere Velumfetzen anhaften. Der Rand ist auffallend gerieft. Der glatte, blasse bis hellbraune Stiel trägt keinen Ring, hat aber an der Basis eine – oft im Boden vergrabene – schmutzig weißliche bis rotbräunliche, häutige Volva. Die freien, dichtstehenden Lamellen sind weiß bis blass cremefarben.

VORKOMMEN *Einzeln oder in kleinen Gruppen in Laubwäldern auf sauren Böden.*

Lamellen weiß bis blasscreme

engstehende, freie Lamellen

Stiel hohl

Volva weißlich bis rotbraun

LÄNGSSCHNITT

Hut bis 8 cm breit

Stiel blass bis hellbraun

Rand stark gerieft

SPORENPULVER *Weiß.*
ZEIT *Sommer bis Herbst.*
VORKOMMEN *In Mitteleuropa weit verbreitet.*
WERT *Roh giftig, gut gekocht essbar.*
ÄHNLICHE ARTEN *Orangegelber Streifling (A. crocea): orange, Stiel genattert; Grauer Scheidenstreifling (A. vaginata): Hut grau oder graubraun.*

Rehbrauner Dachpilz

Pluteus cervinus (Pluteaceae)

Der hell- bis dunkelbraune, bei Feuchtigkeit schmierige Hut ist in Größe und Farbe variabel. Die Mitte ist feinfilzig. Die Lamellen sind anfangs weißlich bis creme und werden bei der Sporenreife rosa bis rosabräunlich. Der keulige Stiel ist auf weißem Grund mit schwärzlichen Längsfasern durchzogen. Das weiße, dicke Fleisch riecht rettichartig.

VORKOMMEN *In Wäldern, Parks und Gärten auf totem Laub- und Nadelholz, auch auf Sägemehldeponien.*

glatter Hut
Hut 5–12 cm breit
Hut fein radialstreifig
Lamellen engstehend
breite, freie Lamellen
LÄNGSSCHNITT

SPORENPULVER *Rosa bis braunrosa.*
ZEIT *Frühjahr bis Herbst und milde Winter.*
VORKOMMEN *In ganz Europa verbreitet und häufig.*
WERT *Essbar.*
ÄHNLICHE ARTEN *Der Schwarzschneidige Dachpilz (Pluteus tricuspidatus) hat dunkelbraune bis schwärzliche Lamellenschneiden.*

Stinkschirmling

Lepiota cristata (Agaricaceae) ☠

Der gewölbte Hut ist auf weißlichem Grund mit rotbraunen Schüppchen besetzt. Die freien, engstehenden Lamellen sind weiß bis blass cremefarben. Der zylindrische Stiel wird abwärts dunkler, hat eine seidig-faserige Oberfläche und trägt im oberen Drittel einen dünnen Ring. Die Lamellen und das weiße Fleisch riechen unangenehm chemisch. Der Pilz ist giftig, aber nicht lebensgefährlich.

VORKOMMEN *In kleinen Gruppen auf Waldwegen, an Feld- und Waldrändern, auf Wiesen.*

freie, cremefarbene Lamellen
Hut 2–4 cm breit
konzentrisch angeordnete Schuppen
dunkelbraune Hutmitte
festfleischiger, dünner Stiel

SPORENPULVER *Weiß.*
ZEIT *Sommer bis Spätherbst.*
VORKOMMEN *Überall häufig.*
WERT *Giftig.*
ÄHNLICHE ARTEN *Andere kleine Schirmlinge haben anders gefärbte Schuppen oder einen anderen Geruch. Einige von ihnen sind tödlich giftig und kommen bisweilen in Gärten vor.*

Parasol, Riesenschirmpilz

Macrolepiota procera (Agaricaceae)

Der Parasol ist ein bekannter Speisepilz, der sehr groß werden kann. Der anfangs eiförmige, bald aufschirmende, in der Mitte aber stets gebuckelte Hut ist auf blassbraunem Grund mit locker verteilten, zum Rand hin spärlicher werdenden dunkelbraunen Schuppen bedeckt. Die freien, breiten Lamellen sind weiß bis cremefarben, der hohe, keulige, sehr feste Stiel ist auf blassem Grund braunschuppig genattert. Der breite, doppelte Ring lässt sich bei alten Fruchtkörpern am Stiel auf und ab schieben. Das weiße Fleisch verfärbt sich nicht oder allenfalls sehr langsam rötlichgelb.

VORKOMMEN *In Laub- und Nadelwäldern, aber auch in offenem Grasland, in Dünen und an Straßenrändern.*

- dunkle Hutschuppen, nach außen spärlicher
- Hut 10–30 cm, Fleisch im Schnitt rötend
- weiße bis cremefarbene Lamellen
- breiter Ring
- schuppig genatterter, hoher Stiel
- dunkle, gebuckelte Hutmitte
- knollige Stielbasis

SPORENPULVER Weiß.
ZEIT *Sommer bis Spätherbst.*
VORKOMMEN *Weit verbreitet und häufig.*
WERT *Guter Speisepilz.*
ÄHNLICHE ARTEN *Dunkler Riesenschirmpilz* (Macrolepiota fuliginosa): *Hut graubraun, mit dunkelbraunen Schuppen; Rötender Riesenschirmpilz* (Macrolepiota permixta): *mit rosa überhauchten Lamellen und rötendem Fleisch; vgl. Grünsporschirmling* (Chlorophyllum molybdites).

ANMERKUNG

Laien verwechseln den Parasol manchmal mit dem roh giftigen Perlpilz (S. 239), der aber abwischbare Hutflocken hat und rötet.

Schaf-Champignon

Agaricus arvensis (Agaricaceae)

Der junge, nahezu glatte weiße Hut ist halbkugelig gewölbt und verfärbt im Alter stumpf bronzegelb. Der ebenfalls weiße, zylindrische bis leicht keulenförmige Stiel ist an der Basis knollig verdickt, der Ring doppelt und auf der Unterseite zahnradförmig aufgeplatzt. Die engstehenden, freien Lamellen sind rosa bis dunkelbraun.

VORKOMMEN *Auf Wiesen, in Parks und Laubwäldern, auch in Gärten auf gedüngten Böden.*

Lamellen jung blassrosa; alt dunkelbraun

Ring unterseits zahnradartig aufgeplatzt

LÄNGSSCHNITT

Hut 6–10 cm breit

Hut weiß, im Alter trübgelb

Stiel zylindrisch bis keulenförmig

junge Hüte fingerhutförmig, oft abgeflacht

SPORENPULVER Dunkelbraun.
ZEIT *Sommer bis Spätherbst.*
VORKOMMEN *Zerstreut bis häufig.*
WERT *Guter Speisepilz.*
ÄHNLICHE ARTEN *Der Große Anischampignon (A. macrocarpus) ist größer und fester. Der Rundsporige Anischampignon (A. nivescens) hat einen wollig-faserigen Stiel.*

Wiesen-Champignon

Agaricus campestris (Agaricaceae)

Der Pilz hat einen bald abgeflachten Hut und jung lebhaft rosafarbene Lamellen. Im Alter kann sich der Hut rosagraulich verfärben, während die Lamellen dunkelbraun werden. Der Stiel ist kurz, zylindrisch und hat einen vergänglichen Ring, der oft nur noch als eine schwache Zone im oberen Stieldrittel erkennbar ist.

VORKOMMEN *Oft in großer Zahl auf Wiesen und gedüngten Weiden, bildet mitunter Hexenringe.*

Hut 4–10 cm breit

feinschuppiger weißer Hut

kleiner, fragiler Ring

weißes Fleisch

Lamellen jung rosa

Stiel kurz, stämmig

LÄNGSSCHNITT

SPORENPULVER *Dunkelbraun.*
ZEIT *Sommer bis Spätherbst.*
VORKOMMEN *Zerstreut bis häufig.*
WERT *Essbar.*
ÄHNLICHE ARTEN *Rosablättr. Egerlingsschirmling (Leucoagaricus leucothites): Lamellen und Sporenpulver weiß bis rosa; Zwergchampignons wie Agaricus lutosus sind kleiner und seltener.*

Karbol-Champignon

Agaricus xanthodermus (Agaricaceae) ☠

Dieser Giftpilz kann leicht mit essbaren Champignons verwechselt werden. Der glatte Stiel hat einen breiten, hängenden Ring, der auf der Unterseite zahnradartig aufplatzt, und meist eine knollig angeschwollene Basis. Junge Fruchtkörper verfärben sich bei der geringsten Verletzung chromgelb (im Alter ist diese Reaktion weniger deutlich). Typisch ist der unangenehme chemische Geruch.

VORKOMMEN *Auf Wiesen, in lichten Wäldern, an Waldrändern, in Parks und Gebüschen, auch auf Rindenmulch in Gärten und auf Friedhöfen.*

SPORENPULVER *Schokoladenbraun.*
ZEIT *Sommer bis Herbst.*
VORKOMMEN *Weit verbreitet, aber nur stellenweise häufig.*
WERT *Giftig.*
ÄHNLICHE ARTEN *Der Schaf-Champignon (links) und einige essbare Champignons, gilben langsamer, riechen angenehmer.*

Schopftintling

Coprinus comatus (Coprinaceae)

Der hohe Hut ist jung mit faserigen weißen Schuppen bedeckt. Wenn der Hutrand sich vom Stiel löst, bleibt etwa in der Stielmitte ein schmaler Ring zurück. Der Hut und die anfangs weißen Lamellen färben sich bei der Reife schwarz. Schopftintlinge sind schmackhafte Speisepilze, solange die Schwärzung noch nicht begonnen hat.

VORKOMMEN *Meist in Gruppen an grasigen Standorten; auch in Wäldern.*

SPORENPULVER *Schwarz.*
ZEIT *Spätes Frühjahr bis Spätherbst.*
VORKOMMEN *In ganz Europa verbreitet.*
WERT *Jung guter Speisepilz.*
ÄHNLICHE ARTEN *Einige Arten sehen jung ähnlich aus. Man schneide den Fruchtkörper längs durch und prüfe die zylindrische Form des ungeöffneten Huts und den Stielring.*

Grauer Tintling

Coprinus atramentarius (Coprinaceae) ☠

Der Pilz ist essbar, kann aber zusammen mit Alkohol – auch in Kosmetika – Vergiftungen hervorrufen, selbst dann, wenn der Alkohol erst mehrere Tage nach dem Pilzgericht aufgenommen wird. Er hat einen eiförmigen, grauen bis graubraunen Hut mit rotbrauner Mitte und eine glatte, radialfaltige Oberfläche. Der Stiel ist silbrigweiß und hat eine Ringzone. Die Stielbasis ist mit rotbraunen Fasern besetzt.

VORKOMMEN *In dichten Büscheln an humus- und/oder stickstoffreichen Stellen in Wäldern und Gärten, oft an oder in der Nähe von totem Holz.*

- grauer bis graubrauner Hut
- Hut bis 7 cm breit
- rotbraune Fasern
- freie Lamellen
- hohler, weißer Stiel
- LÄNGSSCHNITT

SPORENPULVER *Schwarz.*
ZEIT *Frühjahr bis Herbst.*
VORKOMMEN *In Mitteleuropa weit verbreitet.*
WERT *Essbar mit Vorbehalt (s. o.).*
ÄHNLICHE ARTEN *Gebuckelter Faltentintling (C. acuminatus), mit brustwarzenförmigem Hutbuckel; Glimmertintling (unten), kleiner, mit glimmeriger Hutbekleidung.*

Glimmertintling

Coprinus micaceus (Coprinaceae)

Der büschelig wachsende Pilz ist lebhaft hell- bis orangebraun gefärbt. Die radialfaltig-gefurchten Hüte sind in der Mitte dunkler und am Rand blass cremefarben. Sie sind bedeckt mit feinen, körnigen Velumflocken, die im Auflicht schimmern. Im Alter und bei Regen können die Flocken fehlen. Im Gegensatz zum Hut ist der brüchige Stiel blass. Die Lamellen verfärben sich im Alter tintenschwarz.

VORKOMMEN *In dichten Büscheln am Stammgrund toter Bäume sowie an totem Laubholz aller Art.*

- braune Lamellen mit weißen Schneiden
- hohler Stiel
- LÄNGSSCHNITT
- Hut bis 4 cm breit
- faltig-gefurchte Hüte

SPORENPULVER *Schwarz.*
ZEIT *Frühjahr bis Spätherbst.*
VORKOMMEN *Weit verbreitet und häufig.*
WERT *Ungenießbar.*
ÄHNLICHE ARTEN *Haustintling (Coprinus domesticus), mit gelbem Filz an der Stielbasis. Diverse büschelige Faserlinge (Psathyrella), ohne körniges Velum, Hüte nicht radialfurchig.*

Grünblättr. Schwefelkopf

Hypholoma fasciculare (Strophariaceae) ☠

Die schwefelgelben, in der Mitte mehr orangebraunen Hüte dieses giftigen Holzbewohners sind anfangs gewölbt und werden alt trichterförmig oder wellig. Die gelben Stiele sind an der Basis dunkler rotbraun. Die Lamellen sind jung auffallend gelbgrün und werden später purpurschwärzlich. Das Fleisch ruft bei Genuss schwere Magen-Darmstörungen hervor.

VORKOMMEN *An Laub- und Nadelholzstümpfen, oft in Büscheln.*

- schwefelgelber Hut
- dunklere Hutmitte
- Hut bis 7 cm breit
- anfangs grüne, dann purpurschwarze Lamellen
- Stiel oben gelb
- dunklere Stielbasis

SPORENPULVER Purpurbraun.
ZEIT Spätes Frühjahr bis Spätherbst.
VORKOMMEN In ganz Europa weit verbreitet.
WERT Sehr giftig.
ÄHNLICHE ARTEN Ziegelroter Schwefelkopf (*H. sublateritium*), jung mit weißlichen Lamellen; Graublättriger Schwefelkopf (*H. capnoides*), ohne Grüntöne in den Lamellen.

Sparriger Schüppling

Pholiota squarrosa (Strophariaceae)

Der Sparrige Schüppling ist an seinem trockenen, auf hellgelbem Grund mit dunkelbraunen, aufgerichteten Schüppchen besetzten, gewölbten Hut leicht erkennbar. Unter der Ringzone ist auch der Stiel schuppig. Die engstehenden Lamellen sind jung hellgelb und werden später braun, das blassgelbe Fleisch riecht leicht nach Rettich.

VORKOMMEN *Büschelig am Stammgrund von Laub- und Nadelbäumen, besonders an Buchen und Obstbäumen.*

- rundlicher, schuppiger Hut
- erst gelbe, dann braune Lamellen
- schuppiger Stiel
- Hut bis 15 cm breit
- aufgebogene braune Schuppen

SPORENPULVER Braun.
ZEIT Meist erst im Herbst und Spätherbst.
VORKOMMEN Weit verbreitet.
WERT Ungenießbar.
ÄHNLICHE ARTEN Goldfell-Schüppling (*P. aurivella*): Hut goldgelb, schmierig, mit angedrückten Schuppen; Hallimasch (S. 256) mit feineren Schüppchen und weißem Sporenpulver.

Gifthäubling

Galerina marginata (Strophariaceae) ☠

Dieser sehr giftige Pilz kann leicht mit ähnlichen Arten verwechselt werden. Der satt rotbraune bis honigbraune Hut ist anfangs konvex und breitet sich später aus. Die schmalen, engstehenden, erst blassockerfarbenen, später rostbraunen Lamellen laufen kurz am Stiel herab. Der Stiel trägt einen manchmal nur unvollständigen Ring.

VORKOMMEN *Büschelig oder in Gruppen auf morschem Laub- und Nadelholz; in jüngerer Zeit auch öfter in Gärten auf Rindenmulch.*

- glatte Huthaut
- Hut 2–5 cm breit
- Hut rotbraun bis honigbraun
- Stiel im oberen Teil blasser
- Lamellen blass ockergelb

SPORENPULVER *Braun.*
ZEIT *Frühjahr bis Spätherbst.*
VORKOMMEN *Ziemlich häufig.*
WERT *Sehr giftig.*
ÄHNLICHE ARTEN *Das essbare Stockschwämmchen (unten), dessen Stiel unter dem Ring geschuppt ist. Der essbare Hallimasch (S. 256) hat weißes Sporenpulver.*

Stockschwämmchen

Kuehneromyces mutabilis (Strophariaceae)

Der gewölbte Hut dieses Speisepilzes breitet sich später aus, bleibt aber in der Mitte lange gebuckelt. Die Oberfläche ist bei Feuchtigkeit glatt. Beim Trocknen blasst der Hut von der Mitte her aus. Die Lamellen sind ockerbaun und laufen am Stiel mit einem kleinen Zähnchen herab. Der dunkelbraune Stiel ist unterhalb des hochsitzenden Rings geschuppt und darüber glatt und blasser.

VORKOMMEN *Auf toten Laubholzstämmen und -stümpfen, in kleineren oder größeren Büscheln; Vorkommen auf Nadelholz sind selten.*

- Hut glatt, meist zweifarbig
- dunkler, schuppiger S
- Mitte beim Trocknen aufhellend
- Hut 2–6 cm breit
- breite Lamellen
- blassbraunes Fleisch
- kleiner Ring
- LÄNGSSCHNITT

SPORENPULVER *Braun.*
ZEIT *Frühjahr bis Spätherbst.*
VORKOMMEN *Ziemlich häufig.*
WERT *Essbar.*
ÄHNLICHE ARTEN *Gifthäubling (oben), riecht mehlartig und der Stiel ist unter dem Ring faserig, aber nicht geschuppt. Der essbare Hallimasch (S. 256) hat weißes Sporenpulver.*

Mehlpilz, Mehlräsling

Clitopilus prunulus (Entolomataceae)

Der weiße bis weißlich graue Hut ist in der Form sehr variabel; er kann gewölbt bis flach oder sogar trichterförmig sein. Die erst weißen, reif jedoch rosafarbenen Lamellen sind engstehend und laufen am Stiel herab. Der weißliche Stiel ist oft kürzer als der Hut breit. Auffallend ist der kräftige Geruch nach frischem Mehl.

VORKOMMEN
Unter Laub- und Nadelbäumen in Wäldern und Gärten.

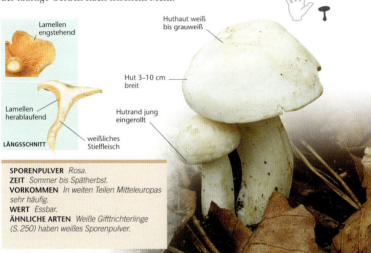

- Lamellen engstehend
- Huthaut weiß bis grauweiß
- Hut 3–10 cm breit
- Lamellen herablaufend
- Hutrand jung eingerollt
- **LÄNGSSCHNITT**
- weißliches Stielfleisch

SPORENPULVER *Rosa.*
ZEIT *Sommer bis Spätherbst.*
VORKOMMEN *In weiten Teilen Mitteleuropas sehr häufig.*
WERT *Essbar.*
ÄHNLICHE ARTEN *Weiße Gifttrichterlinge (S. 250) haben weißes Sporenpulver.*

Grünling, Edelritterling

Tricholoma equestre (Tricholomataceae)

Der bronze- bis orange- oder grüngelbe Hut ist in der Mitte oft leicht geschuppt. Die Lamellen sind schon jung lebhaft gelb. Der gelbe Stiel ist schwach längsfaserig, das weiße Fleisch riecht mehlartig. Der in Größe und Form stark variierende Grünling galt lange Zeit als uneingeschränkt essbar, bis aus Frankreich tödliche Vergiftungen nach Mehrfachgenuss berichtet wurden.

VORKOMMEN *Einzeln oder in Scharen in Nadelwäldern, vor allem unter Kiefern auf sauren Böden, selten auch unter Buchen.*

- Hutmitte braunschuppig
- gelbbrauner Hut
- Hut bis 14 cm breit

SPORENPULVER *Weiß.*
ZEIT *Meist erst im Herbst und Spätherbst.*
VORKOMMEN *Häufig, jedoch rückläufig.*
WERT *Allenfalls in kleinen Mengen essbar.*
ÄHNLICHE ARTEN *Vorsicht, junge Grüne Knollenblätterpilze (S. 240) können ähnlich aussehen! Seifenritterling (T. saponaceum), mit Waschküchengeruch.*

Violetter Rötelritterling

Lepista nuda (Tricholomataceae)

Der beliebte Speisepilz hat einen violetten bis graublauen, anfangs rundlichen, bald aufschirmenden und zentral gebuckelten Hut. Die dichtstehenden Lamellen sind blass lilablau bis violett und können später fleischfarben überhaucht sein. Der Stiel ist tief blauviolett, im Alter auch mit bräunlichem Beigeton. Das in Hut und Stiel blass lilablaue, blassockerlich marmorierte Fleisch riecht aromatisch.

VORKOMMEN *In großen Scharen oder Hexenringen in der Streuschicht der Wälder, auch in Gärten und an mit Kompost gedüngten Stellen.*

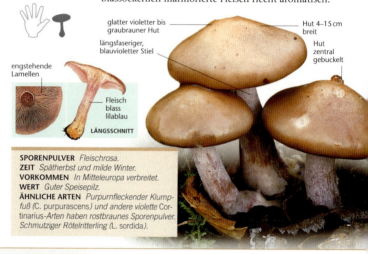

SPORENPULVER *Fleischrosa.*
ZEIT *Spätherbst und milde Winter.*
VORKOMMEN *In Mitteleuropa verbreitet.*
WERT *Guter Speisepilz.*
ÄHNLICHE ARTEN *Purpurnfleckender Klumpfuß (C. purpurascens) und andere violette Cortinarius-Arten haben rostbraunes Sporenpulver. Schmutziger Rötelritterling (L. sordida).*

Weißer Gifttrichterling

Clitocybe dealbata (Tricholomataceae) ☠

Dieser Wiesenpilz ist sehr giftig. Der Hut ist trichterförmig oder flach, weiß bis blass cremerosa und mit einem weißlichen Reif überzogen. Die Lamellen sind weißlich bis cremegrau und laufen kurz am Stiel herab. Junge Feldtrichterlinge können nach Mehl riechen und leicht mit essbaren Arten verwechselt werden. Beim Sammeln weißer oder weißlicher Lamellenpilze ist immer Vorsicht geboten!

VORKOMMEN *Auf Wiesen und Weiden, auch auf Rasenflächen in Gärten, Parks, Friedhöfen und in Dünen.*

SPORENPULVER *Weiß.*
ZEIT *Frühsommer bis Spätherbst.*
VORKOMMEN *Weit verbreitet.*
WERT *Giftig.*
ÄHNLICHE ARTEN *Andere Wiesenpilze, wie der blass ockerbraune Nelkenschwindling (Marasmius oreades), der Mehlpilz (S. 249), rosa Sporenpulver und kräftigerer Mehlgeruch.*

Ockerbrauner Trichterling

Clitocybe gibba (Tricholomataceae)

Der trichterförmige, oft leicht gebuckelte Hut und der Stiel dieses Speisepilzes sind blassbraun bis fleischockerfarben. Die Hutoberfläche ist trocken und feinfilzig, die dünnen, engstehenden Lamellen laufen am schlanken, längsfaserigen Stiel herab. Das Fleisch schmeckt mild und hat einen schwachen, an Bittermandeln erinnernden Geruch.

VORKOMMEN *In kleinen Gruppen in Laub- und Mischwäldern, meist in der Streu, gern an Wegrändern.*

SPORENPULVER *Weiß.*
ZEIT *Sommer bis Spätherbst.*
VORKOMMEN *Weit verbreitet und häufig.*
WERT *Essbar.*
ÄHNLICHE ARTEN *Duftender Gifttrichterling (C. amoenolens); Feinschuppiger Trichterling (C. squamulosa), Hut rotbraun, feinschuppig, Mehlgeruch, im Nadelwald.*

Nebelgrauer Trichterling

Clitocybe nebularis (Tricholomataceae)

Der Pilz hat einen gewölbten und später ausgebreiteten bis tief trichterförmigen Hut. Der Rand ist oft blasser und eingerollt, später oft aufgebogen und wellig. Die cremegelben bis grauen Lamellen laufen kurz an dem keuligen Stiel herab. Der auch Nebelkappe genannte Pilz kann schwere Magenverstimmungen verursachen. Auf jeden Fall sollten nur junge Exemplare gesammelt werden.

VORKOMMEN *In großen Scharen, oft in Hexenringen, in der Laub- und Nadelstreu verschiedener Wälder.*

SPORENPULVER *Cremefarben.*
ZEIT *Herbst und milde Winter.*
VORKOMMEN *In Mitteleuropa weit verbreitet.*
WERT *Essbar mit Vorbehalt (s. o.).*
ÄHNLICHE ARTEN *Beim giftigen Riesenrötling (Entoloma sinuatum) ist die Oberfläche unbereift, die Lamellen sind erst gelb, dann ockerrosa und das Sporenpulver rosa.*

Grüner Anistrichterling

Clitocybe odora (Tricholomataceae)

Es gibt nicht viele Pilze mit einem solchen blaugrünen Farbton. Hinzu kommt ein starker Anisgeruch. Der anfangs gewölbte Hut verflacht bald und ist alt leicht niedergedrückt. Der jung eingerollte Rand ist später oft wellig verbogen. Die Farbe verblasst bei alten Fruchtkörpern zu graugrün oder selten auch weißlich. Die blass cremegrünlichen Lamellen laufen am Stiel herab.

VORKOMMEN *Meistens in Gruppen oder Ringen in der Streu von Laub- und Nadelwäldern, insbesondere bei Fichten.*

SPORENPULVER Cremefarben bis blassrosa.
ZEIT Spätsommer bis Spätherbst.
VORKOMMEN Weit verbreitet und häufig.
WERT Essbar, aber nicht schmackhaft.
ÄHNLICHE ARTEN Grünspan-Träuschling (*Stropharia aeruginosa*), Lamellen graubraun, Stiel beringt; Dufttrichterling (*Clitocybe fragrans*), mit Anisgeruch, aber nicht grün.

Rötlicher Lacktrichterling

Laccaria laccata (Tricholomataceae)

Der kleine, runde Hut des Pilzes flacht sich bald ab, kann von hellrosa bis ockerorange gefärbt sein und weist eine glatte bis leicht schuppige Oberfläche auf. Die Lamellen sind dick, hellrosa und oft bestäubt mit weißen Sporen. Der Stiel ist schlank, rosabraun und faserig. Die Art weist keinen besonderen Geruch oder Geschmack auf.

VORKOMMEN *Findet man in Wäldern, Heiden und Torfmooren; überall häufig.*

SPORENPULVER Weiß.
ZEIT Fast das ganze Jahr.
VORKOMMEN Sehr verbreitet und häufig.
WERT Essbar.
ÄHNLICHE ARTEN Braunroter Lacktrichterling (*L. proxima*), größer (5–7 cm breit), mit sehr schuppigem Hut und faserigem Stängel, riecht nach Rettich.

Violetter Lacktrichterling

Laccaria amethystina (Hydnangiaceae)

Frische, feuchte Exemplare dieser Art, die zu den attraktivsten einheimischen Waldpilzen zählt, sind durch die intensive, fast glänzende violette Farbe von Hut, Stiel und Lamellen gekennzeichnet. Der feinfilzige Hut ist zentral genabelt und am Rand mit blasseren Streifen gerieft. Wenn der Pilz austrocknet, verfärbt er sich blass grauviolett und ist dann mitunter kaum wiederzuerkennen. Die entferntstehenden Lamellen sind ziemlich dick. Der grob längsfaserige Stiel ist schlank und hat eine blasse, wollig-filzige Basis. Ein arteigener Geruch und Geschmack fehlen.

VORKOMMEN *Meist gesellig in Laub- und Nadelwäldern, vor allem an feuchten Stellen unter Buchen.*

Fruchtkörper in allen Teilen violett

Hut 2–5 cm breit

dicke, entferntstehende Lamellen

Stiel röhrig-hohl

LÄNGSSCHNITT

Stiel schlank, längsfaserig

SPORENPULVER *Weiß.*
ZEIT *Sommer bis Spätherbst.*
VORKOMMEN *In Mitteleuropa weit verbreitet und vielerorts häufig.*
WERT *Essbar.*
ÄHNLICHE ARTEN *Zweifarbiger Lacktrichterling (Laccaria bicolor), Hut und Stiel bräunlich, Lamellen lavendelblau, Stielbasis violett.*

ANMERKUNG

Man könnte vermuten, dass dieser Pilz auch violette Sporen hat, doch sind die reifen Lamellen dicht mit weißem Sporenpulver besetzt.

Knopfstieliger Büschelrübling

Collybia confluens (Tricholomataceae)

Das büschelige Wachstum und der aromatische Geruch sind gute Erkennungsmerkmale. Der Hut ist hell fleischbraun bis ockergrau, das Fleisch dünn und zäh. Die sehr engstehenden Lamellen sind weiß bis cremefarben. Der hell ockerbraune bis dunkelbraune, trockene Stiel ist hohl.

VORKOMMEN *In Laub- und Nadelwäldern, vor allem im Falllaub und in der Nadelstreu.*

glatter, trockener, blass ockerbrauner Hut

Hut 1–3 cm breit

gewölbte bis flache Hüte

eng stehende Lamellen

Stiel am Hut knopfartig erweitert

LÄNGSSCHNITT

SPORENPULVER Cremefarben.
ZEIT *Sommer bis Spätherbst.*
VORKOMMEN *Vielerorts sehr häufig.*
WERT *Ungenießbar.*
ÄHNLICHE ARTEN *Unschämter Rübling (*C. impudica*): Hut dunkler braun, Stiel rotbraun mit filziger Basis; wesentlich seltener.*

Butterrübling

Collybia butyracea (Tricholomataceae)

Der häufige Pilz hat einen leicht gebuckelten, rot- bis graubraunen Hut mit meist dunklerer Mitte. Die sich fettig anfühlende Huthaut ist ein gutes Bestimmungsmerkmal. Die weiß bis blass cremefarbenen Lamellen sind am Stiel fast frei. Der oben schmale, abwärts breitkeulig geschwollene Stiel ist trocken, faserig und an der Basis dunkler.

VORKOMMEN *In Laub- und Nadelwäldern, oft sehr gesellig und/oder in Ringen in der Streu.*

fast freie weiße Lamellen

hohler Stiel

LÄNGSSCHNITT

fettig wirkende Huthaut

Hut 3–6 cm breit

Stiel nach oben verschmälert

SPORENPULVER *Weiß.*
ZEIT *Frühsommer bis Spätherbst.*
VORKOMMEN *In Mitteleuropa weit verbreitet und sehr häufig.*
WERT *Ungenießbar.*
ÄHNLICHE ARTEN *Keulenfüßiger Trichterling (*Clitocybe clavipes*): Lamellen am Stiel herablaufend, Hut nicht »fettig«.*

Nelkenschwindling

Marasmius oreades (Tricholomataceae)

Der beliebte Speisepilz hat sehr zähfleischige Fruchtkörper. Der gesamte Pilz ist mehr oder weniger blass ockerbraun gefärbt. Der rundliche, glatte Hut breitet sich bald aus, bleibt in der Mitte jedoch lang flach gewölbt. Die breiten Lamellen sind am Stiel frei oder locker angeheftet; der zähe, feste Stiel ist trocken und fühlt sich leicht körnig an. Der Nelkenschwindling schmeckt angenehm und riecht schwach bittermandelartig.

VORKOMMEN *In Hexenringen und Reihen auf kurzgrasigen Wiesen in Gärten, Parks, an Straßenrändern und auf Viehweiden.*

- breite, entferntstehende Lamellen
- blass ockerbrauner Hut
- Hut glatt, flach gewölbt
- Hut 2–5 cm breit
- Lamellen am Stiel frei oder fast frei
- Fleisch weiß bis blass ockerbraun
- **LÄNGSSCHNITT**
- Zäher, trockener Stiel

SPORENPULVER *Weiß.*
ZEIT *Frühjahr bis Spätherbst.*
VORKOMMEN *Einer der häufigsten Wiesenpilze.*
WERT *Guter Speisepilz.*
ÄHNLICHE ARTEN *Weiße Gifttrichterlinge (S. 250), auch in Ringen wachsend und sehr giftig. Leicht herablaufende Lamellen, weniger zähe Stiele, bereifte Hüte.*

Samtfußrübling

Flammulina velutipes (Tricholomataceae)

Der häufige, beliebte Speisepilz wächst büschelig an Laubholz. Er hat einen gewölbten, glatten, schmierigschleimigen, orangebraunen Hut mit eingebogenem Rand. Die gelblichen Lamellen sind mäßig gedrängt. Der zur Basis hin verjüngte Stiel ist oben gelb und im unteren Teil dunkel braun- bis fast schwarzsamtig. Der schmackhafte Pilz wird auch kommerziell gezüchtet.

VORKOMMEN *Büschelig an totem Laubholz aller Art, vor allem in Auwäldern und Bachniederungen.*

- Hüte bis 6 cm breit
- orangebrauner Hut
- Stiel oben gelb, unten dunkel braunsamtig
- gelbliche Lamellen

SPORENPULVER *Weiß.*
ZEIT *Vom Spätherbst bis ins Frühjahr.*
VORKOMMEN *Weit verbreitet.*
WERT *Guter Speisepilz.*
ÄHNLICHE ARTEN *Grünblättr. Schwefelkopf (S. 247): Lamellen grünlich, später purpurbraun; Geflecktblättriger Flämmling (Gymnopilus penetrans): Lamellen orangegelb.*

Hallimasch

Armillaria mellea (Tricholomataceae)

VORKOMMEN *Bildet große Büschel auf Stümpfen und an Stämmen von Laub- und Nadelbäumen und greift sogar Gartensträucher an; manchmal ohne sichtbare Verbindung zu Holz auf dem Erdboden.*

Der bekannte Speisepilz darf nur gut gekocht gegessen werden, ist äußerlich sehr variabel und nicht immer leicht bestimmbar. Inzwischen weiß man, dass es sich um mehrere nah verwandte Arten handelt. Die büschelig wachsenden Fruchtkörper sind am Stielgrund verwachsen. Der Hut kann gewölbt, flach, trichterförmig oder wellig verbogen sein; seine Farbe variiert zwischen honigbraun, gelb und oliv, wobei die dunkler braune Mitte mit feinen Faserschüppchen bedeckt ist. Die weißen Lamellen sind alt oft braunfleckig. Der blassbraune Stiel wird nach unten dunkler, ist z. T. mit helleren Längsfasern durchzogen und hat einen dicken, wolligen, cremefarbenen bis gelblichen Ring.

relativ entferntstehende Lamellen

dunklere Stielbasis

Hut 3–5 cm breit

blassbrauner Stiel

SPORENPULVER Weiß.
ZEIT Meist erst im Herbst.
VORKOMMEN Weit verbreitet und häufig.
WERT Roh giftig, gekocht essbar, wird aber nicht von jedem vertragen.
ÄHNLICHE ARTEN Dunkler Hallimasch (A. ostoyae), Hut stärker schuppig, Ring bräunlich; gilt als die am wenigsten verträgliche Art; Zwiebelfüßiger H. (A. caepistipes), Schuppen dunkler, graulich, Ring fragiler; Fleischfarbener H. (A. gallica), weniger büschelig, Stiel zwiebelig verdickt.

ANMERKUNG

Achten Sie auf die schwarzen Stränge oder Rhizomorphen an Stämmen oder auf dem Erdboden und darauf, ob einige Hüte mit weißem Sporenpulver höher sitzender Hüte bedeckt sind.

Rosablättriger Helmling

Mycena galericulata (Tricholomataceae)

Von anderen Arten der großen Gattung *Mycena* unterscheidet sich diese Art durch den zähen Stiel und die anfangs blassgrauen, im Alter rosa verfärbenden, breiten und nicht sehr engstehenden Lamellen. Der zunächst glockige Hut ist graubraun. Die glänzenden, glatten Stiele sind zäh und haben oft eine tief im Substrat wurzelnde Basis.

VORKOMMEN *In oft dicht gedrängten Büscheln an oder in der Nähe von alten Baumstümpfen.*

Hut glockig bis flach gewölbt

Hut 1–6 cm breit

Hut graubraun

Lamellen blassgrau bis graurosa

glatter, zäher Stiel

LÄNGSSCHNITT

SPORENPULVER *Weiß.*
ZEIT *Sommer bis Spätherbst.*
VORKOMMEN *Sehr häufig in weiten Teilen Europas*
WERT *Ungenießbar.*
ÄHNLICHE ARTEN *Der Buntstielige Büschelhelmling (unten) hat einen ranzigen Geruch, und die Stiele sind zur Basis hin tief rotbraun.*

Buntstieliger Büschelhelmling

Mycena inclinata (Tricholomataceae)

Die in dichten Büscheln wachsende Art hat anfangs grauweißliche und später bräunliche Hüte. Die weißen bis cremefarbenen schmalen Lamellen sind am Stiel angeheftet; der Geruch ist mehlartig. Die glänzenden Stiele sind oben cremefarben und unten rotbraun.

VORKOMMEN *Büschelig auf toten Stämmen und Stümpfen von Eichen, gelegentlich auch an noch stehenden Stämmen.*

Hut 2–4 cm breit

Rand gezähnt

ältere Fruchtkörper bräunend

LÄNGSSCHNITT

Stielbasis rotbraun

Lamellen angewachsen

Stiele am Grund verwachsen

SPORENPULVER *Weiß.*
ZEIT *Sommer bis Spätherbst.*
VORKOMMEN *Ziemlich häufig.*
WERT *Ungenießbar.*
ÄHNLICHE ARTEN *Der Gefleckte Büschelhelmling (M. maculata) hat einen glatten Hutrand. Der Stiel ist violettbraun, Hutoberfläche und Lamellen sind rotbraun gefleckt.*

Austernseitling

Pleurotus ostreatus (Polyporaceae)

Die halbkreis- bis austernförmigen Hüte bilden große Büschel und stehen oft dachziegelig übereinander. Die Oberfläche variiert zwischen blassbraun und satt blaugrau und hat oft eine weißlich-filzige Bereifung in der Mitte. Die schmalen, engstehenden Lamellen sind weiß und laufen am Stiel herab. Das weiße Fleisch riecht und schmeckt angenehm; es hat eine feste, fleischartige Konsistenz. Der Austernseitling lässt sich leicht züchten und wird heute weltweit angebaut.

VORKOMMEN An toten oder sterbenden Laubbäumen, selten an Nadelholz, oft an noch stehenden Bäumen hoch am Stamm.

zahlreiche dachziegelig übereinander stehende Fruchtkörper
glatte Hutoberfläche
ziemlich engstehende Lamellen

SPORENPULVER Blass lavendelfarben.
ZEIT Herbst bis milde Winter.
VORKOMMEN Teils häufig, teils zerstreut.
WERT Essbar, guter Speisepilz.
ÄHNLICHE ARTEN Rillstieliger Seitling (P. cornucopiae), trompetenförmige, büschelige Fruchtkörper; Lungenseitling (P. pulmonarius), blasser, im Frühsommer bis Herbst.

Buchen-Ringrübling

Oudemansiella mucida (Tricholomataceae)

Der essbare Pilz hat einen weißen bis blassgrauen, sehr schleimigen, in der Mitte meist gerunzelten Hut. Der zähe, dünne Stiel trägt einen schmalen, oberseits weißen und unterseits grauen Ring. Die im befallenen Holz wurzelnde Stielbasis ist oft dunkelbraun. Die breiten, engstehenden Lamellen sind am Stiel angewachsen.

VORKOMMEN In großen Büscheln auf totem Buchenholz, an stehenden Stämmen oft hoch am Baum.

Hutoberfläche weiß bis grau, sehr schleimig
Hut 3–10 cm breit
entferntstehende Lamellen
Lamellen am Stiel angewachsen
dünner, hoch sitzender Stielring
keulig verdickte Stielbasis
Ring oben weiß und unten grau
Stiel zäh, dünn
LÄNGSSCHNITT

SPORENPULVER Weiß.
ZEIT Meist im Herbst und in milden Wintern.
VORKOMMEN In mitteleuropäischen Buchenwäldern weit verbreitet.
WERT Essbar.
ÄHNLICHE ARTEN Einige Holz bewohnende Helmlinge (Mycena) sind nicht schleimig, meist viel kleiner und haben keinen Stielring.

Kirschroter Saftling

Hygrocybe coccinea (Hygrophoraceae)

Der gebuckelte, bei Feuchtigkeit schmierige Hut, der Stiel und die Lamellen sind leuchtend rot gefärbt. Von anderen roten Saftlingen ist er durch die fein gerunzelte Huthaut und die breit angewachsenen Lamellen unterschieden. Die Lamellenschneiden sind gelblich. Der mitunter etwas blasser rote Stiel ist glatt, trocken und oft etwas zusammengedrückt und/oder mit einer Längsrille versehen.

VORKOMMEN *Einzeln oder gesellig auf kunstdüngerfreien Wiesen, in Borstgras- und Dünenrasen, auf Almen und in Parks.*

SPORENPULVER *Weiß.*
ZEIT *Sommer, Herbst und milde Winter.*
VORKOMMEN *Weit verbreitet.*
WERT *Wie alle Saftlinge zu schonen.*
ÄHNLICHE ARTEN *Größter Saftling (H. punicea), größer und kräftiger, Stiel längsstreifig. Zur Bestimmung anderer roter Saftlinge sind mikroskopische Untersuchungen erforderlich.*

Schwärzender Saftling

Hygrocybe conica (Hygrophoraceae) ☠

Einer der häufigsten Saftlinge mit einer Vielzahl von Farbvarianten. Das verbindende Merkmal ist die langsame Schwärzung des Fruchtkörpers im Alter oder nach dem Pflücken. Der schleimige Hut ist kegelig, der sich fettig anfühlende Stiel längsfaserig. Die Lamellen sind wie der Hut gefärbt, oft aber auch mehr gelblich. Einige Formen sind als eigene Arten beschrieben worden.

VORKOMMEN *Einzeln oder gesellig auf Wiesen, in offenem Gelände, Parkanlagen, Gärten und selten auch in Wäldern.*

SPORENPULVER *Weiß.*
ZEIT *Sommer bis Herbst, in milden Wintern.*
VORKOMMEN *Einer der häufigsten Saftlinge.*
WERT *Giftig.*
ÄHNLICHE ARTEN *Dünensaftling (Hygrocybe conicoides), in Sanddünen; Spitzgebuckelter Saftling (Hygrocybe persistens), Hut ebenfalls konisch, aber gelb, nicht schwärzend.*

Stumpfer Saftling

Hygrocybe chlorophana (Hygrophoraceae)

Dieser kleine gelbe Saftling hat weißliche bis blass zitronengelbe Lamellen. Der wachsartige Fruchtkörper ist bei Feuchtigkeit oft so schleimig, das er einem beim Pflücken aus den Fingern gleitet. Der zusammengedrückte Stiel ist oft mit einer Längsrille versehen. Die Stielbasis ist weißlich, die Spitze am Lamellenansatz oft fein bereift.

VORKOMMEN *Einzeln oder gesellig auf ungedüngtem oder extensiv genutztem Grasland (z.B. auf Trockenrasen), vor allem an moosigen Stellen.*

- gewölbter, zitronengelber Hut
- Hut bis 7 cm breit
- blassgelbe Lamellen
- Stiel gelb, oft flachgedrückt
- gelbes Fleisch
- LÄNGSSCHNITT

SPORENPULVER *Weiß.*
ZEIT *Meist erst im Herbst und Spätherbst.*
VORKOMMEN *Weit verbreitet, aber bedroht.*
WERT *Essbar, aber zu schonen.*
ÄHNLICHE ARTEN *Zerbrechlicher Saftling (H. ceracea), Hut und Lamellen trocken; Spitzgebuckelter Saftling (H. persistens), Hut trocken, spitzbuckelig, häufigere Art.*

Papageigrüner Saftling

Hygrocybe psittacina (Hygrophoraceae)

Ein kleiner Saftling mit schleimigem Hut und einer sehr variablen Farbpalette. Der am Rand dunkler gerifte Hut schimmert bei Feuchtigkeit und glänzt trocken. Die Lamellenschneiden sind meist lebhaft gelb oder gelborange. Der schleimige Stiel hat eine etwas unebene Oberfläche und oben fast immer einen deutlichen Grünschimmer. Die var. *perplexa* ist dunkel ziegelrot.

VORKOMMEN *Einzeln oder gesellig auf ungedüngten Wiesen, Almen und Dünenrasen, seltener in Wäldern.*

- Hut bis 4 cm breit
- Hut dunkelgrün, mit orange und rosa Beitönen
- Hutrand dunkler gerieft
- Stiel oben grünlich
- Lamellen frei
- zerbrechliches, gelbliches Fleisch (var. *perplexa*)
- LÄNGSSCHNITT

SPORENPULVER *Weiß.*
ZEIT *Frühsommer bis Spätherbst.*
VORKOMMEN *Weit verbreitet, oft rückläufig.*
WERT *Ungenießbar.*
ÄHNLICHE ARTEN *Zäher Saftling (Hygrocybe laeta), erinnert an var. perplexa, Lamellen mit Lilaton und schleimiger Schneide; Grünspan-Träuschlinge (Stropharia aeruginosa).*

Fichtenreizker

Lactarius deterrimus (Russulaceae)

Hut, Lamellen und Stiel des Pilzes sind satt lachsorange, oft mit grünspanfarbenen Flecken. Die Lamellen sondern eine karottenrote Milch ab. Der feucht klebrige Hut ist im Alter vertieft und weist konzentrische Zonen auf. Ein guter Speisepilz. Dass sich der Urin nach dem Genuss der Pilze rot färbt, ist eine harmlose Begleiterscheinung.

VORKOMMEN *In Scharen unter Fichten, sowohl in Wäldern wie unter Einzelbäumen in Parks, Gärten und an Weg- und Straßenrändern.*

- Hut bis 12 cm breit
- Hut grünspanfleckig
- Hut schalenförmig, Oberfläche schmierig
- dichtstehende Lamellen
- glatter Stiel

SPORENPULVER Hellocker.
ZEIT Sommer bis Herbst.
VORKOMMEN Häufig bis sehr häufig.
WERT Guter Speisepilz.
ÄHNLICHE ARTEN *Edelreizker* (Lactarius deliciosus); *Lachsreizker* (Lactarius salmonicolor), weniger gezont, Fleisch weinrot verfärbend, unter Tannen häufig.

Eichenmilchling

Lactarius quietus (Russulaceae)

Typisch ist der Geruch nach Blattwanzen oder Lokomotive. Der erst gewölbte und reif niedergedrückte Hut ist rötlich- bis graubraun mit dunkleren Zonen. Die Lamellen sind ockerbraun, während der Stiel meist dunkler als der Hut und zylindrisch ist. Die an verletzten Stellen austretende Milch verfärbt sich gelblich.

VORKOMMEN *Streng an die Eiche gebundene Art, oft in großen Gruppen und Reihen.*

- niedergedrückter Hut
- Hut 3–8 cm breit
- dunklere Flecken
- blassbraunes Fleisch
- Lamellen engstehend
- LÄNGSSCHNITT

SPORENPULVER Rahmgelblich.
ZEIT Sommer bis Herbst.
VORKOMMEN In weiten Teilen Europas häufig bis sehr häufig.
WERT Ungenießbar.
ÄHNLICHE ARTEN *Goldflüssiger Milchling* (L. chrysorrheus), blasserer, gelberer Hut, an der Luft rasch goldgelb verfärbende Milch.

Frauentäubling

Russula cyanoxantha (Russulaceae)

Der Hut dieser sehr variablen Art ist lila, lavendelfarben oder violett, kann aber auch grün sein. Die Oberfläche ist trocken bis leicht schmierig, glatt und fest. Die dichtstehenden weißen Lamellen sind biegsam. Der kräftige, weiße bis trüb cremefarbene Stiel wird im Alter brüchig. Das Fleisch ist spröde und schmeckt mild bis leicht schärflich.

SPORENPULVER *Weiß.*
ZEIT *Sommer bis Herbst.*
VORKOMMEN *Weit verbreitet.*
WERT *Essbar, guter Speisepilz.*
ÄHNLICHE ARTEN *Cremeblättriger Bunttäubling (Russula ionochlora), Hut meist heller lila-lavendelfarben, reif oft mit gelbgrünlicher Mitte, Lamellen spröde, cremefarben.*

VORKOMMEN *Einzeln oder in kleinen Gruppen in Laubwäldern, vor allem unter Buchen; seltener auch unter Nadelbäumen auf sauren Böden.*

Kirschroter Speitäubling

Russula emetica (Russulaceae) ☠

Der Pilz hat einen scharlachroten, anfangs gewölbten und später glatten Hut, der einen Kontrast zum weißen Stiel und zu den weißen bis blass cremefarbenen, mäßig entferntstehenden Lamellen bildet. Das schwach giftige, spröde weiße Fleisch hat keinen besonderen Geruch. Von anderen scharf schmeckenden Täublingen lässt sich der Speitäubling durch die rein rote Hutfarbe unterscheiden.

VORKOMMEN *In feuchten Nadelwäldern, vor allem unter Kiefern in Torfmoospolstern; einzeln oder in kleinen Gruppen.*

SPORENPULVER *Weiß.*
ZEIT *Sommer bis Spätherbst.*
VORKOMMEN *In Mooren ziemlich häufig.*
WERT *Giftig.*
ÄHNLICHE ARTEN *Grauender Speitäubling (Russula griseascens), ähnlich, Stiel stark grauend, in Mooren; Gedrungener Buchen-Speitäubling (Russula mairei), unter Buchen.*

Ockergelber Täubling

Russula ochroleuca (Russulaceae)

Der Hut der sehr weit verbreiteten Art ist stumpf ockergelb bis leicht grüngelb, eher trocken und matt, und am Rand leicht gerieft. Die Lamellen sind hell cremefarben und spröde, während der weißliche Stiel an der Basis gelb überkrustet ist und mit dem Alter oder bei großer Nässe grau wird. Das weiche Fleisch ist geruchlos.

VORKOMMEN *Wächst gemeinsam mit vielen Laub- und Nadelbäumen, meist auf saurem Boden.*

- glatte, trockene Oberfläche
- leicht gerifter Hutrand
- engstehende Lamellen
- cremefarbenes Fleisch
- LÄNGSSCHNITT

SPORENPULVER Hell cremefarben.
ZEIT Sommer bis Spätherbst.
VORKOMMEN In Mischwäldern häufig und weit verbreitet.
WERT Essbar.
ÄHNLICHE ARTEN Gallentäubling (R. fellea), mit honigfarbenem Hut und Stiel, wächst nur unter Buchen.

Maronenröhrling

Boletus badius (Boletaceae)

Der beliebte Speisepilz hat einen rot- bis dunkelbraunen Hut, der trocken feinfilzig oder samtig ist, feucht aber schmierig sein kann. Röhren und Poren sind blass cremeweiß und verfärben sich im Alter gelb- bis olivgrün. Der Stiel ist etwas blasser als der Hut gefärbt und weist eine undeutliche braune Längsstreifung auf. Das weißliche Fleisch, die Röhren und Poren blauen im Schnitt.

VORKOMMEN *Meist in Gruppen oder Scharen in Laub- und Nadelwäldern, vor allem unter Fichten auf sauren Böden.*

- Poren auf Druck blauend
- Poren olivgelb
- Hut 5–15 cm breit
- dunkelbrauner Hut
- weißliches Fleisch (bald blauend)
- LÄNGSSCHNITT
- zylindrischer, blass rotbrauner Stiel
- leicht gestreifte Stieloberfläche

SPORENPULVER Braun.
ZEIT Frühsommer bis Spätherbst.
VORKOMMEN In Mitteleuropa verbreitet; einer der häufigsten Röhrlinge.
WERT Guter Speisepilz.
ÄHNLICHE ARTEN Brauner Filzröhrling (Boletus ferrugineus), kleiner, weichfleischiger Hut braun bis grünlichbraun, Hut samtig-filzig.

Steinpilz

Boletus edulis (Boletaceae)

VORKOMMEN *Meist unter Fichten in Wäldern auf sauren oder neutralen Böden, aber auch unter anderen Bäumen wie Tannen und Buchen.*

Der Steinpilz ist einer der beliebtesten Speisepilze Europas und kommt in verschiedenen Formen sowohl in Laub- als auch in Nadelwäldern vor. *Boletus edulis* im engeren Sinne ist der Fichtensteinpilz. Er kann – wie seine Verwandten – sehr groß und kräftig werden und hat einen gelb- bis dunkelbraunen Hut, der an frisch gebackenes Brot erinnert. Der im Normalfall bauchige Stiel ist im oberen Teil mit einem feinen weißen Adernetz überzogen. Die anfangs weißen Poren verfärben sich später zunächst gelblich und im Alter oliv. Das weiße Fleisch verfärbt sich im Schnitt nicht, riecht angenehm und schmeckt mild.

polsterförmig gewölbter Hut

Hut bis 25 cm breit

feines weißes Adernetz

Poren anfangs weiß, später olivgelb

weißes Fleisch

blassbrauner, bauchiger Stiel

LÄNGSSCHNITT

SPORENPULVER *Olivbraun.*
ZEIT *Frühsommer bis Spätherbst.*
VORKOMMEN *In Deutschland weit verbreitet und in manchen Jahren nach wie vor recht häufig.*
WERT *Guter Speisepilz.*
ÄHNLICHE ARTEN *Schwarzer Steinpilz (Boletus aereus), Hut schwarzbraun, Stielnetz dunkelbraun, wärmeliebende Art; Sommersteinpilz (Boletus aestivalis), Hut und Stiel hellbraun, Huthaut trocken, rau.*

ANMERKUNG

Bei der Zubereitung achte man auf Madenfraßgänge und mögliche gelbe Flecken, die von Parasiten hervorgerufen worden sein können. Die befallenen Stellen können herausgeschnitten werden.

Rotfußröhrling

Boletus chrysenteron (Boletaceae)

Die olivbraune Huthaut älterer Exemplare platzt oft rissig auf, sodass das hellere, in den Rissen rötende Fleisch sichtbar wird. Die eckigen Poren sind gelb bis trüboliv, das Fleisch weiß bis blassgelb. Der schlanke Stiel ist oben gelblich und nach unten zu rot und längsfaserig gestreift. Stiel, Poren und Fleisch können leicht blauen.

VORKOMMEN *In Laub- und Nadelwäldern auf unterschiedlichen Böden, oft in kleinen Gruppen.*

- Hut olivbraun
- Hut 3–10 cm breit
- Poren gelb bis oliv
- Röhren leicht ausgebuchtet
- Risse in Huthaut rötend
- LÄNGSSCHNITT

SPORENPULVER *Braun.*
ZEIT *Frühsommer bis Herbst.*
VORKOMMEN *In Mitteleuropa weit verbreitet und fast überall häufig.*
WERT *Essbar.*
ÄHNLICHE ARTEN *Düsterer Rotfußröhrling (Boletus porosporus), Hut dunkel olivbraun, Risse nicht rötend, Stiel oft ohne Rot.*

Ziegenlippe

Boletus subtomentosus (Boletaceae)

Der Hut dieser Art ist feinsamtig-wildlederartig, die Farbe variiert zwischen gelb oder gelbbraun bis oliv oder rötlich-braun; Röhren und Poren sind leuchtend gelb. Der meist schlanke Stiel ist gelblich und oben oft bräunlich punktiert oder gerippt. Das blasse, gelblich weiße Fleisch blaut auf Druck oder im Schnitt nicht oder nur geringfügig.

VORKOMMEN *In Laub- und Nadelwäldern, besonders auf sauren bis neutralen Böden.*

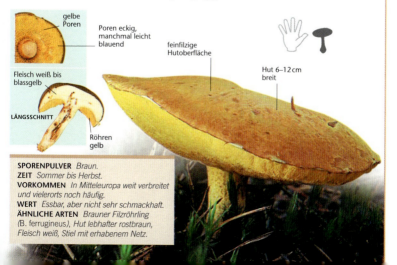

- gelbe Poren
- Poren eckig, manchmal leicht blauend
- feinfilzige Hutoberfläche
- Hut 6–12 cm breit
- Fleisch weiß bis blassgelb
- LÄNGSSCHNITT
- Röhren gelb

SPORENPULVER *Braun.*
ZEIT *Sommer bis Herbst.*
VORKOMMEN *In Mitteleuropa weit verbreitet und vielerorts noch häufig.*
WERT *Essbar, aber nicht sehr schmackhaft.*
ÄHNLICHE ARTEN *Brauner Filzröhrling (B. ferrugineus), Hut lebhafter rostbraun, Fleisch weiß, Stiel mit erhabenem Netz.*

Birkenröhrling

Leccinum scabrum (Boletaceae)

Der häufige »Birkenpilz« hat einen dunkel- bis mittelbraunen oder ockerbraunen Hut, der bei Feuchtigkeit schmierig ist. Der oft recht lange keulige Stiel ist auf cremefarbenem Grund mit schwärzlichbraunen Schüppchen besetzt. Das blasse Fleisch bleibt im Schnitt unverändert.

VORKOMMEN *Unter Birken in Wäldern; in Birkenmooren meist verwandte Arten.*

- Hut ocker- bis dunkelbraun
- Stiel keulig
- blass ockergraue Poren
- weißliches Fleisch
- LÄNGSSCHNITT
- Hut 5–20 cm breit
- glatte Hutofläche
- schwärzliche Stielschüppchen

SPORENPULVER *Braun.*
ZEIT *Frühsommer bis Herbst.*
VORKOMMEN *In Mitteleuropa weit verbreitet.*
WERT *Essbar.*
ÄHNLICHE ARTEN *Verfärbender Birkenpilz (Leccinum variicolor), mit graubraun marmoriertem Hut, an feuchteren Standorten.*

Butterpilz

Suillus luteus (Gomphidiaceae)

Die Art lebt in Symbiose mit Nadelbäumen, hier mit der Kiefer. Der Butterpilz hat einen flach gewölbten, purpurbraunen Hut. Der kräftige Stiel hat einen breiten, hängenden Ring. Über dem Ring ist der Stiel dunkel punktiert, darunter ist er lilabraun, ebenso wie die Unterseite des Rings. Die Poren sind gelb, die Röhren kurz.

VORKOMMEN *Meist in Scharen in Kiefernwäldern auf sandigen Böden.*

- blassgelbe Poren
- blasses, gelblichweißes Fleisch
- schleimige, purpurbraune Huthaut
- LÄNGSSCHNITT
- Hut bis 5–10 cm breit
- breiter, abstehender Ring

SPORENPULVER *Braun.*
ZEIT *Sommer bis Herbst.*
VORKOMMEN *In Kiefernwäldern verbreitet.*
WERT *Essbar mit Vorbehalt; die Huthaut sollte auf jeden Fall abgezogen werden.*
ÄHNLICHE ARTEN *Ringloser Butterpilz (Suillus collinitus), ockerbraun, Myzel und Stielbasis rosa; ohne Ring.*

Kahler Krempling

Paxillus involutus (Paxillaceae) ☠

Dem Pilz werden, obwohl er mancherorts noch gegessen wird, schwere Vergiftungen zugeschrieben. Seine Wirkung ist nicht eindeutig geklärt. Der gelbbraune Hut hat einen eingerollten, wollig-filzigen Rand und einen zentralen Buckel; später breitet er sich aus und wird trichterförmig. Bei feuchtem Wetter kann die Oberfläche schleimig sein.

VORKOMMEN *Bei Laub- und Nadelbäumen in Wäldern, Anlagen und Gärten, auch in Feuchtgebieten, oft sehr zahlreich.*

- weiche, dicke Lamellen
- breiter, niedergedrückter Hut
- blass gelbbraunes Fleisch
- Hut 5–15 cm breit
- eingerollter Rand
- dicker, meist kurzer Stiel
- Braunverfärbung nach Berührung
- **LÄNGSSCHNITT**

SPORENPULVER Braun.
ZEIT *Spätes Frühjahr bis Spätherbst.*
VORKOMMEN *Zerstreut bis ziemlich selten.*
WERT *Giftig.*
ÄHNLICHE ARTEN *Erlenkrempling* (Paxillus rubicundulus), nur unter Erlen. Etwas kleiner mit rötlich braunen Schuppen auf dem Hut, Lamellen gelbocker, verfärben sich rotbraun.

Semmelstoppelpilz

Hydnum repandum (Hydnaceae)

Dieser Speisepilz hat auf der Hutunterseite bleiche, spröde Stacheln. Der Hut ist alt meist etwas niedergedrückt und unregelmäßig gelappt, der Rand eingerollt. Die Oberfläche ist trocken bis feinfilzig, blass cremefarben bis rosaockerlich. Das weißliche Fleisch ist ziemlich fest und im Alter bisweilen rosa überhaucht.

VORKOMMEN *In Laub- und Nadelwäldern, v.a. bei Fichten, Kiefern, Buchen, Eichen und Birken, oft in Reihen Ringen oder Büscheln.*

- verjüngte Stielbasis
- **LÄNGSSCHNITT**
- ockergelbe Stacheln
- **HUTUNTERSEITE**
- Hut oft unregelmäßig höckerig
- Hut bis 15 cm breit
- kräftiger, oft exzentrischer Stiel
- Hut bis 15 cm breit

SPORENPULVER *Weiß.*
ZEIT *Sommer bis Herbst.*
VORKOMMEN *In Buchenwäldern häufig.*
WERT *Jung guter Speisepilz.*
ÄHNLICHE ARTEN *Rötender Stoppelpilz* (Hydnum rufescens), kleiner, mehr rötlich; *Korkstachelinge* (Phellodon, Bankera, Sarcodon, Hydnellum), lederig-zäh oder korkig.

Pfifferling, Eierschwamm

Cantharellus cibarius (Cantharellaceae)

Der glatte Hut des gelben oder goldgelben Pfifferlings ist im Alter trompetenförmig mit vertiefter Mitte und wellig-verbogenem Rand. Die Hutunterseite ist durch lamellenartige, am Stiel herablaufende Leisten gerunzelt. Das angenehm aprikosenartig duftende Fleisch ist weißlich bis blassgelb und verfärbt sich bei manchen Formen an verletzten Stellen rotorange.

VORKOMMEN Unter Kiefern und Fichten, oft an moosigen Stellen, auch unter Eichen, Buchen und Birken.

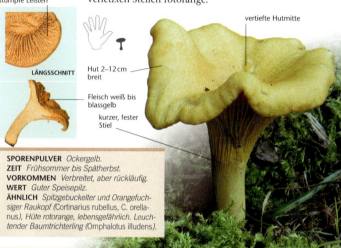

- lamellenähnliche stumpfe Leisten
- LÄNGSSCHNITT
- vertiefte Hutmitte
- Hut 2–12 cm breit
- Fleisch weiß bis blassgelb
- kurzer, fester Stiel

SPORENPULVER Ockergelb.
ZEIT Frühsommer bis Spätherbst.
VORKOMMEN Verbreitet, aber rückläufig.
WERT Guter Speisepilz.
ÄHNLICH Spitzgebuckelter und Orangefuchsiger Raukopf (*Cortinarius rubellus, C. orellanus*), Hüte rotorange, lebensgefährlich. Leuchtender Baumtrichterling (*Omphalotus illudens*).

Totentrompete

Craterellus cornucopioides (Cantharellaceae)

Der hochbegehrte Speisepilz ist kaum zu verwechseln. Die trompetenförmigen Fruchtkörper sind hohl, die Innenseite dunkelgraubraun bis fast schwarz, die Außenseite blass weißlichgrau bereift und fein gerunzelt. Das dünne Fleisch schmeckt etwas pfeffrig und riecht aromatisch. Manchmal ist es nicht leicht, die Totentrompete im herbstlichen Falllaub zu finden, doch tritt sie in großen Scharen auf.

VORKOMMEN Oft in Scharen in Laubwäldern auf neutralen bis kalkhaltigen Böden, an Hängen in tiefem Falllaub unter Buchen.

- LÄNGSSCHNITT
- dünnes, faseriges Fleisch
- weißlich bereifte Außenseite
- graubraune bis schwarze Innenseite
- trompetenförmiger Fruchtkörper
- Fruchtkörper 3–10 cm hoch

SPORENPULVER Weiß.
ZEIT Spätsommer bis Spätherbst.
VORKOMMEN In Buchenwaldgebieten weit verbreitet und mancherorts sehr häufig.
WERT Essbar, guter Speisepilz.
ÄHNLICHE ARTEN Grauer Pfifferling (*Cantharellus cinereus*), deutlich ausgeprägte lamellenartigen Leisten auf der Außenseite.

Geweihförmige Holzkeule

Xylaria hypoxylon (Xylariaceae)

Der Pilz hat zwei Entwicklungsstadien. Zunächst erinnert er an einen Kerzendocht mit schwarzer Basis und geweihartigen Enden, die mit asexuellen Sporen (Konidien) weiß bepudert sind. Später sieht er aus wie eine zugespitzte Keule und hat eine warzige Oberfläche, in der die sporenbildenden Strukturen (Perithecien) eingelassen sind.

VORKOMMEN *Auf toten Stümpfen und Stämmen und abgefallenen Ästen in Laubwäldern, meist in großer Zahl.*

- geweihartig verzweigte Äste
- weiße Spitzen
- schwarze Perithecien, weißes Fleisch
- Fruchtkörper 1–6 cm hoch
- LÄNGSSCHNITT

SPORENPULVER Schwarz.
ZEIT Ganzjährig.
VORKOMMEN *Einer der häufigsten holzbewohnenden Pilze in Mitteleuropa.*
WERT *Ungenießbar.*
ÄHNLICHE ARTEN *Andere Holzkeulen größer und mehr keulenförmig; Korallenpilze auf dem Erdboden und brüchig.*

Wulstiger Lackporling

Ganoderma australe (Ganodermataceae)

Die mehrjährige, oft sehr große Art bildet breite, halbkreis- oder konsolenförmige Fruchtkörper, bei denen jedes Jahr eine neue Porenschicht hinzukommt. Die Trama ist an der Ansatzstelle sehr dick. Die rotbraune Oberfläche ist unregelmäßig höckerig. Röhren und Poren sind blass cremefarben und verfärben sich auf Druck rötlich braun. Die harte Trama ist dunkel rotbraun.

VORKOMMEN *Meist am Grunde alter, noch stehender Laubbäume oder an Stümpfen.*

- dunkelbraune harte, faserige Trama
- braune Sporenpulverschicht
- SCHNITT
- Fruchtkörper 10–60 cm breit

SPORENPULVER Braun.
ZEIT Mehrjährig.
VORKOMMEN *In Westeuropa verbreitet, selten im Süden und Südosten.*
WERT *Ungenießbar.*
ÄHNLICHE ARTEN *Flacher Lackporling (G. applanatum), dünner, Trama blasser, oft mit weißlichem Gewebe durchzogen.*

Birkenporling

Piptoporus betulinus (Fomitopsidaceae)

Der Pilz ist der häufigste Porling in Birkenwäldern, in denen er geschädigte Bäume zum Absterben bringt und auf dem toten Holz wächst. Junge Exemplare sehen wie kleine braune Bälle aus und wachsen zu nierenförmigen Fruchtkörpern heran. Die glatte, lederige Oberfläche ist blassbraun, der Rand abgerundet, die Unterseite mit winzigen weißen Poren versehen. Die weiße Trama ist weich und korkig.

VORKOMMEN *Nur an Birken, an lebenden und toten Stämmen sowie an abgefallenen Ästen, vor allem in Moorwäldern.*

- Fruchtkörper nierenförmig
- glatte Oberfläche
- winzige weiße Poren
- verdickte Ansatzstelle
- weiches, schwammiges Fleisch
- **SCHNITT**
- Fruchtkörper 10–25 cm breit
- abgerundeter Rand

SPORENPULVER Weiß.
ZEIT *Sommer bis Spätherbst.*
VORKOMMEN *Folgt seinem Wirt überallhin.*
WERT *Ungenießbar.*
ÄHNLICHE ARTEN *An Birken gibt es keine vergleichbaren Arten; Eichen-Zungenporling (Piptoporus quercinus): Fruchtkörper gelblich, an alten Eichen.*

Schuppiger Porling

Polyporus squamosus (Polyporaceae)

Zunächst erscheint ein großer, brauner Klumpen mit abgeflachtem Scheitel an dem befallenen Holz. Der Fruchtkörper breitet sich rasch aus und formt kreis- oder nierenförmige Hüte mit einem kurzen, dicken Stiel. Die blassbraune Oberfläche ist mit zahlreichen dunkelbraunen Schuppen bedeckt; die Unterseite besteht aus nahezu wabenförmigen Poren. Der fast holzige Stiel ist dunkelbraun oder schwarz.

VORKOMMEN *An toten, stehenden oder liegenden Laubholzstämmen in Wäldern, Parks und Gärten; nicht selten auch in Stammwunden noch lebender Bäume.*

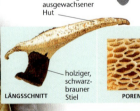

- große, halbkreisförmige Hüte
- Hut 10–60 cm breit
- sattelförmiger ausgewachsener Hut
- holziger, schwarzbrauner Stiel
- **LÄNGSSCHNITT**
- **POREN**

SPORENPULVER *Weiß.*
ZEIT *Frühjahr bis Herbst.*
VORKOMMEN *In Mitteleuropa weit verbreitet.*
WERT *Jung essbar.*
ÄHNLICHE ARTEN *Sklerotienporling (Polyporus tuberaster), mit fransigem Hutrand und faserigen Hutschuppen, ist kleiner und kommt auf am Boden liegenden Ästen vor.*

Schwefelporling

Laetiporus sulphureus (Polyporaceae)

Ganz jung sind die Fruchtkörper fast orange und fleischartig. Allerdings verfaulen sie schnell; die Farbe verblasst zu blass ockerbraun, das weiche Fleisch wird käseartig-mürb und zerbröckelt leicht. Der Pilz wird oft als »jung essbar« bezeichnet, hat aber nachweislich bei manchen Menschen Magenverstimmungen hervorgerufen.

VORKOMMEN *An alten, lebenden Laub- und Nadelbäumen, seltener an Totholz. Häufig an Eichen, Weiden und Obstbäumen.*

- Hüte fächerförmig
- gesamter Fruchtkörper 10–80 cm breit
- weiches Fleisch
- Hüte geschichtet
- lebhaft gelber Fruchtkörper
- SCHNITT

SPORENPULVER *Weiß.*
ZEIT *Spätes Frühjahr bis Frühherbst.*
VORKOMMEN *Weit verbreitet.*
WERT *Jung essbar, nicht immer verträglich.*
ÄHNLICHE ARTEN *Riesenporling (unten), fast immer am Stammgrund. Eichen-Zungenporling (*Piptoporus quercinus*): sehr viel seltener, matter gefärbt, Trama lederig-zäh.*

Riesenporling

Meripilus giganteus (Bjerkanderaceae)

Der Pilz bildet sehr große übereinanderstehende oder rosettenförmige, weiche, fleischige, fächerartige Hüte aus, die einem gemeinsamem Strunk entspringen. Die Hüte sind ockerbraun, die Poren weißlich. Alle Teile grauen und schwärzen an verletzten Stellen. Der Riesenporling wächst meist in Bodennähe an der Stammbasis, um Stümpfe herum oder an Wurzeln.

VORKOMMEN *An der Stammbasis und an Stümpfen von Buchen und Eichen sowie anderen Laubbäumen.*

- gesamter Fruchtkörper bis 1 m breit
- Einzelhüte 10–30 cm breit
- cremeweiße Poren
- PORTEN
- Hüte 2–3 cm dick

SPORENPULVER *Weiß.*
ZEIT *Sommer bis Herbst.*
VORKOMMEN *Weit verbreitet, ziemlich häufig in Mitteleuropa.*
WERT *Ungenießbar.*
ÄHNLICHE ARTEN *Klapperschwamm (*Grifola frondosa*): kleinere Einzelhüte, Fleisch nicht grauend oder schwärzend.*

Leberreischling, Ochsenzunge

Fistulina hepatica (Fistulinaceae)

Der Fruchtkörper breitet sich schnell aus, wird zungenförmig und blutrot. Frische Exemplare sondern oft rote Tröpfchen ab. Die blassgelben Poren auf der Unterseite verfärben sich an verletzten Stellen und im Alter rötlich; die Röhren lassen sich leicht vom Hutfleisch trennen. Das rote, marmorierte Fleisch sondert einen roten Saft ab.

VORKOMMEN *Einzeln oder zu mehreren an lebenden alten Eichen oder Edelkastanien, seltener auch an Totholz.*

- nierenförmiger blutroter Fruchtkörper
- schmierig-klebrige Oberfläche
- marmoriertes Fleisch
- Fleisch sondert rote Tröpfchen ab
- Fruchtkörper bis 50 cm breit

SPORENPULVER Weiß.
ZEIT *Sommer bis Herbst.*
VORKOMMEN *Selten, aber weit verbreitet.*
WERT *Essbar.*
ÄHNLICHE ARTEN *Unverwechselbar; rote oder rotbraun gefärbte Porlinge wie die Zinnoberrote Tramete haben allesamt hartes, holzartiges Fleisch und sind ungenießbar.*

Stinkmorchel

Phallus impudicus (Phallaceae)

Der üble Geruch der Stinkmorchel ist mitunter über viele Meter hinweg wahrnehmbar. Das Jugendstadium ist ein großes weißes »Hexenei«, das mit einer gelatinösen Schicht umgeben ist. Aus ihm heraus entwickelt sich der poröse weiße, schwammige und hohle Stiel, der von einem fingerhutförmigen, wabenartig gekammerten, mit grünem bis schwarzem Sporenschleim bedeckten Hut gekrönt ist.

VORKOMMEN *In Laub- und Nadelwäldern, im Falllaub und in der Streu, auch in Parks und großen Gärten.*

- Fruchtkörper 15–20 cm hoch
- großes weißes »Hexenei«
- papierartige Außenhülle
- Stielanlage innerhalb des »Hexeneis«
- zylindrischer Stiel

SCHNITT

SPOREN *Olivbraun.*
ZEIT *Sommer bis Herbst.*
VORKOMMEN *In den meisten Gegenden Mitteleuropas weit verbreitet und häufig.*
WERT *Das »Hexenei« ist essbar.*
ÄHNLICHE ARTEN *Dünen-Stinkmorchel (Phallus hadriani), in Sanddünen, »Hexenei« rosalila, Hut im Verhältnis zum Stiel größer.*

Riesenbovist

Calvatia gigantea (Lycoperdaceae)

Die Größe schwankt von der eines kleinen Fußballs bis zu der eines ruhenden Lamms. Die Grundform ist rund, kann aber auch etwas unregelmäßig sein. Unreife Fruchtkörper sind essbar. Das feste weiße Fleisch ist mit einer dicken, ledrigen Hülle umschlossen, die sich aber leicht abschälen lässt. An der Basis können weiße Myzelstränge auftreten. Bei der Reife verfärben sich die Riesenboviste innen zunächst gelblich und schließlich dunkel olivbraun.

VORKOMMEN *Auf stickstoffreichen Standorten in Weiden und unter Hecken, sogar in Wäldern.*

- Fruchtkörper bis 50 cm breit
- junge Fruchtkörper cremeweiß
- kompakte Basis
- **SCHNITT**
- Fleisch im Alter gelbbraun verfärbend

SPORENPULVER *Olivbraun.*
ZEIT *Sommer bis Herbst.*
VORKOMMEN *In ganz Deutschland verbreitet, aber nur stellenweise etwas häufiger.*
WERT *Essbar, solange noch jung und weiß.*
ÄHNLICHE ARTEN *Hasenstäubling (C. utriformis), birnenförmig, Oberfläche fein granuliert bis kleiig-schorfig, Basis deutlich stielartig.*

Birnenstäubling

Lycoperdon pyriforme (Lycoperdaceae)

Die ganz jungen Fruchtkörper sind mit körnigen kleinen Stacheln besetzt, doch fallen diese schnell ab und hinterlassen eine weiche, glatte Oberfläche. An der Stielbasis befindet sich jeweils ein weißer wurzelartiger Myzelstrang. Im Gegensatz zu anderen Stäublingen wächst diese Art stets am Totholz.

VORKOMMEN *In großen Kolonien an Stümpfen, vergrabenem Holz und liegenden Stämmen.*

- jung cremefarben bis blassbraun
- Öffnung zur Freisetzung der Sporen
- Fruchtkörper 2–3 cm breit
- **LÄNGSSCHNITT**
- glatte Oberfläche
- Öffnung zur Freisetzung der Sporen

SPORENPULVER *Braun.*
ZEIT *Sommer bis Spätherbst.*
VORKOMMEN *Weit verbreitet und sehr häufig in Mitteleuropa.*
WERT *Essbar, solange innen noch weiß.*
ÄHNLICHE ARTEN *Kaum verwechselbar, wenn man das Wachstum auf Holz und den wurzelartigen Myzelstrang berücksichtigt.*

Flaschenstäubling

Lycoperdon perlatum (Lycoperdaceae)

Der Flaschenstäubling produziert die Sporen im oberen Teil des Fruchtkörpers und entlässt sie durch eine scheitelständige Öffnung. Regentropfen sorgen dafür, dass sie in kleinen Wolken herausgeschleudert werden. Der Pilz ist essbar, solange er innen noch weiß ist. Von ähnlichen Arten kann man ihn anhand der kleinen Stacheln unterscheiden.

VORKOMMEN *In kleinen Gruppen oder in Büscheln auf dem Erdboden, selten auch an totem Holz, in Laub- und Nadelwäldern.*

SPORENPULVER *Braun.*
ZEIT *Sommer bis Spätherbst.*
VORKOMMEN *Weit verbreitet und häufig.*
WERT *Essbar, solange das Fleisch weiß ist.*
ÄHNLICHE ARTEN *Stinkender Stäubling (L. nigrescens), Weicher Stäubling (L. molle), Igelstäubling (L. echinatum), Birnenstäubling (S. 273) und Flockenstäubling (L. mammiforme).*

Dickschaliger Kartoffelbovist

Scleroderma citrinum (Sclerodermataceae) ☠

Die schuppige Oberfläche ist typisch für diesen Bovist. Der Fruchtkörper zeigt im Schnitt eine dicke Außenhülle (Exoperidie), die eine schwarze Sporenmasse enthält. Mit seinem Zerfall werden die Sporen freigesetzt.

VORKOMMEN *Einzeln oder in kleinen Gruppen bei Laub- und Nadelbäumen auf sauren Böden, z. B. in Heiden und Mooren.*

SPORENPULVER *Dunkelbraun.*
ZEIT *Sommer bis Spätherbst.*
VORKOMMEN *In Mitteleuropa weit verbreitet und vielerorts sehr häufig.*
WERT *Giftig.*
ÄHNLICHE ARTEN *Rotbrauner Kartoffelbovist (S. bovista), auf besseren Böden, Oberfläche glatter, grau bis rotbraun, Hülle viel dünner.*

Halskrausen-Erdstern

Geastrum triplex (Geastraceae)

Eine der größten und häufigsten Erdsterne. Junge Fruchtkörper sind zwiebelförmig und oben deutlich zugespitzt. Bei der Reife reißt die äußere Schicht auf und öffnet sich sternförmig, sodass die bovistähnliche Innenkugel mit den Sporen frei wird. Sie ist mit einer charakteristischen »Halskrause« umgeben, der der Pilz seinen Namen verdankt.

VORKOMMEN *In kleinen Gruppen in Laub- und Nadelwäldern, auch unter Hecken und in Dünen.*

faserige Mündung

bovistähnliche Innenkugel

dicke, aufgewölbte »Halskrause«

Fruchtkörper 4–12 cm breit

5–7 Arme, zurückgekrümmt unter der Innenkugel

sternförmiger Umriss

zwiebelförmiger, noch geschlossener Fruchtkörper

SPORENPULVER *Braun.*
ZEIT *Sommer bis Spätherbst.*
VORKOMMEN *In Deutschland sehr selten, nur in Sachsen-Anhalt etwas häufiger.*
WERT *Ungenießbar.*
ÄHNLICHE ARTEN *Kleiner Nest-Erdstern. (G. quadrifidum), kleiner, häufiger, in Laub- und Nadelwäldern in der Streuschicht.*

Goldgelber Zitterling

Tremella mesenterica (Tremellaceae)

Der Pilz erinnert an eine gelatinöse Blume. Der Fruchtkörper ist runzelig und gefaltet. Die Farbe variiert von nahezu weiß und durchscheinend zu leuchtend goldgelb. Beim Eintrocknen schrumpft der Pilz, wird hart und zäh, die Farbe dunkelt tief orange nach. Beim nächsten Regen lebt der Pilz wieder auf und setzt die Sporenproduktion fort. Das Hymenium überzieht die gesamte Außenfläche.

VORKOMMEN *An abgefallenen Ästen oder noch ansitzenden Zweigen von Laubholz, auch auf Reisig, parasitisch an Rindenpilzen.*

runzelig gefalteter Fruchtkörper

gelbe und weiße Form

Fruchtkörper 3–8 cm breit

SPORENPULVER *Weiß.*
ZEIT *Herbst und milde Winter.*
VORKOMMEN *In feuchten Wäldern ziemlich häufig.*
WERT *Ungenießbar, wenn auch nicht giftig.*
ÄHNLICHE ARTEN *Gallertränen (Dacrymyces) sind ähnlich gefärbt, aber kleiner, sehr häufig.*

Judasohr

Auricularia auricula-judae (Auriculariaceae)

Der seltsam ohrförmige Pilz ist auf der Oberseite samtigbraun, auf der Innenseite graubraun und oft stark geädert. Frische Fruchtkörper sind fest und knorpelartig. Bei Trockenheit schrumpfen sie ein und werden hart und brüchig, bei Feuchtigkeit quellen sie wieder auf. Judasohren findet man meist in Büscheln, seltener auch einzeln an verschiedenen Laubhölzern. Bei Feuchtigkeit können sie durch Algen grünlich gefärbt sein.

VORKOMMEN *An stehendem und liegendem Laubholz, vor allem an Holunder, wächst sehr selten an Nadelholz.*

- außen samtig braun
- innen grau
- Fruchtkörper 4–15 cm breit
- geäderte Unterseite

SPORENPULVER *Weiß.*
ZEIT *Ganzjährig.*
VERBREITUNG *Verbreitet und häufig.*
WERT *Essbar, wenn nicht zu alt oder trocken.*
ÄHNLICHE ARTEN *Gezonter Ohrlappenpilz (A. mesenterica), auf der Oberfläche graubraun gezont; Exidia- und Tremella-Arten.*

Herbstlorchel

Helvella crispa (Helvellaceae) ☠

Die Herbstlorchel ist wahrscheinlich die häufigste und auffälligste Lorchel. Sie ist in der Form variabel, meist aber ziemlich groß. Der weiße Stiel hat tiefe, unregelmäßige Rippen und Furchen. Der Hut, auf dessen unregelmäßigen Lappen die Sporen erzeugt werden, ist creme- bis blassockerfarben. Die Art gilt in manchen Teilen Europas als essbar, doch ist sie giftig und sollte gemieden werden.

VORKOMMEN *Einzeln oder in Gruppen im Falllaub, oft an gestörten Stellen entlang von Straßen, auch in Gärten, gern unter Hasel.*

- Fruchtschicht auf der Hutoberfläche
- blass ockerbraune Unterseite
- hohler, gekammerter Stiel
- wurzelnde Stielbasis
- SCHNITT

- Fruchtkörper 5–6 cm breit
- tief gefurchter Stiel

SPORENPULVER *Weiß.*
ZEIT *Spätsommer bis Spätherbst.*
VORKOMMEN *Weit verbreitet.*
WERT *Giftig.*
ÄHNLICHE ARTEN *Die Grubenlorchel (Helvella lacunosa) hat einen schwarzgrauen Hut; bei der Bischofsmütze (Gyromitra infula) ist der Stiel glatter und der Hut rotbraun.*

Speisemorchel

Morchella esculenta (Morchellaceae)

Der große schwammartige Hut ist lebhaft ockergelb bis rötlich braun, sehr spröde und brüchig. Unten ist er mit dem keuligen weißen oder blassbraunen Stiel verwachsen. Hut und Stiel sind hohl. Junge Fruchtkörper sind mitunter dunkler braun und haben hell gerandete Kammern. Je nach Witterung kann es über zwei Wochen dauern, bis die Fruchtkörper reif sind.

VORKOMMEN *Krautschicht lichter Wälder, in Flussauen unter Eschen und Ulmen, unter alten Apfelbäumen.*

schwammartiger Hut

Hut 5–12 cm breit

blassere Kanten

ockergelbe Gruben

hohler Stiel

LÄNGSSCHNITT

SPORENPULVER *Ocker.*
ZEIT *Frühjahr.*
VORKOMMEN *Teils noch recht häufig.*
WERT *Gut gekocht ausgezeichneter Speisepilz, roh unverträglich.*
ÄHNLICHE ARTEN *Es sind viele Morchelarten beschrieben worden, doch scheint es sich meist nur um Formen dieser Art zu handeln.*

Frühjahrslorchel

Gyromitra esculenta (Helvellaceae) ☠

Die Frühjahrslorchel wird häufig gegessen, ist jedoch ein gefährlicher Giftpilz. Der hirnartig gewundene, rotbraune Hut wölbt sich über einem kurzen, oft etwas gefurchten Stiel. Das sehr dünne Hutfleisch ist unregelmäßig mit dem Stiel verwachsen. Obwohl das Gift durch Kochen und Trocknen zerstört wird, besteht Vergiftungsgefahr.

VORKOMMEN *Unter Kiefern, unter anderen Nadelbäumen und auf Sägemehl.*

runzliger, gehirnartiggewundener Hut

hohler Stiel

Hut 5–15 cm breit

LÄNGSSCHNITT

weißlicher, etwas gefurchter Stiel

SPORENPULVER *Weiß.*
ZEIT *Frühjahr und Frühsommer.*
VORKOMMEN *In Kiefernwäldern auf Sand verbreitet, sonst selten.*
WERT *Roh oder ungenügend gekocht lebensgefährlich giftig, zu meiden.*
ÄHNLICHE ARTEN *Bischofsmütze (Gyromitra infula), Hut einfacher, Stiel schlank, weißlich.*

Orangebecherling

Aleuria aurantia (Otideaceae)

Die Unterseite ist viel blasser und mit kurzen, flaumigen weißen Härchen bedeckt. Bei jungen Exemplaren ist der Rand eingerollt, später breitet er sich aus und wird wellig oder lappig. Bei alten Pilzen kann die Farbe ausblassen. Das Fleisch ist dünn, zerbrechlich und blass. Eine kurze stielartige Basis verbindet den Fruchtkörper mit dem Erdboden.

VORKOMMEN *In Gruppen, oft scharenweise auf nacktem Boden, im Gras, besonders häufig an Wegrändern oder direkt auf Kieswegen.*

- leuchtend orangefarbene Innenseite
- Becher bis 12 cm breit
- feinflaumige weiße Außenseite
- wellig verbogener, eingerollter Rand
- kurze stielartige Basis

SPORENPULVER *Weiß.*
ZEIT *Spätsommer bis Spätherbst.*
VORKOMMEN *Weit verbreitet, ziemlich häufig.*
WERT *Essbar.*
ÄHNLICHE ARTEN *Roter Kurzhaarborstling (Melastiza chateri), kleiner, Rand mit winzigen schwärzlichen Borsten. Schildborstlinge (Scutellina) haben bewimperte Ränder.*

Hundsflechte

Peltigera canina (Peltigeraceae)

Flechten der Gattung *Peltigera* sind leicht an ihren großen blattartigen Strukturen zu erkennen, die mit kleinen wurzelähnlichen Rhizinen lose am Untergrund befestigt sind. Allerdings ist es schwer, die einzelne Art zu bestimmen. Die Oberflächenstrukturen und Farben sind sehr variabel. *Peltigera canina* weist eine graubraune Oberseite auf, während die Unterseite filzig ist. Die Fruchtkörper sind rotbraune Scheiben, die an den welligen Rändern der blattartigen Lappen sitzen.

VORKOMMEN *Auf kalkhaltigen und sandigen Böden; auf feuchten Felsen oder Bäumen.*

- rotbraune Fruchtkörper
- blattartige Lappen
- wurzelähnliche Rhizinen

GRÖSSE *Rosette, von wenigen bis 25 cm Ø.*
FORM *Flache blattartige Rosetten.*
VERMEHRUNG *Sporen aus scheibenförmigen Fruchtkörpern (Apothecien).*
VERBREITUNG *In ganz Europa.*
ÄHNLICHE ARTEN *P. membranacea, mit filziger Oberseite, die trocken hellgrau und nass braun ist.*

Eichenmoos

Evernia prunastri (Parmeliaceae)

Die strauchartig wachsenden Flechten werden als Strauchflechten bezeichnet, und *E. prunastri* ist die am weitesten verbreitete Art dieser Gruppe. Sie besteht aus einem bandförmigen Körper mit vielen Verzweigungen, der von einem zentralen Befestigungspunkt herabhängt. Die Oberseite ist graugrün, doch die Unterseite ist weiß. Das unterscheidet die Arten der Gattung *Evernia* von denen der Gattung *Ramalina*, die auf der Ober- und Unterseite graugrün sind. Eichenmoos wurde früher zusammen mit Rosenblütenblättern zu einem Haarpuder zermahlen, dass Perücken weißen und Kopfläuse töten sollte.

VORKOMMEN *Auf Bäumen, Büschen Erdboden und Zäunen zu beobachten; Frühbesiedler von Zweigen und Büschen in Städten; manchmal auf Steinen.*

FLECHTEN

flache, unregelmäßige Verzweigungen

graugrüne Oberseite

weiße Unterseite

GRÖSSE *Zweige 1–2 cm lang. Sie können in sehr sauberer Luft sogar 6 cm lang werden.*
FORM *Strauchförmig.*
VERMEHRUNG *Braune oder rötliche, scheibenförmige Fruchtkörper, die aber nur sehr selten auftreten.*
VERBREITUNG *In ganz Europa.*
ÄHNLICHE ARTEN *Ramalina farinacea, jedoch sowohl auf der Ober- als auch auf der Unterseite graugrün, sehr selten auf Steinen wachsend.*

ANMERKUNG

Eichenmoos wird in Südeuropa für die Verwendung als Parfümbeimischung kommerziell geerntet. Es trägt zum Geruch bei und dient der Konservierung, kann aber auch Allergien auslösen.

Gewöhnl. Gelbflechte

Xanthoria parietina (Teloschistaceae)

Diese häufigste der orangegelben Flechten ist für die Küsten charakteristisch, kommt aber nicht ausschließlich am Meer vor. Sie ist gegenüber salziger Gischt und Spritzwasser tolerant und gedeiht oft am besten bei Seevogelkolonien. Die Gewöhnliche Gelbflechte trägt zur typischen Zone der gelben und grauen Flechten oberhalb der Hochwassermarke an Felsküsten bei.

VORKOMMEN *Auf Felsen und Bäumen an den Küsten und im Inland, auch auf Mauern, Dächern und Grabsteinen.*

im Licht leuchtend orangegelber Thallus

Fruchtkörper mit hellem, nach oben gewölbtem Rand

GRÖSSE *Etwa 10cm große, oft miteinander verschmolzene Flecken.*
FORM *Laubflechte.*
VERMEHRUNG *Orangefarbene Fruchtkörper, meist in der Mitte des Thallus.*
VERBREITUNG *In ganz Europa.*
ÄHNLICHE ARTEN *Verschiedene* Caloplaca-*Arten, sind jedoch Krustenflechten.*

Landkartenflechte

Rhizocarpon geographicum (Rhizocarpaceae)

Landkartenflechten bestehen aus einer typischen glänzenden gelbgrünen Kruste auf einer schwarzen Gewebeschicht. Die Kruste ist mosaikartig in viele kleine Felder aufgeteilt. Diese eckigen Felder haben einen schwarzen Rand, sodass die Kruste in ihrem schwarzen Netzwerk wie ein abstraktes Pflaster wirkt. Kleine, schwarze Fruchtkörper kommen darin meist recht häufig vor.

VORKOMMEN *Mosaike auf der Oberfläche harter, saurer Felsen, vor allem im Hochland; im Tiefland selten.*

rissiges gelbgrünes Mosaik

unregelmäßige grüne Flecken

NAHAUFNAHME

GRÖSSE *Einzelne Krusten 2–3cm Ø.*
FORM *Flache Kruste.*
VERMEHRUNG *Kleine, leicht konkave schwarze Fruchtkörper, 1–2mm Ø.*
VERBREITUNG *In ganz Europa.*
ÄHNLICHE ARTEN *Die verwandte Art* Rhizocarpon lecanorinum, *deren Kruste eher matt als glänzend wirkt.*

Säugetiere

Zum Teil liegt es wohl daran, dass wir selbst zu ihnen gehören und zum anderen Teil daran, dass sie sehr versteckt leben: Der Anblick von Säugetieren in der Natur weckt unsere stärksten emotionalen Reaktionen auf ein Wildtier. In Europa leben etwa 230 Säugetierarten. Hauptsächlich wegen der Aufsplitterung ihrer Lebensräume ist dieser Bestand jedoch nicht mit dem vor einigen Jahrhunderten existierenden zu vergleichen. Es hängt von geeigneten Schutzmaßnahmen ab, ob sich die Bestände der stärker gefährdeten Arten wie die der Fledermäuse und der Biber erhalten lassen.

EUROPÄISCHER MAULWURF | DAMHIRSCH | SEEHUND | BRAUNES LANGOHR

Braunbrustigel, Westigel

Erinaceus europaeus (Insectivora)

Igel besitzen ein Stachelkleid aus bis zu 3 cm langen Stacheln. Der Braunbrustigel kommt in West- und Nordeuropa vor. Seine Bauchseite ist bei den Tieren des Nordens braun gefärbt, bei denen aus dem Süden hellcremefarben. Igel sind hauptsächlich nachtaktiv. Sie überwintern in einem Nest aus trockenen Blättern und Gräsern.

VORKOMMEN *Im Flachland, in Gras- und Waldland. Häufig in Gärten.*

VERTEIDIGUNGSHALTUNG

Gesicht und Beine versteckt

cremefarbene Stacheln oft mit dunklen Spitzen

schmaler stachelfreier »Scheitel«

hinten bis zu 3 cm

vorn bis zu 2,5 cm

bis zu 4 cm lang

GRÖSSE *Körper 20–30 cm; Schwanz 1–4 cm.*
JUNGE *Ein bis zwei Würfe, Juni–September.*
NAHRUNG *Wirbellose, Eier und Nestlinge, Aas, Pflanzenteile und Pilze.*
STATUS *Häufig.*
ÄHNLICHE ARTEN *Mittelmeerigel (E. algericus), heller. Weißbrustigel (E. concolor).*

Eurasischer Maulwurf

Talpa europaea (Insectivora)

Maulwürfe sieht man selten oberirdisch, doch ihre Anwesenheit ist leicht an den Maulwurfshügeln zu bemerken. Die europäischen Arten sind schwer zu unterscheiden, doch ihre Verbreitungsgebiete überschneiden sich kaum. Der Eurasische Maulwurf ist die einzige Art, die man in großen Teilen Europas findet.

VORKOMMEN *Gras- und Kulturland, Laubwälder bis in 2000 m Höhe. Im Süden eher in höheren Lagen.*

dunkles, samtiges Fell

jeder durch die Krallen erzeugte Abdruck ist bis zu 4 mm lang

hinten bis zu 2 cm

kleine, aber offene Augen

durch Graben aufgeworfener Maulwurfshügel

MAULWURFSHÜGEL

GRÖSSE *Körper 11–16 cm; Schwanz 2–4 cm.*
JUNGE *Meist ein Wurf, 3–4 Junge; Mai–Juni.*
NAHRUNG *Regenwürmer, Insektenlarven und andere unterirdisch lebende Wirbellose.*
VERBREITUNG *Weit verbreitet.*
ÄHNLICHE ARTEN *Blindmaulwurf (T. caeca) und Römischer Maulwurf (T. romana).*

Waldspitzmaus

Sorex araneus (Insectivora)

Die spitze Schnauze trägt lange Tasthaare. Der Rücken ist braun, der Bauch cremefarben und die Flanken sind kastanienbraun. Jungtiere sind heller mit weniger abgesetzten Flanken. Sie haben einen dickeren Schwanz, der Büschel borstiger Haare trägt. Die Tiere sind das ganze Jahr über tag- und nachtaktiv. Das liegt an ihrem Stoffwechsel: Sie müssen täglich über 90% ihres Gewichts fressen.

VORKOMMEN *Alle Lebensräume mit genügend Bodenbewuchs, vor allem mit Gräsern.*

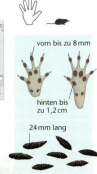

vorn bis zu 8 mm

hinten bis zu 1,2 cm

24 mm lang

rötliche Flanken
dunkelbrauner Rücken
kleine, unauffällige Augen und Ohren
spitze Schnauze
helle Bauchseite

GRÖSSE *Körper 5,5–9 cm; Schwanz 3–6 cm.*
JUNGE *Bis 4 Würfe, 6–7 Junge; April–August.*
NAHRUNG *Wirbellose, wenig Samen.*
VERBREITUNG *Häufig.*
ÄHNLICHE ARTEN *Schabracken- (S. coronatus), Iberische (S. granarius) und Italienische Waldspitzmaus (S. samniticus).*

Zwergspitzmaus

Sorex minutus (Insectivora)

Die Zwergspitzmaus ist deutlich kleiner als andere europäische Arten. Ihr Rücken weist eine relativ helle, mittelbraune Farbe auf. Sie ist tag- und nachtaktiv, wobei sich Nahrungssuche und Ruheperioden abwechseln. Insgesamt ist sie tagaktiver als die Waldspitzmaus, wobei man sie eher hört als sieht.

VORKOMMEN *Gras-, Heide- und Buschlandschaften.*

Kot bis zu 4 mm lang
sehr kleine, im Fell versteckte Ohren
keine deutlich abgesetzte Flankenfarbe
spitze Schnauze
hinten bis zu 1,2 cm lang
vorn bis zu 8 mm lang
hellere Unterseite

GRÖSSE *Körper 4–6 cm; Schwanz 3–4,6 cm.*
JUNGE *2 Würfe, 4–7 Junge; April–August.*
NAHRUNG *Boden bewohnende Wirbellose*
VERBREITUNG *Häufig.*
ÄHNLICHE ARTEN *Waldspitzmaus (oben); Knirpsspitzmaus (S. minutissimus), die noch kleiner ist und einen kürzeren Schwanz hat.*

Wasserspitzmaus

Neomys fodiens (Insectivora)

Die Wasserspitzmaus ist ein guter Schwimmer und nutzt dabei die Haarsäume der Füße und eine Reihe silbriger Haare auf dem Schwanz. Wasserspitzmäuse gehen meist nachts auf Nahrungssuche. Sie graben Tunnel in der Nähe des Wassers und leben in aus trockenem Gras und Blättern gebauten Nestern.

VORKOMMEN *In Wasserlebensräumen, von verkrauteten Tümpeln bis zu 2500m hoch gelegenen Bergbächen.*

GRÖSSE Körper 6–9,5cm; Schwanz 4,5–8cm.
JUNGE 1–2 Würfe von bis zu 15 Jungen.
NAHRUNG Wasserinsekten und Krebstiere, kleine Fische und Amphibien.
VERBREITUNG Örtlich häufig.
ÄHNLICHE ARTEN Sumpfspitzmaus (N. anomalus); Pyrenäen-Desman (Galemys pyrenaicus).

Kleine Hufeisennase

Rhinolophus hipposideros (Chiroptera)

Die Kleine Hufeisennase ist in Europa die kleinste Art ihrer Gruppe. Die Quartiere, in denen sie von November bis März Winterschlaf hält, befinden sich oft unterirdisch, Brutkolonien meist in Gebäuden. Wie bei anderen Hufeisennasen werden die Flügel in der Ruhe um den Körper gewickelt.

VORKOMMEN *In gut bewaldeten, oft aus Kalkstein bestehenden Gebieten in den wärmeren Bereichen Europas. Jagt relativ nah am Boden.*

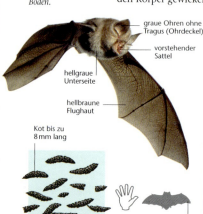

Spannweite 19–25 cm

GRÖSSE Körper 3,5–4,5, Schwanz 2,5–3,3cm.
JUNGE Einzelnes Jungtier; Juni–August.
ERNÄHRUNG Kleine Insekten und Spinnen.
ECHOORTUNG 110kHz.
VERBREITUNG Gefährdet; selten.
ÄHNLICHE ARTEN: Mittelmeer- (R. euryale) und Blasius-Hufeisennase (R. blasii).

Braunes Langohr

Plecotus auritus (Chiroptera)

An den bis zu 4 cm langen Ohren kann man die Langohrfledermäuse von den anderen Arten unterscheiden. In der Ruhe werden die Ohren nach hinten gefaltet. Der lange, schmal dreieckige Tragus bleibt dabei aufrecht stehen. Der Daumen ist über 6 mm lang. Ohren und Gesicht sind rosa bis braun gefärbt, das Fell auf dem Rücken hellbraun, zur Unterseite hin weißlich. Die Fledermaus fliegt sehr elegant und kann in der Luft verharren, um Insekten aus einem Baum herauszufangen.

VORKOMMEN *Bewaldete, offene Gegenden, Gärten und Parks. Quartiere das ganze Jahr über in Gebäuden und Bäumen, im Winter auch unterirdisch.*

- Daumen länger als 6 mm
- Oberseite braun, Unterseite heller
- flauschiges Fell
- sehr lange, leicht rosafarbene Ohren
- Kot bis zu 1 cm lang
- Mottenflügel
- **NAHRUNGSRESTE**
- lang ausgezogener, höchstens 5 mm breiter Tragus
- Spannweite 24–29 cm
- kleines rosabraunes Gesicht

HINWEIS

Diese Fledermaus bringt ihre Beute meistens an einen Fressplatz, wo sie die nicht essbaren Teile entfernt. Suchen Sie nach Mottenflügelhaufen, oft in Scheunen.

RUHEND

GRÖSSE *Körper 3,5–5,3 cm; Schwanz 3,5–5,5 cm.*
JUNGE *Einzelnes Jungtier (gelegentlich zwei); Juni–Juli.*
NAHRUNG *Insekten, vor allem Motten. Spinnen und andere Wirbellose.*
ECHOORTUNG *50 kHz, allerdings sehr leise.*
STATUS *Häufig.*
ÄHNLICHE ARTEN *Graues Langohr (P. austriacus); Kanaren-Langohr (Plecotus teneriffae), das nur auf den Kanarischen Inseln vorkommt.*

Zwergfledermaus

Pipistrellus pipistrellus (Chiroptera)

Die in Europa am weitesten verbreitete Fledermaus ist auch die kleinste. Wie bei den anderen Arten der Gattung ragen die Flughäute über den Calcar (Sporn am Fußgelenk) hinaus, doch der Daumen ist relativ kurz. Wochenstuben mit mehr als tausend Weibchen sind nichts Ungewöhnliches. Der Jagdflug wirkt recht ruckhaft. Die Tiere sind noch später im Herbst als die meisten anderen Arten aktiv und sind oft auch im Winter zu beobachten.

VORKOMMEN *In allen Flachlandlebensräumen, wie Wald, Heide, Ackerland und Stadtgebieten, besonders in der Nähe von Wasser. Quartiere hauptsächlich in Gebäuden.*

- einfarbig braunes Fell
- langer, stumpfer Tragus (Ohrdeckel)
- kurzer Daumen
- Kot bis zu 0,8 cm lang
- Spannweite 18–24 cm

GRÖSSE *Körper 3,3–5,2, Schwanz 2,5–3,6 cm.*
JUNGE *Einzelner Wurf von 1–2; Mai–August.*
NAHRUNG *Kleine Insekten.*
STATUS *Verbreitet, aber abnehmend.*
ECHOORTUNG *45 kHz.*
ÄHNLICHE ARTEN *Andere Zwergfledermäuse (Pipistrellus); Bartfledermäuse.*

Wasserfledermaus

Myotis daubentonii (Chiroptera)

Diese Fledermaus jagt oft über dem Wasser. Sie kann gut schwimmen und vom Wasser aus starten. Den Winterschlaf verbringt sie in unterirdischen Höhlen. Sie bewohnt Felsspalten und kann auch zwischen dem Schutt am Höhlenboden gefunden werden. Sie ist recht häufig und ihre Bestände scheinen sogar zuzunehmen, vielleicht eine Folge des Klimawandels.

VORKOMMEN *Offener Wald mit Zugang zum Wasser. Sommerquartiere in Spalten in Bäumen und Gebäuden.*

- Kot bis zu 9 mm lang
- große Füße
- langer, spitzer Tragus
- rosafarbene Schnauze
- rötlich braune Oberseite
- kurze Ohren
- Spannweite 23–27 cm

GRÖSSE *Körper 4,5–5,5, Schwanz 3–3,5 cm.*
JUNGE *Einzelnes Junges; Juni–Juli.*
NAHRUNG *Insekten, etwa Köcherfliegen.*
ECHOORTUNG *45 kHz.*
VERBREITUNG *Häufig.*
ÄHNLICHE ARTEN *Teich- und Langfußfledermaus (Myotis dasycneme, M. capaccinii).*

Abendsegler

Nyctalus noctula (Chiroptera)

Abendsegler gehören zu den am weitesten verbreiteten europäischen Fledermäusen und fliegen oft schon bis zu eine Stunde vor Einbruch der Dunkelheit umher. Die typische rotbraune Färbung der Oberseite ist dann deutlich zu sehen. Meist fliegen sie in großer Höhe (50 m und mehr). Abendsegler stoßen im Flug ein auch für die meisten Menschen hörbares metallisches Zirpen aus.

VORKOMMEN *Offene Wälder, Weiden und Parks. Ruheplätze im Sommer meistens in Baumhöhlen.*

- hellbraune Unterseite
- Kot bis zu 1,4 cm lang
- kurzes, glattes Fell
- rotbraunes Fell
- Spannweite 32–45 cm
- sehr kurzer, abgerundeter Tragus
- kurze, abgerundete Ohren

GRÖSSE *Körper 6–8 cm; Schwanz 4–6 cm.*
JUNGE *Ein Wurf von 1–3 Jungen; Juni–Juli.*
NAHRUNG *Große fliegende Insekten.*
ECHOORTUNG *25 kHz.*
STATUS *Häufig, örtlich abnehmend.*
ÄHNLICHE ARTEN *Andere Abendsegler; Breitflügelfledermaus (unten).*

Breitflügelfledermaus

Eptesicus serotinus (Chiroptera)

Diese Fledermaus fliegt in der Abenddämmerung oft gemeinsam mit Mauerseglern. In Ruhe sind die tief dunkelbraunen Flughäute und Gesichter sowie der kurze, runde Tragus (Ohrdeckel) charakteristisch. Die Art hat eine vorstehende Schwanzspitze und kräftige Zähne. In Teilen des Verbreitungsgebiets gehört sie zu den häufigeren Arten und sucht auch Gebäude auf.

VORKOMMEN *Offenes und leicht bewaldetes Flachland. Ruheplätze in Gebäuden, gelegentlich in Baumhöhlen und im Winter auch unterirdisch.*

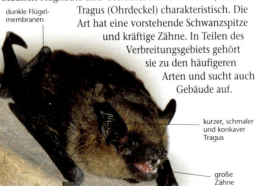

- dunkle Flügelmembranen
- kurzer, schmaler und konkaver Tragus
- große Zähne
- grober, bis zu 1 cm langer Kot
- Spannweite 32–38 cm

GRÖSSE *Körper 6–8 cm; Schwanz 4,5–5,5 cm.*
JUNGE *Einzelnes Junges; Juni–August.*
NAHRUNG *Große fliegende Insekten.*
ECHOORTUNG *25 kHz.*
STATUS *Örtlich häufig.*
ÄHNLICHE ARTEN *Abendsegler (oben) und Mausohren; Bottas Fledermaus (E. bottae).*

Feldhase

Lepus europaeus (Lagomorpha)

Der weit verbreitete Feldhase kann kurzzeitig Geschwindigkeiten von bis zu 75 km/h erreichen. Anders als beim Wildkaninchen ist beim Laufen kein weißer Spiegel zu sehen. Die Ohrspitzen sind schwarz. Hasen sind dämmerungsaktiv, können aber auch zu anderen Zeiten beobachtet werden. Grasmulden oder Sassen, in denen sie ruhen oder Junge säugen, sind gute Hinweise auf ihr Vorkommen.

VORKOMMEN Offenes Acker- und Weideland, Hecken und Waldgebiete auf.

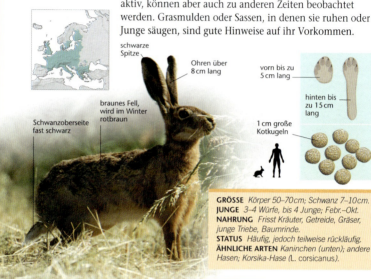

- schwarze Spitze
- Ohren über 8 cm lang
- braunes Fell, wird im Winter rotbraun
- Schwanzoberseite fast schwarz
- vorn bis zu 5 cm lang
- hinten bis zu 15 cm lang
- 1 cm große Kotkugeln

GRÖSSE Körper 50–70 cm; Schwanz 7–10 cm.
JUNGE 3–4 Würfe, bis 4 Junge; Febr.–Okt.
NAHRUNG Frisst Kräuter, Getreide, Gräser, junge Triebe, Baumrinde.
STATUS Häufig, jedoch teilweise rückläufig.
ÄHNLICHE ARTEN Kaninchen (unten); andere Hasen; Korsika-Hase (*L. corsicanus*).

Wildkaninchen

Oryctolagus cuniculus (Lagomorpho)

Im Mittelalter wurden Wildkaninchen von der Iberischen Halbinsel aus in viele Teile Europas eingeführt. Ihr Fell ist auf dem Rücken graubraun und am Bauch heller. Die Läufe sind relativ kurz, aber kräftig. Die Ohren sind lang, aber kürzer als beim Hasen. Ihnen fehlen die schwarzen Spitzen. Im Lauf ist der Schwanz aufgerichtet, da die weiße Unterseite als Warnsignal dient.

VORKOMMEN Wiesen und Ackerland mit Hecken. Achten Sie auf Erdlöcher, Nagespuren und abgegebenen Kot.

- vorn bis zu 3 cm lang
- hinten bis zu 8 cm lang
- bis zu 1 cm große Kotkugeln
- große, vorstehende Augen
- abgerundete Schnauze
- dienen der Reviermarkierung

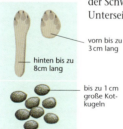

KOTPLATZ

GRÖSSE Körper 35–45 cm; Schwanz 4–8 cm.
JUNGE 3–7 Würfe, bis 12 Junge; Febr.–Aug.
NAHRUNG Gras, Blätter, Knospen, Wurzeln.
STATUS Oft eingebürgert; häufig.
ÄHNLICHE ARTEN Hasen (Feldhase oben), mit längeren Läufen und Ohren; Östliches Baumwollschwanz-Kaninchen (*S. floridanus*).

Eichhörnchen

Sciurus vulgaris (Rodentia)

Die sehr flinken Eichhörnchen verbringen einen großen Teil des Tages in den Bäumen, wo ihnen der lange, buschige Schwanz beim Balancieren hilft. Die Nahrungssuche findet allerdings zu einem beträchtlichen Teil am Boden statt. Hierbei bewegen sich die Tiere in kurzen Sprüngen fort.

VORKOMMEN *In Laub- und Nadelwäldern vor, in denen es seine Nester (Kobel) in Astgabeln nahe am Stamm baut.*

langer, buschiger Schwanz

Ohrbüschel

vorn bis zu 3 cm lang

bis zu 8 mm große Kotkugeln

Spitze angenagt und aufgebrochen

hinten bis zu 5 cm

GEÖFFNETE NUSS

GRÖSSE Körper 18–25 cm; Schwanz 24–20 cm.
JUNGE 1–2 Würfe, 3–5 Junge; März–Sept.
NAHRUNG Samen, Knospen, Borke, Wurzeln, Pilze, Eier, Nestlinge.
STATUS Häufig.
ÄHNLICHE ARTEN Grauhörnchen (unten); Kaukasisches Eichhörnchen *(S. anomalus)*.

weiße Unterseite

Grauhörnchen

Sciurus carolinensis (Rodentia)

Das Grauhörnchen hat das Eichhörnchen in manchen Gegenden verdrängt. Die Tiere verbringen im Gegensatz zu Eichhörnchen weniger Zeit in den Bäumen. Die Nahrungssuche findet vermehrt am Boden statt. Die Fellfärbung ist variabel. Rottöne treten vor allem bei Jungtieren auf, doch an den Ohren finden sich keine ausgeprägten Haarbüschel.

buschiger Schwanz mit weißlichen Haaren

VORKOMMEN *Wälder, Stadtparks und Gärten; diese Orte sind beliebte Futterquellen.*

vorn bis zu 3 cm

hinten bis zu 5 cm

Kotkugeln bis zu 8 mm groß

Flanken rötlich getönt

KOBEL

abgenagte Borke

FRASSSPUREN

GRÖSSE Körper 23–30, Schwanz 20–24 cm.
JUNGE 1–2 Würfe, 3–6 Junge; Mai–Oktober.
NAHRUNG Samen, Pflanzenteile; Insekten, Vogeleier und -nestlinge.
STATUS Aus Nordamerika eingeführt; dehnt sein Verbreitungsgebiet weiter aus.
ÄHNLICHE ARTEN Eichhörnchen (oben).

Alpenmurmeltier

Marmota marmota (Rodentia)

VORKOMMEN *Auf Bergwiesen, gewöhnlich in Höhen zwischen 1000 and 3000 m, vor allem mit Felsen als Aussichtspunkten.*

Im Bergland ist häufig zu beobachten, wie die Tiere wachsam auf einem Felsen sitzen oder ausgestreckt in der Sonne liegen. Von Oktober bis April halten sie in tiefer gelegenen Teilen des Gangsystems gemeinsam Winterschlaf. Ihr dichtes Fell und ihre Fettreserven sind ein guter Kälteschutz, verhindern bei Hitze aber die Abkühlung, weshalb sie sich in der Mittagshitze in ihre Baue zurückziehen.

- kleine Ohren
- großer Kopf
- gelbbraunes Fell
- vorn bis zu 5 cm lang
- hinten bis zu 5 cm
- Kot bis zu 6 cm lang
- etwa 20 cm weit
- KOLONIE

GRÖSSE Körper 50–55 cm, Schwanz 15–20 cm.
JUNGE Ein Wurf, 2–6 Junge; von Mai-Juni.
NAHRUNG Gräser, Pflanzen, Wurzeln.
STATUS In Kerngebieten häufig, in einigen Randgebieten bedroht.
ÄHNLICHE ARTEN Keine.

Berglemming

Lemmus lemmus (Rodentia)

VORKOMMEN *Tundra, im Süden Berggebiete; bei Überbevölkerung auch in Waldgebieten und auf Ackerland.*

Lemminge sind für stark schwankende Populationsdichten bekannt, ein Merkmal vieler arktischer Arten. Bei Überbevölkerung und Nahrungsmangel finden Massenwanderungen statt. Der fast schwanzlose, schwarz, gelb und braun gemusterte Körper der tag- und nachtaktiven Tiere ist unverwechselbar.

- schwarze, braune und gelbe Färbung
- sehr kurze Ohren
- im schwarzen Fell versteckte, kleine Augen
- vorn bis zu 1,2 cm lang
- hinten bis zu 1,8 cm lang
- Kot bis zu 4 mm lang
- Gänge nach dem Tauen sichtbar
- GÄNGE

GRÖSSE Körper 8–11 cm; Schwanz 1–2 cm.
JUNGE Würfe mit bis zu 6 Jungen.
NAHRUNG Überwiegend Moose.
STATUS Gering bedroht; örtlich häufig.
ÄHNLICHE ARTEN Feldhamster (Cricetus cricetus); Graurötelmaus (Clethrionomys rufocanus), längerer Schwanz.

Europäischer Biber

Castor fiber (Rodentia)

Das größte Nagetier Europas verbringt sein ganzes Leben im und am Wasser. Anpassungen daran sind die Schwimmhäute der Hinterfüße, der breite, schuppige Schwanz und das Wasser abweisende Fell. Die geselligen Biber halten keinen Winterschlaf. Hauptsächlich nachtaktiv, bleiben sie tagsüber in ihrem Bau.

VORKOMMEN *Breite, langsam fließende Flüsse und Weiher, oft in Überschwemmungsgebieten mit bewaldetem Ufer.*

kleine Ohren

vorn bis zu 6 cm

hinten bis zu 14 cm

Kot bis zu 2,5 cm lang

glattes, braunes Fell

GRÖSSE *Körper 75–90 cm; Schwanz 30–40 cm.*
JUNGE *Ein Wurf mit 1–4 Jungen; Juni.*
NAHRUNG *Gräser, Pflanzen, Borke, Holz.*
STATUS *Gering gefährdet.*
ÄHNLICHE ARTEN *Nutria (Myocastor coypus), Bisamratte (unten) und Schermaus (Arvicola terrestris).*

Bisamratte

Ondatra zibethicus (Rodentia)

Die Tiere besitzen ein dichtes, Wasser abweisendes und gut isolierendes Fell. Ein seitlich abgeplatteter Schwanz und zum Teil mit Schwimmhäuten versehene Hinterfüße, die von einem Saum steifer Borsten vergrößert werden, ermöglichen das Schwimmen. Dabei sind nur Kopf und Schultern sichtbar, bei Schermäusen der ganze Rücken.

VORKOMMEN *In Süßwassergebieten; Erdbaue am Ufer und Winterburgen aus Gras und Schilf.*

glänzendes, braunes Fell

hinten bis zu 7 cm

vorn bis zu 4 cm

zylindrisch

2 cm lang

Pflanzenmaterial

WINTERBAU

GRÖSSE *Körper 25–40, Schwanz 20–30 cm.*
JUNGE *1–3 Würfe, mit je bis zu 11 Jungen.*
NAHRUNG *Wasserpflanzen, gelegentlich auch Weichtiere und Fische.*
STATUS *Häufig, wo sie sich angesiedelt hat.*
ÄHNLICHE ARTEN *Nutria (Myocastor coypus), Schermaus (Arvicola terrestris).*

Rötelmaus

Clethrionomys glareolus (Rodentia)

Die stumpfnasige Rötelmaus kommt in großer Zahl in flussnahen Wäldern vor. Als guter Kletterer ist sie gut zu beobachten. Von den oft nachtaktiven Tieren sind meist nur Futterreste zu finden: kleine schuppen- und samenlose Zapfen (weniger ausgefranst als bei Eichhörnchen) und Haselnüsse mit großen, glatten, runden Löchern ohne äußerliche Nagespuren.

VORKOMMEN *Auf Wiesen mit vielen Sträuchern und in Laub- und Mischwäldern.*

- große Ohren und Augen
- rotbrauner Rücken
- helle Unterseite
- vorn bis zu 1 cm
- hinten bis zu 1,8 cm
- Kot bis zu 4 mm lang
- Borke
- ABGENAGTE BORKE

GRÖSSE Körper 8–11 cm; Schwanz 3,5–7 cm.
JUNGE 4–5 Würfe, je 3–5 Junge; April–Okt.
NAHRUNG Knospen, Früchte, Samen, Pilze.
STATUS Häufig; Populationsschwankungen.
ÄHNLICHE ARTEN Polar- und Graurötelmaus (C. rutilus und C. rufocanus); Erdmaus (unten); andere Microtus-Arten.

Erdmaus

Microtus agrestis (Rodentia)

Der Schwanz der Erdmaus ist, im Vergleich zu denen vieler anderer Wühlmäuse, deutlich kürzer, seine Oberseite wesentlich dunkler. Das lange, raue Fell bedeckt fast die kleinen Ohren. Die Ohrmuschel ist, vor allem am Ansatz, teilweise behaart. Die Bestimmung der *Microtus*-Arten anhand des Gebisses hilft im Feld wenig, ist bei Überresten aus Eulengewöllen jedoch nützlich.

VORKOMMEN *In Feuchtgebieten, hohem Gras, Waldgebieten; zerkleinerte Blätter und Gras bilden Pfade.*

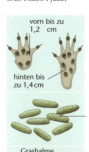

- vorn bis zu 1,2 cm
- hinten bis zu 1,4 cm
- Kot bis zu 4 mm
- Grashalme
- dunkelgraubraunes Fell
- kurze, runde Schnauze

NEST

GRÖSSE Körper 8–13 cm; Schwanz 2–5 cm.
JUNGE 3–7 Würfe, je 2–6 Junge.
NAHRUNG Gräser, Wurzeln, Pilze, Borke.
STATUS Häufig; kann zur Plage werden.
ÄHNLICHE ARTEN Feldmaus (M. arvalis); Rötelmaus (oben); Nordische Wühlmaus (M. oeconomus); Cabreramaus (M. cabrerae).

Schermaus

Arvicola terrestris (Rodentia)

Die Schermaus ist meist in Wassernähe zu finden. Beim Schwimmen ähnelt sie eher einem hektisch paddelnden Hund als den größeren das Wasser bewohnenden Nagern. Abgerissene Rinde, zerkleinertes Gras, Blätter und unregelmäßig aufgenagte Nüsse sind oft die besten Hinweise auf die Schermaus, die überwiegend dämmerungsaktiv ist.

VORKOMMEN *Am Wasser, wo oft ein »Plopp« zu hören ist, wenn sie bei Gefahr abtaucht; in Wiesen und Weiden.*

GRÖSSE *Körper 12–22 cm; Schwanz 6–12 cm; im Norden am größten.*
JUNGE *2–5 Würfe, je 2–6 Junge, März–Okt.*
NAHRUNG *Gräser und andere Pflanzenteile.*
STATUS *Häufig; jedoch rückläufig.*
ÄHNLICHE ARTEN *Westschermaus (Arvicola sapidus); weitere Wühlmäuse.*

Westliche Hausmaus

Mus domesticus (Rodentia)

Weltweit ist die Hausmaus das am weitesten verbreitete Säugetier, abgesehen vom Menschen. Ober- und Unterseite sind nicht scharf abgegrenzt, Augen und Ohren relativ klein. Der unbehaarte Schwanz weist 140 bis 175 deutlich sichtbare Ringe auf und seine Länge entspricht der Kopf-Rumpf-Länge. Typisch sind die Einkerbungen auf der Hinterseite der oberen Nagezähne.

VORKOMMEN *Vor allem in Gebäuden. Bewohnt die verschiedensten Lebensräume.*

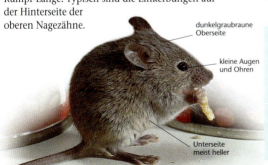

GRÖSSE *Körper 7–10 cm; Schwanz 7–9,5 cm.*
JUNGE *Bis zu 10 Würfe, je 4–8 Junge.*
NAHRUNG *Getreide, Pflanzen, Wirbellose.*
STATUS *Häufig.*
ÄHNLICHE ARTEN *Heckenhausmaus (M. spretus); Östliche Hausmaus (M. musculus); Balkan-Hausmaus (M. macedonicus).*

Waldmaus

Apodemus sylvaticus (Rodentia)

Die Waldmaus ist eins der häufigsten europäischen Säugetiere. Die lebhaften Tiere bewegen sich in offenem Gelände känguruartig hüpfend, können aber auch geschickt klettern. Einige besitzen einen gelblichen Brustfleck, der jedoch niemals so ausgedehnt wie bei der Gelbhalsmaus und immer länger als breit ist. Futterreste, wie Nadelholzzapfen mit abgenagten Schuppen und Haselnüsse mit Nagespuren an den äußeren Lochrändern, deuten auf die Gegenwart der Waldmaus hin.

VORKOMMEN *In Wäldern, am Waldrand, in Wiesen, Feucht- und Felsengebieten ebenso im Ackerland, oft auch in Gebäuden.*

- große Knopfaugen
- große Ohren
- gelbbraune Flanken
- weißgraue Unterseite

vorn bis zu 1,2 cm
hinten bis zu 2 cm

bis zu 6 mm langer Kot

GRÖSSE *Körper 8–11 cm; Schwanz 7–11,5 cm.*
JUNGE *1–2 Würfe, je 4–8 Junge; März–Okt.*
NAHRUNG *Samen, Getreide, Knospen und junge Triebe; Insekten und Schnecken.*
STATUS *Häufig.*
ÄHNLICHE ARTEN *Gelbhalsmaus (A. flavicollis); Ural-Waldmaus (A. uralensis).*

Europ. Zwergmaus

Micromys minutus (Rodentia)

Das kleinste Nagetier Europas ist ein sehr geschickter Kletterer. Mit ihren Hinterfüßen hält sich die Maus an Grashalmen fest. Der zum Greifen geeignete Schwanz verleiht zusätzlichen Halt. Hauptsächlich nachtaktiv, verbringt die keinen Winterschlaf haltende Maus die kalten Monate meist am Boden oder unterirdisch. Ihre Fußsohlen nehmen Vibrationen wahr und warnen vor Gefahr.

VORKOMMEN *Im hohen Gras, Buschwerk, Unterholz, an Flussufern, in trockenen Schilfbeständen und Getreidefeldern.*

- stumpfe Schnauze
- kurze, behaarte Ohren
- weißliche Unterseite
- orangebraune Oberseite
- zum Greifen geeigneter Schwanz

vorn bis zu 8 mm
hinten bis zu 1,5 cm

KUGELNEST

GRÖSSE *Körper 5–8 cm; Schwanz 5–7 cm.*
JUNGE *3–7 Würfe, bis zu 8 Junge; Mai–Okt.*
NAHRUNG *Getreide und weitere Sämereien; Knospen, Blüten und Früchte; Insekten, gelegentlich auch Jungvögel und kleine Nagetiere.*
STATUS *Gering bedroht; örtlich häufig.*
ÄHNLICHE ARTEN *Haselmaus (rechts).*

Haselmaus

Muscardinus avellanarius (Rodentia)

Die kleine, orangebraune, weitgehend baumbewohnende Haselmaus ist nachtaktiv. Von Oktober bis April hält sie Winterschlaf, zur Verringerung des Wärmeverlusts eng zusammengerollt. Phasen kalter Witterung können sogar während ihrer aktiven Zeit eine Starre auslösen. Das kugelförmige Nest baut die Haselmaus aus geflochtenem Gras, Moos und Borkenstreifen im dichten Unterholz, in Astgabeln oder Vogelnistkästen. Die Pfoten dieses flinken Kletterers sind mit ihren ausgeprägten Fußballen zum Greifen gut geeignet. Die Spitze des langen, pelzigen Schwanzes kann weiß sein.

SCHLAF

VORKOMMEN *In Laubwäldern, häufig im Unterholz, in Büschen und dichten Hecken; lebt meist versteckt, daher findet man meist nur Futterreste, vor allem Haselnüsse mit runden, glattrandigen Löchern.*

helle Unterseite

SÄUGETIERE

HINWEIS

Typische Lebensräume der Haselmaus sind Haselnuss- und Brombeersträucher, auch das Geißblatt, mit dessen Borkenstreifen sie ihr Nest auspolstert.

lange Tasthaare
große Augen
orangebraunes Fell
behaarter Schwanz

vorn bis zu 1 cm
hinten bis zu 1,5 cm
Kot bis zu 5 mm
rundes Loch

GEÖFFNETE HASELNUSS

GRÖSSE Körper 6–9 cm; Schwanz 5,5–8 cm.
JUNGE 1–2 Würfe, je 4–7 Junge; Juni–August.
NAHRUNG Blüten, Insekten und Früchte der Gegend und Jahreszeit.
STATUS Gering bedroht; selten, rückläufig durch Fragmentation der Lebensräume.
ÄHNLICHE ARTEN Europäische Zwergmaus (links), in Größe und Farbe ähnlich, jedoch mit unbehaartem Schwanz.

Gartenschläfer

Eliomys quercinus (Rodentia)

VORKOMMEN *Laub- und Nadelwälder, niedrig bewachsene und felsige Gebiete, Obstgärten und Gärten; häufig auch in Gebäuden.*

Obwohl der nachtaktive Gartenschläfer ein flinker Kletterer ist, lebt er nicht nur auf Bäumen. Das Nest baut er in Löchern in Felsen oder Mauern. Der braunrote Rücken setzt sich vom weißen Bauch ab. Eine auffallende schwarze Maske ziert das Gesicht. Der lange, buschige Schwanz trägt eine schwarz-weiße Quaste, die Ohren ragen deutlich hervor.

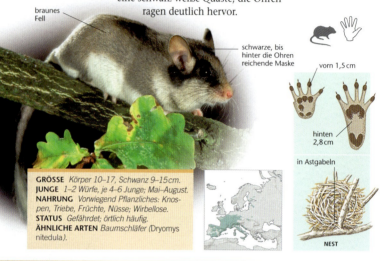

- braunes Fell
- schwarze, bis hinter die Ohren reichende Maske
- vorn 1,5 cm
- hinten 2,8 cm
- in Astgabeln
- NEST

GRÖSSE Körper 10–17, Schwanz 9–15 cm.
JUNGE 1–2 Würfe, je 4–6 Junge; Mai–August.
NAHRUNG Vorwiegend Pflanzliches: Knospen, Triebe, Früchte, Nüsse; Wirbellose.
STATUS Gefährdet; örtlich häufig.
ÄHNLICHE ARTEN Baumschläfer (*Dryomys nitedula*).

Siebenschläfer

Glis glis (Rodentia)

VORKOMMEN *In älteren Laub-, häufig Buchen- und Esskastanienwäldern; Buschwerk oder Unterholz sind nicht erforderlich.*

Siebenschläfer bereiten sich auf den Winterschlaf durch den Verzehr von Samen und Nüssen vor und setzen kräftig Fett an. Aus diesem Grund wurden sie früher als Fleisch- und Felllieferant gejagt und gehalten. Sie werden leicht mit Hörnchen, vor allem mit dem Flughörnchen, verwechselt, obwohl sich ihre Lebensräume nur wenig überschneiden. Dunkle Ringe vergrößern die ohnehin schon großen Augen der nachtaktiven Tiere.

- große Augen
- mäßig vorstehende Ohren
- graues, oft braun getöntes Fell
- langer, buschiger Schwanz

- vorn bis zu 1,5 cm
- hinten bis zu 3 cm

GRÖSSE Körper 13–19, Schwanz 12–15 cm.
JUNGE Ein Wurf, 2–9 Jungen Juni–August.
NAHRUNG Nüsse, Samen, Pilze, Borke; Insekten, Eier und Nestlinge.
STATUS Gering bedroht; örtlich häufig.
ÄHNLICHE ARTEN Grauhörnchen (S. 289); Flughörnchen (*Pteromys volans*).

Wanderratte

Rattus norvegicus (Rodentia)

Das Fell hat meist eine mittelbraune Färbung. Weitere Bestimmungsmerkmale sind der dicke Schwanz, der kürzer ist als die Kopf-Rumpf-Länge, die dunkle Ober- und hellere Unterseite sowie die kleinen, bräunlichen, behaarten Ohren. Da die weitgehend nachtaktiven Ratten gut schwimmen, werden sie oft mit der Schermaus verwechselt.

VORKOMMEN *In Städten und Industriegebieten, auf Höfen, Müllkippen, in Abwasserkanälen und in der Nähe von Flußufern.*

- mittelbraunes Fell ohne struppige Leithaaare
- relativ kleine, haarige Ohren
- spitze Schnauze

GRÖSSE *Körper 21–29 cm; Schwanz 17–23 cm.*
JUNGE *Bis zu 5 Würfe, je bis zu 15 Junge.*
NAHRUNG *Samen, Getreide, anderes Pflanzenmaterial; Wirbellose und kleine Wirbeltiere.*
STATUS *Aus Asien eingeführt; häufig.*
ÄHNLICHE ARTEN *Hausratte (Rattus rattus); Schermäuse.*

Rotfuchs

Vulpes vulpes (Carnivora)

Der Rotfuchs ist das häufigste und am weitesten verbreitete Raubtier der Welt. Obwohl hauptsächlich nacht- und dämmerungsaktiv, kann man den Rotfuchs in Gegenden, in denen er nicht verfolgt wird, auch tagsüber beobachten. Man kann ihn anhand des Kots, des moschusartig riechenden Urins oder des nächtlichen Bellens und Keckerns nachweisen.

VORKOMMEN *Verschiedene Lebensräume von Wald- und Ackerland bis zu Bergen und Städten.*

- rotbraunes Fell
- dunkler Fleck auf der schmalen Schnauze
- vorn bis zu 5 cm lang
- hinten kleiner
- spitze, 5–10 cm lange Losung

GRÖSSE *Körper 55–90 cm; Schwanz 30–45 cm.*
JUNGE *Ein Wurf von 4–5 Welpen; März–Mai.*
NAHRUNG *Allesfresser: Kaninchen, Nagetiere, Igel, Vögel, Eier, Käfer, Würmer, Krabben, Früchte, Beeren, Aas und Abfälle.*
STATUS *Häufig.*
ÄHNLICHE ARTEN *Goldschakal (Canis aureus).*

Amerikanischer Nerz

Mustela vison (Carnivora)

Der dem Europäischen ähnliche Amerikanische Nerz oder Mink ist seit seiner Einführung in den 1920er-Jahren die vorherrschende Art in Europa. Aus den dunkelbraunen Tieren wurden einige Farbvarianten gezüchtet. Der einzige Unterschied zwischen beiden Arten besteht darin, dass dem Amerikanischen Nerz die weiße Färbung auf der Oberlippe fehlt.

VORKOMMEN Verschiedene Wasserlebensräume, sogar Felsenküsten. Der Kot ähnelt dem des Fischotters, riecht aber nicht so »süß«.

vorn bis zu 2,5 cm

hinten bis zu 4 cm

verdrehter, spitzer, bis zu 8 cm langer Kot

langer, buschiger Schwanz

Zehen zum Teil mit Schwimmhäuten

weißes Fell an der Unterlippe

GRÖSSE Körper 30–45, Schwanz 13–20 cm.
JUNGE Einzelner Wurf von 4–6; April–Mai.
NAHRUNG Nager, Vögel, Amphibien, Fische.
STATUS Aus Nordamerika eingeführt; örtlich häufig, sich ausbreitend.
ÄHNLICHE ARTEN Europ. Nerz (M. lutreola); Waldiltis (M. putorius); Fischotter (rechts).

Hermelin, Wiesel

Mustela erminea (Carnivora)

Das Hermelin besitzt einen braunen Rücken, der in scharfem Kontrast zur weißen Unterseite steht. Im Winter färbt sich das Fell an den Flanken und im Nacken weiß. Im nördlichen Teil des Verbreitungsgebiets bekommen die Tiere ein vollständig weißes Fell mit schwarzer Schwanzspitze.

VORKOMMEN In Landlebensräumen mit genügend Deckung, von Wäldern über Grasland bis zu Feuchtgebieten und Bergen.

schwarze Schwanzspitze

kastanienbraune Oberseite

hinten bis zu 3,5 cm

langer, geschmeidiger Körper

WINTERFELL

vorn bis zu 2 cm

Kot bis zu 2 cm lang

GRÖSSE Körper 18–31, Schwanz 9–14 cm.
JUNGE Einzelner Wurf von 6–12; April–Mai.
NAHRUNG Jagt Nagetiere (oft in ihren Bauten), Kaninchen und Vögel.
STATUS Verbreitet.
ÄHNLICHE ARTEN Mauswiesel (rechts oben), kleiner, ohne schwarze Schwanzspitze.

Mauswiesel

Mustela nivalis (Carnivora)

Mauswiesel sind in der Größe variabel: Männchen sind kleiner als Weibchen und sie werden dort größer, wo keine Wiesel vorkommen (vor allem im Mittelmeerraum). Der Schwanz ist relativ kurz und hat keine schwarze Spitze. Mauswiesel aus dem hohen Norden und aus manchen Bergregionen werden im Winter weiß. Ansonsten ist das Winterfell etwas länger, unterscheidet sich aber in der Farbe nicht vom Sommerfell.

VORKOMMEN *In allen Landlebensräumen, von Halbwüsten bis zu Wäldern und von Küsten bis zu Berggipfeln.*

hinten bis zu 3 cm
vorn bis zu 2 cm
schmaler, verdrehter, bis zu 6 cm langer Kot
kastanienbraunes Fell
weiße Unterseite
kurzer Schwanz

GRÖSSE Körper 13–30, Schwanz 3–10 cm.
JUNGE Ein oder zwei Würfe von 4–6 Jungen; April–August.
NAHRUNG Nagetiere, Kaninchen und Vögel; benötigt bis zu zehn Mahlzeiten am Tag.
STATUS Verbreitet.
ÄHNLICHE ARTEN Hermelin (links unten).

Fischotter

Lutra lutra (Carnivora)

An Land bewegt sich der Otter seltsam hüpfend, doch im Wasser ist er sehr geschickt. Beim Schwimmen liegt er tiefer als Nerze oder große Nagetiere im Wasser, sodass nur der Kopf zu sehen ist. Durch die im Fell befindlichen Luftblasen sieht er im Wasser silbrig aus. Seine Unterseite ist weißlich gefärbt und die Ohren sind klein.

VORKOMMEN *Flüsse, Seen und geschützte Felsenküsten, wo er keiner Störung oder Umweltverschmutzung ausgesetzt ist.*

seidiges, braunes Fell

FRESSPLATZ

langer, dicker, spitz zulaufender Schwanz
abgeflachter Kopf
weißliche Kehle
vollständige Schwimmhäute
vorn bis zu 7 cm
hinten bis zu 9 cm
schwärzlicher, bis zu 10 cm langer Kot

GRÖSSE Körper 55–90 cm; Schwanz 35–50 cm.
JUNGE Einzelner Wurf von 2–5; Mai–August.
NAHRUNG Fische, Amphibien, Nagetiere, Vögel; Krebstiere; Krabben, Muscheln; Aas.
STATUS Selten, nur örtlich häufig.
ÄHNLICHE ARTEN Biber (S. 291); Nutria (*Myocastor coypus*); Bisamratte (S. 291); Nerze.

SÄUGETIERE

Baummarder

Martes martes (Carnivora)

Der Baummarder ist gut an das Jagen in Bäumen angepasst, in denen er sich trotz seiner Größe sehr geschickt bewegt. Hauptsächlich nachtaktiv, sucht er sich in den Höhlen und Spalten von Bäumen und Felsen einen Unterschlupf. Sein auffälligstes Merkmal ist der Kehlfleck, der Farben von Creme bis Orange zeigen kann.

VORKOMMEN Hauptsächlich in Nadel- und Mischwald, doch auch in Buschland und felsigen Lebensräumen.

heller Fleck

hinten bis zu 4 cm

vorn bis zu 3 cm

bis zu 10 cm langer Kot

dunkelbraunes Fell

langer, buschiger Schwanz

GRÖSSE Körper 40–55, Schwanz 18–25 cm.
JUNGE Einzelner Wurf von 3–5; April–Mai.
NAHRUNG Nager (Eichhörnchen), Frösche, Vögel, Eier, Früchte, Beeren, Pilze, Honig.
STATUS Örtlich verbreitet.
ÄHNLICHE ARTEN Steinmarder *(Martes foina)*, der jedoch schwerer gebaut ist.

Marderhund

Nyctereutes procyonoides (Carnivora)

Der gedrungene, langhaarige Marderhund ist ein nachtaktiver Einzelgänger, der (einzigartig unter den Hundeartigen) einen Winterschlaf hält. Das graubraune Fell wird an den Beinen und im Gesicht dunkler, wo es eine schwarze Maske bildet. Die Maske wird von einem hellgrauen Streifen betont, der über jedem Auge beginnt. Die um 1930 aus Asien importierte Art hat sich in Europa schnell verbreitet.

VORKOMMEN In ausgedehntem Waldland, besonders in der Nähe von Seen und Flüssen.

kurze Ohren mit weißen Fransen

helle Streifen

hinten kleiner

vorn bis zu 5 cm lang

verdrehte, bis zu 8 cm lange Losung

schwarze Gesichtsmaske

GRÖSSE Körper 55–80, Schwanz 15–25 cm.
JUNGE Einzelner Wurf von 5–8 oder mehr.
NAHRUNG Nagetiere, Würmer, Amphibien; Wurzeln, Knollen, Früchte, Nüsse; Aasfresser.
STATUS Örtlich häufig.
ÄHNLICHE ARTEN Waschbär *(Procyon lotor)*; Dachs (rechts oben).

Dachs

Meles meles (Carnivora)

Der Dachs ist hauptsächlich nachtaktiv. Sein komplexes Bausystem mit einer Reihe von 20 cm oder mehr durchmessenden Löchern bildet den Ausgangspunkt für die Beobachtung. Die charakteristischen Gesichtsstreifen kann man selbst in der Dämmerung gut sehen. Der Dachs hat einen kleinen, spitzen Kopf mit kurzem Hals, der in einen kräftigen Körper übergeht, mit kurzen, kräftigen Gliedmaßen und einem kurzen Schwanz.

VORKOMMEN *Gebiete vom Flachland bis in subalpine Bereiche. Die Baue sind im Wald oder Gebüsch versteckt.*

graue Oberseite

kleine, weiß gerandete Ohren

schwarz-weiß gestreifter Kopf

vorn bis zu 12 cm

hinten bis zu 10 cm

DACHSBAU

GRÖSSE Körper 67–80 cm; Schwanz 12–18 cm.
JUNGE Einzelner Wurf von 2–4; Januar–März.
NAHRUNG Würmer, Insekten, kleine Säugetiere, Amphibien, Knollen, Getreide und Aas.
STATUS Verbreitet.
ÄHNLICHE ARTEN Marderhund (links unten) und Waschbär (*Procyon lotor*).

Wildschwein

Sus scrofa (Artiodactyla)

Als Vorfahr des Hausschweins teilt das Wildschwein viele Eigenschaften mit ihm: den schweren Körper, den kurzen Nacken und Schwanz, den großen Kopf mit der langen Schnauze. Die Frischlinge tragen helle Längsstreifen. Die Eber sind Einzelgänger, während die Bachen mit ihren Jungen Familiengruppen bilden.

VORKOMMEN *Laub- und Nadelwälder mit dichtem Unterholz. Kommt zum Fressen auch in Feuchtgebiete und Kulturland.*

graubraune Farbe

seitlich abgeflachter Körper

große, spitze Ohren

vorn bis zu 15 cm

hinten bis zu 15 cm

Losung bis zu 7 cm

Schlamm

SUHLE

GRÖSSE Körper 1,1–1,7 m; Schwanz 13–30 cm.
JUNGE Ein Wurf von 2–10; Februar–Juni.
NAHRUNG Knollen, Wurzeln, Früchte, Feldfrüchte, Pilze; Insekten, kleine Säugetiere, Boden brütende Vögel, Aas.
STATUS Örtlich verbreitet.
ÄHNLICHE ARTEN Hausschweine.

Nordluchs, Luchs

Lynx lynx (Carnivora)

Die größte europäische Katze ist an den Haarbüscheln auf den Ohren und an den Wangen zu erkennen, dem kurzen Schwanz und dem besonders auf den langen Beinen gefleckten Fell. Tiere aus dem Norden sind nur schwach gefleckt. Den nachtaktiven Einzelgänger sieht man selten. In Westeuropa sind Luchse größtenteils ausgerottet worden.

VORKOMMEN *Nadelwälder und Berge. Die langen Beine erlauben die Fortbewegung in tiefem Schnee.*

kurzer Schwanz mit schwarzer Spitze · gelbbraunes Fell · Backenbart · Ohren mit Haarbüscheln · gefleckte Beine

keine Krallenabdrücke

Abdrücke bis zu 10 cm

bis zu 8 cm langer Kot

GRÖSSE *Körper 0,8–1,3 m; Schwanz 10–25 cm.*
JUNGE *Einzelner Wurf von 2–3; Mai–Juni.*
NAHRUNG *Hasen, Rehe, Nager, Hühnervögel.*
STATUS *Sehr selten; an manchen Orten Wiedereinbürgerungsprojekte.*
ÄHNLICHE ARTEN *Pardelluchs (L. pardinus).*

Kratzspuren

BORKE

Wildkatze

Felis silvestris (Carnivora)

Wildkatzen können sehr schwer von einer getigerten Katze zu unterscheiden sein. Sie sind nachtaktive Einzelgänger und gute Kletterer, obwohl sie hauptsächlich am Boden leben. Obwohl sie ähnlich wie eine Hauskatze jagen, »spielen« sie kaum mit ihrer Beute. Sie sind kurzbeinig und können daher nicht lange Schnee von mehr als 20 cm Tiefe ertragen.

VORKOMMEN *Wald- und Buschland, in Bergen felsige Gegenden. Zieht sich in hohle Bäume, Felsspalten und Tierbaue zurück.*

bis zu 4 cm lange Fußabdrücke

bis zu 5 cm langer Kot

gelbgrüne Augen · streifen-, nicht fleckenförmige dunkle Markierungen · buschiger Schwanz mit schwarzer Spitze und 3–5 dunklen Ringen

GRÖSSE *Körper 48–65, Schwanz 20–35 cm.*
JUNGE *Ein Wurf, 2–4 Junge; April–Sept.*
NAHRUNG *Kaninchen, Hasen, Nagetiere, Vögel, Echsen, Frösche; selten Lämmer.*
STATUS *Gefährdet.*
ÄHNLICHE ARTEN *Ginsterkatze (Genetta genetta); Hauskatzen und Bastarde.*

Kegelrobbe

Halichoerus grypus (Carnivora)

Männchen sind etwa ein Drittel größer als Weibchen. Im Profil betrachtet, geht die Stirn unmittelbar in die Schnauze über und die Nasenlöcher sind weit voneinander getrennt. Die Jungen sind anfangs weiß und leben mehrere Wochen an Land, sodass sie über dem Flutwasserstand geboren werden. Kegelrobben können über 200 m tief tauchen und bis zu 30 Minuten lang unter Wasser bleiben.

VORKOMMEN *Küstengewässer. Bekommt die Jungen auf felsigen Inseln, Küstenstreifen und im Norden auf dem Eis.*

GRÖSSE Männchen 2,2–3, Weibchen 2–2,5 m.
JUNGE Ein Junges; meist Oktober–Februar.
NAHRUNG Fisch, Krebstiere und Kopffüßer.
STATUS *Bedroht (Ostseepopulation); örtlich häufig.*
ÄHNLICHE ARTEN *Klappmütze (Cystophora cristata), mit größeren dunklen Flecken.*

Seehund

Phoca vitulina (Carnivora)

Der Seehund ist eine der kleineren Robbenarten. Sein Fell ist grau oder bräunlich und schwarz gefleckt. Mit der kurzen Schnauze und den weißen Tasthaaren erinnert er an einen Hund, was zu seinem Namen geführt hat. Die Nasenlöcher sind v-förmig angeordnet. Die Jungen zeigen bei der Geburt die gleiche Fellfarbe wie die Eltern und können fast sofort schwimmen.

VORKOMMEN *Küstengewässer und Flussmündungen, schwimmt Flüsse hinauf. Bei Ebbe auf Sandbänken.*

JUNGTIER

GRÖSSE Körper 1,2–1,9 m; Weibchen ein wenig kleiner als Männchen.
JUNGE Einzelnes Junges; Juni–Juli.
NAHRUNG Fische, Weich- und Krebstiere.
STATUS *Örtlich häufig.*
ÄHNLICHE ARTEN *Andere Robben, vor allem die Ringelrobbe (Phoca hispida).*

Schweinswal

Phocoena phocoena (Cetacea)

Der Schweinswal oder Kleine Tümmler ist das häufigste und kleinste Waltier in europäischen Gewässern. Die Rückenflosse ist kurz und stumpf und befindet sich in der Mitte des Rückens. Der Kopf ist abgerundet, die Zähne sind spatelförmig. Anders als bei den meisten Delfinen ist die Schnauze nicht schnabelförmig ausgezogen. Der Schweinswal springt auch nicht vollständig aus dem Wasser.

VORKOMMEN
Flache europäische Küstengewässer und Flussmündungen. Obwohl im Mittelmeer selten, kann er dort in bevorzugten Jagdgebieten in größeren Zahlen vorkommen.

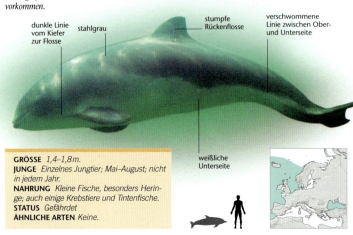

dunkle Linie vom Kiefer zur Flosse · stahlgrau · stumpfe Rückenflosse · verschwommene Linie zwischen Ober- und Unterseite · weißliche Unterseite

GRÖSSE *1,4–1,8 m.*
JUNGE *Einzelnes Jungtier; Mai–August; nicht in jedem Jahr.*
NAHRUNG *Kleine Fische, besonders Heringe; auch einige Krebstiere und Tintenfische.*
STATUS *Gefährdet*
ÄHNLICHE ARTEN *Keine.*

Großer Tümmler

Tursiops truncatus (Cetacea)

Der Große Tümmler ist der am weitesten verbreitete und zahlreichste Delfin an einem großen Teil der europäischen Küsten. Seine Oberseite ist grau, der Schnabel kurz, die Rückenflosse lang und gebogen. Er kann vollständig aus dem Wasser springen und ist sehr neugierig, sodass er nah an Schwimmer oder Boote herankommt.

VORKOMMEN *In tropischen und gemäßigten Meeren von Flussmündungen bis zum offenen Meer.*

kurzer, abgesetzter Schnabel · graubraune Oberseite · gebogene Rückenflosse

GRÖSSE *2,5–4 m.*
JUNGE *Einzelnes Junges; wird meist April–September geboren, in Abständen von bis zu drei Jahren.*
NAHRUNG *Fische, Tintenfische, Kalmare.*
STATUS *Örtlich häufig.*
ÄHNLICHE ARTEN *Keine.*

Mufflon

Ovis ammon (Artiodactyla)

Die Widder dieser Art besitzen prachtvoll geschwungene Hörner, ein dunkelkastanienbraunes Fell und einen weißen Sattel. Der untere Teil der Beine ist weiß. Weibchen haben meist keine Hörner, sind heller braun mit weißer Unterseite sowie schwarz-weiß gefärbtem Rumpf und Schwanz. Mufflons sind im Allgemeinen nachtaktiv, vor allem dort, wo sie gejagt werden.

VORKOMMEN *Mit Gebüsch bewachsene felsige Gebiete und offenes Waldland vom Flachland bis hinauf zur Baumgrenze in den Bergen.*

weiße Augenringe
lange, gedrehte Hörner
kurzes, dunkel kastanienbraunes Fell

bis zu 5 cm lang

bis zu 1 cm langer, ovaler Kot

GRÖSSE Körper 1,1–1,2 m; Schwanz 6–10 cm.
JUNGE Ein Wurf von 1–2 Jungen; April–Mai.
NAHRUNG Gräser, Seggen, Kräuter; auch Borke, Schösslinge, Flechten.
STATUS Gefährdet (Mittelmeerinseln).
ÄHNLICHE ARTEN Weibchen ähneln Gämsen (unten). Manche Hausschafrassen.

Gämse

Rupicapra rupicapra (Artiodactyla)

Die kleinen Bergbewohner tragen ein einfarbiges Fell, das im Sommer hellbraun und im Winter dunkler und wolliger ist. Die schwarz-weiße Gesichtszeichnung ist von Weitem zu erkennen. Die hakenartigen Hörner beider Geschlechter sind sehr charakteristisch. Die geselligen Gämsen bilden im Sommer Gruppen von etwa 20 Tieren und schließen sich im Winter zu größeren Herden zusammen.

VORKOMMEN *Bergwiesen, Geröll und Felsen, kommt im Winter in geringere Höhen herab.*

bis zu 1 cm
bis zu 6 cm lang
hinterer Abdruck
hakenförmige Hörner
schwarz-weiße Gesichtszeichnung
dunkles Winterfell

GRÖSSE Körper 1–1,3 m; Schwanz 7–8 cm.
JUNGE Ein Wurf, 1–2 Junge; Mai–Juni.
NAHRUNG Gräser, Kräuter, Blätter.
STATUS Zwei Populationen stark bedroht, ansonsten örtlich häufig.
ÄHNLICHE ARTEN Steinböcke (*Capra ibex, C. pyrenaica*); Pyrenäengämse (*R. pyrenaica*).

Elch

Alces alces (Artiodactyla)

VORKOMMEN *Einzelgänger nördlicher Wälder. Nahrungssuche am Boden und im Wasser.*

Der Elch ist ein sehr großer, langbeiniger, fast schwanzloser Hirsch mit einheitlich graubraunem Fell. Das Gesichtsprofil mit der langen, das Maul überlappenden Oberlippe ist charakteristisch. Die abgeflachten, ausladenden Geweihe der Männchen sind meistens schaufelförmig ausgebildet, können in seltenen Fällen jedoch auch einfach verzweigt sein.

- vorn bis zu 15 cm lang
- hinten bis zu 16 cm lang
- LOSUNG IM SOMMER — zusammenhängende Kügelchen
- bis zu 3 cm lang
- LOSUNG IM WINTER
- Schaufelgeweih ♂

GRÖSSE Körper 2–2,8 m; Schwanz 5–10 cm.
JUNGE Einzelner Wurf von 1–3; Mai–Juni.
NAHRUNG Blätter und Borke von Bäumen und Sträuchern; Feuchtgebiets- und Wasserpflanzen, insbesondere im Sommer.
STATUS Örtlich häufig.
ÄHNLICHE ARTEN Keine.

Rentier

Rangifer tarandus (Artiodactyla)

VORKOMMEN *In offener bergiger oder arktischer Tundra. Im Winter oft im offenen Waldland.*

Das Rentier ist die einzige Hirschart, bei der auch die Kühe ein – wenn auch kleineres – Geweih tragen. Es ist asymmetrisch gebaut, an den Enden manchmal schaufelförmig. Rentiere haben ein im Winter heller werdendes graubraunes Fell, eine weiße Unterseite und breite Hufe, um nicht im Schnee einzusinken. In Nordamerika werden sie als Karibu bezeichnet.

- unregelmäßig verzweigtes Geweih
- der erste Teil zeigt nach vorn
- behaarte Nase
- bis zu 9 cm lang
- bis zu 2 cm lang
- LOSUNG IM SOMMER
- bis zu 8 cm lang
- LOSUNG IM WINTER

GRÖSSE Körper 1,8–2,1 m; Schwanz 10–15 cm.
JUNGE Einzelnes Junges; Mai–Juni.
NAHRUNG Pflanzen der Tundra im Sommer; im Winter freigekratzte Flechten.
STATUS Wild lebende Populationen selten; halbdomestizierte Tiere häufiger.
ÄHNLICHE ARTEN Keine.

Rothirsch

Cervus elaphus (Artiodactyla)

Bei erwachsenen männlichen Rothirschen weist das Geweih zehn oder mehr Enden auf. Das Geweih und sein lautes Röhren setzt der Hirsch in der Brunftzeit dazu ein, eine Herde von Weibchen um sich zu sammeln. Rothirsche kann man an dem einfarbig rotbraunen Fell erkennen, das nur bei Kälbern weiß gefleckt ist. Der gelbbraune Spiegel trägt keine schwarze Umrandung.

VORKOMMEN *Offene Laubwälder, Park- und Flusslandschaften, auch Gebirge und Moore. Im Winter in Wäldern.*

verzweigtes Geweih

große Ohren

rotbraunes, im Winter eher graues Fell

vorn bis zu 7 cm lang
hinten bis zu 8 cm lang

eichelförmige, bis zu 8 cm lange Losung

GRÖSSE Körper 1,6–2,6m; Schwanz 10–15cm.
JUNGE Ein Kalb; zwischen Mai und Juni.
NAHRUNG Heidekraut, Nadelhölzer, Birken und andere Bäume; schält Borke ab.
STATUS Bedroht (Korsika); örtlich häufig.
ÄHNLICHE ARTEN Sikahirsch (C. nippon); Weißwedelhirsch (Odocoileus virginianus).

Damhirsch

Dama dama (Artiodactyla)

Damhirsche findet man in vielen Teilen Europas, da die Tiere eingeführt wurden. Viele Herden bleiben halb domestiziert. Die Grundfarbe ist meist orangebraun, im Sommer weiß gefleckt, im Winter grauer und fast ungefleckt. Der schwarz gerandete weiße Spiegel und der lange, oben schwärzliche Schwanz sind wie die schaufelförmigen Geweihe der erwachsenen Männchen charakteristisch. Halten Sie nach Brunftplätzen und Fraßspuren Ausschau.

VORKOMMEN *Offene Wald- und Parklandschaften sowie angrenzende Ackerflächen.*

weiß geflecktes Sommerfell

Geweih mit jeweils einem basalen Ende

weißer Spiegel

vorn und hinten bis zu 6,5 cm

bis zu 1,6 cm

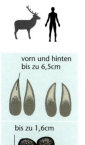

GRÖSSE Körper 1,3–1,6m; Schwanz 16–20cm.
JUNGE Einzelnes Kalb; geboren Juni–Juli.
NAHRUNG Schösslinge und Blätter, Eicheln und Früchte; schält im Winter Borke.
STATUS Oft eingeführt und häufig.
ÄHNLICHE ARTEN Sikahirsch (Cervus nippon) mit kürzerem, weißem Schwanz.

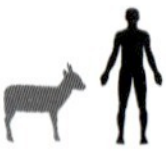

Reh

Capreolus capreolus (Artiodactyla)

Als am weitesten verbreitete und kleinste einheimische Hirschart ist das Reh ein scheuer, nächtlicher Waldbewohner, der jedoch zunehmend im Umkreis der Städte auftaucht. Die rotbraune Oberseite wird im Winter grau. Auffälligstes Merkmal sind der weiße Spiegel und der kurze, weiße Schwanz. Kitze tragen weiße Flecke. Das Geweih ist kurz und hat auf jeder Seite im Normalfall höchstens drei Enden.

VORKOMMEN *Laub- und Nadelwälder mit dichtem Unterholz, mediterrane Buschlandschaft, Ackerland, Schilf- und Moorgebiete.*

HINWEIS

Zu den Spuren des Rehs gehört Borke, die beim Fegen des Basts vom neu gewachsenen Geweih abgescheuert worden ist und in der Brunftzeit das Revier markiert.

rotbraunes Fell ohne Flecke

weiß geflecktes Fell

kleines Geweih

REHKITZ

Oberlippe und Kinn weiß

beide Abdrücke bis zu 4,5 cm lang

vorn gespreizt

Kot bis zu 1,8 cm

abgescheuerte Borke

SPUREN

GRÖSSE Körper 1–1,4 m; Schwanz 2–3 cm.
JUNGE Einzelner Wurf von ein, gelegentlich zwei Kitzen; Mai–Juni.
NAHRUNG Knospen und Blätter von Sträuchern und niedrigen Bäumen am Waldrand; auch Feldfrüchte und im Herbst Beeren.
STATUS Häufig und zunehmend.
ÄHNLICHE ARTEN Muntjak (*Muntiacus reevesi*) und Chin. Wasserreh (*Hydropotes inermis*), ein wenig kleiner, unterschiedlicher Spiegel.

Vögel

Für viele Menschen beginnt vielleicht gerade mit der Vogelwelt die Beschäftigung mit der Natur. Die oft leuchtend gefärbten und leicht zu entdeckenden Tiere werden auch wegen ihrer Flugkünste und ihres schönen Gesangs bewundert. Sogar die Jahreszeiten lassen sich an der Ankunft oder der Abreise vieler unserer bekannten Zugvögel erkennen, zu denen die Schwalben, der Kuckuck und die Gänse gehören. Vögel kann man in fast jedem Lebensraum, sogar in den Städten, und zu jeder Jahreszeit finden. Im Vergleich zu vielen anderen Tiergruppen kann man sie relativ leicht mithilfe ihres Gefieders, Verhaltens und Gesangs identifizieren.

KLEINSPECHT   TRAUERSEESCHWALBE   SUMPFOHREULE   BEKASSINE

Höckerschwan

Cygnus olor (Anatidae)

Der Höckerschwan ist einer der bekanntesten Wasservögel. Sein elegant gebogener Hals ist von weitem zu erkennen, und er hat einen längeren Schwanz als andere Schwäne. Paare zur Brutzeit gehen mit erhobenen Flügeln und lautem Zischen auf Eindringlinge los.

VORKOMMEN *An Seen, Flüssen und geschützten Küsten, in Feuchtgebieten sowie bei Feldern und in Stadtparks.*

Hals gestreckt

schwarzer Stirnhöcker; beim Weibchen kleiner

orangeroter Schnabel, abwärts gerichtet

Gefieder reinweiß

♂

langer Schwanz

langer gebogener Hals

Gefieder graubraun

Schnabel grau

STIMME Unterdrückte trompetende und zischende Laute.
BRUTBIOLOGIE Großer Pflanzenhaufen in Wassernähe; 5–8 Eier, 1 Brut; März–Juni.
NAHRUNG Weidet auf Rasenflächen und im seichten Wasser; gründelt in tieferem Wasser.
ÄHNLICHE ARTEN Zwergschwan (Cygnus bewickii); Singschwan (Cygnus cygnus).

Kurzschnabelgans

Anser brachyrhynchus (Anatidae)

Die kleine Gans hat einen kürzeren Hals als die anderen Gänse und einen deutlich abgesetzten dunklen Kopf. Diese Merkmale fallen auch im Flug auf. Kurzschnabelgänse erscheinen zu Zehntausenden zum Weiden an bestimmten Stellen und fliegen in spektakulären Schwärmen zu ihren Übernachtungsplätzen.

VORKOMMEN *In Marschen und Agrarland in Küstennähe.*

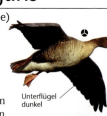

Unterflügel dunkel

dunkler, runder Kopf

Schnabel klein mit rosa Band

Rücken hellgrau, weiß gebändert

Flügel hellgrau

dunkle Streifen an den Flanken

Brust hellrosa

Beine blass bis kräftig rosa

STIMME Wie Saatgans, aber höher und klangvoll ahng-uk, oft höher uink-uink.
BRUTBIOLOGIE Nest mit Dunen, Tundra oder Felshänge; 4–6 Eier, 1 Brut; Juni–Juli.
NAHRUNG Große Schwärme weiden Gras, Rübenkraut, sammeln Kartoffeln, Getreide.
ÄHNLICHE ARTEN Saatgans (Anser fabalis); Graugans (rechts oben).

Graugans

Anser anser (Anatidae)

Die massige Graugans wirkt in weichem Licht hell, in starker Sonne kontrastreicher. Sie hat sehr helle Oberflügel, und der weiße Unterschwanz fällt auf. Ihre Rufe klingen vertraut, denn sie ist die direkte Stammmutter der Hausgans.

VORKOMMEN *Im Winter auf Küstenmarschen, Weiden und Agrarland. Brütet an Seen.*

- orangefarbener Schnabel
- Oberflügel sehr hell
- Oberseite braungrau
- helles Feld auf Unterflügel
- Beine rosa
- Unterschwanz weiß

STIMME *Laut und ganz ähnlich Hausgänsen* ahng-ahng-ahng, kang-ank.
BRUTBIOLOGIE *Bodennest, oft auf einer Insel; 4–6 Eier, 1 Brut; Mai–Juni.*
NAHRUNG *Weidet Gras und keimendes Getreide, gräbt nach Wurzeln und Körnern.*
ÄHNLICHE ARTEN *Kurzschnabelgans (links unten), Saatgans (Anser fabalis).*

Kanadagans

Branta canadensis (Anatidae)

Die große Gans mit schwarzem Kopf und Hals und dem typischen weißen Kinnstreifen stammt aus Nordamerika und hat sich in Nordeuropa ausgebreitet. Ursprünglich ein Zugvogel, ist sie meist zum Standvogel geworden und wandert nur zur Mauser an ruhige Plätze.

VORKOMMEN *An Seen, Flüssen, Stauseen, in Feuchtgebieten und Grasland, auch in Stadtparks.*

- schwarzer Schnabel
- Bürzel weiß
- schwarzer Kopf und Hals
- Schwanz hochgestellt
- Oberseite braun
- Unterschwanz weiß
- Beine schwarz

STIMME *Tief und laut, zweisilbig und ansteigend* ah-ronk.
BRUTBIOLOGIE *Bodenmulde mit Dunen; lockere Kolonien; 5–6 Eier, 1 Brut; April–Juni.*
NAHRUNG *Weidet Gras und Getreide ab; nimmt Wasserpflanzen.*
ÄHNLICHE ARTEN *Weißwangengans (Branta leucopsis).*

Ringelgans

Branta bernicla (Anatidae)

VORKOMMEN *Im Winter in schlammigen Flussmündungen und Häfen, Salzmarschen und Agrarland. Brütet in der Tundra.*

Diese kleine Gans tritt in zwei Unterarten auf, einer hell- und einer dunkelbäuchigen. Die schwarzbäuchige nordamerikanische Unterart ist ein seltener Durchzügler. Alle haben einen schwarzen Kopf und den typischen weißen Halsfleck. Sie gründeln bei der Nahrungssuche wie Enten.

STIMME *Tief rhythmisch, kehlig* rronk rronk, *in großen Schwärmen in lautem Chor.*
BRUTBIOLOGIE *Nest am Boden nahe eines Tümpels; 4–6 Eier, 1 Brut; Mai–Juni.*
NAHRUNG *Seegras und Algen auf dem Watt; auch Körner und Saaten.*
ÄHNLICHE ARTEN *Weißwangengans* (Branta leucopsis); *Kanadagans (S. 311).*

Brandgans, Brandente

Tadorna tadorna (Anatidae)

VORKOMMEN *Sucht Nahrung und brütet an sandigen und schlammigen Stränden, selten bei Binnenseen.*

Die Brandgans lebt vor allem an Küsten. Meist ist sie in Paaren oder kleinen Trupps unterwegs, und ihr Prachtkleid hebt sich vom dunklen Wattboden ab. Auch im schnellen, etwas schwerfälligen Flug ist ihr Muster gut zu erkennen. Familiengruppen sammeln sich im Spätsommer, und die meisten Alttiere fliegen zur Mauser in die Deutsche Bucht.

STIMME *Gänseähnlich* a-ank *und kehlig* grah grah; *vom Männchen hört man Pfeiflaute.*
BRUTBIOLOGIE *Nest in Bodenhöhle, zwischen Strohballen, in alten Gebäuden, auch in Bäumen; 8–10 Eier, 1 Brut; Febr.–Aug.*
NAHRUNG *Algen, Schnecken Krebstiere; weidet und gründelt in seichtem Wasser.*
ÄHNLICHE ARTEN *Stockenten-♂ (S. 314).*

Pfeifente

Anas penelope (Anatidae)

In ihren Brutgebieten im Norden nisten sie zwar oft weitab vom Meer, im Winter sind sie jedoch typischerweise an Flussmündungen und in Salzmarschen zu finden, wo sie wie kleine Gänse kurzes Gras weiden. Die oft großen, farbenfrohen Schwärme bewegen sich als dichte Menge vorwärts, alle Köpfe weisen meist in eine Richtung.

VORKOMMEN *In Nordeuropa an Ufern von Moor- und Waldseen. Im Winter an Flussmündungen, in Feuchtgebieten und um Stauseen.*

STIMME Männchen pfeifen laut und explosiv whi-o; Weibchen rufen tief und rau.
BRUTBIOLOGIE Bodenmulde in Vegetation in Wassernähe; 8–9 Eier, 1 Brut; April–Juli.
NAHRUNG Weidet auf kurzrasigen Flächen; gründelt nach Samen, Trieben und Wurzeln.
ÄHNLICHE ARTEN Krickenten-♂ (unten); Stock- und Schnatterenten-♀ (S. 314).

Krickente

Anas crecca (Anatidae)

Die Krickente ist die kleinste Gründelente. Außerhalb der Brutsaison sieht man sie meist in Trupps. Im Flug steigen diese fast senkrecht auf, wenden mit unglaublicher Geschicklichkeit und koordinieren ihre Aktionen, ähnlich wie Schwärme kleiner Watvögel.

VORKOMMEN *Feuchtland und sumpfige Heiden und Moore. Überwintert meist an Süßgewässern und Flussmündungen.*

STIMME Männchen rufen laut und klingelnd krick krick; Weibchen quaken hoch.
BRUTBIOLOGIE Mulde, mit Dunen ausgekleidet, wassernah; 8–11 Eier, 1 Brut; April–Juni.
NAHRUNG Gründelt nach Pflanzen, Sämereien, kleinen Schnecken, Insektenlarven.
ÄHNLICHE ARTEN Knäkente (Anas querquedula); Löffelenten-Weibchen (S. 316).

Schnatterente

Anas strepera (Anatidae)

Die Schnatterente hat einen kleineren Kopf als die Stockente. Das Männchen ist dunkler als Stock- und Pfeifente. Schnatterenten suchen an der Wasseroberfläche nach Nahrung. Im Herbst und Winter sammeln sie sich oft an Stau- und Baggerseen. Sie vergesellschaften sich mit Blässhühnern, um Nahrung zu erlangen, die sie heraraftauchen.

VORKOMMEN *An Seen und Flüssen mit Schilf oder bewaldeten Inseln. Überwintert auf offenem Wasser.*

STIMME *Männchen hoch und nasal piih, kehlig ahrk; Weibchen quaken laut.*
BRUTBIOLOGIE *Nest am Boden, in Wassernähe; 8–12 Eier, 1 Brut; April–Juni.*
NAHRUNG *Im Seichtwasser Sämereien, Wasserpflanzen; Insekten und kleine Wassertiere.*
ÄHNLICHE ARTEN *Stockente (unten); Pfeifenten-Weibchen (S. 313).*

Stockente

Anas platyrhynchos (Anatidae)

Die Stockente ist häufig, weit verbreitet und anpassungsfähig. Das Männchen erkennt man am glänzend grünen Kopf und dem weißen Halsring, und beide Geschlechter haben einen blauen Spiegel auf dem Flügel. Die meisten Hausenten stammen von der Stockente ab, und durch Kreuzungen existieren unterschiedlichste Gefiedermuster.

VORKOMMEN *In fast allen Gewässern. Sucht auf Agrarland und an schlammigen Ufern Nahrung.*

STIMME *Erpel pfeifen und rufen gedämpft; Weibchen rufen laut und rau* quark quark.
BRUTBIOLOGIE *Meist Bodennest; auch in Baum oder Busch; 9–13 Eier, 1 Brut; Jan.–Aug.*
NAHRUNG *Kleine Wassertiere, Sämereien, Wurzeln, Triebe, Körner.*
ÄHNLICHE ARTEN *Löffelente (S. 316); Spießente (S. 316); Schnatterente (oben).*

Tafelente

Aythya ferina (Anatidae)

Tafelenten erscheinen im Herbst oft in Schwärmen auf Seen, bleiben einen Tag und ziehen dann weiter. Das Männchen ist im Winter mit seinem rostroten Kopf, der schwarzen Brust und dem grauen Körper auffällig. Das Weibchen ist gräulich braun mit hellen Augenflecken und grau geflecktem Schnabel.

VORKOMMEN *Im Winter an offenen Seen und Flussmündungen. Brütet an Seen und Flüssen.*

STIMME *Balzende Männchen mit auf- und absteigenden Lauten; Weibchen kehlig krrr.*
BRUTBIOLOGIE *Nest in Wassernähe, oft im Schilf; 8–10 Eier, 1 Brut; April–Juli.*
NAHRUNG *Taucht nach Sämereien, Trieben, Wurzeln; oft bei Nacht.*
ÄHNLICHE ARTEN *Bergente (Aythya marila); Reiherente (unten).*

Reiherente

Aythya fuligula (Anatidae)

Die herabhängende Haube und das schwarz-weiße Gefieder des Reiherenten-Männchens sind im Winter unverkennbar. Männchen im Sommer und Weibchen sind jedoch dunkel und unscheinbar und leicht mit Bergenten zu verwechseln.

VORKOMMEN *Überwintert auf Seen und an geschützten Küsten. Brütet im hohen Gras um Seen und Flüsse.*

STIMME *Weibchen knurren; Männchen lassen bei der Balz nasale Pfeiftöne hören.*
BRUTBIOLOGIE *Bodenmulde mit Dunen in Wassernähe; 8–11 Eier, 1 Brut; Mai–Juni.*
NAHRUNG *Taucht von der Wasseroberfläche nach Mollusken und Insekten.*
ÄHNLICHE ARTEN *Bergente (Aythya marila); Tafelente (oben).*

Spießente

Anas acuta (Anatidae)

Die eleganteste Gründelente ist groß, schlank und hat einen langen Hals. Das auffallende Prachtkleid der Männchen ist unverkennbar, die Weibchen sind schwerer von anderen Arten zu unterscheiden. Der spitze Schwanz und der lange Hals sind gute Merkmale.

VORKOMMEN *Im Winter an Flussmündungen und in Feuchtgebieten. Brütet in der Tundra, im Hochland und in Küstenmarschen.*

STIMME Männchen pfeifen gedämpft; Weibchen quaken wie Stockenten, nur leiser.
BRUTBIOLOGIE Mulde in Vegetation, mit Blättern und Dunen; 7–9 Eier, 1 Brut; April–Juni.
NAHRUNG Gründelt nach Samen, Pflanzen, Schnecken; weidet auf Wiesen und Marschen.
ÄHNLICHE ARTEN Stock- und Schnatterente (S. 314); Eisente (*Clangula hyemalis*).

Löffelente

Anas clypeata (Anatidae)

Erpel im Prachtkleid ähneln Stockenten-Männchen, die Farben sind jedoch anders angeordnet. Sie sind aber an ihrem tief im Wasser liegenden Körper, der weißen Brust, und natürlich an ihrem breiten, löffelartigen Schnabel zu erkennen. An ihm erkennt man auch die Weibchen und kann sie von anderen Entenweibchen unterscheiden.

VORKOMMEN *An schilfigen Teichen. Überwintert auf Seen, in Feuchtgebieten und an Küsten.*

STIMME Oft schweigsam; Männchen geben tiefes *tuk tuk* von sich; Weibchen quaken tief.
BRUTBIOLOGIE Bodenmulde in Vegetation am Wasser; 8–12 Eier, 1 Brut; März–Juni.
NAHRUNG Sämereien und Wassertiere, die Schultern tauchen dabei oft ein.
ÄHNLICHE ARTEN Stockente (S. 314); ♀ ähnelt Knäkenten-♀ (*A. querquedula*).

Eiderente

Somateria mollissima (Anatidae)

Die Eiderente ist eine große Meeresente mit keilförmigem Kopf. Männchen sind im Winter kontrastreich schwarz und weiß, haben am Kopf grüne Flecken und eine rosafarbene Brust. Weibchen haben braunes Gefieder mit enger dunkler Bänderung und sind so im Nest hervorragend getarnt. Eiderenten sind sehr gesellig und bilden vor der Küste große Trupps.

VORKOMMEN *An Küsten und auf Inseln. Überwintert auf dem Meer, in Buchten.*

STIMME *Männchen rufen aa-ahuh, Weibchen tief knurrend und hart kok kok kok.*
BRUTBIOLOGIE *Bodenmulde, mit Dunen gepolstert; 4–6 Eier, 1 Brut; April–Juni.*
NAHRUNG *Vorwiegend Mollusken, auch Krebstiere, Seesterne und Meereswürmer.*
ÄHNLICHE ARTEN *Samtente (Melanitta fusca); Stockenten-Weibchen (S. 314).*

Gänsesäger

Mergus merganser (Anatidae)

Dieser größte Säger hat einen dickeren, hakenförmigen Schnabel als der Mittelsäger. Er ist auch stärker ans Süßwasser gebunden als der Mittelsäger. Oft sammeln sich große Schwärme auf Seen oder Wasserspeichern, kleinere Trupps auf Flüssen und Baggerseen. Gänsesäger sind scheu und leicht aufzuschrecken.

VORKOMMEN *In Süßgewässern. Im Sommer Stauseen im Hochland und Flüsse.*

STIMME *Meist still; manchmal rau karr und gackernde Laute.*
BRUTBIOLOGIE *Meist Baumloch in Wassernähe; auch im Heidekraut oder zwischen Steinen; 8–11 Eier, 1 Brut; April–Juli.*
NAHRUNG *Taucht nach Fischen.*
ÄHNLICHE ARTEN *Mittelsäger (Mergus serrator), Stockenten-Männchen (S. 314).*

Moorschneehuhn

Lagopus lagopus (Phasianidae)

VORKOMMEN *Moore, Heiden und Lichtungen in Nordeuropa, die Unterart L. l. scoticus v. a. in Mooren der Britischen Inseln.*

Das Moorschneehuhn ist gedrungen, ähnelt dem Alpenschneehuhn und ist im Wintergefieder kaum von ihm zu unterscheiden. In den felsigen Teilen seines Verbreitungsgebietes überschneiden sich die beiden Arten. Bei der britischen und irischen Unterart, *L. l. scoticus*, hat das Männchen ein dunkel rotbraunes Gefieder.

STIMME Tiefe, hölzerne und krächzende Laute, arr-karr-ka-karrr.
BRUTBIOLOGIE Mit Gras ausgelegte Bodenmulde; 6–9 Eier, 1 Brut; April–Mai.
NAHRUNG Triebe, Samen, Beeren von niedrigen Büschen; Jungvögel fressen Insekten.
ÄHNLICHE ARTEN Alpenschneehuhn (*Lagopus muta*); Rebhuhn (rechts).

Rothuhn

Alectoris rufa (Phasianidae)

VORKOMMEN *Brütet an offenen Hängen mit nacktem Boden und in trockenem Agrarland. Auch in Heiden und Dünen.*

Das attraktive Rothuhn mit seinem roten Schnabel ist überraschend gut getarnt. Es lebt vorwiegend an warmen, offenen, steinigen Hängen oder in Agrarland mit sandigem Boden. Sein Gefieder ist unverkennbar, in manchen Gegenden kreuzt es sich jedoch mit dem eingeführten Chukarhuhn.

STIMME Tiefe gackernde und zischende Laute, wie tschak-ak-ar, tschuk-ar.
BRUTBIOLOGIE Mit Gras gepolsterte Mulde am Boden zwischen niedriger Vegetation; 7–20 Eier, 1 Brut; April–Juni.
NAHRUNG Blätter, Triebe, Beeren, Samen vom Boden; Jungvögel fressen Insekten.
ÄHNLICHE ARTEN Rebhuhn (rechts oben).

Rebhuhn

Perdix perdix (Phasianidae)

Dieses kleine Huhn ist typisch für extensiv bewirtschaftete Feldflur mit Hecken. Es sucht in Trupps in hohem Gras nach Nahrung, hält manchmal inne, hebt den Kopf und schaut um sich. Bei Störungen fliegt es mit schwirrenden Flügelschlägen auf.

VORKOMMEN *Agrarland, vor allem Grünland mit vielen Insekten. Auch in Heiden, Mooren und Dünen.*

STIMME *Auffälliges, mechanisch klingendes Krähen kieee-ik oder ki-jik.*
BRUTBIOLOGIE *Versteckte flache Bodenmulde; 10–20 Eier, 1 Brut; April–Juni.*
NAHRUNG *Insekten, Blätter und Triebe vom Boden; füttert Nestlinge mit Insekten.*
ÄHNLICHE ARTEN *Rothuhn (links); Fasan (Jungvogel, unten); Jungvögel ähneln Wachteln.*

Fasan

Phasianus colchicus (Phasianidae)

Das Männchen ist auffallend, sein Gefieder variabel, es hat aber immer kräftig rote Hautlappen um das Auge. Das Weibchen ist unauffälliger, sein Schwanz ist jedoch ebenfalls lang und spitz.

VORKOMMEN *Waldränder, Kulturland, Schilfbestände, Heiden und Moore.*

STIMME *Explosiv korr-kok mit plötzlichem Flügelschlagen; im Flug lautes Glucksen.*
BRUTBIOLOGIE *Mulde am Boden, unter Deckung; 8–15 Eier, 1 Brut; April–Juli.*
NAHRUNG *Vielfältige Nahrung vom Boden, Samen, Beeren, Insekten, Eidechsen.*
ÄHNLICHE ARTEN *Weibchen ähnelt Rebhuhn-♀ (oben); Birkhuhn (Lyrurus tetrix).*

Auerhuhn

Tetrao urogallus (Tetraonidae)

Das Auerhuhn ist der bei weitem größte Hühnervogel. Vor allem das Männchen ist massig, dunkel und aggressiv. Das Weibchen ist wesentlich kleiner und unauffälliger. Die Männchen balzen im Frühjahr und beeindrucken die Weibchen mit ihrem bemerkenswerten Gesang und Sprüngen, bei denen sie mit den Flügeln schlagen. Das scheue Auerhuhn reagiert empfindlich auf Störungen und ist in vielen Teilen seines Verbreitungsgebietes ernsthaft gefährdet.

VORKOMMEN *In alten Kiefernwäldern und auf morastigen Lichtungen mit Heidelbeeren, Wacholder und Heidekraut.*

ANMERKUNG

Trotz seiner Größe lässt sich das Auerhuhn auf Bäumen nieder und ernährt sich im Winter von Nadeln und Knospen. Im Sommer ist es häufiger am Boden. Selten ist es möglich, ihm nahe zu kommen. Manchmal sitzt es jedoch still, bis es mit lauten Flügelschlägen vor den Füßen auffliegt.

STIMME Fasanenähnliches Krächzen; Männchen lässt bei der Balz ein Wetzen hören, das in einem knallenden Schlag endet; gurgelnde Laute.
BRUTBIOLOGIE Mulde am Boden, oft neben einem Stamm, mit Gras, Nadeln und Zweigen ausgelegt; 5–8 Eier, 1 Brut; März–Juli.
NAHRUNG Triebe, Blätter und Knospen verschiedener Sträucher und Bäume, unterschiedlichste Beeren, vor allem Heidelbeeren; im Winter Kiefernnadeln aus den Kronen.
ÄHNLICHE ARTEN Birkhenne *(Lyrurus tetrix)*.

Zwergtaucher

Tachybaptus ruficollis (Podicipedidae)

Der kleinste europäische Lappentaucher ist dunkel, kurzschnäbelig, fast schwanzlos und kugelrund. Er schwimmt wie eine Boje und taucht oft. Im Winter wirkt er langhälsiger und schlanker und ähnelt dem Schwarzhalstaucher.

VORKOMMEN *An Süßwasserseen, Teichen, Kanälen und Flüssen. Im Winter an größeren Gewässern und geschützten Küsten.*

STIMME Hoher, lauter Triller, der langsam verklingt.
BRUTBIOLOGIE Floß aus Wasserpflanzen, an Ast verankert; 4–6 Eier, 1 Brut; April–Juni.
NAHRUNG Taucht, um kleine Fische, Insekten und Mollusken zu fangen.
ÄHNLICHE ARTEN Schwarzhalstaucher (*Podiceps nigricollis*); Teichhuhn (S. 335).

Haubentaucher

Podiceps cristatus (Podicipedidae)

Der größte der europäischen Taucher hat im Sommer eine auffällige Federhaube. Paare präsentieren sich bei der Balz gegenseitig und schütteln dabei den Kopf. Außerdem tauchen sie, bringen Pflanzenmaterial herauf und bieten es einander an. Im Winter ähneln die Vögel dem selteneren Rothalstaucher.

VORKOMMEN *Brütet an großen Seen, Stauseen und Flüssen. Im Winter an Süßgewässern oder geschützten Küsten.*

STIMME *Im Sommer krächzende und bellende Rufe; Junge pfeifen durchdringend.*
BRUTBIOLOGIE *Schwimmender Pflanzenhaufen; 3–4 Eier, 1 Brut; Februar–Juni.*
NAHRUNG *Taucht nach Fischen, Wasserinsekten und kleinen Amphibien.*
ÄHNLICHE ARTEN *Rothalstaucher (P. grisegena).*

Eissturmvogel

Fulmarus glacialis (Procellariidae)

VORKOMMEN *Meist auf dem Meer. Brütet an steilen Klippen oder abgelegenen Grasufern.*

Obwohl sein Gefieder möwenähnlich ist, gehört der Eissturmvogel zu den Röhrennasen und ist mit den Albatrossen verwandt. Während des Gleitflugs hält er die Flügel anders als eine Möwe gestreckt. Eissturmvögel sieht man oft in Aufwinden um Küstenklippen aufsteigen, meist aber auf hoher See.

STIMME Lautes, raues und kehliges Keckern.
BRUTBIOLOGIE Brütet an Felsen oder Erdhang; 1 Ei, 1 Brut; April–Juni.
NAHRUNG Fischabfälle, kleine Fische, Quallen, Tintenfische und andere Meerestiere.
ÄHNLICHE ARTEN Silbermöwe (S. 349), Gelbschnabel-Sturmtaucher (*Calonectris diomedea*).

Kormoran

Phalacrocorax carbo (Phalacrocoracidae)

VORKOMMEN *An Küsten, Seen, Flüssen und Teichen. Brütet auf Küstenfelsen.*

Der Kormoran ist größer als die Krähenscharbe, hat einen dickeren Schnabel und keine Haube. Oft sieht man ihn im Binnenland, sogar in kleinen Teichen. Kormorane schwimmen mit fast untergetauchtem Rücken und sitzen mit typisch halb geöffneten Flügeln. Ihr Flug ist kraftvoll, oft gleiten sie weite Strecken.

STIMME Gutturale und krächzende Laute in der Brutkolonie; sonst meist schweigsam.
BRUTBIOLOGIE Nest aus Zweigen in Bäumen oder auf Felsen; 3–4 Eier, 1 Brut; April–Mai.
NAHRUNG Fische, v.a. Aale und Plattfische, taucht von der Wasseroberfläche aus.
ÄHNLICHE ARTEN Krähenscharbe (rechts oben), Prachttaucher (*Gavia arctica*).

Krähenscharbe

Phalacrocorax aristotelis (Phalacrocoracidae)

Dieser Tauchvogel ähnelt dem nah verwandten Kormoran sehr, die Altvögel sind jedoch schwarz mit ölig grünem Schimmer, und die einzige Farbe ist ein hellgelber Fleck an der Basis des Schnabels. Im Sommer haben beide Geschlechter eine kurze Haube.

VORKOMMEN *an steinigen Küsten und Inseln. In Häfen nicht häufig. Brütet an Küstenfelsen.*

STIMME *Raue, ratternde Laute am Nest; auf See schweigsam.*
BRUTBIOLOGIE *Nest aus Gras, Ästen und Algen auf Felsband; 3–4 Eier, 1 Brut; Mai.*
NAHRUNG *Fängt Fische, v.a. Sandaale und Heringe, taucht von der Oberfläche aus.*
ÄHNLICHE ARTEN *Kormoran (links unten), Prachttaucher (Gavia arctica).*

Basstölpel

Morus bassanus (Sulidae)

Der Basstölpel ist der größte europäische Seevogel. Gewöhnlich sieht man ihn vor der Küste als strahlend weißen Vogel mit schwarzen Flügelspitzen kreisen oder spektakulär nach Fischen tauchen. Jungvögel hingegen sind sehr dunkel mit weißen Flecken und werden mit über fünf Jahren hell, ihre Gestalt ist jedoch immer typisch.

VORKOMMEN *In dichten, lauten Kolonien auf felsigen Inseln. Sucht auf dem Meer Nahrung.*

STIMME *Am Brutplatz rhythmischer Chor kehliger Laute; auf See schweigsam.*
BRUTBIOLOGIE *Haufen aus Algen und Abfall auf breitem Felsband; 1 Ei, 1 Brut; April–Juli.*
NAHRUNG *Fische wie Makrelen und Schellfische, taucht aus der Luft.*
ÄHNLICHE ARTEN *Mantelmöwe (halbwüchsig, S. 352); Schmarotzerraubmöwe (S. 348).*

Rohrdommel

Botaurus stellaris (Ardeidae)

Dieser sehr versteckte, große und massige Vogel ist häufiger zu hören als zu sehen. Wenn die Männchen ihre Reviere mit ihren bemerkenswerten tiefen, hohl klingenden Rufen verteidigen, sind diese noch in 5 km Entfernung zu hören.

VORKOMMEN *Brütet in großen, nassen Schilfbeständen. Im Winter weiter verbreitet, wenn sie gezwungen ist, auf kleinere Schilfflächen auszuweichen.*

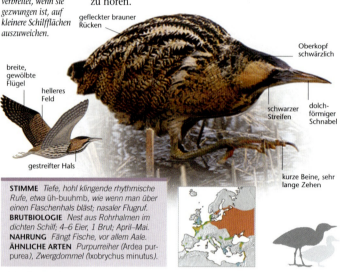

- gefleckter brauner Rücken
- Oberkopf schwärzlich
- breite, gewölbte Flügel
- helleres Feld
- schwarzer Streifen
- dolchförmiger Schnabel
- gestreifter Hals
- kurze Beine, sehr lange Zehen

STIMME *Tiefe, hohl klingende rhythmische Rufe, etwa üh-buuhmb, wie wenn man über einen Flaschenhals bläst; nasaler Flugruf.*
BRUTBIOLOGIE *Nest aus Rohrhalmen im dichten Schilf; 4–6 Eier, 1 Brut; April–Mai.*
NAHRUNG *Fängt Fische, vor allem Aale.*
ÄHNLICHE ARTEN *Purpurreiher (Ardea purpurea), Zwergdommel (Ixobrychus minutus).*

Graureiher

Ardea cinerea (Ardeidae)

Wenn er wie eine Statue am Ufer steht oder langsam durchs flache Wasser watet, bevor er seinen Hals blitzschnell vorstreckt, um einen Fisch zu fangen, ist der Graureiher leicht zu erkennen. Manchmal zieht er die Schultern hoch und wirkt gedrungen.

VORKOMMEN *In Süß- oder Salzwassergebieten, an Flussmündungen, Seen und Flüssen.*

- lange schwarze Nackenfedern
- dolchförmiger gelber Schnabel, im Frühjahr orangefarben
- Körper hellgrau
- Flügel breit, gewölbt, grau und schwarz
- Vorderhals mit schwarzen Streifen
- Kopf mit grauer Kappe; Haube
- graue Seiten an Kopf und Hals

STIMME *Kurz und rau chräik; am Nest keckernd, krächzend, Schnabelklappern.*
BRUTBIOLOGIE *Nest aus Ästen, Kolonien in Baumkronen; 4–5 Eier, 1 Brut; Januar–Mai.*
NAHRUNG *Fängt Fische, Frösche und kleine Säugetiere nach bewegungslosem Verharren.*
ÄHNLICHE ARTEN *Purpurreiher (Ardea purpurea).*

Löffler

Platalea leucorodia (Threskiornithidae)

Dieser große Wasservogel ist unverkennbar, wenn sein löffelförmiger Schnabel sichtbar ist. Obwohl er dem Silberreiher ähnelt, erkennt man ihn daran, dass er durchs seichte Wasser schreitet und seinen Schnabel von einer Seite zur anderen schwenkt. Im Flug ist sein Hals gestreckt.

VORKOMMEN *in Salzpfannen, Marschen und Flachgewässern. Brütet an schilfigen Seen mit Büschen.*

- schwarze Flügelspitzen
- gestreckter Hals
- ockergelb an Kinn und Schnabelbasis
- löffelförmiger Schnabel, schwarz mit gelber Spitze
- Schnabel rosa
- Unterflügel weiß
- lange, kräftige schwarze Beine

STIMME *Normalerweise still.*
BRUTBIOLOGIE *Plattform aus Zweigen; Kolonien in Bäumen; 3–4 Eier, 1 Brut; April–Juli.*
NAHRUNG *Schwenkt mit leicht geöffnetem Schnabel seitlich durchs Wasser, fängt kleine Fische, Mollusken und Krebstiere.*
ÄHNLICHE ARTEN *Höckerschwan (S. 310, im Flug ähnlich); Seidenreiher (unten).*

Seidenreiher

Egretta garzetta (Ardeidae)

Dieser leuchtend weiße Vogel ist unter den weißen Reihern Europas der am weitesten verbreitete. Er kommt sowohl in Süßwassergebieten als auch an Küsten vor und breitet sich in Westeuropa nordwärts aus. Er ist deutlich kleiner als der Silberreiher. Meist sucht er lebhaft nach Beute, oft steht er aber auch still.

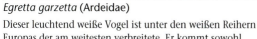

VORKOMMEN *Oft am oder im Wasser, von Seen über Felsküsten bis zu Stränden.*

- Gefieder reinweiß
- keine Schmuckfedern
- spitze Brustfedern
- Flügel schwach gewölbt
- schwarze Beine
- gelbe Füße

STIMME *Gewöhnlich schweigsam; beim Brüten knurrende und krächzende Laute.*
BRUTBIOLOGIE *Zweignest in Baum, oft gemeinsam mit anderen Reihern und Kormoranen; 3–4 Eier, 1 Brut; April–Juli.*
NAHRUNG *Fische, Frösche und Schnecken.*
ÄHNLICHE ARTEN *Silberreiher (Casmerodius albus); Kuhreiher (Bubulcus ibis).*

Weißstorch

Ciconia ciconia (Ciconiidae)

Obwohl er weit verbreitet ist, nimmt der Bestand des Weißstorchs in vielen Gebieten wegen intensiver Landwirtschaft und der Trockenlegung oder Verschmutzung von Feuchtgebieten ab. Weißstörche bieten einen spektakulären Anblick, wenn sie sich auf dem Zug nach Afrika in großen Schwärmen sammeln.

VORKOMMEN Brütet oft auf Dächern, die riesigen Nestburgen sind weithin sichtbar. Sucht auf offenen Flächen nahe Feuchtgebieten Beute.

- lang gefingert
- weißer Körper
- schwarze Schwungfedern
- roter Schnabel
- Beine hängen nach
- Hals ist gestreckt
- Flügel beim Segeln flach gestreckt
- lange, kräftige rote Beine

STIMME Schweigsam, abgesehen von lautem Schnabelklappern am Nest.
BRUTBIOLOGIE Nestburg aus Ästen; 2–4 Eier, 1 Brut; April–Juni.
NAHRUNG Fängt Wasserinsekten, kleine Nagetiere, Fische und Amphibien.
ÄHNLICHE ARTEN Graureiher (S. 324); Rosapelikan (*Pelecanus onocrotalus*).

Fischadler

Pandion haliaetus (Pandionidae)

Der Fischadler sitzt oft an einem Ansitz und ist an seinem weißen Kopf mit dem schwarzen Augenstreif zu erkennen. Oberseits ist er dunkelbraun, unterseits hell mit schwarzem Bugfleck. Er hält seine Flügel typischerweise angewinkelt wie eine Möwe und rüttelt oft, bevor er mit dem Kopf voran ins Wasser taucht.

VORKOMMEN Seen, Flüsse und Küstengewässer. Brütet hoch in Bäumen oder an Felsen in Wassernähe.

- Oberseite dunkelbraun
- gleitet auf gewinkelten Flügeln
- Oberseite dunkelbraun; Jungvögel haben hellbraune Federränder
- Brustband variabel
- schwärzliches Band in der Mitte des Unterflügels
- lange, breite Flügel
- Unterseite weiß
- Füße bläulich grau
- lange, scharfe Krallen

STIMME Lautes Kläffen, pji pji pji am Nest.
BRUTBIOLOGIE Nest aus Ästen auf Baum oder Felsen; 2–3 Eier, 1 Brut; April–Juli.
NAHRUNG Fängt Fische mit den Füßen aus dem Wasser, im Stoßtauchen nach Rüttelflug; jagt manchmal vom Ansitz aus.
ÄHNLICHE ARTEN Schlangenadler (*Circaetus gallicus*), Mantelmöwe (S. 352, Jungvogel).

Rohrweihe

Circus aeruginosus (Accipitridae)

Das Gefieder des Männchens ist teilweise grau. Das Weibchen ist oberseits dunkelbraun mit hellen Flecken am Kopf. Junge Männchen sehen fast genauso aus, haben aber keinen hellen Flügelfleck. Rohrweihen gleiten wie alle Weihen mit v-förmig angehobenen Flügeln.

VORKOMMEN *Über Feuchtgebieten und in Küstennähe. Brütet im Schilf, Gras oder Getreide.*

STIMME *Schrill ki-ju; keckernd kjek-ek-ek-ek oder kji-ji-ji-ji.*
BRUTBIOLOGIE *Plattform aus Halmen in Schilf oder Getreidefeld; 4–5 Eier, 1 Brut; April–Juli.*
NAHRUNG *Kleine Vögel, kleine Säugetiere und Frösche; Eier und Jungvögel, Aas.*
ÄHNLICHE ARTEN *Kornweihe (unten); Schwarzmilan (S. 329).*

Kornweihe

Circus cyaneus (Accipitridae)

Männchen und Weibchen sehen wie bei der ähnlichen, schlankeren Wiesenweihe sehr unterschiedlich aus. Das hellgraue Männchen ist einfacher zu bestimmen als das Weibchen. Beide gleiten mit flacheren Flügeln als andere Weihen. Das Männchen ist im Winter die einzige graue Weihe in Europa.

VORKOMMEN *Im Sommer über Heiden, Mooren, im Winter über Küstensümpfen oder niedrig gelegenem Grasland.*

STIMME *Am Nest Weibchen laut wiik-iik-ik-ik-ik, Männchen tschektscheke kekekek.*
BRUTBIOLOGIE *Nest aus Halmen am Boden in Röhricht; 4–6 Eier, 1 Brut; April–Juni.*
NAHRUNG *Jagt niedrig über Feuchtgebieten Kleinvögel, Mäuse, Frösche.*
ÄHNLICHE ARTEN *Wiesenweihe (Circus pygargus); Sumpfohreule (S. 361).*

Mäusebussard

Buteo buteo (Accipitridae)

VORKOMMEN *Jagt und brütet in bewaldetem Agrarland, in Mooren, Gebirgen und Hochland bei Schluchten und Wäldern. Auch an Küstenfelsen.*

Der Mäusebussard ist einer der häufigsten und am weitesten verbreiteten europäischen Greifvögel, und man sieht ihn oft mit seinen breiten Schwingen am Himmel kreisen, wenn er nach Beute Ausschau hält. Seine Gefiederfärbung variiert von hellbeige bis schwärzlich braun.

STIMME *Oft zu hören, lautes hi-äh oder schwächer miu; ruft im Flug oft.*
BRUTBIOLOGIE *Zweignest in Baum, auf Felsen, in Busch; 2–4 Eier, 1 Brut; März–Juni.*
NAHRUNG *Jagt Wühlmäuse, Kaninchen, Käfer, Würmer und Vögel; frisst Aas.*
ÄHNLICHE ARTEN *Wespenbussard (rechts); Raufußbussard (unten); Steinadler (S. 331).*

Raufußbussard

Buteo lagopus (Accipitridae)

VORKOMMEN *im Winter über Mooren, Heide- und Feuchtgebieten. Brütet in der Tundra.*

Der Raufußbussard ist nach seinen befiederten Beinen benannt, erkennen kann man ihn jedoch besser an seinem weißen Schwanz mit schwarzem Endband und der weiß gefleckten Oberseite. In Westeuropa ist er ein eher seltener Wintergast.

STIMME *Laut klagender Ruf pii-juh.*
BRUTBIOLOGIE *Zweignest auf Felsen oder in Baum; 2–4 Eier, 1 Brut; März–Juni.*
NAHRUNG *Stößt auf kleine Säugetiere, v.a. Wühlmäuse und kleine Kaninchen herab, vom Ansitz oder aus dem Rüttelflug.*
ÄHNLICHE ARTEN *Mäusebussard (oben), Steinadler (S. 331, Jungvogel).*

Wespenbussard

Pernis apivorus (Accipitridae)

Der Wespenbussard ist kein eigentlicher Bussard, sondern mit den Milanen verwandt und darauf spezialisiert, Nester von Bienen und Wespen zu plündern. Altvögel sind oberseits grau mit dunklen Rändern an den Flügeln und drei dunklen Schwanzbändern, unterseits weißlich mit kräftigen Streifen und dunklen Bugflecken. Jungvögel sind brauner.

VORKOMMEN *Wälder oder bewaldetes Hügelland. Sammelt sich auf dem Zug an Meerengen.*

STIMME *Selten, pfeifend piii-hää piii-hä.*
BRUTBIOLOGIE *Kleine Plattform hoch in Baum; 1–3 Eier, 1 Brut; April–Juni.*
NAHRUNG *Wespen und Bienenlarven, Bienenwachs und Honig; andere Insekten, Ameisenpuppen, Säugetiere und Reptilien.*
ÄHNLICHE ARTEN *Mäusebussard (links), Raufußbussard (links), Schwarzmilan (unten).*

Schwarzmilan

Milvus migrans (Accipitridae)

Der Schwarzmilan jagt oft in Flussnähe und greift Nahrung mit den Füßen von der Wasseroberfläche. Er ist sehr anpassungsfähig, und in vielen Teilen seines Verbreitungsgebietes sucht er in Städten nach Nahrung, holt Abfälle aus Mülleimern und stielt sie sogar von Marktständen.

VORKOMMEN *An Flüssen, in offenem Land und an Küsten, oft auf Müllkippen. Teils auch in Städten.*

STIMME *Hoch, lang gezogen, piiie-piiie-ii-i-ii-i.*
BRUTBIOLOGIE *Nest aus Zweigen, Erde und Abfall in Baum; 2–4 Eier, 1 Brut; März–Juni.*
NAHRUNG *Tote und sterbende Fische; kleine Vögel, Reptilien, Wühlmäuse; Abfälle, Aas.*
ÄHNLICHE ARTEN *Zwergadler (Hieraaetus pennatus); Rotmilan (S. 330); Rohrweihe (S. 327, Weibchen); Wespenbussard (oben).*

Rotmilan

Milvus milvus (Accipitridae)

Der lebhafte Rotmilan ist in der Luft elegant und hat einen leichten Flugstil, der wenig Ähnlichkeit hat mit dem des viel dunkleren Schwarzmilans. Es ist nicht schwer, die beiden Arten auseinander zu halten, das rostrote Gefieder und die weißen Flügelflecken und schwarzen Flügelspitzen des Rotmilans sind typisch. Der gegabelte Schwanz leuchtet in der Sonne fast orangerot. Wo er häufig ist, erscheint er in großer Zahl an guten Futterquellen.

VORKOMMEN *Brütet in bewaldeten Tälern, jagt über offenem Land. Im Winter in der Umgebung von Städten und Müllkippen.*

- gleitet mit gewölbten Flügeln
- helle Augen
- Kopf weißlich
- auf Oberflügel helles Band
- schwarze Schwungfedern
- gegabelter Schwanz
- Körper hell bräunlich bis rostrot
- Schwanz unten weißlich bis hellrot
- helle Felder
- heller als Altvogel
- helle Unterflügel
- Rostbrauner, gegabelter Schwanz

ANMERKUNG
Ein Milan ist an den Flügeln und seinem Flugstil vom Bussard zu unterscheiden. Der Rotmilan ist rostbraun und hat helle Flecken am Unterflügel.

STIMME *Hohes, lang gezogenes klagendes oder jammerndes wiiih-hh-üh, höher als Mäusebussard.*
BRUTBIOLOGIE *Nest aus Zweigen, Erde und Abfall in Bäumen, meist gut versteckt; 2–4 Eier, 1 Brut; März–Juni.*
NAHRUNG *Lebt von toten Tieren wie Schafen oder Kaninchen; fängt Vögel bis zur Größe einer Krähe oder Möwe; auch Insekten, Würmer und Wühlmäuse.*
ÄHNLICHE ARTEN *Schwarzmilan (S. 329); Mäusebussard (S. 328).*

Seeadler

Haliaeetus albicilla (Accipitridae)

Der Seeadler hat mit seinen sehr langen, brettartigen Flügeln und seinem kurzen Schwanz im Flug eine typische Silhouette. Altvögel haben einen hellen Kopf mit riesigem gelbem Schnabel und einen leuchtend weißen Schwanz, Jungvögel sind überall dunkler. Der Seeadler ist mittlerweile selten.

VORKOMMEN *im Sommer über Felsenküsten und Feuchtgebieten. Im Winter v. a. in weiten Küstenebenen.*

VÖGEL

Hinterrand gesägt · gleitet auf flachen Flügeln · dunkler Schwanz · großer gelber Schnabel · Kopf und Hals ragen weit vor · kurzer weißer Schwanz · helle und dunkle Flecken

STIMME *Im Sommer schrille Rufe am Nest.*
BRUTBIOLOGIE *Haufen aus Ästen auf Felsen, in Baumkrone; 2 Eier, 1 Brut; März–Juli.*
NAHRUNG *Holt kranke und tote Fische aus dem Wasser; Seevögel, Hasen; Aas.*
ÄHNLICHE ARTEN *Steinadler (unten), Gänsegeier (Gyps fulvus), Mönchsgeier (Aegypius monachus).*

Steinadler

Aquila chrysaetos (Accipitridae)

Diesen Greifvogel erkennt man oft schon an seinem langsamen, kreisenden Flug. Er hält seine langen, breiten Flügel zu einer V-Form angehoben. Halbwüchsige Vögel haben an Flügeln und Schwanz weiße Felder, die später kleiner werden.

Kopf hellbraun bis goldgelb · Körper und Flügel massig

VORKOMMEN *Jagt über Gipfeln oder Bergwäldern, seltener an Steilküsten, fern von Siedlungen.*

Gefieder dunkelbraun · weiße Flügelfelder · Flügel zu angedeuteter V-Form angehoben · Unterflügel dunkel, gebändert · Schwanz lang, an der Basis heller · weiß am Schwanz

STIMME *Schrille Rufe und Pfeifen,* twii-u.
BRUTBIOLOGIE *Das Nest ist ein großer Haufen aus Zweigen, auf einem Felsband oder in einer alten Kiefer; 1–3 Eier, 1 Brut; Feb.–Juni.*
NAHRUNG *Raufußhühner, Krähen, Hasen, Kaninchen, Murmeltiere; im Winter oft Aas.*
ÄHNLICHE ARTEN *Mäusebussard (S. 328), Seeadler (oben), Gänsegeier (Gyps fulvus).*

Sperber

Accipiter nisus (Accipitridae)

VORKOMMEN *Verschiedene Lebensräume, Wälder und Städte. Brütet in Wäldern.*

Der Sperber ist ein kleiner, schneller Vogeljäger. Er hat kurze, breite Flügel und einen langen Schwanz. Er erscheint oft niedrig und in von raschen Flügelschlägen unterbrochenem Gleitflug. Das Männchen ist wesentlich kleiner als das Weibchen.

Kopf klein und kurz

gelbe, starrende Augen

im Gesicht orangefarben

orangefarbene Bänderung

♂

♀

feine graue Bänderung

braune Bänderung

heller Streifen

oberseits dunkelgrau

graue Bänderung

♀

♂

lange, dünne gelbe Beine

STIMME Wiederholt kek-kek-kek-kek, dünn und weinerlich piiii-iii; sonst schweigsam.
BRUTBIOLOGIE Kleine Plattform aus dünnen Zweigen; 4–5 Eier, 1 Brut; März–Juni.
NAHRUNG Männchen schlagen v. a. Meisen und Finken, Weibchen Drosseln und Tauben.
ÄHNLICHE ARTEN Turmfalke (rechts unten); Habicht (unten).

Habicht

Accipiter gentilis (Accipitridae)

Der Habicht ist dem Sperber sehr ähnlich. Das Weibchen ist so groß ist wie ein Bussard. Das Männchen ist viel kleiner, etwa so groß wie ein großes Sperber-Weibchen. Beide Arten sind oft schwer zu unterscheiden, der Habicht hat jedoch längere Flügel und einen gedrungeneren Körper. Habichte sind im dichten Wald oft schwer zu sehen.

VORKOMMEN *In Agrarland, Wäldern und im Hochland. Im Winter in offenerem Gelände.*

Schwungfedern nur leicht gebändert

dunkle Kappe

Augen orangerot

dunkle, tropfenförmige Striche auf hellbrauner Unterseite

unterseits hellbeige mit dunklen Streifen

Oberseits grau bis bräunlich

s-förmiger Hintersaum

unterseits weiß mit feiner grauer Bänderung

STIMME *Nasal gek-gek und pi-äh.*
BRUTBIOLOGIE *Nest großer Haufen aus Zweigen und Pflanzen in einem hohen Baum; 2–4 Eier, 1 Brut; März–Juni.*
NAHRUNG *Drossel- bis krähengroße Vögel; auch Kaninchen und Eichhörnchen.*
ÄHNLICHE ARTEN *Sperber (oben), Mäusebussard (S. 328).*

Merlin

Falco columbarius (Falconidae)

Der Merlin ist ein kleiner, agiler und gedrungener Falke des offenen Landes. Er fliegt meist schnell und niedrig über dem Boden und verfolgt seine Beute mit raschem, wendigem Flug. Der Merlin sitzt meist am Ansitz auf Pfosten und Felsen und hält nach Beute Ausschau.

VORKOMMEN *Brütet in Mooren, in der nördlichen Tundra und in Nadelwäldern. Im Winter im Tiefland auf Weiden, in Marschen und Feldern.*

STIMME *Männchen ruft kik-kik-ki-kik; außerhalb der Nestumgebung und im Winter schweigsam.*
BRUTBIOLOGIE *Kahle Mulde zwischen Heidekraut; 3–6 Eier, 1 Brut; April–Juni.*
NAHRUNG *Keine Vögel im Flug; fängt größere Insekten wie Käfer und Nachtfalter.*
ÄHNLICHE ARTEN *Baumfalke (S. 334), Wanderfalke (S. 334).*

Turmfalke

Falco tinnunculus (Falconidae)

Diesen weit verbreiteten Falken kann man oft von Straßen aus rüttelnd beobachten. Im Norden des Verbreitungsgebietes ist dieses Verhalten fast einzigartig. Das kleinere Männchen hat einen blaugrauen Kopf und Schwanz, während die Oberseite des Weibchens braun mit schwarzen Flecken ist.

VORKOMMEN *In unterschiedlichsten Lebensräumen. Häufig in Waldland, Heiden und Grasland.*

STIMME *Nasal klagend und weinerlich kiii-eee-eee, vor allem am Nest.*
BRUTBIOLOGIE *Auf Felsen, in Krähennestern und Baumhöhlen; 4–6 Eier, 1 Brut; März–Jul.*
NAHRUNG *Kleine Säugetiere; auch Käfer, Eidechsen, Würmer und kleine Vögel.*
ÄHNLICHE ARTEN *Rötelfalke (Falco naumanni); Sperber (links oben), Merlin (oben).*

Baumfalke

Falco subbuteo (Falconidae)

Dieser Jäger ist schnell genug, um Libellen, Schwalben und sogar Mauersegler zu fangen. Er jagt abwechselnd im Gleitflug und mit plötzlichen Drehungen und Geschwindigkeitsänderungen. Ein Altvogel ist oberseits tiefgrau mit dunkler Kappe und Bartstreif, der zu den hellen Wangen und der Kehle scharf kontrastiert.

VORKOMMEN *Offenes Gelände, Heidegebiete und Gegenden mit Teichen und Gräben.*

- brauner als Altvogel
- Wangen beige
- Unterschwanz nicht rot
- Oberflügel tiefgrau
- lange, spitze Flügel
- Unterschwanz rötlich
- weiße Wangen und Hals
- kräftige schwarze Striche auf heller Unterseite
- weißer Hals
- gelbe Beine
- Schwanz kurz, schmal, einfarbig

STIMME *Pfeifen, wie kju-kju-kju.*
BRUTBIOLOGIE *Legt Eier in Nester von Rabenvögeln; 2–3 Eier, 1 Brut; Juni–August.*
NAHRUNG *Fängt schnell fliegende Kleinvögel wie Schwalben im Flug; viele große fliegende Insekten wie Libellen und Käfer.*
ÄHNLICHE ARTEN *Wanderfalke (unten); Merlin (S. 333); Turmfalke (S. 333).*

Wanderfalke

Falco peregrinus (Falconidae)

Der große, kräftige Wanderfalke ist ein Vogeljäger. Wenn er jagt, kreist er oft in großer Höhe. Bei näherer Betrachtung sieht man seine eng gebänderte Unterseite, die gelben Beine und den dunklen Bartstreif unter den schwarzen, gelb umrandeten Augen.

VORKOMMEN *Im Hügelland, an felsigen Küsten, zunehmend auch in Städten. Im Winter über Feuchtgebieten.*

- Kopf mattschwarz
- breite weiße Brust
- blaue Schnabelbasis
- brauner als Altvogel, mit hellbraunen Federrändern
- dunkle Flügelspitzen
- Oberseite blaugrau
- breiter, heller Bürzel

STIMME *Laute Rufe am Nest, wie kehliges hääk-hääk-hääk und kii-kii-kii oder wiiii-ip.*
BRUTBIOLOGIE *Legt Eier auf breitem Felsband, seltener auf einem Gebäude oder am Boden; 2–4 Eier, 1 Brut; März–Juni.*
NAHRUNG *Drossel- bis taubengroße Vögel.*
ÄHNLICHE ARTEN *Baumfalke (oben); Turmfalke (S. 333); Merlin (S. 333).*

Blässhuhn

Fulica atra (Rallidae)

Das Blässhuhn ist größer und gedrungener als das Teichhuhn und hat Schwimmlappen an den Zehen wie die Lappentaucher. Es sucht in größeren Trupps nach Nahrung und taucht dabei oft.

VORKOMMEN *Seen und Gräben mit Uferbewuchs und überhängenden Zweigen. Überwintert auf größeren, offeneren Seen.*

Stirnschild und Schnabel weiß
Hinterrand hell
intensiv schwarzer Kopf
schwarzer Körper
Hinterende gerundet
rote Augen
Schnabel gelblich
Hals und Kehle weiß
Schwimmlappen an langen Zehen

STIMME Laut, explosiv köwk, quiekend tjikk, pik; Jungvögel äußern pfeifende Laute.
BRUTBIOLOGIE Napf aus Pflanzenmaterial; 6–9 Eier, 1–2 Bruten; April–August.
NAHRUNG Gras, Wasserpflanzen, Samen, Kaulquappen, andere kleine Wassertiere.
ÄHNLICHE ARTEN Teichhuhn (unten); kleine Lappentaucher.

Teichhuhn

Gallinula chloropus (Rallidae)

Das Teichhuhn ist weit verbreitet und besiedelt fast alle Gewässer. Vom ähnlichen Blässhuhn kann man es an seinem rot-gelben Schnabel und den grünen Beinen leicht unterscheiden. Es wirkt unsicher und schwimmt bei der geringsten Störung ins Dickicht.

VORKOMMEN *An Teichen mit bewachsenen Ufern. Sucht bei Teichen, Seen, Flüssen und in Grasland Nahrung.*

Rücken intensiv braun
roter Schnabel, Spitze gelb
unter Schwanz weiß
lange grüne Zehen
Unterseite und Kopf schiefergrau
Kopf braun; Schnabel grünlich gelb
Körper braun
grüne Beine
diagonaler weißer Streifen

STIMME Laut, kehlig oder metallisch kürrük, kittik, hoch kik; stotternd ki-kikikikiki-ik.
BRUTBIOLOGIE Schale aus Blättern und Stängeln; 5–11 Eier, 2–3 Bruten; April–August.
NAHRUNG Samen, Früchte, Triebe, Schnecken und Insekten von feuchtem Boden.
ÄHNLICHE ARTEN Wasserralle (S. 336); Blässhuhn (oben).

Wasserralle

Rallus aquaticus (Rallidae)

Der versteckt lebende Vogel ist in dichter Ufervegetation oft schwer zu sehen. Wenn er kurz ins Freie kommt, verschwindet er meist schnell wieder zwischen den Halmen. In der Dämmerung erkennt man ihn an seinen quiekenden Rufen.

VORKOMMEN *Sucht in Schilfbeständen, Weidendickichten und an Ufern nach Nahrung.*

kräftige schwarze Striche — rote Augen — Flanken gebändert — roter gebogener Schnabel, Spitze sch[warz] — matte Beine — verwischte Streifung — Beine rosa — Brust und Gesicht grau — schiefergraue Unterseite

STIMME Lautes, wiederholtes kipkipkipkip, quiekende und grunzende Rufe.
BRUTBIOLOGIE Nest aus Blättern und Gräsern; 6–11 Eier, 2 Bruten; Mai–August.
NAHRUNG Insekten und Mollusken; auch Samen, Beeren, tote Tiere, Wühlmäuse.
ÄHNLICHE ARTEN Tüpfelsumpfhuhn (*Porzana porzana*); Teichhuhn (S. 335).

Kranich

Grus grus (Gruidae)

Der Kranich ist einer der elegantesten europäischen Vögel. Er schreitet in aufrechter Haltung daher und die Federn seiner zusammengelegten Flügel bilden am Schwanz einen Federbusch. Im Frühling und Sommer sammeln sich große Trupps, die mit lauten Trompetenrufen balzen.

VORKOMMEN *In abgelegenen Sümpfen und Mooren. Im Winter in großen Steineichenbeständen, an moorigen Seeufern.*

bräunlicher Körper — mattbrauner Kopf — fingerartige Spitzen — dunkle Flügelspitzen — Rückseite von Kopf und Hals weiß — roter Fleck — gerade Flügel — grauer Körper, Rücken oft rostbraun — Unterhals und Brust kräftig und hell — lange Beine — langer schwarzer Hals — sehr lange, dunkle Beine

STIMME Laut und tief krruk oder krro.
BRUTBIOLOGIE Haufen aus Halmen und Blättern am Boden, schwer zu entdecken; 2 Eier; 1 Brut; Mai–Juli.
NAHRUNG Gräbt Wurzeln, Samen und Insektenlarven aus; frisst auch Wühlmäuse, Frösche, junge Vögel; im Winter Eicheln.
ÄHNLICHE ARTEN Graureiher (S. 324).

Stelzenläufer

Himantopus himantopus (Recurvirostridae)

Der elegante schwarz-weiße Stelzenläufer hat im Verhältnis zum Körper die längsten Beine aller weltweit vorkommenden Vögel. So kann er auf Nahrungssuche tief ins Wasser waten. Sein Verbreitungsschwerpunkt ist die Mittelmeerregion, wo er in der Nähe von Süß-, Salz- oder Brackwasser brütet.

VORKOMMEN *Rastet auf dem Zug in Schwärmen. Brütet an Lagunen und überfluteten Feldern.*

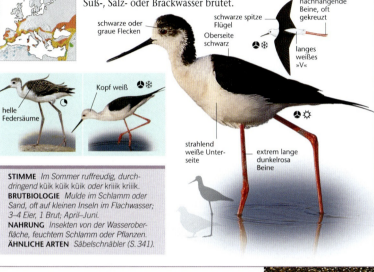

STIMME *Im Sommer ruffreudig, durchdringend* küik küik küik *oder* kriiik kriiik.
BRUTBIOLOGIE *Mulde im Schlamm oder Sand, oft auf kleinen Inseln im Flachwasser; 3–4 Eier, 1 Brut; April–Juni.*
NAHRUNG *Insekten von der Wasseroberfläche, feuchtem Schlamm oder Pflanzen.*
ÄHNLICHE ARTEN *Säbelschnäbler (S. 341).*

Austernfischer

Haematopus ostralegus (Haematopodidae)

Mit seinem schwarz-weißen Gefieder und dem kräftigen orangeroten Schnabel ist der Austernfischer einer der unverwechselbarsten und häufigsten europäischen Watvögel. Auch seine durchdringenden Rufe sind typisch. Der kräftige Schnabel ist daran angepasst, Muscheln aufzuhämmern.

VORKOMMEN *An sandigen, schlammigen oder felsigen Küsten.*

STIMME *Laut, durchdringend* klip *oder* kliiip; *schriller Chor von großen Schwärmen.*
BRUTBIOLOGIE *Flache Mulde in Muschelschalen oder Sand; 2–3 Eier, 1 Brut; Apr.–Juli.*
NAHRUNG *Mollusken, Meereswürmer, Muscheln; im Binnenland Regenwürmer.*
ÄHNLICHE ARTEN *Säbelschnäbler (S. 341); Uferschnepfe (S. 345).*

Kiebitzregenpfeifer

Pluvialis squatarola (Charadriidae)

Der Kiebitzregenpfeifer sieht wie die silberne Ausgabe des Goldregenpfeifers aus, ist aber größer und hat einen dickeren Schnabel. Er kommt eher an Küsten vor, sucht typischerweise im Watt nach Nahrung und rastet bei Flut in ruhigen Schwärmen in Feldern.

VORKOMMEN *Vom Herbst bis ins Frühjahr im Wattenmeer und an Flachküsten. Brütet in der Tundra.*

- breites weißes Band von der Stirn zur Brustseite
- silbrig und schwarz gesprenkelt
- weiße Flügelbinden
- weißer Bürzel
- schwarze Achselflecken
- fleckiges Gefieder
- schwarze Unterseite
- SPÄT MAUSER
- grau gefleckt
- unten hell

STIMME Hoch klagend twii-u-wiee; lauter, melancholisch flötender Gesang.
BRUTBIOLOGIE Flache Bodenmulde in kurzer Vegetation; 4 Eier, 1 Brut; Mai–Juli.
NAHRUNG Im Winter Würmer, Mollusken, Krebstiere; im Sommer v. a. Insekten.
ÄHNLICHE ARTEN Goldregenpfeifer (unten); Knutt (S. 342).

Goldregenpfeifer

Pluvialis apricaria (Charadriidae)

Im Winter suchen Goldregenpfeifer in großen Schwärmen auf Feldern im Tiefland nach Nahrung, oft zusammen mit Kiebitzen. Im Wintergefieder ähneln sie dem Kiebitzregenpfeifer, es fehlt ihnen jedoch der schwarze Achselfleck, und sie haben dünnere Schnäbel.

VORKOMMEN *Im Winter auf Feldern, Weiden und Salzmarschen. Brütet in Mooren und der Tundra.*

- Bauch weiß
- schwache weiße Flügelbinden
- Gesicht gefleckt
- goldgelb, weiß und schwarz gesprenkelt
- Rücken bräunlich schwarz
- Bürzel dunkel
- mattgelbe Brust
- Unterflügel weiß
- SÜDL. UNTERART
- hellgelbe Flecken
- schwarzer Bauch, Seiten weiß

STIMME Klagende Pfiffe, tliie, höher tlii, triiolie und Varianten; im Singflug piiu-u, piie-u.
BRUTBIOLOGIE Bodenmulde, mit Flechten und Heide ausgelegt, in Heide oder Gras, oft auf Brandflächen; 4 Eier, 1 Brut; April–Juli.
NAHRUNG Im Sommer Insekten, im Winter meist Regenwürmer.
ÄHNLICHE ARTEN Kiebitzregenpfeifer (oben).

Kiebitz

Vanellus vanellus (Charadriidae)

Der Kiebitz, an seiner spitzen Haube zu erkennen, ist der größte und bekannteste Regenpfeifer in Europa. Aus der Entfernung wirkt er schwarz-weiß, von nahem sieht man die metallisch grün schimmernde Oberseite. Er ist sehr gesellig und brütet in lockeren Kolonien in ungestörten Wiesen und Äckern, und die Männchen zeigen in der Luft spektakuläre Balzflüge mit lauten Rufen. Außerhalb der Brutsaison bildet er auf Feldern und Weiden große Schwärme, oft mit Goldregenpfeifern und Lachmöwen.

VORKOMMEN *Feuchte Flächen, Weiden und Felder. Überwintert auf Feldern, Wiesen und in Salzmarschen.*

ANMERKUNG

Wenn ein Kiebitz im Sommer mit schrillen Rufen auf Sie herabstößt, versucht er, seine Eier oder Jungen zu verteidigen. Passen Sie auf, wo sie hintreten.

STIMME *Nasal, weinerlich wiit oder i-wit, im Frühling Gesang der Männchen whii-erwie-chrräuit-wit-wit, von Flügelschlägen begleitet.*
BRUTBIOLOGIE *Flache Bodenmulde, mit Gras ausgelegt; 3–4 Eier, 1 Brut; April–Juni.*
NAHRUNG *Insekten oder Spinnen vom Boden, Regenwürmer aus der Erde; trampelt mit dem Fuß auf den Boden, um seine Beute aufzuschrecken.*
ÄHNLICHE ARTEN *Unverkennbar.*

Sandregenpfeifer

Charadrius hiaticula (Charadriidae)

VORKOMMEN *An Sand- und Kiesstränden. Zunehmend im Binnenland an Flussufern oder in Kiesgruben.*

Diesen Regenpfeifer mit dem auffälligen Kopf- und Brustmuster findet man im Sommer an sandigen Stränden oder bei Flut in dichten Schwärmen zusammen mit anderen Regenpfeifern. Durchzügler tauchen im Binnenland auf.

STIMME *Flötender Pfiff, melodisch pü-ji, scharf quiip; im Singflug tuu-wii-a tuu-wii-a.*
BRUTBIOLOGIE *Flache Mulde, mit Steinchen oder Gras ausgelegt; 4 Eier, 2–3 Bruten; April–August.*
NAHRUNG *Pickt Insekten und Würmer vom Boden, in typischer Regenpfeifer-Technik.*
ÄHNLICHE ARTEN *Flussregenpfeifer (unten).*

Flussregenpfeifer

Charadrius dubius (Charadriidae)

VORKOMMEN *An kiesigen Seeufern, trockenen Flussbetten, auch auf Abgrabungsflächen.*

Der hübsche kleine Flussregenpfeifer lebt an Süßwasserstränden und in offenem Gelände, wo er, typisch für Regenpfeifer, läuft, kurz innehält und sich vorbeugt und weiterläuft, wenn er nach Nahrung sucht. Er ähnelt dem Sandregenpfeifer, der eher an Küsten vorkommt.

STIMME *Kurz, abrupt, pfeifend piu; im Singflug rollend rau krrri-krrri-krrri.*
BRUTBIOLOGIE *Mulde im vegetationslosen Boden; 4 Eier, 1 Brut; April–Juni.*
NAHRUNG *Pickt Insekten und wirbellose Tiere vom Boden, indem er im Laufen kurz innehält und sich vorbeugt.*
ÄHNLICHE ARTEN *Sandregenpfeifer (oben).*

Säbelschnäbler

Recurvirostra avosetta (Recurvirostridae)

Der Säbelschnäbler ist ein graziler Vogel mit stark aufgebogenem Schnabel. Naturschutzmaßnahmen haben dafür gesorgt, dass ihm wieder geeignete Lebensräume zur Verfügung stehen: Flaches, leicht salziges Wasser und feiner Schlamm mit trockenen Inseln zum Brüten.

VORKOMMEN *An schlammigen Flussmündungen. Brütet in seichten Küstenlagunen und Flachseen.*

STIMME *Laut und flötend, klüt oder kluup.*
BRUTBIOLOGIE *Flache Mulde auf kleiner Insel oder trockenem Schlamm; 3–4 Eier, 1 Brut; April–August.*
NAHRUNG *Schwenkt den gebogenen Schnabel seitlich durchs Wasser, um Garnelen und Meereswürmer zu greifen.*
ÄHNLICHE ARTEN *Stelzenläufer (S. 337).*

Sanderling

Calidris alba (Scolopacidae)

Im Winter ist der Sanderling bei weitem der hellste unter den Watvögeln. Seine Art der Nahrungssuche ist sehr typisch: Er läuft agil und schnell ans Ufer schlagenden Wellen davon und ihnen hinterher, um angespülte Tiere aufzusammeln, wenn sie sich zurückziehen.

VORKOMMEN *In Schwärmen auf breiten Sandstränden, selten im Binnenland. Brütet in der Tundra.*

STIMME *Scharf, kurz plit oder twik twik.*
BRUTBIOLOGIE *Bodenmulde, mit Weidenblättern ausgelegt; 4 Eier, 1 Brut; Mai–Juli.*
NAHRUNG *Würmer, Mollusken, Krebstiere sowie Sandflöhe, Insekten und andere Tiere aus dem Spülsaum.*
ÄHNLICHE ARTEN *Alpenstrandläufer (S. 342); Zwergstrandläufer (Calidris minuta).*

Alpenstrandläufer

Calidris alpina (Scolopacidae)

Der Alpenstrandläufer ist im Winter an fast allen europäischen Stränden anzutreffen. Er erscheint oft in riesigen Schwärmen. Sein Wintergefieder ist unauffällig. Brütende Vögel sind wesentlich charakteristischer: oberseits kastanienbraun und schwarz und mit schwarzem Bauchfleck.

VORKOMMEN *Überwintert in Marschen, an Seestränden und Flussmündungen. Brütet in Tundra und Mooren.*

STIMME *Dünn, vibrierend trriie, rauer triirrr; im Singflug zu Strophen trillernder, rauer Laute verlängert; Schwärme zwitschern leise.*
BRUTBIOLOGIE *Kleine Mulde am Boden oder in Grasbüscheln; 4 Eier, 1 Brut; Mai–Juli.*
NAHRUNG *Würmer, Insekten und Mollusken.*
ÄHNLICHE ARTEN *Knutt (unten); Sanderling (S. 341).*

Knutt

Calidris canutus (Scolopacidae)

Schwarz, hell- und kastanienbraun marmoriert, ist der Knutt im Frühling und Sommer einer der buntesten Watvögel. Im Winter ist er matt hellgrau, fällt jedoch dadurch auf, dass er in riesigen Schwärmen spektakuläre Flugmanöver zeigt.

VORKOMMEN *In Schwärmen im Watt und an Stränden. Brütet in der Tundra.*

STIMME *Ziemlich still; im Flug gedämpft uätt, gelegentlich ein heller Pfiff.*
BRUTBIOLOGIE *Bodenmulde in der Tundra, wassernah; 3–4 Eier, 1 Brut; Mai–Juli.*
NAHRUNG *Im Sommer Insekten, Pflanzenmaterial; im Winter Mollusken, Krebstiere.*
ÄHNLICHE ARTEN *Kiebitzregenpfeifer (S. 338), Alpenstrandläufer (oben).*

Grünschenkel

Tringa nebularia

Der elegante Watvogel sucht aktiv und dynamisch nach Beute, rennt dabei oft durchs Wasser und verfolgt ausgelassen seine Beute. Er ist größer als der Rotschenkel, wirkt im Flug wuchtiger und hat keine weißen Flecken auf den Oberflügeln.

Kopf und Hals hell

Schnabel etwas aufgeworfen

Unterseite reinweiß

lange graugrüne Beine

oben grau

schwärzliche Flecken

Brust gestrichelt

helle schuppenförmige Federsäume

weißer Keil auf Rücken

Oberflügel einfarbig

VORKOMMEN *In Mooren nahe offenem Wasser, sucht an Seeufern und in Feuchtgebieten. Im Winter meist in Salzmarschen.*

STIMME *Laut, auf gleicher Tonhöhe tjü tjü tjü.*
BRUTBIOLOGIE *Bodenmulde in Gras oder Heide; 4 Eier, 1 Brut; Mai–Juli.*
NAHRUNG *In seichtem Wasser Würmer, Insekten, Krebstiere; fängt Fische.*
ÄHNLICHE ARTEN *Bruchwasserläufer (Tringa glareola); Rotschenkel (unten); Dunkler Wasserläufer (Tringa erythropus).*

Rotschenkel

Tringa totanus (Scolopacidae)

Wegen seiner lauten Stimme und dem breiten weißen Band auf dem Oberflügel ist der Rotschenkel sehr auffällig. An vielen Küsten ist er häufig, im Binnenland, wo durch Entwässerung viele Feuchtwiesen zerstört wurden, hat er stark abgenommen.

helle Federsäume

Beine orange farben

breites weißes Band

gebänderter Schwanz

Oberseite braun mit dunklen Flecken

keine Flecken

einfarbig braun

gerader Schnabel mit roter Basis

weißer Bauch mit dunklen Flecken

Beine leuchtend rot

VORKOMMEN *Sucht in Salzmarschen, an Seeufern und Flussmündungen Nahrung. Brütet in Salzmarschen, nassen Weiden und Mooren.*

STIMME *Melodische Rufe, tji-ji-ji, tji-ii oder kurz, scharf tjik tjik; Gesang tü-ju tü-ju tü-ju.*
BRUTBIOLOGIE *Bodenmulde, oft mit Sichtschutz aus Gras; 4 Eier, 1 Brut; April–Juli.*
NAHRUNG *Stochert im Schlamm, nimmt Insekten, Würmer, Krebstiere und Mollusken.*
ÄHNLICHE ARTEN *Knutt (links), Pfuhlschnepfe (S. 345).*

Bekassine

Gallinago gallinago (Scolopacidae)

VORKOMMEN *In Hochmoorheiden und Süßwasser-Feuchtgebieten mit weichem Schlamm, bei Frost an der Küste.*

Diese Schnepfe benötigt nassen, weichen Boden, in den sie ihren extrem langen Schnabel einstechen kann, um Würmer zu fangen. Sie lebt weniger versteckt als die Zwergschnepfe und fliegt mit scharfen Rufen von der Deckung auf. Die Männchen fliegen bei der Balz mit gespreizten Schwanzfedern.

- weiße Schwanzspitze
- dunkelbrauner Rücken mit cremefarbenen Streifen
- gestreifter Kopf, heller Mittelstreifen
- sehr langer Schnabel
- gestreifte Brust
- weißer Bauch
- Flanken gebändert
- sticht tief in Boden ein
- Schwanzmitte rostbraun

STIMME *Scharfes ätch; im Frühjahr tü-kt-tü-ke von Sitzwarte; im Balzflug wimmerndes Meckern, das von den Schwanzfedern erzeugt wird.*
BRUTBIOLOGIE *Mit Gras gepolsterte Mulde in Vegetation; 4 Eier, 1–2 Bruten; April–Juli.*
NAHRUNG *Bohrt im Schlamm nach Würmern.*
ÄHNLICHE ARTEN *Zwergschnepfe (Lymnocryptes minimus); Waldschn. (Scolopax rusticola).*

Kampfläufer

Philomachus pugnax (Scolopacidae)

VORKOMMEN *In Grönland. Überwintert an Seen, in Marschen und Lagunen.*

Im Frühling tragen die Männchen breite Federkragen und Federhauben in den unterschiedlichsten Farben und Mustern. Mit ihnen imponieren sie auf gemeinsamen Balzplätzen den Weibchen. Die Altvögel sind im Winter variabel gefärbt, der kleine Kopf ist typisch.

- Schnabel kurz, leicht gebogen
- Kopf und Brust hell ockerfarben
- weiße Bürzelseiten
- Beine hell ockerfarben bis grünlich
- hellbraune Federsäume
- Beine orangefarben
- Federkragen ♂
- Kopf oft weiß ♂
- Rücken gefleckt ♀

STIMME *Meist still; zuweilen grunzend wek.*
BRUTBIOLOGIE *Mit Gras ausgelegte Mulde, gut versteckt in dichter Vegetation; 4 Eier, 1 Brut; April–Juli.*
NAHRUNG *Sucht in weichem Boden nach Würmern, Insekten und Larven; auch Samen.*
ÄHNLICHE ARTEN *Rotschenkel (S. 343); Bruchwasserläufer (Tringa glareola).*

Pfuhlschnepfe

Limosa lapponica (Scolopacidae)

Obwohl sie in der arktischen Tundra brütet, ist die Pfuhlschnepfe im Winter an europäischen Küsten weiter verbreitet als die größere Uferschnepfe. Trupps verteilen sich im Watt, um nach Nahrung zu suchen. Wenn sie bei Flut an den Ruheplätzen einfliegen, zeigen sie oft Flugmanöver.

VORKOMMEN Überwintert an Flussmündungen und geschützten Sand- und Wattenküsten.

graubraun und hellbraun gestrichelt

einfarbige Oberflügel, dunkle Spitzen

Schnabel lang, leicht aufgebogen

Brust hellbraun

Beine dunkel, ziemlich kurz

Schwanz gebändert

Unterseite kupferrot

leuchtend hellbraun gestreift

STIMME Im Flug rasch bellend kirruk kirruk.
BRUTBIOLOGIE Flache Bodenmulde an trockener Stelle; 4 Eier, 1 Brut; Mai–Juli.
NAHRUNG Sticht im Schlamm oder Sand nach großen Würmern und Mollusken.
ÄHNLICHE ARTEN Uferschnepfe (unten); Großer Brachvogel (S. 346); Regenbrachvogel (*Numenius phaeopus*).

Uferschnepfe

Limosa limosa (Scolopacidae)

Die große, schön gefärbte Uferschnepfe kommt während des gesamten Jahres lokaler vor als die Pfuhlschnepfe. Von ihr unterscheidet sie sich durch den längeren, geraden Schnabel und die längeren Beine. Im Flug ist sie durch ihr Flügel- und Schwanzmuster unverkennbar.

Kopf und Brust kupferrot

VORKOMMEN Winterschwärme sammeln sich an Flussmündungen mit schlammigen Uferstreifen. Brütet in nassen Wiesen und überfluteten Weiden.

auf Flanken schwarze Bänder

weiße Flügelbinden

Bürzel weiß

Schwanz schwarz

Beine sehr lang

grauer

rotbraune Schuppen

hell rotbraun

STIMME Häufig nasal wiika-wiika-wiika, im Flug kurz vi-vi-vi.
BRUTBIOLOGIE Flache Bodenmulde in dichter Vegetation; 3–4 Eier, 1 Brut; Mai–Juli.
NAHRUNG Würmer, Mollusken und Sämereien, auch in bauchtiefem Wasser.
ÄHNLICHE ARTEN Austernfischer (S. 337), Pfuhlschnepfe (oben).

Großer Brachvogel

Numenius arquata (Scolopacidae)

Der größte europäische Watvogel ist an allen Küsten und vor allem zur Brutzeit auch im Binnenland verbreitet. Mit seinem langen, gebogenen Schnabel und dem schönen Gesang kann er höchstens mit dem Regenbrachvogel verwechselt werden.

VORKOMMEN
Überwintert meist an schlammigen Flussmündungen. Brütet in Sümpfen, Mooren, Feuchtwiesen, an nordischen Stränden.

STIMME *Ruf laut kuu-li; Gesang zuerst langsam, beschleunigt zu rhythmischem Triller.*
BRUTBIOLOGIE *Flache Bodenmulde, mit Gras ausgelegt; 4 Eier, 1 Brut; April–Juli.*
NAHRUNG *Sticht und pickt nach Würmern, Krabben, Mollusken, Seesternen, Insekten.*
ÄHNLICHE ARTEN *Regenbrachvogel (Numenius phaeopus); Pfuhlschnepfe (S. 345).*

Flussuferläufer

Actitis hypoleucos (Scolopacidae)

Der langschwänzige Flussuferläufer ist an den weißen Ecken an seinen Flanken zu erkennen. Meist hält er den Kopf tief und wippt mit dem Schwanz auf und ab. Er sucht in kleinen Trupps, die bei Störung mit schnellen, flatternden Flügelschlägen davonfliegen, nach Nahrung.

VORKOMMEN *An Flüssen und Seeufern mit Kies- oder Grasbänken. Durchzügler in allen Gewässertypen.*

STIMME *Laut dididi beim Abflug; im Sommer tui-tui-tui, tschip, tidledi tidledi tidledi.*
BRUTBIOLOGIE *Kleine Bodenmulde, mit Gras ausgelegt; 4 Eier, 1 Brut; April–Juli.*
NAHRUNG *Sucht an der Wasserlinie eifrig nach Insekten, Würmern und Mollusken.*
ÄHNLICHE ARTEN *Alpenstrandläufer (S. 342); Waldwasserläufer (rechts oben).*

Waldwasserläufer

Tringa ochropus (Scolopacidae)

Der Waldwasserläufer ist größer und untersetzter als der Bruchwasserläufer. Die Vögel sind oft zu zweit oder zu dritt an schlammigen Ufern zu sehen und sind oberseits dunkel und unten weiß. Sie wippen mit dem Schwanz wie Flussuferläufer, jedoch nicht so unaufhörlich, und sind leicht aufzuschrecken.

VORKOMMEN *An schlammigen Ufern von Salzmarschen, Tümpeln und Flüssen. Brütet in sumpfigen Wäldern.*

heller Streif
dunkle Flügel
breite Bänderung
Brust gestrichelt
unscharfe helle Flecken
Oberseite dunkel graubraun, weiß gesprenkelt
Unterseite reinweiß
Beine grünlich

STIMME *Laut, melodisch, fast jodelnd tlu-iit, wiit wiit.*
BRUTBIOLOGIE *Altes Nest, etwa einer Drossel, in Baum; 4 Eier, 1 Brut; Mai–Juli.*
NAHRUNG *Pickt, oft bis zum Bauch im Wasser, nach Insekten, Krebstieren, Würmern.*
ÄHNLICHE ARTEN *Flussuferläufer (links unten); Bruchwasserläufer (*Tringa glareola*).*

Steinwälzer

Arenaria interpres (Scolopacidae)

Die meisten Watvögel ziehen weichen Schlamm oder Sand vor, der untersetzte Steinwälzer aber bevorzugt Gegenden mit Steinen, angeschwemmtem Tang und anderem Schutt, den er auf der Suche nach kleinen Tieren durchforsten kann. Er ist laut und aktiv und kann erstaunlich zutraulich sein.

VORKOMMEN *An verschiedenen Küsten, v. a. an steinigen Stränden und kiesigen Flutlinien.*

auffallendes Schwarz-Weiß-Muster am Kopf
weißer Fleck
Oberseite schwarz, weiß und kastanienbraun
weiße Flügelbinden
kräftiges schwarzes Brustband
Oberseite mattbraun und schwarz
weiße Unterseite
kurze orangefarbene Beine

STIMME *Schnelle, harte Stakkatorufe, tekatekatek, tjuk, tschik.*
BRUTBIOLOGIE *Mulde in Strandnähe auf Inseln, an Felsküsten; 4 Eier, 1 Brut; Mai–Juli.*
NAHRUNG *Sucht unter Tang, Muscheln und Steinen nach wirbellosen Kleintieren.*
ÄHNLICHE ARTEN *Meerstrandläufer (*Calidris maritima*); Flussuferläufer (S. 346).*

Odinshühnchen

Phalaropus lobatus (Scolopacidae)

VORKOMMEN *Im hohen Norden in der Tundra, verbringt den Winter auf dem Meer. Gelegentlicher Durchzügler.*

Das zierliche Odinshühnchen schwimmt meistens mit erhobenem Kopf auf dem Wasser. Im hohen Norden ist es ein häufiger Brutvogel, im größten Teil Westeuropas im Herbst ein gelegentlicher Durchzügler. Im Winter ähnelt es dem Thorshühnchen sehr, hat aber einen hinten nach unten gezogenen Augenfleck.

STIMME *Scharf* twik *und zwitschernde Laute.*
BRUTBIOLOGIE *Kleine Mulde in Grasbüscheln in Mooren; 4 Eier, 1 Brut; April–Juli.*
NAHRUNG *Insekten und Krebstiere an der Wasserlinie oder von der Wasseroberfläche, dreht sich dabei oft im Kreis.*
ÄHNLICHE ARTEN *Thorshühnchen (*Phalaropus fulicaria*).*

Schmarotzerraubmöwe

Stercorarius parasiticus (Stercorariidae)

VORKOMMEN *Auf dem Durchzug in Küstennähe, im Winter auf dem Meer. Brütet in Mooren und Tundra.*

Die Schmarotzerraubmöwe ist größer und schwerer als die Falkenraubmöwe, aber weniger massig als die Spatelraubmöwe. Sie tritt in einer dunklen und einer hellen Form auf. Als Pirat jagt sie Seeschwalben und kleine Möwen, um sie zum Herauswürgen von Fischen zu zwingen. An ihren Brutplätzen im Norden attackiert sie sogar äußerst mutig Menschen.

STIMME *Im Sommer laut nasal klagend* ahh-jiuh, ii-ai, ka-ju; *auf dem Meer still.*
BRUTBIOLOGIE *Bodenmulde in Moos oder Heide, in Kolonien; 2 Eier, 1 Brut; Mai–Juni.*
NAHRUNG *Stiehlt anderen Vögeln Fische; Vögel, Wühlmäuse; Beeren, Insekten.*
ÄHNLICHE ARTEN *Spatelraubmöwe (S. pomarinus); Silbermöwe (rechts); Sturmmöwe (S. 351).*

Skua

Stercorarius skua (Stercorariidae)

Die Skua ist die größte und räuberischste der Raubmöwen. Sie ist dunkelbraun mit hellen Strichen und großen weißen Flügelflecken. Da sie Dreizehenmöwen töten und Basstölpeln die Beute abjagen kann, bedroht sie die Bestände anderer Seevögel.

VORKOMMEN *In Mooren in Küstennähe. Sonst meist auf hoher See, manchmal in Küstennähe.*

STIMME *Bellend ak-ak-ak oder tief tak-tak; auf dem Meer schweigsam.*
BRUTBIOLOGIE *Einfache Mulde auf moorigen Flächen; 2 Eier, 1 Brut; Mai–Juni.*
NAHRUNG *Raubt anderen Seevögeln ihre Beute; tötet Vögel, frisst Eier, Aas und Abfälle.*
ÄHNLICHE ARTEN *Schmarotzerraubmöwe; Spatelraubmöwe (S. pomarinus); Silbermöwe.*

Silbermöwe

Larus argentatus (Laridae)

Die große, laute Silbermöwe lebt im Sommer an Küstenfelsen, im Winter, wenn ihr weißer Kopf und Hals braun gestrichelt sind, streift sie an Küsten und im Binnenland umher. Sie hat stechend gelbe Augen.

VORKOMMEN *Sucht an Stränden und Müllhalden Nahrung. Brütet an Klippen, auf Inseln und Dächern.*

STIMME *Laut schallend, oft bellend kiu, kiijujuju, kurz gagagag oder käk käk.*
BRUTBIOLOGIE *Grasnest auf Boden, Felsband oder Gebäude; 2–3 Eier, 1 Brut; Mai.*
NAHRUNG *Fische, Mollusken, Insekten, Fischabfälle vom Boden und Wasser.*
ÄHNLICHE ARTEN *Mittelmeerm. (L. michahellis); Sturmm. (S. 351); Heringsm. (S. 352).*

Lachmöwe

Chroicocephalus ridibundus (Laridae)

Die Lachmöwe ist eine kleine, lebhafte und sehr helle Möwe. Im Prachtkleid hat sie eine dunkelbraune Kapuze, die den Hinterkopf nicht mit einschließt, in anderen Kleidern einen hellen Kopf mit dunklen Ohrflecken. Die dunklen Unterflügel vermitteln beim Flug den Eindruck, zu flackern. Im Binnenland war sie immer häufig, die Bestände haben aber noch zugenommen, weil die Vögel an Müllkippen reichlich Nahrung finden und auf Stau- und Baggerseen geschützt brüten können.

VORKOMMEN *An Küsten, Seen, Flüssen, Stauseen, in Agrarland und auf Müllkippen, ist in Städten häufig. Brutvogel von Küsten bis hin zu hoch gelegenen Seen im Binnenland.*

ANMERKUNG

Schauen Sie nach einem auffälligen keilförmigen weißen Außenrand der Flügeloberseite. Keine andere Möwe hat dieses Merkmal.

Kopf dunkelbraun
Schnabel tiefrot
weißer Augenring
Rücken sehr blass grau
Beine tiefrot
braun auf Hals und Rücken
schwarze Spitze
Hals und Rücken werden grau
dunkler Hinterrand
weißer Außenrand
Unterflügel dunkelgrau mit weißem Außenrand
schwarzer Hinterrand
dunkler Fleck
Schnabel lebhaft rot mit schwarzer Spitze
Beine lebhaft rot

STIMME *Laute kreischende, lachende und gackernde Rufe, kwärr, kii-ärr, kiwk, kik-kik.*
BRUTBIOLOGIE *Haufen aus Halmen in Vegetation auf dem Boden in Feuchtgebieten, in Kolonien; 2–3 Eier, 1 Brut; Mai–Juni.*
NAHRUNG *Würmer, Sämereien, Fische und Insekten vom Boden und vom Wasser, oft auf frisch gepflügten Feldern; fängt auch Insekten im Flug.*
ÄHNLICHE ARTEN *Schwarzkopfmöwe (Ichthyaetus melanocephalus); Sturmmöwe (rechts oben); Zwergmöwe (Larus minutus).*

Sturmmöwe

Larus canus (Laridae)

Die Sturmmöwe ähnelt der Silbermöwe, ist aber wesentlich kleiner und hat einen kleineren Schnabel ohne roten Fleck und dunkle Augen. Im Vergleich zur Lachmöwe hat sie weder eine dunkle Kapuze noch einen Ohrenfleck und keinen weißen Außenrand am Oberflügel.

VORKOMMEN *An Küsten und in Mooren. Im Winter an Küsten, Seen, in Agrarland.*

STIMME *Rufe wie kiiiija, kii-är-är-är, kurz gagaga.*
BRUTBIOLOGIE *Haufen aus Gras und Algen, in Kolonien; 2–3 Eier, 1 Brut; Mai–Juni.*
NAHRUNG *Würmer, Insekten, Fische und Mollusken; auch Abfälle.*
ÄHNLICHE ARTEN Silber- (S. 349), Mittelmeer- (*L. michahellis*); Lach- (links) und Schwarzkopfmöwe (*Ichthyaetus melanocephalus*).

Dreizehenmöwe

Larus tridactyla (Laridae)

Die Dreizehenmöwe ist stark ans Meer gebunden und kommt nur an Land, um in lauten Kolonien an steilen Felswänden zu brüten. Ihr weißer Kopf und die schwarzen Flügelspitzen sind im Flug typisch, und auch ihr Ruf ist unverkennbar.

VORKOMMEN *Brütet an Küstenfelsen. Im Winter auf dem Meer, selten an Küsten. Im Binnenland seltener Durchzügler.*

STIMME *Hell, nasal rhythmisch kitt-i-wäik; auch hoher miauender Ruf.*
BRUTBIOLOGIE *Nest an Felsvorsprung oder Gebäude; 2–3 Eier, 1 Brut; Mai–Juni.*
NAHRUNG *Fängt Fische von der Oberfläche oder taucht flach ein; Fischabfälle.*
ÄHNLICHE ARTEN Sturm- (oben), Zwerg- (*Larus minutus*) und Silbermöwe (S. 349).

Heringsmöwe

Larus fuscus (Laridae)

VORKOMMEN *Klippen, Inseln, Moore. Sucht Nahrung an Stränden und Müllhalden.*

Diese Möwe ist fast so groß wie die Silbermöwe, aber schlanker und dunkler. Skandinavische Vögel sind dunkel, bei der nördlichen Unterart ist der Rücken schwarz. Die Heringsmöwe war in Westeuropa ein Sommergast, doch überwintern heute große Populationen im Binnenland.

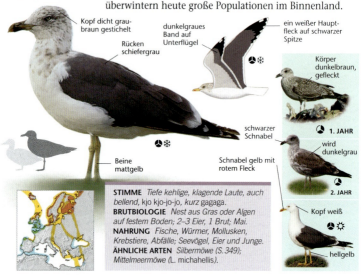

STIMME *Tiefe kehlige, klagende Laute, auch bellend, kjo kjo-jo-jo, kurz gagaga.*
BRUTBIOLOGIE *Nest aus Gras oder Algen auf festem Boden; 2–3 Eier, 1 Brut; Mai.*
NAHRUNG *Fische, Würmer, Mollusken, Krebstiere, Abfälle; Seevögel, Eier und Junge.*
ÄHNLICHE ARTEN *Silbermöwe (S. 349); Mittelmeermöwe (L. michahellis).*

Mantelmöwe

Larus marinus (Laridae)

VORKOMMEN *An steinigen Küsten mit Klippen. Im Winter an Stränden, Häfen, Stauseen und Müllkippen.*

Die Mantelmöwe ist weltweit die größte Möwenart. Die Größe des Schnabels ist ein gutes Merkmal von Vögeln in Immaturkleidern (also unausgefärbt), die Silbermöwen ähneln, aber größer sind. Altvögel sind schwärzer als die südlichen Unterarten der Heringsmöwe. Im Sommer jagt die Mantelmöwe Seevögel und deren Junge.

STIMME *Tiefe bellende Rufe, rau joug oder ou-ou-ou.*
BRUTBIOLOGIE *Flaches Grasnest auf einem Felsband; 3 Eier, 1 Brut; Mai–Juni.*
NAHRUNG *Seevögel und Wühlmäuse; Fische, Krebstiere und Wirbellose; Abfall.*
ÄHNLICHE ARTEN *Heringsmöwe (oben); Silbermöwe (S. 349, immatur).*

Flussseeschwalbe

Sterna hirundo (Sternidae)

Die Flussseeschwalbe ist an europäischen Küsten von Frühjahr bis Herbst verbreitet, und auch im Binnenland die häufigste Seeschwalbe. Sie ähnelt der Küstenseeschwalbe, ist aber untersetzter, mit kürzerem Schwanz und längerem Schnabel. Gegen Ende des Sommers wird die Stirn der Altvögel weiß, und sie ähneln dann Zwergseeschwalben.

VORKOMMEN *An Küsten, Flüssen und Seen. Brütet an Küsten, auf Inseln, in Salzmarschen.*

STIMME Hoch und kratzend kierr-i kierr-i, *scharf kikikiki oder schnell kirrikirrikirrik.*
BRUTBIOLOGIE *Bodenmulde, in Kolonien in Wassernähe; 2–4 Eier, 1 Brut; Mai–Juni.*
NAHRUNG *Fische und Wirbellose; pickt sie im Flug von der Wasseroberfläche.*
ÄHNLICHE ARTEN *Rosensee- (S. dougallii), Küstensee- (unten), Brandseeschwalbe (S.354).*

Küstenseeschwalbe

Sterna paradisaea (Sternidae)

Die Küstenseeschwalbe ähnelt der Flussseeschwalbe sehr, taucht aber nie im Binnenland auf. Kopf und Hals sind kürzer und der Schwanz länger. Ihre Flügelspitzen sind länger, die äußeren Handschwingen durchsichtig mit einem schmalen dunklen Saum. Im Herbst wird die Stirn weiß und der tiefrote Schnabel schwärzlich.

VORKOMMEN *Brütet im hohen Norden an Sand- und Kiesstränden. Überwintert an Küsten der Südhalbkugel bis zum antarktischen Packeis.*

STIMME Hoch und scharf kii-jää, ansteigend *pii-pii-pii, kurz kik oder krerr.*
BRUTBIOLOGIE *Mulde in Sand oder Kies; in Kolonien; 2 Eier, 1 Brut; Mai–Juni.*
NAHRUNG *Kleine Fische; Krebstiere, Insekten.*
ÄHNLICHE ARTEN *Fluss- (oben), Rosen- (S. dougallii), Weißflügel-Seeschwalbe (Chlidonias leucopterus).*

Brandseeschwalbe

Sterna sandvicensis (Sternidae)

VORKOMMEN *An Sanddünen, Kiesstränden und Inseln. Im Winter an afrikanischen Küsten.*

Die Brandseeschwalbe ist ein großer, lebhafter und lauter Vogel mit zerfranster Haube, einem langen Schnabel und langen, gewinkelten Flügeln. In der Luft sieht sie reinweiß aus, und wenn sie auf Fische hinunterstößt, hört man beim Eintauchen den Aufprall.

STIMME *Rhythmisch kärr-ink oder kier-ik.*
BRUTBIOLOGIE *Flache Mulde im Sand oder Kies; 1–2 Eier, 1 Brut; Mai–Juni.*
NAHRUNG *Fängt Fische, v.a. Sandaale, indem sie aus dem Flug herabstößt.*
ÄHNLICHE ARTEN *Flussseeschwalbe (S. 353); Lachseeschwalbe (Gelochelidon nilotica); Lachmöwe (S. 350).*

Trauerseeschwalbe

Chlidonias niger (Sternidae)

VORKOMMEN *In Sümpfen, Lagunen, und Seen. Brütet an Seen und Sümpfen. Im Winter v. a. an afrikanischen Küsten.*

Die Sumpfseeschwalben der Gattung *Chlidonias* sind kleinere und elegantere Vögel als die Seeschwalben und tauchen nicht, sondern picken die Nahrung von der Wasseroberfläche. Die Trauerseeschwalbe ist die am weitesten verbreitete Art.

STIMME *Kurz, etwas rau kik, kik-kiik.*
BRUTBIOLOGIE *Nest aus Halmen und Pflanzen, in seichtem Wasser oder auf schwimmender Vegetation; 3 Eier, 1 Brut; Mai–Juni.*
NAHRUNG *Insekten, kleine Fische, Krebstiere und Frösche.*
ÄHNLICHE ARTEN *Weißbart-Seeschwalbe (C. hybridus); Zwergmöwe (Larus minutus).*

Trottellumme

Uria aalge (Alcidae)

Der schlanke, lang gestreckte Alk mit dem spitzen Schnabel ist einer der häufigsten Brutvögel an Felsenkolonien. Er brütet oft in Nachbarschaft des kräftigeren Tordalks. Trottellummen fliegen tief und schnell von Landspitzen hinaus und schwimmen in großen Gruppen unter den Felsen.

VORKOMMEN *Brütet in Kolonien auf Felsbändern oder Felsen mit flacher Spitze. Im Winter auf dem Meer.*

oberseits dunkelbraun bis schwarz

am Bürzel weiße Seiten

Gesicht weiß

schwarzer Augenstreif

an den Flanken schmutzig graue Striche

Unterseite weiß

STIMME *In Kolonien laute, ratternde, nasale und brüllende Laute wie arrrr-rrr-rr.*
BRUTBIOLOGIE *Eier auf Felsband, in Kolonien; 1 Ei, 1 Brut; Mai–Juni.*
NAHRUNG *Taucht von der Wasseroberfläche tief nach Fischen, nutzt Flügel zum Antrieb.*
ÄHNLICHE ARTEN *Tordalk (unten); Schwarzschnabel-Sturmtaucher (Puffinus puffinus).*

Tordalk

Alca torda (Alcidae)

Massiger als die Trottellumme und wesentlich seltener, hat der Tordalk einen spitzen Schwanz und einen hohen, seitlich abgeflachten klingenförmigen Schnabel mit einer weißen Linie an der Spitze. Er brütet oft mit Trottellummen zusammen, allerdings weniger offen in Höhlungen.

VORKOMMEN *An Felsküsten in Spalten oder zwischen Felsblöcken. Im Winter meist weit draußen auf dem Meer.*

Kopf schwarz

Hals und Brust weiß

Kappe schwarz

breitere, längere weiße Seiten als Trottellumme

spitzer Schwanz, oft aufgerichtet

schwarze Oberseite

Unterseite weiß

STIMME *Lange tremolierende und knatternde Laute an der Kolonie, tief urrrr.*
BRUTBIOLOGIE *An geschütztem Felsband oder Felshöhlung; 1 Ei, 1 Brut; Mai–Juni.*
NAHRUNG *Taucht oft tief nach Fischen, nutzt die Flügel zum Antrieb.*
ÄHNLICHE ARTEN *Trottellumme (oben); Papageitaucher (S. 356).*

Papageitaucher

Fratercula arctica (Alcidae)

Den Papageitaucher kann man sogar von weitem erkennen, wenn er auf dem Wasser schaukelt oder wie ein Aufzieh-Vogel durch die Luft schwirrt. Im Winter ist er weniger auffällig, da er die farbige Scheide am Schnabel und die bunten Ornamente um die Augen verliert. Auch sein Gesicht ist dann dunkler.

VORKOMMEN Brütet an Klippen an der Küste, v.a. auf Inseln. Im Winter weitab der Küste auf dem offenen Meer.

- Flügel einheitlich schwarz
- Augen dunkel
- Gesicht wie grau-weiße Scheibe
- schwarze Oberseite
- hoher dreieckiger Schnabel
- Rücken schwarz
- unterseits weiß
- Gesicht schmutzig grau

STIMME Am Nest laute bellende und kehlige Rufe wie aaarr, kaar-o-arr.
BRUTBIOLOGIE Gräbt oder besetzt fertige Höhlen; 1 Ei, 1 Brut; Mai–Juni.
NAHRUNG Taucht nach kleinen Fischen, Tintenfischen, Krebstieren und Meereswürmern.
ÄHNLICHE ARTEN Krabbentaucher (Alle alle); Tordalk (S. 355); Trottellumme (S. 355).

Turteltaube

Streptopelia turtur (Columbidae)

Das Gurren der Turteltaube war im Sommer früher oft zu hören, aber da durch intensive Landwirtschaft dichte Hecken und bewaldete Flächen immer mehr verschwanden, ist ihr Bestand zurückgegangen. Sie ähnelt der Türkentaube, hat jedoch einen stärker gemusterten Rücken und einen schwarz-weißen Halsfleck.

VORKOMMEN In bewaldetem Agrarland, Laubwäldern mit sonnigen Lichtungen und hohen, dichten Hecken.

- Brust rosa
- oberseits orangebraun mit dunklen Flecken
- blaugrauer Mittelflügel
- weiße Schwanzspitze
- weißer Bauch
- kein Halsfleck
- Körper matter

STIMME Tiefes Gurren, rurrr rurrr rurrr.
BRUTBIOLOGIE Plattform aus dünnen Zweigen in Hecke oder niedrig in Baum; 2 Eier, 2–3 Bruten; Mai–Juli.
NAHRUNG Pickt Sämereien und frische Getreidetriebe vom Boden.
ÄHNLICHE ARTEN Türkentaube (S. 358); Turmfalke (S. 333).

Felsentaube

Columba livia (Columbidae)

Die Felsentaube, ein Vogel felsiger Küsten, ist die Stammform der Straßentaube. Sie hat einen aschgrauen Rücken, einen grün-violetten Halsfleck und zwei breite schwarze Flügelbinden. Straßentauben haben vielfältigste Gefiedermuster, und Kreuzungen beider Formen ließen die wilde Felsentaube selten werden.

VORKOMMEN *Brütet an Felswänden an der Küste und im Gebirge. Straßentauben sind weit verbreitet.*

- kleiner weißer Fleck
- Rücken hellgrau
- weißer Fleck größer
- glänzend violett-grüner Halsfleck
- **STRASSENTAUBE**
- Unterseite dunkel
- Bürzel weiß
- Unterflügel weiß
- zwei lange, breite schwarze Flügelbinden

STIMME Tief, rollend uu-iuuh-urr, u-ru-ku.
BRUTBIOLOGIE Dürftiges Nest auf Felsvorsprung, in Höhle; 2 Eier, 3 Bruten; fast das ganze Jahr.
NAHRUNG Sucht am Boden Samen, Knospen, Beeren und wirbellose Tiere.
ÄHNLICHE ARTEN Ringeltaube (S. 358); Hohltaube (unten); Falke im Flug.

Hohltaube

Columba oenas (Columbidae)

Diese kleine Taube kommt in Agrarland, Parks und im Hochland vor und ähnelt einer kleinen Ringeltaube, hat aber einen kürzeren Schnabel, bläulicheres Gefieder und keine weißen Flecken. Ihre beiden dunklen Flügelbänder sind viel kürzer als die der Felsentaube.

VORKOMMEN *An unterschiedlichsten Plätzen, so auf überfluteten Feldern, in Agrarland und Mooren.*

- zwei kurze dunkle Flügelbänder
- glänzend grüner Halsfleck
- Brust tief weinrot
- Flügelspitzen und Hinterrand schwarz
- Flügelmitte hell
- Unterflügel grau
- dunkles Band
- blaugrauer Körper

STIMME Dumpfe, rhythmische Laute, lauter werdend, uu-wuh uu-wuh.
BRUTBIOLOGIE Baum-, Mauer-, Felshöhlung; 2 Eier, 2–3 Bruten; fast das ganze Jahr.
NAHRUNG Samen, Knospen, Triebe, Wurzeln, Beeren vom Boden; nie in Gärten.
ÄHNLICHE ARTEN Felsentaube (oben); Ringeltaube (S. 358).

Ringeltaube

Columba palumbus (Columbidae)

Die große Taube, die oft Schwärme bildet, ist an ihrem weißen Halsfleck, der rosafarbenen Brust und der plumpen Gestalt mit dem kleinen Kopf zu erkennen. In Stadtparks wird sie zutraulich, auf dem Land, wo sie oft als Schädling gilt, ist sie scheu.

VORKOMMEN *Sucht vor allem in Agrarland Nahrung. Brütet in Wäldern, Kulturland mit Bäumen, Parks und großen Gärten.*

- weißer Halsfleck
- grauer Rücken
- dunkles Band
- großes weißes Flügelband
- Bürzel heller als Rücken
- Brust rosa
- mattrote Beine
- weiß auf Flügel
- kein Weiß am Hals
- matter
- breites dunkles Band am Schwanz

STIMME *Gedämpft, hohl kuu-kuhku, ku-ku, kuk; lautes Flügelklatschen im Balzflug.*
BRUTBIOLOGIE *Plattform aus Zweigen in Baum; 2 Eier, 1–2 Bruten; April–September.*
NAHRUNG *Knospen, Blätter, Beeren, Früchte in Bäumen, auf dem Boden.*
ÄHNLICHE ARTEN *Felsentaube (S. 357); Hohltaube (S. 357).*

Türkentaube

Streptopelia decaocto (Columbidae)

Die Türkentaube, an ihrem hell graubraunen Körper, dem schwarzen Kragen und dem dreisilbigen ku-kuuh-ku zu erkennen, ist in Dörfern und Vorstädten häufig. Sie brütet meist in hohen Nadelbäumen. Der Balzflug des Männchens ist spektakulär, es steigt steil auf und gleitet harsch rufend herab.

VORKOMMEN *In Wäldern, Parks, Gärten, in Dörfern und Städten.*

- graues Feld auf Oberflügel
- dunkle Flügelspitzen
- schwarzes Halsband
- hell graubrauner Körper
- weiße Schwanzspitze
- Kopf und Brust rosa überlaufen
- kein Kragen
- sandfarben

STIMME *Laut, dreisilbig ku-kuuh-kuk, ku-kuuh-ku; Ruf im Flug nasal kwäh.*
BRUTBIOLOGIE *Plattform aus Zweigen; 2 Eier, 2–3 oder mehr Bruten, fast das ganze Jahr.*
NAHRUNG *Getreide, Samen und Triebe vom Boden; kommt an Futtertische.*
ÄHNLICHE ARTEN *Turteltaube (S. 356); Felsentaube (S. 357); Turmfalke (S. 333).*

Kuckuck

Cuculus canorus (Columbidae)

Der Ruf des Kuckucks ist jedermann bekannt, aber wenige kennen den Vogel selbst: ziemlich groß, mit langem Schwanz und Flügeln, ähnelt er mit der gebänderten Unterseite einem Sperber. Er sitzt oft mit hängenden Flügeln auf Bäumen oder Leitungen.

VORKOMMEN *Parasitiert Nester in Wäldern, Schilfbeständen, bewaldetem Agrarland und Mooren.*

STIMME *Bekanntes ku-kuh, dreisilbig ku-ku-kuh; Weibchen ruft kehlig lachend.*
BRUTBIOLOGIE *Legt Eier in Nester anderer Vögel; 1–25 (meist 9) Eier, 1 pro Nest; Mai–Juni.*
NAHRUNG *Große Raupen, andere Insekten.*
ÄHNLICHE ARTEN *Sperber (S. 332); Turmfalke (S. 333); Hohltaube (S. 357).*

Schleiereule

Tyto alba (Tytonidae)

Diese auffallend helle Eule mit herzförmigem Gesichtsschleier und schwarzen Augen sieht man oft tagsüber, v. a. wenn sie ihre Jungen füttert. Im Westen hat sie eine weiße Brust, im Osten eine beigefarbene.

VORKOMMEN *In offenem Gelände, von Agrarland bis zu Marschen, Mooren und jungen Aufforstungen.*

STIMME *Zischende, schnurrende Laute vom Nest, wie schrrriii; Warnruf schrill.*
BRUTBIOLOGIE *Großes Loch in Baum oder Gebäude; 4–7 Eier, 1 Brut; Mai–Juni.*
NAHRUNG *Jagt vom Ansitz oder im Flug Mäuse, Ratten, Wühlmäuse, Vögel.*
ÄHNLICHE ARTEN *Sumpfohreule (S. 361); Waldkauz (S. 361).*

Zwergohreule

Otus scops (Strigidae)

Der Ruf der Zwergohreule in der Abend- oder Morgendämmerung ist am Mittelmeer in Dörfern und Gehölzen überall zu hören. Sie ist nachtaktiv und sieht im Licht der Straßenlaterne hell aus. Ihr Kopf ist oben eckig, wenn sie die Federohren nicht aufgestellt hat.

VORKOMMEN *Zwischen Bäumen, in Dörfern und kleinen Städten, Parks, Agrarland und Gehölzen, oft bei alten Gebäuden. Im Winter meist in Afrika.*

helles Band auf Schulter · gelbe Augen · grau oder rostbraun

Federohren aufgestellt · helles »V« · Gesichtsschleier mit dunklen Seiten · unterseits hell mit dunklen Strichen · ziemlich lange, gebänderte Flügel

STIMME Einzelne melodische Pfiffe wie pju oder tju, alle 2–3 Sekunden wiederholt.
BRUTBIOLOGIE Höhle in Baum, Mauer oder Gebäude; 4–5 Eier, 1 Brut; April–Juni.
NAHRUNG Stößt vom Ansitz herab, um Insekten zu jagen.
ÄHNLICHE ARTEN Steinkauz (unten); Raufußkauz (Aegolius funereus); Waldkauz (rechts).

Steinkauz

Athene noctua (Strigidae)

Diese kleine, untersetzte, kurzschwänzige Eule sitzt oft tagsüber auf einem exponierten Sitzplatz, wo sie von kleinen Vögeln laut attackiert wird. Sie wirkt rund und kräftig, streckt sich aber, wenn sie alarmiert ist, und fliegt in wellenförmigem, schnellem Flug davon.

VORKOMMEN *Sitzt auf Pfosten und Ästen in Agrarland, offenen, felsigen Hängen, sogar in Halbwüsten mit Felsen.*

Flügel rund · braune und helle Bänder

Kopf breit, Oberkopf gefleckt · Augen hellgelb · Rücken braun mit hellen Flecken · dunkle Wellenstreifung · Beine lang · niedrige weiße Augenbrauen

STIMME Lauter, melodischer, ansteigender Gesang kuuuhk; Ruf scharf, abfallend kihu.
BRUTBIOLOGIE In Loch in Baum, Mauer oder Gebäude; 2–5 Eier, 1 Brut; Mai–Juli.
NAHRUNG Fängt kleine Nagetiere, große Insekten und Würmer am Boden.
ÄHNLICHE ARTEN Raufußkauz (Aegolius funereus); Sumpfohreule (rechts).

Waldkauz

Strix aluco (Strigidae)

Der Waldkauz besiedelt Waldland und ist rein nachtaktiv. Er ist für sein kurzes, lautes *ku-wit* bekannt, das man oft nach Eintritt der Dämmerung hört. Er ist gut getarnt und schwer zu sehen, wenn er in den Bäumen sitzt, es sei denn, Kleinvögel attackieren ihn.

VORKOMMEN *In unterschiedlichen Wäldern, bewaldetem Agrarland, auch in Parks und großen Gärten mit Bäumen, in Städten.*

- große schwarze Augen
- deutlicher Gesichtsschleier
- Rücken braun, Reihen weißer Flecken auf jeder Seite
- großer, runder Kopf
- helle Flecken und Bänder
- kurze Flügel und Schwanz

STIMME *Laut, erregt* ku-wit *oder* ki-jip*; langer Gesang,* hu-hu-huuu huu-hu-hu.
BRUTBIOLOGIE *Höhle in Baum, Gebäude oder Krähennest; 2–5 Eier, 1 Brut; April–Juni.*
NAHRUNG *Mäuse, Frösche, Käfer, Vögel.*
ÄHNLICHE ARTEN *Waldohreule (*Asio otus*); Habichtskauz (*Strix uralensis*); Raufußkauz (*Aegolius funereus*).*

Sumpfohreule

Asio flammeus (Strigidae)

Dies ist eine der wenigen Eulen, die regelmäßig tagsüber zu sehen sind. Ihre dunkel umrandeten Augen verleihen ihr einen düsteren Gesichtsausdruck. Im Flug ähnelt sie der Waldohreule, die aber selten tagsüber jagt. Sie hat aber einen hellen Bauch und Flügel-Hinterrand.

- großer Kopf mit winzigen, meist verborgenen Federohren

VORKOMMEN *Jagt über Grasland, Marschen, Heiden, Mooren und jungen Aufforstungen.*

- Unterflügel weißlich
- Bauch hell
- Oberseite vielfarbig marmoriert
- Bauch hell, schwach gestreift
- Unterseite hell bräunlich mit feinen dunklen Strichen
- enge dunkle Bänder
- kalt wirkende gelbe Augen mit schwarzem Ring
- Außenflügel orangebraun bis gelblich
- weißer Hinterrand
- kräftige Bänderung
- dunkler Fleck am Flügelbug

STIMME *Nasal bellend* kie-eff *oder heiser* ki-ou*; im Balzflug tief und schnell* bu-bu-bu-bu.
BRUTBIOLOGIE *Mulde auf dem Boden, meist in Dickicht; 4–8 Eier, 1–2 Bruten; April–Juli.*
NAHRUNG *Kleine Nagetiere, v. a. Wühlmäuse, andere Säugetiere und Vögel.*
ÄHNLICHE ARTEN *Waldohreule (*Asio otus*), Schleiereule (S. 359), Waldkauz (oben).*

Uhu

Bubo bubo (Strigidae)

Der massige Uhu ist sehr bekannt und einer der kräftigsten Jäger Europas. Er ist fast ausschließlich nachtaktiv und am Sitzplatz überraschend schwer zu sehen. Der Uhu ähnelt der Waldohreule, hat aber weiter auseinander stehende Federohren und ist viel größer.

VORKOMMEN *Vor allem in Gebirgen mit Felshängen, Schluchten, Felsbändern oder großen, alten Bäumen zum Brüten.*

- helles »V« im Gesicht
- Augen tief orangerot
- große Federohren meist zu flachem »V« gewinkelt
- kräftig schwarze Flecken
- helle Unterseite mit kräftigen Strichen
- große, eng gebänderte Oberflügel

STIMME *Tiefes, gedämpftes u-hu, sehr weit zu hören; bellende Alarmrufe.*
BRUTBIOLOGIE *Kahle Mulde in Baum oder auf Felsband; 2–3 Eier, 1 Brut; April–Mai.*
NAHRUNG *Säugetiere von Wühlmäusen bis zu Hasen; Vögel wie Krähen, Tauben.*
ÄHNLICHE ARTEN *Waldohreule (Asio otus); Waldkauz (S. 361); Mäusebussard (S. 328).*

Ziegenmelker

Caprimulgus europaeus (Caprimulgidae)

Von diesem ungewöhnlichen, nachtaktiven Vogel ist vor allem der Gesang bekannt: ein langes, schnurrendes Trillern, das aus der Nähe hölzern klingt. Tagsüber ist er dank seiner perfekten Tarnung nicht zu sehen, in der Dämmerung kann man beobachten, wie er Falter fängt.

VORKOMMEN *Heiden, offenes Gelände mit Gebüsch und Waldlichtungen. Im Winter in Afrika.*

- winziger Schnabel
- flacher Kopf
- weiße Linie auf der Wange
- langgestreckter Körper und Schwanz ♂
- lange Flügel
- weiße Schwanzecken
- gebänderter und marmorierter graubrauner Körper
- ♀
- weiße Flecken ♂
- ♀
- kein Weiß

STIMME *Tief, nasal kreit, Gesang langes Schnurren, etwa errrrörrrrrörrrrerrrr.*
BRUTBIOLOGIE *Nicht ausgelegte Bodenmulde; 2 Eier, 1–2 Bruten; Mai–Juli.*
NAHRUNG *Fängt im Flug Insekten, v. a. Nachtfalter, meist in der Dämmerung.*
ÄHNLICHE ARTEN *Gesang wie Feldschwirl (Locustella naevia), jedoch tiefer.*

Eisvogel

Alcedo atthis (Alcedinidae)

Wenn der Eisvogel über das Wasser fliegt, sieht man meist nur einen glänzend blauen Streifen, und sitzt er an einem schattigen Ansitz, ist er oft schwer zu erkennen. Seine Gestalt ist unverkennbar: gedrungen, fast schwanzlos, mit einem riesigen, spitzen Schnabel.

VORKOMMEN *An Flüssen und Kanälen und in Marschen. Auch an Küsten, vor allem im Winter.*

STIMME Laut, scharf und hoch zi-it oder zi-ti.
BRUTBIOLOGIE Tiefe Röhre in Erdwand über Wasser, Nestkammer mit Fischgräten ausgelegt; 5–7 Eier, 2 Bruten; Mai–Juli.
NAHRUNG Fische, Frösche, Wasserinsekten; taucht von Ansitz oder Rüttelflug aus.
ÄHNLICHE ARTEN Keine.

Wiedehopf

Upupa epops (Upupidae)

Wenn er im Schatten nach Nahrung sucht, ist der Wiedehopf erstaunlich unauffällig, wenn er auffliegt, blitzt sein schwarz-weißes Muster auf. Er sieht keinem anderen europäischen Vogel ähnlich, vor allem, wenn er seine gefächerte Haube aufstellt.

VORKOMMEN *In offenen Wäldern, Parks und Gärten, Obstgärten, alten Dörfern und Gehöften.*

STIMME Weich, tief, hohl uhp-uhp-uhp, oft wiederholt; rau tscherr.
BRUTBIOLOGIE Höhle in Baum oder Mauer; 5–8 Eier, 1 Brut; April–Juli.
NAHRUNG Läuft auf dem Boden, pickt Larven, Insekten und Würmer auf.
ÄHNLICHE ARTEN Eichelhäher (S. 395); Buntspecht (S. 366).

Bienenfresser

Merops apiaster (Meropidae)

Der Bienenfresser ist mit seiner exotischen Farbkombination unverkennbar. Wenn er fliegende Insekten jagt, steigt er mit schnellen, steifen Flügelschlägen auf, verharrt und gleitet kreisend abwärts. Er frisst wirklich Bienen und Wespen und scheint gegen ihre Stiche immun zu sein. Bienenfresser sind sehr sozial, leben in Schwärmen und sitzen oft Schulter an Schulter auf Ästen.

VORKOMMEN *In warmen, buschigen Gebieten mit offenem Grasland und Erdwänden auf Leitungen und Bäumen.*

- dunkle Kappe, bei Jungvögeln grüner
- gelbe Kehle
- grünblaue Unterseite
- rotbrauner Rücken
- goldgelbe Schultern
- dunkler Augenstreif
- Flügel durchscheinend, Hinterrand schwarz
- Schwanz lang; bei Jungvogel keine Spitze

STIMME Typische gedämpfte, aber weit tragende kehlige Rufe, prüt prüt.
BRUTBIOLOGIE Gräbt Röhren; brütet in Kolonien; 4–7 Eier, 1 Brut; Mai–Juni.
NAHRUNG Fängt Insekten, wie Bienen, Wespen, Schmetterlinge und Libellen; stößt auch von einer Sitzwarte herab.
ÄHNLICHE ARTEN Star (S. 399, Silhouette).

Wendehals

Jynx torquilla (Picidae)

Der Wendehals, der eher wie eine kleine Drossel aussieht, ist ein spezialisierter Specht, der sich vor allem von Ameisen ernährt, die er vom Boden oder aus Rindenspalten holt. Er ist scheu und wegen seines Tarngefieders schwer zu sehen, sein Ruf ist jedoch kennzeichnend. Wenn er gestört wird, dreht er den Kopf herum, daher sein Name.

VORKOMMEN *Brütet in Kulturland mit Bäumen und extensiven Kiefern- oder Mischwäldern. Durchzügler an Küsten und auf Inseln.*

- gebänderte Flügel
- gebänderter Schwanz
- langer dunkler Augenstreif
- Oberkopf hellgrau
- großer schwarzer Rückenstreifen
- Kehle hellbraun, gebändert
- oberseits grau, braun und schwärzlich
- helle Flecken auf Flügeln

STIMME Schnelle nasale Laute wie gjä-gjä-gjä-gjä, gedämpfter und tiefer als Turmfalke.
BRUTBIOLOGIE Bestehende Höhle in Baum oder Mauer; 7–10 Eier, 1–2 Bruten; Mai–Juni.
NAHRUNG Oft am Boden, Ameisen und ihre Larven, andere Insekten, Beeren.
ÄHNLICHE ARTEN Sperbergrasmücke (*Sylvia nisoria*).

Schwarzspecht

Dryocopus martius (Picidae)

Obwohl er der größte europäische Specht ist, ist der scheue Schwarzspecht wegen seines schwarzen Gefieders oft schwer zu sehen. Im Frühjahr verkündet er mit lauten Rufen und explosivem Trommeln, das fast wie ein Maschinengewehr klingt, seine Anwesenheit.

VORKOMMEN *In alten Wäldern mit großen Bäumen oder in kleineren Waldstücken und Gruppen hoher Bäume.*

- gerundete Flügel mit gefingerten Spitzen
- heller, dolchförmiger Schnabel
- keilförmiger Schwanz
- rote Kappe
- heller Schnabel, dunkle Spitze
- glänzend schwarzes Gefieder
- nur Hinterkopf rot
- Schwanz als Stütze

STIMME Hoch, klagend kliööh; *laut krri-krri-krri-krri; lautes Lachen und Trommeln.*
BRUTBIOLOGIE Zimmert große Höhle in hohen Baum; 4–6 Eier, 1 Brut; April–Juni.
NAHRUNG Insektenlarven; Ameisen.
ÄHNLICHE ARTEN Dohle (S. 397); Saatkrähe (S. 397); Rabenkrähe (S. 398); Grünspecht (unten, Silhouette).

Grünspecht

Picus viridis (Picidae)

Dieser große, helle Specht macht im Frühjahr durch sein lautes Lachen auf sich aufmerksam und sucht vor allem am Boden nach Nahrung. Er ist wachsam und fliegt bei Störung ins Gebüsch. Altvögel sind vorwiegend hellgrün mit roter Kappe, Jungvögel gefleckt.

VORKOMMEN *In und um Laub- und Mischwald und in Heidegebieten mit Büschen und Bäumen. Sucht im Gras nach Ameisen.*

- schwarz um helles Auge
- purpurrote Kappe (beide Geschlechter)
- dunkle Flecken und Striche
- apfelgrüne Oberseite
- Bartstreif rot und schwarz, bei Weibchen schwarz
- grüngelber Bürzel

- hell grüngelber Bürzel
- dunkle Flügelspitzen mit hellen Flecken

STIMME Schrill, explosiv kjü-kjü-kjü; *Gesang lachend, abfallend klü-klü-klü-klü.*
BRUTBIOLOGIE Zimmert Höhle in Baum; 5–7 Eier, 1 Brut; Mai–Juli.
NAHRUNG V. a. Ameisen, deren Larven und Puppen am Boden; bohrt mit seiner langen, klebrigen Zunge in Nester.
ÄHNLICHE ARTEN Pirol (S. 395).

Buntspecht

Dendrocopos major (Picidae)

Das schnelle Trommeln dieses Spechtes ist im Frühling häufig zu hören. Der Vogel selbst ist oft schwer zu sehen, wenn er auf seinen Schwanz gestützt auf einen Stamm hämmert. Er hat weniger Rot am Kopf und mehr am Unterschwanz als der Mittelspecht.

VORKOMMEN *Gärten, Gebüsch und alte Wälder. Brütet in Laub- und Nadelwäldern.*

roter Fleck am Hinterkopf

hell bräunlich

großer weißer Schulterfleck

ganze Kappe rot, weniger beim Weibchen

intensiv roter Unterschwanz ♂

kein Rot

STIMME *Explosiv kik, ratternde Alarmlaute; trommelt kurz, laut und schnell.*
BRUTBIOLOGIE *Höhle in Baumstamm oder Ast; 4–7 Eier, 1 Brut; April–Juni.*
NAHRUNG *Holt Insekten und Larven aus der Rinde; Samen und Beeren.*
ÄHNLICHE ARTEN *Mittelspecht (Dendrocopos medius); Kleinspecht (unten).*

Kleinspecht

Dendrocopos minor (Picidae)

Der sperlingsgroße Kleinspecht lebt versteckt und ist der kleinste der europäischen Spechte. Er sucht hoch in Bäumen mit schnellen Schnabelhieben Insekten in der Rinde. Sein Trommeln zur Revierverteidigung klingt klappernd.

VORKOMMEN *Wälder, Obstgärten und große Hecken mit alten oder geschädigten Bäumen.*

gebänderter Rücken

schwarze Kappe

weniger rot als Männchen

gebänderte Flügel, keine großen weißen Schulterflecken

rote Kappe

schwarzer Wangenfleck

dicht gebänderter Rücken

unterseits variable Striche

STIMME *Scharf, aber schwach kjik, nasal gi-gi-gi-gi-gi; trommelt nur schwach.*
BRUTBIOLOGIE *Klopft Höhle in Baum; 4–6 Eier, 1 Brut; Mai–Juni.*
NAHRUNG *Insekten.*
ÄHNLICHE ARTEN *Buntspecht (oben); Mittelspecht (Dendrocopos medius); Wendehals (S. 364); Turmfalke (S. 333, Ruf).*

Mehlschwalbe

Delichon urbica (Hirundinidae)

Die Mehlschwalbe mit ihrem schwarz-weißen Gefieder ist in vielen Städten und Dörfern ein häufiger Brutvogel. Sie jagt ausschließlich in der Luft nach kleinen Fliegen und ähnlicher Beute, während sie hoch über den Dächern oder tief über der Wasseroberfläche kreist. Sie kommt nur auf den Boden, um Schlamm für ihr Nest zu sammeln.

VORKOMMEN *Sammelt sich vor dem Zug in Trupps auf Leitungsdrähten. Brütet an Hauswänden, jagt oft über Feuchtgebieten.*

dunkle Flügel · Nest an Außenmauer · blauschwarzer Rücken · gegabelter Schwanz · weißer Bürzel · blauschwarzer Oberkopf · weiße Kehle · weiße Unterseite

STIMME Hart, schnell prrit oder tschrrit tschirit; Gesang zwitschernd, ähnliche Laute.
BRUTBIOLOGIE Schlammnest mit Eingang oben, unter Dachrinne oder Überhang; 4–5 Eier, 2–3 Bruten; April–September.
NAHRUNG Fängt in der Luft Insekten.
ÄHNLICHE ARTEN Rauchschwalbe (S. 368); Uferschwalbe (unten); Mauersegler (S. 368).

Uferschwalbe

Riparia riparia (Hirundinidae)

Die kleinste europäische Schwalbe ist im Frühjahr die erste, die an den nördlichen Brutplätzen eintrifft. Zu dieser Jahreszeit jagt sie über Wasseroberflächen, wo sie viele fliegende Insekten fangen kann. Sie stürzt sich mit schnellen Flügelschlägen auf ihre Beute. Immer gesellig, rastet sie in lebhaft zwitschernden Trupps.

VORKOMMEN *In Kolonien in Erdwänden und Sandgruben, oft in Gewässernähe, in selbstgegrabenen Nesthöhlen.*

braunes Brustband · am Eingang der Nesthöhle · Oberseite einheitlich braun · gewinkelte Flügel · weiße Unterseite · Schwanz leicht gegabelt

STIMME Tief, raspelnd tschrrp; Gesang ähnliche Lautfolgen, leises Zwitschern.
BRUTBIOLOGIE Höhle in Erde oder weichem Sandstein; 4–5 Eier, 2 Bruten; April–Juli.
NAHRUNG Fängt im Flug Insekten.
ÄHNLICHE ARTEN Alpensegler (*Tachymarptis melba*); Mauersegler (S. 368); Mehlschwalbe (oben).

Rauchschwalbe

Hirundo rustica (Hirundinidae)

Die Rauchschwalbe ist im Sommer in der Nähe von Bauernhöfen ein gewohnter Anblick, da sie bevorzugt in Ställen und Scheunen brütet, wo sie immer ausreichend große Fliegen findet. An ihren Schwanzspießen und ihrer tief rostroten Kehle erkennt man sie meist im Flug, und sie ist höchstens mit der Rötelschwalbe zu verwechseln.

VORKOMMEN *Sammelt sich in Trupps vor dem Zug nach Afrika. Fliegt über Flusstälern, Gras- und Kulturland. Brütet in Dörfern und Gehöften.*

- rostrotes Kinn
- dunkel rostrote Stirn
- dunkler Oberkopf
- lange, schlanke Flügel
- tief dunkelblaue, glänzende Oberseite
- helle Unterschwanzdecken
- Unterseite hell
- weißliche bis pfirsichfarbene Unterseite
- braune Flügel
- langer Schwanz

STIMME *Ruf flüssig witt witt witt, härter tswit-tswit; Gesang trillerndes Gezwitscher.*
BRUTBIOLOGIE *Offener Napf aus Schlamm und Stroh; 4–6 Eier, 2–3 Bruten; April–Aug.*
NAHRUNG *Fliegt tief, um Insekten zu fangen.*
ÄHNLICHE ARTEN *Rötelschwalbe (Hirundo daurica); Mehlschwalbe (S. 367); Mauersegler (unten).*

Mauersegler

Apus apus (Apodidae)

Der einzige Segler, der in fast ganz Europa vorkommt, ist an seinen schrillen Rufen und den sichelförmigen Flügeln meist sofort zu erkennen. Er verbringt beinahe sein gesamtes Leben in der Luft und landet nur am Nest. Bei schlechtem Wetter fliegt er sehr tief.

VORKOMMEN *Brütet in Löchern in alten Gebäuden, nur noch selten in Felswänden. Jagt über offenes Land, Dörfer und Städte.*

- weißliche Ränder
- Körper überall dunkel, brauner im Spätsommer
- Kinn und Stirn weißer
- Hinterflügel etwas heller
- helle Kehle, schwer zu sehen
- wirkt gegen den Himmel schwarz.
- sichelförmige Flügel
- lange, gebogene Flügel
- gegabelter Schwanz

STIMME *Laute, schrille Rufe, sriiii, sirrr.*
BRUTBIOLOGIE *Höhlung in Gebäuden, mit Federn ausgekleidet; 2–3 Eier, 1 Brut; Mai–Juni.*
NAHRUNG *Nur in der Luft, fängt fliegende Insekten und driftende Spinnen.*
ÄHNLICHE ARTEN *Fahlsegler (Apus pallidus); Alpensegler (Tachymarptis melba); Rauchschwalbe (oben).*

Seidenschwanz

Bombycilla garrulus (Bombycillidae)

Der Seidenschwanz besucht Ost- und Nordeuropa nur im Winter. Er erscheint in Schwärmen, wenn ihn eine schlechte Beerenernte in seinen nördlichen Brutgebieten zwingt, nach Süden auszuweichen. Mit seinem exotischen Aussehen ist er leicht zu erkennen, im Flug ähnelt er jedoch einem Star.

VORKOMMEN *In nordischen Nadelwäldern. Schwärme wandern im Winter weiter in den Süden.*

STIMME Silberhelle hohe, feine Triller wie triiii *oder* siirrrr.
BRUTBIOLOGIE Nest aus Zweigen in Birke oder Nadelbaum; 4–6 Eier, 1 Brut; Mai–Juni.
NAHRUNG Im Sommer Insekten; im Winter einige Insekten, oft im Flug gefangen; vor allem Beeren wie Weißdorn, Vogelbeeren.
ÄHNLICHE ARTEN Star (S. 399).

Wiesenpieper

Anthus pratensis (Motacillidae)

Der tröpfelnde Gesang des Wiesenpiepers ist ein eindrückliches Geräusch des Sommers im offenen Hügelland. Aus der Entfernung ist oft zu beobachten, wie er in einen Singflug verfällt oder hastig und mit quietschenden Rufen auffliegt.

VORKOMMEN *Brütet in Grasland, Heiden, Dünen und Mooren, von der Küste bis ins Hochland; im Winter in Kulturland und Marschen.*

ANMERKUNG

Singflug ähnlich dem des Baumpiepers, beginnt und endet aber am Boden, während dieser von Ansitz zu Ansitz fliegt.

STIMME Ruf scharf, dünn ist-ist oder weicher in Schwärmen tit; Gesang im Singflug lange Folge wiederholter kurzer tsi.
BRUTBIOLOGIE Napf aus Gras am Boden; 4–5 Eier, 2 Bruten; Mai–Juli.
NAHRUNG Insekten und einige Samen.
ÄHNLICHE ARTEN Verschiedene Pieperarten, Feldlerche (S. 371).

Brachpieper

Anthus campestris (Motacillidae)

Der Brachpieper ist ein großer Pieper, der an eine Stelze erinnert. In Europa ist er im Süden weit verbreitet. Er brütet vor allem in trockenen Gebieten wie auf warmen mediterranen Hängen oder in Sanddünen am Meer. Der Gesang des Männchens im Frühjahr ist charakteristisch, wenn es hoch in den Himmel aufsteigt.

VORKOMMEN *An buschigen, steinigen Hängen, auf Agrarland mit steinigem Boden, Grasland und in Dünen.*

- hell sandbrauner oder graubrauner Rücken
- spitzer Schnabel mit heller Basis
- spärlich gezeichneter heller Rücken
- dunkler Streifen zwischen Auge und Schnabel
- dunkler Schwanz mit weißen Seiten
- blasse Striche auf der Brust
- geschupptes und gestricheltes Muster
- schlanke fleischfarbene oder gelbliche Beine

STIMME Spatzenähnliches Schilpen, kurzes tjüp; Gesang in einem hohen Wellenflug mit lauten Wiederholungen tsirlii tsirltt.
BRUTBIOLOGIE Mit Gras ausgekleidete Bodenmulde. 4–5 Eier, 1–2 Bruten; April–Juni.
NAHRUNG Unterschiedliche Insekten.
ÄHNLICHE ARTEN Bergpieper (Anthus spinoletta); Schafstelze (rechts unten, Jungvogel).

Ohrenlerche

Eremophila alpestris (Alaudidae)

Die Lerche mit dem einzigartigen Kopfmuster brütet in Gebirgen in Skandinavien und Südosteuropa. Im Winter erscheint sie an Stränden und marschigen Stellen um die Ost- und Nordsee, wo sie oft zusammen mit Schneeammern nach Kleintieren sucht.

VORKOMMEN *Im Winter an Stränden und in nahegelegenen Marschen und Feldern. Brütet im Gebirge.*

- schwarz und Gelb matter als im Sommer
- breites schwarzes oberes Brustband
- mittelbraune Oberseite
- variables braunes unteres Brustband
- einfarbige Flügel
- dunkler Schwanz mit heller Mitte
- weiße Unterseite
- blassgelbes und schwarzes Gesicht
- winzige Hörner

STIMME Ruf pieperähnlich, dünn siip-siip; lange Wiederholung zwitschernder Laute von Singwarte oder im Flug.
BRUTBIOLOGIE Grasmulde mit Haaren, am Boden; 4 Eier, 1–2 Bruten; Mai–Juli.
NAHRUNG Läuft über den Boden, sucht Samen, Insekten, Krebstiere, Mollusken.
ÄHNLICHE ARTEN Feldlerche (rechts).

Feldlerche

Alauda arvensis (Alaudidae)

Der silberhelle Gesang der Feldlerche ist ein vertrauter Klang, obwohl sie seltener geworden ist. Auf dem Boden ähnelt sie den anderen Lerchenarten, aber im Flug ist sie charakteristisch, mit vorne gewinkelten, hinten gerade abgeschnittenen Flügeln und weißen Schwanzseiten.

VORKOMMEN Singt über Feldern, Mooren, Heiden und Weideflächen. Sucht im Winter in Agrarland nach Nahrung.

STIMME Rufe rollend trrli oder prrüt, auch höher siii; Gesang schnell und volltönend.
BRUTBIOLOGIE Grasnapf auf dem Boden; 3–5 Eier, 2–3 Bruten; April–Juli.
NAHRUNG Sämereien, Triebe und Insekten.
ÄHNLICHE ARTEN *Haubenlerche* (Galerida cristata); *Kurzzehenlerche* (Calandrella brachydactyla); *Heidelerche* (Lullula arborea).

Schafstelze

Motacilla flava (Motacillidae)

Das Männchen ist im Sommer elegant und farbenprächtig, im Herbst kann man jedoch vor allem die Jungvögel mit anderen Arten verwechseln. Anders als andere Stelzen ist diese Art im Winter nie in Europa, sie zieht nach Afrika in die Savanne.

VORKOMMEN Fängt von Weidetieren aufgescheuchte Insekten, oft in Gewässernähe.

STIMME Ruf tslie oder psiee; Gesang wiederholte zirpende Laute.
BRUTBIOLOGIE Grasnapf in Vegetation am Boden; 5–6 Eier, 2 Bruten; Mai–Jul.
NAHRUNG Insekten vom Boden; kurze Flugsprünge und Flüge nach Insekten.
ÄHNLICHE ARTEN *Gebirgsstelze* (S. 372); *Jungvögel* ähneln jungen Bachstelzen (S. 372).

Gebirgsstelze

Motacilla cinerea (Motacillidae)

Die Gelbfärbung der Gebirgsstelze kann zu Verwechslungen mit der Schafstelze führen, aber ihr Rücken ist grau statt grün, und das Männchen hat im Sommer einen typischen Kehllatz. Im Winter, wenn die Schafstelze in Afrika ist, taucht sie an kleinen Gewässern auf.

VORKOMMEN *Brütet entlang sauberer, baumgesäumter Flüsse oder offener Bergströme. Im Winter in Gewässernähe, auch in Städten.*

STIMME *Explosives tschik oder zi zi; Gesang durchdringend, scharfe Töne, Triller.*
BRUTBIOLOGIE *Grasnapf in Loch oder Uferhöhlung; 4-6 Eier, 2 Bruten; April–August.*
NAHRUNG *Fängt Fliegen oder andere kleine Insekten am Boden oder in der Luft.*
ÄHNLICHE ARTEN *Schafstelze (S. 371); Bachstelze (unten).*

Bachstelze

Motacilla alba (Motacillidae)

Die in Europa weit verbreitete Bachstelze tritt in zwei Formen auf. Die dunklere Form Großbritanniens und Irlands, die Trauerbachstelze, hat einen schwarzen Rücken, dunkle Flanken und schwärzliche Flügel, die helle Form des europäischen Festlandes einen hellgrauen Rücken und Bürzel und helle Flanken.

VORKOMMEN *Schlafplätze befinden sich sogar auch auf Bäumen in Städten.*

STIMME *Melodisch tschrip oder tsiewit, bei Erregung härteres tsissik oder tschiswiet; Gesang nicht sehr lautes Zwitschern mit Pausen.*
BRUTBIOLOGIE *Grasnapf in Uferhöhlung, Mauer; 5–6 Eier, 2–3 Bruten; April–August.*
NAHRUNG *Fliegen, Mollusken, Samen.*
ÄHNLICHE ARTEN *Gebirgsstelze (oben); junge Schafstelze (S. 371).*

Wasseramsel

Cinclus cinclus (Cinclidae)

Wegen ihrer einzigartigen Jagdtechnik ist die Wasseramsel unverkennbar. Sie sucht unter Wasser Nahrung, oft indem sie in einen schnell fließenden Fluss läuft und dann darin verschwindet. Außerhalb des Wassers bewegt sie sich typisch springend und wippt oft mit dem Schwanz.

VORKOMMEN *Jagt Wassertiere in sauberen Hochlandströmen. Im Winter kommt sie in tiefere Lagen, manchmal an die Küste.*

- kräftiger dunkler Schnabel
- tiefbrauner Kopf
- schwärzlicher Rücken
- gedrungene Gestalt
- grauerer Körper
- weiße Brust
- kastanienbraunes Band, nicht bei nördlicher Unterart
- schwärzlicher Schwanz
- kräftige schwarze Beine
- große Füße

STIMME *Ruf scharf* zritt; *Gesang mit rauen, zwitschernden und quietschenden Tönen.*
BRUTBIOLOGIE *Nest aus Moos und Gras in Uferhöhlung; 4–6 Eier, 2 Bruten; Apr.–Jul.*
NAHRUNG *Sucht unter Wasser Insektenlarven, kleine Fische, Krebstiere, Mollusken.*
ÄHNLICHE ARTEN *Ringdrossel* (Turdus torquatus).

Zaunkönig

Troglodytes troglodytes (Troglodytidae)

Der winzige Vogel mit überraschend lauter Stimme richtet seinen kurzen Schwanz oft steil auf. Auch sein Flug ist charakteristisch: schnell und geradeaus, oft direkt ins Dickicht. In kalten Wintern nehmen die Populationen ab, erholen sich meist jedoch schnell wieder.

VORKOMMEN *Singt von einem erhöhten Ansitz aus, meistens aber sucht er im Gebüsch in Bodennähe nach Nahrung.*

- leicht nach unten gebogener feiner Schnabel
- heller Überaugenstreif
- dunkle Bänderung
- oberseits rostbraun mit gebänderten Flügeln
- kurzer, gerundeter Schwanz
- schwache Bänderung
- kräftige Beine und Füße

STIMME *Rasselndes* tschit, tzerr; *Gesang erstaunlich laut, schmetternd mit Trillern.*
BRUTBIOLOGIE *Kleines Kugelnest aus Blättern und Gras; 5–6 Eier; 2 Bruten; April-Juli.*
NAHRUNG *Sucht im Dickicht, unter Hecken, in Gräben nach Insekten und Spinnen.*
ÄHNLICHE ARTEN *Heckenbraunelle (S. 374); Rotkehlchen (S. 375).*

Heckenbraunelle

Prunella modularis (Prunellidae)

Obwohl sie einer der vielen spatzenähnlichen Vögel ist, hat die Heckenbraunelle einen feinen Schnabel und sucht typisch geduckt am Boden nach Nahrung. Wird sie gestört, fliegt sie nah am Boden in den nächsten dichten Busch.

VORKOMMEN *Sucht in niedrigen, dichten Büschen, in Heiden und Mooren, Wäldern, Parks und Gärten nach Nahrung.*

- feiner dunkler Schnabel
- rotbraune Augen
- graue Kehle
- Linie heller Punkte auf Flügeln
- Kopf brauner
- warm braun mit schwarzen Streifen
- orangebraune Beine
- schwarz gestreifte braune Flügel und Rücken

STIMME Laut, hoch, durchdringend tsiiiht, vibrierend tihihihi; Gesang hoch, schnell.
BRUTBIOLOGIE Grasnapf, mit Federn ausgekleidet; 4–5 Eier, 2–3 Bruten; April–Juli.
NAHRUNG Insekten und Samen vom Boden, sucht geduckt laufend unter Büschen.
ÄHNLICHE ARTEN Rotkehlchen (rechts); Zaunkönig (S. 373); Haussperling (S. 400).

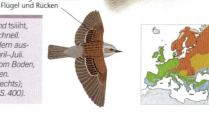

Nachtigall

Luscinia megarhynchos (Turdidae)

Die Nachtigall ist äußerst schwierig zu entdecken. Sie schlüpft durch dichte Vegetation, oft nahe am Boden, und bevorzugt geschlossenes Blattwerk. Im Frühling singt sie in der Morgen- und Abenddämmerung und tagsüber, dann aber weniger ausdauernd und von einem verborgenen Ansitz aus.

VORKOMMEN *Dickichte in verbuschten Wasserrinnen und Heiden, Gehölze und überwucherte Gärten.*

- warm brauner Rücken
- Oberseite gefleckt
- heller Ring um die großen, dunklen Augen
- graue Halsseiten
- rostbrauner Bürzel und Schwanz
- einfarbig braune Flügel
- rotbrauner Schwanz
- Unterseite hell graubraun
- Schwanz oft hochgestellt
- heller Bürzel

STIMME Ruf kehliges kerrr, lautes, hohes hwiit; Gesang schluchzend, kehlige Triller.
BRUTBIOLOGIE Kleiner Napf aus Blättern, gepolstert mit Gras und Haaren, in einem niedrigen Busch; 5–7 Eier, 1 Brut; Mai–Juni.
NAHRUNG Würmer, Larven, Käfer, Beeren.
ÄHNLICHE ARTEN Rotkehlchen (jung); Gartengrasmücke (S. 385), -rotschwanz (S. 376).

Rotkehlchen

Erithacus rubecula (Turdidae)

Das Rotkehlchen ist in den meisten Teilen seines Verbreitungsgebiets ein scheuer Waldvogel. Es ist darauf spezialisiert, Wildschweinen zu folgen, um Kleintiere aus der von ihnen aufgewühlten Erde zu picken. Manchmal folgt es auf die gleiche Weise auch Gärtnern beim Umgraben. Von daher ist es leicht zu zähmen, da es Würmer unwiderstehlich findet. Nistende Rotkehlchen bleiben jedoch scheu.

VORKOMMEN *In offenen Wäldern, buschigen Heiden sowie in Parks und Gärten mit Hecken und Sträuchern.*

- Oberseite warm braun
- weißer Brustfleck

ANMERKUNG

Rotkehlchen singen auch nachts bei künstlichem Licht, sowohl im städtischen Bereich als auch auf Parkplätzen und in Industriegebieten.

- großes schwarzes Auge
- orangerote Brust
- blaugrau an Seiten von Kopf und Hals
- braun gesprenkelter Körper

STIMME *Scharf* tik, *schnell* tik-ik-ik-ik, *hoch, dünn* siiiip; *Gesang perlend, reich.*
BRUTBIOLOGIE *Überdachtes Grasnest in Busch; 4–6 Eier, 2 Bruten; April–August.*
NAHRUNG *Spinnen, Insekten, Würmer, Beeren und Samen v. a. vom Boden.*
ÄHNLICHE ARTEN *Heckenbraunelle (links oben); Nachtigall (links); Gartenrotschwanz (S. 376).*

Gartenrotschwanz

Phoenicurus phoenicurus (Turdidae)

VORKOMMEN *Brütet in offenen Wäldern mit spärlichem Unterwuchs. Durchzügler an Küsten und Seen.*

Ein Gartenrotschwanz-Männchen ist im Frühling und Sommer sehr hübsch und an seinem lieblichen Gesang gut zu erkennen. Das unauffälligere Weibchen zuckt wie das Männchen ständig mit seinem roten Schwanz. Gartenrotschwänze bevorzugen alte Wälder mit locker stehenden Bäumen.

STIMME Klar whiit, scharf täk; Gesang kurz, zwitschernd, endet mit Triller.
BRUTBIOLOGIE Grasnest mit Federn ausgekleidet in Höhlung; 5–7 Eier, 1 Brut, Mai–Juni.
NAHRUNG Insekten, Spinnen, Würmer in Blättern oder am Boden; auch Beeren.
ÄHNLICHE ARTEN *Hausrotschwanz (unten); Rotkehlchen (S. 375); Nachtigall (S. 374).*

Hausrotschwanz

Phoenicurus ochruros (Turdidae)

VORKOMMEN *Im Gebirge, an felsigen Küsten, in Steinbrüchen und auf Abbruchflächen in Industriegebieten und Städten.*

Der Hausrotschwanz ist ein Vogel steiniger Hänge und tiefer Schluchten mit Geröll und Felsen. Er brütet auch auf Abbruchflächen in Industriegebieten und Städten in alten Gebäuden mit geeigneten Wandlöchern. Der hellere Gartenrotschwanz hingegen kommt fast ausschließlich in bewaldeten Gebieten vor.

STIMME Ruf hart, ratternd tsit, täk-täk; Gesang mit knirschenden Lauten, Trillern.
BRUTBIOLOGIE Grasnest in Loch in Gebäude oder Felsen; 4–6 Eier, 2 Bruten, Mai–Juli.
NAHRUNG Insekten; Würmer, Beeren, Samen.
ÄHNLICHE ARTEN *Gartenrotschwanz (oben); Trauersteinschmätzer (Oenanthe leucura); Heckenbraunelle (S. 374).*

Braunkehlchen

Saxicola rubetra (Turdidae)

Das Braunkehlchen sieht dem Schwarzkehlchen ähnlich, hat aber einen weißen Überaugenstreif und ist in Europa nur Sommergast. Es bevorzugt ungepflegtes Grasland, Heiden und Moore. Sein Bestand nimmt ab, weil diese Lebensräume durch die Landwirtschaft verschwinden.

VORKOMMEN *Brütet auf offenen Stellen mit Heide, Gras und jungen Bäumen. Durchzügler an der Küste.*

STIMME *Lautes jü-tek-tek-tek; Gesang variabel, melodisch mit harschen Tönen.*
BRUTBIOLOGIE *Grasnapf in Grasbüschel oder am Boden; 5–6 Eier, 1–2 Bruten; Mai–Juli.*
NAHRUNG *Fängt vom Ansitz aus Insekten und Würmer; auch Beeren, Samen.*
ÄHNLICHE ARTEN *Steinschmätzer (S. 378); Schilfrohrsänger (S. 382); Schwarzkehlchen.*

Schwarzkehlchen

Saxicola torquata (Turdidae)

Das Schwarzkehlchen ist eine Art des offenen, buschigen Geländes. Es sitzt oft auf der Spitze eines Busches, und sein schimpfender Ruf und das schwarz-weiße Kopfmuster des Männchens sind auffällig. Oft stößt es herab, um Beute am Boden zu fangen, und fliegt heftig mit den Flügeln schwirrend wieder zum Ansitz.

VORKOMMEN *Sitzt exponiert an freien Plätzen mit Büschen und Heide, an Küsten und in Mooren.*

STIMME *Hart, schimpfend tsäk oder tsäk-tsäk, scharf wiet; Gesang schnell, harsch.*
BRUTBIOLOGIE *Grasnapf, oft im Gras, mit Eingangstunnel; 5–6 Eier, 2 Bruten; Mai–Juli.*
NAHRUNG *Insekten und Spinnen am Boden, fliegende Insekten in der Luft; Samen.*
ÄHNLICHE ARTEN *Braunkehlchen (oben); Steinschmätzer (S. 378); Gartenrotschwanz.*

Blaukehlchen

Luscinia svecica (Turdidae)

Das scheue Blaukehlchen ist ein Vogel feuchter Orte wie sumpfiger Stellen in nordischen Wäldern und Dickichten bei Schilfflächen. Auch in künstlichen Lebensräumen wie Baggerseen hat es sich angesiedelt. Vögel aus dem Norden tragen einen roten Brustfleck, südliche einen weißen, östliche gar keinen.

VORKOMMEN *Brütet in feuchten Dickichten und Wäldern, Heiden und buschiger Tundra. Durchzügler an der Küste.*

- dunkles Brustband, manchmal blau gefleckt
- blaue Flecken
- kräftiger weißer Überaugenstreif
- roter Punkt
- einfarbige Flügel
- rostroter Bürzel
- dunkelbraun
- Rot auf dem Schwanz

ROTKEHLIGE FORM

STIMME *Scharfes täk, weicheres whiit; Gesang kräftig, viele Nachahmungen.*
BRUTBIOLOGIE *Kleiner Grasnapf in niedrigem Busch; 5–7 Eier, 1 Brut; Mai–Juni.*
NAHRUNG *Sucht bodennah in Deckung Insekten, Beeren, Sämereien.*
ÄHNLICHE ARTEN *Rotkehlchen (S. 375); Nachtigall (S. 374).*

Steinschmätzer

Oenanthe oenanthe (Turdidae)

Im Sommer kommt der Steinschmätzer in offenen, steinigen Lebensräumen vor, als Durchzügler ist er auch an Küsten und auf Äckern zu sehen. Er fliegt typischerweise vor dem Menschen vom Boden auf und setzt sich nicht weit entfernt wieder, und bei jedem Auffliegen blitzt sein weißer Bürzel auf.

VORKOMMEN *Brütet im Hochland mit Polsterpflanzen und Geröll oder Abhängen mit offenem Grasland.*

- kräftiges schwarzes »T«
- weißer Bürzel
- Oberkopf hellgrau
- weißer Überaugenstreif
- durch das Auge schwarzer Fleck
- kleiner Augenfleck
- Oberseite bräunlich
- ähnlich dem Schlichtkleid der Altvögel
- Unterseite hellbeige, bleicht zu Weiß aus
- schwarze Beine

STIMME *Hartes täk-täk, helles hui-täk-täk; Gesang knirschendes Zwitschern.*
BRUTBIOLOGIE *Grasnapf in Bodenhöhle oder Steinmauer; 5–6 Eier, 1–2 Bruten; April–Juli.*
NAHRUNG *Rennt und hüpft nach Insekten und Spinnen; fängt Fliegen in der Luft.*
ÄHNLICHE ARTEN *Mittelmeersteinschmätzer (Oenanthe hispanica); Braunkehlchen (S. 377).*

Blaumerle

Monticola solitarius (Turdidae)

Obwohl sie aus der Entfernung dunkel wirkt und zwischen Felsen oft schwer zu sehen ist, ist das Männchen aus der Nähe betrachtet intensiv blau. Das braune Weibchen ist dunkler als das Steinrötel-Weibchen, mit längerem Schnabel und Schwanz.

VORKOMMEN *In Schluchten und gebirgigen Gegenden. Auch an Gebäuden in Küstennähe.*

STIMME Tief tschak, höhere hellere Laute.
BRUTBIOLOGIE Grasnapf in Fels- oder Mauerloch; 4–5 Eier, 1–2 Bruten; Mai–Juli.
NAHRUNG Insekten, Spinnen, Würmer, Eidechsen, Beeren und Samen vom Boden.
ÄHNLICHE ARTEN Amsel (unten); Einfarbstar (*Sturnus unicolor*); Steinrötel (*Monticola saxatilis*, Weibchen und Jungvögel).

Amsel

Turdus merula (Turdidae)

Die hübsche Drosselart mit der charakteristischen Angewohnheit, den Schwanz vor der Landung anzuheben, ist ein bekannter Gartenvogel. Das schwarze Männchen ist leicht zu erkennen, das brauner Weibchen jedoch kann mit anderen Drosseln verwechselt werden.

VORKOMMEN *In Wäldern mit verrottendem Laub, in Parks, Gärten und Agrarland mit großen Hecken.*

STIMME Tief, weich duk, häufig tak-tak-tak, Alarmruf, hoch srriii; Gesang volltönend.
BRUTBIOLOGIE Napf aus Gras, Erde in Busch, Baum; 3–5 Eier, 2–4 Bruten; März–August.
NAHRUNG Würmer, Insekten und Spinnen am Boden; Früchte und Beeren in Büschen.
ÄHNLICHE ARTEN Ringdrossel (*Turdus torquatus*); Singdrossel (S. 381).

Wacholderdrossel

Turdus pilaris (Turdidae)

Die große Drossel ist an ihrem blaugrauen Kopf und den weißen Unterflügeln zu erkennen. Sie ist im größten Teil Europas ein Wintergast wie die kleinere Rotdrossel, und beide Arten suchen in Schwärmen oft gemeinsam in Büschen nach Beeren.

VORKOMMEN *Sucht im Winter in Agrarland, buschigen Heiden, Wäldern und Obstgärten nach Beeren.*

- weiße Unterflügel
- dunkelbrauner Rücken
- hellgrauer Bürzel
- schwarzer Schwanz
- blaugrauer Kopf mit dunklen Stellen
- schwarz-gelber Schnabel
- orangebraune Brust mit großen schwarzen Flecken
- weißere Flanken
- dichte schwarze Flecken auf weißen Flanken

STIMME *Laut* tschak-tschak-tschak, *nasal* wiehp; *Gesang unauffälliges Schwätzen.*
BRUTBIOLOGIE *Napf aus Zweigen, Gras in Busch, Baum; 5–6 Eier, 1–2 Bruten; Mai–Juni.*
NAHRUNG *Meist Würmer und Insekten am Boden; Früchte von Bäumen und Büschen.*
ÄHNLICHE ARTEN *Misteldrossel (rechts unten); Amsel (S. 379).*

Rotdrossel

Turdus iliacus (Turdidae)

Die kleine, gesellige Drossel mit der auffallenden Kopfzeichnung ist nach ihren charakteristischen rostroten Unterflügeln und Flanken benannt. Sie ist im größten Teil Europas ein Wintergast aus den Wäldern der Taiga und des hohen Nordens. In Schwärmen sucht sie nach Beeren, oft zusammen mit Wacholderdrosseln.

VORKOMMEN *In Winterschwärmen im Agrarland. Brütet in nordischen Wäldern.*

- Unterflügel rötlich
- dunkelbrauner Rücken
- Schwanz kurz, gerade abgeschnitten
- heller Überaugenstreif
- dunkler Oberkopf
- heller Streifen unter dunkler Wange
- matt rostrote Flanken
- unterseits silbrig weiß, dunkle Striche

ANMERKUNG

In ruhigen, klaren Herbstnächten kann man ziehende Rotdrosseln fliegen hören, die rufen, um in Kontakt zu bleiben.

STIMME *Flugruf dünn, hoch* siiieh, *auch* tschjuk, tschittuk; *Gesang variabel.*
BRUTBIOLOGIE *Napf aus Gras und Zweigen in Busch; 4–6 Eier, 2 Bruten; April–Juli.*
NAHRUNG *Würmer, Insekten und Sämereien vom Boden, im Winter Beeren.*
ÄHNLICHE ARTEN *Singdrossel (rechts oben); Feldlerche (S. 371).*

Singdrossel

Turdus philomelos (Turdidae)

Die helle, hübsch gefleckte Singdrossel hat einen wunderbar volltönenden Gesang. Sie ist bekannt dafür, dass sie Schneckenhäuser aufhackt, um an den Inhalt zu gelangen, und zieht zahlreiche Regenwürmer aus dem Boden. In vielen Gegenden, vor allem im Agrarland, ist sie seltener geworden.

VORKOMMEN *Brütet in Laubwäldern, Agrarland mit Bäumen und Hecken, Parks und Gärten mit Sträuchern.*

- heller Augenring
- einfarbig olivbraune Oberseite
- einfarbige Flügel
- orangebräunliche Unterflügel
- v-förmige braune Punkte
- weißer Bauch mit dunklen Punkten
- hell gelbbraune Flanken mit dunklen Punkten
- fleischfarbene Beine

STIMME Kurz, hoch zipp; Gesang laut, volltönend, melodische und raue Motive.
BRUTBIOLOGIE Grasnapf, mit Schlamm ausgekleidet; 3–5 Eier, 2–3 Bruten; März–Juli.
NAHRUNG Regenwürmer, Schnecken, Insekten, Beeren und Früchte v. a. vom Boden.
ÄHNLICHE ARTEN Misteldrossel (unten), Rotdrossel (links unten), Amsel-Weibchen (S. 379).

Misteldrossel

Turdus viscivorus (Turdidae)

Die kräftige und aggressive Misteldrossel ist eine der größten europäischen Drosseln. Sie hat im Vergleich zur Singdrossel einen langen Hals und fliegt bei Störungen höher auf. Männchen singen bei jedem Wetter von Baumspitzen, und im Winter verteidigen einzelne Vögel mit Beeren behangene Bäume gegen andere Arten.

VORKOMMEN *Brütet in Agrarland mit Bäumen, auf Waldlichtungen, in Parks und Obstgärten.*

- großes dunkles Auge
- schlanker Hals
- helle Flügeldecken
- weiße Unterflügel
- heller Bürzel
- graubrauner Rücken
- große schwarze Flecken auf cremeweißer Unterseite
- weißliche Schwanzseiten
- heller Kopf
- helle Flecken

STIMME Schnarrend trrret oder zer-r-r-r; Gesang wiederholte flötende Strophen.
BRUTBIOLOGIE Napf aus Zweigen und Gras hoch in Baum; 3–5 Eier, 2 Bruten; März–Juni.
NAHRUNG Sucht am Boden Sämereien und wirbellose Tiere; Beeren und Früchte.
ÄHNLICHE ARTEN Singdrossel (oben); Wacholderdrossel (links); Amsel-Weibchen (S. 379).

Schilfrohrsänger

Acrocephalus schoenobaenus (Sylviidae)

Der kleine, aktive Vogel mit seinem lauten, abwechslungsreichen Gesang ist in Uferzonen und sumpfigen Lebensräumen häufig. Oft ist er im Schilf zu finden, aber er sucht auch in anderen Vegetationen wie Weiden, Weißdorn und Hecken neben feuchten Gräben nach Nahrung.

VORKOMMEN *Singt von der Spitze von Schilfhalmen und Büschen, in Schilf- und Feuchtflächen, auch in Nesseln und Dornbüschen. Unternimmt kurze Singflüge.*

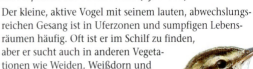

- silberweißer Überaugenstreif
- hellbraun an Brust und Flanken
- orangebrauner Rücken, graue Striche
- Unterseite weißlich
- Bürzel hell orangebraun

STIMME Ruf trocken, rau tschrrr, scharf tek; Gesang Pfeifen, Trillern, Schnarren.
BRUTBIOLOGIE Tiefer Napf aus Gras, Moos, Spinnweben; 5–6 Eier, 1–2 Bruten; April–Juli.
NAHRUNG Insekten, Spinnen, Sämereien von Schilf, Seggen, Nesseln und Büschen.
ÄHNLICHE ARTEN Mariskensänger (A. melanopogon); Teichrohrsänger (unten).

Teichrohrsänger

Acrocephalus scirpaceus (Sylviidae)

Auch wenn er manchmal in Weiden brütet, die über das Wasser wachsen, ist der Teichrohrsänger ein typischer Schilfvogel, der meisterhaft senkrechte Halme umfassen und durch dichtes Schilf schlüpfen kann. Dem Sumpfrohrsänger sehr ähnlich, kann man ihn an seinem rhythmischen Gesang erkennen.

VORKOMMEN *In Schilfbeständen, schilfigen Gräben und Weiden in Gewässernähe. Durchzügler an Küsten.*

- lange Schwungfedern mit hellen Rändern
- heller Augenring
- einheitlich braune Oberseite
- langer Schwanz
- Bürzel heller als Rücken
- dunkle Beine
- weiße Kehle
- hell bräunliche Unterseite

STIMME Ruf tschrrä oder tschk; Gesang rhythmisch, etwa trrik trrik trrik, tschr tschr.
BRUTBIOLOGIE Tiefer Grasnapf, um Schilfhalme geflochten; 3–5 Eier, 2 Bruten; Mai–Juli.
NAHRUNG Insekten und Spinnen; Samen.
ÄHNLICHE ARTEN Sumpfrohrsänger (Acrocephalus palustris); Schilfrohrsänger (oben); Rohrschwirl (Locustella luscinioides).

Drosselrohrsänger

Acrocephalus arundinaceus (Sylviidae)

Der massige, fast drosselgroße Drosselrohrsänger ist kaum zu übersehen, wenn er von einer Baumspitze oder einem Schilfhalm seine typischen knarrenden Strophen singt. Trotz seiner Größe findet man ihn manchmal in sehr kleinen Flecken von Schilf oder hohem Gras, oft an Gräben und Bewässerungsrinnen.

VORKOMMEN *Brütet in Schilfbeständen und Schilfstreifen in Flussnähe und an zeitweise überfluteten Stellen.*

großer Schnabel, schwarze Oberkante
weiße Kehle
Oberseite einheitlich warm braun
heller Streifen über dem Auge
dunkler Augenstreif
heller Bürzel
lange Flügelspitzen
Unterseite hell rostbräunlich
breiter, dunkelbrauner Schwanz

STIMME Ruf knarrend krrrr, schnalzend tschak; Gesang rau, schrill und knarrend.
BRUTBIOLOGIE Nest an Halmen über dem Wasser; 3–6 Eier, 1–2 Bruten; Mai–August.
NAHRUNG Sammelt Insekten, Spinnen, kleine Wirbellose von Blättern und Schilf.
ÄHNLICHE ARTEN Teichrohrsänger (links unten); Singdrossel (S. 381).

Samtkopfgrasmücke

Sylvia melanocephala (Sylviidae)

Diese dunkle Grasmücke ist eine Art steiniger, trockener Plätze mit Gebüschen, besucht aber manchmal auch größere Bäume in Gärten. Sie legt meist nur kurze Flugstrecken zwischen Büschen zurück, und man sieht sie nur schnell im Dickicht verschwinden.

VORKOMMEN *Buschige Plätze wie Dickichte und offenes Waldland.*

schwarze Kappe zieht sich in den Nacken
kurze runde Flügel
braun
♂
grauer Kopf
roter Augenring
grauer Rücken
große weiße Kehle
langer Schwanz
dunkler Schwanz mit weißen Seiten
♀
♂
weißliche Unterseite

STIMME Harter Warnruf trret-trrettrret; Gesang schnelles raues Schwätzen.
BRUTBIOLOGIE Kleiner Napf in niedrigem Busch; 3–5 Eier, 2 Bruten; April–Juli.
NAHRUNG Kleine Insekten und Spinnen in niedriger Vegetation oder am Boden darunter.
ÄHNLICHE ARTEN Weißbartgrasmücken ♂ (*Sylvia cantillans*); Mönchsgrasmücke (S. 385).

ANMERKUNG

Der rote Augenring ist ein typisches Merkmal der Samtkopfgrasmücke. Beim bräuneren, helleren Weibchen ist er etwas matter.

Dorngrasmücke

Sylvia communis (Sylviidae)

Als Art offener, buschiger Landschaften hält sich die Dorngrasmücke oft in niedriger Vegetation auf. Sie verrät sich durch ihren typischen Ruf und kommt oft heraus, um Eindringlinge zu beschimpfen. Sie singt von niedrigen und hohen Warten und während ihres Singflugs.

VORKOMMEN *Singt von Sitzplätzen an buschigen, trockenen Plätzen und Heideflächen mit niedrigem Gestrüpp.*

- blaugrauer Kopf
- weißlicher Augenring
- langer dunkler Schwanz, weiß gesäumt
- Unterseite blass, verwaschen rosa
- blasse Beine
- orangebraunes Flügelfeld

- sehr helles Flügelfeld
- brauner Kopf ♀

STIMME *Rau tschärr, zankend tschurr, wohlklingend wähd-wähd; Gesang schwatzend.*
BRUTBIOLOGIE *Napf aus Halmen im Dornengestrüpp; 4–5 Eier, 2 Bruten; April–Juli.*
NAHRUNG *Pickt Insekten von Blättern; im Herbst viele Samen und Beeren.*
ÄHNLICHE ARTEN *Klappergrasmücke (unten); Weißbartgrasmücke (Sylvia cantillans).*

Klappergrasmücke

Sylvia curruca (Sylviidae)

Die Klappergrasmücke ist kleiner und hübscher als die Dorngrasmücke. Sie singt verborgen an Waldrändern und in Hecken. Man kann sie durch ihren Gesang ausfindig machen, doch wechselt sie oft ihren Platz. Im Herbst ist sie in Büschen zu finden, wo sie Beeren frisst.

VORKOMMEN *In hohen Dickichten an Waldrändern, kleinen Feldgehölzen und alten überwucherten Hecken.*

- Schwanz mit weißen Seiten ♂
- einfarbig braune Flügel
- weißliche Unterseite, verwaschen rosa
- dunkelgraue Beine
- graue Kappe
- dunkles Augenfeld
- matt graubrauner Rücken
- weiße Kehle

- weißer Augenring
- Kopf im Frühjahr heller ♀

STIMME *Trocken, schnalzend tett; Gesang schwätzend, dann laut hölzern klappernd.*
BRUTBIOLOGIE *Napf aus Zweigen und Gras im Gestrüpp; 4–6 Eier, 1 Brut; Mai–Juni.*
NAHRUNG *Insekten; im Spätsommer Beeren.*
ÄHNLICHE ARTEN *Dorngrasmücke (oben); Mönchsgrasmücke (rechts); Weißbartgrasmücke (Sylvia cantillans).*

Mönchsgrasmücke

Sylvia atricapilla (Sylviidae)

Die untersetzte Mönchsgrasmücke ist an ihren typischen harten Rufen zu erkennen. Ihr Gesang jedoch ist melodisch, reich und rein. In Nordwesteuropa überwintert sie manchmal und besucht Gärten, um Sämereien zu fressen. Dabei vertreibt sie oft andere Vögel vom Futterhäuschen.

VORKOMMEN *Singt wohltönend von Sitzplätzen in Wäldern, Parks und großen Gärten mit dichtem Unterwuchs.*

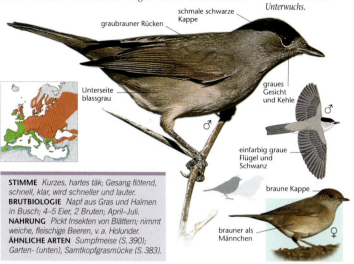

schmale schwarze Kappe
graubrauner Rücken
Unterseite blassgrau
graues Gesicht und Kehle
einfarbig graue Flügel und Schwanz
braune Kappe
brauner als Männchen

STIMME *Kurzes, hartes täk; Gesang flötend, schnell, klar, wird schneller und lauter.*
BRUTBIOLOGIE *Napf aus Gras und Halmen in Busch; 4–5 Eier, 2 Bruten; April–Juli.*
NAHRUNG *Pickt Insekten von Blättern; nimmt weiche, fleischige Beeren, v. a. Holunder.*
ÄHNLICHE ARTEN *Sumpfmeise (S. 390); Garten- (unten), Samtkopfgrasmücke (S. 383).*

Gartengrasmücke

Sylvia borin (Sylviidae)

Die rundgesichtige Gartengrasmücke hat kaum Zeichnung und außer ihrem Gesang, der wunderbar weich und sprudelnd klingt, wenige typische Merkmale. Sonst eine Einzelgängerin, schließt sie sich im Spätsommer anderen Sängern an, um Beeren zu sammeln. Trotz ihres Namens besucht sie selten Gärten, außer, um auf dem Durchzug Nahrung zu suchen.

VORKOMMEN *Brütet in offenen Wäldern, Parks mit vielen Bäumen, Dickichten und einzelnen Bäumen.*

matte, helle Flügel
graue Halsflecken
dünner, heller Augenring
große dunkle Augen
Oberseite hell beigebraun
helle Federränder, deutlicher bei Jungvogel
hell bräunliche Unterseite

STIMME *Ruf satt täk, weich tschäk-tschäk-tschäk; Gesang reich, schnell, melodisch.*
BRUTBIOLOGIE *Flache Schale aus Gras und Moos in Busch; 4–5 Eier, 1 Brut, Mai–Juli.*
NAHRUNG *Pickt Insekten und Spinnen von Blättern; im Herbst Beeren, Sämereien.*
ÄHNLICHE ARTEN *Mönchsgrasmücke; Teichrohrsänger (S. 382); Grauschnäpper (S. 388).*

Zilpzalp

Phylloscopus collybita (Sylviidae)

Der Zilpzalp ist äußerlich kaum vom Fitis zu unterscheiden. Hilfreich ist die Eigenheit des etwas plumperen Zilpzalps, seinen Schwanz herunterzuschlagen. Wenn er singt, verrät er sich, indem er seinen Namen unablässig wiederholt. Anders als der Fitis überwintern einige Vögel in Westeuropa.

VORKOMMEN *Ruft wiederholt seinen Namen von seinem Ansitz in Wäldern, Parks, buschigem Gelände und großen Gärten.*

- kurze gerundete Flügel
- Kopf runder als beim Fitis
- weißer Halbmond unter dem Auge
- Körper olivbraun
- schlägt oft Schwanz nach unten
- schwärzliche Beine

STIMME *Ruf kurz, einsilbig; Gesang klares, helles zilp-zalp, zilp-zalp, zilp-zalp.*
BRUTBIOLOGIE *Überdachtes Grasnest tief im Gebüsch; 5–6 Eier, 1–2 Bruten; April–Juli.*
NAHRUNG *Pickt Insekten und Spinnen von Blättern, schlüpft geschickt durchs Laub.*
ÄHNLICHE ARTEN *Fitis (unten); Waldlaubsänger (rechts).*

Fitis

Phylloscopus trochilus (Sylviidae)

Der Fitis ist der häufigste und am weitesten verbreitete Laubsänger und ähnelt dem Zilpzalp sehr. Am besten ist er an seinem gemütvollen Gesang zu erkennen, mit dem er im Frühling seine Ankunft verkündet. Meist geht er allein auf Nahrungssuche und schlüpft dabei gewandt durchs Laub.

VORKOMMEN *Singt lieblich in lichten Wäldern, Büschen und Dickichten, v.a. aus Birken und Weiden.*

- heller Überaugenstreif
- Kopf flacher als bei Zilpzalp
- gelber Überaugenstreif
- Oberseite graugrün bis olivbraun
- intensiver grün
- Unterseite bräunlich weiß bis hellgelb
- einfarbige runde Flügel
- Helle gelbbraune Beine

STIMME *Ruf einfach pfeifend hü-it; abfallendes Trillern, mit Schnörkel endend.*
BRUTBIOLOGIE *Überdachtes Grasnest, bodennah; 6–7 Eier, 1 Brut; April–Mai.*
NAHRUNG *Insekten, Spinnen, Fliegen.*
ÄHNLICHE ARTEN *Zilpzalp (oben); Waldlaubsänger (rechts); Berglaubsänger (Phylloscopus bonelli).*

Waldlaubsänger

Phylloscopus sibilatrix (Sylviidae)

Der Waldlaubsänger ist einer der größten seiner Gattung und mit seinen zitronengelben und grünen Gefiederpartien der bunteste. Hoch im Blätterdach ist er oft schwer zu entdecken. Im Frühsommer kann man das Männchen durch seinen metallisch trillernden Gesang ausfindig machen, den er mit solcher Kraft schmettert, dass sein ganzer Körper zittert.

VORKOMMEN *Singt ekstatisch von Zweigen alter Laubbäume, unter deren Blätterdach freier Raum ist.*

- lange Flügel
- leuchtend grüne Oberseite
- langer, breiter gelber Überaugenstreif
- hell schwefelgelbes Kinn und Vorderbrust
- seidenweiße Unterseite

STIMME *Ruf lautes düh; Gesang klangvoll düht-düht oder scharf tickend, ansteigend zu Trillern zip zip zip-zwürrrr.*
BRUTBIOLOGIE *Überdachtes Grasnest im Falllaub; 6–7 Eier, 1 Brut; Mai–Juni.*
NAHRUNG *Insekten und Spinnen.*
ÄHNLICHE ARTEN *Berglaubsänger (Phylloscopus bonelli); Zilpzalp (links); Fitis (links).*

Gelbspötter

Hippolais icterina (Sylviidae)

Der Gelbspötter ist etwas größer als der sehr ähnliche Orpheusspötter und erscheint oft mit diesem gemeinsam auf dem Durchzug. Seine Stirn ist flacher, die Flügelspitzen länger, und er hat ein helleres Flügelfeld. Da er nicht so versteckt lebt, bekommt man ihn häufiger zu Gesicht.

VORKOMMEN *Brütet in Laub-, Nadel- und offenen Mischwäldern. Rastet beim Durchzug an Küsten.*

- Schwanz gerade abgeschnitten
- orangefarbener Schnabel mit dunklem First
- helles Flügelfeld
- lange Flügelspitzen
- flache Stirn
- Oberseite blass graugrün
- unterseits weißlich; hellgelb bei Altvögeln
- mattgraue Beine

STIMME *Ruf melodisch ti-ti-lühit, hart täk; Gesang laut, schnell, melodisch, variabel.*
BRUTBIOLOGIE *Tiefer Napf, an Astgabel aufgehängt; 4–5 Eier, 1 Brut; Mai–August.*
NAHRUNG *Pickt Insekten von Blättern; zupft Beeren von Zweigen.*
ÄHNLICHE ARTEN *Orpheusspötter (Hippolais polyglotta); Fitis (links); Teichrohrsänger (S. 382).*

Wintergoldhähnchen

Regulus regulus (Sylviidae)

Der kleinste europäische Vogel, das agile Wintergoldhähnchen, sucht auch in unmittelbarer Nähe des Menschen nach Nahrung. Der rundliche Vogel gibt oft sehr hohe, dünne Rufe von sich, während er rastlos Futter sucht. Der Kopf ist vorne flacher als der des Sommergoldhähnchens.

VORKOMMEN *Sucht in Nadel- und Mischwäldern, Dickichten und großen Gärten während des ganzen Jahres nach Nahrung.*

olivgrüner Rücken

schwärzliche Flügel

breites weißes »V«

gelb zwischen schwarzen Streifen

beige Unterseite

STIMME *Ruf hohes, zischendes si-si-si; Gesang schnelles, hohes siedli-i-siedli-i.*
BRUTBIOLOGIE *Napf aus Spinnweben und Moos; 7–8 Eier, 2 Bruten; April–Juli.*
NAHRUNG *Pickt winzige Insekten und Spinnen von Blättern, rüttelt kurz.*
ÄHNLICHE ARTEN *Sommergoldhähnchen (R. ignicapillus); Fitis (S. 386); Zilpzalp (S. 386).*

Grauschnäpper

Muscicapa striata (Muscicapidae)

Scharfsichtig und wachsam, ist der Grauschnäpper darauf spezialisiert, von einem Ansitz aus fliegende Insekten zu jagen. Mit schnellen Flügelschlägen stürzt er sich auf seine Beute und kehrt meist zum selben Ansitz zurück: eine Technik, die ihn trotz seines unscheinbaren Gefieders unverkennbar macht.

VORKOMMEN *Jagt fliegende Insekten von Ansitzen in offenem Waldland, in Parks und Gärten mit Büschen und Bäumen.*

gestrichelter Kopf

lange, schmale Flügel

beige Flecken auf Rücken

gefleckter Oberkopf

zarte braune Striche auf der Brust

silberweiße Unterseite

langer, nach unten gehaltener Schwanz

STIMME *Ruf kurz, scharf zrri; Gesang kurz, kratzend, schwach und unauffällig.*
BRUTBIOLOGIE *Napf aus Gras, Blättern, Moos in Nische; 3–5 Eier, 1–2 Bruten; Juni–August.*
NAHRUNG *Fängt Fliegen in der Luft; startet vom Ansitz und kehrt zum selben zurück.*
ÄHNLICHE ARTEN *Gartengrasmücke (S. 385); Trauerschnäpper-Weibchen (rechts oben).*

Trauerschnäpper

Ficedula hypoleuca (Muscicapidae)

Ein brütendes Trauerschnäpper-Männchen ist auffallend schwarz-weiß gefärbt und schwer zu übersehen, wenn es sich von einem Ansitz im Wald stürzt, um Insekten im Flug zu fangen. Nach der Mauser im Herbst ähnelt es dem braureren Weibchen.

VORKOMMEN *Brütet gern in Nistkästen und in alten Wäldern mit freiem Raum zwischen den Kronen, wo er jagen kann.*

STIMME *Scharf* bit *oder* bist; *Gesang rhythmisch, wie* wüt-si, wüt-si, wüt-si tsi-tsi-tsi.
BRUTBIOLOGIE Napf aus Blättern und Moos in Baumloch; 5–9 Eier, 1 Brut; April–Mai.
NAHRUNG Fängt Fliegen in der Luft, pickt Insekten von Blättern und vom Boden; auch Samen und Beeren.
ÄHNLICHE ARTEN Grauschnäpper (links).

Bartmeise

Panurus biarmicus (Timaliidae)

Die gelbbraune Bartmeise lebt fast ausschließlich in großen Schilfbeständen. Nur im Winter weicht sie auf hohe Halmvegetation aus, wenn die Bestandsdichte sie dazu zwingt. An windigen Tagen sieht man sie kaum, bei mildem Wetter jedoch kann man sie mithilfe ihres Rufs lokalisieren.

VORKOMMEN *Im Schilf, wo sie brütet und Nahrung sucht. Manchmal ist sie in hoher Vegetation in der Nähe zu finden.*

STIMME Metallisches psching, pink *oder* ping.
BRUTBIOLOGIE Tiefer Napf aus Blättern, Halmen und Schilfrispen, im Schilf über Wasser; 5–7 Eier, 2–3 Bruten; April–August.
NAHRUNG Sammelt Raupen und Schilfsamen zwischen den Schilfhalmen.
ÄHNLICHE ARTEN Schwanzmeise (S. 390); Teichrohrsänger (S. 382).

Schwanzmeise

Aegithalos caudatus (Aegithalidae)

VORKOMMEN *Lebt in Laub- oder Mischwald mit buschigem Unterwuchs und im Gebüsch. Besucht Futterspender.*

Mit ihrem runden Körper und dem langen Schwanz ist diese Art einzigartig unter den europäischen Vögeln. Im Sommer streifen Familientrupps lautstark durch Büsche und Unterwuchs, im Winter ziehen sie in viel größeren Trupps durch die Wälder, einzeln oder paarweise von Baum zu Baum fliegend.

STIMME *Hohes, dünnes siii siii siii; kurzes, abruptes, tieferes trrp oder zerrrp.*
BRUTBIOLOGIE *Kugelnest aus Flechten, Moos, Spinnweben und Federn mit seitlichem Eingang, 8–12 Eier, 1 Brut; April–Juni.*
NAHRUNG *Pickt winzige Insekten und Spinnen von Blättern; Sämereien.*
ÄHNLICHE ARTEN *Keine.*

Sumpfmeise

Parus palustris (Paridae)

VORKOMMEN *Sucht in großen Laubbäumen, v.a. Birken und Eichen, in Wäldern, Parks und Gärten nach Nahrung.*

Im Aussehen scheinbar identisch mit der Weidenmeise, kann man die etwas schlankere und hübschere Sumpfmeise am ehesten an ihrem typischen »pitschä«-Ruf erkennen. Trotz ihres Namens kommt sie nicht in Sümpfen vor, sondern bevorzugt älteres Waldland, wo sie im Unterwuchs Futter sucht.

STIMME *Helles pitschä, angehängtes Zetern; Gesang kurz, monoton, oft Klappern.*
BRUTBIOLOGIE *Napf aus Gras und Moos in Baumloch; 6–8 Eier, 1 Brut; April–Juni.*
NAHRUNG *Im Sommer v.a. Insekten, Spinnen; im Winter Sämereien, Beeren.*
ÄHNLICHE ARTEN *Tannen- (rechts), Weidenmeise (P. montanus); Mönchsgrasmücke (S. 385).*

Haubenmeise

Parus cristatus (Paridae)

Die flotte Haube macht diese Art unverkennbar, und sie erleichtert das Bestimmen, wenn man den Kopf gut sehen kann. Oft sucht die Haubenmeise jedoch hoch oben in Kiefern nach Nahrung, wo man sie am besten an ihren rollenden Rufen erkennen kann.

VORKOMMEN *Sucht in alten Kiefernwäldern nach Nahrung und brütet dort, erscheint in Teilen Europas aber auch in Misch- oder Laubwäldern.*

- schwarz-weiß gefleckte Haube
- brauner Schwanz
- warm brauner Rücken
- weißes Gesicht mit schwarz umrahmten Wangen
- braune Flügel
- einfarbige Flügel
- schwarzer Kehllatz

STIMME *Ruf rollendes bürrrr, auch hohes, meisentypisches si, dazu zigürrr.*
BRUTBIOLOGIE *Napf aus Moos und Haaren in Baumstumpf; 5–7 Eier, 1 Brut, April–Juni.*
NAHRUNG *Kleine Insekten und Spinnen; im Winter Sämereien, legt Vorräte an.*
ÄHNLICHE ARTEN *Tannenmeise (unten); Sumpfmeise (links); Weidenmeise (P. montanus).*

Tannenmeise

Parus ater (Paridae)

Obwohl man sie oft im Garten sieht, ist die winzige Tannenmeise typischerweise auf Nadelbäumen zu finden, wo sie ihr geringes Gewicht nutzt, um auf den dünnsten Zweigen nach Nahrung zu suchen. Im Herbst und Winter schließt sie sich oft anderen Meisenarten an und streift in gemischten Trupps durch Wälder und Gärten.

VORKOMMEN *Sucht auf Kiefern und anderen Nadelbäumen, aber auch im Gestrüpp nach Nahrung. Besucht Futterspender.*

- dunkle Flügel mit zwei weißen Binden
- schwarzer Kopf
- weißer Nackenfleck
- gelbere Wangen
- grauer Rücken
- schwarzer Kehllatz
- hell beigefarbene Unterseite
- weiße Wangen

STIMME *Ruf hohes tzü, dünnes tzi, helles psüt; Gesang schnelles tsi-tsü-tsi-tsü.*
BRUTBIOLOGIE *Napf aus Moos und Blättern in Baumloch; 7–11 Eier, eine Brut; April–Juni.*
NAHRUNG *Sammelt winzige Insekten und Spinnen von Blättern; Sämereien, Nüsse.*
ÄHNLICHE ARTEN *Sumpfmeise (links); Weidenmeise (P. montanus); Kohlmeise (S. 392).*

Blaumeise

Parus caeruleus (Paridae)

Die zutrauliche Blaumeise ist am Futterhäuschen ein häufiger Gast und ihrer akrobatischen Fähigkeiten wegen beliebt. Ihre schwarz-weiße Gesichtszeichnung ist charakteristisch, und auf der gelben Unterseite trägt sie oft einen dünnen dunklen Mittelstreifen.

VORKOMMEN *Besucht Gärten, um an Futterspendern zu fressen. Lebt in Wäldern aller Art, Parks und buschigen Gärten.*

- leuchtend blaue Kappe
- weiße Binden auf blauen Flügeln
- blauer Schwanz
- Unterseite gelb
- grünliche Kappe
- weniger blau

STIMME *Ruf sisidüdü, schimpfend terrrr-ret-et; Gesang hohe Töne, tiefer si-si-sisisi.*
BRUTBIOLOGIE *Kleiner Napf aus Moos und Haaren in Höhle; 7–16 Eier; 1 Brut; April–Mai.*
NAHRUNG *Sämereien, Nüsse, Insekten, Spinnen; besucht Futterstellen im Garten.*
ÄHNLICHE ARTEN *Tannenmeise (S. 391); Kohlmeise (unten); Wintergoldhähnchen (S. 388).*

Kohlmeise

Parus major (Paridae)

Die kühne, aggressive Kohlmeise ist einer der bekanntesten Garten- und Waldvögel. Ihre Rufe sind sehr variabel, aber an dem schwarzen Bruststreifen kann man sie gut erkennen. Sie ist weniger agil als die kleineren Meisenarten und öfter am Boden.

VORKOMMEN *Brütet in verschiedensten Mischwäldern, in Parks und Gärten. Nutzt oft Nistkästen.*

- glänzend schwarze Kappe
- gelbe Wangen
- weiße Wangen
- grüner Rücken
- gelbe Unterseite mit breitem schwarzen Streifen
- helle Flügelbinde
- Streifen schmaler als beim Männchen

STIMME *Vielfältige Rufe, u. a. ping, tui, rau dschä-dschä; Gesang hell ti-tä, zi-zi-tä.*
BRUTBIOLOGIE *Napf aus Moos und Gras in Baumhöhle; 5–11 Eier, 1 Brut; April–Mai.*
NAHRUNG *Insekten, Samen, Nüsse; im Herbst und Winter v. a. Baumsamen.*
ÄHNLICHE ARTEN *Blaumeise (oben); Tannenmeise (S. 391).*

Kleiber

Sitta europaea (Sittidae)

Der Kleiber, unverkennbar durch sein sonderbar kopflastiges Aussehen, ist ein agiler Kletterer, der im Gegensatz zu anderen Vögeln Baumstämme nicht nur aufwärts, sondern auch mit dem Kopf voran abwärts läuft. Er klemmt Nüsse und Samen in Rindenspalten, um sie mit dem Schnabel aufzuhacken.

VORKOMMEN *Sucht in Laub- und Mischwäldern, Parks und größeren Gärten in hohen Bäumen und am Boden nach Nahrung.*

STIMME *Rufe fein zitt, lauter twet, tuit; Gesang langsame Pfeiftöne, schnell als Triller.*
BRUTBIOLOGIE *Klebt typischerweise Schlamm um den Eingang einer alten Spechthöhle; 6–9 Eier, 1 Brut; April–Juli.*
NAHRUNG *Vielfältige Sämereien, Beeren und Nüsse, die er in Spalten klemmt.*
ÄHNLICHE ARTEN *Felsenkleiber (S. neumayer).*

Waldbaumläufer

Certhia familiaris (Certhiidae)

Der Waldbaumläufer sucht nach Insekten, indem er Baumstämme und Äste hinaufläuft. Er verkrallt sich mit seinen kräftigen Zehen in der Rinde und stützt sich mit dem steifen Schwanz ab. Meist läuft er in spiralförmigen Bahnen einen Baum empor, fliegt dann zum Fuß des nächsten und beginnt die nächste Suche.

VORKOMMEN *Sucht Baumrinde in Laub-, Misch- und Nadelwäldern ab; auch in Hecken, Parks und Gärten mit alten Bäumen.*

STIMME *Ruf dünn, hoch siii, rauer sriiih; Gesang abfallende Strophen von siii-Lauten.*
BRUTBIOLOGIE *Unordentliches Nest hinter lockerer Rinde; 5–6 Eier, 1 Brut; April–Juni.*
NAHRUNG *Pickt Insekten und Spinnen von der Rinde, während er Bäume emporläuft.*
ÄHNLICHE ARTEN *Gartenbaumläufer (Certhia brachydactyla).*

Neuntöter

Lanius collurio (Laniidae)

Der kleine Würger jagt seine Beute, indem er vom Ansitz herabstößt. Die Männchen sind auffallend, mit grauem Kopf, schwarzer Maske und rostbraunem Rücken. Die Weibchen wirken brauner. Aufgrund der intensiven Landwirtschaft ist diese Art seltener geworden.

VORKOMMEN *Jagt und brütet in Agrarland, Grasland mit vielen Hecken, Sträuchern und Dornbüschen.*

- dunkler Fleck hinterm Auge
- matterer Rücken
- grauer Bürzel
- schwarzer Schwanz mit weißen Seiten
- undeutliche Schuppenzeichnung
- rostbrauner Schwanz
- graubrauner Bürzel
- rostbrauner Rücken und Vorderflügel
- grauer Kopf und Nacken
- weiße Kehle
- unten hellrosa

STIMME *Ruf harsch wäh, härter tschäik; Gesang leise, knirschend; Nachahmungen.*
BRUTBIOLOGIE *Nest aus Gras und Federn in Busch; 5–6 Eier, 1 Brut; Mai–Juni.*
NAHRUNG *Stößt vom Ansitz, um Insekten, kleine Eidechsen und Mäuse zu fangen.*
ÄHNLICHE ARTEN *Beutelmeise (Remiz pendulinus); Nachtigall (S. 374); Bluthänfling (S. 404).*

Raubwürger

Lanius excubitor (Laniidae)

VORKOMMEN *Im Winter auf hohen Ansitzen. Brütet in Birkenwäldern, Mooren, Buschgebieten.*

Dieser größte europäische Würger benutzt seinen hakenförmigen Schnabel, um Insekten, Eidechsen und kleine Vögel zu zerlegen. Er hält von einem hohen Ansitz Ausschau, stößt herab und bringt seine Beute mit den kräftigen Füßen zur Strecke. Dann trägt er sie zurück zum Ansitz und spießt sie oft auf Dornen oder Stacheldraht, um sie besser zerlegen zu können.

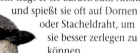

- eisgraue Oberseite
- schwarze Flügel mit weißem Fleck
- schwarzer Schwanz mit weißen Seiten
- langer Schwanz
- leichte Bänderung auf Flanken
- mattweiße Unterseite, bei Jungvogel schwach gebändert
- etwas matter als Männchen

STIMME *Ruf Triller prrrih oder heiser wääch wääch; Gesang kurz mit trillernden Lauten.*
BRUTBIOLOGIE *Grasnest in dichtem Busch; 5–7 Eier, 1 Brut; Mai–Juli.*
NAHRUNG *Mäuse, kleine Vögel, Eidechsen und große Insekten, besonders Käfer.*
ÄHNLICHE ARTEN *Schwarzstirnwürger (Lanius minor); Neuntöter (oben); Elster (S. 396).*

Pirol

Oriolus oriolus (Oriolidae)

Der Pirol bleibt oft im dichten Blätterdach verborgen und leuchtet nur kurz auf. Er hält sich in Laubbaumbeständen mit Eichen, Kastanien und vor allem Pappeln auf, wo er in hohen Kronen nach Nahrung suchen kann, ohne auf den Boden zu kommen.

VORKOMMEN *Brütet an Orten mit hohen Laubbäumen, Pappelbeständen, Auwäldern und bewaldeten Parks.*

- schwarze Flügel mit gelben Flügelbinden
- Gefieder leuchtend gelb und schwarz
- schwarzer Fleck ♂
- kein schwarzer Fleck
- grüner als Männchen
- gelblich grüner Rücken und Vorderflügel
- langer, schlanker Körper
- ♀
- Flügelenden spitz
- unterseits hell mit dunklen Strichen
- gelber Bürzel

STIMME Ruf heiser, wjääik, auch schnell gigi; Gesang laut, anhaltend, widlio oder dlühio.
BRUTBIOLOGIE Flaches Nest aus Gras und Rindenstreifen; 3–4 Eier, 1 Brut; Mai–Juni.
NAHRUNG Käfer und andere Wirbellose in Baumkronen; im Spätsommer/Herbst Beeren.
ÄHNLICHE ARTEN Misteldrossel (S. 381); Grünspecht (S. 365).

Eichelhäher

Garrulus glandarius (Corvidae)

Laut, aber scheu, bleibt der Eichelhäher oft im Dickicht verborgen und tritt den Rückzug an, wenn er gestört wird. Manchmal lässt er Ameisen über sein Gefieder laufen, wahrscheinlich, weil die Ameisensäure Parasiten bekämpft. Man nennt dieses Verhalten Einemsen.

VORKOMMEN *Brütet in Wäldern und Parks, vor allem mit Eichen. Besucht Gärten.*

- Bartstreif dick und schwarz
- Körper hell rosabraun
- gebändertes blaues Flügelfeld
- gesträubte Haube
- Haltung beim Einemsen
- weißes Feld auf schwarzem Flügel
- weißer Bürzel
- weißer Unterschwanz
- schwarzer Schwanz

STIMME Rau, kreischend krrrschä, miauend hijä, sehr ähnlich Mäusebussard.
BRUTBIOLOGIE Großes Nest aus Zweigen, niedrig in Busch; 4–5 Eier, 1 Brut; April–Juni.
NAHRUNG Im Sommer v. a. Insekten, einige Samen und Nestlinge; vergräbt im Herbst Eicheln für den Winter.
ÄHNLICHE ARTEN Wiedehopf (S. 363).

Elster

Pica pica (Corvidae)

Die schwarz-weiße Elster mit ihrem langen Schwanz ist kaum zu übersehen. In der Sonne schillert sie blau, violett und grün. Sie hat den Ruf, Nester von Singvögeln zu plündern. Untersuchungen haben jedoch gezeigt, dass dieses Verhalten kaum langfristige Auswirkungen auf die Bestände hat.

VORKOMMEN *Brütet in Agrarland mit Hecken, an Waldrändern und in Stadtparks. Sucht in Gärten nach Nahrung.*

- keilförmiger Schwanz
- schwarzer Kopf
- weiße Schulter
- schwarze Brust
- schwarze Ränder an weißen Flügelspitzen
- schwarze Flügel, schillern grün und blau
- weißer Bauch
- langer schwarzer Schwanz, schillert grün und violett
- Schwanz kürzer als bei Altvogel
- matter als Altvogel

STIMME *Schackerndes tschäk-tschäk-tschäk; Gesang leise schwätzend, selten.*
BRUTBIOLOGIE *Großes überdachtes Nest aus Zweigen und Lehm; 5–8 Eier, 1 Brut; April–Juni.*
NAHRUNG *Vor allem Insekten, Körner und Abfall; im Sommer Eier und Jungvögel.*
ÄHNLICHE ARTEN *Keine.*

Tannenhäher

Nucifraga caryocatactes (Corvidae)

Dieser hell gefleckte, dohlengroße Rabenvogel kommt in Nadelwäldern im Gebirge vor, wo er oft auffällig auf Baumspitzen sitzt. Bei guter Sicht unverkennbar, taucht er manchmal an Plätzen weit außerhalb auf, wenn ihn Nahrungsknappheit zwingt, auszuwandern.

VORKOMMEN *Brütet in östlichen Wäldern mit Fichten und Kiefern. Wandert bei Nahrungsknappheit südlich und westlich.*

- dunkelbraune Kappe
- Dolchschnabel
- breite blauschwarze Flügel
- helle Flecken auf dunkelbraunem Körper
- Weiß unter kurzem Schwanz
- weißer Unterschwanz

STIMME *Langgezogen, hart und rollend krrräh im Frühjahr und Sommer; sonst still.*
BRUTBIOLOGIE *Nest aus Zweigen und Moos, meist in Kiefer; 3–4 Eier, 1 Brut; Mai–Juli.*
NAHRUNG *Vorwiegend Samen von Kiefer, Arve, Fichte und Hasel, die er vergräbt und im Winter frisst; einige große Insekten.*
ÄHNLICHE ARTEN *Star (S. 399).*

ANMERKUNG

Obwohl er viel größer ist, kann der Tannenhäher einem Star ähneln. Achten Sie auf den weißen Unterschwanz und Endsaum.

Dohle

Corvus monedula (Corvidae)

Die kleine Krähe mit der schwarzen Kappe und dem hellgrauen Nacken ist sehr gesellig und fliegt oft in Schwärmen, die laut rufend Kunststücke vollführen. Auch Nahrung sucht sie in Schwärmen, oft zusammen mit Saatkrähen.

VORKOMMEN *An Felsen, in Steinbrüchen, Wäldern, Agrarland mit alten Bäumen, Städten und Dörfern in alten Häusern mit Kaminen.*

STIMME *Hell, scharf* kja, *heiser* kjäään *oder* kjaar, *mehrere variable Laute.*
BRUTBIOLOGIE *Nest aus Zweigen, Schlamm und Moos; 4–6 Eier, 1 Brut; April–Juli.*
NAHRUNG *Nimmt Würmer, Sämereien und Abfälle vom Boden; Käfer und Beeren.*
ÄHNLICHE ARTEN *Saatkrähe (unten); Alpenkrähe (Pyrrhocorax pyrrhocorax).*

ANMERKUNG

Obwohl sie anderen schwarzen Krähen ähnelt, ist die Dohle deutlich kleiner, mit kürzeren Beinen und kürzerem Schnabel.

Saatkrähe

Corvus frugilegus (Corvidae)

Die Saatkrähe ist etwas kleiner als die ähnliche Rabenkrähe. Die Altvögel sind an ihrer nackten Schnabelbasis zu erkennen. Saatkrähen haben einen spitz zulaufenden Oberkopf, und mit ihrem locker abstehenden Beingefieder sehen sie aus, als würden sie ausgebeulte Hosen tragen.

VORKOMMEN *Brütet in Kolonien, in Baumkronen, vorwiegend in Agrarland, Parks und Dörfern mit verstreuten hohen Bäumen.*

STIMME *Heiser und rau* choah *oder* kaar, *auch höhere und metallische Laute.*
BRUTBIOLOGIE *Nest aus Zweigen in Bäumen; 3–6 Eier, 1 Brut; März–Juni.*
NAHRUNG *Würmer, Käferlarven, Sämereien und Wurzeln; an Straßen überfahrene Tiere.*
ÄHNLICHE ARTEN *Rabenkrähe (S.398); Dohle (oben); Kolkrabe (S.399).*

Rabenkrähe

Corvus corone (Corvidae)

Die schwarze Rabenkrähe ist eine Form der Aaskrähe. Sie kann leicht mit anderen Krähen verwechselt werden, vor allem die Jungvögel, aber ihr Oberkopf ist wesentlich flacher und ihr Körpergefieder dichter und ordentlicher, und sie trägt keine »Hosen«. Man sieht sie meist allein oder paarweise, im Herbst und Winter sammeln sich die Vögel oft zu Schwärmen.

VORKOMMEN *In unterschiedlichsten offenen Gebieten, von Agrarland über Moore bis zu Innenstädten. Auch an der Küste.*

- dicker, gebogener Schnabel
- breiter, flacher Kopf
- eckige Flügel
- glänzend schwarzer Körper
- ordentliche, dichte Befiederung
- Schwanz gerade

STIMME *Rau krächzend krra krra krra, auch kürzer konk und andere Varianten.*
BRUTBIOLOGIE *Großes Nest aus Zweigen in Baum, Busch, auf Felsen, in Gebäuden; 4–6 Eier, 1 Brut; März–Juli.*
NAHRUNG *Wirbellose, Eier, Körner, Abfall.*
ÄHNLICHE ARTEN *Saatkrähe (S. 397); Kolkrabe (S. 399); Dohle (S. 397).*

Nebelkrähe

Corvus cornix (Corvidae)

Die Nebelkrähe wird mittlerweile meist als eigene Art von der nah verwandten, völlig schwarzen Rabenkrähe abgetrennt. Die Nebelkrähe ist größer als eine Dohle, deren Gefieder nur am Hinterkopf und Nacken grau ist. Auch die Rufe sind anders, und die Dohle fliegt mit schnelleren Flügelschlägen.

VORKOMMEN *Im offenen Gelände; zur Brutzeit weniger anspruchsvoll als Rabenkrähe.*

- schwarzer Kopf
- schwarze Flügel
- Schwanz schwarz
- heller Körper
- Flügel schwarz

STIMME *Rau krächzend krra krra, kürzer konk, meist 3–4 Mal; viele ähnliche Varianten.*
BRUTBIOLOGIE *Nest aus Zweigen in Baum, Busch oder auf Felsen; 4–6 grau und braun gefleckte blaugrüne Eier, 1 Brut; März-Juli.*
NAHRUNG *Unterschiedlichste tierische Nahrung, inkl. Aas; auch Körner und Abfälle.*
ÄHNLICHE ARTEN *Dohle (S. 397).*

Kolkrabe

Corvus corax (Corvidae)

Dieser weltweit größte Rabenvogel spreizt oft seine Kehlfedern, um seinen Kopf noch größer erscheinen zu lassen. Aus der Entfernung ist er an seiner Silhouette und dem kraftvollen Flug zu erkennen. Der erste Hinweis auf die Anwesenheit eines Kolkraben ist jedoch meist sein tiefer, rollender Ruf.

keilförmiger Schwanz

VORKOMMEN *In Wäldern, Gebirgen, offenen Mooren und im Hügelland mit Schluchten und Bäumen.*

VÖGEL

lange gefingerte Flügel

einheitlich schwarzes Gefieder mit grünem und violettem Schimmer

sehr großer, gebogener Schnabel

langer Schwanz

STIMME *Tief und rollend korrk, bei Erregung schnell krak krak krak; glucksende Laute.*
BRUTBIOLOGIE *Großer Bau aus Zweigen in Spalte oder Baum; 4–6 Eier, 1 Brut; Feb.–Mai.*
NAHRUNG *Kleine Säugetiere, Vögel, Aas, Abfälle, Insekten und Körner.*
ÄHNLICHE ARTEN *Rabenkrähe (links); Saatkrähe (S. 397).*

Star

Sturnus vulgaris (Sturnidae)

Der Star ist ein geselliger, aber streitsüchtiger Vogel. Sein kraftvoller Gang ist typisch. Oberflächlich schwarz, schillert sein Gefieder im Sommer grün und violett und ist im Winter mit hellen Punkten übersät. Außerhalb der Brutzeit bildet er dichte Schwärme, die akrobatische Flugmanöver veranstalten.

scharfer gelber Schnabel

VORKOMMEN *Bildet im Winter große Schwärme. Brütet in Wäldern, Gärten und Städten.*

Körper glänzend schwarz

Gesicht silberweiß

blaugraue Schnabelbasis, beim Weibchen hell

Schwanz kurz

lange, kräftige rotbraune Beine

IMMATUR

dunkler Schnabel

STIMME *Rufe kurz schwirrend tjürr, scharf kjätt und heiser quäkend stääh; Gesang aus Pfeiftönen und klickenden Lauten.*
BRUTBIOLOGIE *Lockeres Nest aus Gras und Halmen. 4–7 Eier, 1–2 Bruten; April–Juli.*
NAHRUNG *Wirbellose, Samen und Beeren.*
ÄHNLICHE ARTEN *Einfarbstar (Sturnus unicolor); Amsel (S. 379).*

Haussperling

Passer domesticus (Passeridae)

Der Haussperling ist eine der bekanntesten Vogelarten, da er oft an Gebäuden brütet. Das Männchen hat einen schwarzen Kehllatz und eine graue Kappe, das Weibchen ist jedoch leicht mit einem Finkenweibchen zu verwechseln. In den letzten Jahren haben die Bestände abgenommen.

VORKOMMEN *In Städten, Dörfern, auf Bauernhöfen und Agrarland; selten in unbewohnten Gegenden zu finden.*

- graue Kappe
- großer schwarzer Kehllatz
- oberseits rotbraun mit dunklen Streifen
- weißliche Flügelbinde
- hellgrauer Bürzel
- ungezeichnete graue Unterseite
- heller Streifen
- Gefieder einfarbig

STIMME Lebhaft tschilp, lauter Chor im Schwarm; Gesang Serie von Tschilplauten.
BRUTBIOLOGIE Nest aus Gras und Federn in Höhle; 3–7 Eier, 1–4 Bruten, April–August.
NAHRUNG Sämereien, Beeren, meist vom Boden; füttert Nestlinge mit Insekten.
ÄHNLICHE ARTEN Weidensperling *(P. hispaniolensis)*; Buchfinken-Weibchen (rechts).

Feldsperling

Passer montanus (Passeridae)

Der Feldsperling kommt seltener in Städten vor, sondern bevorzugt Waldgebiete und Agrarland. Die Geschlechter unterscheiden sich kaum und haben einen braunen Oberkopf und schwarze Wangenflecken. Der Feldsperling sucht häufig auf dem Boden Futter, oft zusammen mit Finken.

VORKOMMEN *Agrarland mit einzelnen Bäumen, Parks, Wälder und an Waldrändern; in Süd- und Osteuropa auch in Städten.*

- sattbrauner Oberkopf
- schwarzer Augenfleck und Latz
- weiße Wangen mit schwarzem Fleck
- schwarz und braun gestreifter Rücken
- hellbrauner Bürzel
- zwei weißliche Flügelbinden
- hell graubraune Unterseite

STIMME Ruf laut tschilpend, zweisilbig tschiwit; hart tett-ett-ett im Flug.
BRUTBIOLOGIE Grasnest in Baum- oder Mauerloch; 4–6 Eier, 2–3 Bruten; April–Juli.
NAHRUNG Sämereien vom Boden, Insekten und Knospen; besucht Futterstellen.
ÄHNLICHE ARTEN Haussperling (oben); Weidensperling *(P. hispaniolensis)*.

ANMERKUNG

Auf den ersten Blick dem Haussperlingsmännchen ähnlich, hat diese Art einen typischen harten Ruf im Flug und ein anderes Kopfmuster.

Buchfink

Fringilla coelebs (Fringillidae)

Der Buchfink ist einer der am wenigsten spezialisierten Finken und zugleich einer der erfolgreichsten. Die Paare brüten in abgegrenzten Revieren, die die Männchen mit ihrem Gesang verteidigen. Während des restlichen Jahrs sind Buchfinken gesellig.

VORKOMMEN *Brütet in Nadel- und Laubwäldern, Gehölzen, Hecken, Parks und Gärten.*

- zwei weiße Flügelbinden
- grünlicher Bürzel
- ockerbraune Flecken
- Kopf und Rücken olivbraun
- Wangen und Kehle bräunlich rosa
- brauner Rücken
- dunkle Flügel
- dunkler Schwanz mit weißen Seiten
- gelbliche Federränder
- Unterseite rosa, am Bauch heller

STIMME Weich tjüpp, häufig pink; Gesang etwa zit-zit-zit-set-set-set-set-wighlio.
BRUTBIOLOGIE Napf aus Gras, Blättern und Moos ind Bäumen; 4–5 Eier; 1 Brut; April–Mai.
NAHRUNG Insekten, meist Raupen im Sommer; sonst Sämereien, Triebe, Beeren.
ÄHNLICHE ARTEN Bergfink (unten); Haussperlingsweibchen (links); Gimpel (S. 406).

Bergfink

Fringilla montifringilla (Fringillidae)

Der Bergfink ähnelt dem Buchfink, hat aber einen weißen Bürzel und einen dunkleren Rücken. Er ist weniger häufig und im Sommer in Europa selten zu sehen. Im Winter können Bergfinken in riesigen Schwärmen auftreten, die Häufigkeit schwankt jedoch von Jahr zu Jahr mit dem Angebot an Baumsamen.

VORKOMMEN *Im Winter in Agrarland und Parks, vor allem mit Birken, Buchen und Fichten. Brütet in nordischen Wäldern.*

- schwarzer Kopf und Rücken
- Kopf mit Schuppenzeichnung
- matter
- weißer Bürzel
- vordere Flügelbinde orangebraun
- hell orangegelbe Brust und Schultern
- weißer Bauch
- dunkle Flecken auf Flanken

STIMME Ruf hart tjäck, nasal tä-ähp; Gesang nasal summend rrrrrrüh.
BRUTBIOLOGIE Napf aus Flechten und Halmen; 5–7 Eier, 1 Brut; Mai–Juni.
NAHRUNG Insekten im Sommer, sonst Sämereien; Bucheckern vom Boden.
ÄHNLICHE ARTEN Buchfink (oben); Haussperlings-Weibchen (links oben).

Stieglitz

Carduelis carduelis (Fringillidae)

Die bunten Stieglitze suchen in Schwärmen auf Ödland und an Feldrainen nach Nahrung und picken mit ihren spitzen Schnäbeln halbreife Samen aus Disteln, Karden und ähnlichen Pflanzen. Sie sind sehr agil und hängen oft kopfüber an den Blütenköpfen. Ihr Flug ist typisch hüpfend.

VORKOMMEN *Sucht an verunkrauteten Stellen mit großen Blüten wie Disteln nach Nahrung, auch in Erlen und Lärchen.*

- mattere Flügel
- grauer Kopf
- große gelbe Felder
- Kopf kräftig schwarz, weiß und rot
- orangebrauner Rücken
- Gelb auf geschlossenem Flügel
- schwarze Flügel
- helle Unterseite
- hell orangebrauner Fleck

STIMME Ruf munter, zwitschernd ti-ke-lit; Gesang aus Rufen und flüssigen Trillern.
BRUTBIOLOGIE Nest aus Wurzeln, Gras, Spinnweben; 5–6 Eier, 2 Bruten; Mai–Juli.
NAHRUNG Halbreife Samen von Disteln; Samen von Erle und Lärche.
ÄHNLICHE ARTEN Erlenzeisig (unten rechts); Grünfink (unten).

ANMERKUNG

Aus der Entfernung ist das rote Gesicht schwer zu sehen. Die gelben Flügelfelder und der hüpfende Flug sind jedoch unverkennbar.

Grünfink

Carduelis chloris (Fringillidae)

Männchen sind an ihrem grünen Gefieder mit leuchtend gelben Flecken und dem eher strengen Anblick zu erkennen. Die matter gefärbten Weibchen und Jungvögel sind schwieriger zu bestimmen. Im Frühling singen die Männchen auf kreisenden Balzflügen.

VORKOMMEN *Nimmt an Futterspendern Sonnenblumenkerne. Brütet in offenen Wäldern, Hecken, Gärten.*

- dunkler Fleck
- brauner als Altvogel
- überall gestreift
- oberseits grauer
- hell olivgrün
- gelber Streifen
- matter ♀
- ♂ ❄

STIMME Ruf kurz jüp, ansteigend juit; Gesang Serien von Trillern und Summen, etwa djüp-djüp-djüp-djürrrrrr.
BRUTBIOLOGIE Massiges Nest aus Gras, Zweigen; 4–6 Eier, 1–2 Bruten; April–Juli.
NAHRUNG Samen, Beeren und Nüsse.
ÄHNLICHE ARTEN Zitronengirlitz (C. citrinella); Girlitz; Erlenzeisig.

- gelbe Flecken auf Schwanz
- Gelb an Säumen der grauen Schwungfedern

Girlitz

Serinus serinus (Fringillidae)

Der farbenfrohe Vogel mit seinen scharfen Rufen ist einer der häufigsten Finken im Mittelmeergebiet. Männchen singen oft von des Spitze dünner Nadelbäume oder während ihres flatternden Singflugs. Obwohl leicht zu erkennen, kann man sie mit entflogenen Kanarienvögeln verwechseln.

VORKOMMEN *In Olivenhainen, Obstgärten, Weinbergen, offenen Wäldern, Parks, Gärten und Alleen.*

STIMME *Silbriges Trillern, zir-lit, ansteigend twiii; Gesang schnell, scharf, Trillern und Zwitschern, oft während Singflug.*
BRUTBIOLOGIE Grasnapf, mit Haaren gepolstert, in Busch; 4 Eier, 2–3 Bruten; Mai-Juli.
NAHRUNG Winzige Samen.
ÄHNLICHE ARTEN Erlenzeisig (unten); Zitronengirlitz (*Carduelis citrinella*).

Erlenzeisig

Carduelis spinus (Fringillidae)

Der Erlenzeisig ist auf Baumsamen spezialisiert und vor allem an Nadelbäume wie Kiefern und Fichten gebunden. Meist sucht er hoch in den Bäumen nach Nahrung. Im Frühling singen die Männchen von Baumspitzen. Im Winter suchen Erlenzeisige in Schwärmen nach Nahrung.

VORKOMMEN *Nimmt in Gärten Erdnüsse, brütet in Fichten- und Kiefernwäldern. Im Winter weiter verbreitet, oft auf Erlen und Lärchen.*

STIMME *Ruf nasal deäh, kurz te-te-te; Gesang mit Trillern und Zwitschern.*
BRUTBIOLOGIE Nest aus Zweigen und Halmen; 4–5 Eier, 1–2 Bruten; Mai-Juli.
NAHRUNG Samen von Kiefern, Lärchen, Erlen, Birken und anderen Bäumen.
ÄHNLICHE ARTEN Grünfink (links); Birkenzeisig (S. 404); Girlitz (oben).

Bluthänfling

Carduelis cannabina (Fringillidae)

Der lebhafte Bluthänfling ist meist in Schwärmen zu beobachten, die den größten Teil des Jahres zusammen umherziehen. Im Winter suchen sie meist am Boden nach Nahrung und sind dann leicht aufzuschrecken. Während der Brutsaison sind sie weniger scheu, und man kann beobachten, wie kleine Trupps in Büschen Insekten für die Nestlinge sammeln.

VORKOMMEN Fliegt in dichten Schwärmen, die in Heidegebieten, in Grün- und Agrarland und Wiesen im Hochland Nahrung suchen.

STIMME Ruf beim Flug tick-itt oder tett-tett-tett; Gesang enthält Rufe und pfeifende Laute.
BRUTBIOLOGIE Kleiner Napf in Busch in Bodennähe; 4–6 Eier, 2–3 Bruten; April–Juli.
NAHRUNG Sämereien, vor allem Ackerunkräuter; füttert Nestlinge mit Insekten.
ÄHNLICHE ARTEN Berghänfling (Carduelis flavirostris); Birkenzeisig (unten).

Birkenzeisig

Carduelis flammea (Fringillidae)

Der Birkenzeisig ist ein agiler Fink, der meist in koordinierten Schwärmen Nahrung sucht, oft zusammen mit Erlenzeisigen. Während der Nahrungssuche still, verrät er sich durch seinen Stakkato-Ruf im Flug, wenn der Schwarm zum nächsten Baum wechselt. Manchmal sucht er auf verunkrauteten Feldern Nahrung.

VORKOMMEN Ernährt sich von Birken- und Lärchensamen, in Wäldern und buschigen Heiden, auch in großen Gärten.

STIMME Ruf hart tschett-tschett; Gesang im Flug ein trocken ratterndes serrrrrrr.
BRUTBIOLOGIE Napf aus Zweigen und Gräsern; 4–6 Eier, 1–2 Bruten; Mai–Juli.
NAHRUNG V.a. Birkensamen, zusätzlich von Erlen und Lärchen, auch vom Boden.
ÄHNLICHE ARTEN Berghänfling (Carduelis flavirostris); Bluthänfling (oben).

Fichtenkreuzschnabel

Loxia curvirostra (Fringillidae)

Dieser kräftige Fink ist auf Samen von Nadelbäumen spezialisiert. Er benutzt seinen hakenförmigen, gekreuzten Schnabel, um die Schuppen der Zapfen zu spreizen, damit er Samen mit der Zunge herausholen kann. Laut turnt er in den Baumkronen und muss wegen der trockenen Nahrung häufig trinken.

VORKOMMEN *In Wäldern mit Fichten, Lärchen und Kiefern, braucht Zugang zu Wasser.*

STIMME *Laute, abrupte Rufe, glipp, während Nahrungssuche oft zu hören; Gesang etwas zögernd, mit Trillern und Zwitschern.*
BRUTBIOLOGIE *Nest aus Zweigen und Moos in Nadelbaum; 3–4 Eier, 1 Brut; Januar–März.*
NAHRUNG *Samen von Nadelbäumen wie Fichte und Kiefer; Beeren, Knospen, Insekten.*
ÄHNLICHE ARTEN *Kernbeißer (unten).*

Kernbeißer

Coccothraustes coccothraustes (Fringillidae)

Der kräftige Schnabel des Kernbeißers ist daran angepasst, die härtesten Samen, wie Kirschsteine, zu knacken. Er sucht meist hoch in Bäumen nach Nahrung, wo er trotz seiner charakteristischen massigen Gestalt schwer zu erkennen ist. Im Winter sucht er am Boden nach Baumsamen, fliegt aber bei Störung auf.

VORKOMMEN *In Laubwald, Obstgärten, Olivenhainen und großen Gärten.*

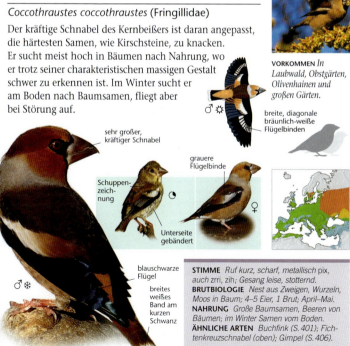

STIMME *Ruf kurz, scharf, metallisch pix, auch zrri, zih; Gesang leise, stotternd.*
BRUTBIOLOGIE *Nest aus Zweigen, Wurzeln, Moos in Baum; 4–5 Eier, 1 Brut; April–Mai.*
NAHRUNG *Große Baumsamen, Beeren von Bäumen; im Winter Samen vom Boden.*
ÄHNLICHE ARTEN *Buchfink (S. 401); Fichtenkreuzschnabel (oben); Gimpel (S. 406).*

Gimpel

Pyrrhula pyrrhula (Fringillidae)

Der Gimpel ist unauffällig, wenn er im Dickicht nach Nahrung sucht. Unübersehbar ist er jedoch, wenn er ins Freie kommt. Vor allem das Männchen ist mit seinem prächtigen Gefieder ein auffallender Anblick. Gimpel verhalten sich eher scheu und verschwinden im Gebüsch, wenn sie gestört werden. In manchen Gegenden nehmen die Bestände bedenklich ab, wahrscheinlich, weil Hecken mehr und mehr verschwinden.

VORKOMMEN *Fällt in Früchte tragende Bäume u. a. Futterquellen in Wäldern ein, in Agrarland mit Hecken, in Parks und Gärten.*

STIMME *Ruf tief, Pfeifen, Gesang langsam mit Rufen oder kratzenden Tönen.*
BRUTBIOLOGIE *Napf aus Zweigen, in Baum oder Busch; 4–5 Eier, 2 Bruten; April–Juni.*
NAHRUNG *Weiche Knospen, Samen, Beeren, Obstbaumtriebe, Insekten, Spinnen.*
ÄHNLICHE ARTEN *Buchfink (S. 401); Eichelhäher (S. 395).*

Karmingimpel

Carpodacus erythrinus (Fringillidae)

Hell und gedrungen, hat der Karmingimpel einen kurzen, rundlichen Schnabel und schwarze Augen. Bei brütenden Männchen sind Kopf, Brust und Bürzel karminrot. In Westeuropa erscheinen jedoch hauptsächlich Jungvögel. In den letzten Jahren hat sich die Art jedoch nach Westen ausgebreitet.

VORKOMMEN *Brütet in Laubwäldern und Büschen, oft in Feuchtgebieten nahe Seen und Flüssen.*

STIMME *Ruf kurzer Pfiff whüi; Gesang rhythmische Pfeifstrophen, etwa wi-jü-wi-djü.*
BRUTBIOLOGIE *Kleines Nest aus Gras in niedrigem Busch; 4–5 Eier, 1–2 Bruten; Mai–Jun.*
NAHRUNG *Samen, Knospen, Insekten.*
ÄHNLICHE ARTEN *Gimpel (oben); Buchfink (S. 401); Fichtenkreuzschnabel (S. 405); Haussperling (S. 400, Weibchen, Jungvögel).*

Schneeammer

Plectrophenax nivalis (Emberizidae)

Das schwarz-weiße Brutkleid des Männchens ist an seine schneereichen Brutgebiete angepasst. Im größten Teil Europas sieht man es nur in seinem dezenteren Winterkleid, in dem sich beide Geschlechter ähneln. Schneeammern sind an härteste Klimate angepasst und verbringen den Winter oft an Gebirgshängen.

VORKOMMEN *Sucht im Winter in Kiesbänken, Küstenmarschen sowie Gebirgshängen nach Nahrung. Brütet in Tundra und Gebirgen.*

STIMME *Ruf laut, klar, pfeifend pjü-u oder rollend perrit; Gesang kurzes Gezwitscher.*
BRUTBIOLOGIE *Nest aus Moos und Flechten zwischen Felsen; 4–6 Eier, 1–2 Bruten; Mai–Juli.*
NAHRUNG *Im Sommer Insekten, im Winter Sämereien und wirbellose Tiere am Strand.*
ÄHNLICHE ARTEN *Rohrammer (S. 408); Spornammer (unten).*

Spornammer

Calcarius lapponicus (Emberizidae)

Im Sommer brütet die Spornammer in abgelegenen Gegenden Lapplands, im Herbst erscheint sie an Küsten weiter im Süden. Sie fällt wenig auf, wenn sie durch das Gras, am Rand von Salzmarschen und auf Golfplätzen huscht, und fliegt erst kurz vor den Füßen herannahender Menschen auf.

VORKOMMEN *Sucht im Winter in Salzmarschen und niedrigem, feuchtem Grasland Nahrung. Brütet in der Tundra.*

STIMME *Ruf hart prerrrt, klar pfeifend tju; Gesang wie Feldlerche, aber kürzer.*
BRUTBIOLOGIE *Nest aus Moos und Gras in Grasbüschel; 5–6 Eier, 1 Brut; Mai–Juni.*
NAHRUNG *Pickt Samen vom Boden; im Sommer Insekten.*
ÄHNLICHE ARTEN *Rohrammer (S. 408); Schneeammer (oben).*

Ortolan

Emberiza hortulana (Emberizidae)

Der Ortolan ist eine schlanke, helle Ammer mit einem weißen Augenring und sucht seine Nahrung auf offenen Grasflächen wie Weideland und Dünen. Brütende Männchen haben stellenweise gelbes und grünes Gefieder und singen an warmen Hängen von Bäumen und Büschen.

VORKOMMEN *In vielfältigen Habitaten, von warmen Hängen bis Bergweiden.*

- grüner Kopf
- heller Augenring
- gelber Bartstreif und Kehle
- Oberseite braun gestreift
- hellgrüne Brust
- hellbraunes Gefieder
- schwarzer Schwanz mit weißen Seiten
- grauer als Jungvogel
- oliv-brauner Bürzel

STIMME *Ruf metallisch sii-e oder kurz tjü; Gesang ansteigend, etwa sia sia si sia srü srü.*
BRUTBIOLOGIE *Nest aus Gras am Boden; 4–6 Eier, 2–3 Bruten; April–Juli.*
NAHRUNG *Samen vom Boden, oft auf grasigen Lichtungen; Insekten im Sommer.*
ÄHNLICHE ARTEN *Goldammer (rechts); Rohrammer-Weibchen (unten).*

Rohrammer

Emberiza schoeniclus (Emberizidae)

Im Sommer sind Rohrammer-Männchen leicht zu erkennen, wenn sie monoton von niedrigen Sitzplätzen in Schilf oder anderer Feuchtvegetation singen. Im Winter sind sie wesentlich unauffälliger und im Feld oder Garten schwierig zu bestimmen.

VORKOMMEN *An feuchten Stellen mit Schilf und Binsen. Im Winter in Weidendickichten, Heiden und Gärten.*

- schwarzer Kopf
- weißer Kragen und Bartstreif
- brauner Rücken mit schwarzen Streifen
- Andeutung eines hellen Kragens
- rostbrauner Vorderflügel
- cremefarbene und schwarze Streifen
- weiße Schwanzseiten
- langer, gekerbter Schwanz
- Unterseite weißlich, gestreift
- hell rotbraune Beine
- matteres Kopfmuster

STIMME *Ruf laut, weich siü, Gesang kurze Strophe, sarip srip srip sia-sia-sia sitip-itip-itip.*
BRUTBIOLOGIE *Nest aus Gras und Seggen am Boden; 4–5 Eier, 2 Bruten; April–Juni.*
NAHRUNG *Samen, im Sommer auch Insekten.*
ÄHNLICHE ARTEN *Buchfinken-Weibchen (S. 401); Spornammer-Weibchen (S. 407); Haussperling (S. 400).*

Goldammer

Emberiza citrinella (Emberizidae)

Der ununterbrochene Gesang der Männchen ist ein typisches Geräusch warmer Sommertage auf Feldern oder in Heiden. Während der Wintermonate bilden Goldammern Trupps, die auf Feldern einfallen.

VORKOMMEN *Sammelt sich im Winter, um Samen zu suchen. Brütet in Heiden und Agrarland.*

STIMME *Ruf scharf* zick; *Gesang schnell, hoch, tieferer Abschluss,* ti-ti-ti-ti-ti-ti-ti-siieeh.
BRUTBIOLOGIE *Nest aus Gras und Stroh unter Busch; 3–5 Eier; 2–3 Bruten; April–Juli.*
NAHRUNG *Samen, im Sommer auch Insekten.*
ÄHNLICHE ARTEN *Zaunammer (unten); weibliche Rohrammer (links); Ortolan (links).*

Zaunammer

Emberiza cirlus (Emberizidae)

Die Zaunammer ist auf offenen, buschigen Hängen und Kulturland mit Bäumen und Hecken häufig. Sie ähnelt der Goldammer, ist jedoch weniger gelb. Zaunammern sind auf altes Grasland mit vielen Heuschrecken angewiesen. Wo unbewirtschaftetes Grasland verschwunden ist, haben die Bestände stark abgenommen.

VORKOMMEN *Hänge, in Obstgärten und Olivenhaine. Im Winter auf Wildkrautflächen.*

STIMME *Ruf kurz, hoch, dünn* zitt; *Gesang monotone Reihe, schnell wie ein Triller oder langsamer* sre-sre-sre-sre-sre-sre.
BRUTBIOLOGIE *Nest aus Gras, in Busch oder Hecke; 3–4 Eier, 2 Bruten; April–Juli.*
NAHRUNG *Heuschrecken; Samen.*
ÄHNLICHE ARTEN *Goldammer (oben); Rohrammer-Weibchen (links).*

Grauammer

Miliaria calandra (Emberizidae)

Die große Ammer kommt vor allem in Agrarlandschaft mit Getreidefeldern und extensiv genutztem Grasland vor. Diesen Lebensraum teilt sie mit der Feldlerche, ihr Gesang ist jedoch anders: Das Männchen lässt von einer exponierten Stelle aus oder in einem Balzflug ein unverwechselbares metallisches Rasseln erklingen. Die Art ernährt sich von Insekten und Samen am Boden. Der verbreitete Einsatz von Herbiziden und Insektiziden hat dazu geführt, dass sie in vielen Gebieten fast ausgestorben ist. Wo sie noch häufig vorkommt, kann man in der Dämmerung Trupps zu gemeinsamen Schlafplätzen fliegen sehen.

VORKOMMEN *Sucht Hecken auf, wenn sie bei der Nahrungssuche auf Wiesen, Feldern, in Grasland und Gebüschen gestört wird.*

- dunkle Streifen auf Oberkopf
- dunkle untere Wange
- Reihe dunkler Punkte auf Flügeldecken
- gestreifter hellbrauner Rücken
- einfarbige Flügel
- untersetzte Gestalt
- Dunkle Streifen können auf Brust zu Fleck verschmelzen.
- einfarbig brauner Schwanz, keine weißen Seiten
- massiger hellgelber Schnabel
- aufrechte Haltung beim Singen
- helle, gestreifte Brust

ANMERKUNG

Sie ähnelt der Feldlerche und teilt deren Lebensraum, läuft jedoch nicht, sondern hüpft eher und hat kein Weiß am Schwanz.

STIMME *Ruf kurz, abrupt, metallisch tsrit; Gesang mit zögernder Einleitung, die sich beschleunigt und schnell rasselnd endet.*
BRUTBIOLOGIE *Nest aus Gras und Wurzeln, mit feinen Materialien ausgelegt, am Boden; 3–5 Eier, 1–2 Bruten; April–Juni.*
NAHRUNG *Sucht am Boden nach Nahrung, im Sommer Insekten und Samen, im Winter ausschließlich Samen.*
ÄHNLICHE ARTEN *Rohrammer-Weibchen (S. 408); Goldammer-Weibchen (S. 409); Feldlerche (S. 371).*

Reptilien und Amphibien

Von den rund 8000 heute bekannten Reptilienarten leben nur etwa 125 in Europa, wobei der Verbreitungsschwerpunkt im Mittelmeerraum liegt. In Europa kommen auch ungefähr 75 der rund 5000 Amphibienarten der Welt vor. Die meisten Reptilien leben an Land, obwohl es auch einige Süß- und Meerwasserbewohner gibt. Fast alle Amphibien bevorzugen feuchte Lebensräume, da ihre Haut nur sehr schlecht vor dem Austrocknen geschützt ist.

GELBGRÜNE ZORNNATTER

EUROPÄISCHER LAUBFROSCH

EUROPÄISCHE SUMPFSCHILDKRÖTE

WALD- ODER BERGEIDECHSE

Kreuzotter

Vipera berus (Squamata)

Mit ihrem besonders bei Weibchen kräftigen Körper ist die Kreuzotter eine kälteunempfindliche Art, die bis zum Polarkreis vorkommt und so die am weitesten nördlich lebende Schlange der Welt ist. Der graue, manchmal gelb oder rötlich getönte Körper trägt einen Rückenstreifen, der bei Männchen schwarz und bei Weibchen braun ist. Obwohl die Tiere sich sonnen, meiden sie die heißeste Zeit und jagen im Süden meist in der Dämmerung. Vor allem auf dem Balkan treten auch melanistische Exemplare auf. Kreuzottern sind recht giftig, sodass der Biss eine medizinische Behandlung erfordert.

VORKOMMEN Heide und Moore, offene Wälder, Wiesen und Feuchtgebiete. Im Süden vor allem im Gebirge.

brauner Zickzackstreifen ♀

ANMERKUNG
Abhängig vom Ort überwintern Kreuzottern von September/Oktober bis Februar/März. Oft werden die Winterquartiere seit vielen Jahren gemeinschaftlich genutzt und erwachsene Tiere können sie aus Entfernungen von über 2 km auffinden.

KOPF

rote Augen mit vertikalen Pupillen

dunkle, v-förmige Kopfzeichnung

dunkelgraue bis schwarze Unterseite

dunkler Zickzackstreifen

♂

GRÖSSE *50–65 cm.*
JUNGE *Bis zu 20 lebende Junge im August, jedoch nicht in jedem Jahr.*
NAHRUNG *Verfolgt Kleinsäuger bis in die Bauten, Echsen, Molche, Frösche, Jungvögel im Nest.*
STATUS *Häufig.*
ÄHNLICHE ARTEN *Wiesenotter (V. ursinii); Nordiberische Kreuzotter (V. seoanei); Aspisviper (V. aspis); Europäische Hornotter (V. ammodytes).*

Gelbgrüne Zornnatter

Hierophis viridiflavus (Squamata)

Der Kopf der schlanken Schlange ist deutlich abgesetzt. Sie erklettert ohne Mühe Felsen und Bäume und überwintert zwischen Oktober und März in Spalten, Bauen oder Gebäuden, kommt jedoch an warmen Wintertagen zum Sonnen heraus. Ihre Farbe ist ein Gelbgrün, das mehr oder weniger stark von dunklen schwarzgrünen Flecken bedeckt ist.

VORKOMMEN Trockenes Busch- und Heideland, Wälder, Gärten, meist mit felsiger Umgebung, Geröll, Steinmauern und Ruinen.

sehr dunkle Zeichnung • gestreifter Schwanz

deutlich abgesetzter Kopf

SCHWARZE FORM

rote Augen mit runden Pupillen

JUNGTIER

GRÖSSE Bis zu 1,8m.
JUNGE 8–15 Eier; Juni–Juli; Schlupf nach 1–2 Monaten.
NAHRUNG Echsen, Insekten, Nager, Vögel.
STATUS Örtlich sehr häufig.
ÄHNLICHE ARTEN Hufeisennatter (*Hemorrhois hippocrepis*); Balkan-Zornnatter (*H. gemonensis*).

Schling- oder Glattnatter

Coronella austriaca (Reptilia)

Die scheue Schlange verbringt einen großen Teil ihrer Zeit in unterirdischen Bauen. Sie lässt sich daher vor allem anhand abgestreifter Häute nachweisen. Einer ihrer Namen weist auf das Fehlen gekielter Schuppen hin. Auf meist graubraunem Grund trägt die Schlange paarige kleine, braune Flecke, die sich den Rücken entlangziehen.

VORKOMMEN Trockene Heidelebensräume, auch zwischen Hecken und in Wäldern, im Süden bis ins Gebirge.

größerer Fleck hinter dem Kopf • glatte Schuppen • schwarze Linie • graubraune Grundfarbe • orangefarbene Augen

KOPF

GRÖSSE 50–70cm.
JUNGE 5–16 Junge; Geburt Aug.–Sept.
NAHRUNG Nagetiere, Spitzmäuse, Echsen, einige Wirbellose.
STATUS Örtlich häufig, im Norden selten.
ÄHNLICHE ARTEN Girond. Glattnatter (*C. girondica*); Kapuzenn. (*Macroprotodon cucullatus*).

Äskulapnatter

Zamenis longissimus (Squamata)

Die Äskulapnatter erklettert mit Leichtigkeit Bäume und Felsen. Die erwachsenen olivbraunen Tiere scheinen zu glänzen, da sie keine gekielten Schuppen besitzen. Der Körper weist oft kleine helle Flecke auf. Manchmal ziehen sich undeutliche dunkle Streifen den Rücken entlang. Die Unterseite ist weißlich, an der Kehle oft hellgelb.

VORKOMMEN *Trockene Busch- und Waldgebiete, Abhänge, Steinwälle und Ruinen. Kommt bis ins Gebirge vor, bevorzugt Südhänge.*

- relativ einfarbige, olivbraune Oberseite
- graubraune Augen
- gelbe Flecke auf dem Kopf
- glatte, nicht gekielte Schuppen
- **JUNGTIER**
- hellgelbe Kehle
- **DUNKLE FORM**

GRÖSSE 1–2 m.
JUNGE Bis 18 Eier; Juni–Juli; Schlupf im Sept.
NAHRUNG Nager, Vögel, Amphibien, Reptilien.
STATUS Häufig.
ÄHNLICHE ARTEN *Gelbgrüne Zornnatter (S. 413); Vierstreifennatter (Elaphe quatuorlineata); Ital. Äskulapnatter (Z. lineatus); Ringelnatter.*

Ringelnatter

Natrix natrix (Reptilia)

Die Ringelnatter schwimmt gut, hält dabei aber den Kopf aus dem Wasser. Die Eier werden in verrottendem Pflanzenmaterial ausgebrütet, sodass die Ringelnatter die nördlichste Eier legende Schlange ist. Die dunkeloliv gefärbten und unterschiedlich gefleckten Tiere besitzen einen markanten gelb-schwarzen Halbmondfleck.

VORKOMMEN *Feuchtgebiete, jagt in Flüssen, Seen und Sümpfen. Auch in Wiesen, Heideland, offenen Wäldern, großen Gärten.*

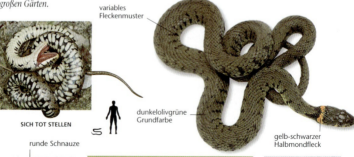

- variables Fleckenmuster
- dunkelolivgrüne Grundfarbe
- gelb-schwarzer Halbmondfleck

SICH TOT STELLEN

- runde Schnauze

GESTREIFTE FORM

GRÖSSE 70–150 cm.
JUNGE Bis zu 100 Eier; Schlupf Aug.–Sept.
NAHRUNG Amphibien, Fische, kleine Säugetiere, Vögel, Echsen und Wirbellose.
STATUS Häufig.
ÄHNLICHE ARTEN *Würfel- (N. tessellata) und Vipernatter (N. maura), ohne Halbmondfleck.*

Mauereidechse

Podarcis muralis (Squamata)

Die Mauereidechse besitzt einen flachen Körper, eine spitze Schnauze und einen deutlich vom Rumpf abgesetzten Kopf. Die Schuppen sind leicht gekielt, sodass die Haut rau wirkt. Variable schwarze Rückenflecke können ein Netzmuster bilden. Die Unterseite ist gelblich oder cremefarben. Sie färbt sich bei Männchen in der Paarungszeit orange.

VORKOMMEN *Felsen, Steinwälle und Wände. Jagt oft auf Wiesen und im Waldland. Im Süden überwiegend im Bergland.*

Netzmuster

FARBVARIANTE

dunkle oder stark gefleckte Flanken

♀

dunkler Rückenstreifen

brauner, manchmal grün getönter Rücken

Seitenstreifen

♂

GRÖSSE *Körper ≤ 7,5 cm; Schwanz ≤ 16 cm.*
JUNGE *Bis zu 3 Gelege, je 10 Eier, Feb.–Juni.*
NAHRUNG *Insekten, Spinnen, Krebstiere, Früchte, junge Eidechsen.*
STATUS *Häufig.*
ÄHNLICHE ARTEN *Waldeidechse (unten); Ruineneidechse (P. sicula).*

Wald- oder Bergeidechse

Zootoca vivipara (Squamata)

Diese Eidechse ist die in großen Teilen Europas häufigste Art, wenn man vom Mittelmeerraum absieht. Sie dringt sogar bis in arktische Bereiche vor. Anders als bei anderen Arten ist der Körper nur beim Sonnenbad abgeplattet. Die Grundfarbe variiert von Graubraun bis Rötlich und Olivgrün. Auf dem Rücken verlaufen Streifen, manchmal mit schwarzen Flecken oder Ocelli (Punktaugen), die in Reihen auf dem Rücken oder den Flanken angeordnet sind.

VORKOMMEN *Lebensräume vom Flach- bis zum Bergland, von trockenen Dünen bis zu feuchten Wäldern.*

weiße Kehle (kann sich beim paarungsbereiten Männchen blau färben)

variable schwarze Flecken

dunkler Rückenstreifen

gezähntes Halsband

UNTERSEITE

orangegelbe Unterseite

GRÖSSE *Körper ≤ 6,5 cm; Schwanz 8–10 cm.*
JUNGE *Bis zu 10 Junge; Juni–September.*
NAHRUNG *Insekten, Spinnen, Schnecken, Regenwürmer, Wirbellose.*
STATUS *Verbreitet.*
ÄHNLICHE ARTEN *Zauneidechse (S. 416); Mauereidechse (oben).*

Zauneidechse

Lacerta agilis (Squamata)

VORKOMMEN *In trockenem Gras- und Heideland, an Hecken und Waldrändern sowie im Süden in bergigen Lebensräumen.*

Die Zauneidechse ist ein schlecht kletternder Bodenbewohner. Die sehr variable Eidechse trägt ein Band schmaler Schuppen entlang des Rückens, das oft anders als der Rest des Körpers, selten jedoch grün gefärbt ist. Verbreitet sind grüne Flanken und kastanienbraune Rücken. Manche Tiere besitzen helle Streifen, die eine schmale weiße Linie entlang des Rückgrats einrahmen können. Die Oberseite kann schwarz gefleckt sein.

Augenflecke auf den Flanken

Flanken oft grün

Band schmaler Schuppen

JUNGTIER

GRÖSSE Körper ≤ 9 cm; Schwanz ≤ 15 cm.
JUNGE 1–2 Gelege von bis zu 14 Eiern.
NAHRUNG Insekten, Wirbellose, Früchte, Blüten, kleine Eidechsen.
STATUS: Örtlich häufig.
ÄHNLICHE ARTEN: *Smaragdeidechse (unten); Wald- oder Bergeidechse (S. 415).*

Smaragdeidechse

Lacerta viridis (Squamata)

VORKOMMEN *Trockene Lebensräume, wie offenes Wald-, Heide- und Kulturland; auch Flussufer und Feuchtgebiete, besonders im Süden.*

In den meisten Gegenden Europas ist die Smaragdeidechse die größte Eidechse. Sie ist hauptsächlich grün, wobei die Männchen schwarz gepunktet sind und vor allem zur Paarungszeit eine blaue Kehle zeigen. Weibchen sind eher bräunlicher mit zwei oder vier verschwommenen hellen Streifen und manchmal dunklen Flecken. Die Tiere überwintern nur im nördlichen Teil des Verbreitungsgebiets.

undeutliche helle Streifen

♀ ♂

feine schwarze Pünktchen

grüne Haut

blaue Kehle

GRÖSSE Körper ≤ 13 cm; Schwanz ≤ 30 cm.
JUNGE 4–20 Eier, Juni; Schlupf nach 2–4 Mon.
NAHRUNG Insekten, Würmer, Reptilien, Nager, Eier, Jungvögel, Obst.
STATUS Häufig, vor allem im Süden.
ÄHNLICHE ARTEN *Perleidechse (Timon lepidus); Zauneidechse (oben).*

Blindschleiche

Anguis fragilis (Squamata)

Die keinesfalls blinde Blindschleiche ist die in Europa am weitesten verbreitete Echse. Der Kopf ist stumpf und die Unterseite ist heller als die graubraune Oberseite. Weibchen tragen manchmal einen dunklen Rückenstreifen. Anders als viele Reptilien sonnt sich die Blindschleiche nicht, mit Ausnahme trächtiger Weibchen, die so die Entwicklung der Jungen fördern, und von Tieren, die aus der Winterstarre erwachen.

VORKOMMEN *In eher feuchtem Grasland mit Büschen und Hecken. Sucht Gärten und Wälder bis ins Gebirge auf.*

kann dunkle Streifen aufweisen

Männchen manchmal mit blauen Flecken

runde Pupillen

einfarbig bronzegraubraun gefärbte Oberseite

glatte Schuppen

schlangenähnlicher Körper

GRÖSSE *30–50 cm.*
JUNGE *6–12 lebende Junge, August–September; manchmal nur in jedem zweiten Jahr.*
NAHRUNG *Würmer, Larven, Schnecken.*
STATUS *Häufig.*
ÄHNLICHE ARTEN *Peloponnes-Blindschleiche (Anguis cephallonicus).*

Europ. Sumpfschildkröte

Emys orbicularis (Chelonia)

Der Hals und manchmal auch die Beine weisen gelbliche Flecke auf. Möglicherweise ist das Verbreitungsgebiet vom Menschen erweitert worden, sodass sich die Art aus klimatischen Gründen nicht überall vermehren kann. Europäische Sumpfschildkröten überwintern im Schlamm und halten dort bei Trockenheit eine Sommerruhe.

VORKOMMEN *Stehende oder langsam fließende Gewässer, oft mit vielen Pflanzen und überhängenden Ästen. Verträgt auch brackiges Wasser.*

ovaler Panzer

dicker Schwanz (bei Weibchen dünner)

dunkelbrauner Panzer

Schwimmhäute

gelbe Flecke und Streifen

gelbe Flecke am Hals

GRÖSSE *Panzer 20–30 cm lang.*
JUNGE *Bis zu 10 Eier; Schlupf 2–4 Monate.*
NAHRUNG *Fische, Wirbellose, Aas, Pflanzen.*
STATUS *Gering bedroht; abnehmend.*
ÄHNLICHE ARTEN *Maurische Bachschildkröte (Mauremys leprosa); Balkan-Bachschildkröte (Mauremys rivulata).*

Erdkröte

Bufo bufo (Anura)

VORKOMMEN *In Feuchtgebieten, Wäldern, Heideland, Gärten und Bergwiesen mit Zugang zu Teichen und Tümpeln.*

Die Haut der sehr verbreiteten Erdkröte ist mit Warzen bedeckt. Weibchen sind größer als Männchen. Die Ohrdrüsen weichen nach hinten auseinander. Ihr Sekret wirkt auf Fressfeinde abschreckend. Außer in der Paarungszeit sind Erdkröten vor allem nachtaktiv. Sie überwintern unter Steinen, Baumwurzeln und Fallaub. Üblicherweise bewegen sie sich laufend vorwärts, doch sie können auch springen.

große Ohrdrüsen
sehr warzige Haut
bernsteinfarbene Augen mit waagerechten Pupillen
kräftige Beine
♀

Eier in langen, doppelten Schnüren

EISCHNÜRE

GRÖSSE *Körper 8–15 cm, im Süden größer.*
JUNGE *1000–8000 Eier; Schlupf in 3 Wochen.*
NAHRUNG *Schnecken, Insekten, Spinnen, Würmer; Amphibien, Reptilien, Kleinsäuger.*
STATUS *Häufig.*
ÄHNLICHE ARTEN *Knoblauchkröte (rechts); Kreuzkröte (B. calamita); Wechselkröte (unten).*

Wechselkröte

Bufo viridis (Anura)

VORKOMMEN *Sand-, Küsten- und Feuchtgebiete, vor allem im Tiefland. Oft in Gärten und menschlichen Ansiedlungen.*

Das grüne, bei Weibchen stärker ausgeprägte Muster der Wechselkröte setzt sich gut vom olivgrauen Hintergrund ab. Sie besitzt parallele Ohrdrüsen und waagerechte Pupillen. Die Männchen der vor allem nachtaktiven Art rufen mit ständigem Trillern, das man für das der Maulwurfsgrille halten könnte.

lange Hinterbeine

hellbraune Haut mit grüner Marmorierung
grüne, schwarz gefleckte Iris
Warzen orangerot

GRÖSSE *6–10 cm.*
JUNGE *Bis zu 12000 Eier: in langen Reihen.*
NAHRUNG *Verschiedenste Wirbellose.*
STATUS *Häufig.*
ÄHNLICHE ARTEN *Syrische Schaufelkröte (Pelobates syriacus); Erdkröte (oben); Kreuzkröte (B. calamita).*

Gelbbauchunke

Bombina variegata (Anura)

Die kleine Unke wirkt sehr unauffällig, wenn man nicht ihre Unterseite sieht. Wird sie bedroht, drückt sie den Rücken zur Kahnstellung durch und dreht die Beine nach oben, um vor ihrem giftigen Hautsekret zu warnen. Man kann sie im Wasser treibend beobachten, wobei die Männchen, besonders im Frühjahr nach der Überwinterung, melodisch rufen.

VORKOMMEN *In flachen Tümpeln, Teichen und Bächen, in Feuchtgebieten, Wäldern und im Gebirge.*

UNTERSEITE — Bauch gelborange und graublau marmoriert

breiter Kopf

abgerundete Schnauze

sehr warzige Haut

GRÖSSE *4–5 cm.*
JUNGE *Laicht 100–150 Eier von Mai–Juli ab, die an Steine oder Pflanzen geheftet werden.*
NAHRUNG *Wasserinsekten, Wirbellose.*
STATUS *Häufig.*
ÄHNLICHE ARTEN *Rotbauchunke (B. bombina); Ital. Gelbbauchunke (B. pachypus).*

Knoblauchkröte

Pelobates fuscus (Anura)

Die Knoblauchkröte trägt ihren Namen wegen des Geruchs, den sie bei Bedrohung abgibt. Die hellbraune Grabschwiele am Hinterfuß hilft ihr beim Graben von Bauen. In ihnen überwintert sie und hält bei Trockenheit eine Sommerruhe. Ihre normalen Tagesverstecke sind flacher. Ihre Haut ist und braun und grün marmoriert.

VORKOMMEN *Im Flachland Sandflächen, Heide, Kulturland, offene Wälder mit Teichen und Gräben.*

glatte Haut

gewölbter Rücken

senkrechte Pupille

hell orangefarbene Iris

markanter Höcker auf dem Hinterkopf

HELLE FORM

Kröte im Tagesversteck

BAU

GRÖSSE *Körper 6–8 cm.*
JUNGE *Schlingt im Mai 1000–3000 Eier um Wasserpflanzen; Schlupf in etwa 10 Tagen.*
NAHRUNG *Insekten, Schnecken, Würmer.*
STATUS *Häufig.*
ÄHNLICHE ARTEN *Messerfuß (P. cultripes); Syrische Schaufelkröte (P. syriacus).*

Grasfrosch

Rana temporaria (Anura)

VORKOMMEN *Im Flachland auf Wiesen, in Feuchtgebieten und Gärten sowie auf Bergwiesen, immer mit Zugang zu flachen Teichen und Gräben zum Laichen.*

Der Grasfrosch ist unter den Braunfröschen die am weitesten verbreitete Art. Die Schnauze ist relativ breit und auf dem Rücken verlaufen zwei parallele Grate. Die Farbe ist variabel, doch meist befindet sich eine dunkelbraune bis fast schwarze Zeichnung auf gelblichem bis olivbraunem Untergrund. Zur Paarungszeit werden die Farben oft intensiver, das Weibchen bekommt eine körnigere Haut und die Kehle des Männchens wird bläulich. Die nördlichen Populationen der tag- und nachtaktiven Tiere überwintern unter Holzstücken, Steinen und Falllaub oder in Bauen.

- goldgefleckte braune Iris
- dunkle Kopfzeichnung
- glatte, variabel gefärbte Haut
- dunkle Flecke, besonders auf den Hinterbeinen
- großes Trommelfell
- vollständige Schwimmhäute an den Hinterfüßen

HELLERE FORM

HINTERFUSS

GRÖSSE *6–8 cm.*
JUNGE *Laicht 1000–4000 Eier ab.*
NAHRUNG *Schnecken, Insekten, Würmer und andere Wirbellose.*
STATUS *Häufig.*
ÄHNLICHE ARTEN *Alle Braunfrösche, besonders der Moorfrosch (Rana arvalis).*

ANMERKUNG

Wenn sich die Frösche in den Tümpeln zur Paarung versammeln, rufen die Männchen tief knurrend und ergreifen alles, was sich bewegt. Wenn es sich um ein Weibchen handelt, kann es von mehreren Männchen gleichzeitig umklammert und sogar ertränkt werden.

Kleiner Wasserfrosch

Rana lessonae (Anura)

Die Art ähnelt den anderen Wasserfröschen sehr, besonders dem Teichfrosch, der von ihr abstammt. Zeichnung und Färbung sind sehr variabel. Eins der konstantesten Merkmale ist der große Fersenhöcker, der mehr als die halbe Länge des ersten Zehs hat. Der Ruf ähnelt einem Schnarren und ist etwas leiser als der von Teich- und Seefrosch.

VORKOMMEN *Feuchtgebiete, Wiesen, Heide- und nasses Waldland mit flachen Teichen. Manchmal gemeinsam mit dem Seefrosch in großen Gewässern.*

Mittelstreifen gelblich oder hellgrün

großer Fersenhöcker

grüne oder braune Farbe

HINTERFUSS

Oberschenkel und Leistengegend gelb oder orange

GRÖSSE *6–8 cm.*
JUNGE *Bis zu 3000 Eier.*
NAHRUNG *Wirbellose, Fische, Amphibien.*
STATUS *Häufig.*
ÄHNLICHE ARTEN *Teichfrosch* (Rana kl. esculenta) *und Seefrösche* (Rana ridibunda); *Ital. Wasserfrosch* (R. bergeri).

Europäischer Laubfrosch

Hyla arborea (Anura)

Obwohl meist grasgrün, kann die Haut des Laubfroschs gelb oder fast schwarz werden. Die lebhafte Art kann mithilfe der Zehenhaftscheiben gut klettern. Laubfrösche überwintern in Löchern im Boden und unter Wurzeln und sind mit Ausnahme des Höhepunkts der Paarungszeit vor allem nachtaktiv, obwohl sie sich oft auf Blättern sonnen.

VORKOMMEN *Schilfgürtel, Feuchtgebiete, Flussufer und andere Bereiche mit hoher Vegetation in Wassernähe, auch Gärten.*

lange Beine
GRAUE FORM

sehr glatte, grasgrüne Haut

gelbliche Schallblase an der Kehle

MÄNNCHEN ZUR PAARUNGSZEIT

weißliche, körnige Unterseite

GRÖSSE *3–5 cm.*
JUNGE *Bis 1000 Eier in Ballen von bis zu 60 Stück, Schlupf nach etwa 3 Wochen.*
NAHRUNG *Insekten und andere Wirbellose.*
STATUS *Häufig.*
ÄHNLICHE ARTEN *Mittelmeer-Laubfrosch* (H. meridionalis); *Ital. Laubfrosch* (H. intermedia).

Kammmolch

Triturus cristatus (Caudata)

VORKOMMEN Verkrautete, stehende Gewässer, die meist tief sind und keine Raubfische enthalten.

Die körnige Haut des Kammmolchs ist schwärzlich gefärbt. Während der Paarungszeit wird die Grundfarbe heller und schwarze Flecke erscheinen. Gleichzeitig treten weiße Flecke auf Kopf und Flanken auf. Am gezackten Kamm sowie dem silbrigen Schwanz kann man die Männchen erkennen. Die hauptsächlich nachtaktiven Tiere überwintern zum Teil im Schlamm, meist aber unter Holz oder Steinen.

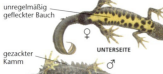

GRÖSSE Körper ≤ 8cm; Schwanz ≤ 7,5cm.
JUNGE 200–400; Schlupf nach drei Wochen.
NAHRUNG Insekten, Würmer, Schnecken.
STATUS Verbreitet, aber abnehmend.
ÄHNLICHE ARTEN Alpen-Kammmolch (T. carnifex); Balkan-Kammmolch (T. karelinii); Donau-Kammmolch (T. dobrogicus).

Fadenmolch

Triturus helveticus (Caudata)

VORKOMMEN In flachen, stehenden, oft sauren Gewässern, meist mit vielen Pflanzen, in Wäldern, Heide- und Kulturland sowie Bergen. Kann auch brackiges Wasser vertragen.

Der Fadenmolch gehört zu den kleineren europäischen Arten und trägt seinen Namen wegen des 5–8 mm langen Schwanzspitzenfilaments, das die Männchen neben ihrem auffälligen Kamm zur Paarungszeit tragen. Zu jeder Zeit zeigen Fadenmolche einen schwärzlichen, durch das Auge verlaufenden Streifen, einen hellgelben Bauch und eine ungefleckte Kehle. Die meisten erwachsenen Tiere verlassen die Teiche im Spätsommer und ziehen sich zur Winterruhe unter Steine und Holzstücke zurück.

GRÖSSE Körper ≤ 4,5cm; Schwanz ≤ 4,5cm.
JUNGE Laicht 300–400 Eier ab.
NAHRUNG Wirbellose, Kaulquappen.
STATUS Häufig.
ÄHNLICHE ARTEN Span. Wassermolch (T. boscai), dunklere Unterseite; Teichmolchweibchen (rechts), Bauch stärker gefleckt.

Teichmolch

Triturus vulgaris (Caudata)

Der Teichmolch gehört zu den in Europa häufigsten Amphibien. Erwachsene Tiere suchen das Wasser meist nur zwischen März und Juli zum Ablaichen auf. Außerhalb der Paarungszeit sind die Molche olivbraun, haben eine schwarz gefleckte Kehle sowie zwei Furchen auf dem Kopf, die sich nahe der Schnauze vereinigen. Ihr Bauch ist orangefarben und schwarz gefleckt.

VORKOMMEN *An Land in Wäldern, Feuchtgebieten, Gärten und anderen Lebensräumen. Laicht in Teichen, Gräben, an Seeufern und in langsam fließenden Flüssen ab.*

- deutliche schwarze Kopfstreifen
- großer, welliger, durchgehender Kamm
- schwarz gefleckte, olivbraune Oberseite
- silbriger Schwanz- und Flankenstreifen
- MÄNNCHEN ZUR PAARUNGSZEIT
- glänzende, glatte Haut

GRÖSSE *Körper ≤ 6cm; Schwanz ≤ 5cm.*
JUNGE *200–500 Eier; Schlupf in 2–3 Wochen.*
NAHRUNG *Insekten, Würmer, Kaulquappen.*
STATUS *Häufig.*
ÄHNLICHE ARTEN *Italienischer Wassermolch (T. italicus); Fadenmolch (links), mit weißlicher, ungefleckter Kehle.*

Bergmolch

Triturus alpestris (Caudata)

Das prächtig aussehende Bergmolchmännchen besitzt zur Paarungszeit eine graublaue Oberseite. Der glatte Kamm ist gelb-schwarz gezeichnet. Weibchen sind eher olivgrau gefärbt. Beide Geschlechter besitzen vor allem auf den hellen Flanken schwarze Flecke. Die Unterseite ist kräftig orange oder rot gefärbt und ungefleckt, obwohl die Kehle schwarze Flecke tragen kann.

VORKOMMEN *Stehende und langsam fließende Gewässer, die oft kaum Vegetation aufweisen.*

- niedriger gelb-schwarzer Kamm
- ungefleckter roter oder orangefarbener Bauch
- UNTERSEITE ♀
- schwarz gefleckter Schwanz
- dunkle graublaue Oberseite

GRÖSSE *Körper ≤ 6cm; Schwanz ≤ 6cm.*
JUNGE *250–500 Eier Anfang Frühling; Schlupf nach einem Monat.*
NAHRUNG *Wirbellose, Kaulquappen.*
STATUS *Verbreitet.*
ÄHNLICHE ARTEN *Marmormolch (Triturus marmoratus) und Kammmolche.*

Feuersalamander

Salamandra salamandra (Caudata)

Die leuchtenden Farben warnen potenzielle Fressfeinde vor dem Gift des Feuersalamanders. Die Haut- und die hinter den Augen liegenden Ohrdrüsen geben ein reizendes Sekret ab. Die langlebigen Tiere können bis zu 40 Jahre alt werden. Obwohl sie meist träge wirken, springen sie überraschend schnell auf ihre Beute zu. Die Salamander überwintern von Oktober bis März unter verrottendem Laub oder Holz. Hier kann man mehrere Tiere gemeinsam vorfinden, was sonst nur zur Paarungszeit vorkommt.

VORKOMMEN *Feuchte, schattige, oft höher gelegene Laubwälder. Versteckt sich tagsüber unter Holzstücken. Lebt hauptsächlich an Land, setzt die Larven aber in Bächen und Teichen ab.*

gelbe oder orangefarbene Flecke

GEFLECKTE FORM

große Ohrdrüsen

GESTREIFTE IBERISCHE FORM

breiter Kopf

GELBE FORM

kurzer Schwanz

kräftige Beine

ANMERKUNG

Die Fleckenzeichnung der Feuersalamander ist sehr variabel. Bei einigen Formen wie der aus den Pyrenäen verschmelzen die Flecke zu zwei parallelen Linien. Tiere der italienischen Form können dagegen fast vollständig gelb sein.

GRÖSSE *Körper ≤ 14 cm; Schwanz ≤ 8 cm.*
JUNGE *Bis zu 80 lebende Larven werden im Sommer in Gewässern geboren. Die Metamorphose findet nach 1–4 Monaten statt.*
NAHRUNG *Würmer, Schnecken, Insekten und andere Wirbellose.*
STATUS *Häufig.*
ÄHNLICHE ARTEN *Korsischer Feuersalamander (S. corsica); Alpensalamander (S. atra), der überwiegend schwarz gefärbt ist.*

Fische

Für viele von uns bleiben Fische unter der Wasseroberfläche verborgen, doch wenn man genau hinschaut, kann man viele Arten vom Ufer aus, im flachen Wasser der Meeresbuchten ober bei Ebbe in Gezeitentümpeln beobachten. Der europäische Fischbestand hat sich jedoch in den letzten Jahrzehnten in vielfacher Hinsicht verändert. Neue Arten sind für die Sportfischerei und den kommerziellen Fischfang eingeführt worden. Das Trockenlegen von Gebieten, das Absinken des Grundwasserspiegels und die Umweltverschmutzung spielen dagegen beim Verschwinden anderer Arten eine Schlüsselrolle.

GROPPE SCHLEIE FORELLE FLUSSBARSCH

Karpfen

Cyprinus carpio (Cyprinidae)

VORKOMMEN In stehenden Gewässern des Tieflands mit schlammigem Bodengrund und reichlichem Bewuchs.

Der Karpfen wird vermutlich schon länger als Nutzfisch gehalten als jeder andere Fisch. Er kann an seiner Bronzefärbung und zwei Paaren kleiner Barteln am Maul erkannt werden. Die Wildform hat gleichgroße Schuppen und ist schlanker als die Zuchtform, die hochrückiger ist und unterschiedlich große Schuppen besitzt.

erster Hartstrahl der Rückenflosse
rötlicher Schimmer in der Brustflosse
lange Bartel
gleichgroße Körperschuppen

GRÖSSE Selten über 80 cm lang.
NAHRUNG Insektenlarven, Zuckmückenlarven, Krebstiere, Schnecken, Pflanzen, Algen.
VERMEHRUNG In flachem Wasser im Frühjahr (Ende Mai).
ÄHNLICHE ARTEN Karausche (*Carassius carassius*), ist kleiner und besitzt keine Barteln.

Döbel

Leuciscus cephalus (Cyprinidae)

VORKOMMEN In Oberflächennähe in der Mitte der Flüsse und in großen Seen.

Der Döbel ist einer der am weitesten verbreiteten Süßwasserfische. Er wächst langsam und bildet große Schwärme in Nähe der Wasseroberfläche, obwohl alte Fische eher Einzelgänger sind. Er hat einen stumpfen Kopf mit einem großen Maul. Der Körper ist mit großen Schuppen bedeckt, und die Bauchflossenansätze liegen vor der Rückenflosse.

dunkelbraune Rückenflosse
schlanker Körper mit großen Schuppen
stumpfe Schnauze
gelbe Bauchflosse

GRÖSSE Bis zu 60 cm lang.
NAHRUNG Insekten und ihre Larven, Pflanzen und Samen; größere Döbel fressen kleine Fische, Krebse und Frösche.
VERMEHRUNG Mai–Juni, in flachem Wasser über Kiesbetten.
ÄHNLICHE ARTEN Hasel (rechts), mit längerem Kopf und gelben Augen.

Hasel

Leuciscus leuciscus (Cyprinidae)

In Flüssen sind Haselschwärme oft so verbreitet, dass sie die anderen Fische an Zahl weit übertreffen. Der Hasel hat einen schlanken Körper mit kleinem Kopf und gefleckten gelben Augen. Die Außenränder der Rücken- und Afterflossen sind konkav. Anders als andere Karpfenfische, die im Winter fasten, nimmt er das ganze Jahr über Nahrung auf.

VORKOMMEN *In der Mitte der Flüsse; manchmal in Seen und gelegentlich im Brackwasser der Flussmündungen.*

Rückenflosse

bräunlicher bis grünlicher Körper

GRÖSSE Bis zu 25 cm lang.
NAHRUNG Insekten und ihre Larven, Krebstiere, Algen und Pflanzen; größere Exemplare auch kleine Fische und Amphibien.
VERMEHRUNG März–Mai, im seichten Wasser über Kies, wo die Strömung stark ist.
ÄHNLICHE ARTEN Döbel (links) und Rotauge (S. 429), unterschiedliche Augenfarbe.

Gründling

Gobio gobio (Cyprinidae)

Der gestreckte Gründling ist ein Bodenbewohner, der mit seinen fleischigen Lippen und empfindlichen Barteln nach Nahrung sucht. Die Schuppen sind nicht sehr groß. Eine Reihe dunkler Flecke befindet sich auf der Seite und folgt der Seitenlinie, einem Sinnesorgan.

VORKOMMEN *In sauerstoffreichen und sauberen Seen und Flüssen mit sandigem Grund.*

dunkle Flecken

oben grünbraune Schuppen

Bartel im Maulwinkel

cremefarbene Brustflosse

GRÖSSE Bis zu 15 cm lang.
NAHRUNG Am Grund lebende Insektenlarven, Krebstiere und Mollusken.
VERMEHRUNG Mai–Juni, bei Nacht, in sehr flachem Wasser, wenn die Wassertemperatur 14–15 °C erreicht.
ÄHNLICHE ARTEN Barbe (S. 428), viel größer und hochrückiger.

Barbe

Barbus barbus (Cyprinidae)

VORKOMMEN *In mittleren und unteren Abschnitten sauberer Flüsse, wo die Strömung gemäßigt bis schnell ist.*

Ein großer, am Grund lebender Fisch, der am unterständigen Maul, den beiden Bartelpaaren und dem abgeflachten Bauch erkannt werden kann. Der vordere Hartstrahl der Rückenflosse ist lang und gesägt, die Schwanzflosse tief gegabelt. Weibchen sind immer größer als gleichalte Männchen. Am aktivsten sind Barben nachts, wenn sie auf Nahrungssuche gehen. Tagsüber versammeln sie sich in kleinen Schwärmen mit Fischen gleicher Größe in der stärkeren Strömung, etwa in der Nähe von Wasserfällen. Während der Laichzeit bekommen Männchen Reihen weißer Knötchen auf Kopf und Rücken. Sie verfolgen die Weibchen, bis sie den Laich abgeben, über den sie dann schwimmen und ihn besamen.

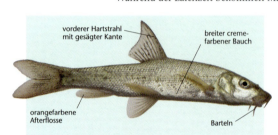

vorderer Hartstrahl mit gesägter Kante
breiter cremefarbener Bauch
orangefarbene Afterflosse
Barteln

braungrüne Oberseite

GRÖSSE Bis zu 50 cm lang (es sind auch Tiere von 90 cm Länge bekannt geworden).
NAHRUNG Am Grund lebende Wirbellose wie Schnecken, Krebse, Insektenlarven und zerfallende pflanzliche Stoffe.
VERMEHRUNG *März–Mai.*
ÄHNLICHE ARTEN *Gründling (S. 427), der jedoch viel kleiner ist und nur ein Paar Barteln besitzt. Ihm fehlen auch der gesägte Hartstrahl an der Vorderseite der Rückenflosse und der breite abgeflachte Bauch.*

ANMERKUNG

Im Winter, wenn die Wassertemperatur unter 3 °C fällt, fressen Barben nicht mehr und ihr Stoffwechsel geht bis auf ein Minimum zurück. Sie ziehen sich ins tiefere Wasser zurück und verfallen in eine Winterstarre.

Brachse, Brasse, Blei

Abramis brama (Cyprinidae)

Die Brachse kann in sauerstoffarmem Wasser überleben. Sie ist ein hochrückiger Fisch, der den Grund in schräger Haltung nach Nahrung absucht. Jungfische fressen auch Mückenlarven von der Wasseroberfläche. Der Kopf der Brachse ist klein und der Schwanz kann in flachem Wasser bei der Nahrungssuche aus dem Wasser schauen.

VORKOMMEN *In langsam fließenden Flüssen, Seen und Teichen mit stehendem Wasser und schlammigem Grund.*

- braune Rückenflosse
- endständiges Maul
- cremefarbener Bauch
- Afterflosse mit langer Basis
- helle Brustflosse

GRÖSSE *Bis zu 80 cm lang.*
NAHRUNG *Insektenlarven, Würmer, Schnecken, Muscheln und Krebse.*
VERMEHRUNG *Mai–Juli, wenn die Vegetation dicht ist; oft nachts im Flachwasser.*
ÄHNLICHE ARTEN *Güster (Blicca bjoerkna), mit hellerem Körper; Augen und Schuppen sind im Verhältnis größer.*

Rotauge, Plötze

Rutilus rutilus (Cyprinidae)

Die Umwelt hat einen großen Einfluss auf Größe und Gestalt des Rotauges. Nur bei guten Bedingungen wird es über 15 cm lang. Der Rücken ist graublau und geht über silbrige Seiten in einen weißen Bauch über. Die Iris des Auges ist rötlich, ebenso wie die Bauchflossen und die Afterflosse.

VORKOMMEN *In Flüssen und Seen des Tieflands, wo die Tiere Bereiche geringerer Strömung bevorzugen; tolerant gegenüber geringer Verschmutzung.*

- graubraune Rückenflosse
- auffällige Körperschuppen
- rötliche Afterflosse
- rötliche Bauchflossen
- rote Iris

GRÖSSE *Bis zu 35 cm lang.*
NAHRUNG *Insekten und ihre Larven, Krebstiere, Schnecken, Algen und Pflanzenmaterial.*
VERMEHRUNG *April–Juni, in dichter Vegetation im Flachwasser bei mindestens 10 °C.*
ÄHNLICHE ARTEN *Rotfeder (Scardinius erythrophthalmus), mit goldener Iris und einem mehr nach oben gerichteten Maul.*

Schleie

Tinca tinca (Cyprinidae)

Die Schleie ist einer der wenigen Süßwasserfische, bei dem man außerhalb der Laichzeit die Geschlechter unterscheiden kann. Männchen und Weibchen sind im Alter von etwa zwei Jahren zu erkennen. Die Afterflosse des Männchens ist dann länger und ihr zweiter Flossenstrahl deutlich verdickt.

VORKOMMEN *In trüberem Wasser in Seen mit weichem Boden, auch im Unterlauf von Flüssen; tolerant gegenüber sauerstoffarmem Wasser.*

- hohe ungegabelte Schwanzflosse
- kleine Schuppen
- kleine orangerote Augen
- seitlich abgeflachter Körper
- kleine Bartel im Maulwinkel

GRÖSSE *Bis zu 70cm lang.*
NAHRUNG *Insekten und ihre Larven, Wasserschnecken, Krebstiere, Algen und Wasserpflanzen.*
VERMEHRUNG *Mai–Juli, in flachem Wasser, wenn die Wassertemperatur 19–20°C erreicht.*
ÄHNLICHE ARTEN *Keine.*

Groppe

Cottus gobio (Cottidae)

Dieser am Grund lebende Fisch hat einen breiten Kopf und einen sich verjüngenden, schuppenlosen Körper. Die Farbe ist variabel und hängt vom Lebensraum ab. Die beiden Rückenflossen sind miteinander verschmolzen und erstrecken sich fast über die gesamte Körperlänge. Die Brustflossen sind sehr groß und rund, und die Seitenlinie setzt sich bis in die Schwanzflosse hinein fort.

VORKOMMEN *In sauberen, klaren flachen Gewässern mit starker bis mittlerer Strömung, wie Flüssen, Bächen und Seen mit steinigem Grund.*

- abgerundete Brustflosse
- vordere Rückenflosse
- große Augen oben am Kopf
- brauner Körper mit helleren Flecken

GRÖSSE *Selten bis zu 18cm lang – in den meisten Fällen etwa 10cm.*
NAHRUNG *Krebstiere und am Grund lebende Insektenlarven. Groppen fressen auch den Laich und die Jungen anderer Fische.*
VERMEHRUNG *März–Mai, manchmal ein zweites Ablaichen im Juli.*
ÄHNLICHE ARTEN *Keine.*

Elritze

Phoxinus phoxinus (Cyprinidae)

Dieser winzige Fisch bildet ein wichtiges Glied der aquatischen Nahrungskette, da er von größeren Fischen wie dem Hecht und der Forelle (S. 432, 433) sowie von Vögeln wie dem Graureiher (S. 324) gefressen wird. Die meist in kleinen Schwärmen zu beobachtenden Elritzen haben eine stumpfe Schnauze und kleine, unauffällige Schuppen. Während der Laichzeit verfärbt sich der Bauch des Männchens von Weiß zu Rot und beide Geschlechter können kleine Knötchen auf dem Kopf entwickeln. Elritzen fressen für gewöhnlich auf dem Grund lebende Wirbellose, doch wenn ein Insekt auf dem Wasser landet, ziehen sie es an den Beinen hinab, um es zu fressen. Die Jungfische versammeln sich in sehr flachem, warmem Wasser, wo sie sich von Algen und Zooplankton ernähren.

VORKOMMEN *Meist in höheren Lagen in schnell fließenden, sauerstoffreichen Flüssen und Bächen mit Kiesgrund oder Seen mit klarem, kühlem Wasser.*

ANMERKUNG

Mithilfe von Elritzen hat man Untersuchungen zum Gehör von Fischen vorgenommen, da sich Schall im Wasser schneller als an Land fortpflanzt.

hellere Seite mit verstreuten dunklen Flecken

stumpfe Schnauze

Flosse mit kurzer Basis

dunkelbrauner Rücken

weißer Bauch

GRÖSSE *Selten länger als 8 cm.*
NAHRUNG *Insekten und ihre Larven, Krebstiere, Fischlaich, Algen und Wasserpflanzen.*
VERMEHRUNG *Mai bis Mitte Juli, über Kies.*
ÄHNLICHE ARTEN *Die Sumpf-Elritze (Phoxinus percnurus) ähnelt jungen Elritzen, trägt an den Seiten jedoch eher dunkle Punkte als Flecken. Sie lebt auch in einem etwas anderen Lebensraum, da sie gut bewachsene Seen und Teiche bevorzugt.*

Hecht

Esox lucius (Esocidae)

VORKOMMEN *In unterschiedlichen Lebensräumen mit geringer Strömung – kleinen Teichen, großen Seen sowie Flüssen.*

Der Hecht ist ein Lauerjäger, der zwischen den Pflanzen auf seine Beute wartet und mit großer Geschwindigkeit zuschlägt, wenn sie nah genug ist. Sein Körper ist charakteristisch torpedoförmig, mit weit hinten stehenden Rücken- und Afterflossen. Die Kiefer sind mit scharfen, nach hinten zeigenden Zähnen bestückt. Mit ihrer grünbraunen Farbe sind Hechte zwischen den Pflanzen hervorragend getarnt.

GRÖSSE *Bis zu 1,5m lang.*
NAHRUNG *Fische, Entenküken und andere kleine Vögel, Frösche, Molche, sogar kleine Säugetiere.*
VERMEHRUNG *März bis später Juni, tagsüber; im Norden des Verbreitungsgebiets laichen Hechte später, da die Temperatur im Frühjahr langsamer ansteigt.*
ÄHNLICHE ARTEN *Keine.*

Europäischer Aal

Anguilla anguilla (Anguillidae)

VORKOMMEN *Lebt in Abhängigkeit von seinem Lebensabschnitt in Salz- oder in Süßwasser.*

Der Aal schlüpft im Meer und wandert dann ins Süßwasser ein, um heranzuwachsen. Den hinteren Teil des schlangenartigen Körpers umgibt ein Flossensaum, der aus den miteinander verschmolzenen Rücken-, Schwanz- und Afterflossen besteht. Für einen Fisch ungewöhnlich, kann der Aal kurze Zeit außerhalb des Wassers leben und von einem Flusssystem ins andere wechseln.

GRÖSSE *Männchen bis zu 50cm; Weibchen bis zu 100cm.*
NAHRUNG *Süßwasser – Fische, Krebse, Frösche, Muscheln, Schnecken, Insektenlarven.*
VERMEHRUNG *März–Mai, in Salzwasser (Sargassosee).*
ÄHNLICHE ARTEN *Neunaugen (Lampetra fluviatilis und L. planeri), ohne Kiefer, Kiemendeckel und Brustflossen.*

Atlantischer Lachs

Salmo salar (Salmonidae)

Dieser Lachs kann wie alle Salmoniden an der kleinen Fettflosse zwischen Rücken- und Schwanzflosse erkannt werden. Der Rücken ist bei Männchen rotbraun und bei Weibchen silbergrau, doch beide haben weiße Bäuche. Während der Laichzeit bekommen die Männchen einen Haken am Unterkiefer. Um abzulaichen kehren die Lachse in den Fluss zurück, in dem sie selbst geschlüpft sind. Da sie nun zu fressen aufhören, verlieren sie etwa 40% ihres Körpergewichts, und die meisten sterben nach dem Laichen an Erschöpfung.

VORKOMMEN *Im Süßwasser (Nov.–Dez.) und im Salzwasser zu beobachten; gegenüber Verschmutzung unempfindlich.*

weißer Bauch

Fettflosse

GRÖSSE *Männchen bis zu 1,5m; Weibchen bis zu 1,2 m.*
NAHRUNG *Im Süßwasser – Groppen (S. 430), Eintagsfliegen und ihre Larven, Köcherfliegenlarven, Krebstiere.*
VERMEHRUNG *November–Dezember, in Flussoberläufen mit Kiesgrund.*
ÄHNLICHE ARTEN *Regenbogen-Forelle (S. 434), mit geflecktem Schwanz.*

leicht gegabelter Schwanz — Kopf schuppenlos

JUNGFISCH

Forelle

Salmo trutta (Salmonidae)

Es gibt eine wandernde Form der Forelle, die zwischen Fluss und Meer wechselt, sowie eine nicht wandernde, die im Süßwasser bleibt und hier Seen und Flüsse bewohnt. Die Unterschiede scheinen eher im Verhalten als in den Genen verankert zu sein. Die erste Form ist silbrig gefärbt und hat schwarze Streifen, während die zweite braun mit schwarzen und roten Flecken auf dem Rücken und den Seiten ist.

VORKOMMEN *In kühlem, sauberem, sauerstoffreichem Süß- oder Salzwasser; empfindlich gegenüber Verschmutzung.*

schwarze Flecke

Oberkiefer noch hinter dem Auge

GESCHLÜPFTE BRUT

GRÖSSE *Bis zu 1 m lang.*
NAHRUNG *Kleine Krebstiere, Insektenlarven, kleine Fische.*
VERMEHRUNG *Oktober–Januar.*
ÄHNLICHE ARTEN *Atlantischer Lachs (oben), der mit der wandernden Forelle verwechselt werden kann, aber größer wird; Regenbogen-Forelle (S. 434), die bunter ist, aber einen stumpferen Kopf und keine roten Flecken hat.*

Regenbogen-Forelle

Oncorhynchus mykiss (Salmonidae)

Diese Forelle ist heute weit verbreitet und kommerziell wichtig, da sie in der Aquakultur als Nahrung und als Satzfisch gezüchtet wird. Sie ist leicht an der rosa Tönung auf ihren Seiten und den schwarzen Flecken auf dem Schwanz zu erkennen. Sie hat einen kleinen Kopf mit stumpfer Schnauze und der Körper trägt winzige Schuppen.

VORKOMMEN *In Bächen, Flüssen und Seen; gegenüber Verschmutzung und höheren Temperaturen toleranter als die Forelle.*

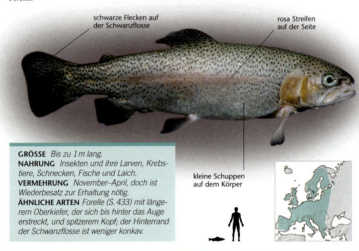

schwarze Flecken auf der Schwanzflosse

rosa Streifen auf der Seite

kleine Schuppen auf dem Körper

GRÖSSE Bis zu 1 m lang.
NAHRUNG Insekten und ihre Larven, Krebstiere, Schnecken, Fische und Laich.
VERMEHRUNG November–April, doch ist Wiederbesatz zur Erhaltung nötig.
ÄHNLICHE ARTEN Forelle (S. 433) mit längerem Oberkiefer, der sich bis hinter das Auge erstreckt, und spitzerem Kopf; der Hinterrand der Schwanzflosse ist weniger konkav.

Europäische Äsche

Thymallus thymallus (Salmonidae)

Die geraden Schuppenreihen, die verlängerte Rückenflosse und das unterständige Maul unterscheiden diese Äsche nicht nur von anderen Salmoniden, sondern auch von allen anderen Süßwasserfischen. Europäische Äschen leben in Schwärmen gleich großer Tiere, doch größere Exemplare können Einzelgänger sein.

VORKOMMEN *Schnell fließende, klare, sauerstoffreiche Flussoberläufe mit Sand oder Kies auf dem Grund.*

große Rückenflosse

große, in Reihen angeordnete Schuppen

birnenförmige Iris

GRÖSSE Bis zu 50 cm lang.
NAHRUNG Am Grund lebende Insektenlarven, kleine Würmer, Krebs- und Weichtiere. Landinsekten, die auf der Wasseroberfläche landen. Größere Äschen fressen auch kleine Fische.
VERMEHRUNG März–Mai, in schnell fließendem, flachem Wasser über Kies.
ÄHNLICHE ARTEN Keine.

Flussbarsch

Perca fluviatilis (Percidae)

Der hochrückige Flussbarsch hat einen grünbraunen Rücken und einen weißen oder cremefarbenen Bauch. Die Seiten sind eher goldfarben mit vier bis sechs senkrechten dunklen Bändern. Die orangeroten After- und Bauchflossen tragen zu seinem farbigen Aussehen bei. Der Fisch fühlt sich rau an, weil die Schuppen kammartig gezahnt sind. Der nicht sehr aktive Fisch lebt in Gruppen.

VORKOMMEN *In Seen und Teichen sowie in langsam fließenden Flüssen.*

vordere Rückenflosse

olivbrauner Rücken

cremefarbener Bauch

orangerote Bauchflosse

LAICH

GRÖSSE *Bis zu 50cm lang.*
NAHRUNG *Jungtiere fressen Wirbellose, doch die erwachsenen Barsche ernähren sich von anderen Fischen.*
VERMEHRUNG *März–Juni (vor allem April und Mai), in flachem Wasser.*
ÄHNLICHE ARTEN *Kaulbarsch (Gymnocephalus cernuus), mit größeren Schuppen sowie gelblichen After- und Bauchflossen.*

Dreistachliger Stichling

Gasterosteus aculeatus (Gasterosteidae)

Dieser kleine, schuppenlose Fisch mit dem torpedoförmigen Körper ist nach den drei Stacheln auf seinem Rücken benannt. Die ersten beiden sind länger als der deutlich kleinere dritte, der nahe dem Ansatz der zweiten Rückenflosse steht. Die Männchen zeigen zur Laichzeit einen leuchtend roten Bauch. Sie verteidigen dann ihr Revier, bauen ein Nest aus Pflanzenmaterial und versuchen Weibchen hineinzulocken.

VORKOMMEN *Flüsse, Seen, Ästuarien und Küstengewässer.*

drei Stacheln

große Brustflossen

großes Auge

GRÖSSE *Bis zu 10cm, doch meist 5–8cm.*
NAHRUNG *Insektenlarven, kleine Krebstiere, Würmer, Laich anderer Fische und einiges an Pflanzenmaterial.*
VERMEHRUNG *April bis später Juni, im Frühjahr und Frühsommer.*
ÄHNLICHE ARTEN *Neunstachliger Stichling (Pungitus pungitus), der anstelle von drei Stacheln neun besitzt.*

Wirbellose

Den überwiegenden Teil der Tierarten repräsentieren die Wirbellosen, zu denen die uns vertrauten Schmetterlinge, übrigen Insekten und Spinnentiere gehören. Seltener begegnen wir den Tausendfüßern, Schnecken und der Vielzahl der Meerestiere. Wirbellose besiedeln jeden Lebensraum der Erde und sind für das Funktionieren der Ökosysteme wichtig, doch viele von ihnen sind durch die Zerstörung der Lebensräume, die Umweltverschmutzung und Veränderungen in der Bewirtschaftungs des Lands vom Aussterben bedroht.

WEICHWANZE   KRABBENSPINNE   GEMEINER SEESTERN   SAFTKUGLER

Rostfarb. Dickkopffalter

Ochlodes venata (Hesperiidae)

Diese Art hat reich gezeichnete, kräftig gefärbte Oberseiten. Wie verwandte Dickkopffalter trägt das Männchen eine dunkle Linie auf dem Vorderflügel. Es hat leuchtendere Farben als das sonst ähnliche Weibchen. Die Unterseiten beider Geschlechter sind gelblich mit variabler grünlicher Bestäubung und blassen Flecken. Der Rostfarbige Dickkopffalter besucht Blüten, um zu trinken, und sitzt dabei mit in einem typischen Winkel abgespreizten Flügeln.

VORKOMMEN *Unterschiedliche grasbewachsene Lebensräume, wie Wiesen, offene Gebüsche, Hecken und Waldland; auch Berghänge bis 2000 m.*

schwarze Linie auf dem Vorderflügel

kräftige Grundfarbe

♂

Grundfarbe gelbbraun

dunkle Adern

dunkler Rand

blasse gelbe Flecken

matte Grundfarbe

♀

bis zu 3 cm lang

ANMERKUNG

Dieser Schmetterling hat einen schwirrenden Flug, der für Dickkopffalter charakteristisch ist. Beim Ruhen hält er die Flügel geöffnet und in einem Winkel abgespreizt wie viele Dickkopffalter. So kann ein Beobachter gleichzeitig die Ober- als auch die Unterseite der Flügel betrachten.

FLÜGELSPANNWEITE *2,8–3cm.*
FLUGZEIT *Mai–September.*
NAHRUNG DER RAUPE *Verschiedene Gräser (Familie Poaceae) einschließlich Schwingel (Festuca).*
ÄHNLICHE ARTEN *Komma-Dickkopffalter (Hesperia comma), der auf der Unterseite der Hinterflügel silberweiße Flecken hat.*
VORKOMMEN *In seinem großen Verbreitungsgebiet im allgemeinen häufig.*

Schwarzkolbiger Braun-Dickkopffalter

Thymelicus lineola (Hesperiidae)

VORKOMMEN Wiesen, Wegränder und Grasland an der Küste, von 0 bis 2000 m Höhe.

Die orangebraunen Flügel fallen ins Auge. Das Männchen hat eine kleine schwarze Linie auf den Oberseiten der Vorderflügel.

FLÜGELSPANNWEITE 2,5 cm.
FLUGZEIT Mai–August.
NAHRUNG DER RAUPE Verschiedene Gräser (Familie Poaceae).
ÄHNLICHE ARTEN Mattscheckiger (T. acteon), Braunkolbiger Braun-Dickkopffalter (T. sylvestris).
VORKOMMEN Verbreitet und in den meisten Teilen des Verbreitungsgebietes relativ häufig.

Malven-Würfeldickkopffalter

Pyrgus malvae (Hesperiidae)

VORKOMMEN Heidegebiete, Waldränder und Lichtungen; oft an Bahngleisen, wo die Futterpflanzen der Raupen wachsen.

Die Flügeloberseiten sind tiefbraun und tragen ein auffälliges Muster rechteckiger heller Flecken. Die gelblich braunen Flügelunterseiten tragen ein Muster aus weißlichen Flecken, das dem auf den Oberseiten ähnelt.

FLÜGELSPANNWEITE 2 cm.
FLUGZEIT April–Juni, im Süden zweite Generation im Juli–August.
NAHRUNG DER RAUPE Wald-Erdbeere (S. 86), Fingerkraut (Potentilla).
ÄHNLICHE ARTEN Pyrgus alveus, Pyrgus armoricanus, Scheck-Tageule (S. 476).
VORKOMMEN Lokal häufig.

Schwalbenschwanz

Papilio machaon (Papilionidae)

Obwohl Schwalbenschwänze rastlos wirken, halten sie sich während der Nahrungsaufnahme meist still, und man kann sie dann wunderbar beobachten. Die gelben Flügel ziert ein Netz schwarzer Adern und Bänder. Auf der Oberseite tragen sie blaue Bänder und einen bunten Augenfleck. Am Hinterflügel sitzt ein typischer Schwanzanhang. Dieses Merkmal findet sich bei vielen Arten dieser Familie und erklärt den Namen »Schwalbenschwanz«.

VORKOMMEN *In blütenreichem, oft feuchtem Grasland, wo die Nahrung der Raupen wächst.*

ANMERKUNG

Die Raupe ist sehr bunt. Das soll Vögel davon abschrecken, sie zu fressen. Wenn sie an ihrer Nahrungspflanze frisst, ist sie aber trotz der Farben nur schwer zu erkennen.

Ober- und Unterseite ähnlich

Augenfleck unten blasser

bis zu 5 cm lang

Netz aus schwarzen Adern

Grundfarbe gelb

blaues Band

Schwanzanhang

bunter Augenfleck

FLÜGELSPANNWEITE *8–9 cm.*
FLUGZEIT *April–September, im Süden in mehreren Generationen; im Norden eine oder mehr Generationen mit kürzerer Flugzeit.*
NAHRUNG DER RAUPE *Fenchel (Foeniculum), Sumpf-Haarstrang (Peucedanum palustre) und andere Doldenblütler.*
ÄHNLICHE ARTEN *Segelfalter (Iphiclides podalirius).*
VORKOMMEN *Verbreitet und relativ häufig, im Norden lokal.*

Aurorafalter

Anthocharis cardamines (Pieridae)

VORKOMMEN *An blütenreichen Wegrändern, Waldrändern und Wiesen, manchmal in Gärten.*

ANMERKUNG

Das Aurorafalter-Weibchen ähnelt stark dem Resedaweißling (Pontia edusa), ist aber heller, hat weniger dunkle Flecken und fliegt eleganter.

Der Aurorafalter ist im Frühjahr einer der charakteristischsten Tagfalter, und oft sieht man ihn an blütenreichen Wegen und Waldrändern entlangfliegen. Besonders das Männchen ist mit seinen leuchtend orangefarbenen Flügelspitzen auffällig. Die Flügelspitzen der Weibchen sind schwärzlich und deshalb weit unauffälliger. Die Unterseiten der Hinterflügel beider Geschlechter sind weiß und grün gescheckt.

FLÜGELSPANNWEITE *4cm.*
FLUGZEIT *April–Juni.*
NAHRUNG DER RAUPE *Gewöhnliche Knoblauchsrauke (S. 67), Wiesen-Schaumkraut (S. 69) und andere Kreuzblütler.*
ÄHNLICHE ARTEN *Pontia daplidice, nur selten zu finden.*
VORKOMMEN *Verbreitet und häufig.*

Apollo

Parnassius apollo (Papilionidae)

Die Oberseiten der großen gerundeten Flügel sind cremeweiß mit drei auffallenden schwarzen Flecken auf den Vorder- und mehreren roten, schwarz umrandeten Punkten auf den Hinterflügeln. Unten wiederholt sich dieses Muster. Die Flügel sind variabel schwarz bestäubt, bei Weibchen ausgeprägter. Der Apollo ist sehr lethargisch und daher am Morgen oder Spätnachmittag gut zu beobachten.

VORKOMMEN *Auf Gebirgswiesen und steinigen Hängen, in den Alpen bis 2000 m; im Norden tiefere Lagen.*

schwarze Flecken auf Vorderflügel

variabel grau bestäubt

♂ ⊖

rote Punkte mit schwarzen Ringen

Bis zu 5 cm lang

FLÜGELSPANNWEITE *8 cm.*
FLUGZEIT *Juli–September.*
NAHRUNG DER RAUPE *Fetthenne (*Sedum*), Hauswurz (*Sempervivum*).*
ÄHNLICHE ARTEN *Alpen- (P. phoebus) und Schwarzer Apollo (P. mnemosyne).*
VORKOMMEN *In großer Höhe lokal häufig, durch Zerstörung des Lebensraumes bedroht.*

Kleiner Kohlweißling

Pieris rapae (Pieridae)

Die Raupe kann in Gemüsegärten und Feldern großen Schaden anrichten. Der Schmetterling hingegen ist im Garten ein willkommener Gast. Die weißen Oberseiten haben eine schwärzliche Spitze und tragen zwei weiße Punkte, bei Männchen ist einer davon undeutlicher. Die Unterseiten sind generell gelblich und grauweiß.

VORKOMMEN *In Gebieten mit Kreuzblütlern; in Gärten und auf Feldern häufig.*

schwarze Spitze am Vorderflügel

♂ ⊖

Hinterflügel gelb und grau

Grundfarbe weiß

⊖

dunkler Fleck am Vorderflügel

Grundfarbe weiß

♀ ⊖

bis zu 2,5 cm lang

FLÜGELSPANNWEITE *5 cm.*
FLUGZEIT *April–Okt., mehrere Generationen.*
NAHRUNG DER RAUPE *Kreuzblütler, speziell der Gattung* Brassica*; Große Kapuzinerkresse (*Tropaeolum majus*).*
ÄHNLICHE ARTEN Pieris mannii*; Rapsweißling (P. napi); Großer Kohlweißling (S. 442).*
VORKOMMEN *Verbreitet und häufig.*

Großer Kohlweißling

Pieris brassicae (Pieridae)

VORKOMMEN *An blütenreichen Stellen, auf Wiesen und Feldern, an Straßenrändern.*

Die Art ist wegen der in Massen auftretenden Raupen berüchtigt. Die Oberseiten beider Geschlechter sind cremeweiß. Der Vorderflügel hat eine schwarze Spitze und bei Weibchen zwei dunkle Flecken. Die Unterseiten der Hinterflügel sind bei Männchen und Weibchen gelblich grau, die der Vorderflügel sind weiß mit zwei dunklen Punkten.

- Grundfarbe gelblich grau
- Vorderflügel weiß
- dunkle Spitze
- dunkler Fleck auf Vorderflügel
- bis zu 4 cm lang

FLÜGELSPANNWEITE 6 cm.
FLUGZEIT April–Okt., mehrere Generationen.
NAHRUNG DER RAUPE Kohl (Brassica) und andere Kreuzblütler; auch Große Kapuzinerkresse (Tropaeolum majus).
ÄHNLICHE ARTEN Kl. Kohlweißling (S. 441).
VORKOMMEN Verbreitet und häufig; im Norden Durchzügler.

Zitronenfalter

Gonepteryx rhamni (Pieridae)

VORKOMMEN *In buschigen Gebieten, Gärten und an Waldrändern, wo die Nahrung der Raupen wächst.*

Für viele ist der erste Zitronenfalter im Frühjahr ein Zeichen, dass der Winter vorbei ist. Ab Februar erwacht der Falter aus der Winterstarre und sucht nach Nektar. Männchen erkennt man auch im Flug an der zitronengelben Farbe. Die typische Flügelform beider Geschlechter sieht man nur, wenn die Falter ruhen.

- hakenförmige Spitze
- Grundfarbe zitronengelb
- rote Flecken
- Hinterflügel eckig
- Grundfarbe grünlich weiß
- bis zu 3 cm lang

FLÜGELSPANNWEITE 6 cm.
FLUGZEIT Juli–Oktober und Februar–März nach der Winterstarre.
NAHRUNG DER RAUPE Kreuzdorn (Rhamnus) und Faulbaum (Frangula alnus).
ÄHNLICHE ARTEN Im Großteil Europas keine; im Süden der Kleopatra-Falter (G. cleopatra).
VORKOMMEN Verbreitet und meist häufig.

Postillion

Colias crocea (Pieridae)

Der schnell fliegende Falter kann jährlich lange Wanderungen vom Kernverbreitungsgebiet in den Norden unternehmen. Wie weit die Art wandert, ist von Jahr zu Jahr unterschiedlich. Im Norden kann der Falter seinen Lebenszyklus aber wegen Kälte und Nässe im Herbst nicht vollenden. Im Flug fällt die leuchtend orangegelbe Flügelfärbung ins Auge. Die Oberseiten haben breite dunkelbraune Ränder. Ruhende Tiere öffnen ihre Flügel aber fast nie völlig.

VORKOMMEN *In unterschiedlichem Grasland; aufgrund seiner Wanderungen kann er fast überall auftauchen.*

ANMERKUNG

Weibchen kommen auch in einer hellen Form vor, die der Goldenen Acht (Colias hyale) stark ähnelt. Man muss daher die Färbung der Flügeloberseiten sowie die Flügelform prüfen.

FLÜGELSPANNWEITE 5cm.
FLUGZEIT Mai–Oktober.
NAHRUNG DER RAUPE Klee (Trifolium), Luzerne (Medicago sativa) und andere Schmetterlingsblütler.
ÄHNLICHE ARTEN Helle Form ähnelt Goldener Acht (C. hyale) und Alpen-Gelbling (C. phicomone); Orangeroter Heufalter (C. myrmidone).
VORKOMMEN Verbreitet in Süd- und Mitteleuropa; weiter nördlich je nach Witterung unterschiedlich.

Faulbaum-Bläuling

Celastrina argiolus (Lycaenidae)

Der Faulbaum-Bläuling ist bekannt, da er in Gärten, in denen Efeu und Stechpalme wachsen, oft vorkommt. Beide Geschlechter haben blaue Oberseiten, bei Weibchen heller als bei Männchen. Die dunklen Flügelränder sind bei Weibchen größer und bei der zweiten Generation ausgeprägter. Die hell bläulich weißen Unterseiten beider Geschlechter haben kleine schwarze Flecken.

VORKOMMEN *In Wäldern, Gärten, Felshängen, in denen die Nahrungspflanzen der Raupen wachsen.*

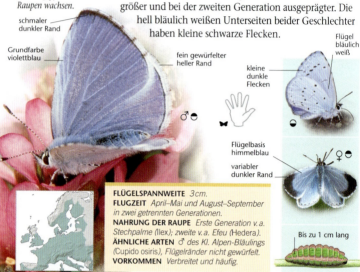

FLÜGELSPANNWEITE 3 cm.
FLUGZEIT April–Mai und August–September in zwei getrennten Generationen.
NAHRUNG DER RAUPE Erste Generation v. a. Stechpalme (Ilex); zweite v. a. Efeu (Hedera).
ÄHNLICHE ARTEN ♂ des Kl. Alpen-Bläulings (Cupido osiris), Flügelränder nicht gewürfelt.
VORKOMMEN Verbreitet und häufig.

Bis zu 1 cm lang

Gemeiner Bläuling

Polyommatus icarus (Lycaenidae)

Die meisten Männchen haben blaue, leicht violett getönte Oberseiten. Die der Weibchen sind braun mit orangefarbenen Flecken und unterschiedlich ausgeprägter violettblauer Bestäubung an der Flügelbasis. Die graubraunen Unterseiten beider Geschlechter tragen orangefarbene und schwarze Flecken mit weißen Ringen.

VORKOMMEN *In Grasland, wo die Nahrungspflanzen der Raupen wachsen, vom Tiefland bis über 2000 m Höhe.*

bis zu 1,5 cm lang

FLÜGELSPANNWEITE 3,2 cm.
FLUGZEIT April–Okt., mehrere Generationen.
NAHRUNG DER RAUPE Gewöhnlicher Hornklee (S. 97), andere Schmetterlingsblütler.
ÄHNLICHE ARTEN Eros- (P. eros), Himmelblauer (P. bellargus) und Kleiner Esparsetten-Bläuling (P. thersites), P. escheri.
VORKOMMEN Verbreitet und häufig.

Geißklee-Bläuling

Plebejus argus (Lycaenidae)

An Sonnentagen fliegt er von einer Blüte zur nächsten und verweilt jeweils nur kurz. Die Männchen haben violettblaue Oberseiten. Ausmaß von Färbung und dunklem Rand variieren nach geographischer Verbreitung. Weibchen haben vorwiegend braune Oberseiten. Beide Geschlechter haben hellgraue Unterseiten, bei Weibchen meist etwas dunkler. Die Flügel tragen viele Flecken und ein orangefarbenes Band, die schwarzen Punkte auf den Hinterflügeln sind in der Mitte schimmernd grün.

VORKOMMEN *In trockenen, offenen Lebensräumen wie Heideland, grasbewachsenen Hängen und Dünen vom Tiefland bis in 2000 m Höhe.*

dunkler Rand, variable Ausdehnung

Grundfarbe violettblau

orangefarbenes Band mit schwarzen Flecken

Grundfarbe graubraun

Mitte glänzend grün oder blau

Grundfarbe tiefbraun

heller Saum

orangefarbene Flecken

bis zu 1 cm lang

ANMERKUNG

Der Geißklee-Bläuling sonnt sich meist am frühen Morgen und am Spätnachmittag. Zu diesen Zeiten kann man den schnell fliegenden Bläuling am besten beobachten, auch über längere Zeitspannen hinweg. Oft sieht man ihn auf Büscheln von Heidekraut (Calluna) sitzen.

FLÜGELSPANNWEITE *2,4–3 cm.*
FLUGZEIT *Mai–August, im Süden oft eine zweite Generation im September.*
NAHRUNG DER RAUPE *Heidekraut (Calluna), Stechginster (Ulex), Sonnenröschen (Helianthemum) und Hornklee (Lotus).*
ÄHNLICHE ARTEN *Fetthennen- (Scolitantides orion), Idas- (P. idas) und Kronwicken-Bläuling (P. argyrognomon), Plebejus pylaon.*
VORKOMMEN *Verbreitet und lokal sehr häufig.*

Brombeer-Zipfelfalter

Callophrys rubi (Lycaenidae)

Trotz leuchtender Unterseiten ist der aktive Falter oft schwer zu beobachten. Im Sitzen ähnelt er einem grünen Blatt. Im Flug verschmilzt er so perfekt mit seiner Umgebung, dass es fast unmöglich ist, ihm zu folgen. In Ruhe zeigt er seine braunen Oberseiten selten, meist sind die Flügel gefaltet und nur die grünen Unterseiten zu sehen. Vorder- und Hinterflügel sind mit einer unterbrochenen weißen Linie markiert, die auf den Hinterflügeln stärker ausgeprägt ist.

VORKOMMEN *In buschbestandenen Lebensräumen, Heiden, Hecken, Waldrändern und Grasland.*

blasse weiß gestrichelte Linie auf dem Vorderflügel

deutliche weiß gestrichelte Linie

Grundfarbe leuchtend grün

Grundfarbe braun

FLÜGELSPANNWEITE *2,5 cm.*
FLUGZEIT *März–Juli im Süden, April–Juni im Norden; mehrere Generationen.*
NAHRUNG DER RAUPE *Stechginster (Ilex), Gewöhnlicher Hornklee (S. 97), Heidekraut (Calluna) u. a. niedrige Pflanzen.*
ÄHNLICHE ARTEN *Callophrys avis.*
VORKOMMEN *Verbreitet und lokal häufig.*

bis zu 1,5 cm lang

Blauer Eichen-Zipfelfalter

Favonius quercus (Lycaenidae)

Ihn kennt man in vielen Teilen Europas als Waldfalter. Anders als andere Zipfelfalter sonnt er sich mit geöffneten Flügeln und zeigt die violettblaue Färbung seiner Oberseiten. Der Blaue Eichen-Zipfelfalter hat kleine Schwanzanhänge an den Hinterflügeln. Die Flügelunterseite ist hell graubraun mit weißen Streifen.

VORKOMMEN *In alten Eichenbeständen; manchmal finden sich Kolonien in einzeln stehenden Eichen.*

violettblauer Schimmer

Grundfarbe graubraun

weißer Streifen mit schwarzem Rand

kleine orangefarbene Flecken

Grundfarbe rußbraun

kleine Schwanzanhänge

violettblau weniger ausgedehnt

FLÜGELSPANNWEITE *3,8–4 cm.*
FLUGZEIT *Juni–August.*
NAHRUNG DER RAUPE *Eiche (Quercus).*
ÄHNLICHE ARTEN *Spanischer Blauer Zipfelfalter (Laeosopis roboris), auf den Unterseiten ein orangefarbenes Band mit schwarzen Pfeilen und keine Schwanzanhänge.*
VORKOMMEN *Verbreitet und lokal häufig.*

bis zu 2,5 cm lang

Kleiner Feuerfalter

Lycaena phlaeas (Lycaenidae)

Trotz geringer Größe fällt der Kleine Feuerfalter mit der leuchtenden Färbung ins Auge. Ein Teil der Oberseite ist braun. Dies betont die lebhaft orangerote Zeichnung. Die Unterseiten haben gedämpftere Farben als die Oberseiten, das Muster ist jedoch ähnlich. Im Verbreitungsgebiet kommen leichte Variationen vor, das orangefarbene Band auf dem Hinterflügel etwa ist unterschiedlich breit.

VORKOMMEN *In blütenreichem, grasbewachsenen Gelände, an Wegrändern, auf Wiesen, an Felsen, vom Tiefland bis 2000 m.*

ANMERKUNG
Die Männchen sind sehr territorial. Es ist interessant zu beobachten, wie sie ihr Revier gegen Eindringlinge verteidigen. Dabei greifen sie gelegentlich auch Männchen anderer Schmetterlingsarten an.

schwarze Flecken
Rand hellbeige
bis zu 1,5 cm lang
Vorderflügel orangerot
brauner Rand
braune Flecken
brauner Hinterflügel
Spitze am Hinterrand
orangefarbenes Band

FLÜGELSPANNWEITE *3–3,8 cm.*
FLUGZEIT *April–Oktober, in mehreren Generationen.*
NAHRUNG DER RAUPE *Großer (Rumex acetosa) und Kleiner Sauerampfer (S. 48).*
ÄHNLICHE ARTEN *Blauschillernder Feuerfalter (Lycaena helle).*
VORKOMMEN *Verbreitet und häufig.*

Dunkelbrauner Bläuling

Aricia agestis (Lycaenidae)

Auf Anhieb könnte man den Dunkelbraunen Bläuling für das Weibchen des Gemeinen Bläulings (S. 444) halten. Trotzdem ist er charakteristisch, die tiefbraunen Oberseiten schmücken leuchtend orangefarbene Halbmondflecken entlang weißer Säume. Die Unterseiten tragen ähnlich angeordnete orangefarbene Flecken.

VORKOMMEN *Durchlässiges, trockenes Grasland, sowohl auf Kalkböden als auch auf sauren Böden.*

dunkle Flecken
weißer Strich
bis zu 1,5 cm lang

Grundfarbe tiefbraun
zentraler dunkler Fleck
weißer Saum
Reihe orangefarbener Flecken

FLÜGELSPANNWEITE 2,5 cm.
FLUGZEIT Mai–Aug., mehrere Generationen.
NAHRUNG DER RAUPE Sonnenröschen (Helianthemum), Reiherschnabel (Erodium).
ÄHNLICHE ARTEN Gemeiner Bläuling (Weibchen, S. 444), Großer Sonnenröschenbläuling (Aricia artaxerxes).
VORKOMMEN Lokal häufig, aber verstreut.

Ulmen-Zipfelfalter

Satyrium w-album (Lycaenidae)

Wie die meisten Zipfelfalter ist die Art ziemlich charakteristisch. Das beste Merkmal ist der weiße Streifen auf der Unterseite der Hinterflügel, der aussieht wie ein »W«. Die Grundfarbe unten ist tiefbraun. Der Hinterflügel trägt eine Reihe aus verbundenen orangefarbenen Halbmondflecken. Außer den offensichtlichen Schwanzanhängen sind zwei weitere Verlängerungen sichtbar. In Ruhe sind die braunen Oberseiten selten zu sehen.

VORKOMMEN *Alte Hecken, Waldränder und Schneisen, an das Vorkommen von Ulmen gebunden.*

w-förmiger weißer Streifen
halbmondförmige orange Zeichnung
Schwanzanhang

Grundfarbe dunkelbraun
Fleck in mattem Orange
bis zu 1,5 cm lang

FLÜGELSPANNWEITE 3,5 cm.
FLUGZEIT Juli.
NAHRUNG DER RAUPE Ulme (Ulmus).
ÄHNLICHE ARTEN Pflaumen-Zipfelfalter (S. pruni), mit schwarzen Flecken entlang des orangefarbenen Bandes auf der Unterseite.
VORKOMMEN Verbreitet, aber lokal; durch das Ulmensterben bedroht.

Braunfleckiger Perlmutterfalter

Boloria selene (Nymphalidae)

Sieht man nur die Oberseiten, sind sich die Perlmutterfalter sehr ähnlich. Was die Arten unterscheidet, ist das Muster auf der Unterseite der Hinterflügel. Der Braunfleckige Perlmutterfalter hat am Hinterrand sieben perlweiße Flecken, die innen durch schwarze Linien betont werden, und mehrere weiße Flecken in der Mitte des Flügels und an der Basis.

VORKOMMEN *Lebensräume mit Raupennahrung, von offenem Waldland bis zu tieferen Berghängen, im Süden auch bis 2000 m.*

- sieben weiße Flecken am Rand
- Grundfarbe orange
- mehrere weiße Flecken
- zahlreiche schwarze Flecken

Bis zu 2 cm lang

FLÜGELSPANNWEITE *4 cm.*
FLUGZEIT *Juni–Juli.*
NAHRUNG DER RAUPE *Veilchen (Viola).*
ÄHNLICHE ARTEN *Veilchen-Perlmutterfalter (Boloria euphrosyne).*
VORKOMMEN *Verbreitet und lokal häufig, geht durch Lebensraumzerstörung allerdings zurück.*

Großer Perlmutterfalter

Argynnis aglaja (Nymphalidae)

Die Art liebt offene Lebensräume. Sie fliegt schnell und direkt, auch bei starkem Wind. Oft trinkt sie an Disteln und Flockenblumen. Wie die meisten Perlmutterfalter hat sie orangefarbene Flügeloberseiten mit dunklen Flecken. Die Unterseiten der Hinterflügel sind grün mit weißen Flecken.

VORKOMMEN *In grasbewachsenen Gebieten, auf Dünen, im Tiefland und in offenen Mooren.*

- Grundfarbe grünlich
- Grundfarbe orange
- Halbmond aus fünf schwarzen Flecken auf Hinterflügel
- auffallende weiße Flecken

bis zu 4 cm lang

FLÜGELSPANNWEITE *6–6,5 cm.*
FLUGZEIT *Juni–August.*
NAHRUNG DER RAUPE *Veilchen (Viola).*
ÄHNLICHE ARTEN *Feuriger Perlmutterfalter (Argynnis adippe), bei dem die Unterseiten der Hinterflügel beige mit einem Halbmond brauner Flecken sind.*
VORKOMMEN *Verbreitet und lokal häufig.*

- zahlreiche schwarze Flecken

Kaisermantel

Argynnis paphia (Nymphalidae)

VORKOMMEN *Waldgebiete, v.a. Lichtungen und Waldränder mit Brombeeren, die dem Falter Nektarquellen bieten.*

Im größten Teil seines Verbreitungsgebietes kann ein geübter Beobachter den Kaisermantel höchstwahrscheinlich an seiner überdurchschnittlichen Größe und seinem schnellen, gleitenden Flug erkennen. Bei einem ruhenden Falter erkennt man, dass die Vorderflügel relativ eckig sind, die Hinterflügel hingegen groß und gerundet. Bei den meisten Exemplaren ist die Grundfarbe der Oberseiten orange. Die hell braungelben und grünlichen Unterseiten tragen silberne Bänder.

ANMERKUNG

Die Weibchen treten in zwei Farbvarianten auf. Meist ähneln sie den Männchen, sind aber matter und stärker gefleckt. Bei der Form A. p. valesina sind die Oberseiten grünbraun, sie ähnelt dem Kardinal.

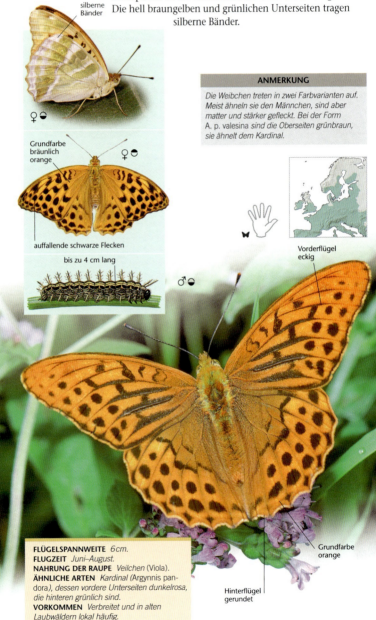

- silberne Bänder
- Grundfarbe bräunlich orange
- auffallende schwarze Flecken
- bis zu 4 cm lang
- Vorderflügel eckig
- Grundfarbe orange
- Hinterflügel gerundet

FLÜGELSPANNWEITE 6cm.
FLUGZEIT Juni–August.
NAHRUNG DER RAUPE Veilchen (Viola).
ÄHNLICHE ARTEN Kardinal (*Argynnis pandora*), dessen vordere Unterseiten dunkelrosa, die hinteren grünlich sind.
VORKOMMEN Verbreitet und in alten Laubwäldern lokal häufig.

Kleiner Fuchs

Nymphalis urticae (Nymphalidae)

Die Flügeloberseiten sind orangefarben und kräftig schwarz, gelb, blau und dunkelbraun gezeichnet, die Unterseiten dunkel. Wenn er mit geschlossenen Flügeln ruht, ist der Falter deshalb gut getarnt. Der Kleine Fuchs erscheint jedes Jahr in zwei oder drei aufeinanderfolgenden Generationen. Falter der letzten Herbstgeneration überwintern oft in Dachstühlen oder Gartenhäuschen.

VORKOMMEN *An diversen blütenreichen Stellen wie Feldern, Wegrändern, Gärten und tiefer gelegenen Bergwiesen*

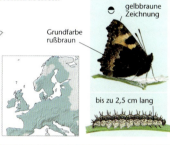

gelbbraune Zeichnung
Grundfarbe rußbraun
bis zu 2,5 cm lang

gelb-schwarze Zeichnung auf dem Vorderflügel
im Rand blaue Flecken

FLÜGELSPANNWEITE 4,2–4,5 cm.
FLUGZEIT *März–Oktober in mehreren Generationen.*
NAHRUNG DER RAUPE *Brennnessel (Urtica).*
ÄHNLICHE ARTEN *Die Flügelunterseiten ähneln denen des viel größeren Großen Fuchses (Nymphalis polychloros).*
VORKOMMEN *Verbreitet und häufig.*

Trauermantel

Nymphalis antiopa (Nymphalidae)

Obwohl der Trauermantel nicht zu den farbenprächtigsten Schmetterlingen gehört, machen ihn seine rotbraunen Flügeloberseiten mit dem cremeweißen Rand und der Linie blauer Punkte sehr attraktiv. Die schnell fliegende Art flattert oft in beachtlicher Höhe um Baumwipfel. Zum Glück für Beobachter fliegt der Trauermantel aber häufig auch tiefer oder sonnt sich auf dem blanken Boden oder auf Baumstämmen.

VORKOMMEN *Offenes Waldland und Hänge mit Gebüschen; vom Tiefland bis 2000 m Höhe.*

gezackter weißer Rand
bis zu 5 cm lang
Grundfarbe tief rotbraun
kleine blaue Flecken
cremeweißer Saum

FLÜGELSPANNWEITE 8 cm.
FLUGZEIT *Juni–August und nach der Winterstarre März–April.*
NAHRUNG DER RAUPE *Weide (Salix), Birke (Betula) und Ulme (Ulmus).*
ÄHNLICHE ARTEN *Keine; bei älteren Faltern kann der helle Rand jedoch abgetragen sein.*
VORKOMMEN *Verbreitet, aber selten häufig.*

C-Falter

Nymphalis c-album (Nymphalidae)

Dies ist einer der am leichtesten zu bestimmenden Tagfalter Europas. An Farben und Form der Flügel mit den zerfransten Rändern kann man ihn sofort erkennen. Die dunklen Unterseiten zeigen einen weißen Fleck in Form eines »C«.

VORKOMMEN *In diversen blütenreichen Lebensräumen, an Wegrändern, in Waldland, auf Wiesen und in Gärten.*

- Grundfarbe braun marmoriert
- ♂●
- kleines weißes »C«
- bis zu 3,5 cm lang
- gezackter Flügelrand
- dunkle Zeichnung
- Grundfarbe leuchtend orange

FLÜGELSPANNWEITE 4,5 cm.
FLUGZEIT *März–September in zwei Generationen; die zweite überwintert.*
NAHRUNG DER RAUPE *Brennnessel (Urtica), Hopfen (Humulus), Ulme (Ulmus).*
ÄHNLICHE ARTEN *Zürgelbaum-Schnauzenfalter (Libythea celtis), Nymphalis egea.*
VORKOMMEN *Verbreitet und häufig.*

Distelfalter

Vanessa cardui (Nymphalidae)

Obwohl die Unterseiten matter gefärbt sind, ist das Muster ähnlich wie das der Oberseiten. In Nordafrika und Südeuropa kommt die Art ganzjährig vor, weiter nördlich ist sie nur Sommergast und erscheint in geringer Zahl. Viele dieser Falter sterben bei den ersten Herbstfrösten, manche wandern aber in mildere Regionen im Mittelmeerraum.

VORKOMMEN *An blütenreichen, grasbewachsenen Stellen, oft in Gärten.*

- lachsrosa und schwarzes Muster
- ♂●
- dunkle Spitze mit weißen Flecken
- Augenflecken
- Hinterflügel grau, beigebraun und weiß gezeichnet
- bis zu 3 cm lang

FLÜGELSPANNWEITE 6 cm.
FLUGZEIT *März–November im Süden; weiter nördlich April–Oktober.*
NAHRUNG DER RAUPE *Distel/Kratzdistel (Carduus/Cirsium), Brennnessel (Urtica).*
ÄHNLICHE ARTEN *Keine.*
VORKOMMEN *Wandernde Art: im Süden häufig; weiter nördlich schwanken die Zahlen.*

Admiral

Vanessa atalanta (Nymphalidae)

Schwarze Oberseiten tragen rote Bänder und weiße Flecken und auf den Hinterflügeln je einen blauen Punkt. Die Unterseiten der Vorderflügel sind ähnlich gefärbt und gemustert und tragen je einen rosa Fleck. In der Ruhe sind sie jedoch meist von der Unterseite der Hinterflügel bedeckt, die in braunem, schwarzem und bläulichem Tarnmuster gezeichnet sind.

VORKOMMEN Fast alle blütenreichen Lebensräume wie Wiesen, Wegränder, Gärten.

rosa Fleck auf Vorderflügel

Hinterflügel rußbraun

bis zu 3,5 cm lang

weiße Flecken auf Flügelspitze

roter Rand am Hinterflügel

blauer Fleck auf Hinterflügel

FLÜGELSPANNWEITE 6 cm.
FLUGZEIT Mai–Oktober und nach der Winterstarre März und April.
NAHRUNG DER RAUPE Brennnessel (Urtica).
ÄHNLICHE ARTEN Keine.
VORKOMMEN Im Süden ganzjährig häufig. Im Norden überleben wenige die Winterstarre. Art als Wanderfalter zu sehen.

Kleiner Eisvogel

Limenitis camilla (Nymphalidae)

Dieser verbreitete Waldschmetterling trinkt gern an Brombeerblüten Nektar und verlässt gute Nahrungsquellen nur ungern. Die schwarzbraunen Flügeloberseiten tragen charakteristische weiße Bänder. Auf den Unterseiten, die tief orangebraun gefärbt sind, sind sie ähnlich, aber breiter.

VORKOMMEN Wälder mit sonnigen Lichtungen, wo die Nahrung der Raupen wächst.

Grundfarbe schwarzbraun

Grundfarbe orangebraun

bis zu 3 cm lang

Rand mit weißem Bogenmuster

FLÜGELSPANNWEITE 5 cm.
FLUGZEIT Juni–August.
NAHRUNG DER RAUPE Heckenkirsche (Lonicera), meist an schattigen Stellen.
ÄHNLICHE ARTEN Blauschwarzer Eisvogel (L. reducta); Schw. Trauerfalter (Neptis rivularis); zweite Gen. des Landkärtchens (S. 458).
VORKOMMEN Verbreitet und lokal häufig.

Tagpfauenauge

Nymphalis io (Nymphalidae)

Wie einige seiner farbenfrohen Verwandten ist das Tagpfauenauge in Gärten ein häufiger Besucher, wo es Nektar trinkt. Besonders liebt es die Blüten des Schmetterlingsflieders und der Mittagsblume. Wenn es mit geschlossenen Flügeln ruht, sieht es mit den gezackten Rändern wie ein welkes Blatt oder Baumrinde aus und ist hervorragend getarnt. Wenn er gestört wird, öffnet der Falter plötzlich die Flügel, und die Augenflecken, die dann sichtbar werden, erschrecken und verjagen mögliche Feinde.

VORKOMMEN *Grasbewachsene Lebensräume wie Wegränder, Hecken, Wiesen, Gärten und Parks.*

Grundfarbe braun marmoriert

gezackter Rand

bis zu 4 cm lang

ANMERKUNG

Die Raupen leben gesellig und weben auffällige Gespinste an ihren Nahrungspflanzen. Während der Sommermonate kann man zwischen den Brennnesseln häufig auf derartige Gebilde stoßen.

Grundfarbe rotbraun

Augenfleck gelb, rotbraun und blauviolett

auf Hinterflügel blau-schwarze Augenflecken

FLÜGELSPANNWEITE *6 cm.*
FLUGZEIT *Juli–September, nach der Winterstarre März–Mai.*
NAHRUNG DER RAUPE *Brennnessel (Urtica).*
ÄHNLICHE ARTEN *Keine.*
VORKOMMEN *Verbreitet und häufig; im Garten einer der häufigsten Tagfalter.*

Kleines Wiesenvögelchen

Coenonympha pamphilus (Satyridae)

In geeignetem Lebensraum ist das Kleine Wiesenvögelchen oft sehr häufig, deshalb dürfte es nicht schwer zu beobachten sein. An trüben Tagen sitzt es auf Grashalmen oder Stängeln, und man kann seine braunen und grauen Unterseiten beobachten. Der Vorderflügel trägt kleine, aber auffallende schwarze Augenflecken.

VORKOMMEN *Unterschiedliches Grasland wie Wiesen, Wegränder und Heidegebiete vom Tiefland bis 2000 m.*

- schmaler brauner Rand
- Grundfarbe orangebraun
- bis zu 2 cm lang
- Vorderflügel orangebraun
- schwarzer Augenfleck
- gezacktes cremeweißes Band
- Hinterflügel grau und braun marmoriert

FLÜGELSPANNWEITE 3 cm.
FLUGZEIT Mai–Sept., mehrere Generationen.
NAHRUNG DER RAUPE Verschiedene Gräser (Familie Poaceae), v. a. Schwingel (Festuca).
ÄHNLICHE ARTEN Coenonympha dorus; Weißbindiges Wiesenvögelchen (C. arcania); Großes Wiesenvögelchen (C. tullia).
VORKOMMEN Häufig, lokal ausgestorben.

Mauerfuchs

Pararge megera (Satyridae)

Der Mauerfuchs hat kräftig gemusterte orangefarbene Flügeloberseiten, die ein Netz aus schwarzen Adern und auffallende Augenflecken tragen. Die Unterseite des Hinterflügels ähnelt Baumrinde oder Fels. Wenn der Mauerfuchs mit geschlossenen Flügeln ruht, bedecken die Hinterflügel oft die bunten Vorderflügel, und der Falter ist hervorragend getarnt.

VORKOMMEN *Trockene Heidegebiete, Hügelland und Felsregionen; vom Tiefland bis 2000 m Höhe.*

- Netz aus dunklen Adern
- großer Augenfleck
- schräges Band auf Vorderflügel
- Reihe von Augenflecken
- Vorderflügel hell orangebraun
- Hinterflügel graubraun marmoriert
- Grundfarbe orange
- bis zu 2,5 cm lang

FLÜGELSPANNWEITE 4,5 cm.
FLUGZEIT Mai–September in mehreren Generationen.
NAHRUNG DER RAUPE Gräser (Poaceae).
ÄHNLICHE ARTEN Braunauge (P. maera), Braunscheckauge (P. petropolitana), Waldbrettspiel (S. 457).
VORKOMMEN Verbreitet, nimmt aber ab.

Rotbraunes Ochsenauge

Pyronia tithonius (Satyridae)

VORKOMMEN Wiesen, Hecken und Waldränder, meist vom Tiefland bis etwa 750 m Höhe.

Das Rotbraune Ochsenauge fliegt, wenn die Brombeeren in voller Blüte sind, und kann dann beim Nektartrinken beobachtet werden. Die Oberseiten sind tief orangefarben mit braunem Rand und einem doppelten Augenfleck mit zwei kleinen hellen Punkten auf jedem Vorderflügel. Die Färbung der Unterseiten ist ähnlich, die Hinterflügel sind jedoch marmoriert. Männchen sind kleiner als Weibchen, haben kräftiger gefärbte Flügel und auf den Vorderflügeln je einen dunklen Fleck.

helle Flecken auf doppeltem Augenfleck

dunkler Fleck auf Vorderflügel

breiter brauner Rand mit hellem Saum

beigebrauner Rand

Grundfarbe hell gelbbraun

bis zu 2 cm lang

ANMERKUNG

Im Großteil seines Verbreitungsgebietes ist dies der häufigste der kleinen bis mittelgroßen Augenfalter, und man kann ihn häufig beobachten, wenn er an Blüten von Brombeeren oder anderen Hecken- und Wiesenpflanzen Nektar trinkt.

FLÜGELSPANNWEITE 4 cm.
FLUGZEIT Juli–August.
NAHRUNG DER RAUPE Verschiedene Gräser (Familie Poaceae).
ÄHNLICHE ARTEN Südliches Ochsenauge (Pyronia cecilia), das gerundetere Flügel und größere weiße Punkte auf den Augenflecken hat; Spanisches Ochsenauge (Pyronia bathseba), das auf der Unterseite ein weißes Band hat.
VORKOMMEN Verbreitet und häufig.

Waldbrettspiel

Pararge aegeria (Satyridae)

Die Art existiert in zwei Formen. In den meisten Gegenden sind die Oberseiten dunkelbraun mit einem Muster hell gelbbrauner Flecken. In einigen der hellen Felder sitzen Augenflecken. Südlich der Linie zwischen Bretagne und Norditalien haben die Falter orangefarbene Flecken statt hell gelbbrauner. Muster und Färbung der Unterseiten ähneln bei beiden Formen den Oberseiten.

VORKOMMEN *In Wäldern, meist an den Rändern sonniger Lichtungen und Schneisen.*

FLÜGELSPANNWEITE 4,5 cm.
FLUGZEIT *März–Okt., mehrere Generationen.*
NAHRUNG DER RAUPE *Verschiedene Gräser, die im Wald vorkommen (Familie Poaceae).*
ÄHNLICHE ARTEN *Südliche Form ähnelt dem Mauerfuchs (S. 455), der auf den Hinterflügeln eine Reihe von Augenflecken hat.*
VORKOMMEN *Verbreitet und lokal häufig.*

Großes Ochsenauge

Maniola jurtina (Satyridae)

Meist bekommt man die Unterseiten zu Gesicht: Der Vorderflügel ist orange und beige mit Augenfleck, und der braune Hinterflügel trägt ein helles Band mit kleinen schwarzen Flecken. Dieser Falter zeigt auch manchmal die Oberseiten. Sie sind tiefbraun mit orangefarbenem Fleck auf dem Vorderflügel, in dem ein Augenfleck sitzt.

VORKOMMEN *Grasbewachsene Stellen wie Wiesen, Staßen- und Waldränder sowie Berghänge bis in 1500 m Höhe.*

FLÜGELSPANNWEITE 5 cm.
FLUGZEIT *Juni–Oktober.*
NAHRUNG DER RAUPE *Verschiedene Gräser (Familie Poaceae).*
ÄHNLICHE ARTEN *Kleines Ochsenauge (Maniola lycaon).*
VORKOMMEN *Verbreitet und lokal sehr häufig.*

Brauner Waldvogel

Aphantopus hyperantus (Satyridae)

VORKOMMEN *Wiesen, Hecken, Wegränder und Waldlichtungen, meist in tiefen Lagen.*

Die Oberseiten sind rußbraun. Bei Männchen sind sie dunkler und erscheinen fast schwarz. Auf den Oberseiten sind manchmal kleine schwarze Augenflecken zu sehen. Die braunen Unterseiten tragen gelbrandige schwarze Augenflecken mit weißen Punkten.

FLÜGELSPANNWEITE 4,5–5 cm.
FLUGZEIT *Juni–Juli.*
NAHRUNG DER RAUPE *Verschiedene Gräser (Familie Poaceae).*
ÄHNLICHE ARTEN *Moor-Wiesenvögelchen (Coenonympha oedippus), das eher orangebraune Flügelunterseiten hat.*
VORKOMMEN *Verbreitet und häufig.*

Landkärtchen

Araschnia levana (Nymphalidae)

VORKOMMEN *Waldränder und verwilderte Stellen mit aufgebrochenem Boden, meist in geringen Höhen.*

Die Färbung der Oberseiten beider Generationen ist sehr unterschiedlich. Die erste ähnelt mit ihrer orangefarbenen und schwarzen Zeichnung einem Scheckenfalter. Die zweite hat dagegen schwärzliche, weiß gezeichnete Flügeloberseiten. Die Flügelform und das Muster der Flügelunterseiten sind jedoch bei beiden Generationen gleich.

FLÜGELSPANNWEITE 4–4,5 cm.
FLUGZEIT *April–Juni und August–September; zwei unterschiedliche Generationen.*
NAHRUNG DER RAUPE *Brennnessel (Urtica).*
ÄHNLICHE ARTEN *Die erste Generation kann mit einem Scheckenfalter, die zweite mit dem Kleinen Eisvogel (S. 453) verwechselt werden.*
VORKOMMEN *Verbreitet und relativ häufig.*

Schachbrett

Melanargia galathea (Satyridae)

Dieser Falter variiert leicht. Die Oberseiten sind typischerweise cremeweiß mit einem ausgedehnten Muster schwarzer Adern und Flecken. Im Vergleich zu anderen *Melanargia*-Arten ist das Verhältnis von Schwarz zu Weiß ausgewogen und das Muster gleichmäßig über die Flügel verteilt. Das der Unterseiten ist ähnlich, viele der Flecken sind aber grau, weshalb die Flügel blasser wirken. Die Geschlechter ähneln sich meist, doch sind Weibchen auf den Unterseiten der Hinterflügel oft gelb bestäubt.

VORKOMMEN *Blütenreiche Wiesen und Wegränder, meist unter 1500 m Höhe.*

- Grundfarbe cremeweiß
- graues Band mit Augenflecken
- graue Flecken
- bis zu 2 cm lang
- ausgedehnte schwarze Flecken und Adern
- weißer, gewellter Saum

FLÜGELSPANNWEITE *5 cm.*
FLUGZEIT *Juni–August.*
NAHRUNG DER RAUPE *Verschiedene Gräser (Familie* Poaceae*).*
ÄHNLICHE ARTEN *Melanargia russiae, Westl. Schachbrett (*Melanargia occitanica*).*
VORKOMMEN *Verbreitet und lokal häufig, bildet typischerweise getrennte Kolonien.*

ANMERKUNG

Dies ist die häufigste und am weitesten verbreitete der drei hier vorgestellten Melanargia*-Arten. Sie ist im allgemeinen dunkler als ihre Verwandten, auch fehlen die gezackten schwarzen Zeichnungen, die für die beiden anderen Arten typisch sind.*

Kleistermotte

Endrosis sarcitrella (Oecophoridae)

VORKOMMEN *Häuser, Scheunen und Lagerhäuser; manchmal in alten Vogelnestern.*

Die Flügeloberseiten dieser Art sind graubraun und stark gefleckt, Kopf und Thorax sind weiß. Diese Art ist verbreitet, man findet sie in Vogelnestern, Häusern und Lagerhäusern, wo Getreide und andere Lebensmittel gelagert werden. Die Falter können zu jeder Jahreszeit im Haus erscheinen, und oft werden sie von Lichtquellen angelockt.

FLÜGELSPANNWEITE *1,3–2 cm.*
AKTIVITÄT *Nachtaktiv.*
FLUGZEIT *Ganzjährig.*
NAHRUNG DER RAUPE *Fast jedes Pflanzenmaterial, Getreide, Holz, Vogelkot und Federn.*
ÄHNLICHE ARTEN *Keine.*
VORKOMMEN *Verbreitet und häufig.*

Eichenwickler

Tortrix viridana (Tortricidae)

VORKOMMEN *Raupe frisst an Eichenblättern; in jedem Mischwald mit Eichenbestand häufig.*

Diese Art gehört zu der großen Familie der Wickler, deren Raupen ein Blatt ihrer Nahrungspflanze zu einer Röhre rollen, in der sie leben. Mit ihren grünen Vorder- und Hinterflügeln ist diese Art leicht zu bestimmen. In Eichenwäldern kommt sie oft häufig vor, und die Raupen entlauben oft ganze Bäume.

FLÜGELSPANNWEITE *1,6–2,4 cm.*
AKTIVITÄT *Vorwiegend nachtaktiv.*
FLUGZEIT *Juni–August.*
NAHRUNG DER RAUPE *Eiche (Quercus).*
ÄHNLICHE ARTEN *Grüneulchen (Earias clorana), das weiße Hinterflügel hat.*
VORKOMMEN *Verbreitet und häufig.*

Purpurzünsler

Pyrausta aurata (Pyralidae)

Dieser kleine Schmetterling wird auch nach seiner hauptsächlichen Futterpflanze Minzenmotte genannt. Meist sieht man ihn bei Sonnenlicht, doch wird er auch nachts von Lichtquellen angezogen. Er wird oft mit dem ähnlichen Purpurroten Zünsler, *P. purpuralis*, verwechselt, doch diese Art trägt drei gelbe Flecken, die ein Band auf jedem Vorderflügel bilden.

VORKOMMEN *Findet sich, wo Minze und andere Kräuter wachsen: Tiefland, Feuchtgebiete, Ödland und Waldränder.*

dunkle purpurbraune Farbe

einzelner gelber Fleck

gelblicher Balken

bis zu 1,5 cm lang

FLÜGELSPANNWEITE *1,5–2 cm.*
FLUGZEIT *Mai–August, zwei Generationen.*
NAHRUNG DER RAUPE *Minzen (Mentha), Dost (Origanum) und andere Kräuter.*
ÄHNLICHE ARTEN *Purpurroter Zünsler (P. purpuralis), leuchtender gefärbt und mit drei gelben Markierungen auf den Vorderflügeln.*
VORKOMMEN *Weit verbreitet, örtlich häufig.*

Geißblatt-Geistchen

Alucita hexadactyla (Alucitidae)

Jeder Flügel besteht aus sechs verbundenen Fiedern. In der Ruheposition liegen die Fiedern nahe beieinander: Die Flügel wirken fast »normal«. Wenn der Falter sie ausbreitet, sind die einzelnen Fiedern sichtbar. Die Art überwintert, bisweilen fliegt sie in milden Winternächten.

VORKOMMEN *Gärten, Waldland und Parks, wo die Nahrung der Raupe wächst.*

Fiedern ausgebreitet

bis zu 0,5 cm lang

auf Vorderflügel doppeltes dunkles Band

einzelne Fiedern

FLÜGELSPANNWEITE *1,4–1,6 cm.*
AKTIVITÄT *Nachtaktiv.*
FLUGZEIT *Falter erscheinen zu jeder Jahreszeit.*
NAHRUNG DER RAUPE *Heckenkirsche (Lonicera).*
ÄHNLICHE ARTEN *Keine.*
VORKOMMEN *Häufig.*

Brennnessel-Zünsler

Eurrhypara hortulata (Pyralidae)

VORKOMMEN *Alle Lebensräume, in denen Brennnesseln wachsen, v.a. feuchtere Waldgebiete, Grünflächen und Gärten.*

Er ist einer der attraktivsten und bekanntesten Kleinschmetterlinge und leicht an den schwarz-weißen Flügeln und dem schwarz-gelben Körper zu erkennen. Die Raupe frisst an Brennnesseln, und den Falter schreckt man tagsüber oft aus der Vegetation auf. Aktiv wird er ab dem frühen Abend.

Körper schwarz und gelb

schwarze Ränder

bis zu 2 cm lang

weiße Flügel mit schwarzen Flecken

FLÜGELSPANNWEITE *3,3–3,5 cm.*
AKTIVITÄT *Nachtaktiv.*
FLUGZEIT *Mai–August.*
NAHRUNG DER RAUPE *Brennnessel (Urtica) und andere Pflanzen.*
ÄHNLICHE ARTEN *Stachelbeerspanner (S. 466), der viel größer ist.*
VORKOMMEN *Verbreitet und häufig.*

Nessel-Zünsler

Pleuroptya ruralis (Pyralidae)

VORKOMMEN *Gebiete mit Brennnesselbewuchs, wie Gärten, Ödland und feuchteres Waldland.*

Dies ist einer der größeren Kleinschmetterlinge. Die Flügel schimmern perlrosa, was an das Innere einer Austernschale erinnert. Obwohl der Nesselzünsler vorwiegend nachtaktiv ist und von Lichtquellen angelockt wird, fliegt er manchmal tagsüber von Brennnesseln auf, wenn er gestört wird.

Perlglanz

hellbeige Vorderflügel

bräunliche Zeichnung

Flügel zugespitzt

bis zu 2 cm lang

FLÜGELSPANNWEITE *3,3–3,7 cm.*
AKTIVITÄT *Nachtaktiv; tagsüber leicht aufzuscheuchen.*
FLUGZEIT *Juni–August.*
NAHRUNG DER RAUPE *Große Brennnessel (S. 46).*
ÄHNLICHE ARTEN *Keine.*
VORKOMMEN *Verbreitet und häufig.*

Schlehen-Federgeistchen

Pterophorus pentadactyla (Pterophoridae)

Obwohl die Flügel des einzigen völlig weißen Federgeistchens ähnlich denen des Geißblatt-Geistchens (S. 461) aus einzelnen Fiedern bestehen, sind beide nicht nah verwandt. Die Vorderflügel sind in zwei Fiedern geteilt, die Hinterflügel in drei. Beim Ruhen hält der Falter die Flügel ausgebreitet. Er fliegt vor allem in der Morgen- und Abenddämmerung.

VORKOMMEN *Grasbewachsene Stellen wie Gärten, Grünstreifen und Hecken, wo die Nahrung der Raupen wächst.*

FLÜGELSPANNWEITE *2,6–3,4 cm.*
AKTIVITÄT *Nachtaktiv.*
FLUGZEIT *Juni–August.*
NAHRUNG DER RAUPE *Acker- und Zaunwinde (Convolvulus und Calystegia).*
ÄHNLICHE ARTEN *Einige andere Federgeistchen, keine Art ist jedoch völlig weiß.*
VORKOMMEN *Verbreitet und relativ häufig.*

Heller Sichelflügler

Drepana falcataria (Drepanidae)

Sichelflügler-Arten sind nach der Flügelform benannt. Dieser hat eine filigrane Flügelzeichnung, mit der er wie ein welkes Blatt oder ein Stück Rinde aussieht, wenn er tagsüber ruht. Dabei nimmt er eine typische Haltung ein, bei der die Vorderflügel die Hinterflügel teilweise verdecken, und wirkt dabei fast oval.

VORKOMMEN *Überall, wo Birken wachsen, die Nahrung der Raupen.*

FLÜGELSPANNWEITE *3,6–4 cm.*
AKTIVITÄT *Nachtaktiv.*
FLUGZEIT *Mai–August, zwei Generationen.*
NAHRUNG DER RAUPE *Birke (Betula), manchmal Erle (Alnus).*
ÄHNLICHE ARTEN *Erlen-Sichelflügler (D. curvatula, kleinerer Fleck auf dem Hinterflügel.*
VORKOMMEN *Lokal häufig.*

Gemeines Blutströpfchen

VORKOMMEN
Hügelland, Wiesen, Waldränder und andere blütenreiche Stellen; auch Felsen und Sandhügel.

Zygaena filipendulae (Zygaenidae)

Diese tagaktive Art ist an drei Paaren roter Flecken auf den schimmernd grünlich-schwarzen oder blaugrünen Vorderflügeln vom Sumpfhornklee-Widderchen zu unterscheiden. Die Hinterflügel, die im Flug sichtbar sind, sind so rot wie die Flecken auf den Vorderflügeln. Alle Blutströpfchen-Arten haben Zyanide im Körper und warnen mit ihrer Färbung Feinde vor ihrer Giftigkeit. Trotzdem werden sie manchmal von Vögeln gefressen. Eine seltene Farbvariante hat statt der roten gelbe Flecken.

schwarzer Kopf und Körper

Kokon

FALTER AUF KOKON

bis zu 2,5 cm lang

ANMERKUNG
Der zusätzliche rote Punkt, der diese Art vom Sumpfhornklee-Widderchen unterscheidet, sitzt an der Spitze des Vorderflügels und bildet das dritte Paar Punkte.

dicke, keulenförmige Antennen

3 Paar roter Punkte auf Vorderflügel

Grundfarbe schimmernd blaugrün

FLÜGELSPANNWEITE *2,5–4 cm.*
FLUGZEIT *Juni–August.*
NAHRUNG DER RAUPE *Gewöhnlicher Hornklee (Lotus corniculatus).*
ÄHNLICHE ARTEN *Sumpfhornklee-Widderchen (Z. trifolii) mit nur fünf roten Punkten auf dem Vorderflügel; Blutbär (S. 473).*
VORKOMMEN *Verbreitet und relativ häufig.*

Obstbaum-Blütenspanner

Pasiphila rectangulata (Geometridae)

Wenn sie frisch geschlüpft ist, hat diese Art charakteristisch grün gefärbte Flügel. Die Farbe verblasst jedoch bald. Manche Falter sind dunkler, einige sogar fast schwarz. Die Art wird stark von Licht angelockt, und man findet sie oft an erleuchteten Fenstern oder in Insektenfallen.

VORKOMMEN *Obstplantagen und sonstige Plätze, wo Obstbäume wachsen.*

gewellte Linien auf Vorderflügel

Grundfarbe grünlich

DUNKLERE FORM

dunkle Linie in der Mitte des Vorderflügels

Bis zu 1,5 cm lang

FLÜGELSPANNWEITE *1,7–2,1 cm.*
AKTIVITÄT *Nachtaktiv.*
FLUGZEIT *Juni–Juli.*
NAHRUNG DER RAUPE *Obstbaumblüten.*
ÄHNLICHE ARTEN *Grüner Blütenspanner (Chloroclystis v-ata), schwarzes »V« auf Vorderflügel; Pasiphila chloerata, weniger grün.*
VORKOMMEN *Verbreitet und häufig.*

Garten-Blattspanner

Xanthorhoe fluctuata (Geometridae)

Die Art ist häufig, sogar an Stadträndern. Oft sieht man sie am Tag auf Mauern, Bäumen oder Zäunen. Sie fliegt in der Abenddämmerung und kann von anderen kleinen Spanner-Arten an dunklen Flecken auf den Vorderflügeln unterschieden werden, die den halben Flügel bedecken.

VORKOMMEN *Blütenreiche Lebensräume wie Gärten, Grünflächen, Ödland und Hecken.*

dunkles Band auf Vorderflügel

dunkle Flügelbasis

Grundfarbe hellgrau

Hinterflügel grau

bis zu 2,5 cm lang

FLÜGELSPANNWEITE *2,7–3,1 cm.*
AKTIVITÄT *Nachtaktiv.*
FLUGZEIT *April–Oktober.*
NAHRUNG DER RAUPE *Verschiedene Kreuzblütler (Brassicaceae).*
ÄHNLICHE ARTEN *Graubinden-Labkrautspanner (Epirrhoe alternata).*
VORKOMMEN *Verbreitet und häufig.*

Kleiner Frostspanner
Operophtera brumata (Geometridae)

VORKOMMEN Überall, wo Laubbäume und Sträucher wachsen. Die Art kann in Obstgärten ernsthafte Schäden anrichten.

Wie bei anderen Spannern fliegen nur Männchen. Die Weibchen sind fast flügellos und ähneln Spinnen. Nach Einbruch der Dunkelheit sieht man beide Geschlechter oft auf Baumstämmen sitzen. Die Männchen fliegen in milden Nächten oft gegen erleuchtete Fenster.

FLÜGELSPANNWEITE 2,8–3,3 cm.
AKTIVITÄT Nachtaktiv.
FLUGZEIT November–Februar.
NAHRUNG DER RAUPE Eiche (Quercus), Birke (Betula), Weide (Salix), Apfel (Malus).
ÄHNLICHE ARTEN Buchen-Frostspanner (O. fagata), der größer und heller ist.
VORKOMMEN Verbreitet und häufig.

Stachelbeerspanner
Abraxas grossulariata (Geometridae)

VORKOMMEN Gärten mit Stachelbeer- und Johannisbeerbüschen; auch Hecken und offene Laubwälder.

Die kräftige Flügelzeichnung der Stachelbeerspanner soll Feinde warnen, dass die Art ungenießbar ist. Es ist interessant, dass die Raupe eine ähnliche Zeichnung mit schwarzen Flecken auf weißem Grund und rötlichen Streifen an den Seiten hat. An Johannisbeer- und Stachelbeerbüschen kann sie Schaden anrichten.

FLÜGELSPANNWEITE 4,2–4,8 cm.
AKTIVITÄT Nachtaktiv (gelegentlich tagaktiv).
FLUGZEIT Juli–August.
NAHRUNG DER RAUPE Johannisbeere, Stachelbeere, Schlehe, Hasel.
ÄHNLICHE ARTEN Brennnessel-Zünsler (S. 462), der viel kleiner ist.
VORKOMMEN Verbreitet und häufig.

Pantherspanner

Pseudopanthera macularia (Geometridae)

Diese attraktive tagaktive Art hat eine variable Grundfarbe: Manche Exemplare sind gelb, andere cremefarben oder fast rein weiß. Der Falter bevorzugt wärmeres Klima und ist im Süden des Verbreitungsgebietes häufiger. Er kommt aber auch in Gebirgsregionen vor.

VORKOMMEN *Offenes Waldland und Gebüsche, sowohl im Tiefland als auch in Gebirgsregionen.*

FLÜGELSPANNWEITE *2,8–3 cm.*
FLUGZEIT *April–Juli.*
NAHRUNG DER RAUPE *Salbei-Gamander (S. 143), Taubnessel (Lamium), Ziest (Stachys).*
ÄHNLICHE ARTEN *Keine.*
VORKOMMEN *Verbreitet und lokal relativ häufig.*

Weißdorn-Spanner

Opisthograptis luteolata (Geometridae)

Er fliegt auch tagsüber und kann für einen Tagfalter gehalten werden. Meist ist er ab der Abenddämmerung aktiv und kommt oft an erleuchtete Fenster. Er hat für gewöhnlich einige rotbraune Flecken entlang der Vorderränder der Vorderflügel, manchmal kommen aber auch einfarbig gelbe Tiere vor.

VORKOMMEN *Hecken, Gärten, Gebüsche und offenes Waldland.*

FLÜGELSPANNWEITE *3,3–4,6 cm.*
FLUGZEIT *April–Okt., 2 oder 3 Generationen.*
NAHRUNG DER RAUPE *Bäume und Sträucher wie Weißdorn (Crataegus) und Gewöhnliche Schlehe (Prunus spinosa).*
ÄHNLICHE ARTEN *Ockergelber Blattspanner (Camptogramma bilineata).*
VORKOMMEN *Verbreitet und häufig.*

Ampfer-Spanner

Timandra comae (Geometridae)

Dieser Spanner ist mit Spitzen an Vorder- und Hinterflügeln sehr elegant. Wenn er ruht, bilden die roten Linien auf Vorder- und Hinterflügeln einen durchgehenden Streifen. Die Geschlechter sind ähnlich, das Männchen hat jedoch gefiederte Antennen.

VORKOMMEN *Unterschiedliche Lebensräume wie Ödland, Grünflächen, Gärten, Feldraine und Wiesen.*

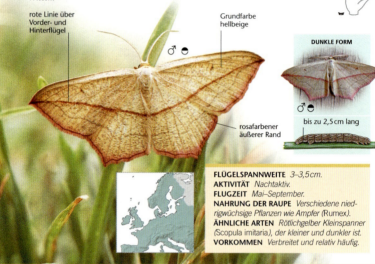

- rote Linie über Vorder- und Hinterflügel
- Grundfarbe hellbeige
- rosafarbener äußerer Rand
- **DUNKLE FORM**
- bis zu 2,5 cm lang

FLÜGELSPANNWEITE *3–3,5 cm.*
AKTIVITÄT *Nachtaktiv.*
FLUGZEIT *Mai–September.*
NAHRUNG DER RAUPE *Verschiedene niedrigwüchsige Pflanzen wie Ampfer (Rumex).*
ÄHNLICHE ARTEN *Rötlichgelber Kleinspanner (Scopula imitaria), der kleiner und dunkler ist.*
VORKOMMEN *Verbreitet und relativ häufig.*

Mondfleck-Spanner

Selenia tetralunaria (Geometridae)

Die mit angehobenen Flügeln ruhende Art wird dadurch unterschieden, dass sie die Flügel halb geöffnet über dem Rücken hält. Sie erscheint in zwei, manchmal drei Generationen im Jahr. Die späteren sind kleiner und dunkler als die Frühjahrsgeneration.

VORKOMMEN *Laubwälder, auch Parks, Gärten und Grünflächen.*

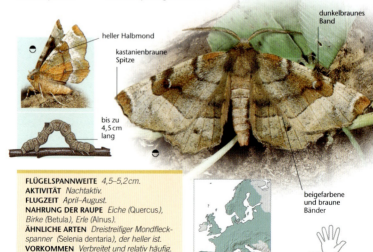

- heller Halbmond
- kastanienbraune Spitze
- bis zu 4,5 cm lang
- dunkelbraunes Band
- beigefarbene und braune Bänder

FLÜGELSPANNWEITE *4,5–5,2 cm.*
AKTIVITÄT *Nachtaktiv.*
FLUGZEIT *April–August.*
NAHRUNG DER RAUPE *Eiche (Quercus), Birke (Betula), Erle (Alnus).*
ÄHNLICHE ARTEN *Dreistreifiger Mondfleckspanner (Selenia dentaria), der heller ist.*
VORKOMMEN *Verbreitet und relativ häufig.*

Silberblatt

Campaea margaritata (Geometridae)

Die anfangs grüne Färbung des Silberblattes verblasst bald fast zu weiß. Trotzdem sind die beiden grünlich braunen Linien mit weißem Rand meist sichtbar. Der frisch geschlüpfte Falter hat rotbraune Flügelspitzen. Weibchen sind größer als Männchen.

VORKOMMEN *Gärten, Parks, Waldland, Hecken und Wiesen.*

FLÜGELSPANNWEITE *4–5,5 cm.*
AKTIVITÄT *Nachtaktiv.*
FLUGZEIT *Juli–September.*
NAHRUNG DER RAUPE *Eiche (Quercus), Birke (Betula), Buche (Fagus), Weißdorn (Crataegus).*
ÄHNLICHE ARTEN *Grünes Blatt (Geometra papilionaria).*
VORKOMMEN *Verbreitet und häufig.*

Nacht-Schwalbenschwanz

Ourapteryx sambucaria (Geometridae)

Der hellgelbe Falter mit der typischen Flügelform wird kaum mit anderen europäischen Arten verwechselt. Die Hinterflügel tragen Anhänge, die an den Schwalbenschwanz (S. 439) erinnern, die Vorderflügel sind sehr spitz. Oft sitzt er nach Einbruch der Dunkelheit an hellen Fenstern.

VORKOMMEN *Waldland, Gärten, Parks, Hecken und Grünflächen.*

FLÜGELSPANNWEITE *5–6,2 cm.*
FLUGZEIT *Juni–Juli.*
NAHRUNG DER RAUPE *Verschiedene Bäume und andere Pflanzen, einschließlich Weißdorn (Crataegus), Gewöhnlicher Efeu (Hedera helix) und Liguster (Ligustrum).*
ÄHNLICHE ARTEN *Keine.*
VORKOMMEN *Relativ häufig.*

Birkenspanner

Biston betularia (Geometridae)

Der Birkenspanner tritt in drei Formen auf. In industrialisierten Gegenden, wo die Baumstämme oft rußgeschwärzt sind, ist die helle Form für Vögel leicht zu erkennen und wird dadurch öfter gefressen. Die dunkleren Formen sind besser getarnt. Deshalb überleben in diesen Gegenden mehr dunkle Falter und geben ihre Gene an den Nachwuchs weiter. Neuere Studien zeigen außerdem, dass dort, wo die Luftverschmutzung in den letzten Jahren abnahm, die hellere Form wieder häufiger wurde. Beide Geschlechter fliegen nachts und werden von künstlicher Beleuchtung angezogen.

VORKOMMEN Waldland, Gärten, Parks, Hecken und Grünflächen mit Bäumen, an denen die Raupen fressen.

DUNKLE FORM — einfarbig schwärzliche Flügel

MITTLERE FORM — gleichmäßig hell und dunkel gefleckte Flügel

HELLE FORM — schwach gefleckte Flügel

bis zu 6 cm lang

Hintergrund weißlich

dunkel gefleckt

ANMERKUNG

Die drei Formen unterscheiden sich genetisch. Die mittlere Form geht nicht aus der Kreuzung der dunklen mit der hellen Form hervor. Alle drei Formen können im selben Gebiet vorkommen, meist ist jedoch eine die häufigste. Die mittlere Form kommt meistens in der geringsten Zahl vor.

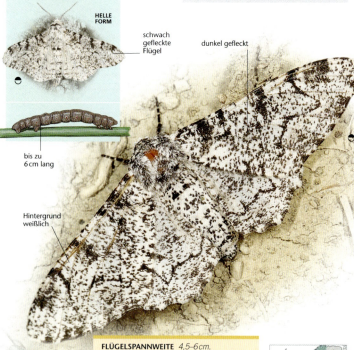

FLÜGELSPANNWEITE 4,5–6 cm.
FLUGZEIT Mai–August.
NAHRUNG DER RAUPE Bäume einschließlich Weide (Salix), Birke (Betula), Linde (Tilia) und Weißdorn (Crataegus).
ÄHNLICHE ARTEN Schwarzfühler-Dickleibspanner (Lycia hirtaria), eher beige und braun.
VORKOMMEN Verbreitet und häufig.

Schwan

Euproctis similis (Lymantriidae)

Er hat in allen Stadien seines Lebenszyklus chemische Stoffe im Körper, die bei manchen Menschen allergische Reaktionen auslösen können. Gerade die Raupen sollte man deshalb nicht anfassen. Wenn er gestört wird, legt sich der Falter auf die Seite. Dabei schaut die gelbe Spitze seines Hinterleibs unter dem Flügelrand hervor. Die Männchen haben kleine dunkle Flecken auf den Vorderflügeln, die der Weibchen sind reinweiß.

VORKOMMEN *Gebiete mit buschiger Vegetation, wo die Nahrungspflanzen der Raupen wachsen.*

kleine dunkle Flecken

behaarter Körper
gelbe Spitze am Hinterleib
Grundfarbe weiß
♂
bis zu 4,5 cm lang

FLÜGELSPANNWEITE *3,5–4,5 cm.*
FLUGZEIT *Juli–August.*
NAHRUNG DER RAUPE *Weißdorn (Crataegus), Schlehe (Prunus spinosa), Weide (Salix), andere Bäume und Sträucher.*
ÄHNLICHE ARTEN *Goldafter (Euproctis chrysorrhoea); Pappelspinner (Leucoma salicis).*
VORKOMMEN *Verbreitet, meistens häufig.*

Grauleib-Flechtenbärchen

Eilema lurideola (Arctiidae)

Es faltet die schmalen Vorderflügel flach über dem Rücken, wenn es ruht. Im Flug (ab Einbruch der Dunkelheit) erscheint es mit seinen breiten gelben Hinterflügeln viel größer. Man kann es dann an Disteln und Waldreben Nektar trinken sehen. Wie die meisten Arten der Familie fressen die Raupen an Flechten.

VORKOMMEN *Hecken, Gärten, offenes Waldland, wo flechtenbewachsene Bäume stehen, an denen die Raupen fressen.*

lange, dünne Vorderflügel
hellgelber Vorderrand
Grundfarbe gelblich grau

breite gelbe Hinterflügel
bis zu 2,5 cm lang

FLÜGELSPANNWEITE *3,1–3,8 cm.*
FLUGZEIT *Juli–August.*
NAHRUNG DER RAUPE *Flechten an Bäumen, Mauern, Zäunen und Steinen.*
ÄHNLICHE ARTEN *Gelbleib-Flechtenbärchen (E. complana), ruht mit um den Körper gerollten Flügeln.*
VORKOMMEN *Verbreitet und häufig.*

Zimtbär

Phragmatobia fuliginosa (Arctiidae)

Dies ist eine der kleineren Arten der Familie. Sie hat einfarbig rotbraune Vorderflügel mit zwei kleinen schwarzen Flecken. Die Hinterflügel variieren von orangerot mit dunklen Flecken zu schwarz. Der Zimtbär fliegt nachts, an sonnigen Tagen manchmal auch tagsüber.

VORKOMMEN Ödland, Gärten, Grünflächen, Heide- und Moorgebiete.

FLÜGELSPANNWEITE 2,8–3,8 cm.
FLUGZEIT April–September, zwei Generationen.
NAHRUNG DER RAUPE Verschiedene Pflanzen einschließlich Ampfer (Rumex), Kuhblume bzw. Löwenzahn (Taraxacum).
ÄHNLICHE ARTEN Keine.
VORKOMMEN Verbreitet und häufig.

Weiße Tigermotte

Spilosoma lubricipeda (Arctiidae)

Typische Exemplare haben kleine schwarze, gleichmäßig verteilte Flecken auf den Vorderflügeln, bei manchen sind die Flecken auch größer. Gelegentlich kommen Variationen mit viel mehr Schwarz vor, und die Punkte sind zu Bändern verschmolzen. Die Grundfarbe variiert von weiß zu beige.

VORKOMMEN In vielen unterschiedlichen Lebensräumen, da die Raupen verschiedene Pflanzen fressen.

FLÜGELSPANNWEITE 3,8–4,8 cm.
AKTIVITÄT Nachtaktiv.
FLUGZEIT Mai–Juli.
NAHRUNG DER RAUPE Viele Pflanzenarten.
ÄHNLICHE ARTEN Schmalflügeliger Fleckleibbär (Spilosoma urticae), der zwei schwarze Flecken auf jedem Vorderflügel trägt.
VORKOMMEN Verbreitet und häufig.

Blutbär

Tyria jacobaeae (Arctiidae)

Die aufgrund der purpurroten Hinterflügel charakteristische Art fliegt manchmal tagsüber. Wenn sie ruht, sind die Hinter- unter den Vorderflügeln verborgen, die glänzend dunkelgrau mit roten Linien und Flecken sind. Anders als die meisten Mitglieder der Familie leben die Raupen gesellig, und man findet sie in großer Zahl auf Greiskraut *(Senecio)*.

VORKOMMEN
Ödland, Grünflächen und Wiesen, wo Greiskraut wächst.

FLÜGELSPANNWEITE *3,5–4,5 cm.*
AKTIVITÄT *Nacht-, gelegentlich tagaktiv.*
FLUGZEIT *Mai–Juli.*
NAHRUNG DER RAUPE *Greiskraut (Senecio).*
ÄHNLICHE ARTEN *Gemeines Blutströpfchen (S. 464).*
VORKOMMEN *Verbreitet und meist häufig; im Norden des Verbreitungsgebietes eher lokal.*

Brauner Bär

Arctia caja (Arctiidae)

Die schöne dunkelbraune und cremeweiße Zeichnung der Vorderflügel variiert von Falter zu Falter. Die Hinterflügel sind leuchtend orangefarben mit auffallenden schwarzen Flecken. Der ebenfalls orangefarbene Hinterleib ist schwarz gebändert. Die Raupe trägt lange, dunkelbraune Haare, die die Haut reizen.

VORKOMMEN *Gärten, Parks, Wiesen, Ödland und alle Lebensräume, wo die Nahrung der Raupen wächst.*

FLÜGELSPANNWEITE *5–7,8 cm.*
AKTIVITÄT *Nachtaktiv.*
FLUGZEIT *Juli–August.*
NAHRUNG DER RAUPE *Verschiedene Wild- und Kulturpflanzen.*
ÄHNLICHE ARTEN *Keine.*
VORKOMMEN *Verbreitet, aber nicht mehr so häufig wie früher.*

Schlehenspinner

Orgyia antiqua (Lymantriidae)

Die Männchen sieht man bei Sonnenschein sowie nachts zum Licht fliegen, die Weibchen sind flügellos und entfernen sich nach dem Schlüpfen nicht weit von der Puppenhülle. Die Raupenhaare können die Haut reizen, wenn man sie berührt.

VORKOMMEN *Gärten, Waldland, Grünflächen und Stadtgebiete.*

- Hinterflügel einfarbig
- **FLÜGELLOSES WEIBCHEN**
- dicker, behaarter Körper
- weiße Flecken auf Vorderflügel
- bis zu 4 cm lang
- Grundfarbe rotbraun

FLÜGELSPANNWEITE *3,5–4 cm.*
AKTIVITÄT *Tag- und nachtaktiv.*
FLUGZEIT *Juli–Oktober, zwei Generationen.*
NAHRUNG DER RAUPE *Viele Laubbäume und Sträucher.*
ÄHNLICHE ARTEN *Eckfleck (Orgyia recens), mit weißem Fleck an der Flügelspitze.*
VORKOMMEN *Verbreitet und häufig.*

Großer Gabelschwanz

Cerura vinula (Notodontidae)

Die weißen Vorderflügel des Falters sind mit dunklen Linien gezeichnet. Er wird nicht stark vom Licht angezogen, deshalb sieht man ihn selten. Die Raupe sieht sehr ungewöhnlich aus. Sie hat einen großen Kopf und zwei rote Schwanzanhänge. Wenn sie bedroht wird, bewegt sie diese und hebt den Kopf, damit sie größer wirkt.

VORKOMMEN *Hecken, offener Wald, Parks und Gärten; auch an Gewässern, wo Pappeln und Weiden wachsen.*

- schwarze Flecken auf Thorax
- hellbraune Adern
- elegante Zeichnung schwarzer Linien
- **FRISCH GESCHLÜPFT** Flügel grünlich getönt
- Grundfarbe grauweiß
- behaarter Kopf und Thorax
- Zickzack-Zeichnung
- rote Schwanzanhänge
- bis zu 6,5 cm lang

FLÜGELSPANNWEITE *6–8 cm.*
AKTIVITÄT *Nachtaktiv.*
FLUGZEIT *Mai–Juli.*
NAHRUNG DER RAUPE *Pappel (Populus) und Weide (Salix).*
ÄHNLICHE ARTEN *Keine.*
VORKOMMEN *Verbreitet und relativ häufig.*

Mondvogel

Phalera bucephala (Notodontidae)

Die Art ist von einem abgebrochenen Birkenzweig kaum unterscheidbar. In Ruhe rollt der Falter die Flügel um seinen Körper und verbirgt die hellen Hinterflügel. Die Vorderflügel sind großteils silbergrau mit feinen schwarzen und braunen Linien. Kopf und Thorax sind behaart. Wie alle Mitglieder der Familie haben die Falter keinen Saugrüssel und fressen nichts. Der Mondvogel fliegt nachts und wird von Licht angelockt.

VORKOMMEN
Hecken, Gärten und offenes Waldland, wo die Nahrung der Raupen wächst.

gewellte Flügelränder

Kopf und Thorax behaart

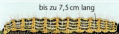

bis zu 7,5 cm lang

ANMERKUNG

Die gelb-schwarzen Raupen leben zunächst gesellig und werden Einzelgänger, bevor sie sich verpuppen. Sie richten oft ernsthaften Schaden an Bäumen an, da sie die Äste entlauben.

großer heller Fleck an Flügelspitze

dunkle Linien

Röhrenform ähnelt Zweig

FLÜGELSPANNWEITE *5,5–7 cm.*
AKTIVITÄT *Nachtaktiv.*
FLUGZEIT *Mai–Juli.*
NAHRUNG DER RAUPE *Viele Laubbäume und Sträucher.*
ÄHNLICHE ARTEN *Keine.*
VORKOMMEN *Verbreitet und häufig.*

Getreidewurzeleule

Mesapamea secalis (Noctuidae)

Bis vor kurzem dachte man, es gebe nur eine Art der Getreidewurzeleule in Europa. Es handelt sich dabei jedoch um drei nahe verwandte Arten (*Mesapamea secalis*, *M. didyma* und *M. remmi*). Sie können nicht an ihrer Flügelzeichnung unterschieden werden können, sondern nur an den Genitalien.

VORKOMMEN *Grasbewachsene Lebensräume wie Wiesen, Heiden und Moore.*

DUNKLE FORM
- Grundfarbe gefleckt
- Grundfarbe dunkelbraun
- weißer Fleck auf Vorderflügel fehlt

HELL- UND DUNKELBRAUN GEFLECKTE FORM

- weißer Fleck auf Vorderflügel
- **BRAUNE FORM**
- bis zu 3 cm lang

FLÜGELSPANNWEITE 2,8–3,6 cm.
AKTIVITÄT Nachtaktiv.
FLUGZEIT Juli–August.
NAHRUNG DER RAUPE Verschiedene Gräser (Familie Poaceae).
ÄHNLICHE ARTEN Mesapamea didyma und M. remmi; andere braune Eulen-Arten.
VORKOMMEN Verbreitet und oft sehr häufig.

Scheck-Tageule

Callistege mi (Noctuidae)

Diese tagaktive Art kommt oft in denselben Lebensräumen vor wie der Malven-Würfel- und der Dunkle Dickkopffalter und kann im Flug mit diesen Arten verwechselt werden. Wenn der Falter ruht, erkennt man jedoch deutlich, dass die Flügelzeichnung unterschiedlich ist.

VORKOMMEN *Grasbewachsene Stellen wie Wiesen und Heiden, auch offener Wald und Sümpfe.*

- komplexes hell-dunkles Muster
- typische Zeichnung
- Hinterflügel weiß gefleckt
- bis zu 4 cm lang

FLÜGELSPANNWEITE 3–3,5 cm.
AKTIVITÄT Tagaktiv.
FLUGZEIT Mai–Juni.
NAHRUNG DER RAUPE Klee (Trifolium).
ÄHNLICHE ARTEN Malven-Würfeldickkopffalter (S. 438) und Kronwicken-Dickkopffalter (Erynnis tages).
VORKOMMEN Lokal häufig.

Bräunlichgraue Kätzcheneule

Orthosia gothica (Noctuidae)

Diese Eule trinkt nach Einbruch der Dunkelheit an Weidenblüten und wird von Licht angelockt. Die schwarze c-förmige Zeichnung fehlt bei manchen Faltern. Die Färbung der Flügel variiert von grau zu rotbraun.

VORKOMMEN *Fast sämtliche Lebensräume, besonders häufig in Gärten.*

c-förmige Zeichnung auf beiden Flügeln

Grundfarbe graubraun

brauner Rand

HELLE FORM

bis zu 4,5 cm lang

FLÜGELSPANNWEITE *3–4 cm.*
AKTIVITÄT *Nachtaktiv.*
FLUGZEIT *März–Mai.*
NAHRUNG DER RAUPE *Bäume und Sträucher.*
ÄHNLICHE ARTEN *Schwarzes C (*Xestia c-nigrum*), größer, dunkler, fliegt später im Jahr.*
VORKOMMEN *Verbreitet und häufig.*

Bleiche Graseule

Mythimna pallens (Noctuidae)

Die Farbe der Vorderflügel variiert von Hellgelb zu dunklerem Orangebraun, auf dem die hellen Adern deutlicher hervortreten. Die Hinterflügel sind immer weiß. Nach Einbruch der Nacht sieht man die Eule auf Grashalmen sitzen oder an Blüten trinken.

VORKOMMEN *Grasbewachsene Lebensräume wie Wiesen, Heiden, Sümpfe und Gärten.*

DUNKLE FORM

Flügel orangebraun

bis zu 4,5 cm lang

Grundfarbe hellgelb

helle Adern

FLÜGELSPANNWEITE *3–4 cm.*
AKTIVITÄT *Nachtaktiv.*
FLUGZEIT *Juni–Oktober.*
NAHRUNG DER RAUPE *Verschiedene Gräser (Familie* Poaceae*).*
ÄHNLICHE ARTEN *Mythimna impura, die graue Hinterflügel hat.*
VORKOMMEN *Verbreitet und häufig.*

Rundflügel-Kätzcheneule

Orthosia cerasi (Noctuidae)

Diese Art kann in Laubwäldern häufig sein. Wie viele Arten, die früh im Jahr fliegen, trinkt sie nach Einbruch der Nacht Nektar an Weiden. Die Farbe der Vorderflügel variiert von hellbraun bis zu dunklem Rotbraun.

VORKOMMEN *V. a. Laubwälder, aber auch Parks, Gärten und Hecken.*

HELLE FORM

DUNKLE FORM

bis zu 4 cm lang

2 helle Ringe auf braunen Vorderflügeln

helle Linie | verschwommene dunkle Linie

FLÜGELSPANNWEITE *3,5–4 cm.*
AKTIVITÄT *Nachtaktiv.*
FLUGZEIT *März–April.*
NAHRUNG DER RAUPE *Bäume wie Eiche (Quercus) und Weide (Salix).*
ÄHNLICHE ARTEN *Spitzflügel-Kätzcheneule (O. gracilis); Kleine Kätzcheneule (O. cruda).*
VORKOMMEN *Verbreitet und häufig.*

Gemeine Graseule

Agrotis exclamationis (Noctuidae)

Dies ist eine der häufigsten europäischen Eulen, die in vielen verschiedenen Lebensräumen vorkommt. Die Grundfarbe der Vorderflügel reicht von hell- bis dunkelbraun, die typisch geformten schwärzlichen Flecken sind jedoch ziemlich konstant. Der Falter trinkt nach Einbruch der Dunkelheit an Blüten.

VORKOMMEN *Fast alle Lebensräume, da die Raupen an den verschiedensten Pflanzen fressen; in Gärten sehr häufig.*

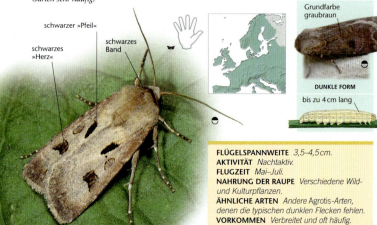

schwarzer »Pfeil«
schwarzes »Herz«
schwarzes Band

Grundfarbe graubraun

DUNKLE FORM

bis zu 4 cm lang

FLÜGELSPANNWEITE *3,5–4,5 cm.*
AKTIVITÄT *Nachtaktiv.*
FLUGZEIT *Mai–Juli.*
NAHRUNG DER RAUPE *Verschiedene Wild- und Kulturpflanzen.*
ÄHNLICHE ARTEN *Andere Agrotis-Arten, denen die typischen dunklen Flecken fehlen.*
VORKOMMEN *Verbreitet und oft häufig.*

Achateule

Phlogophora meticulosa (Noctuidae)

Die Achateule faltet ihre Flügel in einer einzigartigen Weise, wenn sie ruht. So sieht sie aus wie ein ausgetrocknetes, totes Blatt. Die Färbung der Flügel variiert von olivgrün zu rotbraun, das Muster ist jedoch ziemlich konstant. Manche dieser Falter wandern jedes Jahr in den Norden.

VORKOMMEN *Gärten, Waldland, Stadtgebiete; nicht gebunden, da die Raupen an diversen Pflanzen fressen.*

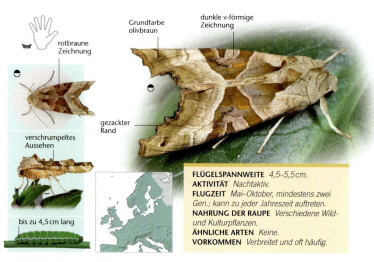

FLÜGELSPANNWEITE 4,5–5,5 cm.
AKTIVITÄT Nachtaktiv.
FLUGZEIT Mai–Oktober, mindestens zwei Gen.; kann zu jeder Jahreszeit auftreten.
NAHRUNG DER RAUPE Verschiedene Wild- und Kulturpflanzen.
ÄHNLICHE ARTEN Keine.
VORKOMMEN Verbreitet und oft häufig.

Gammaeule

Autographa gamma (Noctuidae)

Dieser Falter wandert im Frühjahr oft aus wärmeren Gegenden ein, doch er überlebt die nordeuropäischen Winter nicht. Er ist am Tag und in der Nacht aktiv. Vor allem in der Abenddämmerung kann man ihn an den Blüten von Klee, Karden, Heidekraut und Schmetterlingsflieder trinken sehen. Er wird von Licht angelockt.

VORKOMMEN *Verschiedene Lebensräume in gemäßigtem Klima, da die Raupen an vielen Pflanzen fressen.*

FLÜGELSPANNWEITE 3,5–5 cm.
AKTIVITÄT Nacht- und tagaktiv.
FLUGZEIT Mehrere Generationen, in Nordeuropa Mai–Oktober.
NAHRUNG DER RAUPE Verschiedene Pflanzen.
ÄHNLICHE ARTEN Ziest-Silbereule (*A. pulchrina*); Heidelbeer-Silbereule (*A. interrogationis*).
VORKOMMEN Verbreitet und oft häufig.

Hausmutter

Noctua pronuba (Noctuidae)

VORKOMMEN *Fast überall, da die Raupen an unterschiedlichsten Pflanzen fressen.*

Die Färbung der Vorderflügel variiert von hellbraun mit dunkler Zeichnung zu einheitlich dunkelbraun, die Männchen haben meist dunklere Flügel als die Weibchen. Die meisten großen Nachtfalter müssen sich vor dem Abflug aufwärmen, indem sie die Flügel schnell vibrieren lassen. Die Hausmutter kann jedoch sofort losfliegen. Im Flug sind ihre gelb-schwarzen Hinterflügel sichtbar.

FLÜGELSPANNWEITE *5–6 cm.*
AKTIVITÄT *Nachtaktiv.*
FLUGZEIT *Juni–September.*
NAHRUNG DER RAUPE *Verschiedene Pflanzenarten einschließlich Gräsern.*
ÄHNLICHE ARTEN *Breitflügelige Bandeule (N. comes); Bunte Bandeule (N. fimbriata).*
VORKOMMEN *Verbreitet und oft häufig.*

Großer Hopfenwurzelbohrer

Hepialus humuli (Hepialidae)

VORKOMMEN *Grasbewachsene Stellen wie Feldraine, Hügel, Wiesen und Gärten, aber auch auf Feldern.*

Charakteristisch sind die langen Flügel und sehr kurzen Antennen. Die weißlichen Männchen kann man in der Dämmerung wie kleine Gespenster über der Vegetation flattern sehen. Die gelblichen Weibchen sind meist größer und haben eine rosabraune Zeichnung auf den Vorderflügeln.

FLÜGELSPANNWEITE *4,5–5 cm.*
AKTIVITÄT *Ab der Abenddämmerung.*
FLUGZEIT *Juni–August.*
NAHRUNG DER RAUPE *Gräser (Familie Poaceae) und andere Pflanzen, auch Kulturpflanzen.*
ÄHNLICHE ARTEN *Keine.*
VORKOMMEN *Verbreitet und meist häufig.*

Kleines Nachtpfauenauge

Saturnia pavonia (Saturniidae)

Männchen kann man manchmal bei Sonnenschein sehen. Das größere Weibchen fliegt in der Abenddämmerung. Männchen haben gefiederte Antennen. Beide tragen große Augenflecken auf allen vier Flügeln. In der Ruhehaltung sind die Hinterflügel verdeckt. Die Flecken auf den Vorderflügeln sehen aus wie Augen und schrecken wahrscheinlich Feinde ab.

VORKOMMEN *Verschiedene Lebensräume wie Heidegebiete, Moore und offenes Waldland.*

FLÜGELSPANNWEITE *5,5–8,8 cm.*
AKTIVITÄT *Männ. tag-, Weibchen nachtaktiv.*
FLUGZEIT *Mai–August.*
NAHRUNG DER RAUPE *Heidekraut (Calluna), Glockenheide (Erica), Brombeere (Rubus fruticosus), Weißdorn (Crataegus), Weide (Salix).*
ÄHNLICHE ARTEN *Wiener Nachtpf. (S. pyri).*
VORKOMMEN *Verbreitet und lokal häufig.*

Taubenschwänzchen

Macroglossum stellatarum (Sphingidae)

Dieser kleine, tagaktive Schwärmer ähnelt einem Kolibri, wenn er von Blüte zu Blüte fliegt und Nektar trinkt. Besonders oft sieht man ihn an Fuchsien, Jasmin und Lichtnelken. In Südeuropa vermehrt er sich während des ganzen Jahres. Einige Falter wandern im Sommer nordwärts und können in Nordeuropa auftauchen.

VORKOMMEN *Überall, wo Labkraut wächst; Wanderfalter finden sich an blütenreichen Stellen ein.*

FLÜGELSPANNWEITE *5–5,8 cm.*
AKTIVITÄT *Tagaktiv.*
FLUGZEIT *Falter können während des ganzen Jahres auftauchen.*
NAHRUNG DER RAUPE *Labkraut (Galium).*
ÄHNLICHE ARTEN *Keine.*
VORKOMMEN *Wandert im Sommer unregelmäßig nach Nordeuropa.*

Mittlerer Weinschwärmer

Deilephila elpenor (Sphingidae)

Dieser Falter hat beigefarbene Vorderflügel mit rosafarbenen Bändern. Die Unterseiten sind fast völlig rosafarben. Die Hinterflügel haben weiße Säume. Dieser attraktive Falter fliegt in der Abenddämmerung und während der Nacht. Oft trinkt er Nektar an Blüten, gerne an Heckenkirschen.

VORKOMMEN Waldlichtungen, Flusstäler, Wiesen, Gärten und Ödland.

- Vorderflügel rosa und beige
- spitzer Vorderflügel
- bis zu 8,5 cm lang
- Körper rosa-beige gestreift
- Flügelsaum rosa

FLÜGELSPANNWEITE 6,2–7 cm.
AKTIVITÄT Nachtaktiv.
FLUGZEIT Mai–Juni.
NAHRUNG DER RAUPE Weidenröschen (*Epilobium*), Labkraut (*Galium*).
ÄHNLICHE ARTEN Kleiner Weinschwärmer (*Deilephila porcellus*), der kleiner ist.
VORKOMMEN Verbreitet und oft häufig.

Pappelschwärmer

Laothoe populi (Sphingidae)

Obwohl nahe mit dem Abend-Pfauenauge (rechts oben) verwandt, hat er eine andere Ruhehaltung. Er spreizt die Hinterflügel im rechten Winkel vom Körper ab, sodass sie vor den Vorderflügeln herausragen. Wenn er gestört wird, zieht er die Hinterflügel nach vorne und orangerote Flecken werden sichtbar.

VORKOMMEN Offenes Waldland, gewässernahe Lebensräume und sonstige Weiden- und Erlenbestände, auch in Gärten und Parks

- Thorax und Abdomen groß
- Hinterflügel ragen vor den Vorderflügeln heraus
- kurze Hinterflügel
- Grundfarbe graubraun
- roter Fleck
- bis zu 7 cm lang

FLÜGELSPANNWEITE 7,2–9 cm.
AKTIVITÄT Nachtaktiv.
FLUGZEIT Mai–Juni.
NAHRUNG DER RAUPE Pappel (*Populus*), Zitter-Pappel (*Populus tremula*), Weide (*Salix*).
ÄHNLICHE ARTEN Keine.
VORKOMMEN Verbreitet und in ganz Europa relativ häufig.

Abend-Pfauenauge

Smerinthus ocellata (Sphingidae)

Wenn es mit verdeckten Hinterflügeln ruht, ähnelt es der Baumrinde. Wenn es gestört wird, öffnet es plötzlich die Flügel und enthüllt ein Paar blau-schwarzer Augenflecken auf den rosafarbenen Hinterflügeln. Gemeinsam mit dem dunkelbraunen Fleck auf dem Thorax, der der Schnauze eines Säugetieres ähnelt, schrecken sie Feinde ab.

VORKOMMEN
Offenes Waldland, Obstgärten, Gärten und gewässernahe Lebensräume mit Weiden.

FLÜGELSPANNWEITE *7,5–9,5 cm.*
AKTIVITÄT *Nachtaktiv.*
FLUGZEIT *Mai–Juli.*
NAHRUNG DER RAUPE *Weide (Salix), Apfel (Malus), Zitter-Pappel (Populus tremula).*
ÄHNLICHE ARTEN *Keine.*
VORKOMMEN *Verbreitet und lokal häufig.*

Ligusterschwärmer

Sphinx ligustri (Sphingidae)

Er ist im Schnitt nur etwas größer als der wandernde Windenschwärmer und der Totenkopfschwärmer (S. 484). Das beeindruckende Insekt hat einen schwärzlichen Thorax und lange, spitze Vorderflügel. Die Hinterflügel tragen rosafarbene Bänder, das Abdomen ist rosa-schwarz gestreift. Der Schwärmer fliegt nachts und besucht Blüten.

VORKOMMEN
Offenes Land, Gärten, Waldränder, Hecken und Wiesen.

FLÜGELSPANNWEITE *10–12 cm.*
AKTIVITÄT *Nachtaktiv.*
FLUGZEIT *Juni–Juli.*
NAHRUNG DER RAUPE *Liguster (Ligustrum), Flieder (Syringa), Esche (Fraxinus).*
ÄHNLICHE ARTEN *Windenschwärmer (Agrius convolvuli), der keinen schwarzen Thorax hat.*
VORKOMMEN *Verbreitet und lokal häufig.*

Totenkopfschwärmer

Acherontia atropos (Sphingidae)

Diese beeindruckende Art ist der größte europäische Schwärmer. Benannt ist er nach der Zeichnung auf dem Thorax, die einem Totenkopf ähnelt. Früher galt der Totenkopfschwärmer als Unglücksbote. In Ruhe verdecken die dunkelbraunen Vorderflügel das gelbe Abdomen mit dem blauen Streifen in der Mitte. Die Hinterflügel sind leuchtend gelb mit hellbraunem Rand. Wenn er gestört oder berührt wird, quietscht der Totenkopfschwärmer zur Abschreckung, indem er Luft durch seinen Saugrüssel ausstößt. Er ist in Südeuropa, Afrika und dem Nahen Osten beheimatet. Einige Falter wandern jedoch jedes Jahr nach Norden.

VORKOMMEN *Kartoffelfelder, wo Raupen und Falter Nahrung finden; Wanderfalter können in fast jedem Lebensraum auftauchen.*

ANMERKUNG

Der Totenkopfschwärmer dringt in Bienenstöcke ein. Er benutzt seinen Saugrüssel, um das Wachs zu durchdringen und den Honig zu saugen.

- gefleckte dunkelbraune Vorderflügel
- Totenkopf-Zeichnung auf Thorax
- gelbe, blaue und schwarze Bänder auf Abdomen
- helle Flecken auf Vorderflügeln
- schwarzer Kopf und Thorax
- dunkle Beine
- Hinterflügel hellgelb
- bis zu 12,5 cm lang

FLÜGELSPANNWEITE *10–13,5 cm.*
AKTIVITÄT *Nachtaktiv.*
FLUGZEIT *Mai–Oktober.*
NAHRUNG DER RAUPE *Kartoffel (Solanum tuberosum).*
ÄHNLICHE ARTEN *Keine.*
VORKOMMEN *Wandert selten und in kleiner Zahl nach Nordeuropa.*

Fischchen

Lepismatidae

Diese flügellosen Insekten sind braun oder beigefarben und meist mit grauen oder silbrigen Schuppen und Haaren bedeckt. Am Abdomenende sitzen drei schlanke, ähnlich lange Schwanzanhänge. Die Facettenaugen sind klein und weit voneinander entfernt. Fischchen laufen schnell, springen aber im Gegensatz zu Felsenspringern nicht.

VORKOMMEN *Lebensräume wie Schutt, Vegetation, Höhlen, Nester und warme Orte in Häusern.*

▶ **LEPISMA SACCHARINA**, *das Silberfischchen, kommt vor allem an feuchten Orten in Häusern vor.*

Augen getrennt

▼ **THERMOBIA DOMESTICA**, *das Ofenfischchen, lebt in der Nähe von Öfen und Heizungen.*

Körper mit silbrigen Schuppen bedeckt

Schwanzanhänge ähnlich lang

ORDNUNG *Thysanura.*
FAMILIE *Lepismatidae.*
BEKANNTE ARTEN *190.*
GRÖSSE *0,8–2 cm.*
NAHRUNG *Larven und Imagines: Abfallstoffe.*
BEDEUTUNG *Einige Arten richten in Häusern und Großküchen Schäden an.*

Eintagsfliegen

Baetidae

Diese Eintagsfliegen sind hell- oder dunkelbraun oder schwarz mit gelblicher, grauer oder weißer Zeichnung. Die Zahl der Adern ist im Vorderflügel reduziert. Bei manchen Arten können die Hinterflügel klein sein oder fehlen. Die Männchen haben große, zweigeteilte Augen. Am Abdomenende sitzen zwei sehr lange, schlanke Schwanzanhänge.

VORKOMMEN *Unterschiedliche Süßgewässer wie Gräben, Bäche, Teiche und Seen.*

NYMPHEN

Die kleinen Nymphen sind aktive Schwimmer und klettern auf Wasserpflanzen umher.

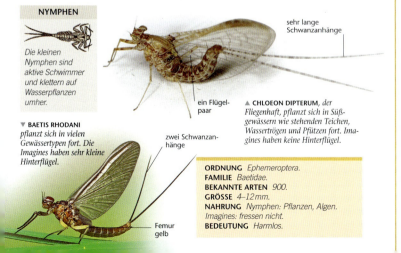

sehr lange Schwanzanhänge

ein Flügelpaar

▲ **CHLOEON DIPTERUM**, *der Fliegenhaft, pflanzt sich in Süßgewässern wie stehenden Teichen, Wassertrögen und Pfützen fort. Imagines haben keine Hinterflügel.*

▼ **BAETIS RHODANI** *pflanzt sich in vielen Gewässertypen fort. Die Imagines haben sehr kleine Hinterflügel.*

zwei Schwanzanhänge

Femur gelb

ORDNUNG *Ephemeroptera.*
FAMILIE *Baetidae.*
BEKANNTE ARTEN *900.*
GRÖSSE *4–12 mm.*
NAHRUNG *Nymphen: Pflanzen, Algen. Imagines: fressen nicht.*
BEDEUTUNG *Harmlos.*

Eintagsfliegen
Ephemeridae

Die Flügel dieser großen Eintagsfliegen sind durchsichtig oder bräunlich, bei manchen Arten tragen sie dunkle Flecken. Der Körper ist oft hell gelblich oder cremeweiß mit dunklen Flecken oder anderer Zeichnung, vor allem am Abdomenende. Dieses trägt zwei lange Schwanzanhänge.

VORKOMMEN *In oder bei Bächen, Seen und Teichen.*

▶ **EPHEMERA DANICA** *ist eine große Art mit drei langen Schwanzanhängen. Die dunklen Flügel haben bis zu 4 cm Spannweite.*

kleine Hinterflügel

zwei Schwanzanhänge

Kiemen am Abdomen

NYMPHE

ORDNUNG *Ephemeroptera.*
FAMILIE *Ephemeridae.*
BEKANNTE ARTEN *150.*
GRÖSSE *1–3,4 cm.*
NAHRUNG *Nymphen: Abfallstoffe, räuberisch. Imagines: fressen nichts.*
BEDEUTUNG *Harmlos.*

NYMPHEN

Kräftige Vorderbeine ermöglichen das Eingraben im Schlick.

Eintagsfliegen
Ephemerellidae

Die häufigsten Arten dieser Familie sind hell rötlich und haben oft kleine dunkle Zeichnungen am Abdomen. Die Hinterflügel können bis zu einem Drittel Mal so lang sein wie die Vorderflügel. Am Abdomen sitzen zwei oder (meist) drei lange Schwanzanhänge. Die Eier werden als Eimasse abgegeben, die sich an der Wasseroberfläche verteilt.

VORKOMMEN *Verschiedene Fließgewässer, Teiche und Randzonen von Seen.*

NYMPHEN

Nymphen krabbeln auf Wasserpflanzen. Die Beine sind meist lang, das Abdomen trägt seitliche Kiemenblättchen.

bei Männchen Augen aufgewölbt

♂

Färbung rötlich

drei Schwanzanhänge

ORDNUNG *Ephemeroptera.*
FAMILIE *Ephemerellidae.*
BEKANNTE ARTEN *200.*
GRÖSSE *6–10 mm.*
NAHRUNG *Nymphen: Abfallstoffe, räuberisch. Imagines: fressen nichts.*
BEDEUTUNG *Harmlos.*

▲ **EPHEMERELLA IGNITA** *ist eine rötliche Art mit drei Schwanzanhängen. Sie ist an schnell fließenden Flüssen häufig. Männchen haben aufgewölbte Augen.*

Ohrwürmer

Forficulidae

Diese nachtaktiven Ohrwürmer sind rot- bis dunkelbraun mit hellen Beinen. Die kleinen, versteiften Vorderflügel bedecken die gefalteten, fächerförmigen Hinterflügel. Das zweite Tarsenglied ist seitlich verbreitert. Der Körper ist abgeflacht, das Abdomen trägt ein Paar Zangen. Die der Männchen sind stark gebogen und werden wie bei allen Ohrwürmern zur Paarung und Verteidigung eingesetzt.

VORKOMMEN *Am Boden, in Laubstreu, Felsspalten, unter Rinde; manchmal in großer Zahl.*

Zähne am Innenrand der Zange

lange, gebogene Zangen

Pronotum mit hellen Rändern

fadenförmige Antennen

▼ **FORFICULA AURICULARIA**, *der Gemeine Ohrwurm, ist eine häufige, rotbraun gefärbte Art. Die gefalteten Hinterflügel ragen unter den Vorderflügeln hervor.*

♂

Abdomen rotbraun, abgeflacht

ORDNUNG *Dermaptera.*
FAMILIE *Forficulidae.*
BEKANNTE ARTEN *470.*
GRÖSSE *1–1,5 cm.*
NAHRUNG *Larven und Imagines: Abfallstoffe, Pflanzen, räuberisch.*
BEDEUTUNG *Manche schädigen Pflanzen.*

ANMERKUNG

Die Arten dieser Familie fliegen selten, vielleicht, weil die Hinterflügel schwierig zu falten sind. Eher aber, weil es ihre Lebensweise selten erfordert.

Prachtlibellen

Calopterygidae

Die Flügel dieser relativ großen Libellen verschmälern sich zur Basis hin allmählich. Der Körper schimmert metallisch grün oder blau. Die Flügel der Männchen tragen einen dunklen Fleck oder sind völlig dunkel mit blauem oder violettem Glanz. Die der Weibchen sind grün oder braun getönt.

VORKOMMEN *An schnell und langsam fließenden Flüssen und Kanälen; erscheinen auch weit vom Wasser entfernt.*

♀

Flügel bräunlich

▲ **CALOPTERYX VIRGO** *ähnelt C. splendens, Weibchen haben jedoch braunere Flügel, Männchen einen größeren Flügelfleck.*

▶ **CALOPTERYX SPLENDENS**, *die Gebänderte Prachtlibelle, ist nach dem Flügelfleck des Männchens benannt. Die Weibchen sind grünlich.*

NYMPHEN

Ein kleiner Kopf und drei große Kiemenblättchen sind typische Merkmale der Nymphen.

ORDNUNG *Odonata.*
FAMILIE *Calopterygidae.*
BEKANNTE ARTEN *150.*
GRÖSSE *5–7,5 cm Flügelspannweite.*
NAHRUNG *Nymphen und Imagines: räuberisch.*
BEDEUTUNG *Harmlos.*

♂

schlanker blauer Körper

Schlanklibellen

Coenagrionidae

VORKOMMEN *An Flüssen, Teichen, stagnierenden Tümpeln und in Sumpfgebieten.*

Viele dieser schlanken Libellen sind leuchtend blau mit dunkler Zeichnung. Andere sind blaugrün oder rotbraun und ebenfalls dunkel gezeichnet. Die Imagines sind meist schwache Flieger und ruhen waagerecht, die Flügel sind über dem Abdomen aneinander gelegt. Nahe der Spitze der Vorderflügel beider Flügelpaare befindet sich ein kleiner rautenförmiger Fleck, das Pterostigma. Bei den meisten Arten sind die Männchen leuchtender gefärbt, die Weibchen sind oft grünlich.

NYMPHEN

Die schlanken Nymphen sind variabel gefärbt und tragen drei Kiemenblättchen am Abdomenende. Das mittlere Blättchen ist das längste.

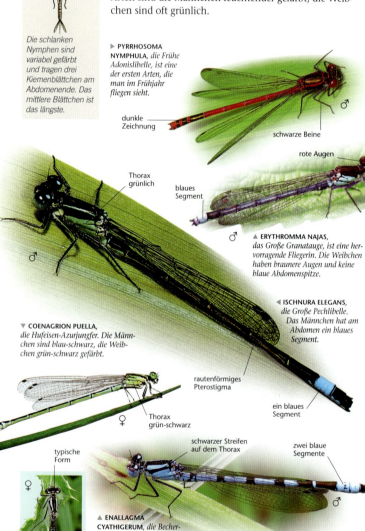

▶ **PYRRHOSOMA NYMPHULA**, *die Frühe Adonislibelle, ist eine der ersten Arten, die man im Frühjahr fliegen sieht.*

dunkle Zeichnung

schwarze Beine

Thorax grünlich

blaues Segment

rote Augen

▲ **ERYTHROMMA NAJAS**, *das Große Granatauge, ist eine hervorragende Fliegerin. Die Weibchen haben braunere Augen und keine blaue Abdomenspitze.*

◀ **ISCHNURA ELEGANS**, *die Große Pechlibelle. Das Männchen hat am Abdomen ein blaues Segment.*

▼ **COENAGRION PUELLA**, *die Hufeisen-Azurjungfer. Die Männchen sind blau-schwarz, die Weibchen grün-schwarz gefärbt.*

rautenförmiges Pterostigma

ein blaues Segment

Thorax grün-schwarz

schwarzer Streifen auf dem Thorax

zwei blaue Segmente

typische Form

▲ **ENALLAGMA CYATHIGERUM**, *die Becher-Azurjungfer, ähnelt den Männchen von* Coenagrion, *hat aber eine schwarze becherförmige Zeichnung am zweiten Abdomensegment. Weibchen (links) variieren von blau zu braun.*

ORDNUNG *Odonata.*
FAMILIE *Coenagrionidae.*
BEKANNTE ARTEN *1000.*
GRÖSSE *Flügelspannweite 2–5 cm.*
NAHRUNG *Nymphen und Imagines: räuberisch.*
BEDEUTUNG *Harmlos.*

Edellibellen

Aeshnidae

Zu dieser Familie gehören die größten und kräftigsten Libellen. Diese robusten Insekten sind meist grün, blau oder braun mit Streifen auf dem Thorax und Flecken oder Bändern auf dem Abdomen. Die großen Augen berühren sich oben am Kopf. Die Flügel sind meist durchsichtig, manchmal gelbbraun getönt. Beide Flügelpaare tragen ein langes, schmales Pterostigma. Am Abdomenende sitzt ein Paar Anhänge, bei Männchen dazwischen ein weiterer kleiner Anhang.

VORKOMMEN
An stehenden Gewässern mit vielen Wasserpflanzen, auch entlang Hecken und Wegen in Siedlungsgebieten.

▼ **AESHNA MIXTA**, *die Herbst-Mosaikjungfer, ist in Mittel- und Südeuropa verbreitet. Die Weibchen sind gelb-braun.*

▶ **AESHNA CYANEA**, *die Blaugrüne Mosaikjungfer. Männchen haben eine blaue Abdomenspitze, Weibchen sind gelb-grün.*

▲ **BRACHYTRON PRATENSE**, *die Kleine Mosaikjungfer, hat einen dicht behaarten Thorax. Die Weibchen sind gelb statt blau gefleckt.*

▲ **AESHNA GRANDIS**, *die Braune Mosaikjungfer, hat bräunliche Flügel und einen gelb gestreiften Thorax.*

NYMPHEN

Die Nymphen haben einen kräftigen, zylindrischen Körper und große Augen. Sie leben zwischen Wasserpflanzen und krabbeln am Grund umher, um Nahrung zu suchen.

ORDNUNG Odonata.
FAMILIE Aeshnidae.
BEKANNTE ARTEN 420.
GRÖSSE 6–14 cm Flügelspannweite.
NAHRUNG Nymphen und Imagines: räuberisch.
BEDEUTUNG Harmlos.

▲ **ANAX IMPERATOR**, *die Große Königslibelle, ist sehr groß. Männchen sind blau, Weibchen grün. Die Art vermehrt sich in Teichen und Gräben.*

Segellibellen

Libellulidae

Diese Libellen, die einen großen Teil der Ordnung Odonata ausmachen, haben einen schnellen, unberechenbaren Flug, der von kurzen Rüttelflügen unterbrochen ist. Sie sind farbenprächtig, und die Männchen unterscheiden sich oft deutlich von den Weibchen. Das Abdomen wirkt manchmal wie hellblau gepudert. Die Flügelspannweite ist meist größer, als der Körper lang ist, und die Flügel tragen oft dunkle Bänder oder eine andere Zeichnung. Bei vielen Arten ist das Abdomen breit und abgeflacht. Die großen Augen berühren sich oben am Kopf.

VORKOMMEN *An stehenden oder langsam fließenden Gewässern im Gebirge, in Mooren, Wäldern und anderen Gebieten.*

NYMPHEN

Die aquatischen Nymphen sind abgeflacht und gedrungen und sehr räuberisch. Oft trägt das Abdomen Dornen. Die Fangmaske ist sehr groß.

ANMERKUNG

Männchen sind territorial und verteidigen ihr Revier von einem exponierten Zweig aus. Rivalisierende Männchen attackieren sie, um sie zu vertreiben.

— durchsichtige Flügel
— blaues Abdomen
— schwarze Spitze
— dunkelbraunes Band

◀ **ORTHETRUM CANCELLATUM** *trägt den Namen Großer Blaupfeil. Das Weibchen ist gelblich mit zwei schwarzen Streifen entlang des Abdomens.*

— braune Flügelbasis
— durchsichtige Flügel

▲ **SYMPETRUM PEDEMONTANUM**, *die Gebänderte Heidelibelle, ist an den Flügeln braun gezeichnet. Das Männchen hat ein leuchtend rotes Abdomen, das Weibchen ist gelb mit dünnem dunklem Mittelstreifen.*

▶ **LIBELLULA DEPRESSA**, *der Plattbauch, vermehrt sich in Teichen. Das Abdomen ist bei Weibchen breiter als bei Männchen und braun mit gelben seitlichen Flecken.*

— kleiner dunkler Fleck
— Basis des Hinterflügels braun
— zwei dunkle Flecken auf jedem Flügel

▶ **LIBELLULA QUADRI-MACULATA**, *der Vierfleck, hat am Vorderrand aller Flügel in der Mitte und am Pterostigma je einen dunklen Fleck. Die Geschlechter ähneln sich.*

— an den Seiten gelb

ORDNUNG *Odonata.*
FAMILIE *Libellulidae.*
BEKANNTE ARTEN *1250.*
GRÖSSE *4–8cm Flügelspannweite.*
NAHRUNG *Nymphen und Imagines: räuberisch.*
BEDEUTUNG *Harmlos.*

Grillen

Gryllidae

Der Körper ist bei Grillen leicht abgeflacht, der Kopf rundlich. Die dünnen Antennen sind so lang oder länger als der Körper. Grillen sind unauffällig bräunlich oder schwarz gefärbt. Bei geflügelten Arten werden die Vorderflügel in Ruhe flach über dem Körper zusammengelegt. Männchen reiben sie aneinander und erzeugen so ihre Gesänge. Das Abdomenende trägt ein Paar oft borstiger, ungegliederter Cerci. Der auffällige Legebohrer der Weibchen ist zylindrisch oder nadelartig.

VORKOMMEN *In Wäldern, Hecken, Grasland und Gebüschen.*

▲ **GRYLLUS CAMPESTRIS**, *die Feldgrille, ist gedrungen mit großem Kopf und kräftigen Hinterbeinen. Sie gräbt Erdlöcher in Grasland.*

▲ **OECANTHUS PELLUCENS**, *das Weinhähnchen, ist eine helle, zarte Art, die in Büschen und Bäumen schwierig zu sehen ist.*

▲ **ACHETA DOMESTICA**, *das Heimchen, ist nachtaktiv. Beide Geschlechter sind braun und vollständig geflügelt.*

▲ **NEMOBIUS SYLVESTRIS**, *die Waldgrille, hat kurze Vorderflügel, die Hinterflügel fehlen.*

▲ **ARACHNOCEPHALUS VESTITUS**, *eine flügellose Art, ist charakteristisch, denn Kopf und Thorax sind schmaler als bei anderen Grillen.*

ORDNUNG *Orthoptera.*
FAMILIE *Gryllidae.*
BEKANNTE ARTEN *1800.*
GRÖSSE *0,5–2,5 cm.*
NAHRUNG *Larven und Imagines: Pflanzen, Abfallstoffe, räuberisch.*
BEDEUTUNG *Manche schädigen Pflanzen.*

ANMERKUNG

Die Männchen singen meist nachts. Eine Schrillleiste an einem Vorderflügel reibt dabei über eine Schrillader am anderen Flügel.

Laubheuschrecken

Tettigoniidae

Mit ihren langen, fadenförmigen Antennen und dem sattelförmigen Pronotum sind die bräunlichen oder grünen Laubheuschrecken sehr charakteristisch. Die Flügel sind bei manchen Arten kurz, bei anderen überragen sie die Abdomenspitze, wenn sie gefaltet sind. Die Weibchen haben einen auffälligen, seitlich abgeflachten Legebohrer, der kurz und gebogen oder lang und säbelförmig sein kann. Die Hinterbeine sind als Sprungbeine ausgebildet. Männchen erzeugen arttypische Gesänge, indem sie die Vorderflügel aneinander reiben. Die Gehörorgane sitzen oben in den Vordertibien.

VORKOMMEN
In Lebensräumen mit dichter oder spärlicher Vegetation, vom Boden bis in die Wipfelregionen.

ANMERKUNG
Die Gesänge von Laubheuschrecken ähneln u. a. einem Trillern, dem Schleifen eines Messers oder dem Reiben eines Kammes über eine Kante.

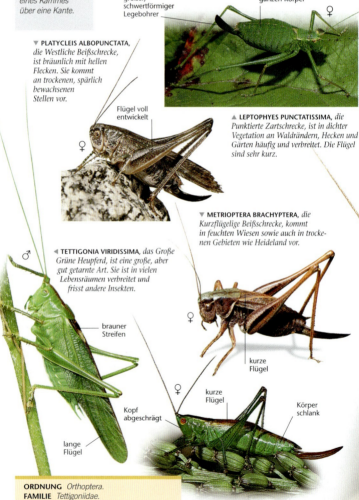

▼ **PLATYCLEIS ALBOPUNCTATA**, *die Westliche Beißschrecke, ist bräunlich mit hellen Flecken. Sie kommt an trockenen, spärlich bewachsenen Stellen vor.*

▲ **LEPTOPHYES PUNCTATISSIMA**, *die Punktierte Zartschrecke, ist in dichter Vegetation an Waldrändern, Hecken und Gärten häufig und verbreitet. Die Flügel sind sehr kurz.*

▼ **METRIOPTERA BRACHYPTERA**, *die Kurzflügelige Beißschrecke, kommt in feuchten Wiesen sowie auch in trockenen Gebieten wie Heideland vor.*

◀ **TETTIGONIA VIRIDISSIMA**, *das Große Grüne Heupferd, ist eine große, aber gut getarnte Art. Sie ist in vielen Lebensräumen verbreitet und frisst andere Insekten.*

▲ **CONOCEPHALUS DORSALIS**, *die Kurzflügelige Schwertschrecke, ist eine schlanke Art, die in sumpfigem Grasland, an Flussufern und den Rändern von Salzmarschen vorkommt.*

ORDNUNG Orthoptera.
FAMILIE Tettigoniidae.
BEKANNTE ARTEN *5000.*
GRÖSSE *1,6–6 cm.*
NAHRUNG *Larven und Imagines: Pflanzen, Abfallstoffe, räuberisch.*
BEDEUTUNG *Einige schädigen Pflanzen.*

▶ **DECTICUS VERRUCIVORUS** trägt den Namen Warzenbeißer, denn laut der Volksheilkunde soll er Warzen heilen. Er frisst Insekten und Pflanzen und singt an offenen, sonnigen Stellen.

Flügel überragen Abdomen

Legebohrer leicht gebogen

◀ **MECONEMA THALASSINUM**, die Gemeine Eichenschrecke, ist hellgrün und lebt meist auf Eichen. Nach Einbruch der Dunkelheit ernährt sie sich von kleinen Insekten. Männchen singen, indem sie auf ein Blatt trommeln.

dunkle Zeichnung auf Pronotum

◀ **EPHIPPIGER CRUCIGER** kommt in Südeuropa vor. Die Vorderflügel sind sehr kurz. Beide Geschlechter setzen sie jedoch ein, um ihre Gesänge zu erzeugen.

Pronotum erhoben

▼ **PHOLIDOPTERA GRISEOAPTERA**, die Gewöhnliche Strauchschrecke, variiert von braun zu fast schwarz. Sie kommt in unterschiedlichen Lebensräumen vor, vor allem aber an Waldrändern, und frisst sowohl Pflanzen als auch Insekten.

sattelförmiges Pronotum

Unterseite grünlich gelb

Feldheuschrecken

Acrididae

VORKOMMEN *In Wiesen, Feldern, Heidegebieten und anderen offenen Lebensräumen, auch in Hecken.*

ANMERKUNG

Weibchen legen ihre Eier am Boden ab und umgeben sie mit einem schaumigen Sekret, das zu einer schützenden Hülle aushärtet.

Feldheuschrecken sind tagaktiv und bevorzugen warme, sonnige Bedingungen. Die meisten Arten sind bräunlich oder grünlich und unterschiedlich gezeichnet. Charakteristisch sind die kurzen Antennen und das sattelförmige Pronotum. Die Hinterbeine sind zum Springen ausgebildet. Die Hinterflügel sind unter den schmalen versteiften Vorderflügeln gefaltet, einige Arten sind kurzflügelig. Viele Arten haben bunte Hinterflügel, die Feinde abschrecken, wenn sie plötzlich entfaltet werden. Weibchen sind meist größer als Männchen. Letztere singen, indem sie eine Reihe kleiner Zähnchen an der Innenseite der Hinterschenkel gegen eine verdickte Ader am Rand der Vorderflügel reiben.

◀ **STENOBOTHROS LINEATUS**, *der Heidegrashüpfer, hat einen weißen Streifen auf dem Vorderflügel. Er kommt in trockenen Lebensräumen vor. Der Gesang wechselt die Höhenlage wie eine Sirene.*

weiße Flügelzeichnung

◀ **CALLIPTAMUS ITALICUS**, *die Italienische Schönschrecke, lässt ihre roten Hinterflügel und Hintertibien aufleuchten, wenn sie gestört wird. Männchen erzeugen mit den Mandibeln Geräusche.*

bei Männchen rote Abdomenspitze

▼ **STETHOPHYMA GROSSUM**, *die Sumpfschrecke, lebt in feuchten Gebieten. Männchen erzeugen ein Klicken, indem sie ihre Hinterbeine gegen die Flügel kicken.*

Tarnfärbung

gelber Streifen entlang dem Vorderflügel

kräftiger Körper

sehr kurze Flügel

Beine violettrot

▼ **OEDIPODA GERMANICA**, *die Rotflügelige Ödlandschrecke, ist in steinigem Gelände gut getarnt. Die roten Hinterflügel sind im Flug sichtbar.*

▲ **PODISMA PEDESTRIS**, *die Gewöhnliche Gebirgsschrecke, kommt in mit Gras oder Heide bewachsenen Gebirgsregionen vor.*

dunkel gestreifte Flügel

ORDNUNG *Orthoptera.*
FAMILIE *Acrididae.*
BEKANNTE ARTEN *9000.*
GRÖSSE *1–6 cm.*
NAHRUNG *Larven und Imagines: Pflanzen.*
BEDEUTUNG *Manche Arten können Schäden an Nutzpflanzen anrichten.*

▶ **LOCUSTA MIGRATORIA**, die Europäische Wanderheuschrecke, tritt in zwei Phasen auf. Die ortstreue Phase ist grün, die wandernde braun (Bild).

◀ **OMOCESTUS VIRIDULUS**, der Bunte Grashüpfer, ist variabel gefärbt, Oberseiten von Kopf, Pronotum und gefalteten Flügeln sind bei Weibchen jedoch immer grün.

lange Flügel

Pronotum seitlich eingebuchtet

▼ **OMOCESTUS RUFIPES** kommt an Waldrändern und trockenen, grasbewachsenen Stellen vor. Weibchen sind an Kopf- und Pronotumoberseite grün.

Flügel an Seiten dunkel

Antennen keulenförmig

▼ **MYRMELEOTETTIX MACULATUS**, die Gefleckte Keulenschrecke, ist eine kleine Art und kommt auf trockenen, sandigen Böden wie in Heidegebieten vor.

bei Männchen rote Abdomenspitze

kurze Vorderflügel

Körper grün-violett

▲ **CHORTHIPPUS PARALLELUS**, der Gemeine Grashüpfer, ist eine verbreitete Art des Graslandes. Beide Geschlechter haben kurze Vorderflügel, die Hinterflügel fehlen.

Körper grau mit heller Zeichnung

◀ **CHORTHIPPUS BRUNNEUS**, der Braune Grashüpfer, kommt meist in niedrigwüchsigem, beweideten Grasland vor.

Flügel überragen Hinterbeine

Hintertibien rot

▲ **CHORTHIPPUS SCALARIS** kommt auf trockenen Gebirgswiesen vor. Der Gesang der Männchen klingt wie tsch-drrr-tsch-drrr.

Baumwanzen

Pentatomidae

VORKOMMEN An Kräutern, Sträuchern und Bäumen in verschiedenen Lebensräumen.

Baumwanzen können zur Verteidigung einen starken Abwehrgeruch aus Drüsen im Thorax verströmen (er kann so stark sein, dass er Kopfschmerzen auslöst). Viele Arten sind grün-braun, andere auffällig schwarz-rot gezeichnet. Der Kopf kann wie in das Pronotum eingesenkt wirken, das breit ist und an den Seiten eckig oder zu Spitzen ausgezogen sein kann. Die Antennen haben fünf Glieder, die Tarsen drei. Das Schildchen reicht über die Abdomenmitte.

eckige »Schultern«

▶ **PICROMERUS BIDENS**, die Zweispitzwanze, lauert ihrer Beute auf. Sie saugt die Körperflüssigkeit verschiedener Insekten wie Raupen und Käferlarven.

Pronotum seitlich zu Spitzen ausgezogen

großes, dreieckiges Schildchen

▲ **PENTATOMA RUFIPES**, die Rotbeinige Baumwanze, saugt an Laubbäumen Saft und frisst kleine Insekten.

metallischer Schimmer

bronzefarbenes Flügelfeld

Oberfläche mit Grübchen

▲ **AELIA ACUMINATA**, der Spitzling, hat eine charakteristische Gestalt. Er ernährt sich von Gräsern, auch von Getreide wie Weizen und Gerste.

helle Längsstreifen

▲ **PALOMENA PRASINA**, die Grüne Stinkwanze, ist häufig und weit verbreitet. Sie lebt an verschiedenen Pflanzen einschließlich Bäumen und Nutzpflanzen.

bronzefarbenes Band auf Pronotum

Kopf weist nach unten

▲ **PIEZODORUS LITURATUS**, die Ginsterwanze, ernährt sich von verschiedenen Ginsterarten. Imagines überwintern und erscheinen im Frühjahr als fortpflanzungsfähige grüne Wanzen.

▼ **DOLYCORIS BACCARUM**, die Beerenwanze, frisst an Weißdorn, Schlehe, Himbeere und verwandten Pflanzen, vor allem an Früchten und Blüten. Von nahem betrachtet, ist sie behaart.

weiße Bänder an Seiten des Abdomens

grünes Schildchen

ANMERKUNG

Die Eier werden in regelmäßigen Flecken abgelegt. Bei vielen Arten bewachen die Weibchen die Eier und Larven und stellen sich bei Gefahr über sie.

ORDNUNG Hemiptera.
FAMILIE Pentatomidae.
BEKANNTE ARTEN 5500.
GRÖSSE 0,5–2,5 cm.
NAHRUNG Larven und Imagines: Pflanzen, räuberisch.
BEDEUTUNG Können Nutzpflanzen schädigen.

Lederwanzen

Coreidae

Die meisten Lederwanzen haben eine ovale Gestalt und sind mattbraun. Bei manchen Arten ist das Abdomen abgeflacht und seitlich ausgezogen und kann gelappt und gewinkelt sein. Der Kopf ist viel schmaler und kürzer als das Pronotum. Die Antennen haben vier Glieder. Die Flügelmembranen tragen ein typisches Muster paralleler Adern. Alle Lederwanzen sind Pflanzenfresser und ernähren sich von Trieben, Knospen, Früchten und Samen ihrer Nahrungspflanzen.

VORKOMMEN
An Vorkommen der Nahrungspflanzen gebunden, vor allem in Grasland, Heidegebieten und lichten Wäldern.

ANMERKUNG

Wenn sie bedroht werden, sondern einige große Arten unangenehm oder fruchtig riechende Sekrete aus Thoraxdrüsen ab.

▼ **CORIOMERIS DENTICULATUS** *ist eine relativ schlanke Wanze mit vielen kurzen Stacheln. Sie frisst an Schmetterlingsblütlern auf durchlässigen Böden.*

▼ **SYROMASTUS RHOMBEUS**, *die Rhombenwanze, kommt an trockenen, sandigen Stellen vor. Hier handelt es sich um eine noch flügellose Larve, bei der die Drüsenöffnungen sichtbar sind.*

Öffnungen der Duftdrüsen

LARVE

weiße Fortsätze

verdickte Antennen

charakteristische Adern auf Flügelmembran

breites Abdomen

Pronotum vorne breit

Antenne in der Mitte orangefarben

nach vorne weisende Dornen

◀ **COREUS MARGINATUS** *hat ein auffallend breites Abdomen. Larven fressen an Ampferarten. Imagines fressen Früchte, bevor sie überwintern.*

ORDNUNG *Hemiptera.*
FAMILIE *Coreidae.*
BEKANNTE ARTEN *2000.*
GRÖSSE *1–1,8 cm.*
NAHRUNG *Larven und Imagines: Pflanzen.*
BEDEUTUNG *Meist harmlos; einige Arten können Nutzpflanzen schädigen.*

INSEKTEN

Weichwanzen

Miridae

Diese Familie ist weltweit die größte Wanzenfamilie. Die Arten sind fein skulpturiert und vielfältig grün, braun, rot und schwarz gezeichnet. Der Rüssel und die Antennen haben vier Glieder und die Flügelmembranen eine oder zwei charakteristische geschlossene Zellen. Die meisten Arten sind voll geflügelt, es treten aber auch kurzflügelige und flügellose Arten auf. Weichwanzen unterscheiden sich in ihrer Biologie, meist aber fressen sie Samen, Früchte, Blätter und saugen Pflanzensaft. Andere fressen Abfallstoffe oder erbeuten Blattläuse, Milben und andere Tiere mit weicher Körperhülle.

VORKOMMEN *In fast jedem Lebensraum, vom Boden bis in die Wipfelregionen.*

vorwiegend grün

◀ **LYGOCORIS PABULINUS**, *die Grüne Futterwanze, richtet Schäden an vielen Pflanzen einschließlich Himbeeren, Birnen und Äpfeln an.*

orangegelber Fleck auf Schildchen

braune Flügelmembranen

Oberseite leuchtend rot

▲ **CAMPLYONEURA VIRGULA** *lebt räuberisch auf Bäumen und jagt Blattläuse und andere Beute. Trotz ihres fragilen Aussehens kann sie beißen, wenn man sie anfasst.*

verdickte, behaarte Glieder

▶ **HETEROTOMA MERIOPTERA** *ist wegen ihrer Antennen auffällig, deren erste beiden Glieder verdickt sind. Sie lebt an Brennesseln und anderer üppiger Vegetation.*

▲ **PANILIUS TUNICATUS** *frisst an Haseln, Birken und Erlen. Imagines sind zunächst gelbgrün und werden rötlich und dunkler, wenn sie älter werden.*

hellrote Äderung

Beine hellgrün

▼ **NOTOSTIRA ELONGATA** *ist an grasbewachsenen Wegrändern häufig. Weibchen sind grün mit verdicktem Abdomen. Männchen sind dunkler und schlanker.*

Abdomen verdickt

♀

schlanker Körper

◀ **STENODEMA LAEVIGATUM** *hat einen schlanken, lang gestreckten Körper und kommt an unterschiedlichen Gräsern vor, wo sich Larven und Imagines von Blüten und unreifen Samen ernähren.*

ORDNUNG *Hemiptera.*
FAMILIE *Miridae.*
BEKANNTE ARTEN *7000.*
GRÖSSE *2–12 mm.*
NAHRUNG *Larven und Imagines: Pflanzen, Abfallstoffe, räuberisch.*
BEDEUTUNG *Einige schädigen Nutzpflanzen.*

INSEKTEN

◀ **MIRIS STRIATUS**, *die Prachtwanze, ist eine relativ große und schön gezeichnete Art. Sie lebt an verschiedenen Bäumen wie Eichen, Haseln und Ulmen und erbeutet Insekten.*

▶ **LEPTOPTERNA DOLABRATA** *ist an feuchten, grasbewachsenen Stellen häufig. Die Männchen sind voll geflügelt, die Weibchen haben verkürzte Flügel.*

gestreifte Flügel

helle Flügelflecken

rosarot gebändert

gebändertes Pronotum

▶ **CALOCORIS ROSEOMACULATUS** *hat eine rosenrote Zeichnung. Sie ernährt sich von Früchten und Blüten verschiedener Pflanzen.*

weiße Querstreifen auf Flügeln

Kopf ameisenähnlich

▲ **LIOCORIS TRIPUSTULATUS** *findet man oft in großer Zahl an Brennnesseln, wo Imagines und Larven Knospen und Blüten fressen.*

▼ **DERAEOCORIS OLIVACEUS** *ist eine große Wanze mit rot gebänderten Beinen und Flügelflecken. Sie lebt vorwiegend räuberisch, frisst aber auch an Weißdornbeeren.*

▲ **PILOPHORUS PERPLEXUS** *ähnelt auf den ersten Blick einer Ameise. Sie lebt an Eichen und anderen Laubbäumen und ernährt sich von Blattläusen, Insekteneiern und Nachtfalterraupen.*

Tibien gebändert

Thorax glänzend schwarz

roter Kopf

ANMERKUNG

Weichwanzen legen Eier in Blättern ab. Sie überwintern dort, die Larven schlüpfen im Frühjahr. Bei manchen Arten überwintern Larven oder Imagines.

Raubwanzen

Reduviidae

Die meisten dieser Wanzen sind gelbbraun, grau oder schwarz, manche orangerot. Die Gestalt variiert von robust und oval zu lang gestreckt und schlank mit fadenartigen Beinen. Am Kopf befindet sich zwischen Augen und Antennen eine Querfurche. Die Antennen sind oft nach dem langen ersten Glied gekniet und haben vier Hauptglieder mit weiteren Untergliederungen. Der Rüssel hat drei Glieder und ist kurz und gebogen. Die Vorderbeine sind oft vergrößert und dienen zum Beutefang.

VORKOMMEN *In unterschiedlicher Vegetation; manchmal in Häusern, wenn dort Beute zu finden ist.*

Abdomen mit rot-schwarzem Rand

Beute wird ausgesaugt

▲ **RHINOCORIS IRACUNDUS**, *die Rote Mordwanze, hat giftigen Speichel und kann sogar Räuber wie diesen Sandlaufkäfer überwältigen.*

▼ **EMPICORIS VAGABUNDUS**, *die Mückenwanze, eine kleine Art mit dünnen Beinen, lebt vorwiegend in Bäumen und fängt Insekten mit weicher Körperhülle.*

Vorderbeine zum Beutefang

NYMPHE

ORDNUNG Hemiptera.
FAMILIE Reduviidae.
BEKANNTE ARTEN 6000.
GRÖSSE 0,6–1,6 cm.
NAHRUNG Larven und Imagines: räuberisch.
BEDEUTUNG Größere Arten können die Haut durchstechen.

Teichläufer

Hydrometridae

Diese zierlichen rötlichen bis dunkelbraunen Wanzen sind sehr schlank mit dünnen Beinen. Die relativ großen Augen stehen seitlich am verlängerten Kopf hervor. Die meisten Arten sind flügellos, bei manchen Arten treten kurzflügelige oder voll geflügelte Formen auf. Teichläufer bewegen sich langsam und fangen kleine Beutetiere.

VORKOMMEN *Auf Teichen, Sümpfen und in Marschen, auch auf brackigem Wasser. Bleiben am Rand oder auf Schwimmblättern.*

sehr schlanker Körper

Kopf verlängert

dünne Beine

ORDNUNG Hemiptera.
FAMILIE Hydrometridae.
BEKANNTE ARTEN 120.
GRÖSSE 8–12 mm.
NAHRUNG Larven und Imagines: räuberisch (v. a. kleine Wasserinsekten).
BEDEUTUNG Harmlos.

▲ **HYDROMETRA STAGNORUM** *bewegt sich langsam und ernährt sich von kleinen Insekten und Krebstieren wie Wasserflöhen.*

Bachläufer

Veliidae

Diese Wanzen ähneln Wasserläufern (unten), sind jedoch meist viel kleiner und kräftiger und haben kürzere Beine. Die meisten sind bräunlich mit orangefarbener Unterseite und orangefarbener oder silberner Zeichnung. Antennen und Rüssel haben je vier Glieder. Manche Arten sind voll geflügelt, andere haben kurze oder keine Flügel.

VORKOMMEN *Zwischen Vegetation oder an der Oberfläche stiller Gewässer wie Teiche, Seen und Sümpfe.*

Abdomen parallelseitig — Flügel flach über dem Körper gefaltet

◀ **VELIA CAPRAI**, *der Große Bachläufer, lebt an der Oberfläche von Teichen oder langsam fließenden Flüssen. Er nimmt Wellen von ins Wasser gefallenen Insekten wahr.*

weiße Flecken auf Pronotum

Flügel fehlen — Beine an Basis heller

▲ **MICROVELIA RETICULATA**, *der Zwergbachläufer, lebt zwischen Wasserpflanzen, die an den Rändern von Teichen und Seen wachsen.*

ORDNUNG *Hemiptera.*
FAMILIE *Veliidae.*
BEKANNTE ARTEN *500.*
GRÖSSE *2–8 mm.*
NAHRUNG *Larven und Imagines: räuberisch (Wasserorganismen, Eier, Larven).*
BEDEUTUNG *Harmlos.*

Wasserläufer

Gerridae

Diese schnellen, oft flügellosen Wanzen sind an das Leben auf der Wasseroberfläche angepasst. Sie sind dunkelbraun oder schwärzlich und samtig behaart. Antennen und Rüssel haben je vier Glieder. Die kurzen Vorderbeine ergreifen die Beute, die mittleren und hinteren sind länger. Sinneshaare an den Beinen lokalisieren die Wellen zappelnder Beutetiere.

VORKOMMEN *An der Oberfläche von Süßgewässern wie Gräben, Teichen und Wassertrögen.*

gespreizte Beine — hervorstehende Augen

▼ **GERRIS LACUSTRIS**, *der Gemeine Wasserläufer, kommt an fast allen Gewässertypen vor. Er ist leicht zu erkennen, wenn er über die Wasseroberfläche gleitet.*

◀ **AQUARIUS NAJAS**, *eine grauschwarze Wanze, ist meist flügellos und kommt in Ufernähe an Flüssen und großen Bächen vor.*

kurze Vorderbeine

ORDNUNG *Hemiptera.*
FAMILIE *Gerridae.*
BEKANNTE ARTEN *500.*
GRÖSSE *0,8–1,8 cm.*
NAHRUNG *Larven und Imagines: räuberisch (tote oder ertrinkende Insekten).*
BEDEUTUNG *Harmlos.*

Skorpionswanzen

Nepidae

VORKOMMEN *In stehenden oder langsam fließenden Gewässern, manche Arten in seichtem, andere in tieferem Wasser.*

Skorpionswanzen sind entweder oval und abgeflacht mit kurzen Beinen oder sie sind lang gestreckt mit relativ langen Beinen. Am Kopf befinden sich runde Augen und ein kurzer, gebogener Rüssel. Die Vorderbeine dienen dem Beutefang. An der Spitze des Hinterleibs befindet sich ein Atemrohr, das so lang wie der restliche Körper sein kann.

▼ RANATRA LINEARIS, *die gelblich braune Stabwanze, greift sogar kleine Wirbeltiere an.*

▲ NEPA CINEREA, *der Wasserskorpion, hat kräftige Vorderbeine und besitzt ein Atemrohr am Körperende.*

ORDNUNG Hemiptera.
FAMILIE Nepidae.
BEKANNTE ARTEN 250.
GRÖSSE 1,8–3cm.
NAHRUNG Larven und Imagines: räuberisch.
BEDEUTUNG Meist harmlos, beißen manchmal, wenn man sie anfasst.

Schwimmwanzen

Naucoridae

VORKOMMEN *Bewegen sich langsam am Boden stehender oder fließender Gewässer oder auf Wasserpflanzen.*

Schwimmwanzen sind abgeflacht und stomlinienförmig mit glattem, rundlichem oder ovalem Körper. Die Vorderbeine sind zum Beutefang ausgebildet, die Tibien sind sichelförmig und klappen wie ein Taschenmesser zum vergrößerten Femur zurück. Die Hinterbeine tragen Reihen von Schwimmhaaren.

ANMERKUNG

Schwimmwanzen haben kein Atemrohr. Sie kommen an die Oberfläche, um einen Luftvorrat unter den Flügeln zu speichern.

ORDNUNG Hemiptera.
FAMILIE Naucoridae.
BEKANNTE ARTEN 400.
GRÖSSE 1–1,5cm.
NAHRUNG Larven und Imagines: räuberisch (v.a. Larven, Krebstiere, Schnecken).
BEDEUTUNG Können beim Anfassen stechen.

▲ ILYCORIS CIMICOIDES *ist graugrün mit abgeflachtem Körper. Sie besitzt Flügel, kann jedoch nicht fliegen. Stattdessen speichert sie darunter Luft.*

Ruderwanzen

Corixidae

Diese Wanzen, die auf den ersten Blick den Rückenschwimmern (S. 504) ähneln, sind dunkel rot- oder gelbbraun, oft mit feiner Zeichnung. Die Oberseite ist flach ohne Kiel, die Unterseite hell. Ruderwanzen schwimmen nicht mit dem Rücken nach unten. Die großen Augen sind dunkel, der Rüssel kräftig. Die Enden der Vorderbeine sind zur Nahrungsaufnahme schöpfkellenartig ausgebildet. Mit den mittleren Beinen hält sich das Insekt an Pflanzen fest. Die ruderartigen Hinterbeine sind mit Haaren gesäumt.

VORKOMMEN *In stillen und langsam fließenden Gewässern wie Teichen, Seen und gelegentlich Bächen.*

ANMERKUNG

Wenn sie unter Wasser sind, transportieren Ruderwanzen Luftblasen unter den Flügeln. Die konkave Oberseite des Abdomens dient dabei als »Behälter«.

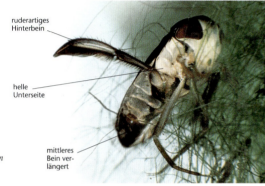

▼ **CORIXA PUNCTATA** *ist häufig und weit verbreitet. Der Rücken ist dunkel mit typischer Zeichnung, die Unterseite hell. Diese Art fliegt und wird nachts von Licht angelockt.*

▲ **CORIXA SP.** *ernährt sich von Algen, Kieselalgen und Pflanzenteilchen am Grund dicht bewachsener Teiche. Mit den haargesäumten Vorderbeinen filtert sie die Nahrung aus dem Wasser.*

ORDNUNG Hemiptera.
FAMILIE Corixidae.
BEKANNTE ARTEN 550.
GRÖSSE 0,8–1,4 cm.
NAHRUNG Larven und Imagines sind Räuber, fressen Abfallstoffe, Algen.
BEDEUTUNG Harmlos.

Rückenschwimmer

Notonectidae

Diese keilförmigen Wanzen schwimmen mit dem Rücken nach unten. Wenn sie ruhen, hängen sie unter der Wasseroberfläche. Die Oberseite ist blass gefärbt und gewölbt, in der Mitte verläuft ein Kiel. Die Unterseite ist dunkelbraun bis schwarz. Die Augen sind groß, dunkel und glänzend. Der kräftige Rüssel und die kurzen Antennen haben je vier Glieder. Die ruderartigen Hinterbeine sind mit Haaren gesäumt, mit ihnen erzeugt das Insekt im Wasser den Antrieb.

VORKOMMEN *Meist an stillen, offenen Wasserflächen wie Rändern von Seen, Teichen und Bächen.*

Haarsäume

helle Oberseite

▲ NOTONECTA GLAUCA, *der Gemeine Rückenschwimmer, ist verbreitet und kommt in Teichen, Seen, Kanälen und Gräben vor.*

▶ NOTONECTA MACULATA *kommt auf der Nordhalbkugel vor und ernährt sich von Insekten, die in temporären Gewässern ertrinken.*

ruderartige Hinterbeine

gefleckte rötliche Flügel

helles Pronotum

dunkle, glänzende Augen

ORDNUNG *Hemiptera.*
FAMILIE *Notonectidae.*
BEKANNTE ARTEN *350.*
GRÖSSE *0,8–1,6 cm.*
NAHRUNG *Larven und Imagines: räuberisch (Beute bis zur Größe kleiner Fische).*
BEDEUTUNG *Können beim Anfassen stechen.*

Schaumzikaden

Cercopidae

Diese Insekten ähneln den Aphrophoridae (rechts oben). Die meisten Arten sind braungrau, manche schwarz mit lebhaft roter oder orangefarbener Zeichnung. Der Kopf ist schmaler als der Thorax, der hexagonal oder gewinkelt sein kann. Die Augen sind rund. Die Larven scheiden wie bei den Aphrophoridae Schaum aus, um die Verdunstung zu vermindern und als Schutz vor Feinden.

VORKOMMEN *Gebiete mit dichter Vegetation wie Wälder, Wiesen, Gebüsche; an unterschiedlichen Büschen, Bäumen und Kräutern.*

◀ CERCOPIS VULNERATA, *die Blutzikade, ist eine sehr auffällige Art mit leuchtender Warnfärbung.*

▼ CERCOPIS ARCUATA *ist eine mehrerer ähnlicher Arten, die in Europa verbreitet sind. Bei dieser Art sind Männchen größer als Weibchen.*

Thorax gewinkelt

kräftige rote Zeichnung

runde Flecken

gewelltes rotes Band

ORDNUNG *Hemiptera.*
FAMILIE *Cercopidae.*
BEKANNTE ARTEN *2400.*
GRÖSSE *0,5–2 cm. Meist unter 1,4 cm.*
NAHRUNG *Larven und Imagines: Pflanzen (saugen Saft, Larven an Wurzeln).*
BEDEUTUNG *Können Nutzpflanzen schädigen.*

Schaumzikaden

Aphrophoridae

Die Arten dieser Familie sind hell- bis dunkelbraun mit helleren Flecken. Bei manchen Arten gibt es viele Farbformen. Der Kopf ist fast so breit wie das Pronotum, das vorgewölbt ist. Die Hintertibien tragen einen oder zwei kräftige Dornen und am Ende einen Kreis kleinerer Stacheln. Diese Insekten können gut springen.

VORKOMMEN In fast allen Lebensräumen auf verschiedenen verholzten und krautigen Pflanzen.

ANMERKUNG

Larven produzieren Kuckucks-Speichel, einen schützenden Schaum. Er entsteht, indem wasserreiche Exkremente ausgeschieden werden.

Muster und Farben variieren

KUCKUCKS-SPEICHEL

▲ **PHILAENUS SPUMARIUS**, *die Wiesenschaumzikade, lebt an vielen Pflanzenarten. Den Schaum der Larven sieht man an geschützten Stellen häufig.*

breiter Kopf

ORDNUNG *Hemiptera.*
FAMILIE *Aphrophoridae.*
BEKANNTE ARTEN *850.*
GRÖSSE *6–10mm.*
NAHRUNG *Larven und Imagines: Pflanzen (Blätter, Triebe, Stängel, Pflanzensaft).*
BEDEUTUNG *Können Nutzpflanzen schädigen.*

Spornzikaden

Delphacidae

Diese kleinen Insekten sind meist braun oder grünlich. Der Körper ist lang gestreckt und fast parallelseitig. Die Antennen sind kurz und entspringen an einer Einkerbung am Unterrand der Augen. Charakteristisch ist ein beweglicher Sporn am Ende der Hintertibien. Bei den meisten Arten gibt es kurzflügelige und voll geflügelte Formen.

VORKOMMEN *Häufig bodennah in Grasland, Wiesen, an Waldrändern, besonders in Wassernähe.*

verdickte Antennenglieder

♀

▼ **DELPHAX PULCHELLUS** *ernährt sich in Feuchtgebieten von Schilf. Das Weibchen (hier abgebildet) hat kurze Flügel, die nur bis zur Hälfte des Abdomens reichen.*

▼ **ASIRACA CLAVICORNIS** *kommt in feuchten Wiesen vor. Die Vorderbeine sind verbreitert.*

Körper parallelseitig

kurze Flügel

beweglicher Sporn

ORDNUNG *Hemiptera.*
FAMILIE *Delphacidae.*
BEKANNTE ARTEN *1800.*
GRÖSSE *3–7mm.*
NAHRUNG *Larven und Imagines: Pflanzen.*
BEDEUTUNG *Laodelphax striatella befällt Weizen, Mais und Hafer.*

Röhrenläuse

Aphididae

Diese kleinen Insekten mit weicher Körperhülle sind eine der Insektenfamilien, die die größten Schäden anrichten. Sie vermehren sich mit bemerkenswerter Geschwindigkeit und schädigen Nutz- und Gartenpflanzen. Die meisten Arten sind grün, manche blassrot, schwarz oder braun. Die Antennen haben zwischen vier und sechs Glieder. Das birnenförmige Abdomen endet in einem kurzen, spitzen »Schwanz«, der Cauda, und trägt meist ein Paar Hinterleibsröhren, aus denen ein Wehrsekret abgegeben werden kann. Wenn vorhanden, werden die Flügel dachartig über dem Körper gefaltet und sind durchsichtig, manchmal mit dunkler Zeichnung. Die Hinterflügel sind viel kleiner als die Vorderflügel.

VORKOMMEN *Kommen an fast allen Pflanzen in den meisten Lebensräumen vor, auch an den Wurzeln.*

▼ **THECABIUS AFFINIS** *ist eine wollig behaarte Blattlaus, die ein Verdrehen und Falten der Blätter von Pappeln und einigen Hahnenfußarten verursacht.*

ANMERKUNG

Die Ausscheidungen von Blattläusen (Honigtau) locken Ameisen an, die sie fressen. Im Gegenzug verteidigen die Ameisen die Blattläuse vor Feinden.

lange Hinterbeine

kurze Hinterleibsröhre

zahlreiche Eier

▲ **LACHNUS ROBORIS**, *die Eichenblattlaus, legt die Eier in Flecken an Eichenzweigen ab. Die Blattläuse leben in Kolonien und werden von Ameisen betreut, die den Honigtau fressen.*

▼ **TUBEROLACHNUS SALIGNUS** *ist eine große und weit verbreitete Blattlaus, die an Weiden auftritt. Das vierte Abdomensegment trägt einen einzigen Fortsatz.*

▼ **PERIPHYLLUS ACERICOLA** *lebt auf den Blättern von Ahornarten. Die Larven haben im Hochsommer eine Ruhephase.*

geflügelte Imago

Ansammlung von Blattläusen

zwei bis drei Spiralen

▲ **PEMPHIGUS SPIRO-THECAE**, *die Spiralgallenlaus, lebt in spiraligen Gallen, die sie an den Blattstielen der Schwarzpappel hervorruft.*

▶ **MACROSIPHUM ROSAE**, *die Rosenblattlaus, kann rosafarben oder grün sein. Der häufige Gartenschädling frisst im Frühjahr an Rosen. Später fliegt eine geflügelte Generation zu Karden oder Skabiosen.*

birnenförmiges Abdomen

grünes Individuum

lange Hinterleibsröhren

▼ **TUBERCULOIDES ANNULATUS** *ist eine kleine gelbe, grünliche oder rosafarbene Blattlaus, die unten an Eichenblättern lebt.*

▼ **APHIS FABAE**, *die Schwarze Bohnenblattlaus, befällt im Sommer Bohnen und andere Pflanzen.*

schwarzer Körper mit kurzen Hinterleibsröhren

Honigtau-Tropfen

weiche Körperhülle

ORDNUNG Hemiptera.
FAMILIE Aphididae.
BEKANNTE ARTEN 2250.
GRÖSSE 2–5mm.
NAHRUNG Larven und Imagines: Pflanzen.
BEDEUTUNG Viele Arten schädigen Nutz- und Gartenpflanzen.

Schlammfliegen

Sialidae

Schlammfliegen sind tagaktive dunkelbraune bis schwarzgraue Insekten mit bräunlich oder gräulich getönten Flügeln, die dachförmig über dem Körper zusammengelegt werden. Der Kopf ist stumpf mit großen Augen und langen, fadenförmigen Antennen. Die Vorder- und Hinterflügel sind ähnlich groß mit dunklen Adern, die vor den Flügelrändern nicht gabelt sind.

VORKOMMEN Ruhen oft lange Zeit auf Erlen und ähnlicher Vegetation an langsam fließenden Bächen, Kanälen und Teichen mit schlammigem Grund.

Antennen fadenförmig
Flügel getrübt
Eier

LARVEN

Die aquatischen Larven haben kräftige Mandibeln und sieben Paare fiedriger Kiemen.

▶ **SIALIS LUTARIA** kann man im späten Frühjahr und Frühsommer oft auf Bäumen und anderen Pflanzen, die übers Wasser hängen, sitzen sehen.

ANMERKUNG

Die kurzlebigen Weibchen legen Eier in großer Zahl auf Pflanzen oder Steinen am Wasser ab. Die Larven krabbeln nach dem Schlüpfen ins Wasser.

ORDNUNG Megaloptera.
FAMILIE Sialidae.
BEKANNTE ARTEN 75.
GRÖSSE 1,8–2,2 cm.
NAHRUNG Larven: räuberisch (Wasserinsekten, Würmer). Imagines: fressen nicht.
BEDEUTUNG Harmlos.

Kamelhalsfliegen

Raphidiidae

Die dunkelbraunen Kamelhalsfliegen haben einen verlängerten Prothorax, mit dem sie den Kopf anheben können. Der Kopf ist zwischen den Augen am breitesten. Die durchsichtigen Flügel tragen ein Pterostigma und ein Netz von Adern, die vor den Flügelrändern verzweigen. Weibchen sind größer als Männchen mit langem Legebohrer.

VORKOMMEN In dichter, niedrigwüchsiger Vegetation in bewaldeten Gebieten.

▼ **RAPHIDIA NOTATA** kommt in Laubwäldern, vor allem mit Eichenbestand, vor. Die Larven findet man oft in morschen Baumstümpfen.

♀
Prothorax verlängert

durchsichtige Flügel mit dunklen Adern

▶ **RAPHIDIA XANTHOSTIGMA** kommt in Wäldern vor, wo die Larven kleine Insekten unter der Rinde jagen.

Kopf hinten verschmälert

LARVEN

Die schlanken Larven haben keine Kiemen und kurze, gebogene Mandibeln wie die Imagines.

ORDNUNG Raphidioptera.
FAMILIE Raphidiidae.
BEKANNTE ARTEN 85.
GRÖSSE 1,4–2 cm.
NAHRUNG Larven und Imagines: räuberisch (v. a. Blattläuse, andere weiche Insekten).
BEDEUTUNG Harmlos.

langer Legebohrer

Florfliegen

Chrysopidae

Körper und Flügel dieser zierlichen Insekten sind meist grünlich. Die Flügel mit vielen gegabelten Adern schillern oft in Rosa-, Grün- und Blautönen. Sie sind nicht gezeichnet und werden dachförmig über dem Körper gefaltet. Die Augen sind golden, messingfarben oder rötlich und scheinen zu leuchten. Die Antennen sind lang und schlank.

VORKOMMEN In unterschiedlichster Vegetation, etwa an Waldrändern und in Hecken.

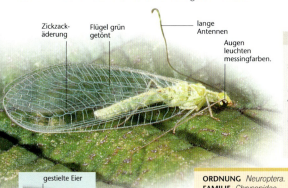

- Zickzackäderung
- Flügel grün getönt
- lange Antennen
- Augen leuchten messingfarben.

LARVEN

Kräftiger und breiter als die Larven der Taghafte, mit schlankeren Mandibeln und Warzen auf der Oberseite.

- gestielte Eier
- EIER

▲ **CHRYSOPA CARNEA** ist überall häufig, wo Blattläuse an der Vegetation vorkommen. Sie überwintert oft in Dachstühlen und Außengebäuden.

ORDNUNG Neuroptera.
FAMILIE Chrysopidae.
BEKANNTE ARTEN 1600.
GRÖSSE 2–3,8 cm.
NAHRUNG Larven und Imagines: räuberisch.
BEDEUTUNG Chrysopa carnea wird zur biologischen Schädlingsbekämpfung gezüchtet.

Schlammschwimmer

Hygrobiidae

Diese Käfer sind rotbraun mit dunkler Zeichnung, glatt und breit oval. Die Körperoberseite ist gewölbt, die Unterseite sogar noch stärker. Der Kopf ist breit, die Augen stehen hervor. Die Beine tragen Schwimmhaare an Tibia, Femur und Tarsus. Beim Schwimmen werden sie abwechselnd eingesetzt. Bei Störung erzeugen die Käfer ein quietschendes Geräusch, indem sie das Abdomenende gegen eine gerillte Struktur an den Flügeldecken reiben.

VORKOMMEN In Teichen und anderen stehenden Gewässern mit schlammigem Grund.

- Oberseite gewölbt

▼ **HYGROBIA HERRMANNI** ist tief rotbraun und an der Unterseite mit kurzen Haaren bedeckt.

LARVEN

Die Larven mit breitem Thorax haben drei Paare kräftiger Beine.

- dunkles Band vorne auf Pronotum
- große Augen

ORDNUNG Coleoptera.
FAMILIE Hygrobiidae.
BEKANNTE ARTEN 5.
GRÖSSE 8–10 mm.
NAHRUNG Larven und Imagines: räuberisch.
BEDEUTUNG Harmlos.

Laufkäfer

Carabidae

Laufkäfer sind aktive Jäger mit langen, schlanken Beinen und kräftigen Mandibeln. Die meisten Arten sind nachtaktiv. Sie können matt oder glänzend sein und sind meist braun oder schwarz gefärbt, oft mit metallischem Schimmer. Andere Arten sind grün oder rot oder haben eine gelbe oder grüne Zeichnung. Der Körper ist lang gestreckt, die Flügeldecken meist längs gefurcht. Die Antennen sind fadenförmig, die Mandibeln gezähnt. Kopf, Thorax und Abdomen sind meist deutlich voneinander abgesetzt.

VORKOMMEN
Am Boden in vielen Lebensräumen, etwa unter Holz, Steinen, Schutt, in der Laubstreu.

LARVEN

Die meisten Larven leben im Boden. Der Körper läuft an beiden Enden spitz zu. Sie versetzen ihre Beute mit Verdauungsenzymen und saugen die Flüssigkeit auf.

4 helle Flecken

▲ **DROMIUS QUADRIMACULATUS** *ist an seinen vier gelbbraunen Flecken auf den Elytren (Flügeldecken) zu erkennen. Er versteckt sich unter Rinde.*

rötliche Beine

▲ **HARPALUS RUFIPES** *kommt in Kulturland, Ödland und Gärten vor. Er ernährt sich nach Einbruch der Dunkelheit von Samen.*

▼ **BRACHINUS CREPITANS**, *der Bombardierkäfer, versteckt sich unter Steinen. Zur Verteidigung kann er mit dem Hinterende ein heißes Gas abfeuern.*

Elytren bläulich oder grünlich

Kopf, Thorax und Beine rotbraun

Körper abgeflacht

▲ **NEBRIA BREVICOLLIS** *kommt in vielen Lebensräumen vor, am häufigsten unter Steinen und Baumstämmen in Wäldern und Hecken.*

metallisch violetter Schimmer

▼ **CARABUS VIOLACEUS**, *die Goldleiste, ist eine große Art, die sich von verschiedenen Wirbellosen einschließlich Schnecken ernährt. In Waldland ist sie häufig.*

INSEKTEN

BEMBIDION LUNATUM ist in Wassernähe in ganz Europa verbreitet. Es gibt viele ähnliche Arten.
- hellgelber Fleck hinten an Elytre
- schmaler Kopf
- gelbe Beine

CYCHRUS CARABOIDES lebt in altem Waldland unter Moos und Rinde. Er jagt nach Einbruch der Dunkelheit Schnecken.

CICINDELLA CAMPESTRIS, der Feld-Sandlaufkäfer, ist ein aktiver Flieger und schneller Läufer in offenen, sonnigen Gebieten.
- heller Fleck
- große Mandibeln

ELAPHRUS RIPARIUS ist wegen seiner hellen Flecken unverkennbar. Er sucht bei Teichen und Bächen nach Nahrung.
- helle runde Flecken

NOTIOPHILUS BIGUTTATUS ist gedrungen mit riesigen Augen. Er jagt Springschwänze, die er mit seinen kräftigen Mandibeln fängt.
- Elytren schimmern bronzefarben
- große Augen

CALOSOMA INQUISITOR kommt in Laubwäldern vor. Wie andere Calosoma-Arten jagt er Schmetterlingsraupen.
- bronzefarbener Schimmer
- breiter Körper

PTEROSTICHUS NIGER ist eine von vielen ähnlichen nachtaktiven Arten, die am Boden nach Beute oder Aas suchen.
- lange, dünne Antennen
- auffällige Streifen
- glänzend schwarzer Körper

ORDNUNG Coleoptera.
FAMILIE Carabidae.
BEKANNTE ARTEN 29000.
GRÖSSE 0,2–2,8 cm.
NAHRUNG Larven und Imagines: räuberisch, Abfallstoffe, manche Arten zusätzlich Pflanzen.
BEDEUTUNG Viele dezimieren Schädlinge.

ANMERKUNG

Die Larven von Sandlaufkäfern leben in senkrechten Gängen in sandigem oder kiesigem Boden. Sie ziehen vorüberkommende Insekten hinab, um sie zu fressen.

Schwimmkäfer

Dytiscidae

Die räuberischen Schwimmkäfer sind stromlinienförmig und glänzend. Viele Arten sind rot- bis dunkelbraun oder schwarz, manche mit gelben oder rötlichen Bändern, Flecken oder anderer Zeichnung. Der Kopf wirkt wie in das Pronotum eingesenkt, die Antennen sind fadenförmig. Die oft vergrößerten Hinterbeine sind abgeflacht und paddelartig mit langen Haarsäumen. Die Vordertarsen der Männchen einiger Arten sind saugnapfartig ausgebildet, um sich während der Paarung am Rücken der Weibchen festzuhalten.

VORKOMMEN In Bächen, Gräben, Kanälen, Seen und Teichen, meist in seichtem Wasser.

LARVEN

Schwimmkäferlarven sind ausgesprochen räuberisch. Sie sind lang gestreckt mit großen Mandibeln und holen an der Wasseroberfläche Luft.

▶ **GRAPHODERUS ZONATUS** ist an den schwarzen Bändern vorne und hinten am Pronotum und den gesprenkelten Elytren zu erkennen.

bei Männchen glatte Elytren

Pronotum schwarz-gelb

Vordertarsus modifiziert

Kopf »eingesenkt«

Haarsäume an Beinen

▼ **DYTISCUS MARGINALIS**, der Gelbrandkäfer, taucht in Teichen und ist groß genug, kleine Wirbeltiere wie Molche, Frösche und Fische zu erbeuten.

bei Weibchen helle Furchen in Elytren

ANMERKUNG

Käfer und Larven ernähren sich von Wassertieren wie Kaulquappen, Fröschen und Fischen. Sie greifen Beute an, die größer ist als sie selbst.

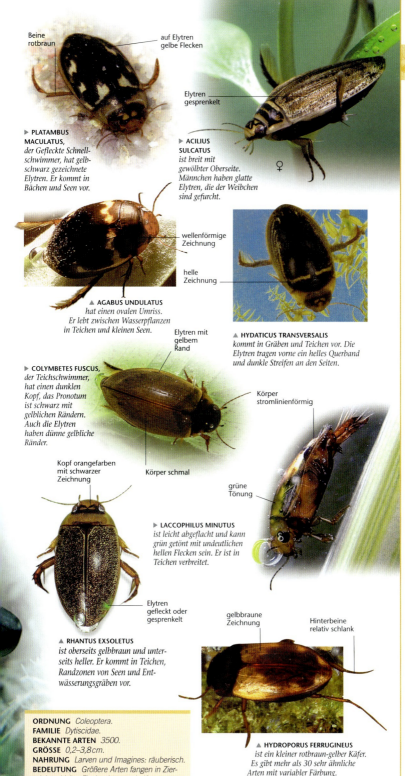

▶ **PLATAMBUS MACULATUS**, der Gefleckte Schnellschwimmer, hat gelbschwarz gezeichnete Elytren. Er kommt in Bächen und Seen vor.

▶ **ACILIUS SULCATUS** ist breit mit gewölbter Oberseite. Männchen haben glatte Elytren, die der Weibchen sind gefurcht.

▲ **AGABUS UNDULATUS** hat einen ovalen Umriss. Er lebt zwischen Wasserpflanzen in Teichen und kleinen Seen.

▲ **HYDATICUS TRANSVERSALIS** kommt in Gräben und Teichen vor. Die Elytren tragen vorne ein helles Querband und dunkle Streifen an den Seiten.

▶ **COLYMBETES FUSCUS**, der Teichschwimmer, hat einen dunklen Kopf, das Pronotum ist schwarz mit gelblichen Rändern. Auch die Elytren haben dünne gelbliche Ränder.

▶ **LACCOPHILUS MINUTUS** ist leicht abgeflacht und kann grün getönt mit undeutlichen hellen Flecken sein. Er ist in Teichen verbreitet.

▲ **RHANTUS EXSOLETUS** ist oberseits gelbbraun und unterseits heller. Er kommt in Teichen, Randzonen von Seen und Entwässerungsgräben vor.

▲ **HYDROPORUS FERRUGINEUS** ist ein kleiner rotbraun-gelber Käfer. Es gibt mehr als 30 sehr ähnliche Arten mit variabler Färbung.

ORDNUNG Coleoptera.
FAMILIE Dytiscidae.
BEKANNTE ARTEN 3500.
GRÖSSE 0,2–3,8 cm.
NAHRUNG Larven und Imagines: räuberisch.
BEDEUTUNG Größere Arten fangen in Zierteichen kleine Fische; können beißen.

Aaskäfer

Silphidae

VORKOMMEN *Am Boden in der Nähe von Aas. Auch in Kot und Pilzen in feuchtem, schattigem Waldland.*

Viele dieser Käfer sind schwarz oder braun, oft mit gelber oder orangeroter Zeichnung. Die Körperoberfläche kann matt oder glänzend sein, manchmal mit rauer Textur. Der Kopf ist viel schmaler als der Thorax, die runden Augen treten hervor. Die kräftigen Mandibeln sind gebogen, die Antennen kurz und gekeult. Die Beine der meisten Arten sind kräftig und bedornt.

schmaler Kopf

Elytren mit Rippen

LARVEN

Die Larven sind lang gestreckt mit kleinem Kopf und breitem Pronotum. Bei manchen Arten füttern die Eltern die Larven mit hervorgewürgtem Aas.

▶ **SILPHA ATRATA** *hat einen lang gestreckten Kopf, um Schnecken in ihrem Gehäuse fressen zu können. Sie lebt in Waldland und an feuchten Orten.*

rotes Pronotum

ANMERKUNG

Aaskäfer haben einen hervorragenden Geruchssinn, um Aas aufzuspüren. Zwei Käfer können ein Tier von der Größe einer Ratte bewegen.

▶ **OICEOPTOMA THORACICUM,** *die Rothalsige Silphe, ist an den schwarzen Elytren und dem rötlichen Pronotum zu erkennen und kommt in Kot und faulenden Pilzen vor.*

gewellte orangerote Bänder

keulenförmige Antennen

kurze Elytren

▲ **NICROPHORUS INVESTIGATOR** *ist eine von mehreren Totengräber-Arten mit orangerot gebänderten Elytren. Er wird sehr schnell vom Geruch toter Tiere angelockt.*

▼ **NICROPHORUS HUMATOR** *hat die typische Gestalt eines Aaskäfers, obwohl die Elytren völlig schwarz sind.*

orangefarbene gekeulte Antennen

ORDNUNG Coleoptera.
FAMILIE *Silphidae*.
BEKANNTE ARTEN *250*.
GRÖSSE *0,9–3,2 cm*.
NAHRUNG *Larven und Imagines: Aas, Pflanzen, räuberisch.*
BEDEUTUNG *Beseitigung toter Tiere.*

Kurzflügler

Staphylinidae

Die meisten Kurzflügler sind klein, lang gestreckt und schwarz oder braun gefärbt. Manche Arten haben leuchtende Farben, eine Oberflächentextur oder sind dicht behaart. Die langen, scharfen Mandibeln überkreuzen sich. Die Antennen sind fadenförmig. Alle Arten haben kurze Elytren, und fünf oder sechs der Abdomensegmente bleiben sichtbar. Die voll ausgebildeten Hinterflügel sind gefaltet unter den Elytren verborgen, wenn sie nicht gebraucht werden. Das Abdomen kann zur Abwehr erhoben werden.

VORKOMMEN *Oft in Kot und Aas, in der Laubstreu, in Pilzen, verrottenden Pflanzen und Ameisennestern.*

- Abdomen erhoben
- überall mattschwarz
- ◄ **STAPHYLINUS OLENS**, *der Schwarze Moderkäfer, erhebt bei Bedrohung sein Abdomen und öffnet die Mandibeln.*
- orangeroter Fleck
- breiter Kopf
- ▲ **STENUS BIMACULATUS** *kommt in sumpfigen Gebieten vor. Er sondert eine Substanz ab, die die Oberflächenspannung reduziert.*
- ► **TACHYPORUS HYPNORUM** *ist eine von vielen ähnlichen Arten mit spitz zulaufendem Körper und roten Elytren.*
- Abdomen läuft spitz zu
- kurze rote Elytren
- ▼ **EMUS HIRTUS**, *ein großer mittel- und südeuropäischer Aaskäfer, trägt gelbe, graue und schwarze Haare.*
- Hinterflügel unter kurzen Elytren gefaltet
- große Mandibeln
- Prothorax orange
- Elytren schimmern blaugrün
- ▼ **PHILONTHUS FIMETARIUS** *frisst Fliegenmaden und Käferlarven. Es gibt zahlreiche ähnliche Arten.*
- bewegliches Abdomen
- Femur mit schwarzem Ende
- ► **PAEDERUS LITTORALIS** *ist eine flugunfähige schwarz-orangefarbene Art, die an Flüssen vorkommt.*

LARVEN

Die Larven sind lang gestreckt mit kurzen Cerci. Manche sondern Gerüche ab, um Ameisen dazu zu bringen, sie in ihre Nester zu tragen und zu füttern.

ANMERKUNG

Die meisten Kurzflügler können gut fliegen. Kleinere Arten sind oft tagaktiv, größere meist nachtaktiv. Einige sind mit Ameisen vergesellschaftet.

ORDNUNG *Coleoptera.*
FAMILIE *Staphylinidae.*
BEKANNTE ARTEN *27000.*
GRÖSSE *0,8–2,6 cm.*
NAHRUNG *Larven: räuberisch, Aas. Imagines: räuberisch, Aas, Pflanzen.*
BEDEUTUNG *Harmlos.*

Hirschkäfer

Lucanidae

Diese robusten Käfer sind meist glänzend schwarz oder rotbraun gefärbt, manche kleineren Arten schimmern bläulich. Die Männchen der meisten Arten haben stark vergrößerte, gezähnte Mandibeln. Weibchen sind oft kleiner mit verhältnismäßig kleineren Mandibeln. Die Antennen sind in der Mitte gekniet oder gebogen, am Ende sitzt eine Keule mit drei bis vier flachen Segmenten, die aufgefächert werden können. Die Elytren sind glatt und glänzend mit feinen Streifen. Hirschkäfer werden nachts von Licht angelockt.

VORKOMMEN
In Laubwäldern, vor allem mit altem Baumbestand und Totholz.

▲ **SINODENDRON CYLINDRICUM** wird Kopfhornschröter genannt, da das Männchen ein Horn am Kopf trägt. Der Vorderrand des Pronotums ist gezähnt.

▶ **DORCUS PARALLELIPIDEDUS**, der Balkenschröter, hat einen großen Kopf und Prothorax. Die Mandibeln des Männchens sind gebogen, aber nicht vergrößert.

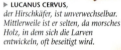

◀ **PLATYCERUS CARABOIDES**, der Rehschröter. Die Larven entwickeln sich in morschem Buchen- oder Eichenholz.

▶ **LUCANUS CERVUS**, der Hirschkäfer, ist unverwechselbar. Mittlerweile ist er selten, da morsches Holz, in dem sich die Larven entwickeln, oft beseitigt wird.

ORDNUNG Coleoptera.
FAMILIE Lucanidae.
BEKANNTE ARTEN 1300.
GRÖSSE 1,4–6,4 cm.
NAHRUNG Larven: morsches Holz. Käfer: Flüssigkeiten.
BEDEUTUNG Können beim Anfassen beißen.

ANMERKUNG

Zur Paarungszeit kämpfen Hirschkäfermännchen. Sie versuchen sich mit den Mandibeln am Pronotum zu ergreifen und umzudrehen.

LARVEN

Die c-förmigen Larven haben kräftige Beine. Sie fressen in morschen Ästen und Baumstümpfen und brauchen für ihre Entwicklung mehrere Jahre.

Mistkäfer

Geotrupidae

Diese kräftigen Käfer haben eine breit ovale oder kugelige Gestalt. Sie sind braun oder schwarz und schimmern oft metallisch grün, blau oder violett. Bei vielen Arten haben Männchen zahnartige Verlängerungen und Hörner an Kopf und Thorax. Die Mandibeln sind groß und gut sichtbar. Die gekeulten Antennen haben elf Glieder, sind aber nicht gekniet. Die Elytren haben Längsfurchen, die Tibien der breiten Vorderbeine kräftige Zähne zum Graben.

VORKOMMEN
Unter Kot aller Art, in Aas, morschem Holz und Pilzen.

◄ **ODONTAEUS ARMIGER**
ist ein kleiner, dunkler Käfer. Das Männchen trägt nach oben geschwungene Fortsätze, das Weibchen ist rotbraun ohne Fortsätze.

▲ **TYPHAEUS TYPHOEUS**,
der Stierkäfer, gräbt sich unter Schaf- und Kaninchenkot tief in sandigen Boden.

▲ **GEOTRUPES VERNALIS**
der Frühlings-Mistkäfer, schimmert meist bläulich und hat schwächer gefurchte Elytren als Geotrupes stercorarius. *Er kommt in Gebieten mit leichten Böden vor.*

▼ **GEOTRUPES STERCORARIUS**
wird oft von parasitischen Milben befallen. Er ist schwarz, oft unterseits mit metallisch blauem oder violettem Schimmer.

LARVEN

Die c-förmigen Larven leben in Gängen unter Kot. Die Entwicklung kann mehrere Monate dauern. Die Larven erzeugen Geräusche, indem sie ihre Beine am Körper reiben.

ANMERKUNG

Mistkäfer graben mehrere Zentimeter tiefe Gänge unter Kot und tragen Stücke davon als Nahrung für ihre Larven ein.

ORDNUNG Coleoptera.
FAMILIE Geotrupidae.
BEKANNTE ARTEN 600.
GRÖSSE 1–2,5 cm.
NAHRUNG Larven und Imagines: Kot, Aas.
BEDEUTUNG Harmlos, nützlich.

Blatthornkäfer

Scarabaeidae

VORKOMMEN In vielen Lebensräumen wie morschem Holz, Pilzen, Aas, an Blüten, Rinde oder in Nestern von Säugetieren oder sozialen Insekten.

Blatthornkäfer bilden eine sehr große Familie, die Arten variieren in Form und Größe beträchtlich. Die Körperfärbung variiert von mattbraun und schwarz über rot, gelb und orangefarben zu metallisch blau und grün. Trotz der Vielfalt charakterisiert ein Merkmal die Familie: Die Antennen haben zwischen acht und zehn Segmente und enden in einer Blätterkeule. Diese besteht aus drei bis sieben flachen, beweglichen Blättern, die aufgefächert werden können. Bei manchen Arten haben die Männchen Hörner, mit denen sie mit Rivalen kämpfen.

LARVEN

Die gebogenen Larven, Engerlinge genannt, sind weiß mit kräftigen Mandibeln. Viele leben im Boden und fressen Wurzeln. Andere fressen verrottende Pflanzen.

▶ **COPRIS LUNARIS**, der Mondhornkäfer, hat ein Horn am Kopf und ein großes, vorne abgeflachtes Pronotum. Beide Geschlechter graben Brutkammern in sandigen Boden.

schwarzer, gewölbter Körper

gebogenes Horn

♂

mattbraune Elytren

kleiner Fortsatz am Kopf

♀

▼ **ORYCTES NASICORNIS**, der Nashornkäfer, ist eine große Art, die in Mittel- und Südeuropa vorkommt, wo sie sich in morschem Holz oder altem Sägemehl vermehrt.

drei stumpfe Fortsätze am Pronotum

♂

glänzende kastanienbraune Elytren

INSEKTEN

Blätterkeule geschlossen

◀ **POLYPHYLLA FULLO**, der Walker, ist relativ selten und kommt in Kiefernwäldern in Mittel- und Südeuropa vor.

grün schimmernd

▶ **CETONIA AURATA**, der Rosenkäfer, ist ein breiter, leicht abgeflachter, grün schimmernder Käfer mit weißer Zeichnung.

feine weiße Zeichnung

Elytren gelbbraun

Thorax weiß behaart

▲ **AMPHIMALLON SOLSTITIALIS**, der Junikäfer, fliegt an Sommerabenden in Schwärmen um Baumkronen.

überall dunkelbraun

Kopf vorne rund

▲ **APHODIUS RUFIPES**, der Rotfüßige Dungkäfer, ist eine von vielen ähnlichen Arten, die von Kuh-, Schaf- und Pferdemist angelockt werden. Diese Arten graben keine Gänge, sondern legen ihre Eier direkt in den Mist.

Elytren rotbraun

5–7 Blätter im Fächer

Elytren weiß behaart

▲ **PHYLLOPERTHA HORTICOLA**, der Gartenlaubkäfer, kann Apfel- und Birnbäume durch Fraß schädigen. Die Larven fressen Gras- und Getreidewurzeln.

▶ **MELOLONTHA MELOLONTHA**, der Feld-Maikäfer, erscheint etwa im Monat Mai. Er fliegt um Baumkronen und wird von Licht angelockt.

großes Horn

ANMERKUNG

Die Engerlinge sind zum Aufschließen von Abfallstoffen sehr wichtig. Sie führen dem Boden wieder wertvolle Nährstoffe zu.

lange Haare an Kopf und Thorax

Abdomen bienenähnlich gezeichnet

ORDNUNG Coleoptera.
FAMILIE Scarabaeidae.
BEKANNTE ARTEN 20000.
GRÖSSE 0,2–7,5 cm.
NAHRUNG Larven: Abfallstoffe, Pilze. Imagines: Flüssigkeiten (Nektar).
BEDEUTUNG Einige Arten richten Schäden an.

▲ **TRICHIUS FASCIATUS**, der Pinselkäfer, ist gelb oder orangefarben mit schwarzer Zeichnung und stark behaart. Die Larven leben in morschem Holz.

Glühwürmchen

Lampyridae

Der Anblick von Glühwürmchen, die durch die Nacht fliegen und dabei grüne Leuchtimpulse aussenden, ist unvergesslich. Die leicht abgeflachten Käfer sind meist trüb braun, können aber heller rot oder gelb gezeichnet sein. Der kleine Kopf mit schlanken Antennen wird vom großen Pronotum verdeckt. Männchen sind voll geflügelt, die Flügeldecken sind weich und behaart. Die Weibchen einiger Arten sehen wie abgeflachte Larven aus und sind flügellos.

VORKOMMEN *An der Vegetation in Wäldern, Hecken, Wiesen und feuchtem Grasland.*

ANMERKUNG

Diese Insekten erzeugen in einer chemischen Reaktion Licht in Leuchtorganen. Das Leuchten lockt Partner an und ist bei jeder Art spezifisch.

LARVEN

Die abgeflachten Larven sind Räuber und greifen Schnecken an. Mit ihrem schmalen Kopf und dem länglichen Körper schieben sie sich beim Fressen in die Beute.

◀ **LAMPROHIZA SPLENDIDULA** trägt den Namen Kleiner Leuchtkäfer. Die Weibchen sind ungeflügelt, während die mattbraunen Männchen voll geflügelt sind.

▼ **LAMPYRIS NOCTILUCA**, der Große Leuchtkäfer, kommt in Grasland vor. Das Weibchen leuchtet, um Männchen anzulocken.

ORDNUNG *Coleoptera.*
FAMILIE *Lampyridae.*
BEKANNTE ARTEN *2000.*
GRÖSSE *0,8–1,8 cm.*
NAHRUNG *Larven: räuberisch. Imagines: fressen nicht oder leben räuberisch.*
BEDEUTUNG *Harmlos.*

Weichkäfer

Cantharidae

Viele Arten dieser Familie sind kontrastreich schwarz-rot gezeichnet. Weichkäfer sind lang gestreckt, in etwa parallelseitig, und die Körperhülle ist für Käfer verhältnismäßig weich. Der Kopf hat gebogene, scharfe Mandibeln und relativ lange, schlanke Antennen. Das Pronotum ist eher kurz und annähernd rechteckig. Die Flügeldecken einiger Arten sind kurz und reichen nicht bis zur Spitze des Abdomens.

VORKOMMEN *An Blüten und anderer Vegetation in Grasland, an Waldrändern und in Hecken.*

LARVEN

Die Larven ähneln denen von Laufkäfern (S. 510/511). Sie sind abgeflacht und mit feinen, samtigen Haaren bedeckt.

- dunkle Elytren
- schwarzer Fleck auf Pronotum
- Antennen mit roter Basis

◀ **CANTHARIS FUSCA** *ist großteils schwarz, das rote Pronotum trägt vorne einen schwarzen Fleck.*

- Femur rötlich
- Pronotum orangerot
- Elytren mit gelben Spitzen
- hintere Kopfregion schwarz

▲ **CANTHARIS PELLUCIDA**, ähnelt mit seinem rötlichen, nicht gezeichneten Pronotum und den roten Schenkeln anderen Cantharis-Arten.

▲ **MALTHINUS FLAVEOLUS** ist ein charakteristischer kleiner Käfer mit hinten verschmälertem Kopf und kurzen Elytren.

▼ **RHAGONYCHA FULVA**, *der Rotgelbe Weichkäfer, ist in ganz Europa häufig. Man sieht ihn oft auf Doldenblütlern, wo er sich paart.*

- Elytren mit dunkler Spitze
- Pronotum leuchtend orangerot

ORDNUNG Coleoptera.
FAMILIE Cantharidae.
BEKANNTE ARTEN 4000.
GRÖSSE 0,3–2 cm.
NAHRUNG Larven: räuberisch. Imagines: Flüssigkeiten (Nektar), Pflanzen, räuberisch.
BEDEUTUNG Harmlos.

Speckkäfer

Dermestidae

Die Käfer dieser Familie sind breit oval bis kugelig. Die meisten Arten sind mattbraun oder schwarz, andere gesprenkelt. Sie sind oft dicht mit weißen, gelben, braunen oder roten Schuppen oder Haaren bedeckt, die Flecken oder zarte Muster bilden. Der Kopf kann unter dem Pronotum verborgen sein. Die keulenförmigen Antennen können schwierig zu sehen sein, wenn sie in Vertiefungen unten am Thorax verborgen werden.

VORKOMMEN *In Vogelnestern, Pelzen, gelagerten Nahrungsmitteln und Museumssammlungen.*

LARVEN

Die Larven sind sehr stark behaart. Die langen Haarbüschel können bei empfindlichen Personen ähnliche Reaktionen wie auf Brennnesseln hervorrufen.

▶ **ANTHENUS VERBASCI** *der Wollkraut-Blütenkäfer, hat ein typisches Muster aus weißen, gelben und schwarzen Schuppen.*

Körper gewölbt

Muster aus bunten Schuppen

attraktives Schuppenmuster

◀ **ANTHRENUS FUSCUS** *kommt in Ställen und an Steinmauern vor, wo das Weibchen seine Eier an toten Insekten ablegt.*

Elytren vorne hell

hintere Hälfte des Abdomens dunkel

▶ **DERMESTES LARDARIUS**, *der Gemeine Speckkäfer, frisst an vertrocknetem Aas, aber auch an Räucherfleisch, Leder und anderen gelagerten Produkte.*

rundlicher Umriss

weiße Flecken hinten auf Pronotum

ANMERKUNG

Die Larven fressen organische Stoffe einschließlich Gewürzen und Teppichen. Sie können Museumssammlugen mit biologischem Material zerstören.

▶ **ATTAGENUS PELLIO**, *der Pelzkäfer, kann im Haus Schäden anrichten. Er kommt auch draußen vor.*

weiße Flecken auf Elytren

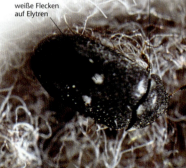

ORDNUNG Coleoptera.
FAMILIE Dermestidae.
BEKANNTE ARTEN 800.
GRÖSSE 2–10mm.
NAHRUNG Larven: Abfallstoffe. Imagines: Flüssigkeiten (Nektar), Pflanzen (Pollen).
BEDEUTUNG Schädlinge an Lebensmitteln.

Nagekäfer

Anobiidae

Diese kleinen, behaarten Käfer sind auch unter dem Namen Pochkäfer oder Holzwürmer bekannt. Letzterer bezieht sich auf die Larven der im Holz bohrenden Arten. Die Käfer sind lang gestreckt und zylindrisch, von der Seite betrachtet, überdeckt das Pronotum teilweise den Kopf. Die Antennen haben acht bis elf Glieder, die letzten drei sind verlängert oder verbreitert. Die kurzen Beine können in Vertiefungen an der Unterseite des Körpers eingezogen werden.

VORKOMMEN *In Waldland. Auch in verarbeitetem Holz im Haus oder außen an Gebäuden.*

▼ **ANOBIUM PUNCTATUM**, *der Gemeine Holzwurm, ist in Bäumen wie auch in Balken sehr häufig.*

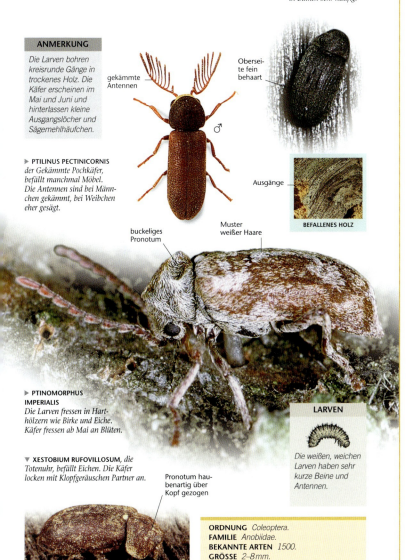

ANMERKUNG

Die Larven bohren kreisrunde Gänge in trockenes Holz. Die Käfer erscheinen im Mai und Juni und hinterlassen kleine Ausgangslöcher und Sägemehlhäufchen.

▶ **PTILINUS PECTINICORNIS** *der Gekämmte Pochkäfer, befällt manchmal Möbel. Die Antennen sind bei Männchen gekämmt, bei Weibchen eher gesägt.*

gekämmte Antennen · Oberseite fein behaart · Ausgänge · **BEFALLENES HOLZ** · buckeliges Pronotum · Muster weißer Haare

▶ **PTINOMORPHUS IMPERIALIS** *Die Larven fressen in Harthölzern wie Birke und Eiche. Käfer fressen ab Mai an Blüten.*

LARVEN

Die weißen, weichen Larven haben sehr kurze Beine und Antennen.

▼ **XESTOBIUM RUFOVILLOSUM,** *die Totenuhr, befällt Eichen. Die Käfer locken mit Klopfgeräuschen Partner an.*

Pronotum haubenartig über Kopf gezogen

ORDNUNG Coleoptera.
FAMILIE Anobiidae.
BEKANNTE ARTEN 1500.
GRÖSSE 2–8 mm.
NAHRUNG *Larven: Holz, Abfallstoffe Imagines: fressen nicht oder Abfallstoffe*
BEDEUTUNG Können Möbel schädigen.

Marienkäfer

Coccinellidae

Diese leuchtend gezeichneten, ovalen oder manchmal fast halbkugeligen Käfer sind leicht zu erkennen. Marienkäfer glänzen, die Grundfarbe ist Schwarz, Rot, Gelb oder Orange. Die Elytren tragen kontrastierende Punkte oder regelmäßige Flecken. Die leuchtende Färbung warnt Feinde davor, dass die Käfer giftig sind oder schlecht schmecken. Bei vielen Arten gibt es mehrere Farbformen. Der Kopf ist fast völlig vom Pronotum verdeckt, die Antennen haben drei bis sechs Glieder und eine kurze Keule. Die kurzen Beine können in Vertiefungen an der Unterseite des Körpers versenkt werden. Die meisten Imagines und Larven vertilgen Insekten mit weicher Körperhülle. Es gibt aber auch einige Pflanzenfresser (*Epilachna*), die beispielsweise Bohnen und Kürbisse schädigen können.

VORKOMMEN
In Laub- und Nadelwäldern, Heidegebieten, Gärten und Parks, wo Beute zu finden ist.

LARVEN

Die oft warzigen oder bedornten Larven sind dunkel mit roten oder weißen Flecken und häuten sich vor dem Verpuppen vier Mal. Die Puppen sehen aus wie Vogelkot.

▶ **PSYLLOBORA VIGINTIDUO-PUNCTATA** *ist klein und kugelig. Er kommt an niedriger Vegetation, Sträuchern und Bäumen vor, wo er sich von Mehltau ernährt.*

kleine schwarze Flecken

dunkle Flecken mit hellen Ringen

Warzen

PUPPE

Grundfarbe gelb

▲ **ANATIS OCELLATA**, *der Augenmarienkäfer, ist eine große, räuberische Art, die an Nadelbäumen vorkommt.*

rote Elytren mit sieben schwarzen Punkten

▼ **COCCINELLA SEPTEMPUNCTATA**, *der Siebenpunkt-Marienkäfer, ist in ganz Europa in vielen Lebensräumen verbreitet.*

weiße Flecken auf Pronotum

Antennen

ORDNUNG *Coleoptera.*
FAMILIE *Coccinellidae.*
BEKANNTE ARTEN 5000.
GRÖSSE 1–10mm.
NAHRUNG Larven: Pflanzen, räuberisch. Imagines: Pflanzen, räuberisch.
BEDEUTUNG Nützliche Schädlingsvertilger.

ANMERKUNG

Marienkäfer zeigen ein sogenanntes Reflexbluten. Wenn sie angegriffen werden, sondern sie giftige Körperflüssigkeiten aus den Beingelenken ab.

▶ **APHIDECTA OBLITERATA** *hat vier dunkle Zeichnungen am Pronotum. Die Art kommt an Lärchen und anderen Nadelbäumen vor.*

schwarz-weiße Zeichnung am Kopf

braune Elytren

▼ **CALVIA QUATUORDECIMGUTTATA**, *ist relativ klein ohne schwarze Zeichnung. Er ist an Bäumen wie Erle, Hasel und Weißdorn häufig und kommt auch an Kiefernblüten vor.*

Grundfarbe orangegelb

rechteckige dunkle Flecken

gelblich weiße Flecken

Grundfarbe orangebraun

▲ **PROPYLEA QUATUORDECIMGUTTATA** *ist sehr variabel gefärbt. Manche Käfer sind völlig gelb oder schwarz. Die Art vertilgt an Sträuchern und Bäumen Blattläuse.*

ein dunkler Fleck auf jeder Elytre

Elytren vorwiegend rot

▶ **ADALIA BIPUNCTATA**, *der Zweipunkt-Marienkäfer, variiert in der Färbung von vorwiegend schwarz zu vorwiegend rot, dazwischen gibt es zahlreiche Variationen.*

ADALIA-BIPUNCTATA-FORM

weiße Flecken an Seiten des Pronotums

dunkle Zeichnung dominiert

ADALIA-BIPUNCTATA-FORM

vorwiegend dunkle Zeichnung

FARBFORM

10 schwarze Flecken auf Elytren

◀ **HARMONIA AXYRIDIS**, *der Zehnpunkt-Marienkäfer, ist eine weitere variable Art. Manche Individuen (nicht abgebildet) sind völlig schwarz mit zwei hellen Flecken, andere sind schwarz mit zehn orangegelben Flecken.*

Bockkäfer

Cerambycidae

Die Antennen sind bei Bockkäfern mindestens so lang wie zwei Drittel des Körpers, manchmal sogar viermal so lang. Die Färbung variiert von Brauntönen zu leuchtendem Schwarz mit Gelb oder Orange, manche Arten sind auch bläulich oder violett. Die Käfer sind oft groß und lang gestreckt. Die Augen sind gekerbt oder völlig geteilt und die Antennen haben oft Verdickungen. Bei vielen Arten fressen die Käfer nichts, bei anderen ernähren sie sich von Pollen, Nektar oder Wurzeln.

VORKOMMEN *Larven leben in Laub- und Nadelwäldern in Bäumen. Die Käfer erscheinen vor allem an Blüten.*

LARVEN

Die Larven sind lang und zylindrisch, die Beine sind klein oder nicht ausgebildet. Mit den kräftigen Mandibeln fressen sie Holz. Die Gänge sind im Querschnitt rund.

▶ **ACANTHOCINUS AEDILIS**, *der Zimmermannsbock. Die Antennen der Männchen sind extrem lang. Die Larven fressen unter der Rinde abgestorbener Kiefern.*

grau oder graubraun

♂

Körper läuft hinten spitz zu

variable gelbe Zeichnung

▼ **NECYDALIS MAJOR**, *der Große Wespenbock, ist an den sehr kurzen Elytren erkennbar, unter denen die Hinterflügel herausragen. Die Larven fressen im Holz alter Laubbäume.*

Elytren sehr kurz

wespenähnliche Gestalt

▲ **STRANGALIA MACULATA**, *den Gefleckten Schmalbock, sieht man oft an Blüten Pollen fressen. Die Larven bohren in morschen Baumstämmen und Stümpfen.*

ANMERKUNG

Es kann passieren, dass Bockkäfer unerwartet aus Holzmöbeln zum Vorschein kommen, wenn sich ihre Larven im Holz entwickelt haben.

Elytren gelbbraun

Prothorax schwarz

♂

▶ **LEPTURA RUBRA**, *der Rothalsbock. Die Männchen sind zweifarbig schwarz-braun, die Weibchen rotbraun. Die Larven fressen in Nadelbäumen wie Kiefern.*

unterer Teil des Beines gelblich

ORDNUNG *Coleoptera.*
FAMILIE *Cerambycidae.*
BEKANNTE ARTEN *25000.*
GRÖSSE *0,3–4,5cm.*
NAHRUNG *Larven: Holz. Imagines: Nektar, Pflanzen oder fressen nichts.*
BEDEUTUNG *Viele Arten schädigen Bäume.*

▶ **CLYTUS ARIETUS**, *der Gemeine Widderbock, bewegt sich schnell und ist auffällig gelb-schwarz gefärbt. Die Käfer fressen Pollen und Nektar und legen ihre Eier ins Holz abgestorbener Laubbäume.*

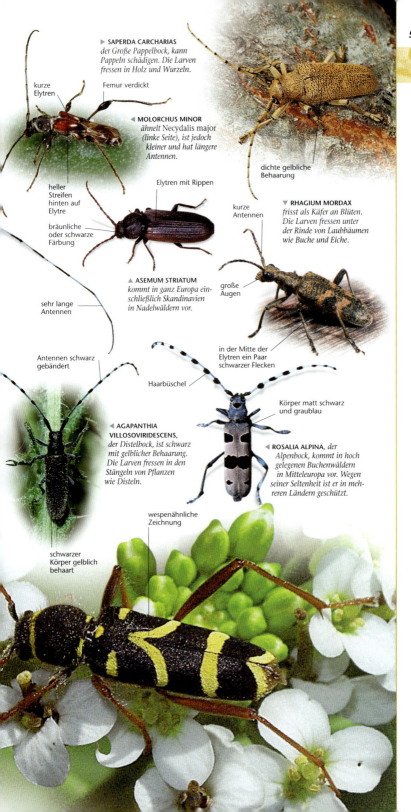

INSEKTEN

SAPERDA CARCHARIAS *der Große Pappelbock, kann Pappeln schädigen. Die Larven fressen in Holz und Wurzeln.*

dichte gelbliche Behaarung

kurze Elytren
Femur verdickt

MOLORCHUS MINOR *ähnelt Necydalis major (linke Seite), ist jedoch kleiner und hat längere Antennen.*

heller Streifen hinten auf Elytre

Elytren mit Rippen

bräunliche oder schwarze Färbung

kurze Antennen

RHAGIUM MORDAX *frisst als Käfer an Blüten. Die Larven fressen unter der Rinde von Laubbäumen wie Buche und Eiche.*

ASEMUM STRIATUM *kommt in ganz Europa einschließlich Skandinavien in Nadelwäldern vor.*

große Augen

sehr lange Antennen

in der Mitte der Elytren ein Paar schwarzer Flecken

Antennen schwarz gebändert

Haarbüschel

Körper matt schwarz und graublau

AGAPANTHIA VILLOSOVIRIDESCENS, *der Distelbock, ist schwarz mit gelblicher Behaarung. Die Larven fressen in den Stängeln von Pflanzen wie Disteln.*

ROSALIA ALPINA, *der Alpenbock, kommt in hoch gelegenen Buchenwäldern in Mitteleuropa vor. Wegen seiner Seltenheit ist er in mehreren Ländern geschützt.*

wespenähnliche Zeichnung

schwarzer Körper gelblich behaart

Blattkäfer

Chrysomelidae

Typische Blattkäfer sind unbehaart und oval bis kugelig. Viele Arten sind leuchtend gefärbt und gemustert oder schimmern metallisch (die auffallende Färbung soll oft Feinde davor warnen, dass die Käfer ungenießbar sind). Obwohl sie mit den Bockkäfern (S. 526–527) verwandt sind, haben Blattkäfer keine sehr langen Antennen. Diese sind meistens weniger als halb so lang wie der Körper. Manche Arten ähneln Marienkäfern (S. 524–525). Im Gegensatz zu diesen haben sie jedoch an jedem Bein vier deutlich sichtbare Tarsenglieder statt dreien.

VORKOMMEN *In fast jedem Vegetationstyp in den meisten Lebensräumen an Land.*

LARVEN

Die langen, madenähnlichen Larven bohren sich durch Pflanzengewebe und fressen auch an der Oberfläche von Pflanzen. Larven der Unterfamilie Donaciinae sind aquatisch.

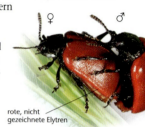

rote, nicht gezeichnete Elytren

▲ **CHRYSOMELA POPULI**, *der Pappelblattkäfer. Die Larven fressen an Pappelblättern und Weiden. Manchmal fressen sie das Blatt bis auf das Skelett ab.*

leuchtend grüne Färbung

▲ **CHRYSOLINA MENTHASTRI**, *der Minzeblattkäfer, kommt in Hecken und feuchten Wiesen am Wasser vor, wo er Minze und verwandte Pflanzen frisst.*

▶ **CASSIDA VIRIDIS**, *der Grüne Schildkäfer, drückt sich bei Bedrohung dicht an ein Blatt. Wie bei anderen Schildkäfern sind Pronotum und Elytren seitlich um den Körper ausgezogen.*

breites Pronotum

Elytren flach ausgezogen

Elytren leuchtend scharlachrot

schmales rotes Pronotum

breiter Kopf

◀ **LILIOCERIS LILII**, *das Lilienhähnchen, schädigt Liliengewächse. Die Weibchen legen orangefarbene Eier in Flecken unten an die Stängel der Pflanzen. Die Larven können ganze Pflanzen kahlfressen.*

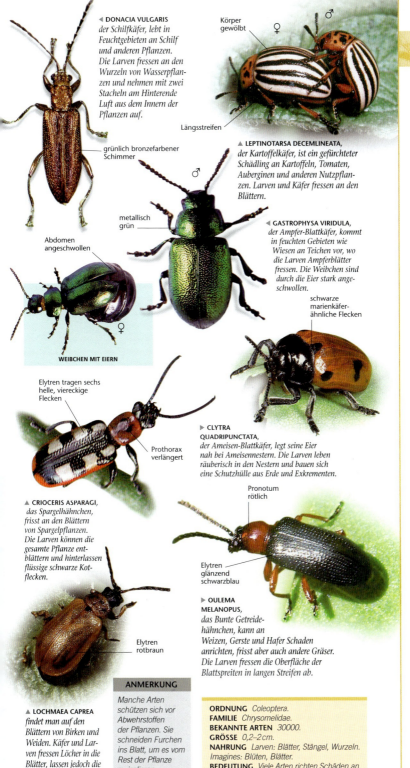

◀ **DONACIA VULGARIS**
der Schilfkäfer, lebt in Feuchtgebieten an Schilf und anderen Pflanzen. Die Larven fressen an den Wurzeln von Wasserpflanzen und nehmen mit zwei Stacheln am Hinterende Luft aus dem Innern der Pflanzen auf.

Körper gewölbt

Längsstreifen

grünlich bronzefarbener Schimmer

▲ **LEPTINOTARSA DECEMLINEATA,**
der Kartoffelkäfer, ist ein gefürchteter Schädling an Kartoffeln, Tomaten, Auberginen und anderen Nutzpflanzen. Larven und Käfer fressen an den Blättern.

metallisch grün

Abdomen angeschwollen

◀ **GASTROPHYSA VIRIDULA,**
der Ampfer-Blattkäfer, kommt in feuchten Gebieten wie Wiesen an Teichen vor, wo die Larven Ampferblätter fressen. Die Weibchen sind durch die Eier stark angeschwollen.

WEIBCHEN MIT EIERN

schwarze marienkäferähnliche Flecken

Elytren tragen sechs helle, viereckige Flecken

Prothorax verlängert

▶ **CLYTRA QUADRIPUNCTATA,**
der Ameisen-Blattkäfer, legt seine Eier nah bei Ameisennestern. Die Larven leben räuberisch in den Nestern und bauen sich eine Schutzhülle aus Erde und Exkrementen.

▲ **CRIOCERIS ASPARAGI,**
das Spargelhähnchen, frisst an den Blättern von Spargelpflanzen. Die Larven können die gesamte Pflanze entblättern und hinterlassen flüssige schwarze Kotflecken.

Pronotum rötlich

Elytren glänzend schwarzblau

▶ **OULEMA MELANOPUS,**
das Bunte Getreidehähnchen, kann an Weizen, Gerste und Hafer Schaden anrichten, frisst aber auch andere Gräser. Die Larven fressen die Oberfläche der Blattspreiten in langen Streifen ab.

Elytren rotbraun

▲ **LOCHMAEA CAPREA**
findet man auf den Blättern von Birken und Weiden. Käfer und Larven fressen Löcher in die Blätter, lassen jedoch die Adern intakt.

ANMERKUNG

Manche Arten schützen sich vor Abwehrstoffen der Pflanzen. Sie schneiden Furchen ins Blatt, um es vom Rest der Pflanze zu isolieren.

ORDNUNG *Coleoptera.*
FAMILIE *Chrysomelidae.*
BEKANNTE ARTEN *30000.*
GRÖSSE *0,2–2cm.*
NAHRUNG *Larven: Blätter, Stängel, Wurzeln. Imagines: Blüten, Blätter.*
BEDEUTUNG *Viele Arten richten Schäden an.*

Ölkäfer

Meloidae

Die Arten dieser Familie können ölige Abwehrstoffe abgeben, die auf der Haut Blasenbildung hervorrufen können. Die Käfer sind weich und ledrig und oft blauschwarz, leuchtend grün oder rot-schwarz gefärbt. Der Kopf ist breit dreieckig und weist nach unten, das Pronotum ist oft eckig und schmaler als der Kopf. Die Elytren am Boden lebender Arten können sehr kurz sein und ein großer Teil des angeschwollenen Abdomens kann frei liegen. Bei vielen Arten fressen die Imagines an Pflanzen. Wenn sie in großer Zahl auftreten, können sie Pflanzen komplett entlauben.

VORKOMMEN *Auf Blättern und Blüten verschiedener Pflanzen, in trockenem Grasland am Boden.*

Abdomen liegt hinter kurzen Elytren frei

▲ **MELOE PROSCARABEUS**, *der Schwarze Maiwurm, hat kurze Elytren. Bei Männchen sind die Antennen etwa auf halber Länge gekniet.*

Pronotum mit Grübchen

violetter Schimmer

Pronotum gerundet

schwarzer Kopf und Pronotum

breiter Kopf

◀ **MYLABRIS VARIABILIS**, *der Veränderliche Ölkäfer, frisst an Blüten an trockenen, sonnigen Standorten.*

▲ **MELOE VIOLACEUS** *lebt parasitisch an solitären Bienen. Die Larven klettern an Blütenstängeln empor, um sich an vorüberkommende Bienen zu klammern.*

Elytren mit variablem gelb-schwarzem Muster

Elytren schillern grüngolden

breiter Kopf und schmaler »Hals«

▶ **LYTTA VESICATORIA**, *die Spanische Fliege, sondert zur Verteidigung einen üblen Geruch ab. Sie frisst in Mittel- und Südeuropa an Flieder- und Ligusterblättern.*

ORDNUNG Coleoptera.
FAMILIE Meloidae.
BEKANNTE ARTEN 2000.
GRÖSSE 0,5–3,5cm.
NAHRUNG Larven: Parasiten, Räuber. Imagines: Pflanzen, Flüssigkeiten (Nektar).
BEDEUTUNG Geben oft ölige Wehrsekrete ab.

ANMERKUNG

Die Larven mancher Arten klammern sich an Bienen. So werden sie in das Bienennest transportiert, wo sie Eier und Nahrungsvorräte fressen.

LARVEN

Die Larven suchen gleich nach dem Schlüpfen nach Eiern von Heuschrecken und Bienen, um sie zu fressen, und werden bei jeder Häutung madenförmiger.

Feuerkäfer

Pyrochroidae

Diese Käfer sind meist flach mit weicher Körperhülle. Der Kopf verjüngt sich hinten, sodass der Eindruck eines breiten Halses entsteht. Die Antennen sind schlank und gekämmt, bei Männchen können sie gefiedert sein. Die Elytren sind hinten deutlich verbreitert.

VORKOMMEN In Laubwäldern, wo man Käfer auf umgestürzten Bäumen und Baumstümpfen finden kann.

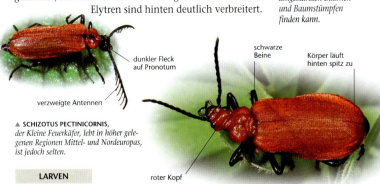

▲ SCHIZOTUS PECTINICORNIS, der Kleine Feuerkäfer, lebt in höher gelegenen Regionen Mittel- und Nordeuropas, ist jedoch selten.

▲ PYROCHROA SERRATICORNIS, der Rotköpfige Feuerkäfer, ähnelt der etwas größeren Art Pyrochroa coccinea stark, hat aber keinen schwarzen Kopf wie diese.

LARVEN

Die abgeflachten Larven leben unter Rinde und fressen Pilzfäden oder kleine Insekten.

ORDNUNG Coleoptera.
FAMILIE Pyrochroidae.
BEKANNTE ARTEN 150.
GRÖSSE 0,6–1,8 cm.
NAHRUNG Larven: Abfallstoffe, Pilze, räuberisch. Imagines: Pflanzen, räuberisch.
BEDEUTUNG Harmlos.

Scheinbockkäfer

Oedemeridae

Diese Käfer haben einen weichen, langgestrecken und parallelseitigen Körper wie Weichkäfer (S. 521). Viele sind bräunlich, manche schimmern grün. Der Kopf ist fast so breit wie das Pronotum, das vorne am breitesten ist. Die Antennen sind lang und schlank. Die Augen haben am Rand eine kleine Kerbe.

VORKOMMEN In Wiesen und blütenreichem Grasland häufig. Imagines fressen an Blüten.

◄ OEDEMERA NOBILIS, der Grüne Scheinbockkäfer, ist ein metallisch grüner, Pollen fressender Käfer. Bei Männchen ist der hintere Femur stark verdickt.

LARVEN

Fressen in Pflanzenstängeln und morschen Stümpfen verschiedener Laub- und Nadelbäume.

ORDNUNG Coleoptera.
FAMILIE Oedemeridae.
BEKANNTE ARTEN 1000.
GRÖSSE 5–14 mm.
NAHRUNG Larven: Holz, Pilze. Imagines: Flüssigkeiten (Nektar), Pflanzen.
BEDEUTUNG Harmlos.

Rüsselkäfer

Curculionidae

Rüsselkäfer bilden die größte Familie im Tierreich. Sie besitzen einen »Rüssel« oder ein Rostrum, das eine Verlängerung des Kopfes ist. Es trägt die Mandibeln am Ende und kann kurz und breit oder schlank und so lang wie der Körper sein. Die Antennen, die am Rüssel ansetzen, sind meist gekniet, die Enden gekeult. Die meisten Arten sind mit kleinen Schuppen bedeckt und tarnfarben, manche sind auch leuchtend grün oder rosafarben. Borkenkäfer leben an Nadel- oder Laubbäumen. Sie werden oft auch als getrennte Familie angesehen. Die kompakten Käfer sind braun oder schwarz ohne auffälligen Rüssel. Der Kopf ist meist von einem Schild verdeckt, das den Thorax bedeckt.

VORKOMMEN *In allen Lebensräumen an Land verbreitet; an fast allen Pflanzenarten leben bestimmte Arten.*

ANMERKUNG

Borkenkäfer transportieren Pilzsporen am Körper, die Bäume infizieren, wenn die Käfer Eier legen. Der Pilz kann den Wirtsbaum zum Absterben bringen.

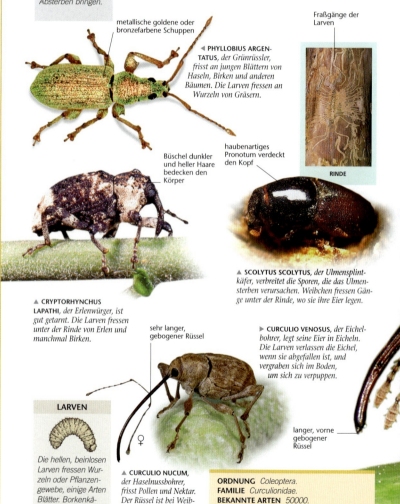

metallische goldene oder bronzefarbene Schuppen

◀ **PHYLLOBIUS ARGENTATUS**, *der Grünrüssler, frisst an jungen Blättern von Haseln, Birken und anderen Bäumen. Die Larven fressen an Wurzeln von Gräsern.*

Fraßgänge der Larven

RINDE

Büschel dunkler und heller Haare bedecken den Körper

haubenartiges Pronotum verdeckt den Kopf

▲ **SCOLYTUS SCOLYTUS**, *der Ulmensplintkäfer, verbreitet die Sporen, die das Ulmensterben verursachen. Weibchen fressen Gänge unter der Rinde, wo sie ihre Eier legen.*

▲ **CRYPTORHYNCHUS LAPATHI**, *der Erlenwürger, ist gut getarnt. Die Larven fressen unter der Rinde von Erlen und manchmal Birken.*

sehr langer, gebogener Rüssel

▶ **CURCULIO VENOSUS**, *der Eichelbohrer, legt seine Eier in Eicheln. Die Larven verlassen die Eichel, wenn sie abgefallen ist, und vergraben sich im Boden, um sich zu verpuppen.*

LARVEN

Die hellen, beinlosen Larven fressen Wurzeln oder Pflanzengewebe, einige Arten Blätter. Borkenkäferlarven schlüpfen in Gängen, die die Käferweibchen unter der Rinde bohren.

▲ **CURCULIO NUCUM**, *der Haselnussbohrer, frisst Pollen und Nektar. Der Rüssel ist bei Weibchen sehr lang und gebogen. Sie bohren damit Löcher in Haselnüsse, in die sie ihre Eier legen.*

langer, vorne gebogener Rüssel

ORDNUNG *Coleoptera.*
FAMILIE *Curculionidae.*
BEKANNTE ARTEN *50000.*
GRÖSSE *0,3–2,4 cm.*
NAHRUNG *Larven: Pilze, Holz, Pflanzen. Imagines: Pilze, Pflanzen.*
BEDEUTUNG *Viele Arten schädigen Pflanzen.*

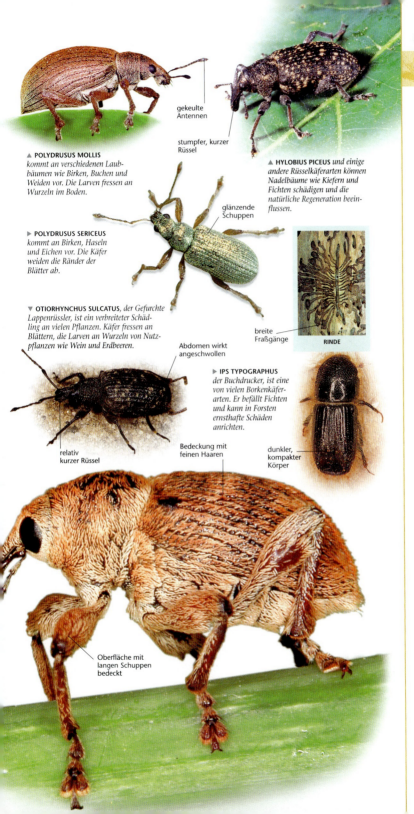

▲ **POLYDRUSUS MOLLIS**
kommt an verschiedenen Laubbäumen wie Birken, Buchen und Weiden vor. Die Larven fressen an Wurzeln im Boden.

▶ **POLYDRUSUS SERICEUS**
kommt an Birken, Haseln und Eichen vor. Die Käfer weiden die Ränder der Blätter ab.

▼ **OTIORHYNCHUS SULCATUS**, *der Gefurchte Lappenrüssler, ist ein verbreiteter Schädling an vielen Pflanzen. Käfer fressen an Blättern, die Larven an Wurzeln von Nutzpflanzen wie Wein und Erdbeeren.*

▲ **HYLOBIUS PICEUS** *und einige andere Rüsselkäferarten können Nadelbäume wie Kiefern und Fichten schädigen und die natürliche Regeneration beeinflussen.*

▶ **IPS TYPOGRAPHUS**
der Buchdrucker, ist eine von vielen Borkenkäferarten. Er befällt Fichten und kann in Forsten ernsthafte Schäden anrichten.

gekeulte Antennen
stumpfer, kurzer Rüssel
glänzende Schuppen
breite Fraßgänge
RINDE
Abdomen wirkt angeschwollen
relativ kurzer Rüssel
Bedeckung mit feinen Haaren
dunkler, kompakter Körper
Oberfläche mit langen Schuppen bedeckt

Flöhe

Pulicidae

VORKOMMEN *Parasiten an vielen Säugetieren wie Hunden, Katzen und Menschen.*

ANMERKUNG

Flöhe meiden Licht und befallen meist verschiedene Wirte. Hungrige Flöhe können mehrere Tage lang fast ständig umherspringen, um einen Wirt zu finden.

Flöhe sind sofort an ihrer geringen Größe, dem ungeflügelten, seitlich abgeflachten Körper und vor allem an ihrem bemerkenswerten Sprungvermögen zu erkennen. Der Kopf ist mit dem kleinen Thorax – der Brust – verschmolzen und trägt kurze Antennen, die in Vertiefungen verborgen sind. Die Augen sind gut entwickelt, die Mundwerkzeuge stechend-saugend. Viele Arten haben einen Kamm hinten am Pronotum und an den Seiten des Kopfes. Flöhe vermehren sich stark. Wenn Haustiere nicht behandelt werden, befinden sich meist Eier und Larven im Haus des Besitzers.

▶ **SPILOPSYLLUS CUNICULI** *trägt den Namen Menschenfloh, befällt jedoch meist Schweine und Ziegen. Menschen werden öfter von Katzen- und Hundeflöhen gebissen.*

»Kamm« an Pronotum

stechende Mundwerkzeuge

◀ **PULEX IRRITANS**, *der Kaninchenfloh, trägt stark zur Ausbreitung der Kaninchenkrankheit Myxomatose bei.*

»Kamm« an Pronotum (Halsschild)

lange, bedornte Hinterbeine

flaches, glänzendes Abdomen

LARVEN

Flohlarven sind winzig und länglich. Sie fressen Abfälle im Nest des Wirtes und getrocknetes Blut. Wenn sie ausgewachsen sind, spinnen sie einen Kokon aus Seide.

▼ **CTENOCEPHALIDES FELIS**, *der Katzenfloh, kann bis zu 34 cm hoch springen.*

▲ **CTENOCEPHALIDES CANIS** *befällt Hunde und Wölfe. Er ist der Zwischenwirt für den Bandwurm* Dipylidium canium, *der auch Katzen infiziert.*

ORDNUNG *Siphonaptera.*
FAMILIE *Pulicidae.*
BEKANNTE ARTEN *200.*
GRÖSSE *1–8 mm.*
NAHRUNG *Larven: getrocknetes Blut, Abfallstoffe. Imagines: Blutsauger.*
BEDEUTUNG *Allergische Reaktionen auf Bisse.*

Skorpionsfliegen

Panorpidae

Der Kopf dieser gelb-schwarzen Insekten ist nach unten verlängert und bildet einen Schnabel. Die Flügel sind oft dunkel gezeichnet. Das Abdomen ist bei Männchen nach oben gebogen und trägt verdickte, zangenartige Genitalien. Bei Weibchen läuft es hinten spitz zu.

VORKOMMEN *In niedriger Vegetation an schattigen Stellen.*

LARVEN

Die Larven ähneln Raupen mit acht Beinpaaren und (häufig) Borsten.

◀ **PANORPA COMMUNIS** *lebt in kühlen, feuchten Lebensräumen. Die Genitalien dieses Männchens sind deutlich sichtbar.*

▼ **PANORPA MERIDIONALIS** *ist eine helle, stark gefleckte Art, die in südlichen Teilen Europas vorkommt.*

ORDNUNG *Mecoptera.*
FAMILIE *Panorpidae.*
BEKANNTE ARTEN *360.*
GRÖSSE *0,9–2,5cm.*
NAHRUNG *Larven: Abfallstoffe. Imagines: Nektar, Honigtau, Abfallstoffe, Aas.*
BEDEUTUNG *Harmlos.*

Zuckmücken

Chironomidae

Diese zarten hellgrünen, braunen oder grauen Mücken ähneln den Stechmücken (S. 537), haben jedoch keine Schuppen auf den Flügeln und ihre Mundwerkzeuge sind kurz oder fehlen. Die schlanken Männchen haben stark gefiederte Antennen. Weibchen sind kräftiger mit behaarten Antennen.

VORKOMMEN *In der Dämmerung in Schwärmen bei Teichen, Seen und Bächen.*

LARVEN

Die schlanken aquatischen Larven haben manchmal Kiemen am Körperende.

▲ **CHIRONOMUS RIPARIUS** *ist in Flüssen häufig. Zu bestimmten Zeiten des Jahres bildet sie Paarungsschwärme.*

▼ **CHIRONOMUS PLUMOSUS** *hat im Schlamm lebende Larven, Rote Zuckmückenlarven genannt. Sie besitzen Hämoglobin.*

ORDNUNG *Diptera.*
FAMILIE *Chironomidae.*
BEKANNTE ARTEN *5000.*
GRÖSSE *1–9mm.*
NAHRUNG *Larven: Abfallstoffe, räuberisch. Imagines: Flüssigkeiten.*
BEDEUTUNG *Stechen nicht.*

Schnaken

Tipulidae

VORKOMMEN *Imagines kommen oft in Wassernähe vor. Larven leben in morschem Holz, im Boden oder im Wasser.*

Schnaken sind an ihrem schlanken, zerbrechlichen Körper, den langen Flügeln und den langen, dünnen Beinen leicht zu erkennen. Ein typisches Merkmal ist, dass die Beine leicht abbrechen, wenn man sie anfasst. Der Körper ist braun, schwarz oder grau und oft gelb, orangefarben oder hellbraun gezeichnet. Oben am Thorax befindet sich eine v-förmige Naht.

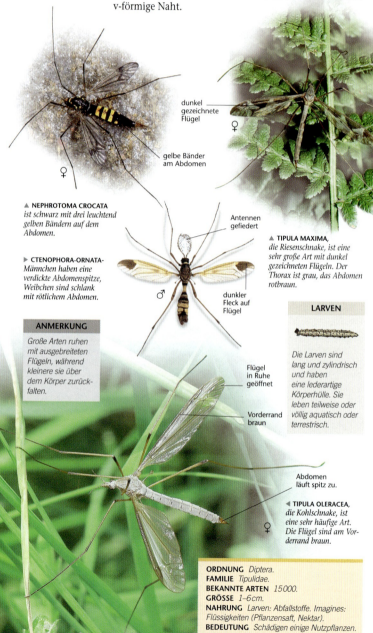

▲ **NEPHROTOMA CROCATA** *ist schwarz mit drei leuchtend gelben Bändern auf dem Abdomen.*

▶ **CTENOPHORA-ORNATA-**Männchen haben eine verdickte Abdomenspitze, Weibchen sind schlank mit rötlichem Abdomen.

▲ **TIPULA MAXIMA,** *die Riesenschnake, ist eine sehr große Art mit dunkel gezeichneten Flügeln. Der Thorax ist grau, das Abdomen rotbraun.*

ANMERKUNG

Große Arten ruhen mit ausgebreiteten Flügeln, während kleinere sie über dem Körper zurückfalten.

LARVEN

Die Larven sind lang und zylindrisch und haben eine lederartige Körperhülle. Sie leben teilweise oder völlig aquatisch oder terrestrisch.

◀ **TIPULA OLERACEA,** *die Kohlschnake, ist eine sehr häufige Art. Die Flügel sind am Vorderrand braun.*

ORDNUNG *Diptera.*
FAMILIE *Tipulidae.*
BEKANNTE ARTEN *15000.*
GRÖSSE *1–6cm.*
NAHRUNG *Larven: Abfallstoffe. Imagines: Flüssigkeiten (Pflanzensaft, Nektar).*
BEDEUTUNG *Schädigen einige Nutzpflanzen.*

Stechmücken

Culicidae

Diese zierlichen Mücken sind oft nicht einfach zu sehen, das hohe Summen jedoch, das sie im Flug erzeugen, ist ein sicheres Zeichen ihrer Anwesenheit. Der kleine Kopf trägt lange stechend-saugende Mundwerkzeuge, die nach vorne weisen. Körper und Beine sind mit Schuppen bedeckt und hell- bis rotbraun, manche Arten sind auffallend gezeichnet. Die schmalen Flügel tragen Schuppen an Adern und Rändern. Die Antennen sind bei Männchen gefiedert, bei Weibchen leicht behaart. Weibchen saugen Blut von Wirbeltieren, Männchen trinken Nektar und Honigtau.

VORKOMMEN *Bleiben in der Nähe der Brutplätze, in aquatischen Lebensräumen wie an Teichen und Seen.*

LARVEN

Die Larven fressen meist Abfallstoffe, einige leben räuberisch. Im Wasser winden und schlängeln sie sich charakteristisch. Die meisten holen an der Oberfläche Luft.

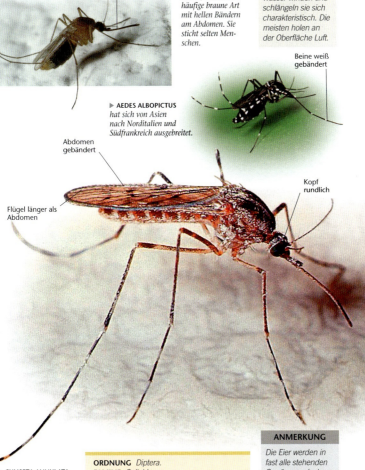

◀ **CULEX PIPIENS**, *die Gemeine Stechmücke, ist eine sehr häufige braune Art mit hellen Bändern am Abdomen. Sie sticht selten Menschen.*

stechend-saugende Mundwerkzeuge

▶ **AEDES ALBOPICTUS** *hat sich von Asien nach Norditalien und Südfrankreich ausgebreitet.*

Beine weiß gebändert

Abdomen gebändert

Kopf rundlich

Flügel länger als Abdomen

▲ **CULISETA ANNULATA** *ist eine große Art, die sich auch in stark verschmutzten Gewässern fortpflanzen kann und oft in Häuser fliegt.*

ORDNUNG *Diptera.*
FAMILIE *Culicidae.*
BEKANNTE ARTEN *3100.*
GRÖSSE *3–9 mm.*
NAHRUNG *Larven: Abfallstoffe. Imagines: Blut (Weibchen), Nektar (Männchen).*
BEDEUTUNG *Können Krankheiten verbreiten.*

ANMERKUNG

Die Eier werden in fast alle stehenden Gewässer gelegt. Obwohl sie meist in Wassernähe bleiben, können die Mücken in schattigen Wäldern häufig sein.

Gnitzen

Ceratopogonidae

VORKOMMEN *In Massen an den Rändern von Teichen, Seen, Flüssen und Sümpfen.*

Gnitzen ähneln den Zuckmücken, sind aber etwas kleiner mit kürzeren Vorderbeinen. Die Flügel sind oft dunkel gezeichnet. Der runde Kopf ist von oben nicht vom Thorax verdeckt. Die Antennen der Männchen sind gefiedert. Die Mundwerkzeuge sind kurz und stechend-saugend, um Flüssigkeiten aufzunehmen.

▲ **CULICOIDES IMPUNCTATUS**, *eine häufige Art im Hochland und im Norden, sticht Menschen häufig, und die Stiche sind schmerzhaft.*

- kurze Vorderbeine
- buckeliger Thorax
- Flügel flach über Körper gefaltet

LARVEN

Die schlanken Larven sind aquatisch oder leben in feuchtem Boden oder unter Baumrinde.

ORDNUNG *Diptera.*
FAMILIE *Ceratopogonidae.*
BEKANNTE ARTEN *2000.*
GRÖSSE *1–6mm.*
NAHRUNG *Larven: räuberisch. Imagines: Blut (Weibchen), Flüssigkeiten, räuberisch.*
BEDEUTUNG *Einige Arten stechen Menschen.*

Kriebelmücken

Simuliidae

VORKOMMEN *Bei Flüssen und anderen schnell fließenden Gewässern.*

Kriebelmücken sind gedrungen mit kurzen Beinen und buckeligem Thorax. Der Kopf ist relativ groß mit kurzen, kräftigen Mundwerkzeugen, die die Weibchen der meisten Arten zum Aufschneiden der Haut und zum Blutsaugen einsetzen. Die kurzen Antennen haben weniger als neun Glieder. Die Flügel sind an der Basis breit, an der Spitze schmal und am Vorderrand typisch geädert.

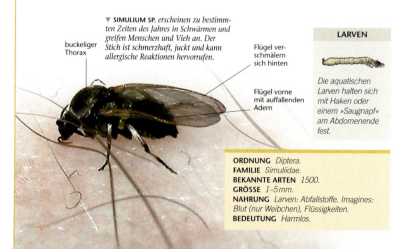

▼ **SIMULIUM SP.** *erscheinen zu bestimmten Zeiten des Jahres in Schwärmen und greifen Menschen und Vieh an. Der Stich ist schmerzhaft, juckt und kann allergische Reaktionen hervorrufen.*

- buckeliger Thorax
- Flügel verschmälern sich hinten
- Flügel vorne mit auffallenden Adern

LARVEN

Die aquatischen Larven halten sich mit Haken oder einem »Saugnapf« am Abdomenende fest.

ORDNUNG *Diptera.*
FAMILIE *Simuliidae.*
BEKANNTE ARTEN *1500.*
GRÖSSE *1–5mm.*
NAHRUNG *Larven: Abfallstoffe. Imagines: Blut (nur Weibchen), Flüssigkeiten.*
BEDEUTUNG *Harmlos.*

Schmetterlingsmücken

Psychodidae

Bei diesen kleinen grauen oder bräunlichen Insekten bedecken lange Haare oder Schuppen den Körper, die Flügel und Beine. Die Augen sind groß, die Antennen bestehen aus 10 bis 14 Gliedern. Die Flügel sind meist breit und zugespitzt und haben wenige oder keine Queradern. Wie Nachtfalter sind Schmetterlingsmücken meist nachtaktiv und werden oft von Licht angelockt.

VORKOMMEN *An feuchten, schattigen Lebensräumen wie Wäldern und Sümpfen. Tagsüber oft in Spalten.*

LARVEN

Die lang gestreckten Larven leben in faulenden Substanzen, oft in Abwasserkanälen.

▶ **PERICOMA FULIGINOSA** *kommt dort vor, wo die semiaquatischen Larven sich im Schlamm entwickeln. Nach Einbruch der Nacht auch in Außengebäuden und an Fenstern.*

Umriss ähnelt Nachtfaltern

Büschel langer Haare

ORDNUNG *Diptera.*
FAMILIE *Psychodidae.*
BEKANNTE ARTEN *1500.*
GRÖSSE *1,5–5 mm.*
NAHRUNG *Larven: Abfallstoffe. Imagines: Flüssigkeiten.*
BEDEUTUNG *Harmlos.*

Haarmücken

Bibionidae

Diese schwarzen oder dunklen Mücken sind kräftig und oft stark behaart. Der Kopf ist bei den Geschlechtern unterschiedlich: Bei Männchen ist er größer mit größeren Augen, die oben zusammenstoßen. Weibchen haben einen kleineren Kopf, die Augen stoßen nicht zusammen. Haarmücken sind im Frühjahr häufig, die Männchen können große Schwärme bilden.

VORKOMMEN *Auf Weiden, Wiesen und in Gärten oft in großer Zahl an Blüten.*

Thorax schwarz behaart

Flügel durchsichtig

▶ **BIBIO MARCI** *ist charakteristisch behaart und fliegt langsam. Männchen sieht man im Frühjahr oft in großer Zahl fliegen.*

Beine eher kurz

♀

LARVEN

Die Larven sind lang und abgeflacht mit großem Kopf und kräftigen Mundwerkzeugen.

ORDNUNG *Diptera.*
FAMILIE *Bibionidae.*
BEKANNTE ARTEN *800.*
GRÖSSE *5–11 mm.*
NAHRUNG *Larven: Abfallstoffe, Pflanzen. Imagines: fressen nicht.*
BEDEUTUNG *Schäden an Getreidekeimlingen.*

Bremsen

Tabanidae

Diese kräftigen Insekten fliegen schnell. Sie sind schwarz, grau oder braun und tragen oft leuchtend gelbe Bänder oder eine andere Zeichnung. Der Kopf ist groß, halbkugelig und oben abgeflacht, die Antennen sind kurz. Die großen Augen, die den Großteil des Kopfes einnehmen, sind grün oder violett mit schillernden Bändern und Flecken. Die Mundwerkzeuge der Weibchen sind daran angepasst, Haut aufzuschneiden und Blut zu saugen.

VORKOMMEN *In der Nähe von Säugetieren, oft weit entfernt von den gewässernahen Brutstätten der Larven.*

ANMERKUNG

Bremsen-Weibchen stechen meist an schwierig zu erreichenden Stellen. Der schmerzhafte Stich kann allergische Reaktionen hervorrufen.

Flügel gescheckt

Beine gebändert

▲ **HAEMATOPOTA PULVIALIS**, *die Regenbremse, nähert sich leise und sticht Menschen. Sie kommt in Gewässernähe in Waldland vor.*

gestreifter, behaarter Thorax

schillernde, gefleckte Augen

LARVEN

Die Larven erbeuten kleine Würmer, Krebstierchen und Insektenlarven und leben im Wasser, in feuchtem Boden, Laubstreu oder morschem Holz.

▶ **CHRYSOPS RELICTUS** *hat breite braune Bänder auf den Flügeln und glänzend grüne Augen. In Gewässernähe ist sie sehr häufig, vor allem im Hochland und in Heidegebieten.*

▶ **TABANUS SUDETICUS** *ist eine große Bremse mit bienenähnlichem Abdomen mit einer Linie dreieckiger heller Flecken in der Abdomenmitte.*

klingenartige Mundwerkzeuge

helle Tibien

▼ **TABANUS BOVINUS**, *die Rinderbremse, kommt in Wiesen und lichtem Waldland in der Nähe von Fließgewässern vor. Weibchen stechen Weidevieh und Pferde. Die Larven entwickeln sich in feuchtem Boden.*

Streifen auf Abdomen

helles Dreieck auf jedem Segment

behaarter Thorax

ORDNUNG Diptera.
FAMILIE Tabanidae.
BEKANNTE ARTEN 4100.
GRÖSSE 0,6–2,8 cm.
NAHRUNG *Larven: räuberisch. Imagines: Blut (Weibchen), Nektar (Männchen).*
BEDEUTUNG *Stiche sind schmerzhaft.*

Hummelschweber

Bombyliidae

Wie der Name sagt, ähneln Hummelschweber Hummeln oder Bienen. Viele haben einen untersetzten Körper und sind stark behaart. Die Flügel können durchscheinend sein oder dunkle Bänder oder Muster tragen, vor allem am Vorderrand. Der Kopf ist oft rundlich und der Rüssel kann sehr lang sein, um Nektar aus tiefen Blüten zu trinken.

VORKOMMEN *Trinken in offenen, sonnigen Gebieten Nektar oder ruhen auf sandigem Boden.*

Körper hummelähnlich pelzig

▶ **VILLA MODESTA** *sieht bienenähnlich aus. Der Kopf ist rund, der Rüssel kurz und der Körper pelzig.*

Kopf an den Seiten hell

Flügel durchsichtig

durchsichtiger, vorne dunkler Flügel

▲ **BOMBYLIUS MAJOR** *sieht aus wie eine Hummel und rüttelt wie eine Schwebfliege. Der lange Rüssel ragt vorne am Kopf heraus.*

ORDNUNG Diptera.
FAMILIE Bombyliidae.
BEKANNTE ARTEN 5000.
GRÖSSE 2–18 mm.
NAHRUNG Larven: parasitisch, räuberisch. Imagines: Flüssigkeiten (Nektar).
BEDEUTUNG Harmlos.

LARVEN

Die meisten Larven parasitieren andere Insektenlarven. Manche fressen Heuschreckeneier.

Tanzfliegen

Empididae

Der deutsche Name dieser Fliegen kommt daher, dass die Männchen in Paarungsschwärmen im Zickzack auf und ab fliegen, als würden sie tanzen. Die meisten sind klein mit kräftigem Thorax und schlankem, spitzem Abdomen. Die Färbung variiert von dunkelbraun und schwarz zu gelbbraun. Am Kopf sitzen große Augen, Antennen mit drei Gliedern und ein langer Rüssel. Tanzfliegen sind Räuber, trinken aber auch Nektar.

VORKOMMEN *Meist in feuchten Gebieten; ruhen oft auf Zweigen oder Stämmen, manchmal am Wasser.*

◀ **HYBOS FEMORATUS** *fliegt langsam und jagt kleine Insekten wie Gnitzen. Der Thorax ist auffallend buckelig.*

Kopf fast kugelförmig

LARVEN

Die spindelförmigen Larven können ihren Kopf einziehen und leben in Laubstreu, Holz oder Wasser.

ORDNUNG Diptera.
FAMILIE Empididae.
BEKANNTE ARTEN 3500.
GRÖSSE 2–11 mm Körperlänge.
NAHRUNG Larven: räuberisch. Imagines: vorwiegend räuberisch, auch Nektar.
BEDEUTUNG Harmlos.

hinterer Femur vergrößert

Flügel bräunlich

Thorax gestreift

▶ **EMPIS TESSELLATA** *erbeutet andere kleine Fliegen, trinkt aber auch an Blüten, etwa von Weißdorn, Nektar.*

Schwebfliegen

Syrphidae

Schwebfliegen sind mit ihrem wespen- oder bienenähnlichen Aussehen und ihrer Fähigkeit, im Schwirrflug in der Luft zu stehen, einfach zu erkennen. Sie können in alle Richtungen fliegen, auch rückwärts, und in der Luft stehen bleiben, sogar bei Wind. Viele sind schlank mit schwarzen, gelben und weißen Streifen, manche kräftig und behaart. Die Augen sind bei Männchen groß und stoßen oben am Kopf aneinander. Die Flügel haben im Zentrum eine charakteristische Verdickung, eine »falsche Ader«, und hinten einen »falschen Rand«, wo Adern zusammenlaufen.

VORKOMMEN
In verschiedenen Lebensräumen, oft an Stellen mit vielen Doldenblüten.

ANMERKUNG
Schwebfliegen sind als Blütenbestäuber und weil sie Schadinsekten dezimieren sehr nützlich. Oft kann man fünf Arten an einem Blütenstand beobachten.

spitze »Schnauze«

▶ **RHINGIA CAMPESTRIS**, die Schnauzenschwebfliege, ist nicht auffallend gefärbt, aber an ihrer spitzen Schnauze zu erkennen. Die Larven leben vor allem in Kuhfladen.

♀ Körper orangefarben mit schwarzen Streifen

◀ **EPISYRPHUS BALTEATUS**, die Hain-Schwebfliege, ist in vielen Lebensräumen mit nektarreichen Blüten verbreitet. Die Larven erbeuten Blattläuse. Die Fliegen wandern oft in Schwärmen in südliche Regionen.

▼ **SYRPHUS VITRIPENNIS**, die Kleine Schwebfliege, kommt bevorzugt in Waldland vor. Diese Art ist schwierig von S. ribesii zu unterscheiden, der Hinterfemur ist bei Weibchen jedoch schwarz.

alle Beine gelb ♀

breite gelbe Bänder ♀

dunkle Hinterbeine

LARVEN

Einige Larven sind aquatisch oder leben in Jauche und besitzen ein Atemrohr (oben). Viele sind nacktschneckenartig und jagen Blattläuse und andere Schadinsekten.

falscher Rand

◀ **SYRPHUS RIBESII** erscheint häufig in Gärten, wo die Larven Blattläuse erbeuten. Die Fliegen trinken Nektar. Nektarreiche Pflanzen tragen deshalb zur Schädlingsbekämpfung bei.

543

INSEKTEN

◀ **VOLUCELLA BOMBYLANS,** *die Hummelschwebfliege, ahmt Hummeln nach. Sie ist jedoch an den großen Augen und dem einzigen Flügelpaar zu erkennen.*

DUNKLE FORM — großer, kräftiger, behaarter Körper

Augen getrennt

Abdomen hinten schwarz

▲ **VOLUCELLA PELLUCENS** *sieht man oft an Brombeerblüten fressen. Die Larven leben in Bienen- und Wespennestern, wo sie Abfallstoffe fressen.*

▶ **VOLUCELLA ZONARIA,** *die Hornissenschwebfliege, ist sehr groß und ähnelt einer Hornisse. Die Larven entwickeln sich in Wespennestern, die Fliegen trinken an geschützten Stellen Nektar.*

Abdomen sehr breit

▶ **XYLOTA SEGNIS** *ist am orangefarbenen Band am schlanken Abdomen zu erkennen. Die Fliegen trinken Honigtau und Saft, die Larven leben in morschem Holz.*

orangefarbenes Band

pelziger, bienenähnlicher Thorax

♂ ♀

▼ **HELOPHILUS PENDULUS** *sonnt sich gern und kommt in feuchten Lebensräumen vor. Die Larven leben in faulenden Substanzen wie Jauche.*

Körper orangebraun

auf Thorax drei schwarze Streifen

♀

gelbes Gesicht

▲ **ERISTALIS TENAX,** *die Mistbiene, ähnelt den Drohnen der Honigbienen. Die Larven, Rattenschwanzlarven genannt, leben in seichtem nährstoffreichen oder stagnierendem Wasser.*

weiße Flecken

♂ Thorax schwarz glänzend

braune Flügeladern

▼ **MYATHROPA FLOREA** *sieht aus wie eine helle Ausgabe der Mistbiene (oben). Wie Rattenschwanzlarven haben die Larven ein Atemrohr am Hinterende und leben in wassergefüllten Baumhöhlen.*

◀ **SERICOMYIA SILENTIS** *kommt in moorigen Heidegebieten vor. Die Larven leben in Tümpeln wie denen, die beim Torfstechen entstehen.*

ORDNUNG Diptera.
FAMILIE Syrphidae.
BEKANNTE ARTEN 6000.
GRÖSSE 0,4–2,8 cm Körperlänge.
NAHRUNG Larven: Abfallstoffe, räuberisch. Imagines: Flüssigkeiten, Pflanzen.
BEDEUTUNG Nützlich als Blattlaus-Jäger.

orangefarbene Behaarung

♀

Dungfliegen

Scathophagidae

VORKOMMEN *In vielen Lebensräumen, oft in Dung oder Morast.*

Dungfliegen sind schwarz, gelb oder braun und manchmal kontrastreich zweifarbig. Sie können den Echten Fliegen (rechts) ähneln, die häufigsten Arten sind jedoch stark behaart oder borstig, manche wirken fast pelzig. Die Flügel sind meist durchsichtig, manchmal dunkel getönt oder gefleckt. Das Abdomen ist schlank, bei Männchen am Hinterende verbreitert.

LARVEN

Die hellen Larven sind zylindrisch und laufen am Hinterende spitz zu.

Körper behaart
an Beinen kräftige Borsten
Fliegen vermehren sich.

ORDNUNG Diptera.
FAMILIE Scathophagidae.
BEKANNTE ARTEN 250.
GRÖSSE 3–11 mm.
NAHRUNG Larven: Pflanzen, Kot, räuberisch. Imagines: räuberisch.
BEDEUTUNG Meist harmlos.

AUF DUNG

▲ **SCATHOPHAGA STERCORARIA** *ist an Schaf- und Kuhmist häufig, wo sich die Larven entwickeln. Sie vermehrt sich auch im Kot von Geflügel, Pferden und Menschen.*

Fanniiden

Fanniidae

VORKOMMEN *Bei verrottenden Pflanzen, an geschützten, dicht bewachsenen Stellen, am Waldrand, in Parks und Gärten unter Bäumen.*

Diese Fliegen ähneln den Echten Fliegen (rechts), sind jedoch kleiner und meist dunkel, Beine und Abdomen sind manchmal ganz oder teilweise gelblich. Die Augen der Männchen können groß sein und sich berühren, die der Weibchen sind kleiner und getrennt. Männchen schwärmen unter Zweigen oder überhängenden Böschungen. Ins Haus gelangt, fliegen sie unaufhörlich um Deckenlampen.

LARVEN

Die Larven laufen vorne spitz zu. Jedes Segment trägt lappen- oder fadenförmige Anhänge.

durchsichtige Flügel
Körper matt gefärbt
heller Fleck an Abdomenbasis

ORDNUNG Diptera.
FAMILIE Fanniidae.
BEKANNTE ARTEN 280.
GRÖSSE 5–6 mm.
NAHRUNG Larven: Abfallstoffe, Kot. Imagines: Flüssigkeiten, Pollen.
BEDEUTUNG Können im Haus lästig sein.

▲ **FANNIA CANICULARIS**, *die Kleine Stubenfliege, ist etwas kleiner als die Gemeine Stubenfliege. Sie ist eine weit verbreitete und häufige Art.*

ANMERKUNG

Die Larven sind an ihren lappen- oder fadenförmigen Anhängen von denen der Echten Fliegen zu unterscheiden.

Echte Fliegen

Muscidae

Die Stubenfliege ist ein typischer Vertreter dieser Familie. Die Arten können schlank oder untersetzt sein. Sie sind mattschwarz, grau oder gelblich mit durchsichtigen Flügeln. Alle Körperteile tragen meist kräftige dunkle Borsten. Die Beine sind schlank und ziemlich lang. Die Mundwerkzeuge nehmen wie ein Schwamm Flüssigkeiten auf, nur Blut saugende Arten haben stechend-saugende Mundwerkzeuge. Zur Bestimmung werden Muster und Strukturen der Genitalien herangezogen. Man findet die Fliegen an Blüten, Exkrementen und faulenden organischen Stoffen.

VORKOMMEN
An Kot, Aas und faulenden Substanzen. Kommen in allen Lebensräumen vor.

LARVEN

Die Larven sind madenförmig, laufen vorne spitz zu und sind hinten abgestumpft. Sie entwickeln sich oft schnell und verpuppen sich nach weniger als einer Woche.

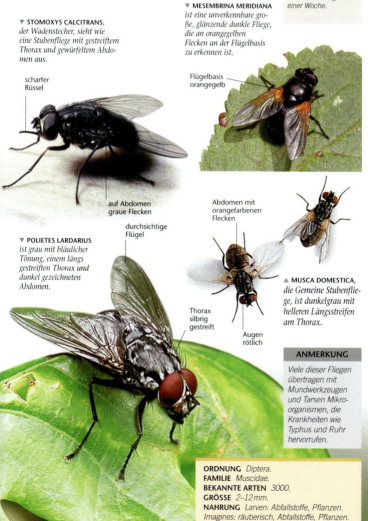

▼ **STOMOXYS CALCITRANS**, der Wadenstecher, sieht wie eine Stubenfliege mit gestreiftem Thorax und gewürfeltem Abdomen aus.

- scharfer Rüssel
- auf Abdomen graue Flecken

▼ **MESEMBRINA MERIDIANA** ist eine unverkennbare große, glänzende dunkle Fliege, die an orangegelben Flecken an der Flügelbasis zu erkennen ist.

- Flügelbasis orangegelb

▼ **POLIETES LARDARIUS** ist grau mit bläulicher Tönung, einem längs gestreiften Thorax und dunkel gezeichneten Abdomen.

- durchsichtige Flügel
- Abdomen mit orangefarbenen Flecken
- Thorax silbrig gestreift
- Augen rötlich

▲ **MUSCA DOMESTICA**, die Gemeine Stubenfliege, ist dunkelgrau mit helleren Längsstreifen am Thorax.

ANMERKUNG

Viele dieser Fliegen übertragen mit Mundwerkzeugen und Tarsen Mikroorganismen, die Krankheiten wie Typhus und Ruhr hervorrufen.

ORDNUNG Diptera.
FAMILIE Muscidae.
BEKANNTE ARTEN 3000.
GRÖSSE 2–12mm.
NAHRUNG Larven: Abfallstoffe, Pflanzen. Imagines: räuberisch, Abfallstoffe, Pflanzen.
BEDEUTUNG Können Krankheiten übertragen.

Schmeißfliegen

Calliphoridae

Typische Arten sind untersetzt, mittelgroß bis groß und metallisch grün oder blau. Sie werden von Aas, frischem und gekochtem Fleisch und Fisch angelockt. Manche Arten sind glänzend schwarz oder düster. Die meisten sind so groß oder größer als eine Stubenfliege. Die Antennenspitze ist gefiedert, der Rüssel kurz. Manchmal sind die Geschlechter verschieden gefärbt.

VORKOMMEN
In allen Lebensräumen; die Larven entwickeln sich im Boden, in Kot oder Aas.

LARVEN

Die Larven sind typische weiße Maden, die am Vorderende spitz zulaufen und hinten abgestumpft sind. Der Kopf ist schmal mit hakenförmigen Mundwerkzeugen.

metallisch grüne Färbung

◀ **LUCILIA CAESAR** *ist eine kosmopolitische, metallisch grün schillernde Art, die sich in Aas oder Kot vermehrt.*

Abdomen blau glänzend

goldgelbe Behaarung

◀ **CALLIPHORA VOMITORIA**, *die Blaue Schmeißfliege, ist häufig. Der dunkle Thorax hat blasse Längsstreifen, das Abdomen schimmert metallisch blau.*

▶ **POLLENIA RUDIS**, *die Graue Polsterfliege, ist am Thorax goldgelb behaart.*

Augen dunkelrot

Abdomen hinten beborstet

◀ **CALLIPHORA VICINA** *ähnelt C. vomitoria stark, kann von ihr aber durch die »Wangen« unter den Augen unterschieden werden, die rot, nicht schwarz gefärbt sind.*

ANMERKUNG

Viele Arten sind medizinisch und veterinärmedizinisch bedeutsam. Die Larven sind oft Parasiten, die Fliegen können Krankheiten übertragen.

Behaarung

Flügel

CALLIPHORA VICINA

ORDNUNG *Diptera.*
FAMILIE *Calliphoridae.*
BEKANNTE ARTEN *1200.*
GRÖSSE *4–16 mm.*
NAHRUNG *Larven: Abfallstoffe, parasitisch. Imagines: Abfallstoffe, Pflanzen, Flüssigkeiten.*
BEDEUTUNG *Übertragen Infektionen.*

Köcherfliegen

Phryganeidae

Diese Köcherfliegen sind hellbraun oder grau, oft gescheckt, und die Flügel können leuchtend schwarz und gelborange gezeichnet sein oder dunkle Ränder und Streifen tragen. Die Antennen sind relativ kurz, in einigen Fällen etwa so lang wie die Vorderflügel. Die vorderen Tibien tragen zwei, die mittleren und hinteren je vier Sporne.

VORKOMMEN *An langsam fließenden Flüssen und Bächen, Teichen, Seen und in Sümpfen.*

LARVEN

Die Larven tragen sehr hübsche, regelmäßige Köcher aus Pflanzenteilchen mit sich herum.

▼ **PHRYGANIA GRANDIS**, *eine häufige Art, legt ihre Eier in einer gallertigen Masse an Wasserpflanzen ab*

Flügel rauchig braun

Antennen kurz

▼ **PHRYGANEA VARIA** *ist attraktiv gescheckt und in Ruhe gut getarnt. Sie fliegt in der Dämmerung.*

Oberseite gescheckt

ORDNUNG *Trichoptera.*
FAMILIE *Phryganeidae.*
BEKANNTE ARTEN *500.*
GRÖSSE *1–2,8 cm.*
NAHRUNG *Larven: räuberisch, Abfallstoffe. Imagines: fressen nicht.*
BEDEUTUNG *Harmlos.*

Köcherfliegen

Leptoceridae

Die Antennen dieser Köcherfliegen sind zwei bis drei Mal so lang wie die Vorderflügel. Das basale Glied der Antennen ist verdickt und etwa so lang wie der Kopf. Die Vorderflügel sind lang, schmal und stark behaart, oft mit dunklen Querbändern. Die Vordertibien tragen einen, zwei oder keinen Sporn. Die mittleren und hinteren Tibien tragen immer zwei Sporne.

VORKOMMEN *An Seen, großen Teichen und mittelgroßen bis großen Flüssen häufig.*

LARVEN

Die Köcher der Larven bestehen aus kleinen Steinchen und Pflanzenmaterial.

Antennen sehr lang

OECETIS OCHRACEA *ist verbreitet und hat sehr lange Antennen, wie für die Familie typisch.*

ORDNUNG *Trichoptera.*
FAMILIE *Leptoceridae.*
BEKANNTE ARTEN *850.*
GRÖSSE *0,6–1,6 cm.*
NAHRUNG *Larven: Abfallstoffe, Pflanzen, räuberisch. Imagines: fressen nicht.*
BEDEUTUNG *Harmlos.*

Holzwespen

Siricidae

VORKOMMEN
In Nadel- und Laubwäldern, wo die Weibchen kranke, schwache oder umgestürzte Bäume befallen.

Diese großen, kräftigen Pflanzenwespen haben einen Fortsatz am Abdomen, der bei Männchen kurz und dreieckig und bei Weibchen lang und speerförmig ist. Zusätzlich haben Weibchen einen noch längeren Legebohrer, mit dem sie in Holz bohren, um ein einziges Ei zu legen. Trotz ihres manchmal wespenähnlichen Aussehens stechen diese Insekten nicht. Der Kopf ist hinter den Augen am breitesten und trägt lange, schlanke Antennen. Die Flügel sind meist durchsichtig, können aber dunkel oder gelblich getönt sein.

▶ **UROCERUS GIGAS**, *die Riesenholzwespe. Die Weibchen sind wespenähnlich mit langem Legebohrer, die Männchen kleiner.*

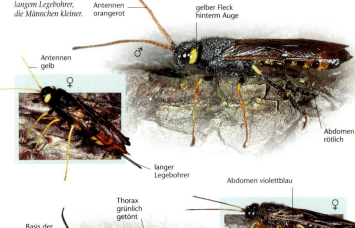

▲ **SIREX JUVENCUS** *legt ihre Eier in Kiefern und Fichten. Das Abdomen ist bei Weibchen violettblau, bei Männchen rotbraun.*

LARVEN

Die Larven haben am Hinterende einen kräftigen Stachel, mit dem sie sich durch Gänge im Holz schieben. Ihre Entwicklung dauert bis zu zwei Jahre.

ANMERKUNG

Trotz ihrer Größe und des langen Legebohrers, der oft für einen Stachel gehalten wird, sind diese Insekten für Menschen völlig harmlos.

ORDNUNG *Hymenoptera.*
FAMILIE *Siricidae.*
BEKANNTE ARTEN *100.*
GRÖSSE *2–4 cm.*
NAHRUNG *Larven: Holz, Pilze. Imagines: Flüssigkeiten.*
BEDEUTUNG *Viele Arten schädigen Bäume.*

Echte Blattwespen

Tenthredinidae

Echte Blattwespen sind in ihrem Aussehen variabel und können schmal und wespenähnlich oder breiter und kräftiger sein. Die Färbung ist typischerweise braun, schwarz oder grün, viele Arten sind gelb oder rot gezeichnet. Die schlanken Antennen haben zwischen sieben und dreizehn Glieder, meist jedoch neun. Die Tibien der Vorderbeine haben zwei Sporne nahe der Spitze. Bei vielen Arten sind die Geschlechter unterschiedlich gefärbt.

VORKOMMEN *In fast allen Lebensräumen, besonders in Gärten, auf Wiesen, in Waldland; bis in die Arktis.*

◀ **PONTANIA VESICATOR** *ist eine mehrerer ähnlicher Arten dieser Gattung, die an Weidenblättern rote Gallen erzeugen.*

GALLE — rote Verdickung

wespenähnliche Zeichnung

▶ **TENTHREDO SCROPHULARIAE**, *die Braunwurz-Blattwespe. Die Larven fressen an Braunwurz (Scrophularia) in Waldland und Hecken.*

transparente Mine — dicke gelbe Antennen

MINE DER LARVE

▲ **SCOLIONEURA NIGRICANS** *ist in Mittel- und Nordeuropa häufig. Die Larven minieren in Birkenblättern, bevor sie schlüpfen.*

charakteristische schwarze Zeichnung — schwarze Flügeladern

breiter Kopf

▶ **RHOGOGASTER VIRIDIS**, *die Grüne Blattwespe, die hier auf einem Farnwedel ruht, ist eine große, charakteristische Art, die in Waldland und Gebüschen vorkommt.*

grüne Beine

ORDNUNG Hymenoptera.
FAMILIE Tenthredinidae.
BEKANNTE ARTEN 4000.
GRÖSSE 4–15 mm Körperlänge.
NAHRUNG Larven: Pflanzen (Blätter). Imagines: räuberisch, Flüssigkeiten.
BEDEUTUNG Können Nutzpflanzen schädigen.

ANMERKUNG

Weibchen sägen mit dem Legebohrer Schlitze für die Eier in Blätter oder Triebe. Die meisten Larven weiden an Blättern, manche erzeugen Gallen.

LARVEN

Die Larven ähneln Schmetterlingsraupen und können eine Warn- oder Tarnfärbung haben. Manche sind glatt, andere haben Dornen und Haare.

Schlupfwespen

Ichneumonidae

Schlupfwespen sind meist schlank. Die Antennen sind nicht mehr als halb so lang wie der Körper und bestehen aus höchstens 16 Gliedern. Viele Arten sind einfarbig hell gelb- oder rotbraun bis schwarz gefärbt, andere leuchtend gelb-schwarz. Das meist seitlich abgeflachte Abdomen setzt am Thorax mit einem schlanken Stiel variabler Länge an. Die meisten Arten sind vollständig geflügelt mit auffallendem Pterostigma (Flügelmal) am Flügelvorderrand.

VORKOMMEN *Fast überall verbreitet, vor allem in feuchten Lebensräumen. Werden von Doldenblütlern und Licht angelockt.*

▲ **NETELIA SP.** *parasitiert Nachtfalterraupen. Wenn man sie anfasst, versuchen Weibchen, mit ihrem Legebohrer in den Finger zu stechen.*

▶ **LISSONOTA SP.** *parasitieren im Holz fressende Schmetterlingsraupen. Weibchen bohren deshalb ins Holz.*

▶ **PROTICHNEUMON PISORIUS** *besucht Blüten. Die Weibchen legen ihre Eier in Schwärmerraupen.*

▶ **DIPLAZON LAETATORIUS** *ist sehr weit verbreitet. Weibchen legen die Eier in die Eier von Schwebfliegen.*

▶ **RHYSSA PERSUASORIA**, *die Riesenschlupfwespe, bohrt in Kiefernstämme, um Holzwespenlarven im Holz zu orten.*

Scheide des Legebohrers — überall gelbbraun — Legebohrer im Einsatz — rote Beine — Antennen hell gebändert — sehr langer Legebohrer — hinterer Femur gebändert — Körper schwarz-weiß — rötliche Beine

LARVEN

Die madenförmigen Larven können einen Schwanz besitzen, der im Alter kürzer wird. Die meisten sind Parasitoide, die ihren Wirt letztlich töten.

ORDNUNG Hymenoptera.
FAMILIE Ichneumonidae.
BEKANNTE ARTEN 20000.
GRÖSSE *0,3–4,2 cm Körperlänge.*
NAHRUNG *Larven: Parasitoide. Imagines: Flüssigkeiten.*
BEDEUTUNG *Dezimieren Schädlinge.*

ANMERKUNG

Die Weibchen benutzen ihren Legebohrer, um Eier an oder in die Larven oder Puppen anderer Insekten oder Schmetterlinge zu legen.

Grabwespen
Sphecidae

Diese Wespen lähmen Insekten als Nahrung für ihre Larven. Einige Arten sind untersetzt. Bei anderen ist das Abdomen lang gestreckt und setzt mit einem Stiel am Thorax an. Der Körper ist oft schwarz mit gelber oder roter Zeichnung. Der Kopf ist ziemlich breit. Beide Geschlechter sind vollständig geflügelt. Weibchen haben oft kammähnliche Strukturen an den Vorderbeinen, mit denen sie graben.

VORKOMMEN *Grabwespen sind an sandigen, offenen Stellen aktiv und besuchen oft Blüten.*

LARVEN

Die Larven sind cremeweiß mit dunklen Mundwerkzeugen. Der Körper ist an beiden Enden leicht zugespitzt und meist leicht gebogen.

▲ **PEMPHREDON LUGUBRIS** *nistet in morschem Holz. Weibchen füllen die Nester mit gelähmten Blattläusen.*

— schlanker Körper

— schwarz und gelb gebändert

▲ **BEMBIX ROSTRATA**, *die Kreiselwespe, gräbt Nester in Sand. Die Weibchen fangen Fliegen, um die Zellen der Larven zu füllen.*

▶ **PHILANTHUS TRIANGULUM**, *der Bienenwolf, füllt seine Nester mit gelähmten Honigbienen. Bis zu sechs Bienen trägt er in jede Zelle ein.*

— breiter Kopf
— gelbe Beine

— Abdomen schlank, vorne schmal
— große Mandibeln, um Beute zu tragen

▲ **AMMOPHILA SABULOSA**, *die Gemeine Sandwespe, jagt Schmetterlingsraupen, um das Nest zu füllen. Weibchen deponieren in jedem Nest eine gelähmte Raupe und verschließen es mit Sand.*

— gelbe Flecken am Kopf

▶ **CERCERIS ARENARIA**, *die Sandknotenwespe, sticht hier einen Rüsselkäfer, den sie in ihr Nest im Sandboden transportieren wird.*

ORDNUNG Hymenoptera.
FAMILIE Sphecidae.
BEKANNTE ARTEN 8000.
GRÖSSE 0,6–2,4 cm.
NAHRUNG Larven: fressen gelähmte Beuteinsekten. Imagines: Flüssigkeiten.
BEDEUTUNG Dezimieren Schadinsekten.

Faltenwespen

Vespidae

Die häufigsten Arten dieser Familie leben in Staaten in Papiernestern und fangen Insekten, häufig Schmetterlingsraupen, um ihre Larven zu füttern. Die meisten Arten sind schwarz oder braun mit gelber oder weißer Zeichnung. Die Augen sind am Innenrand eingebuchtet. In Ruhe werden die Vorderflügel an den Seiten des Körpers längs gefaltet und wirken so sehr schmal. Feldwespen bauen Nester aus Waben, die außen nie von einer Papierschicht bedeckt sind. Die solitären Lehmwespen bauen Brutzellen aus Lehm an Stängeln oder in Spalten.

VORKOMMEN *In Waldland, Parks und Gärten, wo ausreichend Insekten als Beute vorhanden sind.*

LARVEN

Der runzelige Körper ist im vorderen Drittel am breitesten. In Staaten wachsen die Larven in speziellen Zellen heran und werden von Arbeiterinnen gefüttert.

ANMERKUNG

Form, Farbe und der Standort des Nestes sind bei der Bestimmung hilfreich, da die Arten sehr ähnlich aussehen. Sie erbeuten viele Schädlinge.

▶ **VESPULA GERMANICA,** *die Deutsche Wespe, hat drei kleine schwarze Flecken im Gesicht. Die Art baut graue Nester im Boden, in hohlen Bäumen oder in Schuppen und Dachstühlen.*

▶ **VESPULA VULGARIS,** *die Gemeine Wespe, hat eine kleine ankerförmige Zeichnung im Gesicht. Diese Arbeiterin (rechts) schabt Holzfasern von einem Baum, um Papier für den Nestbau herzustellen.*

Augen
Antennen
Flügel längs gefaltet
gelbe Tibien
Antennen
gelbe Streifen auf Thorax
großes Nest an Dachbalken

NEST

ORDNUNG *Hymenoptera.*
FAMILIE *Vespidae.*
BEKANNTE ARTEN *4000.*
GRÖSSE *8–26 mm.*
NAHRUNG *Larven: Fleischfresser. Imagines: räuberisch, Flüssigkeiten (Nektar).*
BEDEUTUNG *Sehr nützlich; können stechen.*

▶ **DOLICHOVESPULA MEDIA**, *die Mittlere Wespe, hat einen kleinen schwarzen Fleck oder Querstreifen im Gesicht und eine gelbe Linie in Form einer 7 an den Thoraxseiten. Sie baut ihre Nester in Gebüschen.*

Antennen

Thorax kastanienbraun

Abdomenzeichnung variabel

Kopf gelb

offenes Nest ohne Papierhülle

▲ **VESPA CRABRO**, *die Hornisse, ist eine sehr große Art. Das Abdomen ist vorne kastanienbraun, hinten gelb mit dunkler Zeichnung.*

NEST

Antennenspitzen gelb

▶ **POLISTES GALLICUS**, *die Gallische Feldwespe, kommt in Mittel- und Südeuropa vor. Die kurz gestielten Nester sind nie von einer Papierhülle umgeben. Das Abdomen ist schlank und läuft vorne spitz zu.*

Tibien gelb

▼ **EUMENES COARCTATUS**, *eine Pillenwespe, ist in Heidegebieten häufig. Weibchen sammeln mit ihren Mandibeln Lehm, um vasenförmige Brutzellen zu bauen.*

erstes Abdomensegment sehr schlank

Thorax kräftig

vasenförmige Brutzelle

BRUTZELLE

INSEKTEN

Ameisen

Formicidae

Ameisen kommen fast überall vor. Sie können blassgelb, rötlich, braun oder schwarz sein. Meist sieht man die ungeflügelten Arbeiterinnen. Die Geschlechtstiere, die sich fortpflanzen, erscheinen von Zeit zu Zeit und sind geflügelt. Das zweite oder zweite und dritte Abdomensegment ist verengt und bildet einen Stiel, auch Petiolus genannt, der Knoten oder dornartige Fortsätze tragen kann. Der Kopf trägt kräftige Mandibeln und die Antennen sind nach dem langen ersten Glied gekniet.

VORKOMMEN *In allen Landlebensräumen zu finden.*

ANMERKUNG
Ameisen sind in allen Landlebensräumen wichtige Elemente der Lebensgemeinschaften und die häufigste Gruppe räuberischer Insekten.

Thorax der Arbeiterin rötlich

▼ **FORMICA RUFA**, *die Rote Waldameise, ist ein aktiver Räuber, trinkt aber auch Honigtau. Die unten abgebildeten Ameisen melken eine Blattlauskolonie.*

Arbeiterin melkt Blattlaus

schwarze Arbeiterinnen

LARVEN

Die weißen Larven sind madenartig und gebogen. Sie werden von Arbeiterinnen gefüttert und an einen anderen Ort gebracht, wenn das Nest beschädigt wird.

▶ **LASIUS NIGER**, *die Schwarzgraue Wegameise, kommt im Boden unter Steinen und Pflaster vor. Im Spätsommer erscheinen große Schwärme geflügelter Geschlechtstiere.*

▼ **CREMATOGASTER SCUTELLARIS** *ist eine kleine Ameise, die ihr Abdomen in Abwehrhaltung hebt, wenn sie gestört wird. Sie kommt in Südeuropa vor.*

rotbrauner Kopf

ORDNUNG Hymenoptera.
FAMILIE Formicidae.
BEKANNTE ARTEN *8800.*
GRÖSSE *1–12mm.*
NAHRUNG *Larven und Imagines: räuberisch, Pflanzen, Flüssigkeiten.*
BEDEUTUNG *Können stechen und beißen.*

▶ **MYRMICA RUBRA**, *die Knotenameise, ist eine häufige rotbraune Art (Männchen sind dunkler), die in vielen Lebensräumen vorkommt, auch in Gärten. Der Stiel besteht aus zwei Segmenten.*

Larve

Stiel

Arbeiterinnen rotbraun

Thorax gelblich braun

Kopf dunkel

schwarzes Abdomen

▶ **LASIUS BRUNNEUS** *nistet in alten Bäumen. Das Abdomen ist dunkler als der Stiel und der Thorax, im Gegensatz zu L. niger, die einheitlich braun ist.*

Hügel

▼ **LASIUS FLAVUS**, *die Gelbe Wiesenameise, ähnelt in allem außer der Färbung L. niger. Sie nistet in Wiesen und verwildertem Grasland.*

Puppe in Kokon

Arbeiterinnen gelbbraun

AMEISENNEST

INSEKTEN

Blattschneider-, Mauer- und Mörtelbienen

Megachilidae

VORKOMMEN *In vielen Lebensräumen, v. a. wo Totholz und Pflanzenstängel Nistmöglichkeiten bieten.*

Die meisten dieser Bienen sind solitär. Blattschneiderbienen schneiden runde Stücke aus Blättern, um ihre Brutzellen auszukleiden, während Mauer- und Mörtelbienen Lehmzellen in Hohlräumen bauen. Erstere sind meist kräftig und dunkel, oft mit hellerer Behaarung. Mauer- und Mörtelbienen sind kurz, breit und metallisch glänzend. Die Mandibeln sind lang und spitz, die Flügel können durchsichtig oder rauchig getrübt sein.

LARVEN

Die Larven sind relativ dick. Die meisten fressen Pollen und Honig, den die Weibchen bereitstellen. Einige leben parasitisch in den Nestern anderer Bienenarten.

▶ **ANTHIDIUM MANICATUM,** *die Große Wollbiene, nistet in Hohlräumen wie Käferfraßgängen*

schwarzes Abdomen mit hellen Flecken

Abdomen dicht behaart

Behaarung leuchtend gelb

breite Mandibeln

◀ **HOPLITIS SPINULOSA** *nistet in leeren Schneckenhäusern und baut die Wände zwischen den Zellen mit Schaf- oder Kaninchenkot.*

Pollen wird in einer Bauchbürste transportiert.

▲ **OSMIA RUFA,** *die Rote Mauerbiene, nistet in Spalten und Löchern in Mauern. Sie nimmt Nisthilfen aus Bündeln von trockenen Bambusstäben an.*

kräftiger Körper

ANMERKUNG

Eine Gruppe, die Wollbienen, streift mit den Mandibeln Haare von Pflanzen, um damit die Zellen auszukleiden.

◀ **MEGACHILE CENTUNCULARIS** *ist eine häufige Blattschneiderbiene. Blätter mit halbrunden Randlöchern zeigen, dass ein Nest in der Nähe ist.*

BESCHÄDIGTES BLATT — Blattstücke wurden ausgeschnitten

ORDNUNG *Hymenoptera.*
FAMILIE *Megachilidae.*
BEKANNTE ARTEN *3000.*
GRÖSSE *0,7–2,1 cm.*
NAHRUNG *Larven: Pollen und Honig. Imagines: Pollen und Nektar.*
BEDEUTUNG *Wichtige Blütenbestäuber.*

Pelz-, Holz- und Kuckucksbienen

Anthophoridae

Kuckucksbienen sind schwarz-gelb oder braun-weiß gezeichnet und haben keine Pollenkörbchen an den Hinterbeinen. Sie sind meist unbehaart und können sehr wespenähnlich aussehen. Pelzbienen sind hummelähnlich und behaart. Holzbienen können in zwei Hauptgruppen unterteilt werden: sehr große, behaarte schwärzliche oder bläuliche Arten und kleinere, relativ unbehaarte, bläulich grüne Arten.

VORKOMMEN *In blütenreichen Lebensräumen, v. a. an sonnigen, offenen Stellen.*

▲ **EUCERA LONGICORNIS**, *eine Langhornbiene, nistet im Boden, oft in Gruppen. Männchen werden von der Bienenragwurz angelockt und versuchen sich mit ihr zu paaren.*

▼ **ANTHOPHORA PLUMIPES**, *die Gemeine Pelzbiene. Männchen sind gelbbraun, Weibchen schwärzlich. Nester werden im Boden oder in Mauerritzen gebaut.*

▲ **XYLOCOPA VIOLACEA**, *die Blaue Holzbiene, ist eine sehr große Art mit lautem Flug, die vor allem in Südeuropa vorkommt. Sie nistet in morschem Holz.*

▲ **NOMADA FLAVA**, *eine Wespenbiene, baut keine eigenen Nester, sondern parasitiert verschiedene Sandbienen, in deren Nester sie ihre Eier legt.*

LARVEN

Die Larven können dick oder schlank sein. Kuckucksbienen entwickeln sich in den Nestern anderer Bienen. Sie töten deren Larven und fressen den Nahrungsvorrat.

ANMERKUNG

Die Arten dieser Familie sind an den langen Rüsseln zu erkennen. Er kann manchmal so lang wie der Körper werden.

ORDNUNG Hymenoptera.
FAMILIE Anthophoridae.
BEKANNTE ARTEN 4200.
GRÖSSE 0,5–2,2 cm.
NAHRUNG Larven: Pollen und Honig. Imagines: Pollen und Nektar.
BEDEUTUNG Wichtige Blütenbestäuber.

Hummeln und Honigbienen

Apidae

VORKOMMEN *In fast allen blütenreichen Lebensräumen. Hummeln sind in nördlichen Regionen und im Gebirge häufig.*

Diese bekannten sozialen Insekten leben in komplexen und oft sehr großen Staaten mit einer Königin, Männchen und unfruchtbaren Arbeiterinnen. Hummeln sind stark behaart mit kräftigem Körper. Die Behaarung ist typischerweise gelb, orangefarben oder schwarz. Honigbienen sind kleiner, schlanker und goldbraun mit heller Behaarung. Die Weibchen der meisten Arten haben eine spezielle Struktur an der Außenseite der Hinterbeine, das Körbchen, in dem sie den Pollen transportieren.

Schwanz weiß · Scutellum gelb · ♂

▲ **PSITHYRUS BARBUTELLUS** *sammelt keinen Pollen. Sie ist eine Kuckuckshummel, die ihre Eier in die Nester von* Bombus hortorum *(rechts) legt, der sie ähnelt.*

▼ **APIS MELLIFERA**, *die Westliche Honigbiene, nistet in Baumhöhlen. Sie wurde domestiziert und bewohnt auch bereitgestellte Bienenstöcke, wo sie Honig, Wachs und weitere Produkte liefert.*

Abdomen vergrößert · KÖNIGIN · ARBEITERIN · DROHNE · Tausende von Arbeiterinnen · SCHWARM

ANMERKUNG

Westliche Honigbienen wurden durch Handel weltweit verbreitet. Noch wichtiger als Honig und Bienenwachs ist das Bestäuben von Nutzpflanzen.

BOMBUS LAPIDARIUS, die Steinhummel, ist in offenen Lebensräumen häufig und nistet im Boden unter Steinen. Das Männchen hat eine gelbe Binde vorne am Thorax.

BOMBUS HORTORUM, die Gartenhummel, hat gelbe Binden vorne und hinten am Thorax und am ersten Abdomensegment und ein weißes Abdomenende.

BOMBUS LAPPONICUS ist eine für Skandinavien, Gebirge und hoch gelegene Moore typische Art. Sie nistet im Boden unter Steinen.

BOMBUS PRATORUM, die Wiesenhummel, lebt in offenem Waldland. Arbeiterinnen haben eine gelbe Thoraxbinde und ein rotes Abdomenende.

BOMBUS LUCORUM, die Helle Erdhummel, ist eine sehr häufige Art, die meist unterirdisch oder in Grasbüscheln nistet.

BOMBUS TERRESTRIS, die Dunkle Erdhummel, ist eine häufige Art.

LARVEN

Die blassen Larven werden in Brutzellen aus Wachs mit Pollen und Honig gefüttert. Zunächst entstehen Arbeiterinnen, später Männchen.

ORDNUNG Hymenoptera.
FAMILIE Apidae.
BEKANNTE ARTEN 1000.
GRÖSSE 0,3–2,7 cm Körperlänge.
NAHRUNG Larven: Pollen, Honig. Imagines: Pflanzen, Honig.
BEDEUTUNG Wichtige Blütenbestäuber.

Weberknechte

Phalangiidae

Die Arten dieser Familie haben einen weichen Körper, manchmal mit vielen dornartigen Fortsätzen. Typische Arten sind bräunlich mit einer dunklen sattelförmigen Zeichnung an der Oberseite. Vorne am Prosoma, dem Vorderleib, befinden sich oft drei dicht beieinander liegenden Dornen. Die Beinglieder können Längsrippen haben, die manchmal bedornt sind. Männchen und Weibchen können sich unterscheiden, vor allem die Chelizeren (Beißwerkzeuge) sind bei Männchen vergrößert.

VORKOMMEN *Unter Steinen und in der Laubstreu in Wald- und Grasland, auch in Häusern.*

ANMERKUNG

Arten dieser Familie sind meist nachtaktiv. Nach Einbruch der Dunkelheit laufen sie auf der Suche nach Nahrung oder Partnern herum. Manche Arten sind tagaktiv. Wenige kommen in Gebäuden vor.

- vorne drei kurze Dornen
- zweites Bein ist bis zu 1,8 cm lang
- Körper rotbraun

◀ **PHALANGIUM OPILIO** *ist eine von wenigen tagaktiven Gartenarten. Männchen (hier abgebildet) haben hornartige Fortsätze an den Chelizeren.*

▲ **OLIGOLOPHUS TRIDENS** *hat einen rotbraunen Körper mit schwarzer, sattelförmiger Zeichnung, die vorne breit und hinten eher parallelseitig ist.*

- Männchen mit Hornfortsätzen an Chelizeren

ORDNUNG *Opiliones.*
FAMILIE *Phalangiidae.*
BEKANNTE ARTEN *200.*
GRÖSSE *1–12 mm.*
NAHRUNG *Junge und ausgewachsene Tiere: räuberisch, Abfallstoffe.*
BEDEUTUNG *Harmlos.*

- helle Seiten
- zweites Bein bis 4 cm lang

▲ **MITOPUS MORIO** *ist variabel gefärbt. Entlang des Rückens verläuft jedoch immer ein breites, sattelförmiges dunkles Band. Er lebt zwischen niedriger Vegetation und in Gebüschen.*

Schildzecken
Ixodidae

Diese abgeplatteten rotgelben bis dunkelbraunen oder fast schwarzen Zecken besitzen eine feste Rückenplatte. Bei Männchen bedeckt sie den ganzen Körper, bei Weibchen und Nymphen – einem Jugendstadium – nur die vordere Hälfte. Das Opisthosoma (Abdomen) ist dehnbar, damit große Blutmahlzeiten an den Wirten aufgenommen werden können. Zecken sind Krankheitsüberträger. So übertragen sie z.B. Viren, die beim Menschen Enzephalitis hervorrufen.

VORKOMMEN *In Grasland, Gebüschen oder Waldland, wo Vögel oder Säugetiere als Wirte vorkommen.*

Hinterleib abgeflacht

Rückenplatte kräftig

IXODES RICINUS, *der Gemeine Holzbock, saugt an verschiedenen Wirten Blut. Er ist grau bis rotbraun, Rückenplatte und Kopf sind dunkel.*

saugende Mundwerkzeuge

ANMERKUNG
Weibchen saugen nach der Paarung Blut. Zur Eiablage fallen sie vom Wirt ab. Jugendstadien sind eine sechsbeinige Larve und eine achtbeinige Nymphe.

ORDNUNG *Acari.*
FAMILIE *Ixodidae.*
BEKANNTE ARTEN *650.*
GRÖSSE *2–10 mm.*
NAHRUNG *Junge und ausgewachsene Zecken: Blutsauger (Säugetiere, Vögel).*
BEDEUTUNG *Schädigen Nutz- und Haustiere.*

Spinnmilben
Tetranychidae

Diese winzigen, weichen Milben sind orangefarben, rot, grünlich oder gelb und sehen spinnenähnlich aus. Sie befallen in großer Zahl Pflanzen, die dadurch helle Flecken bekommen und absterben können. Spinnmilben besitzen im vorderen Teil des Körpers Seidendrüsen und überziehen oft betroffene Pflanzenteile mit einem feinen Gespinst. Zu den befallenen Pflanzen gehören Nutzpflanzen wie Weizen, Zitrusfrüchte und andere Obstbäume, Baumwolle und Kaffee.

VORKOMMEN *In vielen Lebensräumen an Sträuchern, Bäumen und Kräutern*

▼ **TETRANYCHUS URTICAE** *ernährt sich von zahlreichen Pflanzen. Sie überwintert tief in der Laubstreu.*

ANMERKUNG
Die Eier von Spinnmilben sind rötlich, rund und groß. Sie werden an der Rinde der Nahrungspflanzen abgelegt. Die Milben leben an Blattunterseiten.

Färbung orangerot

helle, feine Behaarung

ORDNUNG *Acari.*
FAMILIE *Tetranychidae.*
BEKANNTE ARTEN *650.*
GRÖSSE *0,2–0,8 mm.*
NAHRUNG *Junge und ausgewachsene Milben: Pflanzen.*
BEDEUTUNG *Können Nutzpflanzen schädigen.*

Radnetzspinnen
Araneidae

VORKOMMEN *In vielen Lebensräumen, einschließlich Heidegebieten, Waldland, Gärten und Wiesen.*

Das charakteristischste Merkmal dieser Spinnen sind ihre senkrecht gespannten, runden Netze. Zwischen strahlenförmigen Radien ist die klebrige Fangspirale mit einer Nabe in der Mitte aufgespannt. Die Spinne sitzt meist in der Mitte und wartet auf Beute. Diese Arten haben oft ein sehr großes, eiförmiges Opisthosoma, das leuchtend gefärbt und mit verschiedenen Bändern, Flecken und unregelmäßigen Mustern gezeichnet ist. Sie haben acht Augen, die mittleren vier bilden ein Quadrat, je zwei Paare sitzen weiter seitlich am Kopf.

▲ **ARGIOPE LOBATA** *ist an ihrem seitlich gelappten Opisthosoma zu erkennen. Sie kommt nur in Südeuropa vor und webt kreisförmige Netze in dichter Vegetation.*

ANMERKUNG
Jede Art spinnt ihre Netze auf unterschiedliche Weise. Meist sitzt die Spinne im Zentrum, manche Arten verstecken sich in der Nähe.

▶ **ARGIOPE BRUENNICHI**, *die Wespenspinne, hat gelbe oder cremeweiße und schwarze Bänder auf dem Opisthosoma. Männchen sind viel kleiner als Weibchen.*

▼ **AGALENATEA REDII** *ist eine variabel gezeichnete rotbraune Spinne mit sehr breitem Opisthosoma. Die Netze in Büschen und niedriger Vegetation sind in der Mitte dicht gewoben.*

▶ **ARANIELLA CUCURBITINA**, *die Kürbisspinne, ist sehr klein und hat einen kleinen roten Fleck über den Spinnwarzen. Weibchen haben ein grünes Opisthosoma und sind größer als Männchen.*

▼ **CYCLOSA CONICA** *ruht in der Mitte des Netzes, die Beine sind über dem Prosoma angezogen. Das Opisthosoma ist gescheckt.*

ORDNUNG Araneae.
FAMILIE *Araneidae*.
BEKANNTE ARTEN *4000*.
GRÖSSE *3–16mm*.
NAHRUNG *Junge und ausgewachsene Spinnen: räuberisch.*
BEDEUTUNG *Nützlich und harmlos.*

▲ **ARANEUS MARMOREUS** hat zwei Farbformen. Die seltenere hat ein variabel gezeichnetes, bräunliches Opisthosoma. Die andere (oben) hat ein helleres Opisthosoma, das hinten einen dunklen Fleck trägt.

Beine bedornt

▼ **ARANEUS QUADRATUS**, die Vierfleck-Kreuzspinne, hat vier Flecken auf dem Opisthosoma. Sie spinnt ihre Netze in Heideland niedrig in Sträuchern.

kreuzförmige Zeichnung

▲ **ARANEUS DIADEMATUS**, die Garten-Kreuzspinne, ist sehr häufig. Sie ist variabel gefärbt, hat aber immer eine kreuzförmige Hinterleibszeichnung.

▶ **LARINIOIDES CORNUTUS** spinnt ihre Netze zwischen Gräsern und anderen Pflanzen, oft bei Süßgewässern oder an der Küste. Das Weibchen ist weniger typisch gezeichnet.

vier helle Flecken auf Opisthosoma

dunkler, abgeflachter Körper

Ophistosoma gemustert

▲ **NUCTENEA UMBRATICA**, die in Nordeuropa vorkommt, versteckt sich tagsüber unter der Rinde toter Bäume oder in anderen Spalten und spinnt Netze, um nachts fliegende Insekten zu fangen.

Finsterspinnen

Amaurobiidae

Diese kleinen Spinnen weben unregelmäßige, trichterförmige Netze, die in verborgene Röhren übergehen. Die Seide schimmert bläulich, wenn sie frisch ist. Die Spinnen haben ein dunkel rotbraunes Prosoma und acht Augen in zwei Reihen. Das Opisthosoma ist dunkel oder graubraun mit heller, manchmal gezackter Zeichnung.

VORKOMMEN *Netze findet man in Löchern in Mauern, unter Rinde, Steinen und in der Laubstreu.*

NETZ

- trichterförmiger Röhreneingang
- Hinterleibszeichnung bei beiden Geschlechtern ähnlich
- Prosoma vorne dunkel

▼ **AMAUROBIUS FENESTRALIS** *spinnt ihre Netze unter der Rinde alter Bäume, meist findet man sie jedoch in den Spalten von Steinmauern.*

ANMERKUNG

Wenn man eine schwingende Stimmgabel an den Eingang hält, lockt man die Spinne aus dem Versteck. Das Netz wird nachts gesponnen.

ORDNUNG Araneae.
FAMILIE Amaurobiidae.
BEKANNTE ARTEN 350.
GRÖSSE 4–14 mm Körperlänge.
NAHRUNG Junge und ausgewachsene Spinnen: räuberisch.
BEDEUTUNG Nützlich und harmlos.

Jagd- oder Raubspinnen

Pisauridae

Diese langbeinigen Spinnen ähneln in Verhalten und Aussehen den Wolfsspinnen (rechts), unterscheiden sich aber in der Größe ihrer Augen. Von vorne betrachtet sind die beiden Augen, die die zweite Reihe bilden, sehr klein. Das Prosoma ist oval mit Längsstreifen. Diese Spinnen weben keine Netze. Sie jagen am Boden, auf der Oberfläche stehender Gewässer und auf Wasserpflanzen.

VORKOMMEN *Verbreitet in Grasland, Heidegebieten, an Waldrändern, auch in Sümpfen.*

- weißer Streifen
- heller seitlicher Streifen
- lange, kräftige Beine
- Eikokon wird mit den Chelizeren transportiert

▼ **DOLOMEDES FIMBRIATUS**, *die Gerandete Jagdspinne, lebt am Wasser und jagt auf der Wasseroberfläche Beute.*

▲ **PISAURA MIRABILIS** trägt hier einen Eikokon. Weibchen bauen zeltförmige Gespinste, in denen die Jungspinnen schlüpfen.

ORDNUNG Araneae.
FAMILIE Pisauridae.
BEKANNTE ARTEN 550.
GRÖSSE 1–2,2 cm.
NAHRUNG Junge und ausgewachsene Spinnen: räuberisch.
BEDEUTUNG Nützlich und harmlos.

Wolfsspinnen

Lycosidae

Der Körper ist bei Wolfsspinnen dicht behaart. Diese Spinnen haben eine hohe Sehkraft, um Beute jagen zu können. Sie haben acht Augen: Vier kleine in einer Reihe vorne, darüber ein viel größeres, nach vorne gerichtetes Paar. Ein weiteres Paar sitzt weiter hinten und ist zur Seite gerichtet. Weibchen tragen ihre Eier oft in einem Kokon mit sich herum, der an ihren Spinnwarzen befestigt ist. Wenn die Jungspinnen schlüpfen, trägt die Mutter sie manchmal auf dem Rücken. Die meisten leben aber in der Laubstreu.

VORKOMMEN Fast überall in niedriger Vegetation, wie Grasland und Marschen.

dunkle Flecken

▼ **PARDOSA LUGUBRIS** lebt in bewaldeten Gebieten. Weibchen sind nicht so dunkel wie Männchen und haben weniger auffällige Streifen.

gestreifte Beine

helle Chelizeren

▲ **LYCOSA NARBONENSIS** lebt in einem Bau, aus dem sie hervorkommt, um Beute zu fangen. Die große Spinne kann schmerzhaft beißen.

Färbung hellbraun bis schwarz

Beine deutlich gebändert

▲ **ARCTOSA PERITA** lebt in sandigem Boden in Heidegebieten und Dünen. Die Färbung hängt vom Lebensraum ab.

auffälliger heller Mittelstreifen

▼ **PIRATA PIRATICUS** ist in nordeuropäischen Feuchtgebieten häufig. Sie bewegt sich schnell über Wasser und Pflanzen und kann kleine Sprünge machen.

▶ **TROCHOSA RURICOLA** jagt nach Einbruch der Dunkelheit. Sie lebt unter Steinen oder in der Laubstreu in Feuchtgebieten.

helle Ränder

gelbe Zeichnung

heller Mittelstreifen

dunkelbraun

ORDNUNG Araneae.
FAMILIE Lycosidae.
BEKANNTE ARTEN 3000.
GRÖSSE 4–20mm.
NAHRUNG Junge und ausgewachsene Spinnen: räuberisch.
BEDEUTUNG Nützlich und harmlos.

Trichterspinnen

Agelenidae

Diese Spinnen weben ein flaches Netz, das am Rand in eine trichterförmige Röhre mündet. Sie sind oft langbeinig. Das Prosoma ist vorne schmal und trägt acht kleine, dicht stehende Augen. Das Opisthosoma ist eher schlank, oval und kann gemustert sein.

VORKOMMEN *In Grasland, Wiesen, Gärten und ähnlichen Lebensräumen, oft in Häusern.*

▶ **AGELENA LABYRINTHICA**, *die Labyrinthspinne, spinnt ein flaches Netz in niedriger Vegetation oder Büschen und zieht sich in die Röhre zurück.*

- gezackte Zeichnung
- lange Beine
- trichterförmige Röhre
- Opisthosoma oval

▲ **TEGENARIA DUELLICA** *ist in Häusern und Gärten häufig. Die großen Tiere, die man im Haus oft sieht, sind meist Männchen, die Partnerinnen suchen.*

ORDNUNG Araneae.
FAMILIE Agelenidae.
BEKANNTE ARTEN 700.
GRÖSSE 4–16 mm Körperlänge.
NAHRUNG Junge und ausgewachsene Spinnen: räuberisch.
BEDEUTUNG Völlig harmlos.

Zitterspinnen

Pholcidae

Diese Spinnen weben unregelmäßige Netze mit Zickzackfäden. Sie wickeln ihre Beute schnell in Seide ein, bevor sie sie beißen. Das Prosoma ist im Umriss rund, die Beine sind viel länger als der Körper. So können diese Spinnen auf den ersten Blick Schnaken ähneln (S. 536). Am Kopf sitzt ein Paar kleiner Augen, das von zwei Dreiergruppen dicht stehender Augen umgeben ist.

VORKOMMEN *In Höhlen und Gebäuden, vor allem unter der Decke und in dunklen Ecken.*

ANMERKUNG

Die Männchen ähneln den Weibchen, haben aber ein schlankes Opisthosoma und sind etwas kleiner. Die Paarung kann Stunden dauern.

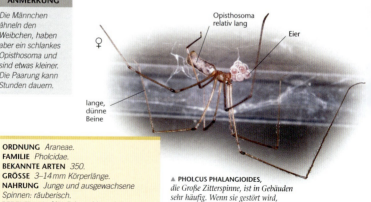

- Opisthosoma relativ lang
- Eier
- lange, dünne Beine

▲ **PHOLCUS PHALANGIOIDES**, *die Große Zitterspinne, ist in Gebäuden sehr häufig. Wenn sie gestört wird, bringt sie ihren Körper und das Netz zum Vibrieren, um Feinde zu verwirren.*

ORDNUNG Araneae.
FAMILIE Pholcidae.
BEKANNTE ARTEN 350.
GRÖSSE 3–14 mm Körperlänge.
NAHRUNG Junge und ausgewachsene Spinnen: räuberisch.
BEDEUTUNG Nützlich und harmlos.

Krabbenspinnen

Thomisidae

Diese Spinnen haben eine kauernde Gestalt und bewegen sich seitwärts. Das Prosoma ist nahezu rund, das Opisthosoma kurz und oft abgestumpft. Die ersten beiden Beinpaare, mit denen Beute gepackt wird, sind größer und stacheliger als die anderen beiden und weisen oft nach vorne. Am Kopf sitzen acht kleine, dunkle, gleich große Augen in zwei Reihen.

VORKOMMEN *An verschiedenen Pflanzen, vor allem in den Blütenköpfen, auch an Baumrinde.*

TIBELLUS OBLONGUS *verbirgt sich zwischen Gräsern, indem sie die Beine parallel zur Blattspreite ausgestreckt hält.*

Tarnhaltung
untere Beinhälfte heller

XYSTICUS CRISTATUS, *die Braune Krabbenspinne, hat eine Tarnfärbung, um zwischen trockenen Blättern auf dem Boden zu verschmelzen, wo sie auf Beute lauert.*

rötliches Opisthosoma kontrastiert mit grünlichem Prosoma

DIAEA DORSATA *lässt sich bei Störung an einem Faden fallen und hält die ersten beiden Beinpaare seitlich ausgestreckt.*

ANMERKUNG

Krabbenspinnen verlassen sich auf ihre gute Tarnung, wenn sie ihrer Beute auflauern. Manche Arten können ihre Färbung tagsüber verändern.

WEISSE FORM

♀
dunkle Streifen am Prosoma
große Vorderbeine

großes Opisthosoma

Chelizeren
GELBE FORM
Pedipalpen

♀ **MISUMENA VATIA**, *die Veränderliche Krabbenspinne. Weibchen sind weiß oder gelb und passen ihre Färbung dem Hintergrund an. Männchen sind viel kleiner mit dunkler Zeichnung.*

lange Beine

PHILODROMUS AUREOLUS *lebt am Boden oder in Bodennähe. Das Männchen ist dunkel gezeichnet, das Weibchen größer und hellbraun.*

♂
leicht schillernd

ORDNUNG *Araneae.*
FAMILIE *Thomisidae.*
BEKANNTE ARTEN *2500.*
GRÖSSE *3–12 mm Körperlänge.*
NAHRUNG *Junge und ausgewachsene Spinnen: räuberisch.*
BEDEUTUNG *Nützlich und harmlos.*

Fischernetzspinnen

Segestriidae

VORKOMMEN *Leben in röhrenförmigen Bauen in Mauern, manchmal in Rinde.*

Die sechs Augen der Arten dieser Familie sind in drei Gruppen zu je zweien angeordnet – einem dicht beieinander liegenden Paar in der Mitte, das nach vorne blickt, und zwei Paaren an jeder Seite. Ein gutes Erkennungsmerkmal ist, dass die ersten drei Beinpaare nach vorne weisen. Fischernetzspinnen spannen Signalfäden, die strahlenförmig vom Eingang des Nestes ausgehen.

Seidenröhre

dunkles Prosoma

◀ **SEGESTRIA SENOCULATA** *bewohnt tunnelförmige Baue in Mauern und Rinde, die von Signalfäden umgeben sind. So nimmt die Spinne Beute in geeigneter Größe wahr.*

ORDNUNG *Araneae.*
FAMILIE *Segestriidae.*
BEKANNTE ARTEN *100.*
GRÖSSE *0,7–2,1 cm.*
NAHRUNG *Junge und ausgewachsene Spinnen: räuberisch.*
BEDEUTUNG *Harmlos.*

Steinläufer

Lithobiidae

VORKOMMEN *In Spalten, vor allem im Waldland, auch in Grasland, im Hochland und an der Küste.*

Viele Steinläufer sind rotbraun, der Körper ist hart und flach. Die Platten, die die Oberseite des Körpers bedecken, sind abwechselnd groß und klein. Von den 15 Beinpaaren sind die letzten beiden Paare länger als die anderen. Die Antennen sind schlank und zugespitzt.

▶ **LITHOBIUS VARIEGATUS** *ist in Laubwäldern in der Laubstreu häufig. Er klettert auf Nahrungssuche an Bäumen empor.*

Giftklaue

Beine hell und dunkel gebändert (oft schwierig zu erkennen)

ORDNUNG *Lithobiida.*
FAMILIE *Lithobiidae.*
BEKANNTE ARTEN *1500.*
GRÖSSE *0,6–3,8 cm.*
NAHRUNG *Junge und ausgewachsene Tiere: räuberisch.*
BEDEUTUNG *Harmlos.*

Schnurfüßer

Julidae

Zu dieser Familie gehören kurze, blasse Arten und längere dunkle oder schwarze Arten mit rötlichen Streifen. Die meisten haben einen kräftigen Körper und sind relativ breit. Sie sind im Querschnitt rund. Sie bewegen sich langsam und können sich so durch den Boden und die Laubstreu schieben.

VORKOMMEN *In Grasland, Heide, Wäldern, meist im Boden, der Laubstreu oder unter Steinen.*

ANMERKUNG

Diese große Tausendfüßer-Familie spielt beim Abbau und der Wiederverwertung der Nährstoffe in Erde und Laubstreu eine große Rolle.

zwei gelbbraune Streifen entlang des Körpers

▲ **OMMATOIULUS SABULOSUS** *ist in Europa weit verbreitet. Der Rückenstreifen kann in Flecken aufgebrochen sein.*

relativ lange Antennen

helle Beine

dunkle Beine

glänzender Körper

ORDNUNG *Julida.*
FAMILIE *Julidae.*
BEKANNTE ARTEN *450.*
GRÖSSE *0,8–5 cm.*
NAHRUNG *Junge und ausgewachsene Tiere: Abfallstoffe, Pflanzen.*
BEDEUTUNG *Harmlos.*

▲ **TACHYPODOIULUS NIGER** *ist relativ groß und glänzend. Er weidet oft Moos und Algen an Bäumen und Sträuchern ab.*

Saftkugler

Glomeridae

VORKOMMEN In vielen Lebensräumen, vor allem in Waldland, auf Weiden und in Agrarland.

Saftkugler sind klein, der Rumpf hat 13 Segmente. Sie können sich zu einem Ball einrollen, in dem der Kopf verborgen ist. Saftkugler sind nicht mit Rollasseln (rechts) zu verwechseln, die sich ebenfalls zum Schutz einrollen. Saftkugler besitzen wesentlich mehr Beine, zwei an jedem Körpersegment. Wenn die Jungen schlüpfen, haben sie nur drei Beinpaare. Erst ausgewachsen haben sie die volle Anzahl von 15 Beinpaaren.

kräftiger, glänzender Körper

sattelförmiges Segment hinter dem Kopf

◀ **GLOMERIS MARGINATA** ist weit verbreitet und häufig. Der Körper glänzt stärker als der einer Rollassel.

eingerollte Haltung

ORDNUNG Glomerida.
FAMILIE Glomeridae.
BEKANNTE ARTEN 200.
GRÖSSE 0,2–2 cm.
NAHRUNG Junge und ausgewachsene Tiere: Abfallstoffe, Pflanzen.
BEDEUTUNG Harmlos.

Asseln

Porcellionidae

VORKOMMEN In verrottendem Falllaub an feuchten Stellen.

Die Körperoberfläche dieser Asseln kann glatt und leicht glänzend oder rau sein und ist meist grau oder graubraun und gemustert. Der letzte Abschnitt der Antennen, das Flagellum, besteht aus zwei Gliedern. Der Körper einiger Arten ist schmal, und sie laufen schnell. Asseln geben Ammoniak ab, deshalb verströmen große Kolonien einen typischen Geruch.

Oberfläche rau

Flagellum mit zwei Gliedern

◀ **PORCELLIO SCABER**, die Kellerassel, ist meist grau, kann aber manchmal gelblich oder orangefarben getönt und gesprenkelt sein.

sieben Laufbeinpaare

Körpersegmente grau

ORDNUNG Isopoda.
FAMILIE Porcellionidae.
BEKANNTE ARTEN 500.
GRÖSSE 9–20 mm.
NAHRUNG Junge und ausgewachsene Asseln: Abfallstoffe, Exkremente.
BEDEUTUNG Harmlos.

Rollasseln

Armadillidiidae

Diese hellbraunen bis schwarzen Asseln mit gelben Flecken haben einen aufgewölbten Körper und einen gerundeten Hinterrand. Wenn sie sich bedroht fühlen, können sich viele Arten zu einem Ball zusammenrollen, um sich zu schützen. Manche Arten, wie *Armadillidium vulgare* und *A. pictum*, bilden einen perfekteren Ball als andere.

VORKOMMEN *Von Küsten bis in Gebirgsregionen; in der Laubstreu und Abfällen in Waldland und Gärten.*

zur Verteidigung eingerollt

Körper aufgewölbt

Flagellum mit zwei Gliedern

ORDNUNG Isopoda.
FAMILIE Armadillidiidae.
BEKANNTE ARTEN 250.
GRÖSSE 5–20 mm.
NAHRUNG Junge und ausgewachsene Asseln: Abfallstoffe, Pflanzen, Exkremente.
BEDEUTUNG Harmlos.

▲ **ARMADILLIDIUM VULGARE** *kann trockenere Bedingungen ertragen als andere Arten, kommt aber an ähnlichen Stellen vor.*

ANMERKUNG

Rollasseln haben mehrere schmale Schwanzsegmente, Saftkugler hingegen nur ein einziges breites. Erstere rollen sich zu einem lockereren Ball ein.

Schwimmkrabben

Portunidae

Zur Familie der Schwimmkrabben gehört auch die Strandkrabbe. Die Krabben dieser Gruppe haben einen typischen trapezförmigen Panzer, der vorn breit und hinten schmal ist. Sein Rand weist zwischen den Augen drei stumpfe und rechts und links davon fünf scharfe Zähne auf. Die Farbe des Panzers ist bei erwachsenen Tieren graugrün bis bräunlich oder rötlich. Die Tiere sind meistens nachtaktiv und fressen Muscheln.

VORKOMMEN *In allen Küstenlebensräumen, von Felsküsten bis Salzmarschen.*

Vorderbeine zu Scheren umgewandelt

meist grünlich, mit dunklen Flecken

▶ **CARCINUS MAENAS**, *die Gemeine Strandkrabbe, findet man an den nordeuropäischen Küsten in der Gezeitenzone und bis in Tiefen von 400 m.*

ORDNUNG Decapoda.
FAMILIE Portunidae.
BEKANNTE ARTEN 120.
GRÖSSE Panzer bis zu 9 cm breit.
NAHRUNG Räuber und Aasfresser.
BEDEUTUNG Einige Arten wurden verschleppt und breiten sich sehr schnell aus.

Taschenkrebse

Cancridae

VORKOMMEN *An vielen europäischen Küsten von der Gezeitenzone bis in 100 m Tiefe.*

Diese Krabben sind meist kräftig gebaut und besitzen einen ovalen Panzer, der bei der am besten bekannten Art, dem Taschenkrebs, an den Rändern regelmäßige Einkerbungen aufweist. Die Scheren der Männchen sind meistens größer als die der Weibchen. Taschenkrebse sind nachtaktiv, um Räubern wie Robben oder Seewölfen zu entgehen, und verstecken sich tagsüber in Spalten oder vergraben sich im Substrat. Sie fressen Weichtiere, kleine Fische, andere Krebstiere und Stachelhäuter.

Hinterleib unter den Körper geklappt

ovaler Körper

große Schere mit schwarzer Spitze

◀ **CANCER PAGURUS**, *der Taschenkrebs, ist orangebraun gefärbt und an seiner Größe sowie den schwarzen Scherenspitzen zu erkennen.*

ORDNUNG *Decapoda.*
FAMILIE *Cancridae.*
BEKANNTE ARTEN *15.*
GRÖSSE *Panzer bis zu 25 cm breit.*
NAHRUNG *Räuber und Aasfresser.*
BEDEUTUNG *Einige der Arten sind kommerziell von Bedeutung.*

Felsengarnelen

Palaemonidae

VORKOMMEN *An Felsküsten und in Seegraswiesen bis in 50 m Tiefe.*

Garnelen haben einen langgestreckten Körper mit zylindrischem Panzer und einem aus sechs Segmenten bestehenden Hinterleib. Der Panzer setzt sich in Form eines Rostrums nach vorn fort. Es kann gerade oder gebogen sein und eine Anzahl scharfer, zahnähnlicher Fortsätze an den oberen und unteren Rändern tragen.

gestielte Augen

▲ **PALAEMON ELEGANS**, *die Kleine Felsengarnele, wird 6 cm lang und bewohnt Gezeitentümpel an Felsküsten.*

braune, gelbe und blaue Flecken

ORDNUNG *Decapoda.*
FAMILIE *Palaemonidae.*
BEKANNTE ARTEN *425.*
GRÖSSE *Bis zu 15 cm lang.*
NAHRUNG *Räuber und Aasfresser.*
BEDEUTUNG *Einige der Arten werden kommerziell gefangen.*

Seepocken

Balanidae

Seepocken sind sessile Krebstiere, die dauerhaft am Untergrund befestigt und von einer Kalkhülle umgeben sind. Diese Hülle besteht aus vier bis sechs unregelmäßig geformten Platten und nimmt mit dem Wachstum des Krebses an Größe zu. Seepocken filtern ihre Nahrung mit einem Paar spezieller, federartiger Rankenfüße aus dem Wasser. Der erzeugte Wasserstrom leitet die winzigen planktonischen Nahrungspartikel zum Maul des Krebses.

VORKOMMEN Sitzen an Felsen in der Gezeitenzone; können auch Wasser mit geringem Salzgehalt besiedeln.

kegelförmiges Profil

bei Enge eher säulenförmiger Wuchs

▶ **SEMIBALANUS BALANOIDES**, die Gemeine Seepocke, ist die im Norden am weitesten verbreitete Art. Sie besitzt im Gegensatz zu anderen Seepockenarten keine verkalkte Basis.

ORDNUNG Thoracica.
FAMILIE Balanidae.
BEKANNTE ARTEN 45.
GRÖSSE Bis 15 cm Durchmesser und Höhe.
NAHRUNG Filtrierer.
BEDEUTUNG Können durch den Bewuchs Schiffsrümpfe schädigen.

Strandschnecken

Littorinidae

Strandschnecken besitzen stabile kegelförmige oder rundliche Gehäuse, die spitz zulaufen. Manche Arten sind leuchtend orange oder rot gefärbt und weisen kontrastreiche Streifen auf, doch die meisten sind einfach graubraun. Das Gehäuse trägt feine Rillen und die Lippe der Mündung ist schmal.

VORKOMMEN Mit Algen bewachsene Felsküsten. Auch in brackigen Ästuarien.

rundes Gehäuse

kurze, scharfe Spitze

meist dunkle graubraune Farbe

▲ **LITTORINA LITTOREA**, die Große Strandschnecke, ist die größte und am weitesten verbreitete Art. Das Gehäuse ist dunkelgrau bis -braun, trägt feine Rillen und läuft spitz zu.

ORDNUNG Mesogastropoda.
FAMILIE Littorinidae.
BEKANNTE ARTEN 75.
GRÖSSE Gehäuse bis zu 4 cm hoch.
NAHRUNG Algen.
BEDEUTUNG Manche Arten werden gesammelt und gegessen.

Napfschnecken

Patellidae

Mit ihrer unverwechselbaren konischen Schale, die kein Operculum (Deckel) aufweist, können sich Napfschnecken kaum lösbar an den Untergrund heften, um dem Trockenfallen standzuhalten. Die Gehäuse mancher Arten sind hoch, wohingegen andere flacher sind. Oft weisen sie radial verlaufende Riefen und deutliche konzentrische Wachstumsringe auf. Auf größeren Exemplaren können sich Seepocken ansiedeln.

VORKOMMEN *Haftet fest auf Steinen der Gezeitenzone, vor allem an Felsküsten. In dichten Tangfeldern nicht sehr verbreitet.*

muskulöser Fuß

konisches Gehäuse

▶ **PATELLA VULGATA**, *die Gemeine Napfschnecke, hat als Ruheplatz eine flache, von ihr angelegte Vertiefung im Fels, zu der sie immer wieder zurückkehrt.*

ORDNUNG Archaeogastropoda.
FAMILIE Patellidae.
BEKANNTE ARTEN 8.
GRÖSSE *Durchmesser meist unter 6 cm.*
NAHRUNG *Algen.*
BEDEUTUNG *Kann Schiffsrümpfe beschädigen. Wird manchmal gegessen.*

Schlammschnecken

Lymnaeidae

Die Gehäuse der Schlammschnecken laufen meist in eine schlanke Spitze aus. Die Mündung ist recht groß und wird nicht von einem Operculum verschlossen. Die meisten Arten sind in verschiedenen Braun-, Gelb- und Creme-Schattierungen unauffällig gefärbt. Die Oberfläche des Gehäuses trägt feine Riefen, die parallel zur Lippe der Mündung verlaufen.

VORKOMMEN *Sehr häufig in gut bewachsenen Teichen und Seen, oft in Nähe der Oberfläche.*

spitzes Gehäuse

◀ **LYMNAEA STAGNALIS**, *die Spitzhornschnecke, frisst Pflanzen und Aas, greift jedoch auch andere Schnecken, Insektenlarven und sogar kleine Fische und Molche an.*

großer Kopf mit zwei flachen Fühlern

ORDNUNG Pulmonata.
FAMILIE Lymnaeidae.
BEKANNTE ARTEN 100.
GRÖSSE *Bis zu 8 cm lang; Spitzhornschnecke (Lymnaea stagnalis) bis zu 6 cm lang.*
NAHRUNG *Allesfresser.*
BEDEUTUNG *Harmlos.*

Schnirkelschnecken
Helicidae

Schnirkelschnecken atmen Luft. Ihr muskulöser Fuß sondert bei der Fortbewegung Schleim ab. Die Gehäuse können abhängig von der Art flach, kegelförmig oder rund sein. Oft sind sie dick und gescheckt oder auf andere Art gemustert, obwohl manche auch dünn und fast durchsichtig sind. Der Kopf hat vier Tentakel, von denen das obere Paar die Augen trägt. Das Maul enthält die Radula, eine raue »Zunge« zum Abraspeln der Nahrung.

VORKOMMEN *Verschiedenste Lebensräume von Dünen und Gebirgen bis zu Weiden und Wäldern.*

- hartes, dünnes Gehäuse
- bräunliches, gelb gezeichnetes Gehäuse
- bräunliche Fühler

▶ **HELIX ASPERSA**, *die Gefleckte Weinbergschnecke, ist mit Ausnahme des hohen Nordens in Europa weit verbreitet.*

ORDNUNG *Pulmonata.*
FAMILIE *Helicidae.*
BEKANNTE ARTEN *230.*
GRÖSSE *Bis zu 5 cm hoch.*
NAHRUNG *Pflanzen- und Aasfresser.*
BEDEUTUNG *Wichtige Nahrung für andere Arten; manche Arten im Garten schädlich.*

Egelschnecken
Limacidae

Diese Schnecken besitzen als Überreste eines ursprünglichen Gehäuses ein Kalkplättchen, das meist vollständig vom Mantelgewebe eingeschlossen ist. Ein Kiel zieht sich die Körpermitte entlang. Das Pneumostom, die Atemöffnung der Lunge, liegt auf der rechten Körperseite hinter der Mitte des Mantels.

VORKOMMEN *Gärten, Wiesen, Hecken und Ackerland.*

Pneumostom

▲ **DEROCERAS RETICULATUM**, *die Genetzte Ackerschnecke, ist in Europa weit verbreitet und hier vermutlich auch ursprünglich heimisch. Sie wird bis zu 5 cm lang. Das Muster des Mantels erinnert an einen Fingerabdruck.*

ORDNUNG *Pulmonata.*
FAMILIE *Limacidae.*
BEKANNTE ARTEN *15.*
GRÖSSE *Bis zu 30 cm lang.*
NAHRUNG *Pflanzen und Aas.*
BEDEUTUNG *Manche Arten sind nennenswerte Schädlinge in der Landwirtschaft.*

Wegschnecken

Arionidae

VORKOMMEN *In allen Landlebensräumen – Gärten, Parks, Weiden und Wiesen.*

Diese Schnecken besitzen ein winziges Gehäuse, das vom Mantel umschlossen ist. Die Atemöffnung befindet sich vor der Mitte des Mantels. Der Kopf besitzt zwei Tentakelpaare, von denen das obere die Augen trägt. Bei Störungen können sich Wegschnecken zu einer Halbkugel zusammenziehen. Wie alle an Land lebenden Schnecken sind sie in der Nacht oder bei feuchtem Wetter aktiv.

längs gerippte Mantelstruktur

glatter Mantel

Atemöffnung

zwei Paar Tentakel

◀ **ARION ATER**, *die Schwarze Wegschnecke, kann auch rötlich, hellorange oder grau gefärbt sein. Sie ist in allen Landlebensräumen anzutreffen. Jungtiere sind hell, weißlich oder grünlich mit gelben Flecken gefärbt. Sie werden mit dem Alter dunkler.*

ORDNUNG Pulmonata.
FAMILIE Arionidae.
BEKANNTE ARTEN 40.
GRÖSSE Bis zu 20 cm lang.
NAHRUNG Pflanzen und Aas.
BEDEUTUNG Manche Arten sind nennenswerte Gartenschädlinge.

Miesmuscheln

Mytilidae

VORKOMMEN *An Hartsubstraten an Felsküsten, oft in dichten Muschelbänken.*

Miesmuscheln sind Mollusken mit zweiteiliger Schale, die sich meist mit von einer Drüse im Fuß abgegebenen Byssusfäden am Substrat verankern. Manche vergraben sich auch im Sand. Die Schalen sind grob dreieckig bis birnenförmig, glattrandig und weisen konzentrische Wachstumsringe auf. Eine als Periostracum bezeichnete Schicht kann dünn oder kräftig ausgebildet sein. Sie bedeckt die Oberfläche der Schale. Miesmuscheln filtern Bakterien, Plankton und organische Teilchen aus dem Wasser.

dunkelblau bis violett

Schale mit konzentrischen Linien

◀ **MYTILUS EDULIS**, *die Miesmuschel, ist eine wichtige Nahrungsquelle für viele Meerestiere und Vögel wie die Eiderente (S. 317) und den Austernfischer (S. 337).*

ORDNUNG Mytiloida.
FAMILIE Mytilidae.
BEKANNTE ARTEN 90.
GRÖSSE Bis zu 24 cm lang.
NAHRUNG Filtrierer.
BEDEUTUNG Einige Arten werden kommerziell genutzt; sie können Rohre beschädigen.

Herzmuscheln

Cardiidae

Herzmuscheln haben herzförmige Schalen mit sich in Größe und Form gleichenden Hälften. Die Schalen sind stabil und weisen üblicherweise viele radiär verlaufende Rillen auf. Bei manchen Arten finden sich hier stumpfe Fortsätze oder kräftige scharfe Stacheln. Zwei Schließmuskeln halten die beiden Schalenhälften zusammen. Die gewellten oder gesägten Ränder passen genau ineinander.

VORKOMMEN *Etwa 5 cm tief in sandigen, schlammigen und feinkiesigen Böden der Küste.*

geöffnete Herzmuschel

beide Schalenhälften fast gleich geformt

runde, gewölbte Schale

◀ **CERASTODERMA EDULE**, *die Gewöhnliche Herzmuschel, verträgt auch den geringeren Salzgehalt der Flussmündungen, in denen sie in großen Mengen geerntet werden kann.*

ORDNUNG *Veneroida.*
FAMILIE *Cardiidae.*
BEKANNTE *180.*
GRÖSSE *Bis zu 12 cm lang.*
NAHRUNG *Filtrierer.*
BEDEUTUNG *Manche Arten werden kommerziell genutzt; Nahrung für Watvögel.*

Scheidenmuscheln

Solenidae

Scheidenmuscheln kann man sofort an ihren sehr langen, schmalen und gleichgroßen Schalenhälften erkennen, die an ein zusammengeklapptes Rasiermesser erinnern. Die Schalen können gerade oder leicht gebogen sein. Der lange, muskulöse Fuß wird aus einem Ende herausgestreckt, um sich sehr schnell im Sediment eingraben zu können. Das Periostracum löst sich recht leicht von der Schale.

VORKOMMEN *In dauerhaften Röhren im festen Sand der tieferen Küstenzonen. Oft in geschützten Bereichen sehr zahlreich.*

▼ **ENSIS ENSIS**, *die Schwertförmige Scheidenmuschel, ist an der schlanken, leicht gebogenen Schale und an dem rötlichen Fuß zu erkennen.*

helle Schale mit braunen Flecken

muskulöser Fuß

konzentrische Wachstumsringe

ORDNUNG *Veneroida.*
FAMILIE *Solenidae.*
BEKANNTE ARTEN *50.*
GRÖSSE *Bis zu 20 cm lang.*
NAHRUNG *Filtrierer.*
BEDEUTUNG *Manche Arten sind essbar. Auch für andere Tiere eine Nahrungsquelle.*

Eigentliche Aktinien

Actiniidae

Aktinien sind einzeln lebende Organismen, die mit einer Fußscheibe auf einem festen Untergrund sitzen. Der Körper der Aktinie kann sich zusammenziehen und endet in einer Mundscheibe, in deren Mitte sich der Mund befindet. Er ist von langen, mit Nesselzellen bewehrten Tentakeln umgeben. Wenn sie Beute oder einen Feind berühren, schießen die Zellen einen Nesselschlauch ab, der lähmende Gifte enthält.

VORKOMMEN *Alle Felsküstenlebensräume, besonders Gezeitentümpel.*

5–6 Tentakelreihen

Warzenring im oberen Bereich der Säule

◀ **ACTINIA EQUINA**, *die Pferdeaktinie, ist eine typische Aktinie der Gezeitenzone. Die Ebbe überdauert sie als Geleeklumpen auf dem Fels. Sie lebt von der Mitte des Küstenbereichs bis in Tiefen von 10 m.*

an der Luft eingezogene Tentakel

ORDNUNG Actiniaria.
FAMILIE Actiniidae.
BEKANNTE ARTEN 300.
GRÖSSE Bis zu 35 cm Ø, 10 cm Höhe.
NAHRUNG Fleischfressend.
BEDEUTUNG Einige Arten werden in der biomedizinischen Forschung eingesetzt.

Seesterne

Asteriidae

Seesterne sind Stachelhäuter, bei denen meistens fünf Arme einer zentralen Scheibe entspringen. Sie besitzen ein Skelett aus in das Gewebe eingelagerten Kalkelementen. Die Oberfläche der Haut ist mit Warzen, Stacheln und winzigen zangenähnlichen Strukturen bedeckt, die als Pedicellarien bezeichnet werden. Die Unterseiten der Arme tragen zahlreiche Füßchen, mit denen sich die Tiere fortbewegen und ihre Beute ergreifen.

VORKOMMEN *An Felsenküsten, besonders an Muschelbänken, wo die Tiere große Schäden verursachen können.*

Oberseite mit einer Reihe stumpfer Stacheln versehen

◀ **ASTERIAS RUBENS**, *der Gemeine Seestern, besitzt meistens fünf Arme. Seine Farbe reicht von einem rötlichen Orange bis zu Braun- oder Violetttönen.*

ORDNUNG Forcipulatida.
FAMILIE Asteriidae.
BEKANNTE ARTEN 60.
GRÖSSE Bis zu 90 cm Ø.
NAHRUNG Fleisch und Aasfresser.
BEDEUTUNG Nahrung anderer Meerestiere. In biomedizinischer Forschung verwendet.

Schlundegel

Erpobdellidae

Diese Egel, die kein Blut saugen, werden auch als Schlinger bezeichnet, da sie ihre Beute, zu der Würmer, Insektenlarven und Krebstiere gehören, am Stück verschlingen. Die Egel haben einen drehrunden oder leicht abgeplatteten Körper und sind bräunlich oder gelblich gefärbt. Am Kopf sitzt ein kleiner Saugnapf, doch die kräftigen Kiefer fehlen, die man in anderen Egelfamilien findet.

VORKOMMEN Flüsse, Teiche, Seen, Sümpfe; Egel vertragen auch organisch belastetes Wasser.

schlanker Körper

◀ **ERPOBDELLA OCTOCULATA**, der Gemeine Hundeegel, wird bis zu 4 cm lang. Der leicht abgeplattete Körper trägt verschiedene dunkle Muster. Der Kopf dieser Art trägt acht winzige Augen in zwei Reihen. Er frisst Zuckmückenlarven (S. 535) und kleine Würmer.

abgerundeter Kopf

ORDNUNG Arhynchobdellida.
FAMILIE Erpobdellidae.
BEKANNTE ARTEN 50.
GRÖSSE Bis zu 6 cm lang.
NAHRUNG Räuber und Aasfresser.
BEDEUTUNG Zur Kontrolle der Süßwasserqualität eingesetzt.

Regenwürmer

Lumbricidae

Regenwürmer besitzen segmentierte Körper. Acht kurze, steife Borsten an jedem Segment dienen der Fortbewegung. Geschlechtsreife Exemplare besitzen einen verdickten Körperabschnitt, das Clitellum. Es ist für die Paarung notwendig, und seine Sekrete bilden einen Kokon um die Eier. Regenwürmer graben senkrechte Röhren in die Erde und kommen zur Oberfläche, um sich zu paaren und zu fressen.

VORKOMMEN In der Erde der meisten Landlebensräume weit verbreitet.

ORDNUNG Haplotaxida.
FAMILIE Lumbricidae.
BEKANNTE ARTEN 350.
GRÖSSE Bis zu 30 cm lang.
NAHRUNG Pflanzen, organische Reste.
BEDEUTUNG Wichtig für die Bodenaufbereitung. Nahrungsquelle für Wirbeltiere.

verdicktes Clitellum

abgeplattetes Schwanzende

▲ **LUMBRICUS TERRESTRIS**, der Gemeine Regenwurm oder Tauwurm, plattet sein Körperende ab, um sich in seiner Röhre zu verankern. Die häufigen Würmer können Bestandsdichten von 40 Würmern pro Quadratmeter erreichen.

Register

A
Aal, Europäischer 432
Aaskäfer 514
Abend-Pfauenauge 483
Abendsegler 287
Abramis brama 429
Abraxas grossulariata 466
Acanthocinus aedilis 526
Accipiter gentilis 332
– *nisus* 332
Acer campestre 25
– *monspessulanum* 25
– *opalus* 25, 26
– *platanoides* 26
– *pseudoplatanus* 25
– *saccharum* 26
Aceras anthropophorum 208, 213
Achateule 479
Acherontia atropos 484
Acheta domestica 491
Achillea millefolium 173
– *ptarmica* 173
Acilius sulcatus 513
Acker-Ehrenpreis 157
Acker-Gänsedistel 185, 186
Acker-Gauchheil 127
Acker-Hellerkraut 70, 71
Acker-Kratzdistel 181
Acker-Krummhals 140
Acker-Minze 149, 151
Acker-Schachtelhalm 225, 226
Acker-Stiefmütterchen 109, 110, 159
Acker-Vergissmeinnicht 141
Acker-Winde 137, 138
Acker-Zahntrost 159, 160
Ackerschnecke, Genetzte 575
Ackersenf 68
Aconitum napellus 144
Acorus calamus 202
Acrididae 494
Acrocephalus arundinaceus 383
– *palustris* 382
– *schoenobaenus* 382
– *scirpaceus* 382
Actinia equina 578
Actiniidae 578
Actitis hypoleucos 346
Adalia bipunctata 525
Adler, Fisch- 326
– Schlangen- 326
– See- 331
– Stein- 331
Adlerfarn 222
Admiral 453
Adonis annua 60
Adonislibelle, Frühe 488
Adonisröschen, Herbst- 60, 127
Aedes albopictus 537
Aegithalos caudatus 390
Aegolius funereus 360, 361
Aegopodium podagraria 118
Aegypius monachus 331
Aelia acuminata 496
Aesculus ×*carnea* 35
– *hippocastanum* 33, 35
Aeshna cyanea 489
– *grandis* 489
– *mixta* 489
Aeshnidae 489
Aethusa cynapium 116, 117
Affen-Knabenkraut 212
Agabus undulatus 513
Agalenatea redii 562
Agapanthia villosoviridescens 527
Agaricus 241
– *arvensis* 244
– *campestris* 244
– *lutosus* 244
– *macrocarpus* 244
– *nivescens* 244
– *xanthodermus* 245

Agelena labyrinthica 566
Agelenidae 566
Agrimonia eupatoria 83
Agrius convolvuli 483
Agrostis capillaris 229
– *stolonifera* 229
Agrotis exclamationis 478
Ahorn, Berg- 25, 26
– Feld- 25
– Felsen- 25
– Italienischer 26
– Schneeballblättriger 25
– Spitz- 25, 26
– Zucker- 26
Ährige Teufelskralle 163
Ajuga chamaepitys 105
– *pyramidalis* 143
– *reptans* 143
Akelei, Gewöhnliche 60
– Schwarzviolette 60
Akeleiblättrige Wiesenraute 64
Aktinien 578
Alauda arvensis 371
Alca torda 355
Alces alces 306
Alchemilla vulgaris 83
Alectoris rufa 318
Aleuria aurantia 278
Alisma plantago-aquatica 189
Alle alle 356
Alliaria petiolata 67
Allium pendulinum 193
– *triquetrum* 193
– *ursinum* 193
Alnus glutinosa 28
Alopecurus geniculatus 228
– *pratensis* 228
Alpen-Apollo 441
Alpen-Fettkraut 162
Alpen-Gelbling 443
Alpen-Goldregen 32
Alpen-Hexenkraut 113
Alpen-Kammmolch 422
Alpen-Pechnelke 56
Alpen-Thymian 150
Alpen-Tragant 90, 98
Alpenbock 527
Alpenhelm, Europäischer 159
Alpenkrähe 397
Alpenmurmeltier 290
Alpensalamander 424
Alpenschneehuhn 318
Alpensegler 367, 368
Alpenstrandläufer 341, 342, 346
Althaea officinalis 107
– *rosea* 107
Alucita hexadactyla 461
Amanita citrina 240
– *crocea* 238, 241
– *fulva* 241
– *muscaria* 238
– *pantherina* 239
– *phalloides* 240
– *porphyria* 240
– *rubescens* 239
– *spissa* 239
– *vaginata* 241
– *virosa* 240
Amaurobiidae 564
Amaurobius fenestralis 564
Ameise, Gelbe Wiesen- 555
– Knoten- 555
– Rote Wald- 554
– Schwarzgraue Weg- 554
Ameisen 554
Ameisen-Blattkäfer 529
Amerikanischer Nerz 298
Ammer, Gold- 409, 410
– Grau- 410
– Rohr- 407, 408, 409, 410
– Schnee- 407
– Sporn- 407, 408
– Zaun- 409

Ammophila arenaria 230
– *sabulosa* 551
Ampfer-Blattkäfer 529
Ampfer-Knöterich 49
Ampfer-Spanner 468
Ampfer, Krauser 48
Ampfer, Stumpfblättriger 48
Amphimallon solstitialis 519
Amsel 379, 380, 381, 399
Anacamptis pyramidalis 210
Anagallis arvensis 127
Anas acuta 316
– *clypeata* 316
– *penelope* 313
– *platyrhynchos* 314
– *querquedula* 313, 316
– *strepera* 314
Anatis ocellata 524
Anax imperator 489
Anchusa arvensis 140
– *azurea* 140
– *officinalis* 138, 140
Andromeda polifolia 124
Anemone nemorosa 58
Angelica sylvestris 120
Anguilla anguilla 432
Anguis cephallonicus 417
– *fragilis* 417
Anistrichterling, Grüner 252
Anobiidae 523
Anobium punctatum 523
Anser anser 311
– *brachyrhynchus* 310
– *fabalis* 310, 311
Antennaria dioica 169
Anthemis tinctoria 175
Anthenus verbasci 522
Anthericum liliago 194
– *ramosum* 194
Anthidium manicatum 556
Anthocharis cardamines 440
Anthophora plumipes 557
Anthophoridae 557
Anthoxanthum odoratum 228
Anthrenus fuscus 522
Anthriscus cerefolium 117
– *sylvestris* 117
Anthus campestris 370
– *pratensis* 369
– *spinoletta* 370
Anthyllis vulneraria 98
Apenninen-Sonnenröschen 111
Apfel, Holz- 38
Apfel, Kultur- 38
Aphantopus hyperantus 458
Aphidecta obliterata 525
Aphididae 506
Aphodius rufipes 519
Aphrophoridae 505
Apidae 558
Apis mellifera 558
Apium nodiflorum 68
Apodemus flavicollis 294
– *sylvaticus* 294
Apollo 441
– Alpen- 441
– Schwarzer- 441
Apus apus 368
– *pallidus* 368
Aquarius najas 501
Aquila chrysaetos 331
Aquilegia atrata 60
– *vulgaris* 60
Arabischer Schneckenklee 94
Arachnocephalus vestitus 491
Araneidae 562
Araneus diadematus 563
– *marmoreus* 563
– *quadratus* 563
Araniella cucurbitina 562
Araschnia levana 458

Arbutus ×*andrachnoides* 29
– *andrachne* 29
– *unedo* 29
Arctia caja 473
Arctium lappa 179
– *minor* 179
Arctosa perita 565
Arctostaphylos uva-ursi 124, 125
Ardea cinerea 324
– *purpurea* 324
Arenaria interpres 347
Argiope bruennichi 562
– *lobata* 562
Argynnis adippe 449
– *aglaja* 449
– *pandora* 450
– *paphia* 450
Aricia agestis 448
– *artaxerxes* 448
Arion ater 576
Arionidae 576
Armadillidiidae 571
Armadillidium pictum 571
– *vulgare* 571
Armeria maritima 130
Armillaria caepistipes 256
– *gallica* 256
– *mellea* 256
– *ostoyae* 256
Arnica montana 176
Arnika 176
Arrhenatherum elatius 233
Artemisia absinthium 176
– *vulgaris* 176
Arum italicum 203
– *maculatum* 203
Arundo donax 230
Arvicola sapidus 293
– *terrestris* 291, 293
Arznei-Beinwell 139
Arznei-Thymian 150
Äsche, Europäische 434
Asemum striatum 527
Asio flammeus 361
– *otus* 361, 362
Asiraca clavicornis 505
Äskulapnatter 414
– Italienische 414
Asplenium ruta-muraria 224
– *scolopendrium* 224
– *trichomanes* 225
– *viride* 225
Asseln 570
Aster lanceolatus 171
– *novi-belgii* 171
– *tripolium* 171
Aster, Glattblatt- 171
– Strand- 171
Asterias rubens 578
Asteriidae 578
Ästige Graslilie 194
Ästiger Igelkolben 202, 203, 204
Astlose Graslilie 194, 197
Astragalus alpinus 90, 98
– *danicus* 90
Athene noctua 360
Atlantischer Lachs 433
Atrichum undulatum 219
Atropa belladonna 151
Attagenus pellio 522
Auerhuhn 320
Aufrechtes Fingerkraut 87
Augenmarienkäfer 524
Augentrost 109, 159
Auricularia auricula-judae 276
– *mesenterica* 276
Aurorafalter 440
Ausdauerndes Bingelkraut 103, 196
Ausdauerndes Weidelgras 226
Austernfischer 337, 345, 576
Austernseitling 258
Autographa gamma 479
– *interrogationis* 479
– *pulchrina* 479
Aythya ferina 315
– *fuligula* 315
– *marila* 315

Azoren-Stechpalme 26
Azurjungfer, Becher- 488
– Hufeisen- 488

B

Bach-Nelkenwurz 85
Bachbungen-Ehrenpreis 156
Bachläufer 501
– Großer 501
– Zwerg- 501
Bachschildkröte, Balkan- 417
– Maurische 417
Bachstelze 371, 372
Baetidae 485
Baetis rhodani 485
Balanidae 573
Baldrian, Echter 164, 165
Balearen-Buchsbaum 29
Balkan-Bachschildkröte 417
Balkan-Hausmaus 293
Balkan-Kammmolch 422
Balkan-Zornnatter 413
Balkenschröter 516
Ballota nigra 146
Bandwurm 534
Bankera 267
Bär-Lauch 193, 195
Bär, Blut- 473
– Brauner 473
– Schmalflügeliger Fleckleib- 472
– Zimt- 473
Barbarakraut, Gewöhnliches 68, 73
Barbarea vulgaris 68
Barbe 427, 428
Barbus barbus 428
Bärenklau, Wiesen- 119, 120
Bärentraube, Echte 124, 125
Bartfledermaus 286
Bartmeise 389
Bartsia alpina 159
Basstölpel 323
Bastard-Erdbeerbaum 29
Bastard-Platane 36
Bastard-Schwarz-Pappel 41
Bastard-Ulme 44
Bastard-Zypresse 21
Baum-Hasel 45
Baum-Malve 108
Baumfalke 333, 334
Baummarder 300
Baumschläfer 296
Baumtrichterling, Leuchtender 268
Baumwanzen 496
Baumwollschwanz-Kaninchen 288
Becher-Azurjungfer 488
Beckenmoos, Gemeines 221
Beerenwanze 496
Behaarte Karde 165
Behaarter Ginster 89
Beifuß, Gewöhnlicher 176
Beinwell, Arznei- 139
Beißschrecke, Kurzflügelige 492
Beißschrecke, Westliche 492
Bekassine 344
Bellis perennis 168
Bembidion lunatum 511
Bembix rostrata 551
Berg-Ahorn 25, 26
Berg-Flockenblume 182
Berg-Platterbse 91
Berg-Sandglöckchen 166
Berg-Ulme 44
Bergeidechse 415, 416
Bergente 315
Bergfink 417
Berghänfling 404
Berglaubsänger 386, 387
Berglemming 290
Bergmolch 423
Bergpieper 370
Berufskraut, Kanadisches 178
Besenginster 88
Besenheide 126
Beta vulgaris 50

Betula pendula 27
– *pubescens* 27
Beutelmeise 394
Biber 299
– Europäischer 291
Bibio marci 539
Bibionidae 539
Biene, Blaue Holz- 557
– Gemeine Pelz- 557
– Große Woll- 556
– Langhorn- 557
– Rote Mauer- 556
– Wespen- 557
– Westliche Honig- 558
Bienen-Ragwurz 214
Bienen, Blattschneider- 556
– Holz- 557
– Honig- 558
– Kuckucks- 557
– Mauer- 556
– Mörtel- 556
– Pelz- 557
Bienenfresser 364
Bienenwolf 551
Bingelkraut, Ausdauerndes 103, 196
Binse, Blaugrüne 236
– Flatter- 233
– Knäuel- 233, 236
Birke, Hänge- 27
– Moor- 27
Birkenpilz, Verfärbender 266
Birkenporling 270
Birkenröhrling 266
Birkenspanner 470
Birkenzeisig 404
Birkhuhn 319, 320
Birnenstäubling 273, 274
Bisamratte 291, 299
Bischofsmütze 276, 277
Biston betularia 470
Bitterer Fransenenzian 132
Bitterling, Durchwachsener 131
Bittersüßer Nachtschatten 152
Blackstonia perfoliata 131
Blasentang 215
Blasius-Hufeisennase 284
Blässhuhn 335
Blatthornkäfer 518
Blattkäfer 528
Blattläuse 506
Blattloser Widerbart 204
Blattschneiderbienen 556
Blattwespen 549
Blaue Holzbiene 557
Blaue Schmeißfliege 546
Blauer Eichen-Zipfelfalter 446
Blauer Eisenhut 144
Blaugrüne Binse 236
– Mosaikjungfer 489
– Segge 232
Blaukehlchen 378
Bläuling, Dunkelbrauner 448
– Eros- 444
– Faulbaum- 444
– Fetthennen- 445
– Geißklee- 445
– Gemeiner 444, 448
– Großer Sonnenröschen- 448
– Himmelblauer 444
– Idas- 445
– Kleiner Alpen- 444
– Kleiner Esparsetten- 444
– Kronwicken- 445
Blaumeise 392
Blaumerle 379
Blaupfeil, Großer 490
Blauroter Steinsame 138
Blauschillernder Feuerfalter 447
Blauschwarzer Eisvogel 453
Blaustern 192
Blechnum spicant 223
Blei 429
Bleiches Waldvögelein 206
Blicca bjoerkna 429
Blindmaulwurf 282
Blindschleiche 417
– Peloponnes- 417

Blumen-Esche 36
Blut-Weiderich 114
Blutbär 464, 473
Bluthänfling 394, 404
Blutroter Hartriegel 115
– Storchschnabel 100
Blutströpfchen, Gemeines 464, 473
Blutzikade 504
Bockkäfer 526
Bocks-Riemenzunge 213
Bohnenblattlaus, Schwarze 507
Boletus aereus 264
– *aestivalis* 264
– *badius* 263
– *chrysenteron* 265
– *edulis* 264
– *ferrugineus* 263, 265
– *porosporus* 265
– *subtomentosus* 265
Boloria euphrosyne 449
– *selene* 449
Bombardierkäfer 510
Bombina bombina 419
– *pachypus* 419
– *variegata* 419
Bombus hortorum 558, 559
– *lapidarius* 559
– *lapponicus* 559
– *lucorum* 559
– *pratorum* 559
– *terrestris* 559
Bombycilla garrulus 369
Bombyliidae 541
Bombylius major 541
Borkenkäfer 533
Botaurus stellaris 324
Bottas Fledermaus 287
Brachinus crepitans 510
Brachpieper 370
Brachse 429
Brachvogel, Großer 346
– Regen- 346
Brachytron pratense 489
Brand-Knabenkraut 212
Brandente 312
Brandgans 312
Brandseeschwalbe 353, 354
Branta bernicla 312
– *canadensis* 311
– *leucopsis* 311, 312
Brasse 429
Brassica napus 73
– *oleracea* 72, 73
Braun-Segge 232
Braunauge 455
Braunbrustigel 282
Braune Krabbenspinne 567
– Mosaikjungfer 489
Braunelle, Gewöhnliche 143, 148
– Großblütige 148
Brauner Bär 473
– Filzröhrling 263, 265
– Grashüpfer 495
– Waldvogel 458
Braunes Langohr 285
Braunfleckiger Perlmutterfalter 449
Braunkehlchen 377, 378
Braunkolbiger Braun-Dickkopffalter 438
Bräunlichgraue Kätzcheneule 477
Braunrote Ständelwurz 205, 207
Braunroter Lacktrichterling 252
Braunscheckauge 455
Braunstieliger Streifenfarn 225
Braunwurz-Blattwespe 549
Braunwurz, Knotige 156
– Wasser- 156
Breit-Wegerich 163
Breitblättrige Platterbse 92
– Ständelwurz 205
Breitblättriger Rohrkolben 202, 203, 204
Breitflügelfledermaus 287
Breitflügelige Bandeule 480

Bremsen 540
Brennender Hahnenfuß 62, 63
Brennnessel-Zünsler 462, 466
Brennnessel, Große 46
– Kleine 46
Brombeer-Zipfelfalter 446
Brombeere 81, 82
Bruch-Weide 43
Bruchwasserläufer 343, 344, 347
Brunnenkresse 68
Brunnenlebermoos 220
Bryonia dioica 111
Bubo bubo 362
Bubulcus ibis 325
Buchdrucker 533
Buche, Orient- 33
– Rot- 33
Buchen-Frostspanner 466
Buchfink 400, 401, 405, 406, 408
Buchsbaum, Balearen- 29
– Europäischer 29
Bufo bufo 418
– *calamita* 418
– *viridis* 418
Bunias orientalis 72
Bunte Bandeule 480
– Kronwicke 98
Bunter Grashüpfer 495
– Hohlzahn 145
Buntes Getreidehähnchen 529
Buntspecht 363, 366
Buntstieliger Büschelhelmling 257
Bunttäubling, Cremeblättriger 262
Bupleurum rotundifolium 104
Busch-Windröschen 58, 99
Büschel-Nelke 56
Büschelhelmling, Buntstieliger 257
– Gefleckter 257
Büschelrübling, Knopfstieliger 254
Bussard, Mäuse- 328, 329, 330, 331, 332
– Rauhfuß- 328, 329
– Wespen- 328, 329
Buteo buteo 328
– *lagopus* 328
Butomus umbellatus 190
Butterpilz 266
Buttergloser 266
Buxus balearica 29
– *sempervirens* 29

C

C-Falter 452
Cakile maritima 74
Calandrella brachydactyla 371
Calcarius lapponicus 407
Calidris alba 341
– *alpina* 342
– *canutus* 342
– *maritima* 347
– *minuta* 341
Calla palustris 203
Calliphora vicina 546
– *vomitoria* 546
Calliphoridae 546
Callimorpha dominula
Callistege mi 476
Callophrys avis 446
– *rubi* 446
Calluna vulgaris 126
Calocoris roseomaculatus 499
Calonectris diomedea 322
Caloplaca 280
Calopterygidae 487
Calopteryx splendens 487
– *virgo* 487
Calosoma inquisitor 511
Caltha palustris 61
Calvatia gigantea 273
– *utriformis* 273
Calvia quatuordecimguttata 525
Calypso bulbosa 205

Calystegia sepium 138
– *soldanella* 137
– *sylvatica* 138
Campaea margaritata 469
Campanula glomerata 167
– *rotundifolia* 167
– *trachelium* 167
Camplyoneura virgula 498
Camptogramma bilineata 467
Cancer pagurus 572
Cancridae 572
Canis aureus 297
Cantharellus cibarius 268
– *cinereus* 268
Cantharidae 521
Cantharis fusca 521
Cantharis pellucida 521
Capra ibex 305
– *pyrenaica* 305
Capreolus capreolus 308
Caprimulgus europaeus 362
Capsella bursa-pastoris 70
Carabidae 510
Carabus violaceus 510
Carassius carassius 426
Carcinus maenas 571
– *mediterraneus* 571
Cardamine bulbifera 69
– *hirsuta* 69
– *pratensis* 69
Cardaria draba 71
Cardiidae 577
Carduelis cannabina 404
– *carduelis* 402
– *chloris* 402
– *citrinella* 402, 403
– *flammea* 404
– *flavirostris* 404
– *spinus* 403
Carduus nutans 180
– *tenuiflorus* 180
Carex acutiformis 233
– *flacca* 232
– *nigra* 232
– *pendula* 232
– *riparia* 233
– *sylvatica* 232
Carlina acaulis 179
– *vulgaris* 179
Carpinus betulus 27
– *orientalis* 27
Carpodacus erythrinus 406
Carrageen 216
Casmerodius albus 325
Cassida viridis 528
Castanea sativa 33
Castor fiber 291
Celastrina argiolus 444
Centaurea cyanus 182
– *jacea* 183
– *montana* 182
– *nigra* 183
– *scabiosa* 182
Centaurium erythraea 131
– *pulchellum* 131
Centranthus ruber 164
Cephalanthera damasonium 206
– *longifolia* 206
– *rubra* 207
Cerambycidae 526
Cerastium arvense 53
Cerastoderma edule 577
Ceratopogonidae 538
Cerceris arenaria 551
Cercopis arcuata 504
– *vulnerata* 504
Certhia brachydactyla 393
– *familiaris* 393
Cerura vinula 474
Cervus elaphus 307
– *nippon* 307
Cetonia aurata 519
Chamerion angustifolium 114
Chamomilla recutita 174
Champignon 241
– Wiesen- 244
– Großer Anis- 244
– Karbol- 245
– Rundsporiger Anis- 244
– Schaf- 244, 245

Charadrius dubius 340
– *hiaticula* 340
Chelidonium majus 65
Chenopodium album 50
Chinesische Stockrose 107
Chironomidae 535
Chironomus plumosus 535
– *riparius* 535
Chlidonias hybridus 354
– *leucopterus* 353
– *niger* 354
Chloeon dipterum 485
Chloroclystis v-ata 465
Chondrus crispus 216
Chorthippus brunneus 495
– *parallelus* 495
– *scalaris* 495
Christophskraut, Schwarzfrüchtiges 64
Chroicocephalus ridibundus 350
Chrysanthemum segetum 175
Chrysolina menthastri 528
Chrysomela populi 528
Chrysomelidae 528
Chrysopa carnea 509
Chrysopidae 509
Chrysops relictus 540
Chrysosplenium oppositifolium 79
Cichorium intybus 184
Cicindela campestris 511
Ciconia ciconia 326
Cinclus cinclus 373
Circaea alpina 113
– *lutetiana* 113
Circaetus gallicus 326
Circus aeruginosus 327
– *cyaneus* 327
– *pygargus* 327
Cirsium arvense 181
– *palustre* 180
– *vulgare* 180
Cistus populifolius 112
Clangula hyemalis 316
Clematis vitalba 59
Clethrionomys glareolus 292
– *rufocanus* 290, 292
– *rutilus* 292
Clinopodium vulgare 149
Clitocybe amoenolens 251
– *clavipes* 254
– *dealbata* 255
– *fragrans* 252
– *gibba* 251
– *nebularis* 251
– *odora* 252
– *squamulosa* 251
Clytra quadripunctata 529
Clytus arietus 526
Coccinella septempunctata 524
Coccinellidae 524
Coccothraustes coccothraustes 405
Cochlearia danica 70
– *offinalis* 70
Coenagrion puella 488
Coenagrionidae 488
Coenonympha arcania 455
– *dorus* 455
– *oedippus* 458
– *pamphilus* 455
– *tullia* 455
Colias crocea 443
– *hyale* 443
– *myrmidone* 443
– *phicomone* 443
Collybia butyracea 254
– *confluens* 254
– *impudica* 254
Columba livia 357
– *oenas* 357
– *palumbus* 358
Colymbetes fuscus 513
Conium maculatum 119
Conocephalus dorsalis 492
Conopodium majus 119
Convallaria majalis 195
Convolvulus arvensis 137
Conyza canadensis 178

Coprinus acuminatus 246
– *atramentarius* 246
– *comatus* 245
– *domesticus* 246
– *micaceus* 246
Copris lunaris 518
Coreidae 497
Coreus marginatus 497
Coriomeris denticulatus 497
Corixa punctata 503
– sp. 503
Corixidae 503
Cornus sanguinea 115
– *sericea* 115
– *suecica* 115
Coronella austriaca 413
– *girondica* 413
Coronilla varia 98
Cortinarius orellanus 268
– *purpurascens* 250
– *rubellus* 268
Corvus corax 399
– *cornix* 398
– *frugilegus* 397
– *monedula* 397
Corylus colurna 28
– *maxima* 28
Cottus gobio 430
Crambe maritima 72
Crataegus laevigata 37
– *monogyna* 37
Craterellus cornucopioides 268
Crematogaster scutellaris 554
Cremeblättriger Bunttäubling 262
Crepis capillaris 187
Cricetus cricetus 290
Crioceris asparagi 529
Crithmum maritimum 123
Cruciata laevipes 137
Cryptorhynchus lapathi 532
Ctenophora ornata 536
Ctenocephalides canis 534
– *felis* 534
Cuculus canorus 359
Culex pipiens 537
Culicidae 537
Culicoides impunctatus 538
Culiseta annulata 537
Cupido osiris 444
Cupressocyparis leylandii 21
Curculio nucum 532
– *venosus* 532
Curculionidae 532
Cychrus caraboides 511
Cyclosa conica 562
Cygnus bewickii 310
– *cygnus* 310
– *olor* 310
Cymbalaria muralis 155
Cynoglossum germanicum 142
– *officinale* 142
Cynosurus cristatus 229
Cyprinus carpio 426
Cypripedium calceolus 205
Cystophora cristata 303
Cytisus scoparius 88

D
Dachpilz, Rehbrauner 242
– Schwarzschneidiger 242
Dachs 300, 301
Dacrymyces 275
Dactylis glomerata 231
Dactylorhiza fuchsii 210
Dama dama 307
Damhirsch 307
Dänischer Tragant 90
Dänisches Löffelkraut 70
Darmtang 217
Daucus carota 116
Decticus verrucivorus 493
Deilephila elpenor 482
– *porcellus* 482
Delichon urbica 367
Delphacidae 505
Delphax pulchellus 505
Dendrocopos major 366
– *medius* 366
– *minor* 366

Deraeocoris olivaceus 499
Dermestes lardarius 522
Dermestidae 522
Deroceras reticulatum 575
Desman, Pyrenäen- 284
Deutsche Hundszunge 142
– Schwertlilie 201
– Wespe 552
Diaea dorsata 567
Dianthus deltoides 56
Dickkopffalter, Braunkolbiger Braun- 438
– Komma- 437
– Kronwicken- 476
– Malven-Würfel- 438, 476
– Mattscheckiger Braun- 438
– Rostfarbener 437
– Schwarzkolbiger Braun- 438
Dickschaliger Kartoffelbovist 274
Digitalis lutea 153
– *purpurea* 158
Dingel, Violetter 207
Diplazon laetatorius 550
Dipsacus fullonum 165
– *laciniatus* 165
– *pilosus* 165
Dipylidium caninum 534
Distel, Dünnköpfige 180
– Nickende 180
Distelbock 527
Distelfalter 452
Döbel 426, 427
Dohle 365, 397, 398
Dolichovespula media 553
Dolomedes fimbriatus 564
Dolycoris baccarum 496
Donacia vulgaris 529
Donau-Kammmolch 422
Dorcus parallelipidedus 516
Dorngrasmücke 384
Dornige Hauhechel 93
Doronicum pardalianches 176
Drehmoos, Echtes 219
Drehwurz, Herbst- 208
Dreistachliger Stichling 435
Dreistreifiger Mondfleckspanner 468
Dreizehenmöwe 351
Drepana curvatula 463
– *falcataria* 463
Dromius quadrimaculatus 510
Drosera rotundifolia 77
Drossel, Mistel- 380, 381
– Ring- 379
– Rot- 380, 381
– Sing- 379, 380, 381
– Wacholder- 380, 381
Drosselrohrsänger 383
Dryocopus martius 365
Dryomys nitedula 296
Dryopteris affinis 222
– *filix-mas* 222
Duftender Gifttrichterling 251
Dufttrichterling 252
Dünen-Stinkmorchel 272
Dünen-Trichternarzisse 199
Dünensaftling 259
Dungfliegen 544
Dunkelbrauner Bläuling 448
Dunkle Erdhummel 559
Dunkler Hallimasch 256
– Riesenschirmpilz 243
– Wasserläufer 343
Dünnköpfige Distel 180
Durchwachsener Bitterling 131
Düsterer Rotfußröhrling 265
Dytiscidae 512
Dytiscus marginalis 512

E
Earias clorana 460
Eberesche, Gewöhnliche 39
– Japanische 39
Echium plantagineum 139
– *vulgare* 139
Echte Bärentraube 124, 125
– Blattwespen 549
– Fliegen 545
– Geißraute 98

Echte Goldnessel 145, 160
– Kamille 174
– Nelkenwurz 85
– Schlüsselblume 128
– Tollkirsche 151
Echter Baldrian 164, 165
– Eibisch 107
– Pastinak 119, 121
– Steinklee 94
– Wermut 176
– Ziest 146, 147, 149
Echtes Drehmoos 219
– Eisenkraut 142
– Labkraut 136
– Löffelkraut 70
– Mädesüß 64, 80
– Tausendgüldenkraut 131
Eckfleck 474
Edel-Gamander 146
Edel-Kastanie 33
Edelreizker 261
Edelritterling 249
Edelweiß 169
Efeu 155
– Gewöhnlicher 116, 200
Egelschnecken 575
Egerlingsschirmling, Rosablättriger 244
Egretta garzetta 325
Ehrenpreis, Acker- 157
– Bachbungen- 156
– Gamander- 157
– Gauchheil- 156
– Persischer 157
Eibe, Europäische 23
Eibisch, Echter 107
Eiblättriges Tännelkraut 155
Eiche, Stiel- 34
– Trauben- 34
Eichelbohrer 532
Eichelhäher 363, 395, 406
Eichen-Zungenporling 270, 271
Eichenblattlaus 506
Eichenmilchling 261
Eichenmoos 279
Eichenschrecke, Gemeine 493
Eichenwickler 460
Eichhörnchen 289
Eidechse, Berg- 415, 416
– Mauer- 415
– Perl- 416
– Ruinen- 415
– Smaragd- 416
– Wald- 415, 416
– Zaun- 415, 416
Eiderente 317, 576
Eierschwamm 268
Eilema complana 471
– *lurideola* 471
Einbeere, Vielblättrige 103, 196
Einfacher Igelkolben 203
Einfarbstar 379, 399
Eingriffliger Weißdorn 37
Einjähriges Rispengras 232
Eintagsfliegen 485, 486
Eisenhut, Blauer 144
Eisenkraut, Echtes 142
Eisente 316
Eissturmvogel 322
Eisvogel 363
– Blauschwarzer 453
– Kleiner 453, 458
Elaphe quatuorlineata 414
Elaphrus riparius 511
Elch 306
Eliomys quercinus 296
Elritze 431
– Sumpf- 431
Elster 394, 396
Emberiza cirlus 409
– *citrinella* 409
– *hortulana* 408
– *schoeniclus* 408
Empicoris vagabundus 500
Empididae 541
Empis tessellata 541
Emus hirtus 515
Emys orbicularis 417
Enallagma cyathigerum 488

Endrosis sarcitrella 460
Englische Fetthenne 75
Ensis ensis 577
Ente, Berg- 315
– Brand- 312
– Eider- 317
– Eis- 316
– Knäk- 313, 316
– Krick- 313
– Löffel- 313, 314, 316
– Pfeif- 313, 314
– Reiher- 315
– Samt- 317
– Schnatter- 313, 314, 316
– Spieß- 314, 316
– Stock- 312, 313, 314, 316, 317
– Tafel- 315
Enteromorpha intestinalis 217
Enzian, Gelber 132
– Tüpfel- 132
Ephemera danica 486
Ephemerella ignita 486
Ephemerellidae 486
Ephemeridae 486
Ephippiger cruciger 493
Epilobium hirsutum 114
Epipactis atrorubens 205, 207
– *helleborine* 205
– *palustris* 206
– *purpurata* 205
Epipogium aphyllum 204
Epirrhoe alternata 465
Episyrphus balteatus 542
Eptesicus bottae 287
– *serotinus* 287
Equisetum arvense 225
– *telmateia* 226
Erdbeer-Fingerkraut 81, 86
Erdbeer-Klee 95
Erdbeerbaum, Bastard- 29
– Östlicher 29
– Westlicher 29
Erdbeere, Wald- 86
– Helle 559
Erdkastanie, Französische 119
Erdkröte 418
Erdmaus 292
Erdrauch, Gewöhnlicher 66
Erdstern, Halskrausen- 275
– Kleiner Nest- 275
Eremophila alpestris 370
Erica cinerea 127
– *tetralix* 127
Erinaceus algericus 282
– *concolor* 282
– *europaeus* 282
Eriophorum angustifolium 233
– *vaginatum* 233
Eristalis tenax 543
Erithacus rubecula 375
Erle, Schwarz- 28
Erlen-Sichelflügler 463
Erlenkrempling 267
Erlenwürger 532
Erlenzeisig 402, 403
Erodium cicutarium 103
– *moschatum* 103
Eros-Bläuling 444
Erpobdella octoculata 579
Erpobdellidae 579
Eryngium campestre 123
– *maritimum* 122
– *planum* 122
Erynnis tages 476
Erythromma najas 488
Esche, Blumen- 36
– Gewöhnliche 36
Esox lucius 432
Espe 40, 41
Eucera longicornis 557
Eule, Achat- 479
– Bleiche Gras- 478
– Bräunlichgraue Kätzchen- 477
– Breitflügelige Band- 480
– Bunte Band- 480
– Gamma- 479
– Gemeine Gras- 478

Eule, Getreidewurzel- 476
– Heidelbeer-Silber- 479
– Kleine Kätzchen- 478
– Rundflügel-Kätzchen- 478
– Scheck-Tag- 476
– Schleier- 359, 361
– Spitzflügel-Kätzchen- 478
– Sumpfohr- 327, 359, 360, 361
– Waldohr- 361, 362
– Ziest-Silber- 479
– Zwergohr- 360
Eumenes coarctatus 553
Eupatorium cannabinum 168
Euphorbia amygdaloides 104
– *cyparissias* 105
– *helioscopa* 104
– *lathyris* 104
Euphrasia sp. 159
Euproctis chrysorrhoea 471
– *similis* 471
Eurasischer Maulwurf 282
Europäische Äsche 434
– Eibe 23
– Lärche 24
– Sumpfschildkröte 417
– Trollblume 61
– Wanderheuschrecke 495
– Wasserfeder 133
– Zwergmaus 294
Europäischer Aal 432
– Alpenhelm 159
– Biber 291
– Buchsbaum 29
– Froschbiss 63, 190
– Laubfrosch 421
– Meersenf 74
– Nerz 298
– Queller 51
– Siebenstern 58
Eurrhypara hortulata 462
Evernia prunastri 279
Exidia 276

F

Fadenmolch 422, 423
Fagus sylvatica 33
Fahlsegler 368
Falco columbarius 333
– *naumanni* 333
– *peregrinus* 334
– *subbuteo* 334
– *Falco tinnunculus* 333
Falke, Baum- 333, 334
– Rötel- 333
– Turm- 333, 334
– Wander- 333, 334
Fallopia japonica 47
Faltentingling, Gebuckelter 246
Faltenwespen 552
Fannia canicularis 544
Fanniidae 544
Färber-Ginster 89
Färber-Hundskamille 175
Färber-Resede 76, 83
Färber-Scharte 181
Färberwaid 72
Fasan 319
Faserling 246
Faulbaum-Bläuling 444
Favonius quercus 446
Federgeistchen, Schlehen- 463
Feinschuppiger Trichterling 251
Feld-Ahorn 25
Feld-Hainsimse 236
Feld-Klee 96
Feld-Kresse 70
Feld-Maikäfer 519
Feld-Mannstreu 123, 180
Feld-Thymian 150
Feld-Ulme 44
Feldgrille 491
Feldhamster 290
Feldhase 288
Feldheuschrecken 494
Feldlerche 369, 370, 371, 380, 410
Feldmaus 292
Feldschwirl 362

Feldsperling 400
Felis silvestris 302
Felsen-Ahorn 25
Felsen-Greiskraut 178
Felsengarnelen 572
Felsenkleiber 393
Felsentaube 357, 358
Fenchel, Meer- 123
– Wilder 119, 121
Ferkelkraut, Gewöhnliches 183, 184, 187, 188
Festuca ovina 232
– *rubra* 232
Fetthenne, Englische 75
– Purpur- 78
– Weiße 75
Fetthennen-Bläuling 445
– Steinbrech 75
Fettkraut, Alpen- 162
– Gewöhnliches 162
Feuerfalter, Blauschillernder 447
– Kleiner 447
Feuerkäfer 531
Feuersalamander 424
– Korsischer 424
Feuriger Perlmutterfalter 449
Ficedula hypoleuca 389
Fichte 21
– Serbische 21
Fichtenkreuzschnabel 405, 406
Fichtenreizker 261
Fieberklee 133
Filipendula ulmaria 80
– *vulgaris* 80
Filzröhrling, Brauner 263, 265
Fingerhut, Gelber 153
– Roter 153, 158
Fingerkraut, Aufrechtes 87
– Erdbeer- 81, 86
– Gänse- 87
– Kriechendes 87
Fingertang 216
Fink, Berg- 401
– Buch- 401, 406
– Grün- 402
Finsterspinnen 564
Fischadler 326
Fischchen 485
Fischernetzspinnen 568
Fischotter 298, 299
Fitis 386, 387, 388
Flachblättriger Mannstreu 122
Flacher Lackporling 269
Flämmling, Geflecktblättriger 255
Flammulina velutipes 255
Flaschenstäubling 274
Flatter-Binse 233
Flaumiger Wiesenhafer 233
Fledermaus, Bart- 286
– Bottas 287
– Breitflügel- 287
– Langfuß- 286
– Teich- 286
– Wasser- 286
– Zwerg- 286
Fleischfarbener Hallimasch 256
Fliegen-Ragwurz 214
Fliegen, Dung- 544
– Echte 545
– Flor- 509
– Kamelhals- 508
– Köcher- 547
– Schlamm- 508
– Schmeiß- 546
– Tanz- 541
Fliegenhaft 485
Fliegenpilz 238
Flockenblume, Berg- 182
– Schwarze 183
– Skabiosen- 182
– Wiesen- 183
Flockenstäubling 274
Floh-Knöterich 49
Floh, Hunde- 534
– Kaninchen- 534
– Katzen- 534
– Menschen- 534
Flöhe 534

Flohkraut, Großes 172, 178
Florfliegen 509
Flügelknöterich, Japanischer 47
Flughörnchen 296
Flussbarsch 435
Flussregenpfeifer 340
Flussseeschwalbe 353, 354
Flussuferläufer 346, 347
Foeniculum vulgare 119
Forelle 431, 433, 434
– Regenbogen- 433, 434
Forficula auricularia 487
Forficulidae 487
Formica rufa 554
Formicidae 554
Fragaria vesca 86
Fransenenzian, Bitterer 132
Französische Erdkastanie 119
Fratercula arctica 356
Frauenmantel, Gewöhnlicher 83
Frauenschuh 205
Frauentäubling 262
Fraxinus angustifolia 36
– *excelsior* 36
– *ornus* 36
Fringilla coelebs 401
– *montifringilla* 401
Frosch, Europäischer Laub- 421
– Gras- 420
– Italienischer Laub- 421
– Italienischer Wasser- 421
– Kleiner Wasser- 421
– Mittelmeer Laub- 421
– Moor- 420
– See- 421
– Teich- 421
Froschbiss, Europäischer 63, 190
Froschlöffel, Gewöhnlicher 189, 190
Frühe Adonislibelle 488
Frühjahrslorchel 277
Frühlings-Knotenblume 198
Frühlings-Mistkäfer 517
Fuchs, Großer 451
– Kleiner 451
– Rot- 297
Fuchs' Knabenkraut 210
Fuchsschwanz, Knick- 228
– Wiesen- 228
Fucus ceranoides 215
– *serratus* 215
– *spiralis* 215
– *vesiculosus* 215
– *virsoides* 215
Fulica atra 335
Fulmarus glacialis 322
Fumaria muralis 66
– *officinalis* 66
– *hygrometrica* 219

G

Gabelschwanz, Großer 474
Galanthus nivalis 198
Galega officinalis 98
Galemys pyrenaicus 284
Galeopsis speciosa 145
– *tetrahit* 144, 146
Galerida cristata 371
Galerina marginata 248
Galium aparine 135
– *mollugo* 136
– *odoratum* 135
– *saxatile* 136
– *verum* 136
Gallentäubling 263
Gallertträne 275
Gallinago gallinago 344
Gallinula chloropus 335
Gallische Feldwespe 553
Gamander-Ehrenpreis 157
– Salbei- 143
Gammaeule 479
Gämse 305
Gämswurz, Kriechende 176
Ganoderma applanatum 269
– *australe* 269

Gans-, Kurzschnabel- 311
– Brand- 312
– Grau- 310, 311
– Kanada- 311, 312
– Kurzschnabel- 310
– Ringel- 312
– Saat- 310, 311
– Weißwangen- 311, 312
Gänse-Fingerkraut 87
Gänseblümchen 168, 174
Gänsedistel, Acker- 186
– Kohl- 186
Gänsefuß, Weißer 50
Gänsegeier 331
Gänsesäger 317
Garnelen 572
Garrulus glandarius 395
Garten-Blattspanner 465
Garten-Kerbel 117
Garten-Kreuzspinne 563
Gartenbaumläufer 393
Gartengrasmücke 374, 385, 388
Gartenhummel 559
Gartenlaubkäfer 519
Gartenrotschwanz 374, 375, 376, 377
Gartenschläfer 296
Gastrophysa viridula 529
Gauchheil-Ehrenpreis 156
Gauchheil, Acker- 127
Gavia arctica 322, 323
Geastrum quadrifidum 275
– *triplex* 275
Gebänderte Heidelibelle 490
– Prachtlibelle 487
Gebirgsschrecke, Gewöhnliche 494
Gebirgsstelze 371, 372
Gebuckelter Faltentintling 246
Gedrungener Buchen-Speitäubling 262
Geflecktblättriger Flämmling 255
– Weinbergschnecke 575
Gefleckter Aronstab 203
– Büschelhelmling 257
– Schierling 117, 119, 120
– Schmalbock 526
– Schnellschwimmer 513
Geflecktes Johanniskraut 108
– Knabenkraut 210
Gefurchter Lappenrüssler 533
Gegenblättriger Steinbrech 77
Gegenblättriges Milzkraut 79
Geißblatt-Geistchen 461
Geißblatt, Wald- 162
Geißklee-Bläuling 445
Geißraute, Echte 98
Gekämmter Pochkäfer 523
Gelbbauchunke 419
– Italienische 419
Gelbdolde, Schwarze 121
Gelbe Narzisse 199
– Resede 76
– Teichrose 57
– Wiesenameise 555
– Wiesenraute 64, 80
Gelber Enzian 132
– Fingerhut 153
– Günsel 105
– Hornmohn 65
– Knollenblätterpilz 240
– Gelber Lerchensporn 66
Gelbflechte, Gewöhnliche 280
Gelbgrüne Zornnatter 413, 414
Gelbhalsmaus 294
Gelbbleib-Flechtenbärchen 471
Gelbling, Alpen- 443
Gelbrandkäfer 512
Gelbschnabel-Sturmtaucher 322
Gelbspötter 387
Gelochelidon nilotica 354
Gemeine Eichenschrecke 493
– Graseule 478
– Kugelblume 161
– Napfschnecke 574
– Pelzbiene 557

Gemeine Sandwespe 551
– Seepocke 573
– Stechmücke 537
– Strandkrabbe 571
– Stubenfliege 545
– Wespe 552
Gemeiner Bläuling 448
– Grashüpfer 495
– Holzbock 561
– Holzwurm 523
– Hundeegel 579
– Ohrwurm 487
– Regenwurm 579
– Rückenschwimmer 504
– Seestern 578
– Speckkäfer 522
– Wasserläufer 501
– Widderbock 526
Gemeines Beckenmoos 221
– Blutströpfchen 464, 473
Genetta genetta 302
Genetzte Ackerschnecke 575
Genista pilosa 89
– *tinctoria* 89
Gentiana lutea 132
– *punctata* 132
Gentianella amarella 132
– *campestris* 132
Geometra papilionaria 469
Geotrupes stercorarius 517
– *vernalis* 517
Geotrupidae 517
Gerandete Jagdspinne 564
Geranium lucidum 102
– *molle* 102
– *nodosum* 100
– *pratense* 101
– *pyrenaicum* 102
– *robertianum* 102
– *sanguineum* 100
– *sylvaticum* 100
Gerridae 501
Gerris lacustris 501
Gerste, Mäuse- 227
– Strand- 227
Geruchlose Kamille 172, 174
Gestreiftes Leinkraut 155
Getreidehähnchen, Buntes 529
Getreidewurzeleule 476
Geum rivale 85
– *urbanum* 85
Geweihförmige Holzkeule 269
Gewöhnliche Akelei 60
– Barbarakraut 68
– Braunelle 143, 148
– Eberesche 39
– Esche 36
– Gebirgsschrecke 494
– Gelbflechte 280
– Golddistel 179
– Goldrute 170, 178
– Grasnelke 130
– Hainbuche 27
– Hasel 28
– Herzmuschel 577
– Hopfenbuche 27
– Hundszunge 142
– Knoblauchsrauke 67
– Kratzdistel 123, 180
– Küchenschelle 59
– Mehlbeere 40
– Moosbeere 125
– Mücken-Händelwurz 209, 210
– Nachtkerze 113
– Nachtviole 67
– Ochsenzunge 138, 140
– Pechnelke 56
– Rosskastanie 35
– Scheinakazie 32
– Schlehe 39
– Schmerwurz 116, 138, 200
– Schuppenwurz 161, 204
– Seekanne 57, 133
– Stechpalme 26
– Strauchschrecke 493
– Wald-Engelwurz 118, 120
– Waldrebe 59
– Wegwarte 184
– Zaunwinde 137, 138, 200

Gewöhnlicher Beifuß 176
– Efeu 116, 200
– Erdrauch 66
– Frauenmantel 83
– Froschlöffel 189, 190
– Giersch 118
– Goldregen 32
– Gundermann 143, 148
– Hirtentäschel 70
– Hohlzahn 144, 146
– Hopfen 46, 111
– Hornklee 93, 97, 98, 99
– Hufeisenklee 98, 99
– Klettenkerbel 117
– Liguster 134
– Löwenzahn 186
– Natternkopf 139, 144
– Rainkohl 187
– Reiherschnabel 103
– Rot-Schwingel 232
– Schneeball 31
– Stechginster 88
– Strandflieder 130
– Strandhafer 230
– Teufelsabbiss 166
– Tüpfelfarn 223
– Wacholder 24
– Wasserdost 168
– Wassernabel 74, 190
– Wiesenkerbel 117, 118
– Wundklee 97, 98, 99
– Wurmfarn 222
Gewöhnliches Barbarakraut 73
– Ferkelkraut 183, 184, 187, 188
– Fettkraut 162
– Glatthafer 233
– Greiskraut 178
– Habichtskraut 183, 188
– Hexenkraut 113
– Hunds-Veilchen 109
– Katzenpfötchen 169
– Kreuzblümchen 105
– Kreuzlabkraut 137
– Leberblümchen 58
– Leinkraut 154
– Maiglöckchen 124, 193, 195
– Pfeilkraut 189
– Ruchgras 228
– Scharbockskraut 62
– Schöllkraut 65
– Seifenkraut 55
– Sonnenröschen 111
– Sumpf-Vergissmeinnicht 141
– Widertonmoos 218
Gezonter Ohrlappenpilz 276
Giersch, Gewöhnlicher 118
Giftäubling 254
Giftiger Hahnenfuß 63
Gifttrichterling 249, 255
– Duftender 251
– Weißer 250
Gilbweiderich 129
– Hain- 129
– Punktierter 129
Gimpel 401, 405, 406
Ginster, Behaarter 89
– Färber- 89
Ginsterkatze 302
Ginsterwanze 496
Girlitz 403
Girondische Glattnatter 413
Gladiolus illyricus 202
– *palustris* 202
Glänzender Storchschnabel 102
Glattblatt-Aster 171
Glatthafer, Gewöhnlicher 233
Glattnatter 413
– Girondische 413
Glaucium flavum 65
Glechoma hederacea 148
Glimmertintling 246
Glis glis 296
Globularia punctata 161
– *vulgaris* 161
Glöckchen-Lauch 193
Glocken-Heide 127
Glockenblume, Knäuel- 167
– Nesselblättrige 167
– Rundblättrige 167

Glomeridae 570
Glomeris marginata 570
Glühwürmchen 520
Gnaphalium uliginosum 169
Gnitzen 538
Gobio gobio 427
Goldafter 471
Goldammer 408, 409, 410
Golddistel, Gewöhnliche 179
Goldene Acht 443
Goldfell-Schüppling 247
Goldflüssiger Milchling 261
Goldgelber Zitterling 275
Goldhähnchen, Winter- 388, 392
Goldleiste 510
Goldnessel, Echte 145, 160
Goldregen, Alpen- 32
– Gewöhnlicher 32
Goldregenpfeifer 338
Goldrute, Gewöhnliche 170, 178
– Kanadische 170
Goldschakal 297
Gonepteryx cleopatra 442
– *rhamni* 442
Goodyera repens 208
Grabwespen 551
Granatauge, Großes 488
Grasfrosch 420
Grashüpfer, Brauner 495
– Bunter 495
– Gemeiner 495
Graslilie, Ästige 194
– Astlose 194, 197
Grasmücke, Dorn- 384
– Garten- 385
– Klapper- 384
– Mönchs- 383, 384, 385
– Samtkopf- 383, 385
– Weißbart- 383, 384
Grasnelke, Gewöhnliche 130
Grau-Pappel 40, 41
Grauammer 410
Graublättriger Schwefelkopf 247
Graue Heide 127
Grauender Speitäubling 262
Grauer Pfifferling 268
– Scheidenstreifling 241
– Tintling 246
– Wulstling 239
Graues Langohr 285
Graugans 310, 311
Grauhörnchen 289, 296
Grauleib-Flechtenbärchen 471
Graureiher 324, 326, 336, 431
Graurötelmaus 290, 292
Grauschnäpper 385, 388, 389
Greiskraut, Felsen- 178
– Gewöhnliches 178
– Jakobs- 170, 178
Griechische Mehlbeere 40
Grifola frondosa 271
Grillen 491
Groppe 430, 433
Großblättrige Stechpalme 26
Großblütige Braunelle 148
Große Brennnessel 46
– Hasel 28
– Klette 179
– Königslibelle 489
– Pechlibelle 488
– Sternmiere 52
– Strandschnecke 573
– Wollbiene 556
– Zitterspinne 566
Großer Anischampignon 244
– Bachläufer 501
– Blaupfeil 490
– Brachvogel 346
– Fuchs 451
– Gabelschwanz 474
– Hopfenwurzelbohrer 480
– Kohlweißling 442
– Leuchtkäfer 520
– Pappelbock 527
– Perlmutterfalter 449
– Sauerampfer 48
– Scheidling 240

Großer Sonnenröschenbläuling 448
- Tümmler 304
- Wasserfenchel 118, 119
- Wespenbock 526
- Wiesenknopf 84
Großes Flohkraut 172, 178
- Granatauge 488
- Grünes Heupferd 492
- Immergrün 134
- Ochsenauge 457
- Springkraut 106
- Wiesenvögelchen 455
Größter Saftling 259
Grubenlorchel 276
Grünblättriger Schwefelkopf 247, 255
Gründling 427, 428
Grüne Blattwespe 549
- Futterwanze 498
- Stinkwanze 496
Grüner Anistrichterling 252
- Blütenspanner 465
- Knollenblätterpilz 240, 249
- Scheinbockkäfer 531
- Schildkäfer 528
Grünes Blatt 469
Grüneulchen 460
Grünfelderige Täublinge 240
Grünfink 402, 403
Grünliche Waldhyazinthe 209
Grünling 249
Grünrüssler 532
Grünschenkel 343
Grünspan-Träuschling 252, 260
Grünspecht 365, 395
Grünsporschirmling 243
Grünstieliger Streifenfarn 225
Grus grus 336
Gryllidae 491
Gryllus campestris 491
Gundermann, Gewöhnlicher 143, 148
Günsel, Gelber 105
- Kriechender 143, 148
- Pyramiden- 143
Güster 429
Gymnadenia conopsea 209
Gymnocephalus cernuus 435
Gymnopilus penetrans 255
Gyps fulvus 331
Gyromitra esculenta 277
- *infula* 276, 277

H
Haarmücken 539
Habicht 332
Habichtskauz 361
Habichtskraut, Gewöhnliches 183, 188
- Kleines 184, 188
Haematopota pluvialis 540
Haematopus ostralegus 337
Hahnenfuß, Brennender 62, 63
- Giftiger 63
- Kriechender 62
- Scharfer 62
- Zungen- 63
Hain-Gilbweiderich 129
Hain-Schwebfliege 542
Hain-Veilchen 109, 110
Hainbuche, Gewöhnliche 27
- Orientalische 27
Hainsimse, Feld- 236
- Vielblütige 236
Haliaeetus albicilla 331
Halichoerus grypus 303
Hallimasch 247, 248, 256
- Dunkler 256
- Fleischfarbener 256
- Zwiebelfüßiger 256
Halskrausen-Erdstern 275
Hänge-Birke 27
Hänge-Segge 232
Harmonia axyridis 525
Harpalus rufipes 510
Hartriegel, Blutroter 115
- Schwedischer 115
Harzer Labkraut 136

Hase, Feld- 288
- Korsika- 288
Hasel 426, 427
- Baum- 28
- Gewöhnliche 28
- Große 28
Haselmaus 294, 295
Haselnussbohrer 532
Hasen-Klee 97
Hasenohr, Rundblättriges 104
Hasenstäubling 273
Haubenlerche 371
Haubenmeise 391
Haubentaucher 321
Hauhechel, Dornige 93
- Kriechende 93
Hausmaus, Östliche 293
- Westliche 293
Hausmutter 480
Hausratte 297
Hausrotschwanz 376
Haussperling 374, 400, 401, 406, 408
Haustintling 246
Hecht 431, 432
Heckenbraunelle 373, 374, 375, 376
Heckenhausmaus 293
Heckenkirsche, Rote 162
Hedera helix 116
Heide-Nelke 56
Heide, Glocken- 127
- Graue 127
Heidegrashüpfer 494
Heidelbeer-Silbereule 479
Heidelbeere 124, 125
Heidelerche 371
Heidelibelle, Gebänderte 490
Heimchen 491
Helianthemum apenninum 111
- *nummularium* 111
Helicidae 575
Helictotrichon pubescens 233
Helix aspersa 575
Helle Erdhummel 559
Heller Sichelflügler 463
Helm-Knabenkraut 212
Helmling, Rosablättriger 257
Helophilus pendulus 543
Helvella crispa 276
- *lacunosa* 276
Hemorrhois gemonensis 413
- *hippocrepis* 413
Hepatica nobilis 58
Hepialus humuli 480
Heracleum mantegazzianum 120
- *sphondylium* 120
Herbst-Adonisröschen 60, 127
Herbst-Drehwurz 208
Herbst-Löwenzahn 183, 184, 188
Herbst-Mosaikjungfer 489
Herbstlorchel 276
Heringsmöwe 349, 352
Hermelin 298
Herzblatt, Sumpf- 79
Herzförmiger Zungenstendel 213
Herzmuschel, Gewöhnliche 577
Herzmuscheln 577
Hesperia comma 437
Hesperis matronalis 67
Heterotoma meriopetera 498
Heufalter, Orangeroter 443
Heupferd, Großes Grünes 492
Heuschrecken, Feld- 494
- Laub- 492
Hexenei 272
Hexenkraut, Alpen- 113
- Gewöhnliches 113
Hieraaetus pennatus 329
Hieracium vulgatum 188
Hierophis viridiflavus 413
Himantoglossum hircinum 213
Himantopus himantopus 337
Himbeere 81
Himmelblauer Bläuling 444
Hippocrepis comosa 99
Hippolais icterina 387
- *polyglotta* 387

Hirschkäfer 516
Hirschzunge 224
Hirtentäschel, Gewöhnlicher 70
Hirundo daurica 368
- *rustica* 368
Höckerschwan 310, 325
Hohe Schlüsselblume 128
Hohltaube 357, 358, 359
Hohlzahn, Bunter 145
- Gewöhnlicher 144, 146
Holcus lanatus 231
- *mollis* 231
Holländische Linde 44
Holunder, Schwarzer 30
- Zwerg- 30, 164, 165
Holz-Apfel 38
Holzbienen 557
Holzbock, Gemeiner 561
Holzkeule, Geweihförmige 269
Holzwespen 548
Holzwurm, Gemeiner 523
Honckenya peploides 75
Honigbienen 558
Honiggras, Weiches 231
- Wolliges 231
Hopfen-Schneckenklee 94
Hopfen, Gewöhnlicher 46, 111
Hopfenbuche, Gewöhnliche 27
Hopfenwurzelbohrer, Großer 480
Hoplitis spinulosa 556
Hordeum marinum 227
- *murinum* 227
Hornisse 553
Hornissenschwebfliege 543
Hornklee, Gewöhnlicher 93, 97, 98, 99
Hornklee, Sumpf- 97
Hornkraut, Quellen- 53
Hornmohn, Gelber 65
Hufeisen-Azurjungfer 488
Hufeisenklee, Gewöhnlicher 98, 99
Hufeisennase, Blasius- 284
- Kleine 284
- Mittelmeer- 284
Hufeisennatter 413
Huflattich 177
Hummel-Ragwurz 214
Hummeln 558
Hummelschweber 541
Humulus lupulus 46
Hundeegel, Gemeiner 579
Hundefloh 534
Hunds-Rose 81, 82
Hunds-Veilchen, Gewöhnliches 109
Hundsflechte 278
Hundskamille, Färber- 175
Hundspetersilie 116, 117
Hundswurz 209, 210
Hundszunge, Deutsche 142
- Gewöhnliche 142
Hybos femoratus 541
Hydaticus transversalis 513
Hydnellum 267
Hydnum repandum 267
- *rufescens* 267
Hydrocharis morsus-ranae 190
Hydrocotyle vulgaris 74, 190
Hydrometra stagnorum 500
Hydrometridae 500
Hydroporus ferrugineus 513
Hydropotes inermis 308
Hygrobia herrmanni 509
Hygrobiidae 509
Hygrocybe ceracea 260
- *chlorophana* 260
- *coccinea* 259
- *conicoides* 259
- *laeta* 260
- *persistens* 259, 260
- *psittacina* 260
- *punicea* 259
Hyla arborea 421
- *intermedia* 421
- *meridionalis* 421
Hylobius piceus 533
Hylocomnium splendens 220

Hylotelephium telephium 78
Hypericum maculatum 108
– *perforatum* 108
Hypholoma capnoides 247
– *fasciculare* 247
– *sublateritium* 247
Hypochaeris radicata 183

I
Ichneumonidae 550
Ichthyaetus melanocephalus 350
Idas-Bläuling 445
Igel, Braunbrust- 282
– Mittelmeer- 282
– Weißbrust- 282
– West- 282
Igelkolben, Ästiger 200, 202, 203, 204
– Einfacher 203
Igelstäubling 274
Ilex × *altaclerensis* 26
– *aquifolium* 26, 196
– *perado* 26
Illyrische Siegwurz 202
– Trichternarzisse 199
Ilycoris cimicoides 502
Immergrün, Kleines 134
Impatiens capensis 106
– *glandulifera* 106
– *noli-tangere* 106
Indisches Springkraut 106
Iphiclides podalirius 439
Ips typographus 533
Iris foetidissima 201
– *germanica* 201
– *pallida* 201
– *pseudacorus* 200
Irisches Moos 216
Isatis tinctoria 72
Ischnura elegans 488
Italienische Äskulapnatter 414
– Gelbbauchunke 419
– Ochsenzunge 140
– Schönschrecke 494
Italienischer Ahorn 26
– Laubfrosch 421
– Wassermolch 423
Italienisches Weidelgras 226
Ixobrychus minutus 324
Ixodes ricinus 561
Ixodidae 561

J
Jagdspinnen 564
Jakobs-Greiskraut 170, 178
Japanische Eberesche 39
– Lärche 24
– Rot-Kiefer 22
Japanischer Flügelknöterich 47
– Schnurbaum 32
Jasione montana 166
Johanniskraut, Geflecktes 108
– Tüpfel- 108
Judasohr 276
Julidae 569
Juncus conglomeratus 233, 236
– *effusus* 233
– *inflexus* 236
Junikäfer 519
Juniperus communis 24
– *oxycedrus* 24
Jynx torquilla 364

K
Käfer, Aas- 514
– Ameisen-Blatt- 529
– Ampfer-Blatt- 529
– Augenmarien- 524
– Blatt- 528
– Blatthorn- 518
– Bock- 526
– Bombardier- 510
– Borken- 533
– Feld-Mai- 519
– Feuer- 531
– Frühlings-Mist- 517
– Gartenlaub- 519
– Gekämmter Poch- 523
– Gelbrand- 512
– Gemeiner Speck- 522

Käfer, Großer Leucht- 520
– Grüner Schild- 528
– Hirsch- 516
– Juni- 519
– Kartoffel- 529
– Kleiner Feuer- 531
– Kleiner Leucht- 520
– Lauf- 510
– Marien- 524
– Minzeblatt- 528
– Mist- 517
– Mondhorn- 518
– Nage- 523
– Nashorn- 518
– Öl- 530
– Pappelblatt- 528
– Pelz- 522
– Pinsel- 519
– Rosen- 519
– Rotfüßiger Dung- 519
– Rotgelber Weich- 521
– Rotköpfiger Feuer- 531
– Rüssel- 532
– Scheinbock- 531
– Schiff- 529
– Schwarzer Moder- 515
– Schwimm- 512
– Siebenpunkt-Marien- 524
– Speck- 522
– Stier- 517
– Ulmensplint- 532
– Veränderlicher Öl- 530
– Weich- 521
– Wollkraut-Blüten- 522
– Zehnpunkt-Marien- 525
– Zweipunkt-Marien- 525
Kahle Rosmarinheide 124
Kahler Krempling 267
Kaiserling 238
Kaisermantel 450
Kalmus 200, 202
Kamelhalsfliegen 508
Kamille, Echte 174
– Geruchlose 172, 174
– Küsten- 174
– Strahlenlose 172
Kammgras, Wiesen- 229
Kammmolch 422, 423
Kampfläufer 344
Kanadagans 311, 312
Kanadische Goldrute 170
Kanadisches Berufkraut 178
Kanaren-Langohr 285
Kaninchen 288
Kaninchenfloh 534
Kappenständel 205
Kapuzennatter 413
Karausche 426
Karbol-Champignon 245
Karde, Behaarte 165
– Schlitzblättrige 165
– Wilde 165
Kardinal 430
Karmingimpel 406
Karpfen 426
Karthäuser-Nelke 56
Kartoffel 152
Kartoffelbovist, Dickschaliger 274
– Rotbrauner 274
Kartoffelkäfer 529
Kastanie, Edel- 33
– Ross- 33
Katharinenmoos, Wellenblättriges 219
Katzenfloh 534
Katzenpfötchen, Gewöhnliches 169
Kaukasisches Eichhörnchen 289
Kaulbarsch 435
Kauz, Habichts- 361
– Raufuß- 360, 361
– Stein- 360
– Wald- 361, 362
Kegelhütiger Knollenblätterpilz 240, 241
Kegelrobbe 303
Kellerassel 570
Kernbeißer 405

Keulenfüßiger Trichterling 254
Keulenschrecke, Gefleckte 495
Kiebitz 339
Kiebitzregenpfeifer 338, 342
Kiefer, Japanische Rot- 22
– Wald- 22
Kirsche, Sauer- 38
– Vogel- 38
Kirschpflaume 39
Kirschroter Saftling 259
– Speitäubling 262
Klappergrasmücke 384
Klapperschwamm 271
Klappertopf, Kleiner 145, 158, 160
Klappmütze 303
Klatsch-Mohn 60, 64
Klee, Erdbeer- 95
– Feld- 96
– Hasen- 97
– Kleiner 94, 96
– Mittlerer 96
– Rot- 95, 96
– Weiß- 95, 96, 161
Kleiber 393
Kleinblütige Königskerze 153, 154, 158
Kleine Brennnessel 46
– Felsengarnele 572
– Hufeisennase 284
– Kätzcheneule 478
– Klette 179
– Mosaikjungfer 489
– Schwebfliege 542
– Sommerwurz 161, 204
– Stubenfliege 544
Kleiner Alpen-Bläuling 444
– Eisvogel 453, 458
– Esparsetten-Bläuling 444
– Feuerfalter 447
– Feuerkäfer 531
– Frostspanner 466
– Fuchs 451
– Klappertopf 145, 158, 160
– Klee 94, 96
– Kohlweißling 441, 442
– Leuchtkäfer 520
– Nest-Erdstern 275
– Odermennig 76, 83, 154
– Sauerampfer 45
– Wasserfrosch 421
– Wiesen-Bocksbart 185
– Wiesenknopf 84
Kleines Habichtskraut 184, 188
– Immergrün 134
– Knabenkraut 211
– Mädesüß 80
– Nachtpfauenauge 481
– Ochsenauge 457
– Schneeglöckchen 198
– Tausendgüldenkraut 131
– Wiesenvögelchen 455
– Wintergrün 124
– Zweiblatt 208
Kleinfrüchtige Moosbeere 125
Kleinköpfiger Pippau 187
Kleinspecht 366
Kleistermotte 460
Kleopatra-Falter 442
Klette, Große 179
– Kleine 179
Kletten-Labkraut 135
Klettenkerbel, Gewöhnlicher 117
Klumpfuß, Purpurnfleckender 250
Knabenkraut, Affen- 212
– Brand- 212
– Geflecktes 210
– Helm- 212
– Kleines 211
– Manns- 211
– Purpur- 212
Knäkente 313, 316
Knäuel-Binse 233, 236
Knäuel-Glockenblume 167
Knäuelgras, Gewöhnliches 231
Knautia arvensis 166
– *dipsacifolia* 166

Knick-Fuchsschwanz 228
Knirpsspitzmaus 283
Knoblauchkröte 418, 419
Knoblauchsrauke, Gewöhnliche 67
Knöllchen-Steinbrech 78, 79
Knollenblätterpilz, Gelber 240
– Grüner 240, 249
– Kegelhütiger 240, 241
Knolliges Lieschgras 227
Knopfstieliger Büschelrübling 254
Knorpelrotalge 216
Knotenameise 555
Knotenblume, Frühlings- 198
– Sommer- 198
Knotenblütiger Sellerie 68
Knöterich, Ampfer- 49
– Floh- 49
– Schlangen- 49
– Wasser- 49, 191
Knotige Braunwurz 156
Knotiger Storchschnabel 100
Knutt 338, 342, 343
Köcherfliegen 547
Kohl-Gänsedistel 186
Kohlmeise 391, 392
Kohlschnake 536
Kohlweißling, Großer 441, 442
– Kleiner 441, 442
– Großer 441
Kolkrabe 397, 398, 399
Komma-Dickkopffalter 437
Königskerze, Kleinblütige 153, 154, 158
– Schwarze 83, 153, 154
Königslibelle, Große 489
Kopfhornschröter 516
Korkstacheling 267
Kormoran 322, 323
Kornblume 182
Kornrade 54
Kornweihe 327
Korsika-Hase 288
Krabben, Schwimm- 571
Krabbenspinnen 567
Krabbentaucher 356
Krähe, Alpen- 397
– Nebel- 398
– Raben- 365, 397, 398, 399
– Saat- 365, 397, 398, 399
Krähenscharbe 322, 323
Kranich 336
Kratzdistel, Acker- 181
– Gewöhnliche 123, 179, 180
– Sumpf- 180
Krauser Ampfer 48
Krempling, Kahler 267
Kresse, Feld- 70
Kreuzblättrige Wolfsmilch 104
Kreuzblümchen, Gewöhnliches 105
– Thymianblättriges 105
Kreuzkröte 418
Kreuzlabkraut Gewöhnliches 137
Kreuzotter 412
Kreuzspinne 563
Krickente 313
Kriebelmücken 538
Kriechende Gämswurz 176
– Hauhechel 93
– Rose 81, 82
Kriechender Günsel 143, 148
– Hahnenfuß 62
Kriechendes Fingerkraut 87
– Netzblatt 208
Kronwicke, Bunte 98
Kronwicken-Bläuling 445
Kronwicken-Dickkopffalter 476
Kröte, Erd- 418
– Knoblauch- 418, 419
– Kreuz- 418
– Syrische Schaufel- 418
– Wechsel- 418
Küchenschelle, Gewöhnliche 59
– Wiesen- 59
Kuckuck 359
Kuckucks-Lichtnelke 55

Kuckucksbienen 557
Kuehneromyces mutabilis 248
Kugel-Teufelskralle 166
Kugelblume, Gemeine 161
Kuhreiher 315
Kultur-Apfel 38
Kürbisspinne 562
Kurzflügelige Beißschrecke 492
– Schwertschrecke 492
Kurzflügler 515
Kurzhaarborstling, Roter 278
Kurzschnabelgans 310, 311
Kurzzehenlerche 371
Küsten-Kamille 174
Küstenseeschwalbe 353

L

Labkraut, Echtes 136
– Harzer 136
– Kletten- 135
– Wiesen- 135, 136
Laburnum alpinum 32
– *anagyroides* 32
Labyrinthspinne 566
Laccaria amethystina 253
– *bicolor* 253
– *laccata* 252
– *proxima* 252
Laccophilus minutus 513
Lacerta agilis 416
– *viridis* 416
Lachmöwe 350, 354
Lachnus roboris 506
Lachs, Atlantischer 433
Lachseeschwalbe 354
Lachsreizker 261
Lackporling, Flacher 269
– Wulstiger 269
Lacktrichterling, Braunroter 252
– Rötlicher 252
– Violetter 253
– Zweifarbiger 253
Lactarius chrysorrheus 261
– *deliciosus* 261
– *deterrimus* 261
– *quietus* 261
– *salmonicolor* 261
Laeosopis roboris 446
Lagopus lagopus 318
– *muta* 318
Laichkraut, Schwimmendes 191
Lamiastrum galeobdolon 145
Laminaria digitata 216
Lamium album 145
– *purpureum* 144
Lampetra fluviatilis 432
– *planeri* 432
Lamprohiza splendidula 520
Lampyridae 520
Lampyris noctiluca 520
Landkärtchen 453, 458
Landkartenflechte 280
Langblättriger Sonnentau 77
Langblättriges Waldvögelein 206
Langfußfledermaus 286
Langhornbiene 557
Langohr, Braunes 285
– Graues 285
– Kanaren- 285
Langzähnige Schwarznessel 144, 146, 147
Lanius collurio 394
– *excubitor* 394
– *minor* 394
Laodelphax striatella 505
Laothoe populi 482
Lappenrüssler, Gefurchter 533
Lappentaucher 335
Lapsana communis 187
Lärche, Europäische 24
– Japanische 24
Larinioides cornutus 563
Larix decidua 24
– *kaempferi* 24
Larus argentatus 349
– *canus* 351
– *fuscus* 352

Larus marinus 352
– *michahellis* 349, 352
– *minutus* 350, 351, 354
– *tridactyla* 351
Lasius brunneus 555
– *flavus* 555
– *niger* 554
Lathraea squamaria 161, 204
Lathyrus latifolius 92
– *linifolius* 91
– *pratensis* 93
– *sylvestris* 92
Laubfrosch, Europäischer 421
– Italienischer 421
– Mittelmeer- 421
Laubheuschrecken 492
Lauch, Bär- 193, 195
– Glöckchen- 193
Laufkäfer 510
Läusekraut, Sumpf- 160
– Wald- 159, 160
Lavatera arborea 108
Leberblümchen, Gewöhnliches 58
Leberreischling 272
Leccinum scabrum 266
– *variicolor* 266
Lederwanzen 497
Ledum palustre 126
Leimkraut, Stängelloses 77
– Taubenkropf- 54
Leinkraut, Gestreiftes 155
– Gewöhnliches 154
– Purpur- 155
Lemming, Berg- 290
Lemmus lemmus 290
Leontodon autumnalis 184
Leontopodium alpinum 169
Lepidium campestre 70
Lepiota cristata 242
Lepisma tidae 485
Lepista nuda 250
– *sordida* 250
Leptinotarsa decemlineata 529
Leptobryum pyriforme 219
Leptoceridae 547
Leptophyes punctatissima 492
Leptoperna dolabrata 499
Leptura rubra 526
Lepus corsicanus 288
– *europaeus* 288
Lerche, Feld- 369, 370, 371, 410
– Hauben- 371
– Heide- 371
– Kurzzehen- 371
– Ohren- 370
Lerchensporn, Gelber 66
Leucanthemum vulgare 174
Leuchtender Baumtrichterling 268
Leuciscus cephalus 426
– *leuciscus* 427
Leucoagaricus leucothites 244
Leucojum aestivum 198
– *vernum* 198
Leucoma salicis 471
Libellen, Edel- 489
– Pracht- 487
– Schlank- 488
– Segel- 490
Libellula depressa 490
– *quadrimaculata* 490
Libellulidae 490
Libythea celtis 452
Lichtnelke, Kuckucks- 55
Lichtnelke, Rote 54
Lichtnelke, Weiße 54
Lieschgras, Knolliges 227
– Wiesen- 227
Liguster ovalifolium 134
Liguster, Gewöhnlicher 134
– Ovalblättriger 134
Ligusterschwärmer 483
Ligustrum vulgare 134
Lilienhähnchen 528
Lilioceris lilii 528
Limacidae 575
Limenitis camilla 453
– *reducta* 453

589

REGISTER

Limodorum abortivum 207
Limonium vulgare 130
Limosa lapponica 345
– *limosa* 345
Linaria purpurea 155
– *repens* 155
– *vulgaris* 154
Linde, Holländische 44
– Sommer- 44
– Winter- 44
Liocoris tripustulatus 499
Lissonota sp. 550
Listera ovata 208
Lithobius variegatus 568
Lithospermum purpurocaeruleum 138
Littorina littorea 573
Littorinidae 573
Lochmaea caprea 529
Locusta migratoria 495
Locustella luscinioides 382
– *naevia* 362
Löffelente 313, 314, 316
Löffelkraut, Dänisches 70
– Echtes 70
Löffler 325
Lolium multiflorum 226
– *perenne* 226
Lonicera periclymenum 162
– *xylosteum* 162
Lotus corniculatus 97
– *uliginosus* 97
Löwenmäulchen 154
Löwenzahn, Gewöhnlicher 186
– Herbst- 183, 184, 188
Loxia curvirostra 405
Lucanidae 516
Lucanus cervus 516
Luchs 302
Lucilia caesar 546
Lullula arborea 371
Lumbricidae 579
Lumbricus terrestris 579
Lungenseitling 258
Lunularia cruciata 221
Luscinia megarhynchos 374
– *svecica* 378
Lutra lutra 299
Luzerne 92, 95
Luzula campestris 236
– *multiflora* 236
Lycaena helle 447
– *phlaeas* 447
Lychnis alpina 56
– *flos-cuculi* 55
Lycia hirtaria 470
Lycoperdon echinatum 274
– *mammiforme* 274
– *molle* 274
– *nigrescens* 274
– *perlatum* 274
– *pyriforme* 273
Lycopus europaeus 149
Lycosa narbonensis 565
Lycosidae 565
Lygocoris pabulinus 498
Lymnaea stagnalis 574
Lymnaeidae 574
Lymnocryptes minimus 344
Lynx lynx 302
– *pardinus* 302
Lyrurus tetrix 319, 320
Lysimachia nemorum 129
– *nummularia* 129
– *punctata* 129
– *vulgaris* 129
Lytta vesicatoria 530

M

Macroglossum stellatarum 481
Macrolepiota fuliginosa 243
– *permixta* 243
– *procera* 243
Macroprotodon cucullatus 413
Macrosiphum rosae 507
Mädesüß, Echtes 64, 80
– Kleines 80
Magerwiesen-Margerite 168, 174, 175
Maianthemum bifolium 195

Maiglöckchen, Gewöhnliches 124, 193, 195
Maiwurm, Schwarzer 530
Majoran, Wilder 150
Malthinus flaveolus 521
Malus pumila 38
– *sylvestris* 38
Malva moschata 106
– *neglecta* 107
– *sylvestris* 107
Malve, Baum- 108
– Wilde 106, 107, 108
Malven-Würfeldickkopffalter 438, 476
Mandelblättrige Wolfsmilch 104
Mangold 50
Maniola jurtina 457
– *lycaon* 457
Manns-Knabenkraut 211
Mannstreu, Feld- 123, 180
– Flachblättriger 122
Mantelmöwe 323, 326, 352
Marasmius oreades 250, 255
Marchantia polymorpha 220
Marder, Baum- 300
Marderhund 300, 301
Margerite, Magerwiesen- 168, 174
Mariendistel 181
Marienkäfer 524
Mariskensänger 382
Marmormolch 423
Marmota marmota 290
Maronenröhrling 263
Martes foina 300
– *martes* 300
März-Veilchen 109, 110
Mastocarpus stellatus 216
Matricaria discoidea 172
– *maritima* 174
Mattscheckiger Braun-Dickkopffalter 438
Mauer-Erdrauch 66
Mauer-Zimbelkraut 116, 155
Mauerbienen 556
Mauereidechse 415
Mauerfuchs 455, 457
Mauerpfeffer, Scharfer 75
Mauerraute 224
Mauersegler 367, 368
Maulwurf, Blind- 282
– Eurasischer 282
– Römischer 282
Mauremys leprosa 417
– *rivulata* 417
Maurische Bachschildkröte 417
Mäuse-Gerste 227
Mäusebussard 328, 329, 330, 331, 332, 362
Mäusedorn, Stachliger 196
Mausohr 287
Meconema thalassinum 493
Meconopsis cambrica 65
Medicago arabica 94
– *lupulina* 94
– *sativa* 95
Meer-Fenchel 123
Meersalat 217
Meersenf, Europäischer 74
Meerstrandläufer 347
Megachile centuncularis 556
Megachilidae 556
Mehlbeere, Gewöhnliche 40
– Griechische 40
Mehlpilz 249, 250
Mehlräsling 249
Mehlschwalbe 367, 368
Meise, Bart- 389
– Beutel- 394
– Blau- 392
– Hauben- 391
– Kohl- 391, 392
– Schwanz- 389, 390
– Sumpf- 390, 391
– Tannen- 390, 391, 392
– Weiden- 390, 391
Melampyrum pratense 158

Melanargia galathea 459
– *occitanica* 459
– *russiae* 459
Melanitta fusca 317
Melastiza chateri 278
Melde, Spießblättrige 50
Meles meles 301
Melilotus officinalis 94
Meloe proscarabeus 530
– *violaceus* 530
Melolontha melolontha 519
Menschenfloh 534
Mentha aquatica 151
– *arvensis* 149, 151
Menyanthes trifoliata 133
Mercurialis perennis 103
Mergus merganser 317
– *serrator* 317
Meripilus giganteus 271
Merlin 333, 334
Merops apiaster 364
Mesapamea didyma 476
– *remmi* 476
– *secalis* 476
Mesembrina meridiana 545
Messerfuß 419
Metrioptera brachyptera 492
Micromys minutus 294
Microtus agrestis 292
– *arvalis* 292
– *cabrerae* 292
– *oeconomus* 292
Microvelia reticulata 501
Miesmuscheln 576
Milchling, Goldflüssiger 261
Miliaria calandra 410
Milvus migrans 329
– *milvus* 330
Milzkraut, Gegenblättriges 79
Minze, Acker- 149, 151
– Wasser- 151
Minzeblattkäfer 528
Miridae 498
Miris striatus 499
Mistbiene 543
Mistel 47
Misteldrossel 380, 381, 395
Mistkäfer 517
Misumena vatia 567
Mitopus morio 560
Mittelmeer-Hufeisennase 284
Mittelmeer-Laubfrosch 421
Mittelmeerigel 282
Mittelmeermöwe 349, 352
Mittelmeersteinschmätzer 378
Mittelsäger 317
Mittelspecht 366
Mittlere Wespe 553
Mittlerer Klee 96
– Tüpfelfarn 223
– Weinschwärmer 482
Mnium hornum 219
Mohn, Klatsch- 60, 64
Möhre, Wilde 116, 126, 173
Molch-, Faden- 422
– Balkan-Kamm- 422
– Berg- 423
– Donau-Kamm- 422
– Italienischer Wasser- 423
– Kamm- 422
– Marmor- 423
– Spanischer Wasser- 422
– Teich- 423
Molorchus minor 527
Moltebeere 81
Mönchsgeier 331
Mönchsgrasmücke 383, 384, 385, 390
Mondbechermoos 220, 221
Mondfleck-Spanner 468
Mondhornkäfer 518
Mondvogel 475
Monostroma grevillei 217
Monticola saxatilis 379
– *solitarius* 379
Moor-Birke 27
Moor-Wiesenvögelchen 458
Moorfrosch 420
Moorschneehuhn 318

Moosbeere, Gewöhnliche 125
- Kleinfrüchtige 125
Morchella esculenta 277
Morgenländische Platane 36
Mörtelbienen 556
Morus bassana 323
Mosaikjungfer, Blaugrüne 489
- Braune 489
- Herbst- 489
- Kleine 489
Moschus-Malve 106
Moschus-Reiherschnabel 103
Motacilla alba 372
- *cinerea* 372
- *flava* 371
Möwe, Dreizehen- 351
- Herings- 349, 352
- Lach- 350, 351, 354
- Mantel- 352
- Mittelmeer- 349, 351, 352
- Schmarotzerraub- 348, 349
- Schwarzkopf- 350, 351
- Silber- 348, 349, 351, 352
- Spatelraub- 348
- Sturm- 348, 349, 350, 351
- Zwerg- 350, 351, 354
Mücken-Händelwurz, Gewöhnliche 209, 210
Mücken, Haar- 539
- Kriebel- 538
- Schmetterlings- 539
- Stech- 537
- Zuck- 535
Mufflon 305
Muntiacus reevesi 308
Muntjak 308
Murmeltier, Alpen- 290
Mus domesticus 293
- *macedonicus* 293
- *musculus* 293
- *spretus* 293
Musca domestica 545
Muscardinus avellanarius 295
Muscari comosum 191
- *neglectum* 191
Muscicapa striata 388
Muscidae 545
Mustela erminea 298
- *lutreola* 298
- *nivalis* 299
- *putorius* 298
- *vison* 298
Myathropa florea 543
Mycena galericulata 257
- *maculata* 257
Mylabris variabilis 530
Myocastor coypus 291, 299
Myosotis arvensis 141
- *laxa* 141
- *scorpioides* 141
Myotis capaccinii 286
- *dasycneme* 286
- *daubentonii* 286
Myrmeleotettix maculatus 495
Myrmica rubra 555
Myrrhis odorata 117
Mythimna impura 477
Mytilus edulis 576

N

Nacht-Schwalbenschwanz 469
Nachtigall 374, 375, 376, 378, 394
Nachtkerze, Gewöhnliche 113
- Rotkelchige 113
Nachtpfauenauge, Kleines 481
- Wiener 481
Nachtschatten, Bittersüßer 152
- Schwarzer 152
Nachtviole, Gewöhnliche 67
Nagekäfer 523
Napfschnecken 574
Narcissus pseudonarcissus 199
Narzisse, Gelbe 199
Narzissengelber Wulstling 240
Nashornkäfer 518
Natrix maura 414
- *natrix* 414
- *tessellata* 414

Natternkopf, Gewöhnlicher 139, 144
- Wegerichblättriger 139
Naucoridae 502
Nebelgrauer Trichterling 251
Nebelkrähe 398
Nebria brevicollis 510
Necydalis major 526, 527
Nelke, Büschel- 56
- Heide- 56
- Karthäuser- 56
Nelkenschwindling 250, 255
Nelkenwurz, Bach- 85
- Echte 85
Nemobius sylvestris 491
Neomys anomalus 284
- *fodiens* 284
Neottia nidus-avis 204
Nepa cinerea 502
Nephrotoma crocata 536
Nepidae 502
Neptis rivularis 453
Nerz, Amerikanischer 298
- Europäischer 298
Nessel-Zünsler 462
Nesselblättrige Glockenblume 167
Nestwurz, Vogel- 161, 204
Netelia sp. 550
Netzblatt, Kriechendes 208
Neunstachliger Stichling 435
Neunauge 432
Neuntöter 394
Nickende Distel 180
Nicrophorus humator 514
- *investigator* 514
Noctua comes 480
- *fimbriata* 480
- *pronuba* 480
Nomada flava 557
Nordluchs 302
Notiophilus biguttatu 511
Notonecta glauca 504
- *maculata* 504
Notonectidae 504
Notostira elongata 498
Nucifraga caryocatactes 396
Numenius arquata 346
- *phaeopus* 345, 346
Nuphar lutea 57
Nutria 291, 299
Nyctereutes procyonoides 300
Nymphaea alba 57
Nymphalis antiopa 451
- *c-album* 452
- *egea* 453
- *io* 454
- *polychloros* 451
- *urticae* 451
Nymphoides peltata 133

O

Obstbaum-Blütenspanner 465
Ochlodes venata 437
Ochsenauge, Großes 457
- Kleines 457
- Rotbraunes 456
- Spanisches 456
- Südliches 456
Ochsenzunge 272
- Gewöhnliche 138, 140
- Italienische 140
- Spanische 140
Ockerbrauner Trichterling 251
Ockergelber Blattspanner 467
- Täubling 263
Odermennig, Kleiner 76, 83, 154
Odocoileus virginianus 307
Odontaeus armiger 517
Odontites verna 159
Oecanthus pellucens 491
Oecetis ochracea 547
Oedemeridae 531
Oedipoda germanica 494

Oenanthe aquatica 118, 119
- *crocata* 118
- *hispanica* 378
- *leucura* 376
- *oenanthe* 378
Oenothera biennis 113
- *erythrosepala* 113
Ofenfischchen 485
Ohnsporn 208, 213
Ohr-Weide 42
Ohrenlerche 370
Ohrlappenpilz, Gezonter 276
Ohrwurm, Gemeiner 487
Ohrwürmer 487
Oiceoptoma thoracicum 514
Oligolophus tridens 560
Ölkäfer 530
Ommatoiulus sabulosus 569
Omocestus rufipes 495
- *viridulus* 495
Oncorhynchus mykiss 434
Ondatra zibethicus 291
Ononis repens 93
- *spinosa* 93
Operophtera brumata 466
- *fagata* 466
Ophrys apifera 214
- *holoserica* 214
- *insectifera* 214
- *sphegodes* 214
Opisthographis luteolata 467
Orangebecherling 278
Orangefarbenes Springkraut 106
Orangefuchsiger Raukopf 268
Orangegelber Streifling 238, 241
Orangeroter Heufalter 443
Orchis mascula 211
- *militaris* 212
- *morio* 212
- *purpurea* 212
- *simia* 212
- *ustulata* 212
Orgyia antiqua 474
- *recens* 474
Orient-Buche 33
Orientalische Hainbuche 27
Orientalisches Zackenschötchen 72
Origanum vulgare 150
Oriolus oriolus 395
Ornithogalum umbellatum 197
Orobanche minor 161
Orpheusspötter 387
Orthetrum cancellatum 490
Orthosia cerasi 478
- *cruda* 478
- *gothica* 477
- *gracilis* 478
Ortolan 408, 409
Oryctes nasicornis 518
Oryctolagus cuniculus 288
Osmia rufa 556
Östliche Hausmaus 293
Östlicher Erdbeerbaum 29
Ostrya carpinifolia 27
Otiorhynchus sulcatus 533
Otus scops 360
Oudemansiella mucida 258
Oulema melanopus 529
Ourapteryx sambucaria 469
Ovalblättriger Liguster 134
Ovis ammon 305
Oxalis acetosella 99

P

Paederus littoralis 515
Palaemon elegans 572
Palaemonidae 572
Palomena prasina 496
Pancratium illyricum 199
- *maritimum* 199
Pandion haliaetus 326
Panilius tunicatus 498
Panorpa meridionalis 535
- *communis* 535
Panorpidae 535
Pantherpilz 239
Pantherspanner 467

Panurus biarmicus 389
Papageigrüner Saftling 260
Papageitaucher 355, 356
Papaver rhoeas 64
Papilio machaon 439
Pappel, Bastard-Schwarz- 41
– Grau- 40, 41
– Schwarz- 41
– Silber- 40
– Zitter- 41
Pappelblattkäfer 528
Pappelbock, Großer 527
Pappelschwärmer 482
Pappelspinner 471
Pararge aegeria 457
– *maera* 455
– *megera* 455
– *petropolitana* 455
Parasol 243
Pardelluchs 302
Pardosa lugubris 565
Paris quadrifolia 196
Parnassia palustris 79
Parnassius apollo 441
– *mnemosyne* 441
– *phoebus* 441
Parus ater 391
– *caeruleus* 392
– *cristatus* 391
– *major* 392
– *montanus* 390, 391
– *palustris* 390
Pasiphila chloerata 465
– *rectangulata* 465
Passer domesticus 400
– *hispaniolensis* 400
– *montanus* 400
Pastinaca sativa 121
Pastinak, Echter 119, 121
Patella vulgata 574
Patellidae 574
Paxillus involutus 267
– *rubicundulus* 267
Pechlibelle, Große 488
Pechnelke, Alpen- 56
– Gewöhnliche 56
Pedicularis palustris 160
– *sylvatica* 160
Pelecanus onocrotalus 326
Pellia endiviifolia 221
– *epiphylla* 221
Pelobates cultripes 419
– *fuscus* 419
– *syriacus* 418, 419
Peloponnes-Blindschleiche 417
Peltigera canina 278
– *membranacea* 278
Pelzbienen 557
Pelzkäfer 522
Pemphigus spirothecae 507
Pemphredon lugubris 551
Pentatoma rufipes 496
Pentatomidae 496
Perca fluviatilis 435
Perdix perdix 319
Pericoma fuliginosa 539
Periphyllus acericola 506
Perleidechse 416
Perlmutterfalter, Braunfleckiger 449
– Feuriger 449
– Großer 449
– Veilchen- 449
Perlpilz 239, 243
Pernis apivorus 329
Persicaria amphibia 191
– *bistorta* 49
– *lapathifolia* 49
– *maculosa* 49
Persischer Ehrenpreis 157
Pestwurz, Vanillen- 177
– Weiße 177
Petasites albus 177
– *fragrans* 177
– *hybridus* 177
Pfauenauge, Abend- 483
Pfeifente 313, 314
Pfeilkraut, Gewöhnliches 189
Pfeilkresse 71, 72
Pfennigkraut 129

Pferdeaktinie 578
Pfifferling 268
– Grauer 268
Pflaumen-Zipfelfalter 448
Pfriemenginster 89
Pfuhlschnepfe 343, 345
Phalacrocorax aristotelis 323
– *carbo* 322
Phalangiidae 560
Phalangium opilio 560
Phalaropus fulicaria 348
– *lobatus* 348
Phalera bucephala 475
Phallus hadriani 272
– *impudicus* 272
Phasianus colchicus 319
Phellodon 267
Philaenus spumarius 505
Philanthus triangulum 551
Philodromus aureolus 567
Philomachus pugnax 344
Philonthus fimetarius 515
Phleum bertolonii 227
– *pratense* 227
Phlogophora meticulosa 479
Phoca hispida 303
– *vitulina* 303
Phocoena phocoena 304
Phoenicurus ochruros 376
– *phoenicurus* 376
Pholcidae 566
Pholcus phalangioides 566
Pholidoptera griseoaptera 493
Phoxinus percnurus 431
– *phoxinus* 431
Phragmatobia fuliginosa 472
Phragmites australis 230
Phrygaenea varia 547
Phryganeidae 547
Phrygania grandis 547
Phyllobius argentatus 532
Phyllopertha horticola 519
Phylloscopus bonelli 386, 387
– *collybita* 386
– *sibilatrix* 387
– *trochilus* 386
Pica pica 396
Picea abies 21
– *omorika* 21
Picris echioides 185
Picromerus bidens 496
Picus viridis 365
Pieris brassicae 442
– *mannii* 441
– *napi* 441
– *rapae* 441
Piezodorus lituratus 496
Pillenwespe 553
Pilophorus perplexus 499
Pilosella officinarum 188
Pinguicula alpina 162
– *vulgaris* 162
Pinselkäfer 519
Pinus densiflora 22
– *sylvestris* 22
Pipistrellus pipistrellus 286
Pippau, Kleinköpfiger 187
Piptoporus betulinus 270
– *quercinus* 270, 271
Pirata piraticus 565
Pirol 365, 395
Pisaura mirabilis 564
Pisauridae 564
Plantago lanceolata 163
– *major* 163
Platalea leucorodia 325
Platambus maculatus 513
Platane, Bastard- 36
– Morgenländische 36
Platanthera bifolia 209
– *chlorantha* 209
Platanus orientalis 36
– ×*hispanica* 36
Plattbauch 490
Platterbse, Berg- 91
– Breitblättrige 92
– Wiesen- 93
– Wilde 92
Platycerus caraboides 516
Platycleis albopunctata 492

Plebejus argus 445
– *argyrognomon* 445
– *idas* 445
– *pylaon* 445
Plecotus auritus 285
– *austriacus* 285
– *teneriffae* 285
Plectrophenax nivalis 407
Pleuroptya ruralis 462
Pleurotus ostreatus 258
– *pulmonarius* 258
Plötze 429
Pluteus cervinus 242
Pluvialis apricaria 338
– *squatarola* 338
Poa annua 232
Podarcis muralis 415
– *sicula* 415
Podiceps cristatus 321
– *grisegena* 321
– *nigricollis* 321
Podisma pedestris 494
Polietes lardarius 545
Polistes gallicus 553
Pollenia rudis 546
Polydrusus mollis 533
– *sericeus* 533
Polygala vulgaris 105
Polygonatum multiflorum 197
– *odoratum* 197
Polyommatus bellargus 444
– *eros* 444
– *escheri* 444
– *icarus* 444
– *thersites* 444
Polyphylla fullo 519
Polypodium cambricum 223
– *interjectum* 223
– *vulgare* 223
Polyporus squamosus 270
– *tuberaster* 270
Polytrichum commune 218
– *formosum* 218
Pontania vesicator 549
Pontia daplidice 440
– *edusa* 440
Populus ×*canescens* 40, 41
– *alba* 40
– *nigra* 41
– *tremula* 41
– ×*canadensis* 41
Porcellio scaber 570
Porcellionidae 570
Porling, Schuppiger 270
– Sklerotien- 270
Porphyrbrauner Wulstling 240
Porst, Sumpf- 126
Portunidae 571
Porzana porzana 336
Postillion 443
Potamogeton natans 191
Potentilla anserina 87
– *erecta* 87
– *palustris* 86
– *reptans* 87
– *sterilis* 81, 86
Pracht-Nelke 55
Prachtlibelle, Gebänderte 487
Prachtlibellen 487
Prachttaucher 322, 323
Prachtwanze 499
Preiselbeere 124
Primula elatior 128
– *veris* 128
– *vulgaris* 128
Procyon lotor 300, 301
Propylea quatuordecimguttata 525
Protichneumon pisorius 550
Prunella grandiflora 148
– *modularis* 374
– *vulgaris* 148
Prunus avium 38
– *cerasifera* 39
– *cerasus* 38
– *spinosa* 39
Psathyrella 246
Pseudofumaria lutea 66
Psithyrus barbutellus 558
Psychodidae 539

Psyllobora vigintiduopunctata 524
Pteridium aquilinum 222
Pteromys volans 296
Pterophorus pentadactyla 463
Pterostichus niger 511
Ptilinus pectinicornis 523
Ptinomorphus imperialis 523
Puffinus puffinus 355
Pulex irritans 534
Pulicaria dysenterica 172
Pulicidae 534
Pulsatilla pratensis 59
– *vulgaris* 59
Pungitus pungitus 435
Punktierte Zartschrecke 492
Punktierter Gilbweiderich 129
Purpur-Fetthenne 78
Purpur-Knabenkraut 212
Purpur-Leinkraut 155
Purpurnfleckender Klumpfuß 250
Purpurreiher 324
Purpurroter Zünsler 461
Purpurzünsler 461
Pyramiden-Günsel 143
Pyrausta aurata 461
– *purpuralis* 461
Pyrenäen-Desman 284
Pyrenäen-Storchschnabel 102
Pyrenäengämse 305
Pyrgus alveus 438
– *armoricanus* 438
– *malvae* 438
Pyrochroa coccinea 531
– *serraticornis* 531
Pyrochroidae 531
Pyrola minor 124
Pyronia bathseba 456
– *cecilia* 456
– *tithonius* 456
Pyrrhocorax pyrrhocorax 397
Pyrrhosoma nymphula 488
Pyrrhula pyrrhula 406

Q
Quellen-Hornkraut 52, 53
Queller, Europäischer 51
Quercus petraea 34
– *robur* 34

R
Rabenkrähe 365, 397, 398, 399
Radnetzspinnen 562
Ragwurz, Bienen- 214
– Fliegen- 214
– Hummel- 214
– Spinnen- 214
Rainfarn 175
Rainkohl, Gewöhnlicher 187
Rallus aquaticus 336
Ramalina farinacea 279
Rana arvalis 420
– *bergeri* 421
– kl. *esculenta* 421
– *lessonae* 421
– *ridibunda* 421
– *temporaria* 420
Ranatra linearis 502
Ranunculus flammula 63
– *acris* 62
– *ficaria* 62
– *peltatus* 63
– *repens* 62
Raphidia notata 508
Raphidiidae 508
Raps 73
Rasen-Vergissmeinnicht 141
Ratte, Wander- 297
Rattenschwanzlarve 543
Rattus norvegicus 297
– *rattus* 297
Raubspinnen 564
Raubwanzen 500
Raubwürger 394
Rauchschwalbe 367, 368
Raufußbussard 328
Raufußkauz 360, 361

Raukopf, Orangefuchsiger 268
– Spitzgebuckelter 268
Rauschbeere 125
Rebhuhn 318, 319
Reduviidae 500
Regenbogen-Forelle 433, 434
Regenbrachvogel 345, 346
Regenbremse 540
Regenpfeifer, Fluss- 340
– Gold- 338
– Kiebitz- 338
– Sand- 340
Regenwurm, Gemeiner 579
Regenwürmer 579
Regulus ignicapillus 388
– *regulus* 388
Reh 308
Rehbrauner Dachpilz 242
Rehschröter 516
Reiher, Grau- 324, 326, 336
– Kuh- 325
– Purpur- 324
– Seiden- 325
– Silber- 325
Reiherente 315
Reiherschnabel, Gewöhnlicher 103
– Moschus- 103
Remiz pendulinus 394
Rentier 306
Reseda lutea 76
– *luteola* 76
Resedaweißling 440
Resede, Färber- 76, 83
– Gelbe 76
Rhagium mordax 527
Rhagonycha fulva 521
Rhantus exsoletus 513
Rhinanthus minor 160
Rhingia campestris 542
Rhinocoris iracundus 500
Rhinolophus blasii 284
– *euryale* 284
– *hipposideros* 284
Rhizocarpon geographicum 280
– *lecanorinum* 280
Rhodiola rosea 78
Rhododendron 30
Rhododendron ponticum 30
Rhogaster viridis 549
Rhombenwanze 497
Rhyssa persuassoria 550
Riemenzunge, Bocks- 213
Riesen-Schachtelhalm 225, 226
Riesenbovist 273
Riesenholzwespe 548
Riesenporling 271
Riesenrötling 251
Riesenschirmpilz 243
– Dunkler 243
– Rötender 243
Riesenschlupfwespe 550
Riesenschnake 536
Rillstieliger Seitling 258
Rinderbremse 540
Ringdrossel 373, 379
Ringelgans 312
Ringelnatter 414
Ringelrobbe 303
Ringeltaube 357, 358
Ringloser Butterpilz 266
Ringrübling, Buchen- 258
Riparia riparia 367
Rippenfarn 223
Rispengras, Einjähriges 232
Robinia pseudoacacia 32
Rohrammer 407, 408, 409, 410
Rohrdommel 324
Röhrenläuse 506
Rohrkolben, Breitblättriger 202, 203, 204
– Schmalblättriger 204
Rohrschwirl 382
Rohrweihe 327, 329
Rollasseln 571
Römischer Maulwurf 282
Rorippa nasturtium-aquaticum 68
Rosa arvensis 81
– *canina* 82

Rosablättriger Egerlingsschirmling 244
– Helmling 257
Rosalia alpina 527
Rosapelikan 326
Rose, Hunds- 81, 82
– Kriechende 81, 82
Rosenblattlaus 507
Rosenkäfer 519
Rosenseeschwalbe 353
Rosenwurz 78
Rosmarinheide, Kahle 124
Rosskastanie 33
– Gewöhnliche 35
– Rote 35
Rostfarbener Dickkopffalter 437
Rot-Buche 33
Rot-Klee 95, 96
Rot-Schwingel, Gewöhnliches 232
Rotauge 427, 429
Rotbauchunke 419
Rotbeeriger Wacholder 24
Rotbeinige Baumwanze 496
Rotbrauner Kartoffelbovist 274
– Streifling 241
Rotbraunes Ochsenauge 456
Rotdrossel 380, 381
Rote Heckenkirsche 162
– Lichtnelke 54
– Mauerbiene 556
– Rosskastanie 35
– Spornblume 164
– Taubnessel 144, 146, 149
– Waldameise 554
Rötelfalke 333
Rötelmaus 292
Rötelritterling, Schmutziger 250
– Violetter 250
Rötelschwalbe 368
Rötender Riesenschirmpilz 243
– Stoppelpilz 267
Roter Fingerhut 153, 158
– Kurzhaarborstling 278
– Täubling 238
Rotes Straußgras 229
– Waldvögelein 206, 207
Rotfeder 429
Rotflügelige Ödlandschrecke 494
Rotfuchs 297
Rotfüßiger Dungkäfer 519
Rotfußröhrling 265
– Düsterer 265
Rotgelber Weichkäfer 521
Rothalsbock 526
Rothalsige Silphe 514
Rothalstaucher 321
Rothirsch 307
Rotkehlchen 373, 374, 375, 376, 378
Rotkelchige Nachtkerze 113
Rotköpfiger Feuerkäfer 531
Rötlicher Lacktrichterling 252
Rötlichgelber Kleinspanner 468
Rotmilan 329, 330
Rotschenkel 343, 344
Rübling, Unverschämter 254
Rubus chamaemorus 81
– *fruticosus* 81
– *idaeus* 81
Ruchgras, Gewöhnliches 228
Rückenschwimmer 504
– Gemeiner 504
Ruderwanzen 503
Ruhrkraut, Sumpf- 169
Ruineneidechse 415
Rumex acetosa 48
– *acetosella* 48
– *crispus* 48
– *obtusifolius* 48
Rundblättrige Glockenblume 167
Rundblättriger Sonnentau 77
Rundblättriges Hasenohr 104
Rundflügel-Kätzcheneule 478

Rundsporiger Anischampignon 244
Rupicapra rupicapra 305
Ruprechtskraut 102
Ruscus aculeatus 196
Rüsselkäfer 532
Russula cyanoxantha 262
– *emetica* 262
– *fellea* 263
– *griseascens* 262
– *ionochlora* 262
– *mairei* 262
– *ochroleuca* 263
Rutilus rutilus 429

S

Saat-Wicke 91
Saat-Wucherblume 175
Saatgans 310, 311
Saatkrähe 365, 397, 398, 399
Säbelschnäbler 337, 341
Safranrebendolde 118
Saftkugler 570
Saftling, Größter 259
– Kirschroter 259
– Papageigrüner 260
– Schwärzender 259
– Spitzgebuckelter 259, 260
– Stumpfer 260
– Zäher 260
– Zerbrechlicher 260
Säge-Tüpfelfarn 223
Säger, Gänse- 317
– Mittel- 317
Sägetang 215
Sagittaria sagittifolia 189
Sal-Weide 42
Salamandra atra 424
– *corsica* 424
– *salamandra* 424
Salbei-Gamander 143
– Wiesen- 139, 144
Salbeiblättrige Zistrose 112
Salicornia europaea 51
Salix alba 43
– *aurita* 42
– *babylonica* 42
– *caprea* 42
– *fragilis* 43
– ×*sepulcralis* 42
Salmo salar 433
– *trutta* 433
Salvia pratensis 144
Salz-Schuppenmiere 51
Salzmiere 75
Sambucus ebulus 30, 165
– *nigra* 30
– *racemosa* 30
Samtente 317
Samtfußrübling 255
Samtkopfgrasmücke 383, 385
Sanderling 341, 342
Sandglöckchen, Berg- 166
Sandknotenwespe 551
Sandregenpfeifer 340
Sandwespe, Gemeine 551
Sanguisorba minor 84
– *officinalis* 84
Saperda carcharias 527
Saponaria officinalis 55
Sarcodon 267
Saturnia pavonia 481
– *pyri* 481
Satyrium pruni 448
– *w-album* 448
Sauer-Kirsche 38
Sauerampfer, Großer 48
– Kleiner 48
Sauerklee, Wald- 58, 99
Saxicola rubetra 377
– *torquata* 377
Saxifraga aizoides 75
– *granulata* 78
– *oppositifolia* 77
Scabiosa columbaria 166
Scarabaeidae 518
Scardinius erythrophthalmus 429
Scathophaga stercoraria 544
Schachbrett 459
– Westliches 459

Schachtelhalm, Acker- 225, 226
– Riesen- 225, 226
Schaf-Champignon 244, 245
Schaf-Schwingel 232
Schafgarbe 116, 173
– Sumpf- 173
Schafstelze 370, 371, 372
Scharbockskraut, Gewöhnliches 62
Scharfer Hahnenfuß 62
– Mauerpfeffer 75
Schattenblümchen, Zweiblättriges 195
Schaufelkröte, Syrische 419
Schaumkraut, Viermänniges 69
– Wiesen- 67, 69
Schaumzikaden 504, 505
Scheck-Tageule 438, 476
Scheiden-Wollgras 233
Scheidenmuscheln 577
Scheidenstreifling, Grauer 241
Scheidling, Großer 240
Scheinakazie, Gewöhnliche 32
Scheinbockkäfer 531
Schermaus 291, 293
Schierling, Gefleckter 117, 119, 120
Schild-Wasserhahnenfuß 63
Schildborstling 278
Schildzecken 561
Schilfkäfer 529
Schilfrohr 230
Schilfrohrsänger 377, 382
Schizotus pectinicornis 531
Schlammfliegen 508
Schlammschnecken 574
Schlammschwimmer 509
Schlangen-Knöterich 49
Schlangen-Wiesenknöterich 49
Schlangenadler 326
Schlangenwurz 203
Schlanklibellen 488
Schlehe, Gewöhnliche 39
Schlehen-Federgeistchen 463
Schlehenspinner 474
Schleie 430
Schleiereule 359, 361
Schlingnatter 413
Schlitzblättrige Karde 165
Schlundegel 579
Schlupfwespen 550
Schlüsselblume, Echte 128
– Hohe 128
– Stängellose 128
Schmalblättriger Rohrkolben 204
Schmalblättriges Weidenröschen 112, 114
– Wollgras 233
Schmalbock, Gefleckter 526
Schmalflügeliger Fleckleibbär 472
Schmarotzerraubmöwe 323, 348, 349
Schmeißfliege, Blaue 546
Schmeißfliegen 546
Schmerwurz, Gewöhnliche 116, 138, 200
Schmetterlingsmücken 539
Schmutziger Rötelritterling 250
Schnaken 536
Schnatterente 313, 314, 316
Schnauzenschwebfliege 542
Schneckenklee, Arabischer 94
– Hopfen- 94
Schneeammer 407
Schneeball, Gewöhnlicher 31
– Wolliger 31
Schneeballblättriger Ahorn 25
Schneeglöckchen, Kleines 198
Schneehuhn, Alpen- 318
– Moor- 318
Schnellschwimmer, Gefleckter 513
Schnirkelschnecken 575
Schnurbaum, Japanischer 32
Schnurrpfeif 569
Schöllkraut, Gewöhnliches 65
Schönschrecke, Italienische 494

Schopfige Traubenhyazinthe 191
Schopftintling 245
Schuppenmiere, Salz- 51
Schuppenwurz, Gewöhnliche 161, 204
Schuppiger Porling 270
– Wurmfarn 222
Schüppling, Goldfell- 247
Schwalbe, Mehl- 367, 368
– Rauch- 367, 368
– Rötel- 368
– Ufer- 367
Schwalbenschwanz 439
– Nacht- 469
Schwalbenwurz 132
Schwan 471
– Höcker- 310, 325
– Sing- 310
– Zwerg- 310
Schwanenblume 189, 190
Schwanenhals-Sternmoos 219
Schwanzmeise 389, 390
Schwärmer, Kleiner Wein- 482
– Liguster- 483
– Mittlerer Wein- 482
– Pappel- 482
– Totenkopf- 484
– Winden- 483
Schwarz-Erle 28
Schwarz-Pappel 41
Schwarze Bohnenblattlaus 507
Schwarze Flockenblume 183
– Gelbdolde 121
– Königskerze 83, 153, 154
– Wegschnecke 576
Schwärzender Saftling 259
Schwarzer Apollo 441
– Holunder 30
– Maiwurm 530
– Moderkäfer 515
– Nachtschatten 152
– Steinpilz 264
– Trauerfalter 453
Schwarzes C 477
Schwarzfrüchtiges Christophskraut 64
Schwarzfühler-Dickleibspanner 470
Schwarzgraue Wegameise 554
Schwarzhalstaucher 321
Schwarzkehlchen 377
Schwarzkolbiger Braun-Dickkopffalter 438
Schwarzkopfmöwe 350
Schwarzmilan 327, 329, 330
Schwarznessel, Langzähnige 144, 146, 147
Schwarzschnabel-Sturmtaucher 355
Schwarzschneidiger Dachpilz 242
Schwarzspecht 365
Schwarzstirnwürger 394
Schwarzviolette Akelei 60
Schwebfliege, Hain- 542
– Hornissen- 543
– Kleine 542
– Schnauzen- 542
Schwebfliegen 542
Schwedischer Hartriegel 115
Schwefelkopf, Graublättriger 247
– Grünblättriger 247, 255
– Ziegelroter 247
Schwefelporling 271
Schweinswal 304
Schwertförmige Scheidenmuschel 577
Schwertlilie, Deutsche 201
– Sumpf- 200, 202, 203
– Übelriechende 200, 201
Schwertschrecke, Kurzflügelige 492
Schwimmendes Laichkraut 191
Schwimmkäfer 512
Schwimmkrabben 571
Schwimmwanzen 502
Scilla hispanica 192
– *non-scripta* 192

Sciurus anomalus 289
– *carolinensis* 289
– *vulgaris* 289
Scleroderma bovista 274
– *citrinum* 274
Scolitantides orion 445
Scolopax rusticola 344
Scolytus scolytus 532
Scopula imitaria 468
Scrophularia auriculata 156
– *nodosa* 156
Scutellina 278
Sedum acre 75
– *album* 75
– *anglicum* 75
Seeadler 331
Seehund 303
Seekanne, Gewöhnliche 57, 133
Seepocken 573
Seerose, Weiße 57
Seeschwalbe, Brand- 353, 354
– Fluss- 353, 354
– Küsten- 353
– Lach- 354
– Rosen- 353
– Trauer- 354
– Weißbart- 354
– Weißflügel- 353
Seestern, Gemeiner 578
Seesterne 578
Segelfalter 439
Segellibellen 490
Segestria senoculata 568
Segestriidae 568
Segge, Blaugrüne 232
– Braun- 232
– Hänge- 232
– Sumpf- 233
– Ufer- 233
– Wald- 232
Seidenreiher 325
Seidenschwanz 369
Seifenkraut, Gewöhnliches 55
Seifenritterling 249
Seitling, Rillstieliger 258
Selenia dentaria 468
– *tetralunaria* 468
Sellerie, Knotenblütiger 68
Semibalanus balanoides 573
Semmelstoppelpilz 267
Senecio jacobaea 178
– *squalidus* 178
– *vulgaris* 178
Serapias cordigera 213
– *neglecta* 213
Serbische Fichte 21
Sericomyia silentis 543
Serinus serinus 403
Serratula tinctoria 181
Sialidae 508
Sialis lutaria 508
Sichelflügler, Erlen- 463
– Heller 463
Siebenpunkt-Marienkäfer 524
Siebenschläfer 296
Siebenstern, Europäischer 58
Siegwurz, Illyrische 202
– Sumpf- 202
Sikahirsch 307
Silber-Pappel 40
Silber-Weide 42, 43
Silberblatt 469
Silberdistel 179
Silbermöwe 322, 348, 349, 351, 352
Silberreiher 325
Silene 77
– *alba* 54
– *dioica* 54
– *vulgaris* 54
Silpha atrata 514
Silphe, Rothalsige 514
Silybum eburneum 181
– *marianum* 181
Simuliidae 538
Simulium sp. 538
Singdrossel 379, 380, 381, 383
Singschwan 310
Sinodendron cylindricum 516

Sirex juvencus 548
Siricidae 548
Sisymbrium officinale 68
Sitta europaea 393
– *neumayer* 393
Skabiose, Tauben- 166
Skabiosen-Flockenblume 182
Sklerotienporling 270
Skorpionsfliegen 535
Skorpionswanzen 502
Skua 349
Smaragdeidechse 416
Smerinthus ocellata 483
Smyrnium olusatrum 121
Solanum dulcamara 152
– *nigrum* 152
– *tuberosum* 152
Solenidae 577
Solidago canadensis 170
– *virgaurea* 170
Somateria mollissima 317
Sommer-Knotenblume 198
Sommer-Linde 44
Sommergoldhähnchen 388
Sommersteinpilz 264
Sommerwurz, Kleine 161, 204
Sonchus arvensis 186
– *oleraceus* 186
Sonnenröschen, Apenninen- 111
– Gewöhnliches 111
Sonnentau, Langblättriger 77
– Rundblättriger 77
Sonnwend-Wolfsmilch 104
Sorbus aria 40
– *aucuparia* 39
– *commixta* 39
– *domestica* 39
– *graeca* 40
– *rupicola* 39
Sorex araneus 283
– *coronatus* 283
– *granarius* 283
– *minutissimus* 283
– *minutus* 283
– *samniticus* 283
Spanische Fliege 530
– Ochsenzunge 140
Spanischer Blauer Zipfelfalter 446
– Wassermolch 422
Spanisches Ochsenauge 456
Spanner, Ampfer- 468
– Birken- 470
– Buchen-Frost- 466
– Dreistreifiger Mondfleck- 468
– Garten-Blatt- 465
– Graubinden-Labkraut- 465
– Grüner Blüten- 465
– Kleiner Frost- 466
– Mondfleck- 468
– Obstbaum-Blüten- 465
– Ockergelber Blatt- 467
– Panther- 467
– Rötlichgelber Klein- 468
– Schwarzfühler-Dickleib- 470
– Stachelbeer- 462, 466
– Weißdorn- 467
Sparganium emersum 203
– *erectum* 203
Spargelhähnchen 529
Spartium junceum 89
Spatelraubmöwe 348, 349
Specht, Bunt- 363, 366
– Grün- 365, 395
– Klein- 366
– Mittel- 366
– Schwarz- 365
Speckkäfer 522
Speierling 39
Speisemorchel 277
Speitäubling, Gedrungener Buchen- 262
– Grauender 262
– Kirschroter 262
Sperber 332, 333, 359
Sperbergrasmücke 364
Spergularia marina 51
– *media* 51
– *rubra* 51

Sperling, Feld- 400
– Haus- 374, 400, 401, 406, 408
– Weiden- 400
Sphagnum palustre 218
Sphecidae 551
Sphinx ligustri 483
Spießblättrige Melde 50
Spießente 314, 316
Spilopsyllus cuniculi 534
Spilosoma lubricipeda 472
– *urticae* 472
Spinne, Braune Krabben- 567
– Garten-Kreuz- 563
– Gerandete Jagd- 564
– Große Zitter- 566
– Kürbis- 562
– Labyrinth- 566
– Veränderliche Krabben- 567
– Vierfleck-Kreuz- 563
– Wespen- 562
Spinnen-Ragwurz 214
Spinnen, Finster- 564
– Fischernetz- 568
– Jagd- 564
– Krabben- 567
– Radnetz- 562
– Raub- 564
– Trichter- 566
– Wolfs- 565
– Zitter- 566
Spinner, Schlehen- 474
Spinnmilben 561
Spiralgallenlaus 507
Spiranthes spiralis 208
Spirorbis spirorbis 215
Spitz-Ahorn 25, 26
Spitz-Wegerich 163
Spitzflügel-Kätzcheneule 478
Spitzgebuckelter Raukopf 268
– Saftling 259, 260
Spitzhornschnecke 574
Spitzling 496
Spitzmaus, Knirps- 283
– Schabracken- 283
– Sumpf- 284
– Wald- 283
– Wasser- 284
– Zwerg- 283
Spornammer 407, 408
Spornblume, Rote 164
Spornzikaden 505
Springkraut, Großes 106
– Indisches 106
– Orangefarbenes 106
Stabwanze 502
Stachelbeerspanner 462, 466
Stachliger Mäusedorn 196
Stachys officinalis 146
– *palustris* 147
– *sylvatica* 147
Ständelwurz, Braunrote 205, 207
– Breitblättrige 205
– Sumpf- 205, 206
– Violette 205
Stängellose Schlüsselblume 128
Stängelloses Leimkraut 77
Staphylinidae 515
Staphylinus olens 515
Star 364, 369, 396, 399
Stäubling, Birnen- 274
– Flocken- 274
– Igel- 274
– Stinkender 274
– Weicher 274
Stechginster Gewöhnlicher 88
Stechmücke, Gemeine 537
Stechmücken 537
Stechpalme 196
– Azoren- 26
– Gewöhnliche 26
– Großblättrige 26
Steinadler 328, 331
Steinbock 305
Steinbrech, Gegenblättriger 77
– Knöllchen- 78, 79
Steinhummel 559
Steinkauz 360
Steinklee, Echter 94
Steinläufer 568

Steinpilz 264
– Schwarzer 264
Steinrötel 379
Steinsame, Blauroter 138
Steinschmätzer 377, 378
Steinwälzer 347
Stellaria holostea 52
– *media* 53
Stelzenläufer 337, 341
Stenobothros lineatus 494
Stenodema laevigatum 498
Stenus bimaculatus 515
Stercocarius pomarinus 348
– *parasiticus* 348
– *pomarinus* 349
– *skua* 349
Stern von Bethlehem 194, 197
Sterna dougallii 353
– *hirundo* 353
– *paradisaea* 353
– *sandvicensis* 354
Sternmiere, Große 52
Sternmoos, Schwanenhals- 219
Stethophyma grossum 494
Stichling, Dreistachliger 435
– Neunstachliger 435
Stiefmütterchen, Acker- 109, 110, 159
– Wildes 109, 110
Stieglitz 402
Stiel-Eiche 34
Stierkäfer 517
Stinkender Stäubling 274
Stinkmorchel 272
– Dünen- 272
Stinkschirmling 242
Stockente 312, 313, 314, 316, 317
Stockrose, Chinesische 107
Stockschwämmchen 248
Stomoxys calcitrans 545
Stoppelpilz, Rötender 267
Storch, Weiß- 326
Storchschnabel, Blutroter 100
– Glänzender 102
– Knotiger 100
– Pyrenäen- 102
– Wald- 100
– Weicher 102
– Wiesen- 101
Strand-Aster 171
Strand-Gerste 227
Strand-Zaunwinde 137
Stranddistel 122
Strandflieder, Gewöhnlicher 130
Strandhafer, Gewöhnlicher 230
Strandkohl 71, 72
Strandkrabbe, Gemeine 571
Strandschnecken 573
Strandsode 51
Strangalia maculata 526
Strauchschrecke, Gewöhnliche 493
Straußgras, Rotes 229
– Weißes 229
Streifenfarn, Braunstieliger 225
– Grünstieliger 225
Streifling, Orangegelber 238, 241
– Rotbrauner 241
Streptopelia decaocto 358
– *turtur* 356
Strix aluco 361
– *uralensis* 361
Stropharia aeruginosa 252
Stubenfliege 545
– Gemeine 545
– Kleine 544
Stumpfblättriger Ampfer 48
Stumpfer Saftling 260
Sturmmöwe 348, 349, 350, 351
Sturmtaucher, Gelbschnabel- 322
– Schwarzschnabel- 355
Sturmvogel, Eis- 322
Sturnus unicolor 379, 399
Styphnolobium japonicum 32
Suaeda maritima 51
Succisa pratensis 166

Südliches Ochsenauge 456
Suillus collinitus 266
– *luteus* 266
Sumpf-Dotterblume 61
Sumpf-Elritze 431
Sumpf-Herzblatt 78, 79
Sumpf-Hornklee 97
Sumpf-Kratzdistel 180
Sumpf-Läusekraut 160
Sumpf-Porst 116, 126
Sumpf-Ruhrkraut 169
Sumpf-Schafgarbe 173
Sumpf-Schwertlilie 200, 202, 203
Sumpf-Segge 233
Sumpf-Siegwurz 202
Sumpf-Ständelwurz 205, 206
Sumpf-Torfmoos 218
Sumpf-Veilchen 110
Sumpf-Vergissmeinnicht, Gewöhnliches 141
Sumpf-Ziest 147
Sumpfblautage 86
Sumpfhornklee-Widderchen 464
Sumpfmeise 385, 390, 391
Sumpfohreule 327, 359, 360, 361
Sumpfrohrsänger 382
Sumpfschildkröte, Europäische 417
Sumpfschrecke 494
Sumpfspitzmaus 284
Sus scrofa 301
Süßdolde 117, 119
Sylvia atricapilla 385
– *borin* 385
– *cantillans* 383, 384
– *communis* 384
– *curruca* 384
– *melanocephala* 383
– *nisoria* 364
Sympetrum pedemontanum 490
Symphytum officinale 139
Syrische Schaufelkröte 418, 419
Syromastus rhombeus 497
Syrphidae 542
Syrphus ribesii 542
– *vitripennis* 542

T

Tabanidae 540
Tabanus bovinus 540
– *sudeticus* 540
Tachybaptus ruficollis 321
Tachymarptis melba 367, 368
Tachypodoiulus niger 569
Tachyporus hypnorum 515
Tadorna tadorna 312
Tafelente 315
Tageule, Scheck- 438
Tagpfauenauge 454
Talpa caeca 282
– *europaea* 282
– *romana* 282
Tamarisken-Thujamoos 220
Tamus communis 200
Tanacetum vulgare 175
Tännelkraut, Eiblättriges 155
Tannenhäher 396
Tannenmeise 390, 391, 392
Tanzfliegen 541
Taraxacum officinale 186
Taschenkrebse 572
Taube, Felsen- 357, 358
– Hohl- 357, 358, 359
– Ringel- 357, 358
– Türken- 356, 358
– Turtel- 356, 358
Tauben-Skabiose 166
Taubenkropf-Leimkraut 54
Taubenschwänzchen 481
Täubling, Ockergelber 263
– roter 238
Täublinge, Grünfelderige 240
Taubnessel, Rote 144, 146, 149
– Weiße 145
Tausendgüldenkraut, Echtes 131
– Kleines 131
Tauwurm 579

Taxus baccata 23
Tegenaria duellica 566
Teichfledermaus 286
Teichfrosch 421
Teichhuhn 321, 335, 336
Teichläufer 500
Teichmolch 423
Teichrohrsänger 382, 383, 385, 387, 389
Teichrose, Gelbe 57, 133
Teichschwimmer 513
Tenthredinidae 549
Tenthredo scrophulariae 549
Tetranychidae 561
Tetranychus urticae 561
Tetrao urogallus 320
Tettigonia viridissima 492
Tettigoniidae 492
Teucrium scorodonia 143
Teufelsabbiss, Gewöhnlicher 166
Teufelskralle, Ährige 163
– Kugel- 166
Thalictrum flavum 64
Thecabius affinis 506
Thermobia domestica 485
Thlaspi arvense 71
Thomisidae 567
Thorshühnchen 348
Thuidium tamariscinum 220
Thujamoos, Tamarisken- 220
Thymallus thymallus 434
Thymelicus acteon 438
– *lineola* 438
– *sylvestris* 438
Thymian, Alpen- 150
– Arznei- 150
– Feld- 150
Thymianblättriges Kreuzblümchen 105
Thymus polytrichus 150
– *pulegioides* 150
Tigermotte, Weiße 472
Tilia cordata 44
Timandra comae 468
Timon lepidus 416
Tinca tinca 430
Tintling, Grauer 246
Tipula maxima 536
– *oleracea* 536
Tipulidae 536
Tollkirsche, Echte 151
Tordalk 355, 356
Torfmoos, Sumpf- 218
Tortrix viridana 460
Totenkopfschwärmer 484
Totentrompete 268
Totenuhr 523
Tragant, Alpen- 90, 98
– Dänischer 90
Tragopogon pratensis 185
Tramete, Zinnoberrote 272
Trauben-Eiche 34
Traubenhyazinthe, Schopfige 191
– Weinbergs- 191
Trauer-Weide 42
Trauerfalter, Schwarzer 453
Trauermantel 451
Trauerschnäpper 388, 389
Trauerseeschwalbe 354
Trauersteinschmätzer 376
Träuschling, Grünspan- 252, 260
Tremella 276
Trichius fasciatus 519
Tricholoma equestre 249
– *saponaceum* 249
Trichterling, Feinschuppiger 251
– Keulenfüßiger 254
– Nebelgrauer 251
– Ockerbrauner 251
Trichternarzisse, Dünen- 199
– Illyrische 199
Trichterspinnen 566
Trifolium arvense 97
– *campestre* 96
– *dubium* 94, 96

Trifolium fragiferum 95
– *medium* 96
– *pratense* 96
– *repens* 95
Tringa erythropus 343
– *glareola* 343, 344, 347
– *nebularia* 343
– *ochropus* 347
– *totanus* 343
Tripleurospermum inodorum 174
Triturus alpestris 423
– *boscai* 422
– *carnifex* 422
– *cristatus* 422
– *dobrogicus* 422
– *helveticus* 422
– *italicus* 423
– *karelinii* 422
– *marmoratus* 423
– *vulgaris* 423
Trochosa ruricola 565
Troglodytes troglodytes 373
Trollblume, Europäische 61
Trollius europaeus 61
Trottellumme 355, 356
Tuberculoides annulatus 507
Tuberolachnus salignus 506
Tulipa sylvestris 194
Tulpe, Wilde 194
Tümmler, Großer 304
– Kleiner 304
Tüpfel-Enzian 132
Tüpfel-Johanniskraut 108
Tüpfelfarn, Gewöhnlicher 223
– Mittlerer 223
– Säge- 223
Tüpfelsumpfhuhn 336
Turdus iliacus 380
– *merula* 379
– *philomelos* 381
– *pilaris* 380
– *torquatus* 373, 379
– *viscivorus* 381
Türkentaube 356, 358
Turmfalke 332, 333, 334, 356, 358, 359, 366
Tursiops truncatus 304
Turteltaube 356, 358
Tussilago farfara 177
Typha angustifolia 204
– *latifolia* 204
Typhaeus typhoeus 517
Tyria jacobaeae 473
Tyto alba 359

U
Übelriechende Schwertlilie 200, 201
Udotea petiolata 217
Ufer-Segge 233
Ufer-Wolfstrapp 149
Uferschnepfe 337, 345
Uferschwalbe 367
Uhu 362
Ulex europaeus 88
Ulme, Bastard- 44
– Berg- 44
– Feld- 44
Ulmen-Zipfelfalter 448
Ulmensplintkäfer 532
Ulmus glabra 44
Ulva compressa 217
– *intestinalis* 217
– *lactuca* 217
Umbilicus rupestris 74
Unverschämter Rübling 254
Upupa epops 363
Ural-Waldmaus 294
Uria aalge 355
Urocerus gigas 548
Urtica dioica 46
– *urens* 46

V
Vaccinium microcarpa 125
– *myrtillus* 125
– *oxycoccus* 125
– *vitis-idaea* 124
– *uliginosum* 125
Valeriana officinalis 164

Vanellus vanellus 339
Vanessa atalanta 453
– *cardui* 452
Vanillen-Pestwurz 177
Veilchen-Perlmutterfalter 449
Veilchen, Hain- 109, 110
– März- 109, 110
– Sumpf- 110
– Wald- 109, 110
Velia caprai 501
Veliidae 501
Venusschnabel 74
Veränderliche Krabbenspinne 567
Veränderlicher Ölkäfer 530
Verbascum nigrum 154
– *thapsus* 153
Verbena officinalis 142
Verfärbender Birkenpilz 266
Vergissmeinnicht, Acker- 141
– Rasen- 141
– Wald- 141
Veronica agrestis 157
– *anagallis-aquatica* 156
– *beccabunga* 156
– *chamaedrys* 157
– *persica* 157
Vespa crabro 553
Vespidae 552
Vespula germanica 552
– *vulgaris* 552
Viburnum lantana 31
– *opulus* 31
Vicia cracca 92
– *sepium* 90
– *sylvatica* 90, 92
Vielblättrige Einbeere 103, 196
Vielblütige Hainsimse 236
– Weißwurz 197
Vierfleck 490
Vierfleck-Kreuzspinne 563
Viermänniges Schaumkraut 69
Vierstreifennatter 414
Villa modesta 541
Vinca major 134
– *minor* 134
Vincetoxicum hirundinaria 132
Viola arvensis 109
– *canina* 109
– *odorata* 110
– *palustris* 110
– *reichenbachiana* 109, 110
– *riviniana* 109
Violette Ständelwurz 205
Violetter Dingel 207
– Lacktrichterling 253
– Rötelritterling 250
Vipera ammodytes 412
– *aspis* 412
– *berus* 412
– *seoanei* 412
– *ursinii* 412
Vipernatter 414
Viscum album 47
Vogel-Kirsche 38
Vogel-Nestwurz 161, 204
Vogel-Wicke 92, 95
Vogelmiere 52, 53
Volucella bombylans 543
– *pellucens* 543
– *zonaria* 543
Volvariella speciosa 240
Vulpes vulpes 297

W
Wacholder, Gewöhnlicher 24
– Rotbeeriger 24
Wacholderdrossel 380, 381
Wachtelweizen, Wiesen- 158, 160
Wadenstecher 545
Wald-Engelwurz, Gewöhnliche 118, 120
Wald-Erdbeere 86
Wald-Geißblatt 162
Wald-Gelbstern 194
Wald-Kiefer 22
Wald-Läusekraut 159, 160
Wald-Sauerklee 58, 99
Wald-Scheinmohn 65

Wald-Segge 232
Wald-Storchschnabel 100
Wald-Veilchen 109, 110
Wald-Vergissmeinnicht 141
Wald-Wicke 90, 92
Wald-Witwenblume 166
Wald-Zaunwinde 138
Wald-Ziest 144, 146, 147
Waldbaumläufer 393
Waldbrettspiel 455, 457
Waldeidechse 415, 416
Waldgrille 491
Waldhyazinthe, Grünliche 209
– Weiße 209
Waldiltis 298
Waldkauz 359, 361, 362
Waldlaubsänger 386, 387
Waldmaus 294
Waldmeister 135, 136
Waldohreule 361, 362
Waldrebe, Gewöhnliche 59
Waldschnepfe 344
Waldspitzmaus 283
Waldvogel, Brauner 458
Waldvögelein, Bleiches 206
– Langblättriges 206
– Rotes 206, 207
Waldwasserläufer 346, 347
Walker 519
Wanderfalke 333, 334
Wanderheuschrecke, Europäische 495
Wanderratte 297
Wanze, Beeren- 496
– Ginster- 496
– Grüne Futter- 498
– Grüne Stink- 496
– Pracht- 499
– Rhomben- 497
– Rotbeinige Baum- 496
– Stab- 502
– Zweispitz- 496
Wanzen, Baum- 496
– Leder- 497
– Ruder- 503
– Schwimm- 502
– Skorpions- 502
– Weich- 498
– Raub- 500
Warzenbeißer 493
Waschbär 300, 301
Wasser-Braunwurz 156
Wasser-Knöterich 49, 191
Wasser-Minze 151
Wasseramsel 373
Wasserdost, Gewöhnlicher 168
Wasserfeder, Europäische 133
Wasserfenchel, Großer 118, 119
Wasserfledermaus 286
Wasserfrosch, Kleiner 421
Wasserhahnenfuß, Schild- 63
Wasserläufer 501
Wassermolch, Italienischer 423
Wassernabel, Gewöhnlicher 74, 190
Wasserralle 335, 336
Wasserreh, Chinesisches 308
Wasserskorpion 502
Wasserspitzmaus 284
Weberknechte 560
Wechselkröte 418
Wegerich, Breit- 163
– Spitz- 163
Wegerichblättriger Natternkopf 139
Wegmalve 107
Wegrauke 68
Wegschnecken 576
Wegwarte, Gewöhnliche 184
Weicher Stäubling 274
– Storchschnabel 102
Weiches Honiggras 231
Weichkäfer 521
Weichwanzen 498
Weide, Bruch- 43
– Ohr- 42
– Sal- 42
– Silber- 42, 43
– Trauer- 42

Weidelgras, Ausdauerndes 226
- Italienisches 226
Weidenmeise 390, 391
Weidenröschen, Schmalblättriges 112, 114
- Zottiges 114
Weidensperling 400
Weiderich, Blut- 114
Weinbergs-Traubenhyazinthe 191
Weinbergschnecke, Gefleckte 575
Weinhähnchen 491
Weiß-Klee 95, 96, 161
Weißbart-Seeschwalbe 354
Weißbartgrasmücke 383, 384
Weißbindiges Wiesenvögelchen 455
Weißbrustigel 282
Weißdorn-Spanner 467
Weißdorn, Eingriffliger 37
- Zweigriffliger 37
Weiße Fetthenne 75
- Lichtnelke 54
- Pestwurz 177
- Seerose 57
- Taubnessel 145
- Tigermotte 472
- Waldhyazinthe 209
Weißer Gänsefuß 50
- Gifttrichterling 250
Weißes Straußgras 229
Weißflügel-Seeschwalbe 353
Weißling, Reseda- 440
Weißstorch 326
Weißwangengans 311, 312
Weißwedelhirsch 307
Weißwurz, Vielblütige 197
- Wohlriechende 197
Wellenblättriges Katharinenmoos 219
Wendehals 364, 366
Wermut, Echter 176
Wespe, Braunwurz-Blatt- 549
- Deutsche 552
- Gallische Feld- 553
- Gemeine 552
- Grüne Blatt- 549
- Mittlere 553
- Riesenholz- 548
- Riesenschlupf- 550
- Sandknoten- 551
Wespen, Blatt- 549
- Falten- 552
- Grab- 551
- Holz- 548
- Schlupf- 550
Wespenbiene 557
Wespenbock, Großer 526
Wespenbussard 328, 329
Wespenspinne 562
Westigel 282
Westliche Beißschrecke 492
- Hausmaus 293
- Honigbiene 558
Westlicher Erdbeerbaum 29
Westliches Schachbrett 459
Westschermaus 293
Wicke, Saat- 91
- Vogel- 92, 95
- Wald- 90, 92
- Zaun- 90
Widderbock, Gemeiner 526
Widderchen, Sumpfhornklee- 464
Widerbart, Blattloser 204
Widertonmoos, Gewöhnliches 218
Wiedehopf 363, 395
Wiener Nachtpfauenauge 481
Wiesel 298
Wiesen-Bärenklau 119, 120
Wiesen-Bocksbart, Kleiner 185
Wiesen-Champignon 244
Wiesen-Flockenblume 183
Wiesen-Fuchsschwanz 228
Wiesen-Kammgras 229
Wiesen-Küchenschelle 59
Wiesen-Labkraut 135, 136
Wiesen-Lieschgras 227

Wiesen-Platterbse 93
Wiesen-Salbei 139, 144
Wiesen-Schaumkraut 67, 69, 74
Wiesen-Storchschnabel 101
Wiesen-Wachtelweizen 158, 160
Wiesen-Witwenblume 166
Wiesenhafer, Flaumiger 233
Wiesenhummel 559
Wiesenkerbel, Gewöhnlicher 117, 118
Wiesenknopf, Großer 84
- Kleiner 84
Wiesenpieper 369
Wiesenraute, Akeleiblättrige 64
- Gelbe 64, 80
Wiesenschaumzikade 505
Wiesenvögelchen, Großes 455
- Kleines 455
- Moor- 458
- Weißbindiges 455
Wiesenweihe 327
Wild-Kohl 72, 73
Wilde Karde 165
- Malve 106, 107, 108
- Möhre 116, 126, 173
- Platterbse 92
- Tulpe 194
Wilder Fenchel 119, 121
- Majoran 150
Wildes Stiefmütterchen 109, 110
Wildkaninchen 288
Wildkatze 302
Wildschwein 301
Winde, Acker- 137, 138
Windenschwärmer 483
Windröschen, Busch- 58
Winter-Linde 44
Wintergoldhähnchen 388, 392
Wintergrün, Kleines 124
Wirbeldost 144, 146, 149
Witwenblume, Wald- 166
- Wiesen- 166
Wohlriechende Weißwurz 197
Wolfsmilch, Kreuzblättrige 104
- Mandelblättrige 104
- Sonnwend- 104
- Zypressen- 105
Wolfsspinnen 565
Wolfstrapp, Ufer- 149
Wollgras, Scheiden- 233
- Schmalblättriges 233
Wolliger Schneeball 31
Wolliges Honiggras 231
Wollkraut-Blütenkäfer 522
Wühlmaus 292
Wulstiger Lackporling 269
Wulstling, Grauer 239
- Narzissengelber 240
- Porphyrbrauner 240
Wundklee, Gewöhnlicher 97, 98, 99
Würfelnatter 414
Wurm-Lattich 186
Wurmfarn, Gewöhnlicher 222
- Schuppiger 222
Wurmlattich 185

X

Xanthorhoe fluctuata 465
Xanthoria parietina 280
Xestia c-nigrum 477
Xestobium rufovillosum 523
Xylaria hypoxylon 269
Xylocopa violacea 557
Xylota segnis 543
Xysticus cristatus 567

Z

Zackenschötchen, Orientalisches 72
Zäher Saftling 260
Zahntrost, Acker- 159, 160
Zamenis lineatus 414
- *longissimus* 414
Zartschrecke, Punktierte 492
Zaun-Wicke 90
Zaunammer 409

Zauneidechse 415, 416
Zaunkönig 373, 374
Zaunrübe 46
- Rotfrüchtige 111
Zaunwinde, Gewöhnliche 137, 138, 200
- Strand- 137
- Wald- 138
Zecken, Schild- 561
Zehnpunkt-Marienkäfer 525
Zerbrechlicher Saftling 260
Ziegelroter Schwefelkopf 247
Ziegenlippe 265
Ziegenmelker 362
Ziest-Silbereule 479
Ziest, Echter 146, 147, 149
- Sumpf- 147
- Wald- 144, 146, 147
Zikade, Blut- 504
Zikaden, Schaum- 504, 505
- Sporn- 505
Zilpzalp 386, 387, 388
Zimbelkraut, Mauer- 116, 155
Zimmermannsbock 526
Zimtbär 472
Zinnoberrote Tramete 272
Zipfelfalter, Blauer Eichen- 446
- Brombeer- 446
- Pflaumen- 448
- Spanischer Blauer 446
- Ulmen- 448
Zistrose, Salbeiblättrige 112
Zitronenfalter 442
Zitronengirlitz 402, 403
Zitter-Pappel 41
Zitterling, Goldgelber 275
Zitterspinnen 566
Zootoca vivipara 415
Zornnatter, Balkan- 413
- Gelbgrüne 413, 414
Zottiges Weidenröschen 114
Zucker-Ahorn 26
Zuckmücken 535, 579
Zungen-Hahnenfuß 63
Zungenporling, Eichen- 270, 271
Zungenstendel, Herzförmiger 213
Zünsler, Brennnessel- 462, 466
- Nessel- 462
- Purpur- 461
- Purpurroter 461
Zürgelbaum-Schnauzenfalter 452
Zweiblatt, Kleines 208
Zweiblättriges Schattenblümchen 195
Zweifarbiger Lacktrichterling 253
Zweigriffliger Weißdorn 37
Zweipunkt-Marienkäfer 525
Zweispitzwanze 499
Zwerg-Holunder 30, 164, 165
Zwergadler 329
Zwergbachläufer 501
Zwergdommel 324
Zwergfledermaus 286
Zwergmaus, Europäische 294
Zwergmöwe 350, 351, 354
Zwergohreule 360
Zwergschnepfe 344
Zwergschwan 310
Zwergspitzmaus 283
Zwergstrandläufer 341
Zwergtaucher 321
Zwiebel-Zahnwurz 69
Zwiebelfüßiger Hallimasch 256
Zygaena filipendulae 464
- *trifolii* 464
Zypresse, Bastard- 21
Zypressen-Wolfsmilch 105

Dank

Die Royal Society for the Protection of Birds (RSPB) setzt sich für eine intakte und gesunde Umwelt ein, die reich an Vögeln und Wildtieren ist. Sie ist dazu auf die Unterstützung von Spendern angewiesen und arbeitet mit Vogel- und Naturschutzorganisationen in einem weltweiten Netzwerk zusammen, das sich BirdLife International nennt. Weitere Informationen erhalten Sie unter www.rspb.org.uk, oder schreiben Sie an The Lodge, Potton Road, Sandy, Bedfordshire SG19 2DL.

a million voices for nature

Dorling Kindersley dankt den Folgenden für ihre freundliche Erlaubnis, ihre Fotos abdrucken zu dürfen:

Schlüssel: u-unten, m-Mitte, l-links, r-rechts, o-oben, g-ganz.

Ardea: Chris Knights 402ol, 404Ml; **Ted Benton:** 481Mru; **Dr. Alison Blackwell:** 538Mo; **David Bradford:** 564Mlu; **Richard Brooks:** 379Mru, 399ur; **Bruce Coleman Ltd:** Paul Van Gaalen 327Mro ; Kim Taylor 534ul, 534M; Werner Layer 362Mro; **Laurie Campbell Photography:** Laurel Campbell 432Mo; Laurie Campbell 430Ml, 432ul, 432Mo, 432Ml, 432ol; **Kevin Carlson:** 389ur; **R. J. Chandler:** 338Mo, 404Mro; **Pathathai Chungyam:** 577Mro; Simon Curson: 474Mru, 476Ml, 476Mla, 480Mla, 481Mlu; Simon Curson 465Mla, 466Mla, 468Mla; Paul Doherty: 354Mo, 397Mla; **Dorling Kindersley:** Yves Adams 287Mlu, 421ul; Carlos Sanchez Alonso 386Mru; Ted Benton 49or, 72Ml, 74Mra, 85ur, 437, 438ur, 438Mo, 438gMla, 438ol, 439Mra, 440Mra, 441Mla, 442ur, 442Mla, 443Mra, 444ur, 444Mla, 445Ml, 446Mla, 446Mra, 447Mra, 448ul, 449ur, 451Mra, 452Mra, 453ur, 453Mla, 454Ml, 454Mra, 455Mla, 455Mru, 456Ml, 457Mla, 457Mru, 458ur, 458Mla, 471Mla; Lars Bergendorf 418Mru; Peter Cairns 289Mlu, 289Mra, 300Mo, 301Mla, 302ur, 302Mo, 306ul; David Cottridge 311Mru, 325uM, 328Mla, 337Mra, 347Mla, 355Mo, 364uM, 370ol, 376uM, 383Mu, 384Mo, 385ur, 403or, 410Mru 446mr, 459M, 467Mla; Gyorgy Csoka 487ur, 499u, 506ur, 506Mla, 506Mr, 507Mlu, 507ol, 507or, 516Ml, 524Mr, 525Mla, 528u, 532Ml, 532Mr, 533Mr, 533Mra, 549Mla, 549Mra, 556Mlu; David Fenwick (www.aphotoflora.com) 430u, 574ul, 576ol, 577Mu, 577Mla; Keith Edkins 498ul, 498Mla, 498Mr, 498Mla, 525uM, 529Mla, 529Mru, 552ur, 553or; Dudley Edmonson 306Mra; David Element 508Mlu, 522Mla, 554Mru, 555ur, 555or; David Elements 497Mr; Hanne & Jens Eriksen 404Mu, 408ol; Beat Fecker 522Mo, 523Mu, 548Mu, 548Mr; Neil Fletcher 21or, 22Ml, 22ol, 23Mr, 25ur, 25or, 26ul, 27Mr, 27Mra, 28ul, 28Mla, 28Mlu, 28ful, 28ol, 29ul, 29Mr, 30Mla, 30Mra, 30Mra, 30ol, 33Mo, 33or, 34ur, 34Mlu, 34Mra, 34ol, 35M, 35or, 36ul, 36Ml, 36Mla, 36ol, 37M, 37or, 39ul, 39Mr, 39Mra, 39Mra, 40Ml, 40Mra, 40Mra, 41ul, 41Mra, 41Mru, 42Ml, 42Mla, 43M, 46–55, 56Mla, 57ul, 57Mr, 57or, 58ur, 58Ml, 59ur, 59Mra, 59or, 60ul, 61Mra, 61or, 62–63, 64, 65ur, 65Mr, 65ol, 66–69, 70ul, 70Ml, 71, 72ul, 72Mra, 72ol, 73ul, 73Mr, 73Mra, 73or, 75ur, 75Mla, 75Mr, 75or, 76ur, 76Ml, 76Mla, 76ol, 77ur, 77Mr, 77Mra, 77or, 79Mra, 79or, 80ul, 80Ml, 81ul, 81Ml, 81Mra, 81or, 82ul, 82Mr, 82Mra, 82ol, 83ur, 83Mra, 83or, 84Mla, 84ol, 85Mla, 86–87, 88uM, 88ur, 88Ml, 88Mla, 88gMlu, 89, 90ur, 90Ml, 91uM, 91or, 92–93, 94ur, 94Mla, 94Mlu, 94ol, 95ur, 95Mra, 95or, 96Ml, 96Mla, 96ol, 97Mla, 97or, 98Mla, 98ol, 99Mra, 99or, 100uM, 100Ml, 100Mla, 101ur, 102ul, 102Ml, 102Mra, 102ol, 103ul, 103Mla, 104uM, 104ur, 104Ml, 104Mla, 104ful, 104ol, 105ur, 105Mla, 106ul, 106Ml, 106Mla, 106ol, 107ur, 107Ml, 107Mla, 107or, 108–109, 110Mra, 110ol, 111–114, 116ul, 116Ml, 116ol, 117Mra, 117or, 118–119, 120ul, 120–121, 122Mr, 122ol, 125ul, 125Mla, 125Mr, 125Mra, 125or, 126Mra, 126ol, 127Ml, 127Mr, 127or, 128ul, 128Ml, 128Mla, 128ol, 129ul, 129Mr, 129Mra, 129Mru, 129gMru, 129or, 130ur, 130Mr, 130ol, 131uM, 131Mr, 131or, 132ol, 133uM, 133Mla, 133Mr, 133or, 134Mla, 134ol, 135uM, 135Mla, 135Mr, 135or, 136–137, 138Mla, 138Ml, 138gMla, 138ol, 139ul, 139Mr, 139Mra, 139or, 140–145, 146ul, 146Ml, 147ur, 147or, 148uM, 148Ml, 148Mra, 148ol, 149ul, 149Mr, 149Mra, 149or, 150, 151Mla, 151or, 152ur, 152Ml, 152Mla, 152ol, 153uM, 153or, 154–155, 156–163, 164, 165uM, 165Mr, 166–167, 168Mla, 168ol, 170ul, 170Ml, 171–172, 173ur, 173Mo, 173Mr, 173or, 174, 175ur, 175Mla, 175or, 176ul, 176Ml, 177–181, 182Mla, 182ol, 183Mla, 184ul, 184Ml, 184Mra, 184ol, 185ur, 185Mr, 185Mla, 185or, 186–187, 188Mo, 188Ml, 188ol, 189ur, 189, 190, 191Mra, 191or, 192ol, 193or, 194Mra, 195ol, 196ur, 196Mr, 197, 198, 199Mra, 199or, 200–201, 202Ml, 202Mlu, 203ul, 203Mr, 203Mra, 203or, 204, 205Mlu, 205Mr, 207ul, 207Mr, 208Mla, 208ol, 209ur, 209Mr, 210–211, 212Mla, 212ol, 214ur, 214Mla, 214ol, 215Mlu, 215or, 216Ml, 217Mra, 217Mr, 241Ml, 244Ml, 246or, 255ur, 256Mu, 257Mu, 257or, 264Mra, 265Mla, 269ur, 270Mla, 271Mla, 272ul, 274Mra, 277ur, 277Mra, 282ul, 282ol, 283or, 284Ml, 284ol, 286Ml, 288ol, 291Mr, 291or, 293or, 303or, 305or, 308Mlu, 416Ml, 417Mla, 420M, 439or, 440Mra, 442Ml, 446Ml, 452Ml, 455ur, 458Ml, 460Ml, 460Mla, 479Mla, 484ol, 486Mla, 488Mra, 489Ml, 490Ml, 491or, 492ol, 493u, 493or, 496ol, 502Mla, 502Mra, 508Mra, 514ol, 516Mu, 527u, 529Mo, 529Mr, 536ul, 544Mo, 544Mu, 550Mra, 551or, 553Mla, 562Mr, 563Mra, 564ol, 566Ml, 566Mla; Chris Gibson 23or, 24ur, 24Ml, 25Mla, 26ol, 27ul, 29or, 30ul, 30Mra, 32ol, 33ul, 38Ml, 38Mra, 39Mla, 40ol, 41or, 42ul, 42ol, 44Mra, 56ul, 56Mra, 60ol, 61ul, 65Mra, 70Mra, 74ol, 79ul, 80ol, 84Mra, 95Mr, 98ur, 101or, 105Mra, 105or, 115ur, 115or, 116Mla, 117ur, 123ur, 123Mr, 123Mra, 123or, 138ul, 138Ml, 151Mr, 182Ml, 191ul, 191Mr, 194ur, 194Ml, 194ol, 196Mla, 202ur, 202ol, 205ur, 206Mla, 207or, 208Ml, 213or, 280ur, 460Mra, 464Mla, 472Mla, 473Mra, 474Mru, 477ur, 478Mla, 480Ml, 480Mru, 482Mra, 483Ml, 484Mru, 493Mla, 494ul, 494Ml, 495or, 506ul, 544Mo, 553ur, 553Mlu, 558Mra, 563Mr, 572Ml, 573Mu, 573Mr, 574Mra, 574ol, 576Ml, 577Mr, 577or, 578ul, 578Mla, 578Mra; Bob Glover 357Mr, 384Ml, 385Mr; Melvin Grey 485Mr, 486Mu, 506Ml; Mark Hamblin 316Mo, 316Mru, 322ur, 332Mla, 335ul, 335or, 338ol, 340ol, 341Mo, 342Mla, 346Mlu, 360ur, 361uM, 361Mla, 362Mru, 363Mu, 364Mla, 364ol, 366Mra, 373Mo, 374Mra, 376Mla, 377Mo, 377Mr, 378Mu, 381ul, 388uM, 388Ml, 391gMra, 392gMra, 395Mru, 398Mu, 401Mr, 402Mu, 405Mu, 406Mra, 406gMla, 408ul, 408Mlu, 409or; Peter Harvey 498Ml, 505Mru, 562ur, 565Ml, 567Mu, 567Mla, 567Mr, 571Mr; Josef Hlasek 282Mra, 290Mla, 290Mlu, 292Mla, 292Mru, 295Mra, 299Mru, 303Mr, 489Mu, 489Mla, 509Mo, 509or, 511Mra, 511or, 517Mla, 521ur, 526Ml, 527Mr, 529or, 530Ml, 531Mra, 532Mla; Michal Hoskovec 513or; Roger Key 491Mra, 492Mru, 496ul, 497Ml, 499Mr, 499Mra, 499ol, 501Mra, 502Mru, 505ul, 508ur, 509ul, 510Mla, 510Mra, 510ol, 511Mla, 511Mlu, 511ol, 512Mla, 512Mra, 513Mlu, 513Mr, 513Mra, 514Mo, 514Mlu, 514Mr, 515M, 515Mlu, 515Mra, 516Mla, 517Mu, 519Mla, 519Mra, 519Mru, 519or, 520u, 521Ml, 521Mla, 521Mr, 523ul, 526Mu, 526Mr, 528Mra, 529Mlu, 529Mr, 529ol, 532Mra, 533ol, 536Mla, 537Mu, 540Mru, 541ur, 541Mu, 541Mra, 542Mr, 543ur,

543Mra, 543Mru, 547Mra, 548Mla, 549Mo, 549Mu, 550Mla, 550Mr, 551Mo, 551Mu, 551Mla, 552Mlu, 555Mlu, 555Mru, 556Mla, 556Mru, 557Mru, 558u, 562Mlu, 562Mru, 563ur, 563Mlu, 563or, 564Mla, 564Mla, 565ul, 565Mr, 565Mru, 566Mra, 567Mlu, 567Mra, 568Mu, 569Ml, 569Mlu, 570, 571ur, 571Mra; Frank Kochler 520Mla; **Mike Lane** 311Mla, 311or, 314Mra, 315Mru, 318Mra, 319Mu, 323or, 327Mra, 327or, 328Mra, 335Mla, 336Mra, 337ul, 338uM, 340uM, 340Mra, 341Mlu, 341Mru, 344Mru, 345ul, 348Ml, 350Mra, 351Mra, 353Mla, 367Mlu, 371Mra, 372ul, 372Mo, 374ul, 377Mla, 377Mlu, 378Mla, 378Mra, 379ur, 379Mu, 379Mr, 380Mo, 380Mra, 381Mra, 383Mo, 383Mra, 383or, 385or, 387Mo, 389Mla, 390uM, 390Mra, 401Mra, 407Mru, 408Mru; Tim Loseby 388Mru, 404Mlu, 408Mla; Andrew Mackay 462ul, 463Mla, 474Mru, 475u, 476Mru, 477Mla, 478Mla, 483Mla; Mario Maier 441Mra, 442gMla, 444Mlu, 444Mra, 450u, 451ul, 451Mla, 454u, 455Mru, 458Mlu, 459Mlu; Paolo Mazzei 413Mla, 413Mla, 413Mlu, 416Mra, 417Mlu, 417Mra, 418ul, 418Mla, 418Mra, 419Mru, 420Mlu, 422Mla, 423ul, 424, 446ul, 450Mla, 451ur, 455ul, 456Mru, 463uM, 464u, 465ur, 466ul, 467ur, 467Mra, 469ur, 470, 471uM, 471Mra, 472Mla, 472Mla, 472Mru, 472ol, 473Mlu, 473Mra, 473or, 474Mlu, 474ol, 475Mra, 476Mra, 477Ml, 477Mra, 478Ml, 478Mra, 479Mu, 479Mla, 479Mra, 480Mr, 481Mla, 481Mra, 482Mla, 482Mru, 483Mra, 483Mru, 484M, 487Mra, 490Mr, 491Mu, 491Ml, 496Mra, 497u, 500, 501Mla, 503u, 504Mra, 510b, 510Mr, 511Mru, 512u, 515Mru, 516Mra, 517Mra, 518, 519ol, 520Mr, 520Mra, 524uM, 527ol, 527or, 528Mr, 530Mra, 530Mru, 531Mra, 532Mu, 535ur, 535Mla, 535Mla, 537Mla, 540u, 540Mo, 541Mla, 542Ml, 543Mo, 546ul, 546Mo, 550Mu, 553Mra, 557Mla, 560Mru, 562Mla, 564ul, 565Mra; George McCarthy 323Mra, 324ol, 328Mlu, 345Mo, 347uM, 348uM, 352ol, 360ol, 389Mu; Jari Peltomaki 365or; Chris Gomersall Photography 312Ml, 313or, 314Ml, 314Mlu, 314ol, 315Mu, 315Mla, 315Mr, 315or, 317or, 318Mo, 318Mru, 319or, 320M, 320ol, 321Mr, 323Mr, 324ul, 324Mo, 324Ml, 326ur, 326Mla, 326Mlu, 326ol, 330Mla, 330ol, 331ul, 331Mla, 331Mr, 331or, 333or, 335Mu, 337Mr, 337Mru, 341Mra, 342Ml, 342Mra, 343uM, 343Mlu, 343Mra, 343or, 345Mla, 345Mra, 345Mru, 346uM, 346Ml, 346ol, 347Mra, 347or, 349uM, 350M, 350ol, 351Mr, 353Mu, 355ul, 355Mla, 355Mra, 355Mr, 356Mla, 356Mra, 356ol, 357Mo, 358Ml, 358Mlu, 359or, 361Mra, 363ur, 365uM, 368Mla, 368Mra, 369Mra, 372Mu, 374Ml, 374ol, 375M, 375or, 376ur, 376Mru, 377Mla, 378gMla, 381Mo, 382Mo, 382Mra, 382ol, 383Mlu, 390Ml, 391Mr, 395Mr, 396Mo, 397Mu, 397Mr, 398Mra, 398ol, 399Mlu, 399Mra, 399Mru, 400Mra, 400gMra, 400ol, 401or, 402Ml, 402Mru, 403Mr, 409uM, 409Mla, 409Mr, 409Mru, 410Mu; Ilaria Pimplinelli 438Mlu, 444Mru, 445Mru; Mike Read 288Mra, 293Mra, 293Mla, 295M, 299Mlu, 303Mo, 307Mr, 307gMru, 308Mra, 337or; Diego Reggianti 485Mru, 505Mla, 517Ml, 519Ml, 519Mr, 530Mla, 535Mlu, 535Mra, 554ul; A D Schilling: 78Mla 24ol, 78Ml; Jens Schou 32ul, 38ul, 38ol, 56ol, 57Mra, 58Mra, 84ul, 110Ml, 117Mr, 124ur, 124Ml, 124Mla, 124ol, 132Mla, 151ur, 170Mra, 170ol, 188ul, 196ol, 209or, 212Ml, 214Ml, 460uM, 462uM, 462Mla, 463ul, 463Mra, 465ul, 465Mra, 468Mra, 471ul, 477Mlu, 499or, 546Mr, 560Mra; Roar Solheim 298ul; Roger Tidman 310Mo, 310Ml, 310Mr, 310Mra, 311ul, 312Mra, 313Mr, 313Mru, 314Mru, 316Mra, 317Mra, 321ul, 323Mu, 324ur, 326Mra, 327ur, 327Ml, 329Mu, 329Mlu, 330Mlu, 332ur, 332Mru, 333uM, 335ur, 337Mlu, 338ul, 338Ml, 339or, 341Mla, 344uM, 344Mla, 345Mr, 346Mra, 348Mo, 352Mra, 353or, 354ol, 356ur, 357Mu, 357or, 358Mra, 358Mru, 364Mo, 367ur, 367Mra, 367or, 369or, 371or, 376Mra, 378ul, 381Mr, 382Mru, 384Mra, 385Mo, 385Mra, 386Mo, 386Mra, 389gMla, 392Mo, 392Mru, 393Mo, 393or, 394Mu, 395Mo, 396Mu, 399Mru, 400Mo, 401Mra, 402Mra, 402Mla, 403Mo, 403Mla, 405ul, 405Mr, 405Mra, 405or, 407Mra, 407Mra, 410Ml; David Tipling 313ul, 314Mru, 317Mr, 317Mru, 325Mr, 326Ml, 335Mru, 338Mru, 342Mra, 344Ml, 344Mru, 349Mo, 351Mru, 352ul, 352Mla, 352Mru, 356Mu, 357Mru, 361Mr, 366Mra, 370uM, 370Mu, 371Mr, 386ul, 387or, 389Mru, 401Mla, 401Mlu, 402Mru, 403uM; Ray Tipper 373Mra, 383Mr; Rollin Verlinde 283Mru, 283Mla, 284Mra, 284Mru, 286Mla, 286Mru, 287Mra, 288Mru, 291Mla, 294Mra, 296ul, 296Mla, 297Mra, 299Mra, 303Mru, 305ur, 305Mla; Jan Van Der Voort 290ol, 412Mo, 412Mla, 413ul, 416ul, 416Mla, 416Mlu, 419ul, 419Mla, 419Mlu, 419Mra, 420Mru, 421Mru; Beat Wermelinger 548Mru, 560Mru, 561Mr; Steve Young 312ur, 314Mla, 315ur, 315Mla, 316Mru, 317ul, 317Mr, 317gul, 322uM, 322Ml, 325Mra, 335uM, 342Mru, 344Mru, 349Mra, 350Mra, 350Mla, 351Mla, 351Mla, 352Ml, 352Mla, 353Mla, 353Mra, 353Mru, 354ur, 354Mu, 354Ml, 370Ml, 370Mra, 372Mlu, 372Mra, 373ul, 388Mo, 394Ml, 394ol, 396Mra, 407ur, 407Mo, 407Mr, 408Ml, 408Mla; **Wendelin Dorn:** 58ol, 85Mru, 169Mra, 169or, 176ol; **Hanne & Jens Eriksen:** 348Mla; **David Fenwick:** www.aphotoflora.com): 30Mru; **FLPA:** 384Mla, 390Mo; Hans Dieter Brandl 366Mlu; Richard Brooks 379Mo, 379Mra, 409ur; Robin Chittenden 365Mra, 403gMla; **Derek Hall:** 199Mr; **Jeff Higgott:** 478Mru, 479Mru; **Jarmo Holopainen:** 538ul; **Steven Hopkin:** 539Mu; **Barry Hughes:** 74ur, 257Mla, 258–263, 265ur, 266–267, 268Mra, 269Mra, 270ul, 271ur, 272Mla, 273ul, 273Mla, 274Mru, 275ul, 275Mo, 276ur, 278Mra; Barry Hughes 70ol, 110Ml, 138Mo, 213Mra, 239ul, 239Mla, 240ur, 241Mla, 242u, 242Mo, 243Mr, 244Mla, 245ul, 245Mla, 246ur, 246Mla, 247ur, 247Mra, 249ur, 249Mla, 249Mra, 250ur, 250Mla, 251ul, 251Mra, 252Mla, 254ur, 254Mla, 255Mra; **Pentti Johansson:** 365Mo; **David Kitching:** 488ul, 488Mu, 488Mr, 490ur; **Chris Knights:** 360uM, 367Mr, 380ol; **Henriette Kress:** 126ul, 126Ml, 126Mru, 202Mla, 202Mra; **David Lang:** 60Ml, 60Mla, 205Mra; David Lang 78ur, 90Mla, 90gMra, 115Mra, 175Mr, 193Mra, 195ur, 205Mla, 206Ml, 206ol, 208ul, 209Mla, 212; **N. W. Legon:** 248Mla, 248Mra, 253Mu, 276Mla; **London Aerial Photo Library:** 461ur, 461Mlu; **Rod Preston Mafham:** 568Mla; **George McCarthy:** 318ol, 319Mlu, 319Mlu, 366Mlu, 367gMra, 372gMra, 393Mla, 394Mla, 394Mla; **George McGavin:** 506ol; **Mike McKavett:** 373Mr; **Natural Visions:** 579Mlu; Heather Angel 431M, 433uM, 433Mo, 433or, 434uM, 434Mo, 435uM, 435Mla, 435or; Heather Angel 427Mr; Geoffrey Kinns 298Mru; **The Natural History Museum, London:** 503Mra; **NHPA / Photoshot:** Dr. E. Elkan 534Ml; **Alan Outen:** 21Mr, 278Mru, 279M, 280ol, 498Mru, 507ur, 514ur, 522ur, 527Ml, 528Ml, 533Mo, 536Mra, 539Mu, 547ul, 547Mla, 550Ml, 553Mla, 575Mu; Alan Outen 428Mu, 430ul, 431ul, 432ur; **Photolibrary:** Mike Brown 379gMla; Paolo Fioratti 362Mr; Paul de Oliveira 361or; **Bernard Picton:** 572Mru; **Illiara Pimpinelli:** 412Mlu; **Jean Yves Raspulus:** 545ul; **Patrick Roper:** 545Mr; **www.rspb-images.com:** Richard Brooks 366Mla; Paul Doherty 329Mra; Gerald Downey 371Mlu; Bob Glover 334Mra, 338Mlu, 343Mr, 345or, 347Mru, 389Mr, 410ol; Chris Gomersall 331Mo; Mark Hamblin 332Mra, 366Mla, 380Ml, 392Ml, 392Mru, 395Mra, 406ol; Tony Hamblin 388ol; Andy Hay 339Ml, 344ol, 400uM, 400Ml; Malcolm Hunt 384Mru; E. A. Janes 341Mr; Daniel Kjaer 392Mra; David Kjaer 407or; Steve Knell 361Mra, 384uM; Chris Knights 357ul, 372Ml; Gordon Langsbury 369Mra, 375Mlu; Mike Lane 322ol, 371Mla, 397Mlu; Philip Newman 384ol, 405Mru; Bill Paton 390ol, 397or; Mike Richards 362Ml; John Lawton Roberts 364Mra, 389or; Carlos Sanchez Alonso 327Mr, 329Mr, 330Mr, 360Mla, 362ol; Jan Sevcik 362Mru, 409Mra; Maurice Walker 391uM; **Keith Rushforth:** 41Mr; **Thomas Schoepke (www.plant-picture.com):** 84Mru, 132gMru; **Science Photo Library:** Ted Benton 476ul, 488M, 489Mra, 490Mo, 491Mla, 491Mra, 492Ml, 492Mlu, 492Mra, 492Mru, 493Ml, 494Mo, 494Mu, 494Mr, 495u, 495Mu, 495Ml, 495Mr, 495Mra, 495ol, 505Mo, 542Mru, 543Mlu, 543ol, 543or, 551Mr, 556ul, 556Mra, 557Mu, 557Mlu, 557Mr, 558Mla, 559Mu, 559Mla, 559ul, 559or; **sophy.u-3mrs.fr/sophy.htm:** sophy 199ul, 213Mr; **Joseph Strauch:** 21gur; **Mike J. Thomas:** 44ur; **Andreas Trepte:** 576ul; **www.uwp.no:** Jon Olav Bjorndal 426u; Rudolf Svensen 429ur, 430Mo, 433ul, 433Mo; Rudolf Svenson 426Ml; **Colin Varndell:** 386ol, 391Mlu, 393Mr; **Giovanni Visetti:** 213ur; **Roger Wilmshurst:** 32Mra, 313Mra, 314Mla, 319Mo, 323Mra, 334ol, 336ol, 348Mru, 351ur, 352Mra, 355or, 363Mla, 363gMla, 363or, 366ur, 366Ml, 376Mra, 377gMru, 384Mra, 397Mo, 399or, 402Mra, 404Mla

Coverfotos *vorn:* Hauptbild (M) Elliott Neep/FLPA; David J. Slater, Alamy (uMr); naturganznah (uMl); Stephen Miller, Alamy (ul). *hinten:* naturganznah (Ml, Mr, ul, ur). *Rücken:* naturganznah (o).
Alle anderen DK Picture Library.

Alle anderen Bilder © Dorling Kindersley

Weitere Informationen finden Sie bei: **www.dkimages.com**